현대실용통계학

김태호 · 심현철 · 김지원 · 김진수

형지사

머리말

우리나라가 이룬 초고속 경제성장과 국위선양은 우리의 근면성과 기술력 외에도 온 국민의 교육열기가 또 하나의 동력원이었음을 부인할 수 없다. 우리나라는 교육수준과 지적수준이 가장 높은 나라, 또 연구개발에 가장 많이 투자하는 나라 중 하나이며, 이러한 높은 교육 및 지적 수준과 연구개발 의욕은 다양한 학문적 배경과 성과에 그 근원을 두고 있다. 통계학은 학문 연구의 기반을 제공하며 다양한 학문을 연계·융합하는 데 기초가 되는 분야이다. 통계학은 현대사회의 거의 모든 학문·실무 분야에서 널리 이용되고 있으며 이들이 세분화되고 전문화될수록 그 활용도와 유용성은 더욱 강화 추세에 있다.

통계학은 어려운 학문이라는 선입견 때문에 대부분의 사람들이 흥미를 갖지 못한다. 저자들은 통계학은 어려운 과목이 아니라 흥미롭고 실용적 과목이라는 사실을 이해시키는 데 초점을 맞추어 본 교과서를 집필하였다. 통계학을 처음 또는 계속 공부하는 여러 학문분야의 대학생, 대학원생, 각종 시험 준비생, 또 실무자들이 중요한 개념들을 어려운 수학적 배경이 없이도 수월하게 이해하고 응용력을 상승할 수 있도록 구성되어 있다. 특히 통계학이 이용되는 다양한 분야에서 예제를 선택하여 실제 문제에 적용할 수 있는 능력을 배양하는 데 역점을 두어 실용성이 매우 높을 것으로 생각한다.

1장에서 9장까지는 통계학의 기본이 되는 내용을 다루어 모든 분야에서 필요한 장이며, 10장부터는 시간과 용도에 따라 선택할 수 있다. 통계학의 기본개념을 제대로 이해하기 위해서는 다양한 통계적 방법들을 실제로 적용해 보는 것이 가장 효율적일 것이다. 따라서 최신 버전의 EXCEL을 사용하여 실습할 수 있도록 컴퓨터 활용부분을 보강하였다. 각 장에서 다룬 내용을 실습할 수 있도록 여러 예제를 함께 실었으며, 본 저서의 EXCEL을 그대로 따라 하면 통계학의 기본개념이 쉽고 빠르게 습득될 수 있도록 체계화하였다.

끝으로 이 책이 나올 때까지 많은 노력을 아끼지 않은 통계청 임라희 양의 노고를 진심으로 치하하며, 충북대학교 통계학과 대학원생 안지희 양, 원윤조 군, 정재화 양, 또 출판을 맡아 준 형지사 여러분의 수고에 감사함을 전하고자 한다. 그리고 저자들의 오늘날이 있도록 보살펴 주신 부모님들께 이 책을 바친다.

저 자

차 례

제 1 장

서 론

제 1 절 통계학이란 무엇인가?

1. 통계학의 정의

통계학(statistics)은 관심의 대상이 되는 사물이나 현상에 대한 자료를 수집, 정리하고 요약, 분석하여 이를 토대로 불확실한 사실에 대하여 합리적인 판단을 내릴 수 있는 방법을 제시해 주는 과학적인 학문이다.

통계학은 기업이나 정부, 언론 등 사회 각 분야에서 널리 사용되는 실용학문으로서, 그 활용분야가 매우 넓다. 어떤 사물이나 현상, 예를 들어 각 이동통신업체의 월간 순 가입자 추이, 가계 소득수준에 따른 육류 소비량, 도시와 농촌 지역의 가구당 연간소득의 비교 등을 보다 정확히 파악하고 전달하기 위한 첫 걸음은 이들에 대한 정보(information)를 모아 자료(data)로 요약하는 것이다. 이러한 요약된 자료는 다양한 분야에서 유익하게 사용될 수 있으므로 많은 양의 자료를 묘사하고 정리하는 방법들을 개발하게 되고, 이를 토대로 결론을 도출해 내고, 예측하고, 이에 의거한 의사결정을 하게 된다.

2. 기술통계학과 추측통계학

통계학은 이용목적에 따라 크게 두 종류로 구분할 수 있다.

기존의 사물이나 현상 그 자체의 성질과 특성에 관심이 있어서 이에 관련한 자료를 수집하고, 체계화시켜 요약, 분석, 해석, 제시하는 방법을 다루는 통계학을 **기술통계학**(descriptive statistics)이라고 한다. 한편 수집된 자료를 가지고 확률이론을 적용시켜서 추정과 검정, 예측 등과 같은 통계적 추론으로 이끄는 경우를 **추측통계학**(inferential statistics)이라고 한다.

기존의 사물이나 현상 그 자체의 성질과 특성에 관심이 있어서 이에 관련한 자료를 수집하고, 체계화시켜 요약, 분석, 해석, 제시하는 방법을 다루는 통계학을 기술통계학(descriptive statistics)이라고 한다. 한편 수집된 자료를 가지고 확률이론을 적용시켜서 추정과 검정, 예측 등과 같은 통계적 추론으로 이끄는 경우를 추측통계학(inferential statistics)이라고 한다. 만약 어느 지역의 지난 20년간 장마철의 연평균 강우량을 본다면 정보가 주어진 20년 이외의 해에 대해서는 관심이 없는 경우로 이는 전자에 해당한다. 반면 어느 지역의 지난 20년간 장마철의 평균 강우량이 100mm이라면 이를 근거로 다음 해 장마철의 강우량을 예측한다면 이는 후자에 해당한다. 즉 추측통계학에는 미래에 대한 불확실성이 포함되며 이에 따라 확률에 대한 이해가 기본적으로 필요하게 된다.

제2절 통계학의 유용성

모든 정보는 다량의 관측값(observation) 즉 수치화된 자료에 포함되어 있다. 따라서 원자료(raw data)만으로는 자료의 성격을 이해하고 본질을 파악하기 어렵다. 자료의 규모에 관계없이 중요한 특성을 추출하고 종합하는데 통계학이 유용하게 쓰일 수 있는 간단한 예를 들어 보자.

1. 자료의 중심값과 변동의 측정

관심의 대상이 되는 자료의 대표되는 값을 **중심값**이라 한다.
이 중심값으로부터 모든 관측값들이 떨어져 있는 정도를 **산포도**(dispersion)라고 한다.

다시 말해 어느 프로야구단의 팀타율이 얼마인가, 그리고 그 팀타율을 중심으로 각 선수들의 타율이 비슷한가 또는 격차가 심한가를 나타내는 산포도에 관한 정보가 그 팀의 고유한 특성을 나타내는 것이다.

2. 변수 사이의 관계

두 개 이상의 변수들 사이의 관계가 어느 정도인가를 간단한 수치로 나타내 준다. 한 가지 예로 이동전화 통화요금과 가입자 수와는 서로 관계가 있는가, 있다면 어느 정도인가, 또 소득수준과 통화요금, 그리고 가입자수간에는 서로 어떤 관계에 있는가 등이 통계학적 방법으로 추정될 수 있다. 즉 이러한 변수들 간의 관계를 모델화하여 수리적 함수관계를 통계 자료에 의거 정립하는 것이다.

3. 통계적 추론

농촌지역 주유소의 휘발유가격이 도시지역 주유소의 휘발유가격보다 더 낮고, 또 소득이 높은 가구일수록 외국산 승용차를 타는 경향이 있는 것으로 알려져 있다. 이러한 가설들의 사실여부를 검정하기 위해 통계학적 방법이 사용된다. 이 과정에서 외국산 승용차를 타는 가구의 연평균 소득이 어느 수준인가를 알고 싶다고 하자. 이때 소득수준을 한 개의 값으로 나타내는 것은 적절하지 않다. 외국산 승용차를 타는 모든 가구를 조사하기는 불가능하므로 불확실성이 존재할 뿐만 아니라 가구들의 소득 역시 각기 다르므로 어떠한 분포로 나타나게 된다. 이 경우 외국산 승용차를 보유한 가정의 연평균 소득을 하나의 값으로 표현하는 것보다는 평균소득이 어느 값 사이에 있다는 하나의 구간으로 표현하는 것이 더 타당하다고 하겠으며, 통계학이 이러한 분석을 가능하게 해준다.

4. 모집단과 표본

위의 예에서 농촌지역의 모든 주유소의 휘발유가격과 도시지역의 모든 주유소의 휘발유가격을 일정 기간 내에 일일이 측정하는 것은 불가능하다. 마찬가지로 외국산 승용차를 소유한 모든 세대의 소득을 전부 파악하기는 어렵다.

분석대상의 모든 구성원들에 대한 자료를 **모집단**(population)이라고 한다.

이 모집단에 대한 모든 정보를 얻기가 현실적으로 거의 불가능하므로 대안으로서 몇몇 농촌과 도시지역의 주유소의 휘발유가격을 측정하여 비교하게 되고, 또한 외국산승용차를 소유한 일부 세대의 소득을 조사하게 된다.

모집단의 일부 구성원들에 대한 자료를 **표본**(sample)이라고 한다. 즉 표본은 모집단의 부분집합이라고 할 수 있다.

표본이 가진 성격을 통계학적으로 분석함으로써 모집단의 성격을 유추하여 파악하는 것이 통계학의 주요 주제인 것이다. 여기에서 유의할 점은 표본이 반드시 모집단을 대표할 수 있어야 한다는 것이다. 예를 들어 휘발유가격이 높은 주유소들이 표본의 주류를 이루고 있다거나 또는 외국산승용차를 보유하고 있는 가구 중 상위계층의 소득이 주로 표본으로 추출된다면 이는 모집단을 대표한다고 볼 수 없으며, 이러한 표본에 의한 분석결과는 모집단의 실제 성향을 과대평가하게 된다. 따라서 표본은 어느 한쪽으로 치우치지 않도록 고르게 분포되어야 하며, 다시 말해 분석을 위해 선택되는 표본은 임의의 표본(random sample)이어야 한다는 것이다. 임의의 표본이란 모집단의 어느 구성원이라도 표본으로 추출될 확률이 동일하다는 것을 의미한다.

5. 현실문제에 적용

주어진 자료에서 파악된 계량적 정보를 이용하여 현실상황을 구체적으로 분석할 수 있고, 또 지금까지의 추이와 비교할 때 미래에 대한 예측이 가능하므로 앞으로 발생할 문제에 대한 대비책과 개선되어야 할 점이 밝혀지게 된다.

제 3 절 통계학의 역할

앞 절과 연결하여 현실문제의 분석에 기여할 수 있는 통계학의 역할에 대해 요약해 보자.

첫째, 사회의 어느 분야의 문제점도 정확한 분석을 하기 위해서는 주변 환경이 가진 특성에 대해 가능한 한 많은 정보가 필요하며 대부분 수치로 표현된다. 예를 들면 상품의 가격, 물가상승률, 이자율의 변동, 프로축구의 연간 관람객 수 등이다. 통계학은 주어진 정보에서 중요한 요점들을 간추려 내고 또 종합해 주어 수치화된 대량의 정보가 지닌 의미와 특성을 파악하게 해 준다.

둘째, 우리는 통계학에서 주로 무엇이다라는 문제를 다루는 것이 아니라 무엇일 것 같다 또는 무엇일 수 있다 등의 문제를 다룬다. 모집단의 특성을 모두 조사할 수 있는 것은 아니므로 불확실성이 존재하게 되며, 특히 금년의 쌀 수확량은 작년에 비해 어느 정도 증가할 것 같다, 또 세 달 후 주가지수는 어느 수준에 이를 것 같다 등의 예상을 할 때는 그 결과를 확실히 알 수가 없다. 불확실성이 존재할 때 문제점에 대한 통계학적인 근사적 접근방법으로 확률이론이 뒷받침된다.

셋째, 서울과 대전의 가구당 연간 평균외식비를 비교분석하고자 할 때, 두 모집단 즉 두 도시에 사는 전체 가구의 외식비를 조사하기는 불가능하다. 그럼에도 불구하고 통계학은 각 도시에서 일정한 수의 가구들을 임의의 표본으로 뽑아 연간외식비를 조사하여 두 도시 전체 가구의 평균외식비에 대한 어떤 결론을 도출할 수 있게 해준다. 여기에서 유의할 점은 예를 들어 서울 지역의 가구당 평균외식비가 대전보다 7.5%가량 높다는 결론이 나왔을 때 이를 서울지역 전체 가구의 외식비가 대전보다 7.5% 높다고 해석해서는 안된다는 것이다. 단지 두 지역의 가구당 외식성향에 대한 어떤 정보를 알게 된다는 뜻일 뿐 전체 가구의 평균외식비의 정확한 값은 알 수 없다.

넷째, 관심의 대상이 되는 둘 이상의 변수들 사이에 존재하는 어떠한 장기적 성향은 통계학으로 분석이 가능해진다. 장기적 성향에 관한 문제는 휘발유 가격이 1% 상승할 때마다 소비량은 얼마나 변화하는가, 임금이 10% 상승하면 실업률은 어느 정도 상승 또는 감소하는가 등을 예로 들 수 있다. 이러한 분석을 위해서는 지금까지 휘발유 가격과 임금이 소비량과 실업률에 각각 어떻게 영향을 미쳤는가를 알아야 하므로 과거의 자료가 필요하게 된다.

다섯째, 주식에 투자할 때, 또 상품제조를 위해 원자재를 수입하려 할 때의 의사결정은 일정 기간 후 주식투자에 대한 결과나 제조된 상품의 판매가 이루어지기 전에 내리게 되며 당연히 미래의 시장여건에 대한 예측을 하게 된다. 미래의 시장여건은 과거의 경향에 의해 예측할 수 있고, 이에 따라 관련변수들의 자료를 수집하여 여러 가능한 대안 중에서 최상의 것을 선택하며 이 과정에서 통계학적 방법론이 이용된다.

여섯째, 신제품의 판매고와 수익성 등을 조사한 결과와 국내 물가상승률, 실업률, 국민소득 증가율 등을 조사한 결과로 기업의 유통정책과 정부의 경제정책의 성패여부가 판단된다. 여기에서 도출된 결론으로 각 변수를 다소 증감시킬 때 나타날 효과가 통계학적 방법으로 비교분석이 가능하게 되며, 이에 따라 최상의 방책이 기업의 판매 전략이나 정부의 장기적 정책수립에 적극 반영될 수 있다.

제4절 통계학과 컴퓨터

자료를 수집·정리하고 관측된 자료로부터 유용한 정보를 도출하기 위해서는 통계분석의 과정이 요구된다. 이 과정에서 분석자는 방대한 양의 자료를 다루게 되므로 복잡한 수식을 계산해야 하며, 이러한 통계자료분석을 용이하게 수행하기 위해서 컴퓨터 사용의 필요성이 증대된다. 이와 같이 컴퓨터로 전반적인 통계분석이 가능하도록 계산과정을 정리해 놓은 프로그램을 통계패키지(statistical package)라고 하며, 그 종류는 매우 다양하다. 대표적인 통계패키지로는 SAS, SPSS, MINITAB, RATS, SHAZAM, BMDP, S-PLUS, ISP 등이 있다. 또한 학생들이나 기업체, 전문가들이 많이 사용하는 Microsoft Excel 소프트웨어도 통계자료분석이 가능하도록 기본적인 분석도구를 제공하고 있다. Microsoft Excel은 다른 통계패키지에 비해 통계학 비전공자에게도 친숙하고 또한 보다 쉽게 사용할 수 있다는 장점이 있다. 이에 본서에서는 본문의 예제와 연습문제의 일부를 주로 Excel 2007을 이용하여 분석할 수 있도록 그 사용법을 제시하였다.

엑 셀 활 용

1. 엑셀의 시작과 화면구성

윈도우 작업표시줄의 [시작] 버튼을 누르고, [프로그램]에서 [Microsoft Excel]을 선택하여 엑셀을 실행시킨다.

엑셀의 화면구성은 다음과 같다.

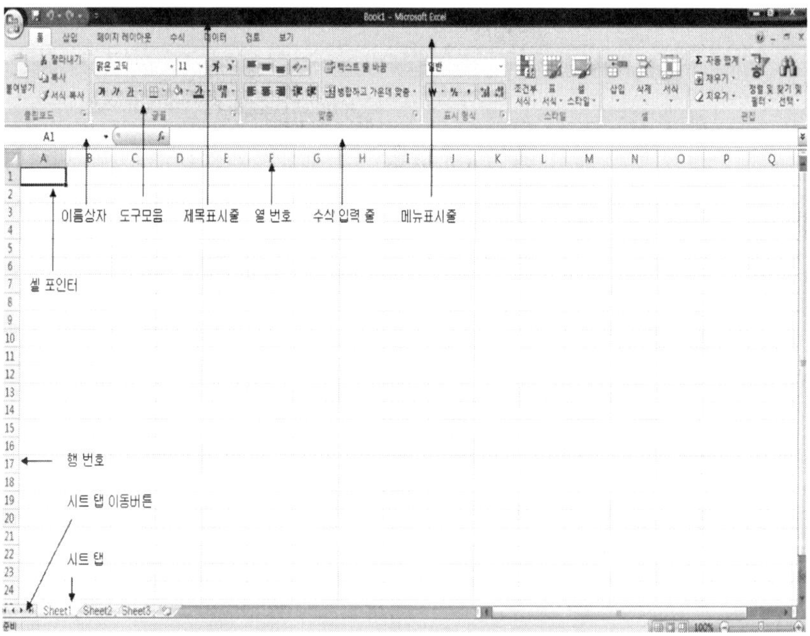

(1) **제목표시줄** : "Microsoft Excel"이라는 이름이나 작업중인 엑셀통합문서의 이름이 표시된다. 또한 제목표시줄의 오른쪽 끝부분에는 윈도우를 아이콘화, 전체화면을 표시, 작업 종료 등의 세 개의 버튼이 있다.

(2) **메뉴표시줄** : [홈], [삽입], [페이지 레이아웃], [수식] 등 엑셀에서 지원하는 메뉴가 표시된다.

(3) **도구모음** : 자주 사용하는 명령을 기능별로 모아 명령의 선택과 실행을 한번

클릭으로 끝내게 해준다.

(5) **이름상자** : 워크시트에서 현재 선택한 셀 영역이나 이름이 표시된다.

(4) **수식입력줄** : 셀에 입력할 수식을 작성하거나 셀에 이미 입력된 수식의 내용을 표시한다.

(6) **시트탭** : 실제 데이터를 입력, 처리하는 영역으로 셀을 기본단위로 구성된다.

(7) **행번호** : 자료가 입력되는 행 위치이다.

(8) **열번호** : 자료가 입력되는 열 위치이다.

(9) **셀포인터** : 자료가 입력되는 위치를 마우스 왼쪽단추나 이동키로 선택한다.

2. 자료의 입력

엑셀에서는 셀 단위로 자료를 입력하며, 문자, 숫자, 날짜, 수식 등과 같은 여러 형태의 자료를 입력할 수 있다. 여기서는 문자 또는 숫자자료와 수식입력의 예만 들어 보기로 한다.

(1) 문자 또는 숫자 자료

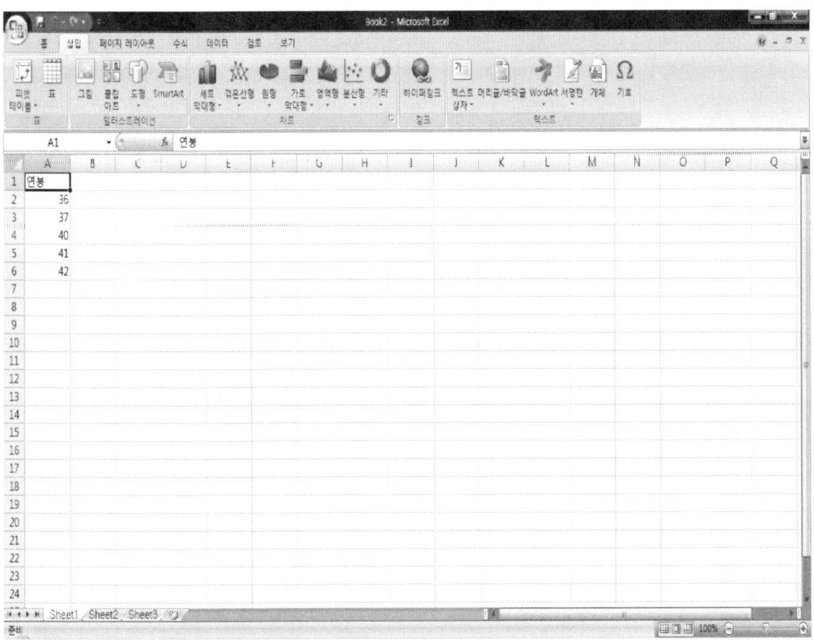

(2) 수식입력

수식은 산술 및 비교연산자, 함수 등으로 구성되며, 반드시 “=”로 시작하거나 수식 입력이 끝난 후 “=”를 눌러야만 계산이 된다. 여러 가지 수식을 이용하여 다양한 종류의 계산을 처리할 수 있다. 함수를 사용하여 복잡한 수식을 보다 편리하고 간단하게 작성할 수 있으며, 함수마법사를 이용하면 함수에 대한 도움말도 나오기 때문에 쉽게 사용할 수 있다.

다음 그림은 평균을 구한 예로 수식입력 줄에 평균을 계산한 수식이 나타나 있다.

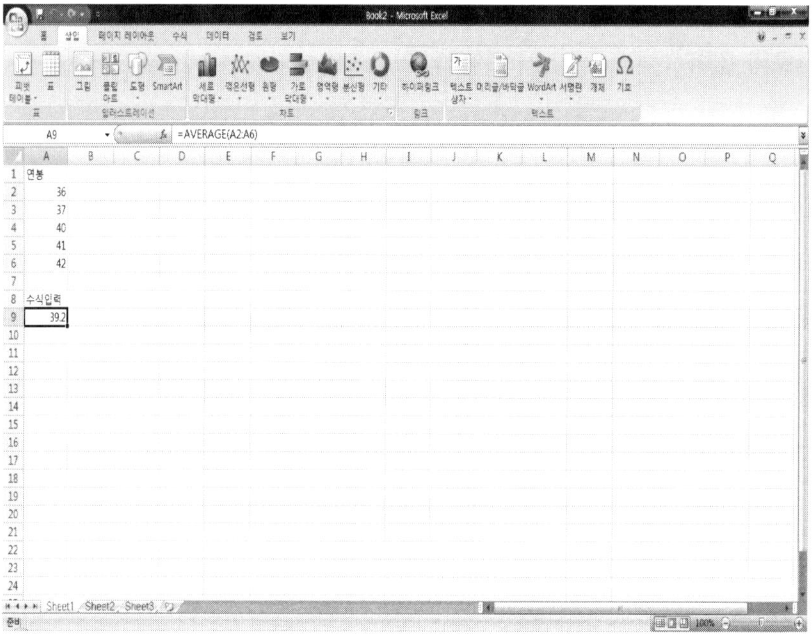

만일 메뉴에 [데이터]-[데이터분석]이 없으면 [오피스 단추]-[Excel 옵션]에서 [추가기능]-[이동]을 선택한 후 [분석도구]를 추가한다.

제 2 장

자료의 정리

제1절 자료의 종류

자료는 관심의 대상이 되는 변수의 실제값 또는 관측값들의 집합으로 크게 질적 자료(qualitative data)와 양적 자료(quantitative data)로 구분된다.

질적 자료는 범주형 자료(categorical data)라고도 하며 값으로 나타나지 않는 자료를 의미한다. 예를 들면 성별, 인종, 직업, 교육수준, 결혼 여부, 거주지역 등과 같은 자료가 질적 자료에 해당된다. 이러한 질적 자료는 필요에 따라 숫자로 나타낼 수 있는데 예를 들어 자료가 성별인 경우 남성은 1, 여성은 2와 같이 나타낼 수 있다. 그러나 이 경우 숫자는 어떤 의미를 갖지 않으며 단지 편의상 구분을 위해 임의로 정한 표시에 불과하다.

반면, 양적 자료는 수치형자료(numerical data)라고도 하며 숫자 자체가 자료의 특징을 그대로 반영한다. 예를 들면 키, 몸무게, 주가지수, 시험성적, 국민총생산, 상품의 가격 등과 같은 자료가 양적 자료에 속한다. 이러한 양적 자료는 숫자 자체가 의미를 가지기 때문에 다양한 산술계산을 할 수 있다. 또한 양적 자료는 필요에 따라 질적 자료로 변환할 수 있다. 예를 들어 가구당 월소득을 통해 생활수준이라는 질적 변수로 변환시킬 경우 월소득이 100만원 미만인 경우는 하, 100만원 이상에서 200만원 미만인 경우는 중, 200만원 이상인 경우는 상과 같이 나타낼 수 있다.

제 2 절 자료의 특성

이제는 자료의 특성을 파악하는 통계적 방법에 대해 살펴보자. 자료의 특성을 나타내는 수리적인 측도로서 중심값과 산포도를 전장에서 간단히 소개하였다. 중심값의 측도는 주어진 자료가 어떤 값을 중심으로 분포되어 있는가를 나타내 주는 것으로 대표값이라고도 하며 이를 측정하는 방법에는 평균, 중앙값, 최빈값 등이 있다. 산포도는 중심위치에서 얼마나 떨어져 있는가를 나타내는 측도로서 대표적으로 분산과 표준편차 등이 있다.

자료의 특성을 나타내는 측도를 살펴보기에 앞서 먼저 모수와 통계량에 대해 알아보도록 하자.

일반적으로 관심의 대상이 되는 전체, 즉 모집단을 분석할 때는 모집단의 특성을 나타내는 대표적인 값들이 필요하게 되는데 이러한 값들을 **모수**(parameter)라고 한다.

다시 말해 모수란 모집단을 나타내는 특성값이다. 모수를 알아내기 위해서는 모집단 전체를 조사해야만 하는데, 대부분의 연구에서는 모집단 전체를 조사하는 것이 불가능하므로 모집단의 일부로부터 표본을 추출하여 표본의 특성을 나타내 주는 대표값들을 구하게 된다. 이와 같이 표본으로부터 계산되는 표본의 특성값을 통계량(statistic)이라고 한다.

1. 중심위치 측도

(1) 평균

평균(mean)은 중심위치를 나타내는 측도로서 가장 많이 사용되며, 모든 관측값들의 합을 관측값의 개수로 나눈 것이다. 모집단의 평균을 모평균(population mean)이라 하고 표본의 평균을 표본평균(sample mean)이라고 한다. 모집단과 표본의 구분을 위해서 모집단의 수를 N이라고 하면 관측값은 $x_1, x_2, \cdots, x_N$과 같이 표시되고, 표본 관측값의 수를 n이라고 하면 관측값은 $x_1, x_2, \cdots, x_n$과 같이 표현된다. 또한 모평균은 보통 μ로 표시하고, 표본평균은 $\bar{x}$로 표시한다.

[모평균과 표본평균]

(i) 모집단(population)이 $x_1, x_2, \cdots, x_N$과 같은 N개의 관측값으로 구성되어 있다고 하자. 그러면 모평균(population mean) μ는 다음과 같이 정의된다.

$$\mu = \frac{x_1 + x_2 + \cdots + x_N}{N} = \frac{\sum_{i=1}^{N} x_i}{N}$$

(ii) n개의 관측값 $x_1, x_2, \cdots, x_n$을 표본으로 취했다고 하자. 그러면 표본평균(sample mean) $\bar{x}$는 다음과 같다.

$$\bar{x} = \frac{x_1 + x_2 + \cdots + x_n}{n} = \frac{\sum_{i=1}^{n} x_i}{n}$$

예제 2-1

주사위 숫자의 평균을 구하라.

1	2	3	4	5	6

주사위는 1, 2, 3, 4, 5, 6의 여섯 숫자로 구성되어 있으므로 이때 숫자의 평균은 모평균이 된다.

$$\begin{aligned}\mu &= \frac{x_1 + x_2 + \cdots + x_N}{N} \\ &= \frac{1+2+3+4+5+6}{6} \\ &= 3.5\end{aligned}$$

예제 2-2

금융기관들에서 임의로 선택된 초임직원 5 명의 연봉이 다음과 같다. 평균을 구하라.

36	37	40	41	42

(단위 : 백만원)

이 경우 금융기관들의 초임직원 전체의 연봉이라는 모집단에서 5명을 표본으로 추출한 경우의 평균을 구하는 것이므로 다음과 같이 표본평균이 계산되고 [그림 2-1]과 같이 나타난다.

$$\begin{aligned}\bar{x} &= \frac{x_1 + x_2 + \cdots + x_n}{n} \\ &= \frac{36 + 37 + 40 + 41 + 42}{5} \\ &= 39.2(\text{백만원})\end{aligned}$$

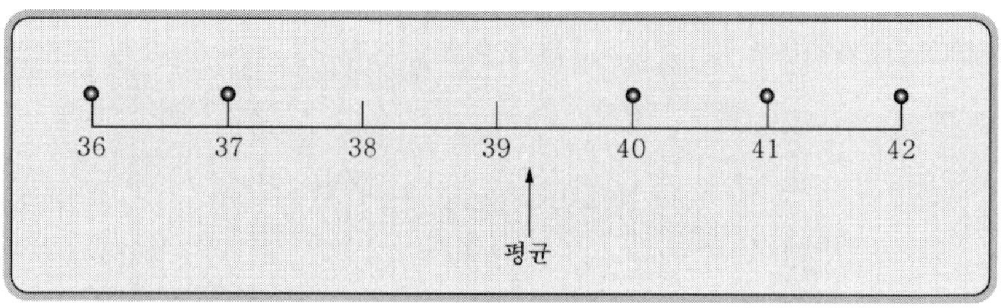

[그림 2-1] 평균

평균은 중심위치의 측도로서 가장 많이 사용되나 비정상적으로 크거나 작은 값에 의해 영향을 많이 받게 된다.

(2) 중앙값

평균은 극단적인 값에 영향을 많이 받는 반면 중앙값은 극단값에 크게 영향을 받지 않는다. 중앙값(median)은 자료를 오름차순으로 배열했을 때 중앙에 위치하는 값을 말한다. 자료의 개수(n)가 홀수일 때는 순서대로 배열하여 중앙에, 즉 $\frac{n+1}{2}$번째에 위치하는 값이 중앙값이 된다. 자료의 수가 짝수일 때에는 중앙에 위치하는 두 값의 평균, 즉 $\frac{n}{2}$번째와 $\frac{n+2}{2}$번째의 값의 평균이 중앙값이 된다.

중앙값 : 자료를 오름차순으로 배열했을 때 중앙에 위치하는 값

예제 2-3

금융기관들에서 임의로 선택된 초임직원 5 명의 연봉이 다음과 같다. 중앙값을 구하라.

37	40	42	41	36

자료를 오름차순으로 배열하면

36	37	40	41	42

와 같다. 자료의 수가 5개이므로 $\frac{5+1}{2}=3$번째 값인 40이 중앙값이 된다. 위의 결과는 [그림 2-2]와 같이 나타난다.

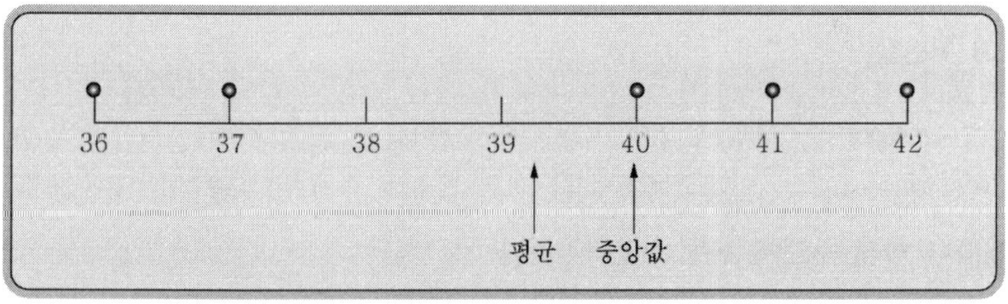

[그림 2-2] 중앙값

예제 2-4

금융기관들에서 임의로 선택된 초임직원 6명의 연봉을 낮은 값부터 배열하면 다음과 같다. 중앙값을 구하라.

36	37	40	41	42	100

(단위 : 백만원)

자료의 수가 6개로 짝수이므로 중앙 위치하는 두 값의 평균을 취한다.

자료의 개수 $n=6$

$\frac{n}{2}$번째 값= 3번째 값=40

$\frac{n+2}{2}$번째 값=4번째 값=41

$$중앙값=\frac{40+41}{2}$$
$$=40.5\ (평균=49.2)$$

이 자료에서 금융기관 초임직원들의 연봉을 대표하는 값은 아마도 40.5라는 중앙값이 될 것이다. 평균값인 49.2는 100이라는 극단값에 해당되는 한 개의 고액 소득자의 영향으로 커진 숫자이기 때문에 대표값으로는 적절하지 않다. 위에서 살펴본 것처럼 중앙값은 극단값에 민감한 반응을 보이지 않기 때문에 자료에 극단값이 존재할 경우 중심측도로 평균보다 더 큰 의미를 갖는다.

중앙값의 특징은 극단값에 영향을 받지 않으므로 관측값들이 중앙값을 기준으로 좌우에 각각 50%씩 위치하게 된다.

(3) 최빈값

최빈값(mode)은 자료 중에서 가장 자주 나타나는 값을 의미한다. 앞에서 살펴보았던 평균이나 중앙값은 양적 자료인 경우에만 측정 가능했으나 최빈값은 질적자료나 양적 자료에 모두 적용가능하다.

최빈값 : 자료에서 관측횟수가 가장 많은 값

최빈값이 자료를 가장 잘 대표하는 값이 되는 경우가 있다. 예를 들어 남성의류를 제조하는 업체의 경우, 와이셔츠의 평균 목 사이즈보다 가장 많이 팔리는 목 사이즈의 와이셔츠를 제조하는 것이 바람직할 것이다.

예제 2-5

어느 남성복매장에서 어제 팔린 와이셔츠의 목 사이즈는 다음과 같다. 최빈값을 구하라.

36 37 40 41 41	(단위 : cm)

최빈값은 자료에서 가장 많이 관측된 값이므로 41이 된다.

이를 그림으로 나타내 보면 다음 [그림 2-3]과 같다.

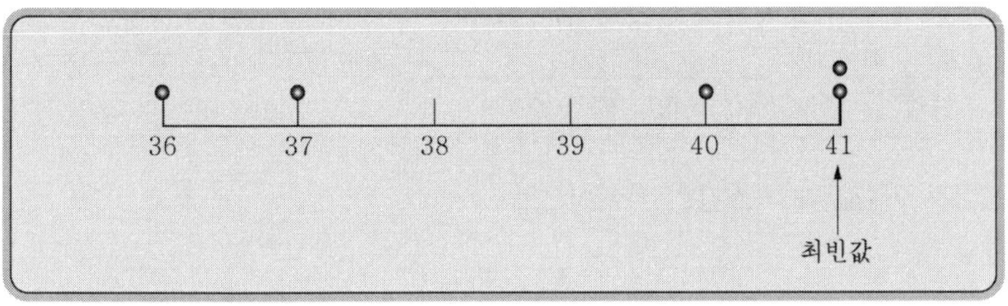

[그림 2-3] 최빈값

2. 산포도

다음과 같은 두 종류의 자료를 살펴보자.

자료 1 : 20 20 40 60 60 60 70 80 90 100
자료 2 : 10 20 50 60 60 60 70 70 100 100

이 두 자료는 관측값의 수와 평균, 최빈값, 중앙값이 동일한 자료이지만 동일한 특성을 갖는다고는 할 수 없다. 왜냐하면 두 자료가 퍼져 있는 모양이 다르기 때문이다. 따라서 자료의 성격을 파악하기 위하여 자료가 퍼져 있는 성향을 알아내야 할 필요가 있으며 이를 나타내는 측도들이 산포도이다.

산포의 측도로는 범위(range : R), 평균절대편차(mean absolute deviation : MAD), 분산(variance, σ^2), 표준편차(standard deviation, σ) 등이 있다.

(1) 범위

산포의 경향을 나타내는 가장 쉬운 개념의 측도는 범위이며, 관측값 중에서 최대값과 최소값간의 차이로 정의된다.

범위 : 자료에서 최대값과 최소값과의 차이

예제 2-6

임의로 선택된 초임직원 5 명의 연봉이 다음과 같다. 범위를 구하라.

36	37	40	41	42

(단위 백만원)

범위는 최대값과 최소값의 차이이므로

$$42 - 36 = 6$$

이 된다. 위의 자료와 범위는 [그림 2-4]와 같이 나타난다.

범위는 계산이 간단하므로 산포도를 대략 파악하는데 이용된다. 그러나 두 개의 극단값 이외의 다른 측정값들을 포함하지 않으므로 산포도를 정확하게 표현하지 못한다는 단점이 있다. 또한 비정상적인 극단값에 영향을 크게 받기 때문에 올바른 산포의 측도로는 부적절한 경우가 많다.

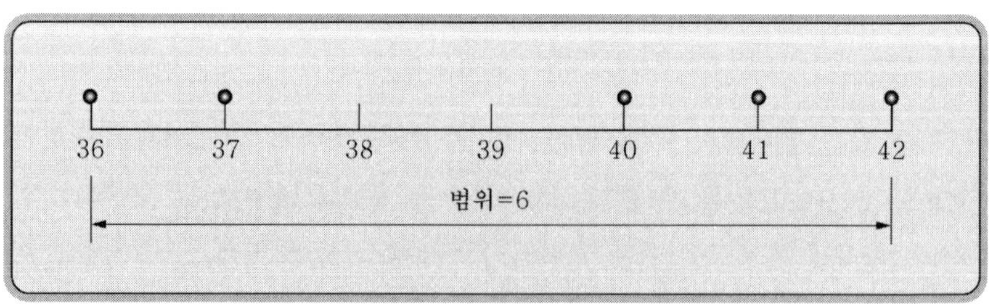

[그림 2-4] 범위

(2) 사분위범위(interquartile range)

범위는 두 개의 극단값 외의 다른 측정값들을 포함하지 않는다는 단점이 있다. 이러한 단점을 보완한 것이 사분위범위(interquartile range)이다.

먼저 사분위수에 대해 살펴보자. 자료를 오름차순으로 나열하고 같은 크기로 4 등분하는 수를 사분위수(quartile)라고 하며, 처음 것을 1사분위수(first quartile)라 하고, Q_1으로 표기한다. 그 다음을 2사분위수(second quartile)라고 하며, 이 값은 중앙값과 같다. 세번째 사분위수는 3사분위수(third quartile)라고 하며 Q_3로 표기한다. 3사분위수와 1사분위수의 차이를 사분위범위라고 하며 IQR로 표기한다.

오름차순으로 정리된 N개의 자료에서 사분위수를 구하는 식은 다음과 같다.

1사분위수 : $\left[\frac{N}{4}\right]+1$번째 관측값

2사분위수 : $\left[\frac{2N}{4}\right]+1$번째 관측값

3사분위수 : $\left[\frac{3N}{4}\right]+1$번째 관측값

여기에서 [ ]은 그 안에 포함된 값의 소수점은 무시하는 자연수를 의미한다.

사분위범위(IQR) : 3사분위수(Q_3) − 1사분위수(Q_1)

예제 2-7

임의로 선택된 초임직원 5명의 연봉이 다음과 같다. 사분위범위를 구하라.

36 37 40 41 42

(단위 백만원)

[풀이]

1사부위수 : $\left[\frac{N}{4}\right]+1$번째 관측값 $=\left[\frac{5}{4}\right]+1=[1.25]+1$

$$=2\text{번째 관측값}$$

$$\text{3사분위수 : } \left[\frac{3N}{4}\right]+1\text{번째 관측값} = \left[\frac{15}{4}\right]+1=[3.75]+1$$

$$=4\text{번째 관측값}$$

$\therefore$ 사분위범위 $= 41-37=4$

(3) 평균절대편차

자료가 퍼져 있는 전반적인 성향을 측정하고자 할 때 가장 기본적인 방법은 관측값들과 평균값과의 차이를 계산하는 것이다. 이때 관측값과 평균값과의 차이를 편차(deviation)라고 한다.

편차(deviation) : 관측값 - 평균값

예제 2-8

임의로 선택된 초임직원 5 명의 연봉이 다음과 같다. 각 측정값들의 편차와 편차의 합을 구하라.

36	37	40	41	42

(단위 : 백만원)

편차= 관측값-평균값

편차의 합계는 어떤 자료에서건 항상 0 이므로 자료의 산포에 관한 아무런 정보도 주지 못한다.

이러한 점을 보완하고 산포의 실제성향을 나타내기 위해 편차들의 절대값의 합계를 구하여 평균을 내는 방법을 사용하는데 이것을 평균절대편차(mean absolute deviation : MAD)라고 한다. 모집단과 표본집단의 평균절대편차에 대해 알아보자.

관측값	평균	편차
36	39.2	-3.2
37	39.2	-2.2
40	39.2	0.8
41	39.2	1.8
42	39.2	2.8
합계		0

측정값이 $x_1, x_2, \cdots, x_N$이고 평균이 μ인 어떤 모집단에서 평균절대편차는 다음과 같이 정의된다.

$$MAD = \frac{\sum_{i=1}^{N} |x_i - \mu|}{N}$$

표본의 평균절대편차도 동일한 방법으로 정의한다. 어떤 표본의 관측값이 $x_1, x_2, \cdots, x_n$이고, 평균이 $\bar{x}$라고 하자. 이때 표본 평균절대편차는 다음과 같다.

$$MAD = \frac{\sum_{i=1}^{n} |x_i - \bar{x}|}{n}$$

예제 2-9

임의로 선택된 초임직원 5 명의 연봉이 다음과 같다. 평균절대편차(MAD)를 구하라.

36 37 40 41 42

(단위 백만원)

평균 : $\bar{x} = 39.2$

평균절대편차 :

$$\begin{aligned} MAD &= \frac{\sum_{i=1}^{n} |x_i - \bar{x}|}{n} = \frac{\sum_{i=1}^{5} |x_i - 39.2|}{5} \\ &= \frac{|36-39.2|}{5} + \frac{|37-39.2|}{5} + \cdots + \frac{|42-39.2|}{5} \\ &= 2.16 \end{aligned}$$

(4) 분산과 표준편차

편차의 합계는 어떤 자료에서도 항상 0이므로 자료의 산포에 관한 아무런 정보도 주지 못한다. 이번에는 편차의 제곱합의 개념을 이용해 보자. 편차의 제곱합은 자료의 수가 증가함에 따라 값의 크기가 무한히 커지기 때문에 제곱합 자체로는 산포의 측도가 될 수 없다. 따라서 편차의 제곱합을 평균한 개념을 사용하는데 이것이 바로 분산이다. 또한 분산에 제곱근을 취하면 표준편차가 된다. 자료가 퍼져 있는 정도를 표현하는 측도로 가장 많이 사용되는 것이 분산(variance)과 표준편차(standard deviation)이다.

자료가 모집단일 때의 분산은 모분산 σ^2, 표준편차는 모표준편차 σ로 표기하고, 표본일 때는 표본분산은 s^2, 표본표준편차는 s로 표기한다.

먼저 모분산과 모표준편차에 대해 살펴보자.

어떤 모집단의 관측값들이 $x_1, x_2, \cdots, x_N$이고 평균이 μ라고 하자. 편차의 제곱합의 평균인 모분산 σ^2은 다음과 같이 정의된다.

$$\sigma^2 = \frac{\sum_{i=1}^{N}(x_i - \mu)^2}{N}$$

이 식의 분자는 아래와 같이 정리할 수 있다.

$$\begin{aligned}
\sum_{i=1}^{N}(x_i-\mu)^2 &= \sum_{i=1}^{N}(x_i^2 - 2\mu x_i + \mu^2) \\
&= \sum_{i=1}^{N}x_i^2 - 2\mu\sum_{i=1}^{N}x_i + \sum_{i=1}^{N}\mu^2 \\
&= \sum_{i=1}^{N}x_i^2 - 2N\mu^2 + N\mu^2 \\
&= \sum_{i=1}^{N}x_i^2 - N\mu^2
\end{aligned}$$

따라서 모분산은 다음과 같은 식으로도 표현된다.

$$\sigma^2 = \frac{\sum_{i=1}^{N}x_i^2}{N} - \mu^2$$

모표준편차는 모분산의 제곱근으로 다음과 같다.

$$\sigma = \sqrt{\sigma^2}$$

예제 2-10

주사위 숫자들의 분산을 구하라.

1 2 3 4 5 6

모평균 : $\mu = 3.5$

모분산 :

$$\sigma^2 = \frac{\sum_{i=1}^{N}(x_i - \mu)^2}{N} = \frac{\sum_{i=1}^{6}(x_i - 3.5)^2}{6}$$
$$= \frac{(1-3.5)^2}{6} + \frac{(2-3.5)^2}{6} + \cdots + \frac{(5-3.5)^2}{6} + \frac{(6-3.5)^2}{6}$$
$$= 2.917$$

모표준편차 : $\sigma = \sqrt{\sigma^2} = \sqrt{2.917} = 1.71$

관측값들의 표준편차에 관련한 일반적 논리로서 체비세프의 정리(Cheby-sheff's Theorem)를 알아둘 필요가 있다.

체비세프의 정리: 관측값들이 모평균으로부터 $k\sigma$ 범위내에 속하는 비율, 즉 $\mu \pm k\sigma$ 이내에 포함되는 비율은 $1 - \frac{1}{k^2}$ 이상이다. $(k>1)$

체비세프의 정리는 모든 관측값들에 관련한 최소한도의 편차를 보여주고 있으므로 산포도의 대략적 모습을 묘사해 준다.

이번에는 표본분산과 표본표준편차에 대해 살펴보자.

어떤 표본내의 관측값들이 $x_1, x_2, \cdots, x_n$이고 평균이 $\bar{x}$라고 하자. 표본분산 s^2은 다음과 같이 정의된다.

$$s^2 = \frac{\sum_{i=1}^{n}(x_i - \bar{x})^2}{n-1}$$

이는 앞의 모분산의 경우와 같이 다음의 식으로도 표현할 수 있다.

$$s^2 = \frac{\sum_{i=1}^{n} x_i^2 - n\bar{x}^2}{n-1}$$

표본표준편차는 표본분산의 제곱근으로 다음과 같다.

$$s = \sqrt{s^2}$$

여기에서 유의할 점은 표본분산은 모분산과는 달리 분모가 자료의 개수보다 하나가 적은 $(n-1)$이 된다. 이는 표본분산의 정의에서 중심위치로 모평균을 이용하는 것이 아니라 표본평균을 사용함으로써 자료의 사용에 있어서 제약이 따르기 때문이다. 이에 관한 보다 자세한 내용은 표본론에 관한 장에서 설명하게 된다.

예제 2-11

임의로 선택된 초임직원 5 명의 연봉이 다음과 같다. 표본분산과 표본표준편차를 구해 보자.

36 37 40 41 42

(단위 백만원)

앞에서 구한 표본평균 $\bar{x} = 39.2$이었다.

표본분산

$$s^2 = \frac{\sum_{i=1}^{n}(x_i - \bar{x})^2}{n-1} = \frac{\sum_{i=1}^{5}(x_i - 39.2)^2}{5-1}$$

$$= \frac{(36-39.2)^2}{4} + \frac{(37-39.2)^2}{4} + \cdots + \frac{(42-39.2)^2}{4}$$

$$= 6.7$$

표본표준편차 $s = \sqrt{s^2} = \sqrt{6.7} = 2.59$

제 3 절 그래프에 의한 질적 자료의 정리

그래프(graph)나 도표(chart)를 이용하면 통계학에 대한 전문적인 지식이 없어도 대규모적인 자료의 특성을 보다 쉽고 편리하게 표현할 수 있다. 자료의 특성을 파악할 수 있는 그래프로는 히스토그램, 막대그래프, 원그래프, 줄기-잎 그림 등이 있다. 이러한 그래프들이 사용될 수 있는 자료를 종류에 따라 살펴보기로 하자.

질적 자료 또는 범주형자료인 경우에는 도수분포표(frequency distribution table)와 막대그래프(bar graph), 원형그래프(pie graph) 등을 이용하여 자료를 정리할 수 있다.

1. 도수분포표

자료의 형태가 범주형인 경우 각 자료값이 나타내는 수를 빈도 또는 도수(frequency)라고 하고, 도수를 전체 자료의 숫자로 나눈 것을 상대도수(relative frequency)라고 한다.

예를 들어 어느 여행사에서 지난달 해외여행을 신청한 고객 12명의 여행목적지를 열거하였더니 다음과 같았다.

미국	미국	미국	영국	캐나다	프랑스
일본	미국	미국	캐나다	일본	일본

위의 자료를 도수분포표로 나타내면 [표 2-1]과 같다.

[표 2-1] 여행목적지의 도수

여행목적지	도 수
미 국	5
영 국	1
캐나다	2
프랑스	1
일 본	3
합계	12

위의 도수분포표에는 도수만을 기입하였으나 관측값의 수가 다른 두개 이상의 표본을 비교하려는 경우에는 상대도수를 구하여 도수분포표로 나타내는 것이 유용하다. 위의 자료를 이용하여 상대도수를 구하면 다음의 [표 2-2]와 같다.

[표 2-2] 여행목적지의 상대도수

여행목적지	도수	상대도수
미 국	5	0.42
영 국	1	0.08
캐나다	2	0.17
프랑스	1	0.08
일 본	3	0.25
합계	12	1.00

2. 막대그래프

앞에서 살펴본 도수분포표를 그림으로 나타낸 것이 막대그래프이다. 막대그래프는 각 자료값의 도수나 상대도수를 같은 넓이의 막대로 표현하며, 가로축에는 자료값, 세로축에는 도수나 상대도수를 표시한다.

앞의 여행목적지의 도수분포표를 막대그래프로 나타내면 다음 [그림 2-5]와 같다.

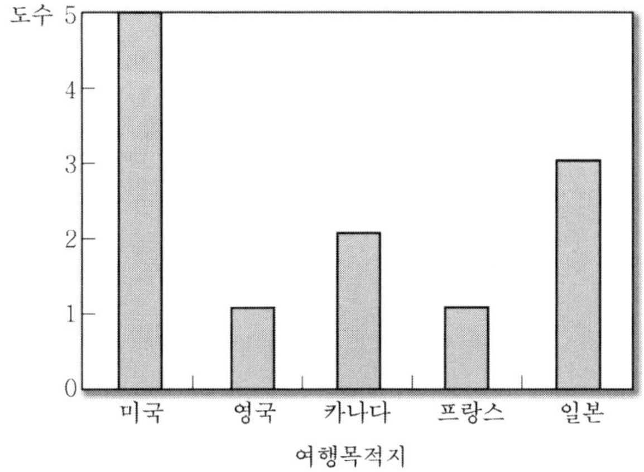

[그림 2-5] 막대그래프

또한 개별적인 범주의 요소들에 관심이 있는 경우에도 막대그래프를 사용할 수 있다. 예를 들어, 어느 여행사가 2개월 동안 고객의 여행목적지를 조사한 결과 [표 2-3]과 같다고 하자.

[표 2-3] 2개월 동안의 여행목적지의 도수

여행목적지	도수	
	7월	8월
미국	5	2
영국	1	2
캐나다	2	3
프랑스	1	2
일본	3	6
합계	12	15

위의 도수를 막대그래프로 나타내면 다음 [그림 2-6]와 같다. 이런 종류의 그래프를 구성막대그래프(component bar graph)라고 한다. 이 그래프는 총합계와 개별구성요소들의 시각적인 비교를 가능하게 해준다. 이 그림을 보면 7월에 비해 8월에 일본 여행객수가 많이 증가했음을 알 수 있다.

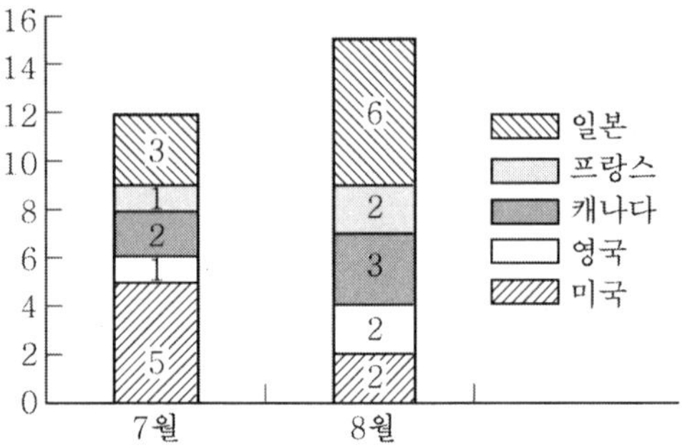

[그림 2-6] 구성막대그래프

3. 원형그래프

원형그래프는 전체 원을 자료값의 크기에 비례하는 조각으로 나누어 나타내는 방법이다. 원형그래프에서 총면적을 1로 볼 때 나누어진 각 조각의 크기는 상대도수를 나타내게 된다.

앞의 여행목적지의 예제를 원형그래프로 나타내면 다음의 [그림 2-7]과 같게 된다.

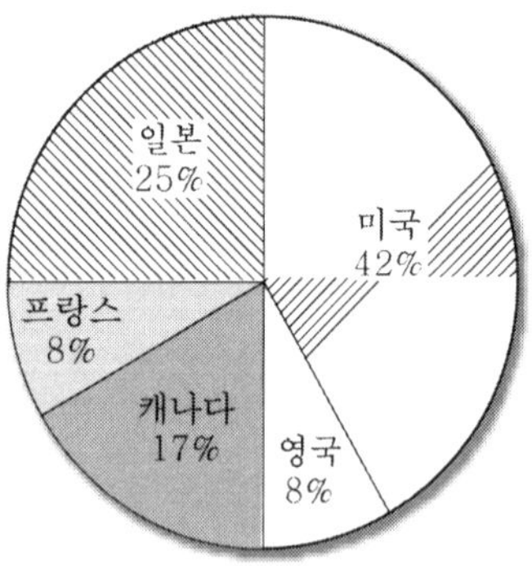

[그림 2-7] 원형그래프

제4절 그래프에 의한 양적 자료의 정리

1. 히스토그램

히스토그램은 방대한 자료를 계급(class)으로 나누어 각 계급에 속하는 상대도수의 크기를 그래프로 나타낸 것이다. 히스토그램을 나타내기 위해서는 우선 양적자료를 몇 개의 계급으로 나눈 도수분포표를 작성해야 한다. 이제 도수분포표를 작성하는 방법에 대해 살펴보자.

도수분포표를 나타내기 위해서는 먼저 자료를 몇 개의 그룹으로 나눌 필요가 있는데, 이렇게 나뉘어진 그룹을 계급이라고 한다. 계급의 개수는 대개 5 내지 20개 정도면 되지만 관측값이 광범위하고 자료의 수가 많을수록 계급의 수를 늘리는 것이 바람직하다. 계급의 수가 결정되면 계급의 크기를 정한다. 계급의 크기는 다음과 같은 식에 의해 결정된다.

$$\text{계급의 크기} = \frac{\text{최대값} - \text{최소값}}{\text{계급의 수}}$$

각 계급의 상한과 하한이 서로 중복되지 않도록 하기 위해 계급의 경계를 한 자리수 밑으로 하는 경우가 많다.

계급의 수와 계급의 크기가 정해지면 도수를 계산한다. 도수는 각 계급에 속하는 관측값들의 수를 의미하는 것으로 N개의 관측값들로 된 하나의 집합이 K개의 계급으로 나누어진다고 할 때 도수를 $f_1, f_2, \cdots, f_K$라고 표기하면 다음과 같은 식이 성립하게 된다.

$$\sum_{i=1}^{K} f_i = N$$

도수를 계산한 후 각 계급도수를 전체자료의 수로 나누어 상대도수를 계산한다. 상대도수란 각 계급에 속하는 관측값들의 비율을 의미하는 것이므로 i번째 계급의 상대도수는 $\frac{f_i}{N}$ 로 표현된다.

이러한 i번째 계급의 상한까지의 모든 관측값들의 비율을 그 계급의 누적상대도수(cumulative relative frequency)라고 하며 다음과 같이 표현된다.

$$\left(\frac{f_1}{N}+\frac{f_2}{N}+\cdots+\frac{f_i}{N}\right)=\frac{f_1+f_2+\cdots+f_i}{N}$$

이와 같은 도수분포표를 구하여 그래프로 나타낸 것이 바로 히스토그램이다. 다음의 예를 통해 히스토그램을 작성하는 과정을 살펴보자.

예제 2-12

금융기관 초임직원들의 연봉이 어느 정도인가를 알아보기 위해 임의로 선택된 초임직원 20 명의 연봉을 조사해본 결과 다음과 같다고 하자.

(단위 : 백만원)

33	36	37	38	39	27	30	35	26	48
40	41	41	42	45	34	24	30	40	42

계급의 수를 임의로 5개로 하자. 이 자료에서는 최대값이 48, 최소값이 24이므로 계급의 크기는 다음에 의해

$$\begin{aligned}\text{계급의 크기} &= \frac{\text{최대값} - \text{최소값}}{\text{계급의 개수}} \\ &= \frac{48-24}{5} \\ &= 4.8 \approx 5\end{aligned}$$

가 된다. 계급의 크기가 5이므로 계급의 경계를 24~29, 29~34, 34~39, 39~44, 44~49로 정할 수 있지만 어떤 자료도 계급간의 경계에 놓이지 않도록 하기 위해서는 자료의 최소값보다 조금 작은 값을 경계로 선택한다. 이를 위해 보통 자료의 최소값으로부터 최소단위의 반을 뺀 값을 많이 사용하는데, 이 예에서는 자료의 최소값이 24이므로

$$24-\frac{1}{2}\times 1 = 23.5$$

가 초기값이 된다. 따라서 계급의 크기가 5이므로 계급의 경계는 23.5 ~ 28.5, 28.5~33.5, 33.5~38.5, 38.5~43.5, 43.5~48.5가 되고, 어떤 자료도 계급의 경계에 놓이지 않게 된다.

각 계급에 따른 도수를 구하여 도수분포표를 작성하면 다음 [표 2-4]와 같다.

[표 2-4] 도수분포표

계 급	도 수
23.5~28.5	3
28.5~33.5	3
33.5~38.5	5
38.5~43.5	7
43.5~48.5	2
합계	20

각 계급에 속하는 도수들의 비율인 상대도수와 상대도수의 누적값인 누적상대도수를 계산하면 [표 2-5]와 같다.

[표 2-5] 상대도수와 누적상대도수

계 급	도수	상대도수	누적상대도수
23.5~28.5	3	0.15	0.15
28.5~33.5	3	0.15	0.30
33.5~38.5	5	0.25	0.55
38.5~43.5	7	0.35	0.90
43.5~48.5	2	0.10	1.00
합계	20	1.00	

위의 표에서 상대도수를 그래프로 나타낸 것이 [그림 2-8]의 히스토그램이다.

히스토그램을 표현할 때 유의할 점은 다음과 같다.

첫째, 자료들은 계급의 경계에 놓이지 않도록 해야 한다. 그러기 위해서는 계급의 경계(boundary)를 자료의 최소값보다 최소단위의 반만큼 작은 값으로 잡는 것이 좋다.

둘째, 일반적으로 모든 계급의 크기는 동일해야 한다. 그러나 많은 관측값이 좁은 구간에 들어가고 다른 관측값들은 넓게 퍼져 있다면 계급간격을 다르게 할 수도 있다. 이런 경우, 히스토그램을 효과적으로 나타내기 위해서는 계급구간의 크기를 조정해야 할 것이다.

셋째, 계급의 수는 보통 5개~20개로 정하지만 관측값의 수가 많고 퍼진 정도가 심할수록 수를 늘리는 것이 타당하다.

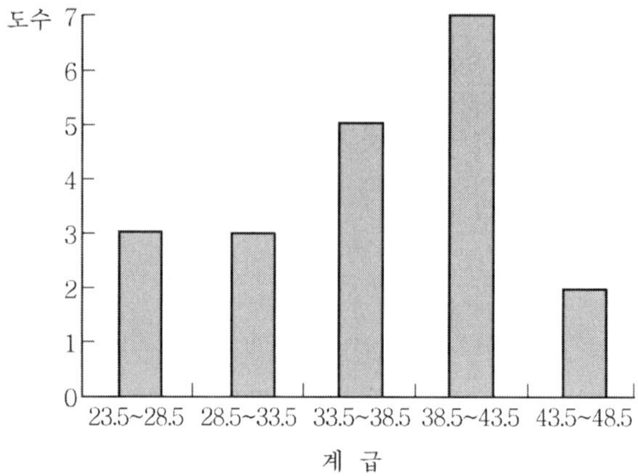

[그림 2-8] 히스토그램

2. 줄기 - 잎 그림

히스토그램처럼 양적 자료의 특성을 시각적으로 파악할 수 있는 또다른 방법으로 줄기-잎 그림(stem-and-leaf diagram)이 있다. 히스토그램은 자료의 전체적인 특성을 파악할 수 있으나 원래의 자료값을 나타내지는 않는데 반해 줄기-잎 그림은 원래의 자료를 그림에 그대로 표현한다는 특징이 있다.

자료를 줄기-잎 그림으로 나타내기 위한 절차는 다음과 같다.

첫째, 원자료에서 줄기와 잎부분을 정한다. 보통 자료를 두 부분으로 나누어 앞부분은 줄기, 뒷부분은 잎으로 선택한다.

둘째, 줄기에 해당하는 값을 크기순으로 위에서부터 세로로 나열한다.

셋째, 각 줄기에 해당되는 잎의 값은 해당 줄기의 오른쪽에 가로방향으로 기록한다.

넷째, 줄기와 잎의 값을 구분하기 위해 줄기와 잎 사이에 수직선을 긋는다.

예제 2-13

어느 대학교 경영학부에서 20명의 학생들을 조사한 결과 몸무게가 다음과 같다고 하자. 줄기-잎 그림을 그려보라.

(단위 : kg)

55	60	70	48	65	47	85	53	54	45
63	58	67	72	51	73	78	52	77	50

이 경우 자료가 두 자리수이므로 앞의 십단위에 해당하는 부분을 줄기, 일단위에 해당되는 부분을 잎으로 하여 줄기-잎 그림을 나타내면 [그림 2-9]와 같다.

줄기	잎
4	5 7 8
5	0 1 2 3 4 5 8
6	0 3 5 7
7	0 2 3 7 8
8	5

[그림 2-9] 줄기-잎 그림

이와 같이 줄기-잎 그림은 원자료를 그대로 그림으로 나타낸다는 장점이 있긴 하지만 자료가 방대한 경우에는 부적합하다.

3. 산포도

관심이 되는 한 쌍의 자료 사이의 관계를 알고 싶다고 하자. 산포도(scatter plot)는 이러한 두 자료간의 관계를 시각적으로 나타내준다. 예를 들어 어떤 회사의 과장 5명의 근속연수와 연봉이 다음과 같다고 하자.

이 름	근속연수	연봉(100만원)
A	3	36
B	4	37
C	5	40
D	6	41
E	8	42

이 자료를 산포도로 나타내면 다음 [그림 2-10]과 같다. 이 산포도를 통해 근속연수가 오래될수록 연봉도 높다는 점을 쉽게 파악할 수 있다.

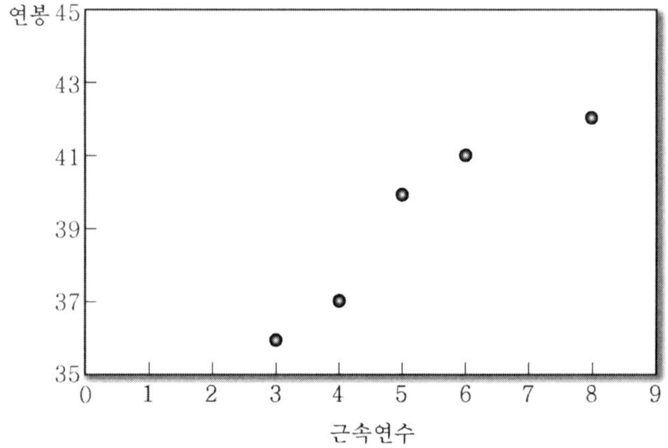

[그림 2-10] 산포도

4. 상자그림

상자그림(box plot)은 자료의 산포를 쉽게 파악하게 해주는 그림이다. 즉 최소값, 1분위수, 중앙값, 3분위수, 최대값을 한 눈에 볼 수 있다.

예를 들어 L회사의 과장들 중 임의로 선정한 5명의 연봉이 다음과 같다고 하자.

36 37 40 41 42

(단위 : 백만원)

이 자료에서 최소값, 1분위수, 중앙값, 3분위수, 최대값을 구하면 다음과 같고, 상자그림으로 나타내면 [그림 2-11]과 같다.

최소값	36
1분위수	37
중앙값	40
3분위수	41
최대값	42

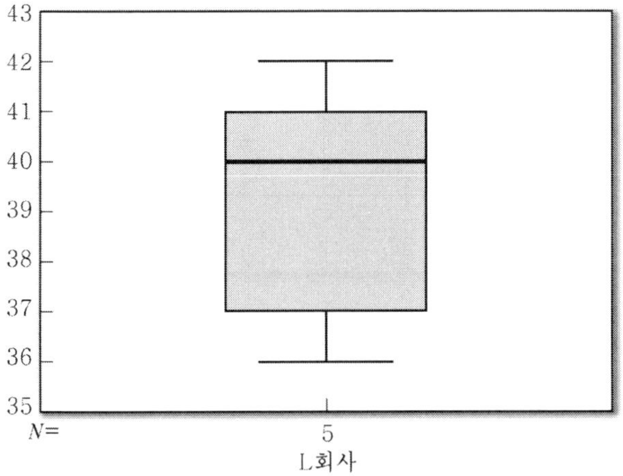

[그림 2-11] 상자그림

한편, 경쟁회사인 M회사의 과장들 중 임의로 선정한 5명의 봉급이 다음과 같다고 하자.

35 38 42 43 45

(단위 : 백만원)

이 자료에서 최소값, 1분위수, 중앙값, 3분위수, 최대값을 구하면 다음과 같다.

최소값	35
1분위수	38
중앙값	42
3분위수	43
최대값	45

L회사와 M회사의 경우를 한꺼번에 상자그림으로 나타내면 [그림 2-12]와 같다.

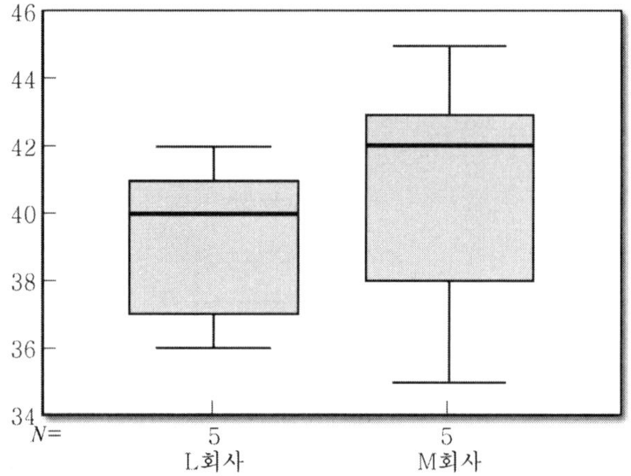

[그림 2-12] 상자그림

상자그림은 두 회사의 산포를 잘 알려준다. L회사보다 M회사가 평균연봉이 더 높고, 자료값이 더 퍼져 있음을 알 수 있다.

5. 시간그림

시간에 따른 변화량도 그래프로 나타낼 수 있다. 이를 시간그림(time plot)이라고 하고 가로축에는 시간, 세로축에는 자료값으로 표시한다. 시간에 따른 변화량을 시각적으로 쉽게 알아보기 위해 인접한 점들을 선으로 이어준다.

예를 들어 어느 국가의 1인당 GNP가 다음과 같다고 하자. 이를 시간그림으로 나타내면 [그림 2-13]과 같다.

(단위 : 천달러)

연도	2006	2007	2008	2009	2010
GNP	36	40	37	41	42

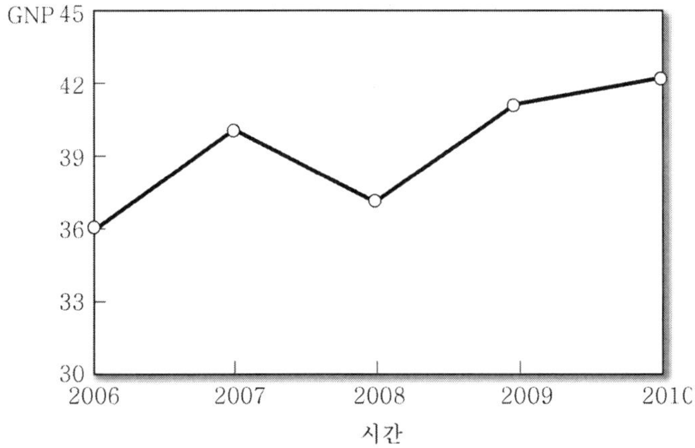

[그림 2-13] 시간그림

이와 같이 시간에 따른 자료의 변화량을 그래프로 나타내면 자료값의 증가 또는 감소하는 변화형태를 보다 쉽게 파악할 수 있다.

엑 셀 활 용

※엑셀을 이용하여 다음의 자료를 정리해 보자.

36	37	40	41	42

[평 균]

1. 위의 자료를 입력한 후 워크시트의 셀 A8에 평균이라고 입력하고 셀포인터를 B8에 위치시킨다. 메뉴표시줄의 [수식]-[함수삽입]을 선택하거나 도구모음에서 f_x 를 선택하면 [함수 마법사] 대화상자가 나타난다. 다음과 같이 "범주선택"에서 "통계"를 선택하고, "함수선택"에서 "AVERAGE"를 선택한다.

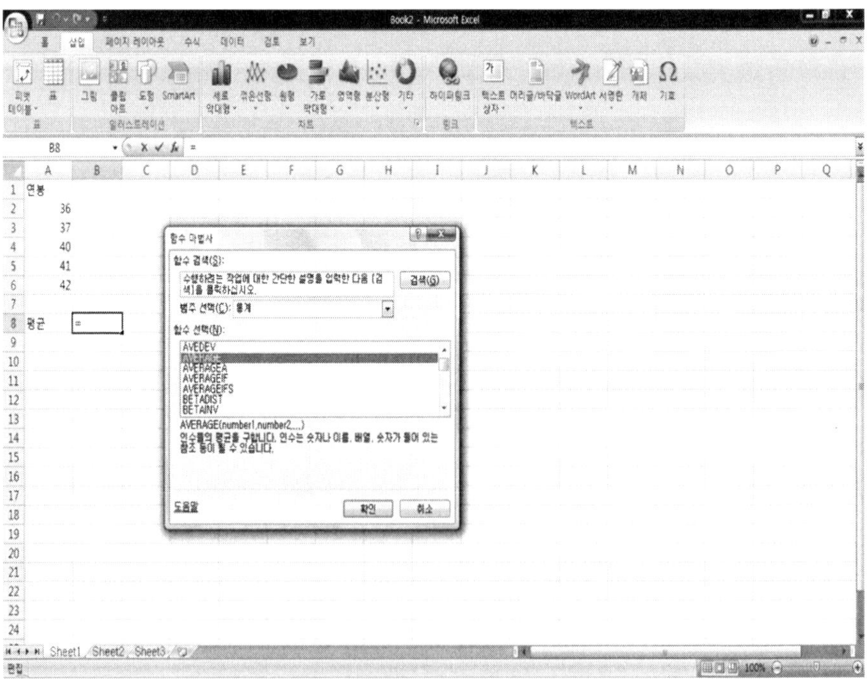

2. [확인]을 누르면 [AVERAGE]대화상자가 나타난다. 여기에서 Number1에 계산하고자 하는 범위인 A2 : A6을 직접 입력하거나 마우스로 드래그하여 지정해 준다.

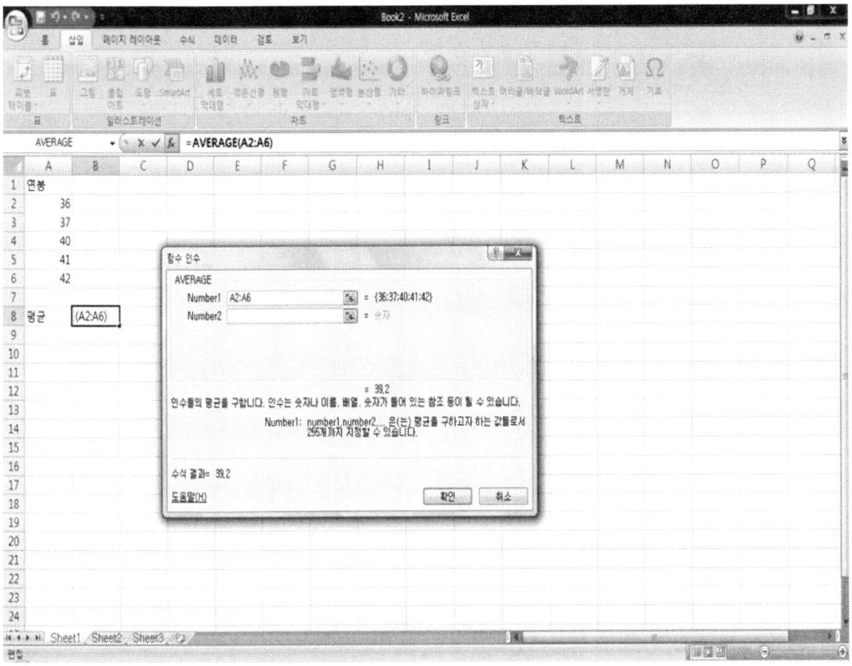

3. [확인]을 누르면 다음과 같이 평균을 계산한 결과가 나타난다.

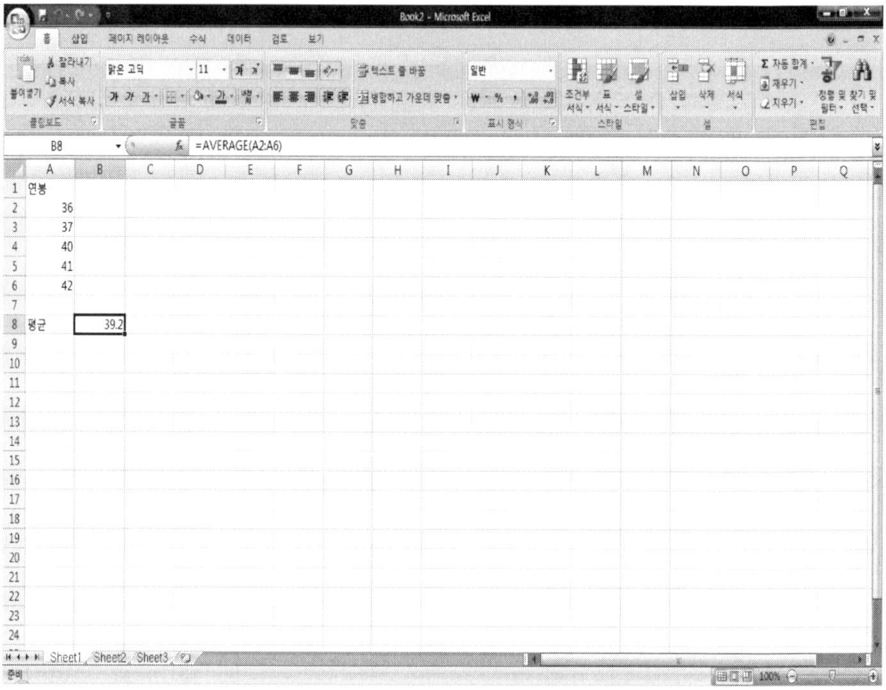

[중앙값]

1. 위와 동일하게 자료를 입력한다. 워크시트의 셀 A9에 중앙값이라고 입력하고 셀포인터를 셀 B9에 위치시킨다. 메뉴표시줄의 [수식]-[함수삽입]을 선택하거나 도구모음에서 fx 를 선택한 후 다음과 같이 [함수 마법사] 대화상자에서 "범주선택"에서 "통계"를 선택하고, "함수선택"에서 "MEDIAN"을 선택한다.

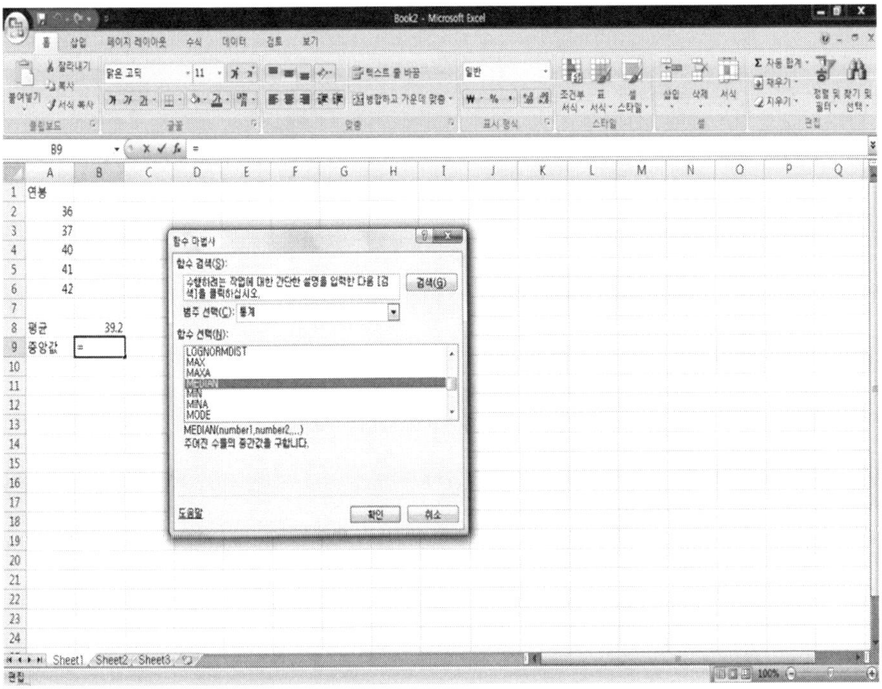

2. [확인]을 누르면 [MEDIAN] 대화상자가 나타난다. 여기에서 Number1에 계산하고자 하는 범위인 A2 : A6을 직접 입력하거나 마우스로 드래그하여 지정해준다.

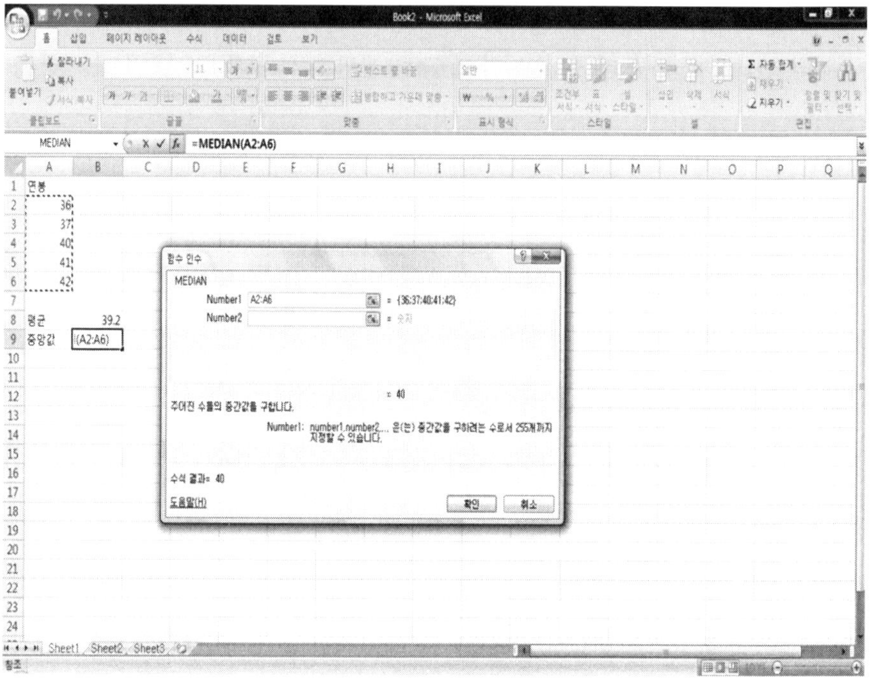

3. [확인]을 누르면 다음과 같이 중앙값이 계산된 결과가 나타난다.

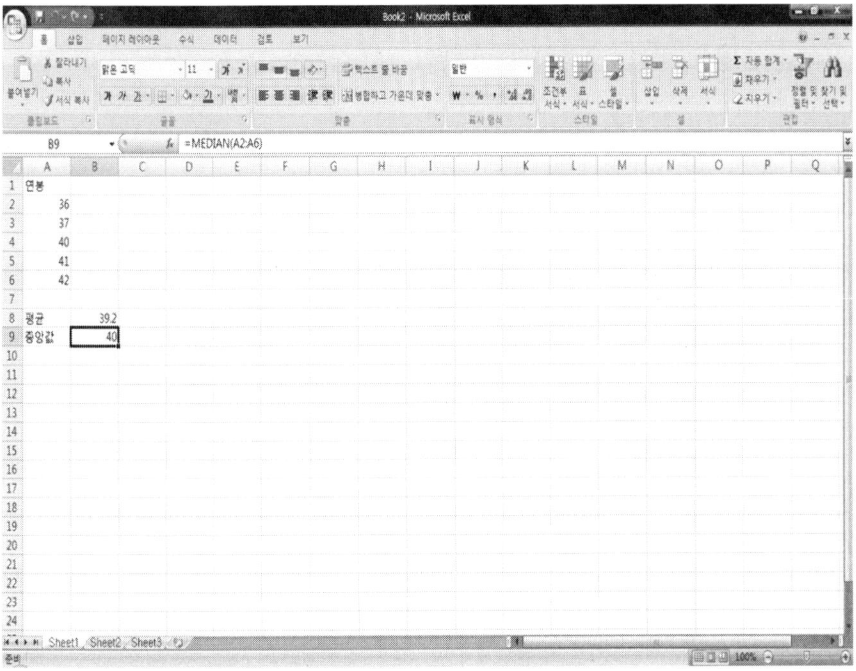

[최대값]

1. 워크시트의 셀 A10에 최대값이라고 입력하고 셀포인터를 셀 B10에 위치시킨다. 위와 동일한 방법으로 [함수 마법사] 대화상자에서 "범주선택"에서 "통계"를 선택하고, "함수선택"에 "MAX"를 선택하고 [확인]을 누른 후 [MAX] 대화상자에서 Number1에 계산하고자 하는 범위인 A2 : A6을 직접 입력하거나 마우스로 드래그하여 지정해 준다.

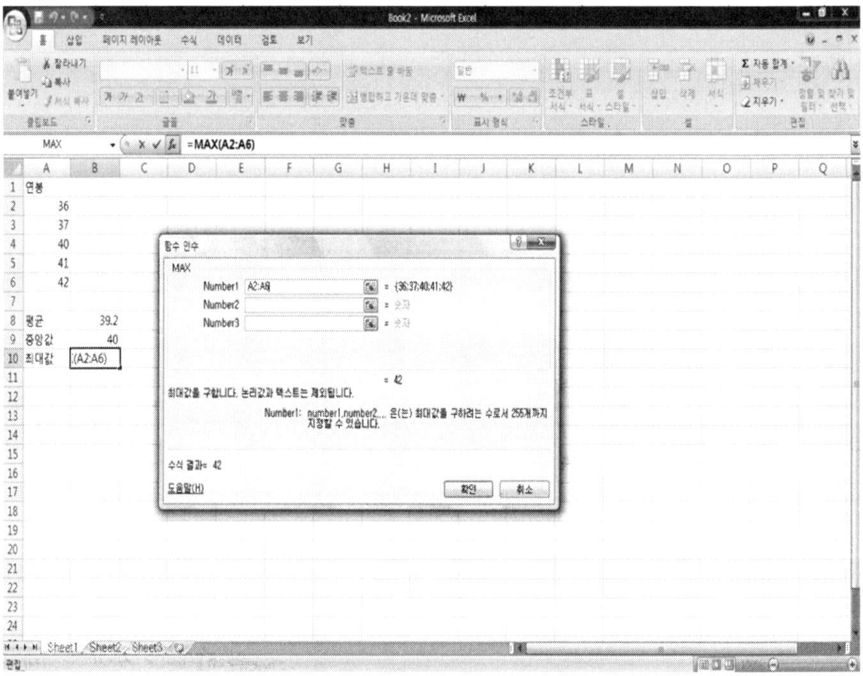

2. [확인]을 누르면 다음과 같이 셀 A10에 계산된 결과가 나타난다.

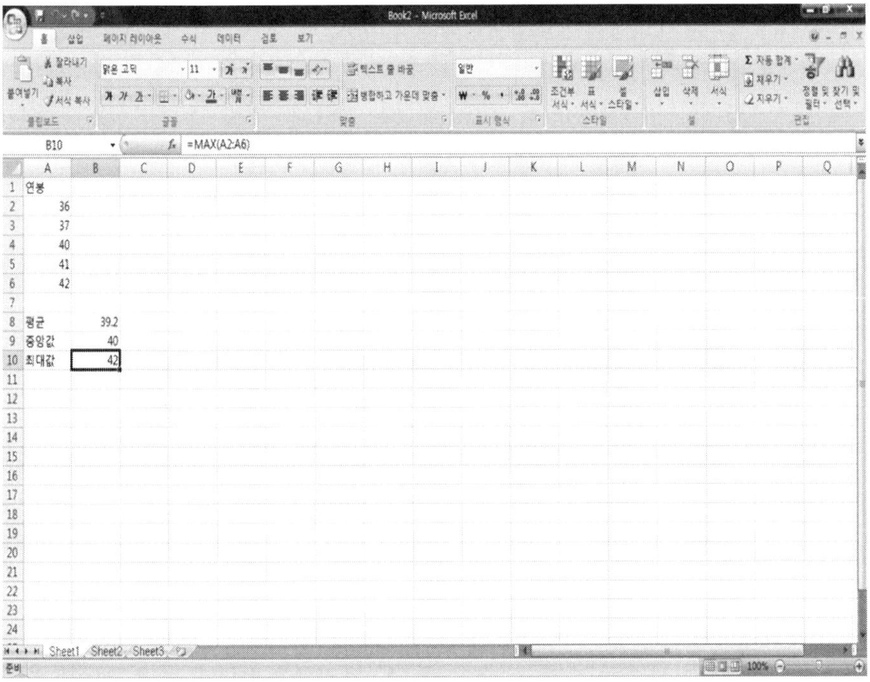

[기 타]

위와 같이 함수마법사를 이용하여 최소값, 제1사분위수, 제3사분위수, 평균절대편차, 분산, 표준편차를 계산해 보자. 계산방법은 다음과 같다.

• 최소값

1. 셀 A11에 최소값이라고 입력한 후 셀 포인터를 B11에 두고, 도구모음에서 함수마법사 *fx* 버튼을 누른다.
2. [함수마법사] 대화상자에서 범주선택에 "통계"를 함수선택에 "MIN"을 선택한 후 [확인]을 누른다.
3. [MIN] 대화상자가 나타나면 Number1에 자료의 범위 A2 : A6를 지정하고 [확인]을 누르면 36이라는 결과가 나타난다.

• 제1사분위수

1. 셀 A12에 제1사분위수라고 입력한 후 셀 포인터를 B12에 두고, 도구모음에서 함수마법사 *fx* 버튼을 누른다.
2. [함수마법사] 대화상자에서 범주선택에서 "통계"를 함수선택에서 "QUATILE"을 선택한 후 [확인]을 누른다.
3. [QUATILE] 대화상자에서 Number1에 자료의 범위 A2 : A6를 지정하고, "quart"에 1을 입력한다. [확인]을 누르면 37이라는 결과가 나타난다.

• 제3사분위수

1. 셀 A13에 제3사분위수라고 입력한 후 셀 포인터를 B13에 두고, 도구모음에서 함수마법사 *fx* 버튼을 누른다.
2. [함수마법사] 대화상자에서 범주선택에서 "통계"를 함수선택에서 "QUATILE"을 선택한 후 [확인]을 누른다.
3. [QUATILE] 대화상자에서 Number1에 자료의 범위 A2 : A6를 지정하고, "quart"에 3을 입력한다. [확인]을 누르면 계산된 제3사분위수의 값 41이 나타난다.

• 평균절대편차

1. 셀 A14에 제1사분위수라고 입력한 후 셀 포인터를 B14에 두고, 도구모음에서 함수마법사 *fx* 버튼을 누른다.
2. [함수마법사] 대화상자에서 범주선택에서 "통계"를 함수선택에서 "AVEDEV"을 선택한 후 [확인]을 누른다.
3. [AVEDEV] 대화상자에서 Number1에 자료의 범위 A2 : A6를 지정하고, [확인]을 평균절대편차의 값 2.16이 계산된다.

• 분산

1. 셀 A15에 분산이라고 입력한 후 셀 포인터를 B15에 두고, 도구모음에서 함수마법사 *fx* 버튼을 누른다.
2. [함수마법사] 대화상자에서 범주선택에서 "통계"를 함수선택에서 "VAR"을 선택한 후 [확인]을 누른다.
3. [VAR] 대화상자에서 Number1에 자료의 범위 A2 : A6를 지정하고, [확인]을 분산 6.7이 계산된다.

• 표준편차

1. 셀 A16에 표준편차라고 입력한 후 셀 포인터를 B16에 두고, 도구모음에서 함수 마법사 f_x 버튼을 누른다.
2. [함수마법사] 대화상자에서 범주선택에서 "통계"를 함수선택에서 "STDEV"을 선택한 후 [확인]을 누른다.
3. [STDEV] 대화상자에서 Number1에 자료의 범위 A2 : A6를 지정하고, [확인]을 누르면 표준편차 2.588436이 계산된다.

위와 같은 모든 계산절차를 수행한 결과가 다음 그림과 같다.

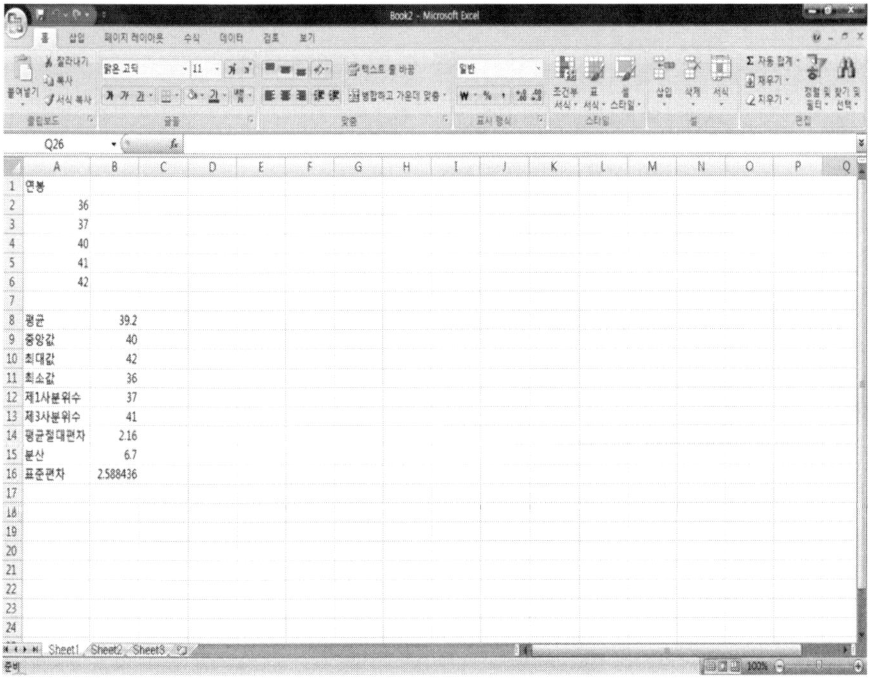

[통계량]

이번에는 앞에서 살펴본 통계량들을 한꺼번에 계산해 보자.

1. 자료를 입력한 후 메뉴표시줄의 [데이터]-[데이터분석]을 선택한 후 다음과 같이 [통계 데이터 분석] 대화상자에서 "기술 통계법"을 선택한다.

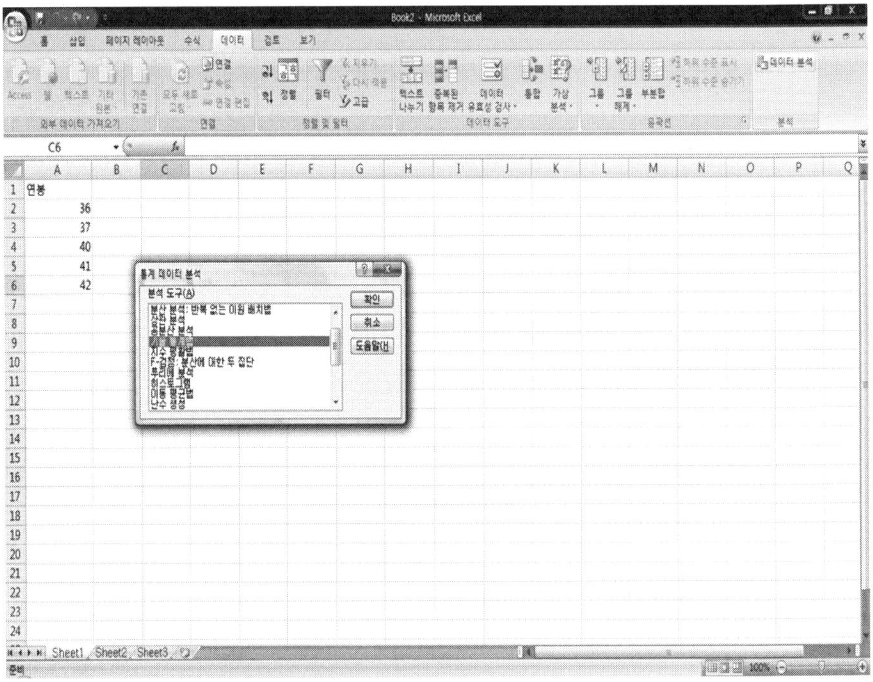

2. [확인]을 누르면 다음과 같은 [기술통계법] 대화상자가 나타난다. 이 대화상자의 입력범위에는 자료의 범위 $A$1 : $A$6을 지정하고, 자료를 세로 방향으로 입력했기 때문에 데이터 방향을 열로 선택한다. 또한 자료의 첫 행에 연봉이라는 이름이 입력되었으므로 "첫째 행 이름표 사용"을 선택한다. 출력범위에는 셀 A7을 지정하고 "요약 통계량"을 선택한다.

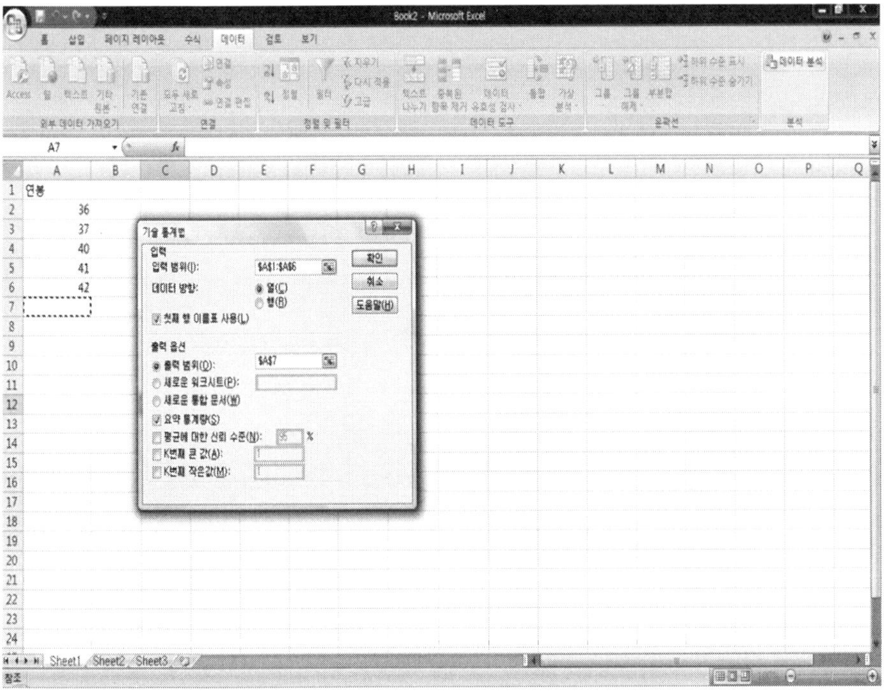

3. [확인]을 누르면 다음과 같이 요약통계량의 결과가 나타난다.

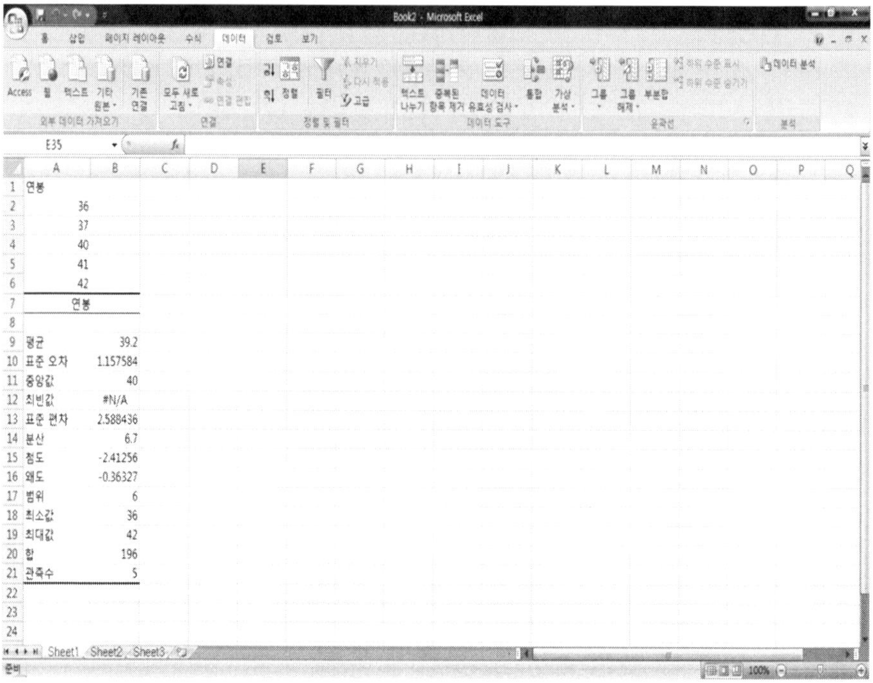

앞에서 살펴본 여러 그래프를 엑셀을 이용하여 나타내 보자.

[히스토그램]

예제 2-12의 자료를 이용하여 히스토그램을 그려보자.

1. 히스토그램을 그리기 위해서는 계급의 구간을 미리 지정해 주어야 한다. 다음과 같이 A1열에 자료를 입력하고, [표 2-4]에서 나눈 계급구간의 상한을 B2열에 입력한다. 메뉴표시줄에서 [데이터]-[데이터분석]을 선택하고 [통계 데이터 분석] 대화상자에서 "히스토그램"을 선택한다.

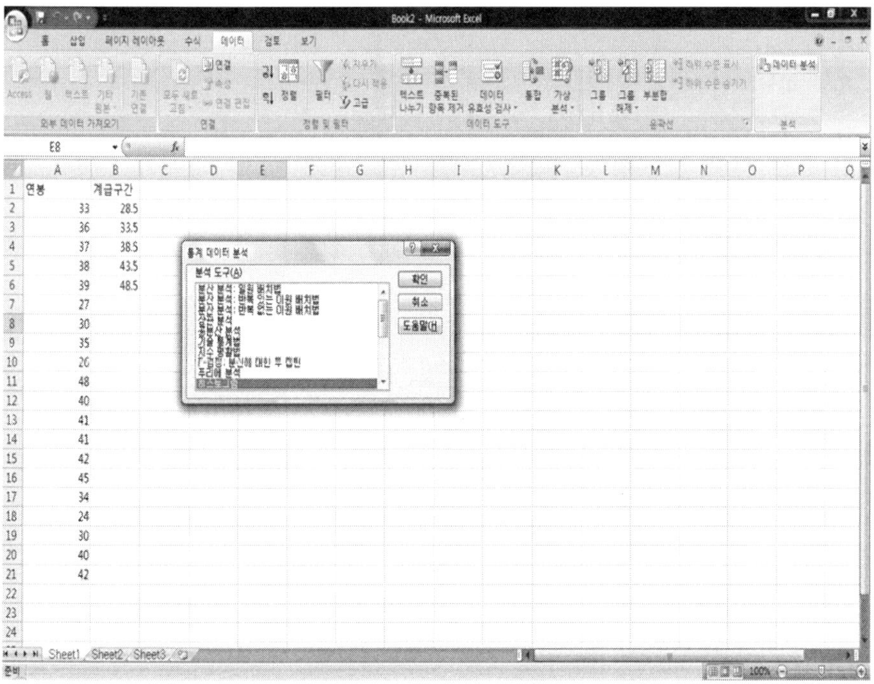

2. [확인]을 누른 후 [히스토그램] 대화상자에서 입력범위에는 자료의 범위인 $A$1 : $A$21을 지정해 주고, 계급구간에는 $B$1 : $B$6를 지정해준다. 각 열의 첫 행에는 자료의 이름이 입력되어 있으므로 "이름표"를 선택한다. 출력범위를 셀 $C$1으로 지정해 주고, 차트출력을 선택한다.

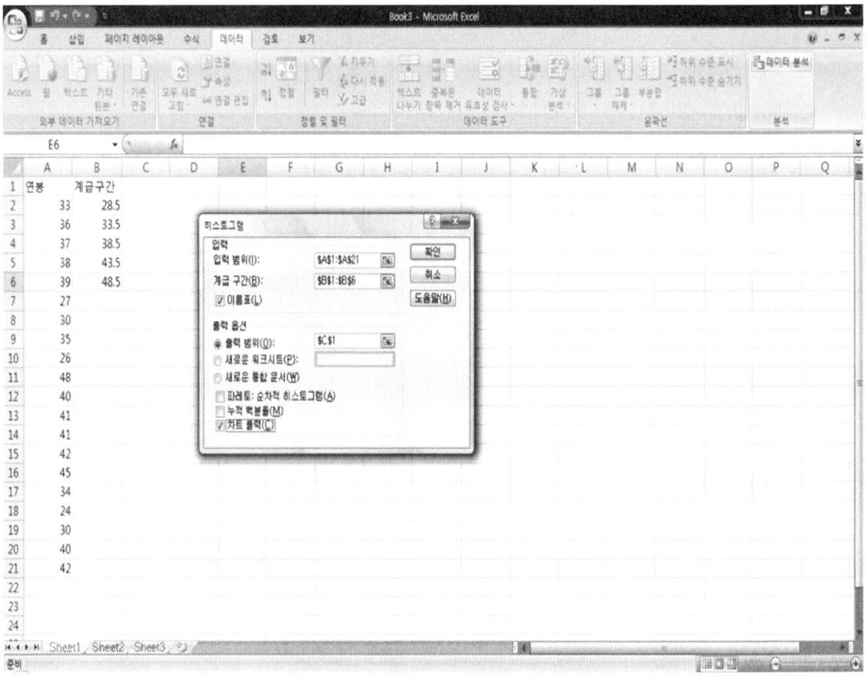

3. [확인]을 누르면 다음과 같이 도수분포표와 히스토그램이 동시에 나타난다.

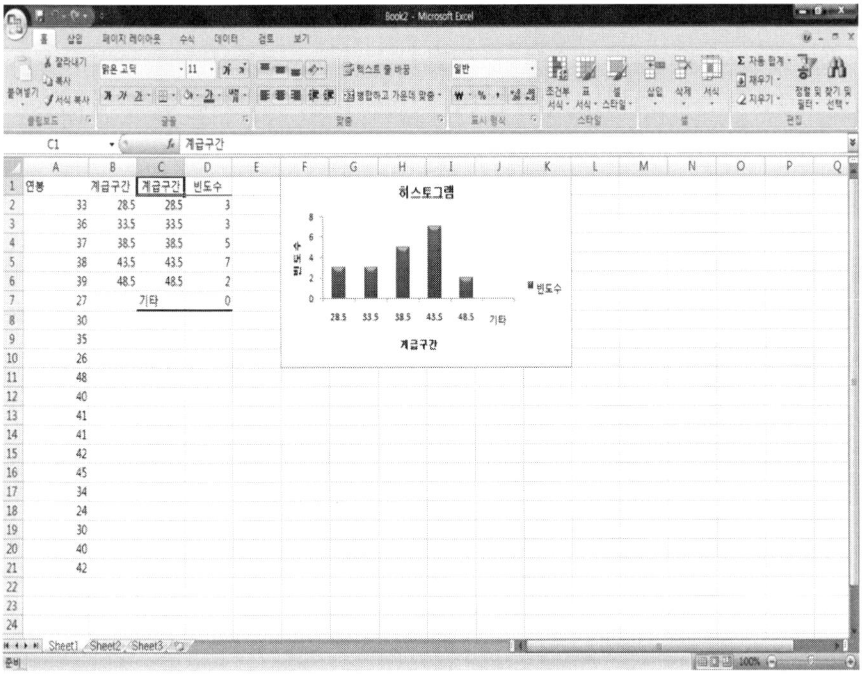

[막대그래프]

앞의 [표 2-1]의 자료를 막대그래프로 나타내보자.

1. 자료를 입력하고, 메뉴표시줄의 [삽입]-[차트]를 선택한다. [차트 삽입] 대화상자가 나타나면 다음과 같은 절차를 수행한다.

• 자료의 범위를 마우스로 드래그하여 지정하고, 대화상자에서 다음과 같이 차트 종류를 세로막대형으로 선택한다.

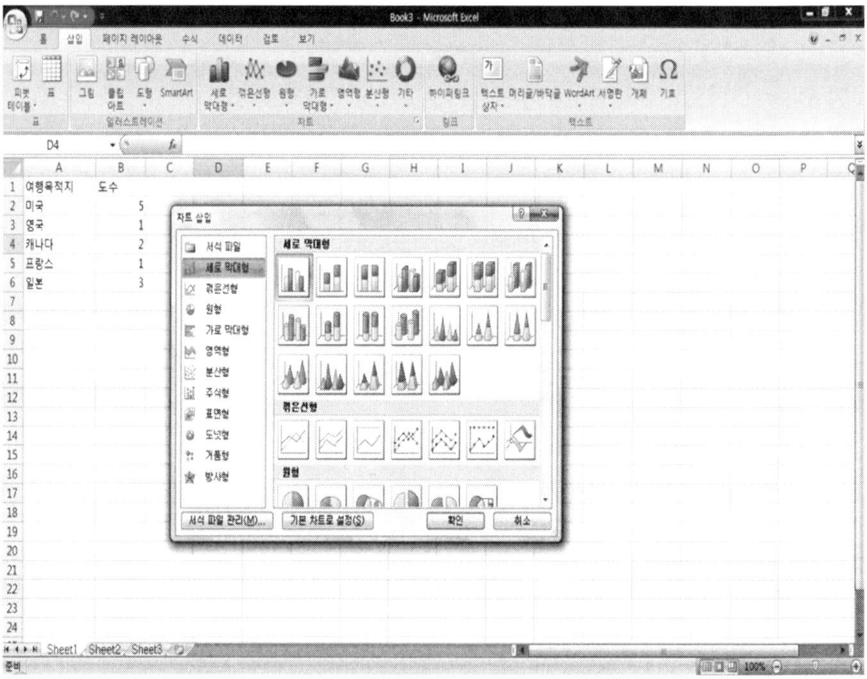

• [확인]을 누르면 다음과 같이 막대그래프가 나타난다.

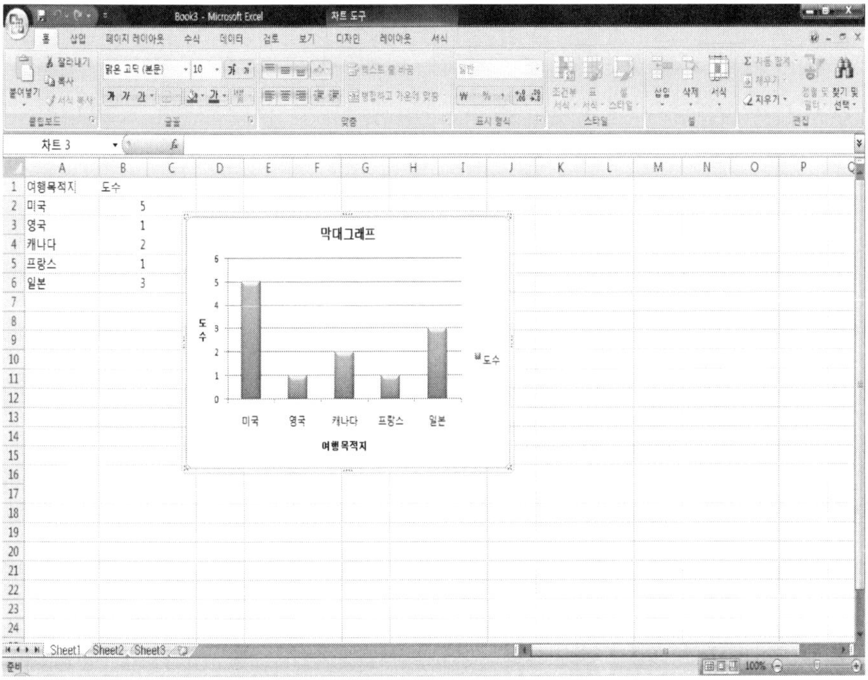

[구성막대그래프]

[표 2-3]에 제시된 2개월 동안의 여행목적지에 대한 구성막대그래프를 그려 보자.

1. 자료를 입력하고, 데이터의 범위를 지정한 후 [삽입]-[차트]를 누른다. [차트마법사] 대화상자에서 세로막대형에서 다음과 같이 "누적세로막대형"을 선택한다.

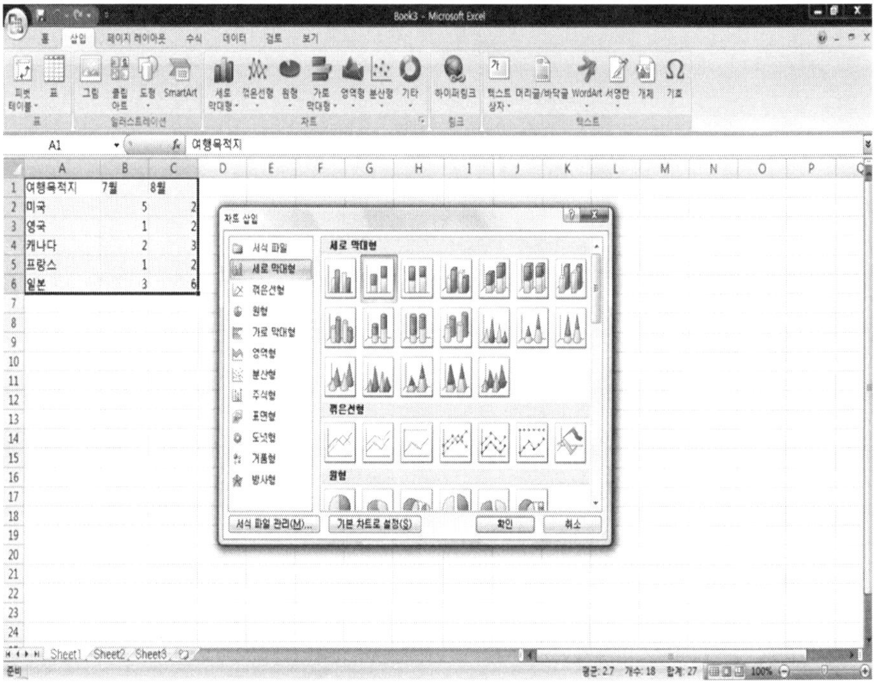

2. [확인]을 누르면 다음과 같이 "구성막대그래프"가 나타난다.

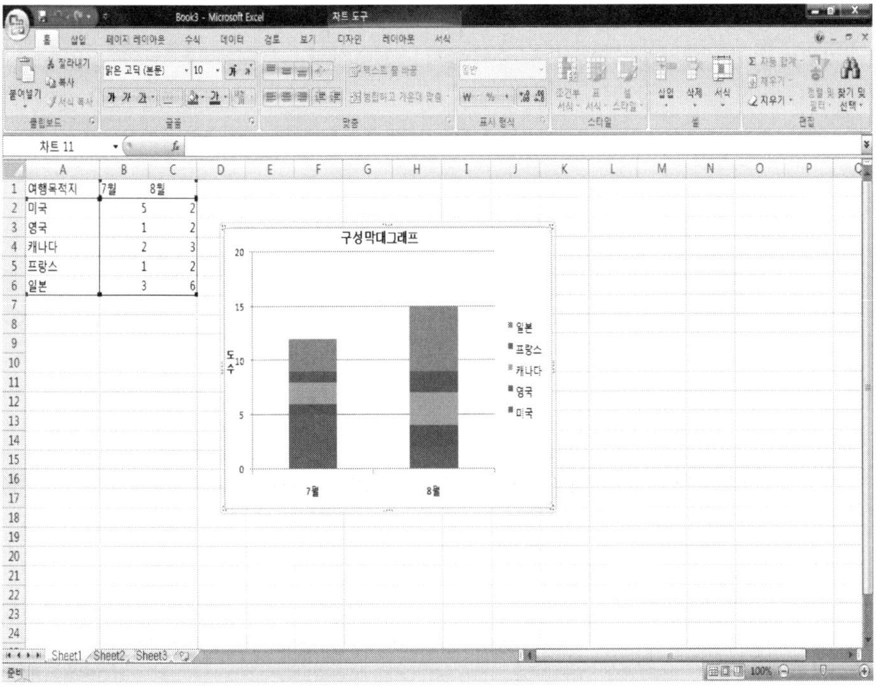

[기타]

• 시간 그림

[차트마법사] 대화상자의 차트 종류에서 "꺾은선형" 선택한 후 위와 동일한 과정 수행

• 원형그래프

[차트마법사] 대화상자의 차트 종류에서 "원형" 선택한 후 위와 동일한 과정 수행

• 산점도

[차트마법사] 대화상자에서 다음과 같이 차트 종류에서 "분산형" 선택한 후 위와 동일한 과정 수행

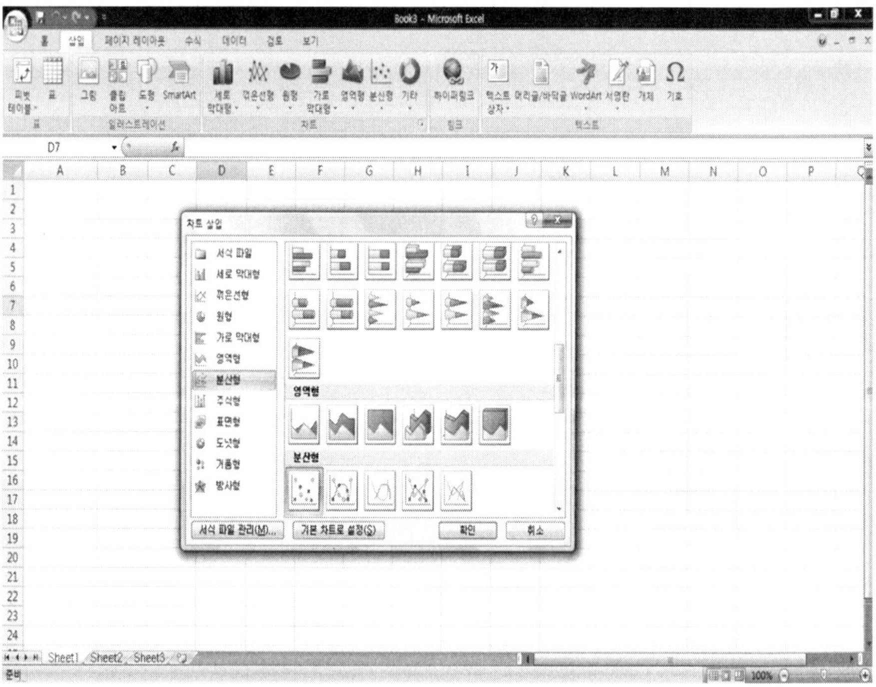

연습문제

2.1. 벤처기업 창업자들 중에서 임의로 선정한 12명의 컴퓨터관련 업무경력을 보니 다음과 같았다.(단위 : 경력연수)

2	1	1	6	2	5
8	3	11	10	10	6

(1) 표본평균, 중앙값, 범위를 구하라.
(2) 분산과 표준편차를 구하라.

2.2. 다음은 어느 해 각 나라의 실업률이다.

(단위 : %)

국가명	실업률	국가명	실업률
한국	6.1	필리핀	7.5
대만	6.6	중국	3.3
말레이시아	7.5	싱가포르	3.9
일본	2.0	북한	2.0
미국	7.1	인도	10.5

이 자료의 평균과 표본표준편차를 구하라.

2.3. 어느 기업의 작업자 40명의 성취도를 1점(성취도 낮음)부터 5점(성취도 높음)까지의 점수로 평가한 자료가 다음과 같다.

성취도	1	2	3	4	5
인 원	1	8	14	11	6

(1) 평균점수를 구하라.
(2) 중앙값을 구하라.
(3) 최빈값은 무엇이 되겠는가?
(4) 분산과 표준편차를 구하라.

2.4. 다음은 우리나라의 25개 읍·면지역을 임의로 추출하여 특용경제작물을 심어 소득을 올리는 농가의 비율을 조사한 것이다.

37.0	24.4	22.5	30.1	20.4	24.2	29.6	19.4	25.6	39.5
12.3	27.9	30.8	32.9	30.5	19.8	24.5	31.4	24.7	18.7
36.7	31.2	50.9	30.5	20.4					

(1) 평균을 구하라.
(2) 분산과 표본표준편차를 구하라.
(3) 중앙값을 구하라.
(4) 범위를 구하라.

2.5. 예측을 위해 델파이기법(Delphi technique)이 이용될 수 있다. 이것은 1940년대에 개발된 것인데, 전문가들의 어떤 집단에 연속적인 설문지를 시행하고 그에 대한 정보교환을 통하여 전문가의견의 통합된 결론을 유도하는 기법이다.

어느 대기업에서는 내년도에 필요한 연구개발인력의 숫자를 알아내기 위하여 7명의 관련전문가로써 집단을 구성하였다. 1주일 간격으로 5번의 설문지에 대한 회답을 회수하며, 매번 설문결과에 대한 정보를 교환하였다. 설문지 중에는 "1년 뒤에 우리 회사에 필요한 박사급 연구인력의 숫자는?"이라는 질문이 들어 있다.

2차부터 5차까지의 설문지에 대한 전문가들의 응답이 다음에 나와 있다.
(1) 중앙값을 이용하여 전문가들의 의견이 어디로 모아지는지 설명하라.
(2) 범위를 이용하여 전문가들의 의견이 어떻게 모아지는지 설명하라.

전문가	가	나	다	라	마	바	사
2차	55	35	33	35	55	33	32
3차	45	35	41	35	41	34	32
4차	45	38	41	35	41	34	34
5차	45	38	41	35	45	34	34

2.6. 제품의 원가를 산정하기 위한 한가지 기본요소는 작업자가 어떤 작업을 하는데 필요한 소요시간이다. 이를 위해 시간연구(time study)를 실시하는데 이것은 작업자에게 어떤 작업을 반복시켜서 얼마의 시간이 소요되는가를 측정하는 것이다.

어떤 작업에 대하여 작업자 두 명(가, 나)을 선정하여 7번씩 반복시켜 보았다. 그 결과 각 작업자의 소요시간(단위 : 분)은 다음 표와 같다. 각 작업자의 소요시간의 평균과 표준편차를 구하라.

반복횟수	1	2	3	4	5	6	7
작업자(가)	30	28	31	38	25	29	30
작업자(나)	31	33	32	33	31	33	31

2.7. 관광공사는 머물기 좋은 장소들을 결정하기위해서 관광전문가들을 대상으로 조사하였다. 표본으로서 국내 10개의 호텔을 임의로 선정하였다. 성수기의 표준 2인용 객실의 가격은 ₩(최저)에서 ₩₩₩₩₩(최고)이다. 평가점수는 각 호텔의 객실, 서비스, 식당, 위치와 분위기, 및 환경을 포함한다. 높은 평가 점수는 높은 만족에 해당한다.

(1) 이 자료 집단에는 얼마나 많은 요소(element)들이 있는가?

(2) 이 자료 집단에는 얼마나 많은 변수들이 있는가?

(3) 질적인 변수와 양적인 변수를 구분하라.

(4) 각 변수들에는 어떤 측정형태가 이용되었는가?

(5) 10개의 호텔의 객실수의 평균은?

(6) 평가 점수의 평균은?

(7) 제주에 있는 호텔의 %는?

(8) 객실요금이 ₩₩인 호텔들의 %는 ?

호텔이름	국가	요금	객실수	평가점수
A	제주	₩₩	20	84
V	서울	₩₩₩₩₩	170	86
H	강원	₩	60	78
C	중부	₩₩	45	75
P	남부	₩₩	300	80
R	제주	₩₩₩₩	50	74
S	동해안	₩₩₩₩	120	86
D	서해안	₩	20	70
G	중부	₩₩	25	92
K	서울	₩₩₩₩	100	95

2.8. 건강공단은 임의로 선정된 18세 이상 1000 명의 성인들에게 전화로 조사하였다. 질문은, "현재 당신의 신체적인 건강을 어떻습니까?". 응답 범주는, 매우좋다, 좋다, 보통, 나쁘다, 매우 나쁘다이다.

(1) 이 조사의 표본크기는 얼마인가?

(2) 자료는 질적인가, 양적인가?

(3) 이 질문에 대한 자료를 종합할 때, 평균 혹은 %를 사용하는 것 중 어느 것이 더 의미가 있을까?

(4) 응답자중 29%는 “매우 좋다”고 답하였다. 얼마나 많은 응답자가 이 응답을 제공하였을까?

2.9. 제주도 관광국은 방문객들에 대한 자료를 수집하는데, 최근 조사의 문항 중 일부는 다음과 같다.

-이 여행은 나의 (   )번째 제주 방문이다: (1, 2, 3, 4, 기타)

-이 여행의 주요 목적은 : (휴가, 회의참석, 신혼여행 등 6가지 범주)

-머무를 곳은? : (호텔, 리조트, 친척집, 캠핑 등 7가지 범주)

-제주 체류일자:

(1) 조사대상의 모집단은 무엇인가?

해답: 제주에의 모든 방문객

(2) 설문지를 사용하는 것이 방문객 모집단에 접근하는 좋은 방안인가?

해답 : 그렇다.

(3) 위의 4개의 질문은 각각 질적 혹은 양적 자료 중 어느 것을 제공하는가?

해답: ① 양적, ② 질적, ③ 질적, ④ 양적

2.10. 500 명의 사업상 해외여행자들에 대한 조사에서 그 중 162명의 여행자들이 여행계획을 위해 여행사를 이용하였다.

(1) 여행 계획을 위해 여행사를 이용하는 사업상 해외여행자들의 비율을 추정하는데 사용될 수 있는 통계량은?

(2) 이 조사에 의하면, 최근에 자주 이용되는 방법은 온라인 여행사이트를 이용하는 것이라고 한다. 만일 조사된 사업상 해외여행자의 29%가 여행마련을 이 방법으로 했다면, 500 명의 사업상 해외여행자중 얼마나 많은 사람이 온라인 여행사이트를 이용한 것인가?

(3) 여행계획의 이용방법 자료는 질적인가 혹은 양적인가?

(3) 질적

2.11. 고객이 요청하는 시간에 제품을 공급할 수 있는 능력은, 대부분 그 제품을 생산하는 데 얼마나 많은 시간이 걸리느냐에 달려 있다. 그런데, 대부분의 생산공정에서 어떤 작업을 완수하는데 걸리는 시간은 그 작업을 반복할수록 더욱 짧아질 것으로 기대된다. 이것은 학습효과 혹은 학습곡선으로 알려져 있다.

K산업의 경영자는 자신의 공장에도 그런 효과가 발생하는지를 알아보려고 한다. 24명의 작업자가 동일한 작업을 수행하고 있다. 어떤 새로운 작업에 대하여 이들은 지금 10번째 그 일을 하고 있다. 이 10번째에 대하여 각 작업자의 완성시간을 각각 측정해 보니 다음과 같았다.(단위 : 분)

14	21	30	17	19	22	34	42	10	13	18	25
18	20	23	20	19	18	16	17	22	20	24	24

그리고 30번째에 대하여 측정해 보니 다음과 같았다.

8	9	6	15	10	12	9	16	12	10	7	9
10	11	13	8	12	7	21	9	6	11	10	5

또한 50번째에 대하여 측정해 보니 다음과 같았다.

20	7	4	6	5	6	8	7	8	10	8	15
9	14	8	6	7	9	12	11	8	9	7	5

(1) 세 가지 자료에 대하여 각각의 빈도를 이용하여 히스토그램을 그려라.
(2) 히스토그램들을 비교하여 학습효과가 나타나고 있는지 설명하라.

2.12. 다음은 우리나라의 25개 읍면지역을 임의로 선정하여 경제작물을 심어 소득을 올리는 농가의 비율을 조사한 것이다. 히스토그램으로 나타내 보라.

37.0	24.4	22.5	30.1	20.4	24.2	29.6	19.4	25.6	39.5
12.3	27.9	30.8	32.9	30.5	19.8	24.5	32.4	24.7	18.7
36.7	31.2	50.9	30.5	20.4					

2.13. 작년에 유명 관광지의 외국인 방문객 수가 다음과 같을 때 이를 막대그래프로 나타내 보라.

종 류	관람객수(단위 : 만명)
광화문	95
남산	32
청계천	152
잠실롯데월드	56
명동	88
서울광장	110

2.14. 작년에 전체 의과대학생 중 여학생의 비율이 10%였다. 금년에는 여학생의 비율이 30%로 올라갔다고 할 때 이를 구성막대그래프로 나타내 보라.

2.15. 다음은 어느 도시의 청소년 복지예산의 자료이다. 시간그림을 그리고 설명하라. (단위 : 전체예산 중의 %).

연도	1	2	3	4	5	6
예산	2.2	1.5	1.7	1.8	1.5	1.4
연도	7	8	9	10	11	12
예산	1.9	2.3	2.9	4.3	4.6	5.2

2.16. 신혼부부들을 대상으로 신혼여행에 든 비용을 조사해 보니, 45%가 항공기 등 운송수단요금이며, 24%가 호텔 등 숙박비용, 10%가 식사비용, 5%가 렌트카 등 차량비용, 16%가 기타비용이다. 원형그래프를 그려 보라.

2.17. 다음은 임의로 선정한 토요일의 기온(섭씨)과 맥주의 판매량(단위 : 1만톤)을 조사한 것이다. 이를 산포도로 그려 보라.

기온	5	14	15	18	10
맥주판매량	13	14	32	24	8
기온	22	27	29	11	-5
맥주판매량	32	23	19	18	10

2.18. 어느 항공회사에서는 자사 항공기의 연발착에 대해 조사해 보았다. 임의로 선정한 100회의 운항에 대해 조사해 보니 연발착시간과 그 빈도는 표와

같다.

연발착시간(분)	0-20	20-40	40-60	60-80	80-100	100-120
	28	24	18	13	10	7

(1) 히스토그램을 그려라.
(2) 상대도수를 구하라.
(3) 누적상대도수를 구하고 설명하라.
(4) 연발착시간의 표본평균을 계산하라.
(5) 표본분산과 표본표준편차를 계산하라.
(6) 표본중앙값을 계산하라.
(7) 사분위범위를 계산하라.
(8) 이 표본의 최빈계급은 어느 것인가?

2.19. K투자신탁회사는 고객들에게 회사의 재무상담가들에 대해 얼마나 만족하는지를 알려주도록 요청하였다. 고객의 만족도는 1부터 7까지로 coding되었는데, 1은 "매우 불만족", 7은 "매우 만족이다" 다음의 자료는 재무상담가 K씨에 대한 30명의 만족도 표본이다.

3	7	6	3	6	5	5	6	7	3
3	7	5	3	6	4	7	5	7	3
5	4	6	7	3	5	6	4	3	6

(1) 왜 이 자료가 질적인지 언급하라.
(2) 이 자료의 빈도분포와 상대빈도분포를 구하라.

응답	빈도	상대빈도
3	8	0.27
4	3	0.10
5	6	0.20
6	7	0.23
7	6	0.20
합계	30	1.00

(3) 막대그라프를 그려라.
(4) 위의 결과, 재무상담가 K씨에 대한 고객들의 만족도를 평가하라.

2.20. 다음의 자료가 있다.

10.3	6.9	9.1	12.2	13.2	9.2	11.0	7.5	7.7	8.7
10.1	10.4	10.7	7.1	11.1	9.2	9.0	5.5	14.6	10.7

(1) 빈도분포를 작성하라.

(2) 상대빈도분포를 작성하라.

2.21. 다음은 두 개의 양적변수 x와 y의 관찰치 20개이다.

x	21	7	44	69	28	60	28	16	56	44
y	29	88	48	23	50	12	67	75	34	36
x	5	75	50	6	61	37	26	53	18	32
y	87	10	22	71	24	53	58	57	63	18

(1) 이를 산점도로 그려 보라.

(2) 만일 x와 y에 관계가 있다면, 어떤 관계인가?

2.22. 1월 어느 날의 20개 지역의 하루 최저온도와 최고온도가 다음과 같다.(섭씨)

지역	최저온도	최고온도	지역	최저온도	최고온도
아테네	18	20	리야드	16	24
라고스	26	38	디카르	16	19
더반	22	29	카트만두	-1	14
오슬로	-10	-9	뉴질랜드	13	18
베를린	-2	-2	브라질리아	19	21
모스크바	-6	-6	서울	-13	-6
브쿠레슈티	9	11	호놀룰루	19	26
베른	-13	5	휴스턴	8	17
베이루트	14	16	뉴욕	-2	2
트리폴리	8	12	북극	-23	-12

(1) 최저온도에 대한 줄기-잎 그림을 그려보라.

(2) 최고온도에 대한 줄기-잎 그림을 그려보라.

(3) 위의 (1),(2)의 그림을 비교하여, 차이를 언급하라.

(4) 위의 (1)의 그림을 이용하여, 최저온도가 섭씨 0도 이하되는 도시들의 수를 구하라.

(5) 최고온도와 최저온도에 대한 빈도분포를 각각 구하라.

2.23. 송파구에서는 상업용 빌딩의 신축으로부터의 연령과 난방연료를 조사하였다. 결과는 다음의 교차표에 정리되었다.(단위:빌딩 수)

빌딩 연령	난방연료				
	가스	열병합지역	석유	연탄	기타
30년 초과	30	70	20	6	80
30년 이하	45	87	35	3	0
20년 이하	37	92	10	0	9
10년 이하	78	108	21	0	2

(1) 행의 합계들과 열의 합계를 표시하라.

(2) 빌딩연령과 난방연료의 빈도분포는?.

(3) 각 열을 %로 나타내라.

(4) 각 행을 %로 나타내라.

(5) 빌딩연령과 난방연료의 관계는?

제 3 장

확률의 응용

의사결정은 흔히 다음과 같은 불확실성, 예를 들어 가격을 올리면 판매가 감소할 위험은 얼마나 되는가, 과제가 기간 내에 완료될 공산은 어느 정도인가, 새로운 조립방식이 생산성을 향상시킬 가능성은 얼마인가, 새로운 투자가 얼마나 승산이 있겠는가 등의 분석에 근거해 이루어지게 된다. 확률은 한 사건이 발생할 가능성을 숫자로 나타내는 척도이다. 따라서 확률은 위에 열거한 사건들에 연관된 불확실성의 정도를 측정하는 데 사용될 수 있다. 확률이 주어진다면 각 사건이 발생할 가능성을 결정할 수 있다. 확률은 미래 발생할 사건에 관한 불확실성을 측정하고, 표현하고, 또 분석하는 방법을 제공하므로 의사결정에 있어서 중요하다.

확률을 논하는데 있어서 뚜렷한 결과를 유발하는 어떤 과정을 실험(experiment)이라고 한다. 실험 한 번 시행에 가능한 실험결과 중 단지 한 가지만 발생한다. 실험과 그 결과에 대한 예는 아래와 같다.

실험	실험결과
i. 주사위 던지기	i. 1, 2, 3, 4, 5, 6
ii. 동전 던지기	ii. 앞면, 뒷면
iii. 부품 검사	iii. 정상품, 불량품
iv. 축구경기	iv. 승, 패, 무승부

확률에서 실험의 개념은 과학실험실에서의 개념과는 어느 정도 다르다. 실험과학에서 연구원은 실험이 매번 정확히 같은 방법으로 반복되어 같은 결과가 나온다고 가정한다. 확률에서 실험의 유형은 결과가 가능성에 의해 결정된다. 실험이 정확히 같은 방식으로 반복되어도 다른 결과가 나올 수 있다. 이러한 차이점 때문에 확률에서의 실험은 확률실험(random experiment)이라고 한다.

주사위를 던지는 경우, 1부터 6까지의 여섯 숫자 중에서 어느 한 숫자가 나오게 된다. 이와 같이 어떤 결과가 발생할지 모르는 상황에서 최소한 두 가지 이상의 가능한 결과 중 하나가 임의로 결정되는 과정을 확률실험이라고 한다. 확률실험으로 얻게 되는 결과를 기본결과(basic outcome)라고 하며, 실험에서 얻을 수 있는 모든 기본결과들의 집합을 표본공간(sample space)이라고 한다.

때로는 주사위를 던져 홀수가 나올 것인가 또는 짝수가 나올 것인가와 같은 기본결과들의 어떤 집합에 관심을 가지게 될 경우가 있다. 이와 같이 확률실험으로 얻게 되는 기본결과들의 집합을 사건(event) 또는 사상이라고 하며 표본공간의 부분집합이 된다.

주사위를 한 번 던져서 홀수가 나오는 실험을 고려해 보자. 여기에서 확률실험은 주사위를 던지는 과정이 되고, 기본결과는 {1}, {2}, ⋯, {6}이 되고, 표본공간은 {1, 2, 3, 4, 5, 6}이 된다. 이 때 홀수가 나오는 사건은 {1, 3, 5}가 된다.

이상에서 살펴보았듯이 확률실험의 과정과 결과는 집합의 개념을 사용하면 쉽고 편리하게 표현할 수 있다. 따라서 집합의 개념부터 먼저 살펴보기로 하자.

제1절 집합이론

표본공간에서 발생할 수 있는 모든 사건을 포함하는 집합을 전체집합(universal set)이라고 하고, 포함되는 사건이 하나도 없는 집합을 공집합(null set)이라고 한다.

1. 교집합

우리는 둘 이상의 사건이 동시에 발생하는 경우에 관심을 가질 때가 있다. 예를 들어 주사위를 던졌을 때 홀수이면서 3 이하인 수가 나오는 경우를 기대할 수 있는데, 이런 경우를 교집합(intersection)이라고 한다. 교집합의 개념에 대해 알아보기 위해 A와 B를 표본공간 S에서 발생할 수 있는 두 사건이라고 하자. A와 B 두 사건이 동시에 발생하는 결과는 교집합으로 나타나고 $A \cap B$로 표시한다. 일반적으로 K개의 사건 $E_1, E_2, \cdots, E_K$가 있을 때 모든 $E_i\,(i=1,2,\cdots,K)$의 교집합은 $E_1 \cap E_2 \cap \cdots \cap E_K$가 된다.

주사위 실험의 예를 통해 교집합을 구해 보자. 홀수일 사건을 A, 3 이하의 숫자가 나타나게 되는 사건을 B라고 하면

$$A = \{1, 3, 5\}, \qquad B = \{1, 2, 3\}$$

과 같고, A와 B에 두 사건이 모두 포함되는 경우는 다음과 같이 교집합으로 나타낸다.

$$A \cap B = \{1, 3\}$$

S를 표본공간이라고 할 때 이를 벤디이어그램(Venn diagram)으로 니디내면 [그림 3-1]과 같다.

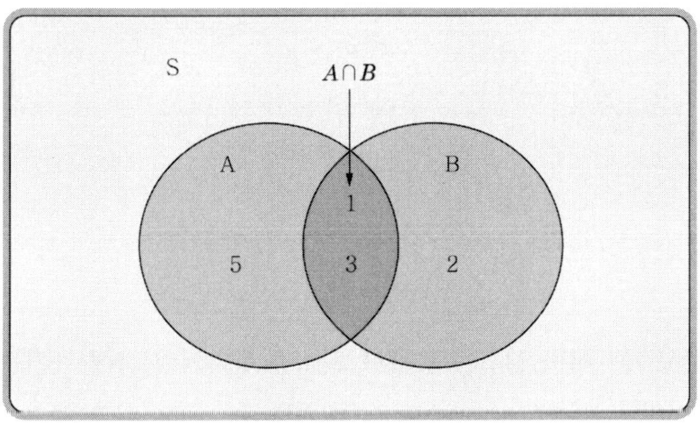

[그림 3-1] 교집합

2. 상호배타적인 집합

만일 두 사건이 공통적인 기본결과를 가지고 있지 않다면, 이 사건들은 상호배타적(mutually exclusive)이라고 한다. 즉 두 사건의 교집합이 공집합인 경우를 의미한다.

주사위를 던지는 실험에서 홀수가 나올 사건을 A, 짝수가 나올 사건을 C라고 하면

$$A = \{1, 3, 5\}, \qquad C = \{2, 4, 6\}$$

이고, A와 C의 교집합은 다음과 같이 공집합이 되므로 상호배타적이다.

$$A \cap C = \varnothing$$

이를 벤다이어그램으로 나타낸 것이 [그림 3-2]이다.

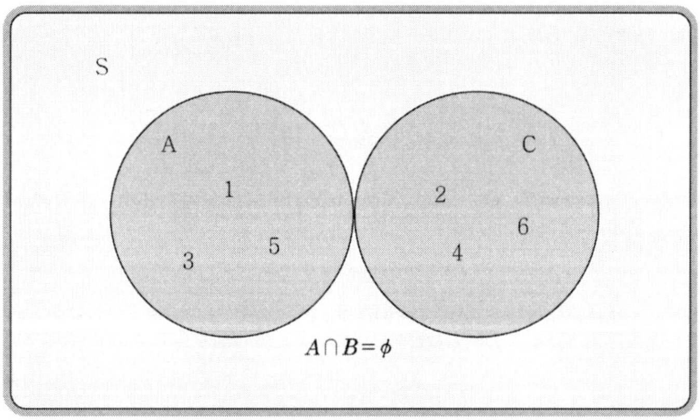

[그림 3-2] 상호배타적인 집합

3. 합집합

합집합(union)은 여러 사건들 중에서 최소한 하나의 사건에 속하는 기본결과들의 집합을 의미한다. A와 B가 표본공간 S의 두 사건이라고 하자. A와 B 둘

중 하나, 또는 모두에 속하는 기본결과들의 집합을 합집합이라 하고 $A \cup B$로 나타낸다. 보다 일반적으로 나타내면 K개의 사건 $E_1, E_2, \cdots, E_K$가 있을 때, 그들의 합집합은 $E_1 \cup E_2 \cup \cdots \cup E_K$와 같이 나타낸다.

주사위를 던지는 실험에서 홀수가 나오는 사건을 A, 3 이하의 숫자가 나오는 사건을 B라고 하면

$$A = \{1, 3, 5\}, \quad B = \{1, 2, 3\}$$

이므로 A와 B의 합집합은 다음과 같이 나타난다.

$$A \cup B = \{1, 2, 3, 5\}$$

이를 벤다이어그램으로 나타내면 다음 [그림 3-3]과 같다.

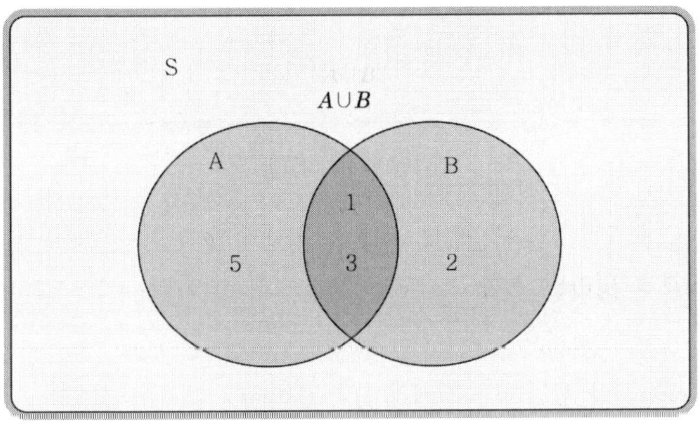

[그림 3-3] 합집합

4. 여집합

전체 집합에서 사건 A가 발생하지 않는 경우를 A의 여집합(complement set)이라고 하며 A', A^c, 또는 $\overline{A}$로 나타낸다. 이 경우사건 A와 여집합 $\overline{A}$는 상호배타적이 된다.

주사위를 던지는 실험에서 홀수가 나타나는 경우를 사건 A라고 하면

$$A = \{1, 3, 5\}$$

가 되고, A의 여집합 $\overline{A}$ 는 전체 집합에서 사건 A가 발생하지 않는 경우이므로

$$\overline{A} = \{2, 4, 6\}$$

이 된다. 이 두 사건의 교집합은 공집합이므로 상호배타적인 집합이 된다. 이를 벤다이어그램으로 나타내면 [그림 3-4]와 같다.

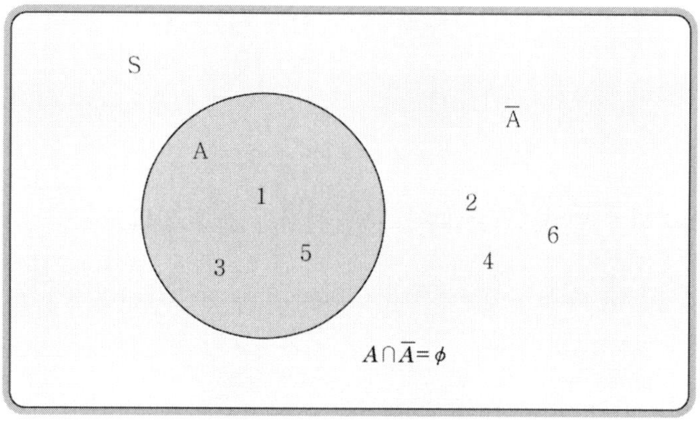

[그림 3-4] 여집합

5. 총괄적으로 망라된 집합

몇 개의 사건들의 합집합이 전체의 표본공간 S를 이루는 경우가 있다. 표본공간 S의 사건들 A, B, C, ⋯ 가 있다고 하자. 이들의 합집합이 $A \cup B \cup C \cup \cdots =$ S인 경우를 총괄적으로 망라된 집합(collectively exhaustive)이라고 한다.

주사위를 던지는 실험에서 홀수가 나오는 경우를 사건 A, 짝수가 나오는 사건을 C라고 하자. 이 두 사건의 합집합은

$$A \cup C = \{1, 2, 3, 4, 5, 6\}$$

이므로 이 실험에서 표본공간인 전체집합과 동일하게 된다. 이를 벤다이어그램으로 나타내면 [그림 3-5]와 같다.

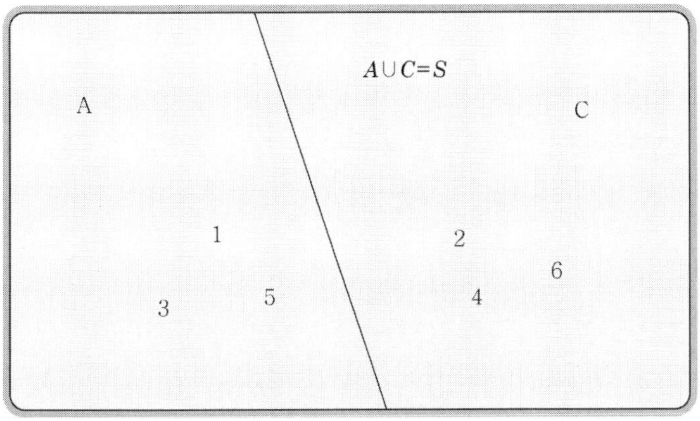

[그림 3-5] 총괄적으로 망라된 집합

제 2 절 확률의 개념

1. 확률이란 무엇인가?

확률실험이 시행될 때 우리는 어떤 특정 사건이 발생할 가능성에 관심을 갖게 된다. 확률(probability)은 불확실한 상황에서 어떤 사건이 발생할 가능성을 수치로 표현한 것이다. 예를 들어 일기예보에서 내일 비가 올 확률이 90%라고 하면, 우리는 내일 거의 확실히 비가 올 것이라고 생각하게 된다.

확률은 항상 0과 1사이의 값으로 주어진다. 어떤 사건이 발생할 확률이 0이라는 것은 그 사건이 발생하지 않는다는 것이고, 1이라는 것은 그 사건이 확실히 발생한다는 것이다. 확률이 1에 가까울수록 발생 가능성은 커지게 된다.

확률값은 주관적 확률(subjective probability)과 상대도수에 따라 주어진다. 주관적 확률은 어떤 사건이 발생할 가능성에 대한 개인의 주관적 판단에 따라 주어진다고 볼 수 있다. 한 가지 방법은 공정한 확률(fair bets)을 부여하는 것이다. 예를 들어 동전을 던지는 경우에 앞, 뒷면이 나오는 확률을 각각 $\frac{1}{2}$로 부여하는 것이다. 혹은 주관적으로 개인의 경험, 직감, 믿음 등을 이용하여 어떤 사건에 대하여 개인에 따라 다른 확률을 부여할 수 있다.

다음으로 상대도수를 이용하여 확률을 부여하는 방법에 대해 알아보자. 어떤 확률실험을 반복적이고 독립적으로 하는 것이 가능하다고 할 때 N회의 실험중에 사건 A가 N_A회 발생했다고 하면 A의 발생비율을 다음과 같다.

$$\text{A의 발생비율} = \frac{N_A}{N}$$

이 때 A의 발생비율은 상대도수의 개념에 해당되며, 시행횟수 N이 무한히 커질 때의 비율 $\frac{N_A}{N}$의 극한값을 확률로 정의할 수 있다.

[예제 3-1]

세 가지 결과가 나오는 실험이 60번 반복된 결과, E_1은 15번, E_2는 25번, 그리고 E_3는 20번 발생하였다. 각 발생결과에 확률을 부여하라.

상대도수법을 사용하여 확률을 구하면 $P(E_1) = \frac{15}{60}$, $P(E_2) = \frac{25}{60}$, 그리고 $P(E_3) = \frac{20}{60}$이 된다.

2. 확률의 공리

확률이 갖는 특성들에 대해 살펴보자. 어떤 확률실험의 표본공간을 S, 기본결과를 O_i, 표본공간 내의 어떤 사건을 A로 표기하자. 그리고 기호 $P(A)$를 "사건 A가 발생할 확률"로 표시하자. 그러면 $P(A)$는 해당되는 모든 기본결과들이 발생할 확률의 합이 된다. 이때 확률의 세 가지 기본공리는 다음과 같다.

확률의 기본공리

① $0 \leq P(A) \leq 1$

② $P(S) = 1,\ P(\emptyset) = 0$

③ $P(\overline{A}) = 1 - P(A)$

공리 ①은 확률이 0과 1 사이의 값을 취하는 것을 의미한다. 공리 ②는 표본공간의 확률은 발생가능한 모든 기본결과들을 포함하기 때문에 1이 된다는 것이고, 공집합은 어떤 기본결과들도 발생하지 않기 때문에 그 확률이 0이 되는 것을 의미한다. 따라서 표본공간의 확률은 다음과 같이 나타낼 수도 있다.

$$P(S) = \sum_{S} P(O_i) = 1 \tag{3.1}$$

즉 , 표본공간의 모든 기본결과들의 합은 1이 됨을 의미한다.

공리 ③은 사건 A의 여집합일 확률, 즉 어떤 사건 A가 발생하지 않을 확률은 전체 사건이 발생할 확률인 1에서 사건 A가 발생할 확률 $P(A)$를 뺀 값과 같다는 것을 의미한다.

위의 세 가지 공리는 다음과 같은 결과로 요약된다. 먼저 식 (3.1)에서,

(i) 만일 표본공간 S가 n개의 동일한 기본결과 $O_1, O_2, \cdots, O_n$으로 구성된다면 각각의 확률은 아래와 같이 쓸 수 있다.

$$P(O_i) = \frac{1}{n} \qquad (i = 1, 2, \cdots, n)$$

$P(O_i)$가 모든 i에 대해 같고, 또 $\sum_{i=1}^{n} P(O_i) = 1$이라면 각 기본결과의 확률은 위와 같다. 예를 들어 주사위를 던지면 각 숫자가 나올 확률은 모두 $\frac{1}{6}$이 된다. 이를 근거로 공리 ②에 의해,

(ii) 만일 표본공간 S가 n개의 동일한 기본결과들로 구성되고 사건 A가 이 결과들 중 n_A를 차지한다면, 사건 A가 발생할 확률은 다음과 같다.

$$P(A) = \frac{n_A}{n}$$

이때 사건 A가 발생할 확률은 A에 해당하는 기본결과의 확률들을 모두 합해서 계산한다. 예를 들어 주사위를 한 번 던졌을 때 홀수가 나올 확률은

$$P(A) = P(1) + P(3) + P(5) = \frac{1}{6} + \frac{1}{6} + \frac{1}{6} = \frac{1}{2}$$

과 같이 기본결과 {1}, {3}, {5}의 각 확률인 $\frac{1}{6}$을 모두 더하여 구한다.

(iii) A와 B가 상호배타적인 사건들이라고 하자. 그들의 합집합의 확률은 각각의 확률의 합이 된다. 즉,

$$P(A \cup B) = P(A) + P(B)$$

일반적으로, 만일 $E_1, E_2, \cdots, E_K$가 상호배타적인 사건들이라면

$$P(E_1 \cup E_2 \cup \cdots \cup E_K) = P(E_1) + P(E_2) + \cdots + P(E_K)$$

가 성립한다.

A와 B의 합집합의 확률은

$$P(A \cup B) = \sum_{A \cup B} P(O_i) \tag{3.2}$$

와 같다. A와 B가 상호배타적이므로 어떤 기본결과도 양쪽에 모두 포함되지는 않으므로 식 (3.2)의 우변은 다음과 같이 두 부분으로 분해된다.

$$\sum_{A \cup B} P(O_i) = \sum_{A} P(O_i) + \sum_{B} P(O_i)$$

이 식의 우변은 (ii)의 결과에 의해 $P(A) + P(B)$로 표현할 수 있다.

(iv) 만일 $E_1, E_2, \cdots, E_K$가 총괄적으로 망라된 사건들이라면 그들의 합집합의 확률은

$$P(E_1 \cup E_2 \cup \cdots \cup E_K) = 1$$

총괄적으로 망라된 사건들이므로 그들의 합집합은 전체 표본공간 S가 되며 확

률은 1이 된다.

주사위를 던지는 확률실험에서 홀수가 나오는 사건을 A, 짝수가 나오는 사건을 C라고 할 때 이 두 사건의 합집합의 확률을 구해보자. 이 경우 합집합의 확률은 두 사건이 발생할 확률의 합이 된다. 두 사건이 발생할 확률은 각각

$$P(A) = \frac{1}{2}, \quad P(C) = \frac{1}{2}$$

이므로 합집합의 확률은

$$P(A \cup C) = P(A) + P(C) = \frac{1}{2} + \frac{1}{2} = 1$$

이 된다.

제3절 확률법칙

확률의 여러 가지 법칙들을 이용하면 확률의 계산을 보다 쉽게 할 수 있다. 이 법칙들을 살펴보기로 하자.

1. 확률의 덧셈법칙

만일 A와 B가 상호배타적이 아니라면 확률의 덧셈법칙(additional rule of probability)은 공식적으로 아래와 같이 정리된다.

$$P(A \cup B) = P(A) + P(B) - P(A \cap B)$$

확률의 덧셈법칙은 두 사건이 있고 이중 최소한 한 사건이 발생할 확률에 관심이 있을 때 사용된다. 다시 말해 사건 A 또는 사건 B 또는 두 사건이 모두 일어날 확률을 계산하는 방법을 제공한다. 이때 앞에서 논한 교집합과 합집합의 두 개념이 유용하다. [그림 3-3]에서 보듯이 교집합 $A \cap B$는 두 사건 A와 B에 모두 속하므로 각 사건의 확률을 더하는 $P(A) + P(B)$의 계산에 실제로는 두 번

포함된다. 이러한 이중계산을 수정하기 위해 교집합 발생확률 P(A∩B)를 빼주게 된다.

확률의 덧셈법칙

두 사건 A와 B가 있다. 사건A 또는 B 또는 두 사건 모두 발생할 확률은 아래와 같이 계산된다.

$$P(A \cup B) = P(A) + P(B) - P(A \cap B)$$

[예제 3-2]

주사위를 던지는 확률실험에서 홀수가 나오는 사건을 A, 3 이하의 숫자가 나올 사건을 B라고 할 때 확률의 덧셈법칙을 확인해 보라.

$$A = \{1, 3, 5\}, \quad B = \{1, 2, 3\}$$

이므로

$$P(A) = \frac{3}{6} = \frac{1}{2}, \quad P(B) = \frac{3}{6} = \frac{1}{2}$$

이 된다. 또한

$$A \cup B = \{1, 2, 3, 5\}, \quad A \cap B = \{1, 3\}$$

이므로 이에 대한 확률은 각각

$$P(A \cup B) = \frac{4}{6} = \frac{2}{3}, \quad P(A \cap B) = \frac{2}{6} = \frac{1}{3}$$

이 된다. 따라서

$$P(A \cup B) = P(A) + P(B) - P(A \cap B) = \frac{1}{2} + \frac{1}{2} - \frac{1}{3} = \frac{2}{3}$$

이 되므로 확률의 덧셈법칙이 성립함을 알 수 있다.

[예제 3-3]

어느 직장에서 직원들의 영어능력 평가를 위해 필기시험을 치른 결과 250명중 120명이 합격점을 받았고, 또 실기시험에서는 95명이 합격점을 받은 것으로 나타났다. 두 시험 모두 합격점을 받은 사람은 80명인 것으로 판명되었다. 이때 두 사건을 아래와 같이 정의하자.

A : 필기시험에서 합격점을 받은 사건

B : 실기시험에서 합격점을 받은 사건

상대도수의 개념에 따른 각 사건의 발생비율은 다음과 같다.

$$P(A) = \frac{120}{250} = 0.48$$

$$P(B) = \frac{95}{250} = 0.38$$

$$P(A \cap B) = \frac{80}{250} = 0.32$$

이 기업체의 경영진은 최소한 한 가지 시험에서만 합격점을 받으면 합격한 것으로 인정하기로 결정했다. 이때 어느 직원이 영어능력 평가에서 합격점을 받을 확률은 얼마인가?

A와 B 두 사건의 합집합에 관한 확률문제이므로 구하고자 하는 확률은 $P(A \cup B)$이다. 두 사건에 대한 덧셈법칙의 원리를 이용하여 아래와 같이 확률을 구한다.

$$\begin{aligned} P(A \cup B) &= P(A) + P(B) - P(A \cap B) \\ &= 0.48 + 0.38 - 0.32 \\ &= 0.54 \end{aligned}$$

따라서 결과는 한 직원이 영어능력 평가시험을 통과하는 확률이 54%임을 말해준다.

확률의 덧셈법칙이 상호배타적 사건에 어떻게 적용되는지 살펴보기로 하자. [그림 3-2]에서 보듯이 둘 이상의 사건들에 공통점이 없으면 상호배타적이라고 한다 즉 [그림 3-1]과 같이 사건의 교집합점들이 없다는 뜻이다. 두 사건이 상호배타적이라면 $P(A\cap B)=0$이 되며, 덧셈법칙은 아래와 같이 성립된다.

$$P(A\cup B)=P(A)+P(B)$$

따라서 상호배타적인 두 사건의 합에 대한 확률을 구하기 위해서는 단순히 해당 확률을 더하면 된다.

2. 조건부확률

한 사건의 확률을 결정하려 할 때 이 사건과 관련된 다른 사건이 이미 발생했었다는 사실을 알게 되었다 하자. 즉 사건 A가 있고 발생할 확률이 $P(A)$일 때, 다른 사건 B가 이미 일어났었다는 정보를 얻게 되었다. A와 B가 관련이 있다면 이러한 정보는 사건 A에 대한 새로운 또는 갱신된 확률을 계산하는데 유익하게 사용될 수 있다. B가 발생했다는 조건하에서 A가 발생할 확률을 조건부확률(conditional probability)이라고 하고 $P(A|B)$로 나타낸다. 조건부확률의 기본 개념은 어떤 사건의 발생가능성이 이전에 발생한 다른 관련 사건에 의해 영향을 받는다는 것이다.

조건부확률

두 사건 A, B가 있다고 하자. 사건 B가 발생했을 때 사건 A가 일어날 조건부확률은 다음과 같이 정의된다.

$$P(A|B)=\frac{P(A\cap B)}{P(B)} \qquad \text{단, } P(B)>0$$

또 A가 발생했을 때 B가 일어날 조건부확률은 같은 원리에 의해 아래와 같이 정의된다.

$$P(B|A)=\frac{P(A\cap B)}{P(A)} \qquad \text{단, } P(A)>0$$

[예제 3-4]

어느 항공사의 국제항공편이 정시에 출발하는 확률은 $P(M)=0.78$이고, 정시에 도착하는 확률은 $P(N)=0.85$이며, 정시에 도착하고 출발하는 확률은 $P(M\cap N)=0.68$이다. 이때

(1) 정시에 출발한 한 항공편이 정시에 도착하는 확률은?

$$P(N \mid M) = \frac{P(M \cap N)}{P(M)} = \frac{0.68}{0.78} = 0.87$$

(2) 정시에 도착한 한 항공편이 정시에 출발하는 확률은?

$$P(M \mid N) = \frac{P(M \cap N)}{P(N)} = \frac{0.68}{0.85} = 0.80$$

[예제 3-5]

어느 신도시에 사는 100명의 시민들에게 그 도시의 음식점들에 대한 만족도를 질문하였다. 음식점에 대한 만족도는 그 도시에 거주했던 기간과 관련이 있다고 보고 거주기간까지 조사한 결과는 [표 3-1]과 같다. 거주기간이 5년 미만일 때 음식점에 대해 불만일 확률을 구하라.

[표 3-1] 만족도와 거주기간

(단위 : 명)

만족도	거주기간		
	5년 미만	5년 이상	합계
불만	56	3	59
만족	14	27	41
합계	70	30	100

위의 자료를 발생빈도에 따라 확률로 나타내면 [표 3-2]와 같이 나타난다.

각 확률 0.56, 0.03, 0.14, 0.27은 두 사건의 교집합에 대한 확률이므로 결합확률(joint probability)이라고 한다. 표의 가로와 세로의 합계를 나타내는 확률은 각 사건의 확률을 따로 나타낸다. 말하자면 거주자 중 59%가 음식점에 불만이고, 41%는 만족하며, 또 70%는 5년 미만 거주했고, 30%는 5년 이상 거주했다는 뜻이다. 이렇게 결합확률표의 주변에 위치한 각 확률을 주변확률(marginal probability)이라고 한다.

[표 3-2] 만족도와 거주기간의 확률

만족도	거주기간		
	5년 미만	5년 이상	합계
불만	0.56	0.03	0.59
만족	0.14	0.27	0.41
합계	0.70	0.30	1.00

음식점에 불만일 경우를 사건 A라고 하고, 거주기간이 5년 미만일 경우를 사건 B라고 하자. 그러면 음식점에 만족하는 경우는 $\overline{A}$, 거주기간이 5년 이상인 경우는 $\overline{B}$로 표현된다. 위의 확률을 벤다이어그램으로 나타내면 [그림 3-6]과 같다.

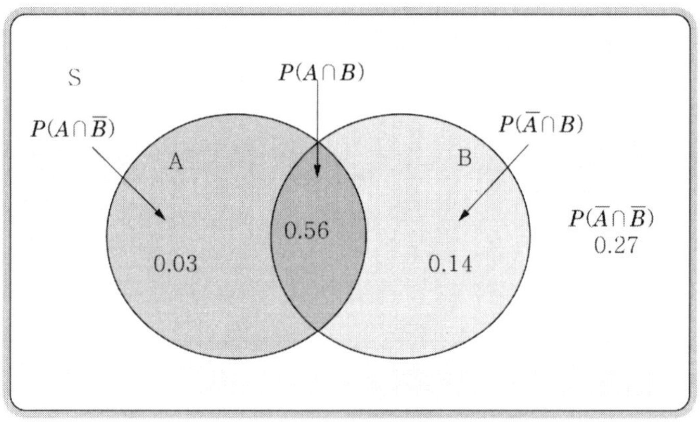

[그림 3-6] 만족도와 거주기간의 벤다이어그램

거주기간이 5년 미만, 즉 사건 B일 때 음식점에 대해 불만, 즉 사건 A일 확률은 조건부확률 $P(A|B)$를 구하는 것이다. 이를 계산하면 다음과 같다.

$$P(A|B) = \frac{P(A \cap B)}{P(B)}$$

$$= \frac{0.56}{0.70}$$

$$= 0.80$$

즉 이 도시에서 거주기간이 5년 미만인 경우 이 도시의 음식점에 불만일 확률은 0.8이다.

조건부확률은 지금까지 보았듯이 $P(B \mid A) \neq P(B)$였다. 즉 B와 A는 서로 연관성이 있음을 나타낸다. 이번에는 다른 경우의 예로 52장의 트럼프카드에서 두 장을 잇달아 꺼낸 후 다시 환원시키는 실험에 대해 고려해 보자. 이때 두 사건을 아래와 같이 정의한다.

A : 첫째 카드가 에이스인 사건
B : 둘째 카드가 스페이드인 사건

첫 카드가 환원되므로 표본공간은 첫째와 둘째 시도 모두 4장의 에이스와 13장의 스페이드가 있는 52장이 된다.

따라서

$$P(B \mid A) = \frac{13}{52} = \frac{1}{4}$$

그리고

$$P(B) = \frac{13}{52} = \frac{1}{4}$$

말하자면 $P(B \mid A) = P(B)$이고, B가 발생할 확률은 A의 발생 여부에 관계없이 결정되므로 A와 B는 서로 독립적이다.

조건부확률: 사건이 서로 독립적인 경우

두 사건 A와 B간에 아래와 같은 관계가 성립된다면 A와 B는 서로 통계적으로 독립이다.

$$P(B \mid A) = P(B)$$

또는

$$P(A \mid B) = P(A)$$

그렇지 않는 경우는 A와 B는 서로 독립적이 아니다.

3. 확률의 곱셈법칙

이제는 조건부확률의 개념을 이용하여 교집합의 개념과 유사한 확률의 곱셈법칙(multiplication rule of probability)에 대해 살펴보자. 두 사건 A와 B가 있을 때, 이들의 교집합의 확률은 조건부확률의 정의

$$P(A|B) = \frac{P(A \cap B)}{P(B)}$$

로부터

$$P(A \cap B) = P(A|B) \cdot P(B)$$

가 된다.

확률의 곱셈법칙

두 사건 A와 B가 있을 때,

$$P(A \cap B) = P(A|B) \cdot P(B)$$

또는

$$P(A \cap B) = P(B|A) \cdot P(A)$$

지금까지는 한 사건이 발생함으로써 다음에 발생할 사건에 영향을 주는 경우를 살펴보았는데, 이와 같은 사건을 통계적으로 종속(statistically dependent)인 사건이라고 한다. 그러나 어떤 사건의 발생이 다른 사건의 발생에 영향을 주지 않는 경우가 흔히 있다. 이러한 경우 두 사건은 통계적으로 독립(statistically independent)인 사건이라고 한다. 예를 들어 오늘 출장간다라는 사건은 오늘 비가 온다라는 사건에 영향을 받지 않는다면 통계적으로 독립인 사건이다.

통계적으로 독립인 두 사건인 경우에 확률의 곱셈법칙은 다음과 같다.

$$P(A \cap B) = P(A) \cdot P(B|A) = P(A) \cdot P(B)$$

통계적 독립이기 위한 필요충분조건
두 사건 A, B가 있을 때

$$P(A \cap B) = P(A) \cdot P(B)$$

따라서 곱셈법칙에 의해 조건확률은 아래와 같다.

$$P(A \mid B) = P(A), \quad P(B) > 0$$

$$P(B \mid A) = P(B), \quad P(A) > 0$$

일반적으로 나타내면 사건 $E_1, E_2, \cdots, E_K$가 통계적으로 독립이면 다음을 만족한다.

$$P(E_1 \cap E_2 \cap \cdots \cap E_K) = P(E_1) \cdot P(E_2) \cdots \cdot P(E_K)$$

[예제 3-6]

어느 회사에 근무하는 10명의 직원 중 5명은 남자이고, 나머지 5명은 여자이다. 또 이 중 4명이 고임금을 받고 있고, 나머지 6명은 저임금을 받고 있다. 더 자세히 보니 남자이면서 고임금을 받는 사람은 2명이고, 여자이며 저임금을 받는 사람은 3명이다. 임의로 선택한 한 명의 직원이 남자일 경우와 고임금을 받을 경우 독립성을 검토해 보라.

위의 예제를 정리하면 [표 3-3]과 같이 나타낼 수 있다.

[표 3-3] 성별과 임금수준

(단위 : 명)

성별	임금수준		합계
	고임금	저임금	
남자	2	3	5
여자	2	3	5
합계	4	6	10

발생빈도를 확률로 나타내면 [표 3-4]와 같다.

[표 3-4] 성별과 임금수준의 확률

성별	임금수준		합계
	고임금	저임금	
남자	0.2	0.3	0.5
여자	0.2	0.3	0.5
합계	0.4	0.6	1.0

예제에서 남자일 사건을 A라고 하고, 고임금일 사건을 B라고 하자. 그러면 여자인 사건은 $\overline{A}$, 저임금인 경우에는 $\overline{B}$로 표현할 수 있다. 위의 확률을 벤다이어그램으로 나타내면 [그림 3-7]과 같다.

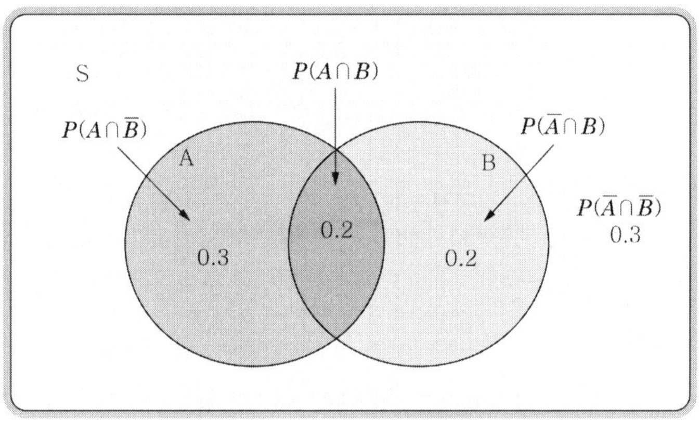

[그림 3-7] 성별과 임금수준의 벤다이어그램

사건 A와 사건 B의 교집합의 확률이

$$P(A \cap B) = 0.2$$

이고, 각 사건의 확률의 곱은

$$P(A)P(B) = 0.5 \times 0.4 = 0.2$$

이므로

$$P(A \cap B) = P(A) \cdot P(B)$$

가 성립한다. 따라서 남자라는 사건과 고임금을 받는다는 사건은 통계적으로 독립이다. 즉 이 회사에서는 성별에 따라 임금차별을 하지 않는다고 할 수 있다.

제 4 절 베이즈정리

앞에서 확률의 법칙에 대해 살펴보았다. 이제 어떤 사건에 대한 추가적인 정보가 주어졌을 때 확률을 구하는 방법에 대해 알아보자.

예를 들어 한 투자가가 어느 특정 증권에 관심이 있어서 그 증권에 투자함으로써 이윤을 취할 수 있는 확률에 대해 판단을 내리려 한다고 하자. 만약 그가 이 증권이 전문가에 의해 추천되고 있다는 사실을 안다면 전문가의 능력에 대한 신뢰도에 따라 투자가는 자신의 초기 판단을 수정할지도 모른다. 여기서 새로운 정리가 도출된다.

사건 A와 B가 있을 때 각 사건에 대한 확률을 $P(A)$와 $P(B)$라고 하자. 확률의 곱셈법칙은

$$P(A \cap B) = P(A|B)P(B)$$

또는

$$P(A \cap B) = P(B|A)P(A)$$

이다. 이 두 식의 좌변은 동일하므로

$$P(A|B)P(B) = P(B|A)P(A)$$

로 놓고, 양변을 $P(A)$로 나누면 다음과 같은 식을 얻게 된다.

$$P(B|A) = \frac{P(A|B)P(B)}{P(A)} \tag{3.3}$$

이를 베이즈정리(Bayes' Theorem)라고 한다.

어느 개인이 사건 B에 관심이 있어서 B가 발생할 확률이 얼마인가를 생각하고 있다고 하자. 이 때 사건 A가 일어났다는 추가적인 정보를 얻는다면 B가 발생할 확률에 대한 그의 초기 판단에 수정을 가하게 될 것이다. 사건 A의 확률을

P(A)라고 하면 이는 A의 발생에 대한 초기 정보가 되고, 이를 사전확률(prior probability)이라고 한다. 사건 A가 발생했을 때 사건 B가 일어날 확률은 조건부 확률이 된다. 사건 A가 발생했다는 추가적인 정보에 따라 B가 발생할 확률을 수정하게 되므로 이와 같이 수정된 확률을 사후확률(posterior probability)이라고 한다. 베이즈정리는 사전확률이 정보가 추가됨에 따라 사후확률로 되는 메커니즘이라고 하겠다.

베이즈정리

사건 A와 B가 있을 때,

$$P(A|B) = \frac{P(B|A)P(A)}{P(B)}$$

또는

$$P(B|A) = \frac{P(A|B)P(B)}{P(A)}$$

[예제 3-7]

어느 대기업의 작년 회계계정을 조사했을 때 감사관은 계정의 15%에 오류가 있음을 발견했다. 이 오류 중에서 60%는 과거의 수치를 근거로 볼 때 크게 다르다고 간주되었다. 또한 모든 계정 중에서 20%는 크게 다른 값들이었다. 만약 한 특정 계정에 있는 수치가 크게 다르다고 나타났다면 이것이 오류일 확률은 얼마가 될까?

오류가 발생할 사건을 A, 크게 다른 값이 존재할 사건을 B라고 하면 각각의 확률은 다음과 같다.

$$P(A) = 0.15, \qquad P(B) = 0.20$$

그리고 사건 A가 발생했을 때 사건 B가 발생할 확률은

$$P(B|A) = 0.60$$

이므로 베이즈정리에 의해 다음과 같은 확률이 구해진다.

$$P(A|B) = \frac{P(B|A) \cdot P(A)}{P(B)}$$

$$= \frac{(0.60)(0.15)}{0.20}$$

$$= 0.45$$

따라서 계정이 크게 다르게 나타났다는 정보가 사전에 주어졌을 때 계정에 오류가 있을 확률은 0.15에서 0.45로 수정되었다.

베이즈정리는 동일하기는 하지만 다른 형태로도 표현된다. 이제 $E_1, E_2, \cdots, E_K$를 상호배타적이고 총괄적으로 망라된 사건들이라고 하고, A를 다른 어떤 사건이라고 하자. 이 때 어떤 i에 대해 A가 주어졌을 때 사건 E_i의 조건부확률을 알고자 한다면 위의 베이즈정리 공식에서 B를 E_i로 바꾸어 다음과 같이 나타낼 수 있다.

$$P(E_i|A) = \frac{P(A|E_i)P(E_i)}{P(A)}$$

$E_1 \cap A,\ E_2 \cap A,\ \cdots,\ E_K \cap A$ 는 상호배타적이며, 그들의 합집합은 A임을 이미 알고 있다. 따라서 A의 확률은 다음과 같다.

$$P(A) = P(E_1 \cap A) + P(E_2 \cap A) + \cdots + P(E_K \cap A) \qquad (3.4)$$

또 확률의 곱셉법칙에 의해 아래와 같이 성립된다.

$$P(E_j \cap A) = P(A|E_j)P(E_j) \qquad j = 1, 2, \cdots, K \qquad (3.5)$$

식 (3.5)를 (3.4)에 대입하면

$$P(A) = P(A|E_1)P(E_1) + P(A|E_2)P(E_2) + \cdots + P(A|E_K)P(E_K) \qquad (3.6)$$

이 되므로 앞의 베이즈정리의 공식 (3.3)에 B대신 E_i, $P(A)$ 대신 식 (3.6)을 대입하면 다음과 같이 일반형의 공식으로 변형시킬 수 있다.

$$P(E_i|A) = \frac{P(A|E_i)P(E_i)}{P(A|E_1)P(E_1) + P(A|E_2)P(E_2) + \cdots + P(A|E_K)P(E_K)}$$

$$= \frac{P(A|E_i)P(E_i)}{\sum_{j=1}^{K} P(A|E_j)P(E_j)}$$

[예제 3-8]

한 부속품이 생산되고 있는 일련의 조립과정에서 일하고 있는 어느 검사관은 부속품들이 그가 일하는 곳을 지나갈 때 합격, 불합격 여부에 대해 신속한 결정을 내려야만 한다. 그의 앞을 지나가는 모든 부속품들 중 10%는 부적격 판정을 받고 있는 것으로 밝혀졌다. 부적격 판정을 받은 부속품들 중 80%는 불량품이라는 것이 자세한 검사결과 밝혀졌다. 반면 합격 판정을 받은 부속품들 중에서 5%가 불량품이라고 밝혀졌다. 그렇다면 이 검사관이 불량부속품에 합격 판정을 내릴 확률은 얼마가 될까?

합격 판정을 내릴 사건을 A, 불합격 판정을 내릴 사건을 B라고 하면 각각의 확률은 다음과 같다.

$$P(A) = 1 - P(B) = 0.9 \qquad P(B) = 0.1$$

또한 사건 A가 발생했을 때 불량품일 확률과 사건 B가 발생했을 때 불량품일 확률은 각각 다음과 같다.

$$P(\text{불량품}|A) = 0.05, \qquad P(\text{불량품}|B) = 0.80$$

따라서 베이즈정리에 의해

$$P(A|\text{불량품}) = \frac{P(\text{불량품}|A)P(A)}{P(\text{불량품}|A)P(A) + P(\text{불량품}|B)P(B)}$$

$$= \frac{(0.05)(0.90)}{(0.05)(0.90) + (0.80)(0.10)}$$

$$= 0.36$$

이 된다.

연 습 문 제

3.1. 어느 레코드 가게에 들어오는 손님 중에서 20%는 도움을 요청한다. 손님 중 30%는 상품을 구매하고 떠난다. 또한 손님의 10%는 도움을 청하기도 하고 상품을 구매하기도 한다.

(1) 어떤 손님이 도움을 청하거나 혹은 상품을 구매할 확률은 얼마인가?

(2) 이 두 사건은 상호배타적인가?

(3) 이 두 사건은 총괄적으로 망라된 사건인가?

(4) 이 두 사건은 통계적으로 독립인가?

3.2. 어느 대기업 신입사원들의 혼인 여부에 대해 조사한 결과는 아래와 같다.

기혼(E_1)	미혼(E_2)	기타(E_3)	계
125	407	28	560

(1) 한 신입사원의 혼인 여부에 대한 확률을 부여하기 위해서는 어떤 방법을 사용해야 할까?

(2) 확률을 부여한 결과는 어떻게 나오는가?

3.3. 부부의 TV 시청습관에 대한 한 연구에서 25%의 가장과 30%의 주부가 특정 인기 연속극의 고정시청자로 조사되었다. 조사 대상 부부 중 14%는 부부가 함께 고정 시청자인 것으로 나타났다. 부부 중 최소한 한 쪽이 이 연속극의 고정 시청자일 확률은?

3.4. 어떤 섬세한 부품을 세 하청기업으로부터 납품받고 있다. 기록을 보면, 세 하청기업으로부터 입하된 부품 전체 중에서 양품과 불량품의 비율은 다음과 같다.

부 품	하청기업		
	A	B	C
양 품	0.28	0.30	0.32
불량품	0.01	0.05	0.04

(1) 만일 어떤 부품을 임의로 선택했을 때, 이것이 불량품일 확률은 얼마인가?
(2) 만일 어떤 부품을 임의로 선택했을 때, 이것이 B기업의 제품일 확률은 얼마인가?
(3) 하청기업 B에서 온 부품이 불량품일 확률은 얼마인가?
(4) 임의로 선택한 불량품이 하청기업 B에서 온 부품일 확률은 얼마인가?

3.5. $E_1 = \{x \mid 4 < x < 7\}$이고 $E_2 = \{y \mid 6 < y < 15\}$라면 E_1과 E_2의 합집합은?

3.6. $S = \{1,2,3,4,5,6,7,8,9\}$, $E_1 = \{2,4,7,9\}$, $E_2 = \{1,3,5,7,9\}$, $E_3 = \{2,3,4,5\}$, $E_4 = \{1,6,7\}$이라면 다음의 사건에 해당하는 집합의 원소들을 열거하라.
(1) $E_1 \cap \overline{E_3}$ (2) $E_1 \cap E_3 \cap \overline{E_4}$ (3) $\overline{E_1} \cup E_3$

3.7. 어느 주식중개인은 과거의 경험에 비추어 볼 때 현재의 경제여건 아래서 한 고객이 채권에 투자할 확률이 0.55, 해외펀드에 투자할 확률이 0.25, 또 이 둘에 모두 투자할 확률은 0.12로 보고 있다. 현 시점에서 한 고객에 대해 아래 확률을 구하라.
(1) 채권이나 또는 해외펀드에 투자.
(2) 채권이나 해외펀드 모두에 투자 않는다.

3.8. 어느 지역에 위치한 100개 법인의 이번 달 전기세는 다음의 도수분포를 가진 것으로 나타났다.

(단위 : 원)

금액	5만 미만	10만 미만	15만 미만	20만 미만	25만 미만
법인수	15	23	33	22	7

(1) M을 월 전기세가 15만원 미만인 사건이라 할 때 P(M)은?
(2) N을 월 전기세가 15만원 이상인 사건이라 할 때 P(N)은?

3.9. 두 사건 E_1과 E_2에 대해 $P(E_1) = 0.48$, $P(E_2) = 0.58$, 그리고 $P(E_1 \cap E_2) = 0.42$라면 아래 물음에 답하라.
(1) $P(E_1 \mid E_2)$를 구하라.

(2) $P(E_2 \mid E_1)$을 구하라.

(3) E_1과 E_2는 독립적인가 아닌가. 그 이유는?

3.10. 어느 대기업의 장기근속 여직원 90명의 건강관리에 대해 조사해 보니 36명은 수영을 하고, 27명은 요가를 하며, 9명은 두 가지를 다 하는 것으로 밝혀졌다. 한 장기근속 여직원 건강관리를 위해 수영을 하거나 요가를 하는 확률은?

3.11. 사건과 그에 따른 확률이 아래와 같다.

A_1 : 한 사람이 암으로 사망하는 사건

A_2 : 한 사람이 심장병으로 사망하는 사건

$P(A_1) = 0.20 \quad P(A_2) = 0.15$

(1) 두 사건이 상호배타적인가? 한 사람이 암이나 또는 심장병으로 사망하는 확률은?

(2) 한 사람이 암 이외의 요인으로 사망하는 확률은?

3.12. 사건 E_1, E_2, 또 E_3에 대한 사전확률은 각각 $P(E_1) = 0.25$, $P(E_2) = 0.45$, 또 $P(E_3) = 0.30$이다. 사건 E_1, E_2, 또 E_3가 주어졌을 때 사건 A의 조건부 확률은 각각 $P(A \mid E_1) = 0.45$, $P(A \mid E_2) = 0.35$, 그리고 $P(A \mid E_3) = 0.30$이다.

(1) $P(A \cap E_1)$, $P(A \cap E_2)$, 또 $P(A \cap E_3)$를 각각 계산하라.

(2) Bayes 정리를 적용하여 사후확률 $P(E_2 \mid A)$를 구하라.

3.13. 어느 치과에서는 치아 검진을 자주하는 고객들이 치아 손상이 적은지 알고 싶다. 기본적인 조사를 실시한 결과는 아래와 같이 요약된다.

치과 방문	치아 손상도		
	높다	보통이다	낮다
자주	0.11	0.48	0.20
가끔	0.08	0.06	0.07

(1) 어느 고객이 자주 방문하면서 치아 손상이 높은 확률은?

(2) 위의 확률을 무슨 확률이라 하는가, 또 이유는?

(3) 어느 고객이 치아 손상이 낮을 주변확률은?

(4) 치아 손상이 낮은 고객이 자주 방문할 가능성은?
(5) 사건 '높다'와 사건 '자주'는 독립적인가?
(6) 어느 고객이 치과를 가끔 방문할 주변확률을 구하라.
(7) 치과를 가끔 방문하는 고객이 치아 손상이 높을 가능성은?
(8) 사건 '높다'와 사건 '가끔'은 독립적인가?
(9) 어떤 고객이 치과를 자주 방문할 가능성, 즉 주변확률은?
(10) 어떤 고객의 치아 손상도가 보통일 가능성은?
(11) 어떤 고객이 자주 방문하거나 또는 치아손상이 낮을 가능성은?

3.14. 어느 인터넷 상거래업체는 고객의 주문을 처리하는데 있어서 다음 세 가지 사고에 대해 고려하고 있다.
A. 다른 품목을 보냈다. P(A) = 0.02
B. 품목이 배달 중 분실되었다. P(B) = 0.01
C. 품목이 배달 중 파손되었다. P(C) = 0.04
사건 A는 사건 B, C와 독립적이라고 하자. 또 사건 B와 C는 상호배타적이라고 하자. 임의로 선정한 한 주문에 세 가지 사고 중 최소한 한 가지가 발생할 확률을 구하라.

3.15. 어느 골프 컨추리클럽의 멤버 3명이 운영위 회장 후보로 추대되었다. A가 당선될 확률은 0.3, B가 당선될 확률은 0.5, C가 당선될 확률은 0.2이다. A가 당선되면 멤버십 비용이 상승할 확률이 0.8, B가 당선되면 0.1, C가 당선되면 0.4이다.
(1) 멤버십비가 상승할 확률은 얼마인가?
(2) 어떤 사람이 클럽 가입을 고려 중이지만 멤버십비가 상승했는가를 보기 위해 결정을 몇 주 미루고 있다면 C가 회장으로 당선되었을 확률은?

3.16. 아래의 결합확률분포는 어느 동에 사는 고소득 200가구의 국산과 외제 승용차 보유현황에 대한 설문조사 결과를 요약한 것이다.

		국산차		계
		보유	미보유	
외제차	보유	0.20	0.05	0.25
	미보유	0.70	0.05	0.75
	계	0.90	0.10	1.00

(1) 국산차와 외제차 소유권을 비교하기 위해 주변확률을 계산하라.
(2) 위의 표에서 0.20은 무엇을 의미하는가?
(3) 한 가구가 국산이든 외제든 차량을 소유한 확률은?
(4) 외제차를 보유한 한 가구가 국산차량도 소유한 확률은?
(5) 국산차를 소유한 한 가구가 외제차도 소유하는 확률은?
(6) 국산차와 외제차 소유권은 독립적 사건인가?

3.17. 삼성기계(주)는 기계의 공급·설치를 전문으로 하고 있다. 어떤 기계가 설치되어 운영 가능하기까지에 걸리는 일자는 다음의 확률을 가진다고 한다.

설치일자(일)	3	4	5	6	7
확률	0.05	0.14	0.30	0.31	0.20

사건 A는 "설치일자가 6일 이상"이고, 사건 B는 "설치일자가 4일 이하"라고 하자.

(1) 사건 A, B의 확률을 구하라.
(2) A여집합을 벤다이어그램으로 나타내고 확률을 구하라.
(3) A와 B의 교집합을 벤다이어그램으로 나타내고 확률을 구하라.
(4) A와 B의 합집합을 벤다이어그램으로 나타내고 확률을 구하라.
(5) A와 B는 상호배타적인가?
(6) A와 B는 총괄적으로 망라된 사건인가?

3.18. 특정 부품 100개들이 한 상자를 납품받았다. 과거의 기록에 의하면 이 중에서 불량품이 있을 가능성은 다음과 같다.

불량품수	0	1	2	3	4 이상
확률	0.28	0.37	0.25	0.07	0.03

(1) 3개 미만의 불량품이 있을 가능성은 얼마인가?
(2) 1개를 초과하는 불량품이 있을 가능성은 얼마인가?

제 4 장

이산확률변수와 확률분포

제 1 절 확률변수

확률실험의 결과는 대부분 수치의 형태로 표현된다. 예를 들어 주사위를 던지거나 특정 정당의 지지율을 조사하는 경우에 가능한 결과는 수치로 나타난다.

확률실험의 결과가 수치로 나타나지 않는 경우에도 결과에 수치를 부여하면 유용하고 편리한 경우가 많다. 예를 들면 제품을 검사하여 양품(good)과 불량품(defective)으로 분류하거나 또는 새로운 정책에 대한 찬성과 반대를 구분하고자 할 때 이들에 1과 0을 부여할 수 있다.

확률실험의 결과가 나올 때까지는 불확실성이 존재하게 되는데, 이러한 불확실성은 확률적인 표현으로 계량화될 수 있다. 이와 같이 확률실험에서 일정한 확률을 갖고 발생하는 결과에 수치를 부여하는 변수를 확률변수(random variable)라고 한다.

[확률변수]
어떤 확률실험의 결과(outcome)에 의해 결정되는 실수값을 취하는 변수

확률변수와 이 변수가 취할 수 있는 가능한 값들을 구분해야 할 필요가 있다. 보통 확률변수는 X, Y, Z 등과 같은 영문 대문자로 표기하고, 확률변수가 취하는 특정값들은 x, y, z와 같이 해당 확률변수의 영문 소문자로 표기한다. 예를 들어 주사위를 던지는 경우, 확률변수는 주사위를 던졌을 때 나오는 숫자가 되고, 이를 X로 표기하면 확률변수 X는 특정 수치 $x=1$, $x=2,\cdots,x=6$을 가질 수 있으며 각각의 확률은 1/6이 된다.

확률변수는 이산확률변수(discrete random variable)와 연속확률변수(continuous random variable)로 구분된다. 이산확률변수는 확률변수가 취할 수 있는 모든 값을 셀 수 있는 변수(countable variable)이고, 연속확률변수는 확률변수가 취할 수 있는 모든 값을 셀 수 없는 변수(uncountable variable)이다.

이산확률변수 : 셀 수 있는 수치를 값으로 취하는 확률변수

이산확률변수는 유한개의 값을 가진다. 예를 들어 주사위를 한 번 던지는 확률실험에서는 확률변수들이 취할 수 있는 값은 항상 1, 2, ⋯, 6 중의 하나가 된다. 이산확률변수의 예는 다음과 같다.

① 대량생산된 제품의 표본 20개 중에서 불량품의 개수
② 한 시간 동안 은행에 오는 고객의 수
③ 품질검사의 결과로서 양품(=1)과 불량품(=0)

연속확률변수 : 어떤 구간(interval)내의 값들을 취하는 확률변수

한편 연속확률변수가 취하는 값은 셀 수가 없으므로 어떤 특정값에 확률을 부여할 수가 없다. 예를 들어 오늘의 최고기온이 정확히 섭씨 20도가 될 확률은 거의 0이라고 할 수 있다. 그러나 이 경우 오늘의 최고기온이 섭씨 19도에서 22도 사이에 있을 확률과 같은 어떤 구간에 속할 확률은 구할 수 있다. 연속확률변수의 예로는 다음을 들 수 있다.

① 어떤 가구의 연간 소득

② 어떤 병원에 도착하는 환자의 시간 간격
③ 이번 달의 석유 수입량
④ 생맥주 컵에 들어있는 맥주의 양

제 2 절 이산확률변수의 확률분포

X가 어떤 이산확률변수이고, x가 이산확률변수 X가 취할 수 있는 모든 가능한 값들 중의 하나라고 하면 확률변수 X가 특정값 x를 취할 확률은 $P(X=x)$로 표현된다. 이때 확률변수가 취할 수 있는 모든 가능한 결과에 해당하는 확률함수(probability function) $P_X(x)$의 값들을 나타낸 것을 확률분포(probability distribution)라고 한다. 확률분포는 대수적으로 표현할 수도 있고, 표나 그래프를 이용해서 나타낼 수도 있다.

이산확률변수 X의 확률함수(probability function) $P_X(x)$는 X가 x를 취하는 확률을 x의 함수로 표현한 것이다. 즉,

$$P_X(x) = P(X=x)$$

X의 확률분포는 모든 가능한 x의 확률함수 값들을 표, 그래프, 식으로 표시한 것이다.

주사위를 두 번 던지는 확률실험에서 짝수가 나오는 횟수를 확률변수 X라고 하면, X가 취할 수 있는 값은 $x=0$, $x=1$, $x=2$가 된다. 짝수를 E(even), 홀수를 O(odd)로 표기하면 이에 대응하는 확률값들은 다음과 같다.

$$P_X(0) = P(X=0) = P(OO) = \frac{1}{4}$$

$$P_X(1) = P(X=1) = P(OE) + P(EO) = \frac{1}{2}$$

$$P_X(2) = P(X=2) = P(EE) = \frac{1}{4}$$

따라서 확률분포는 다음과 같이 표, 그래프, 식의 형태로 나타낼 수 있다.

[표 4-1] X의 확률분포표

x	$P_X(x)$
0	1/4
1	1/2
2	1/4

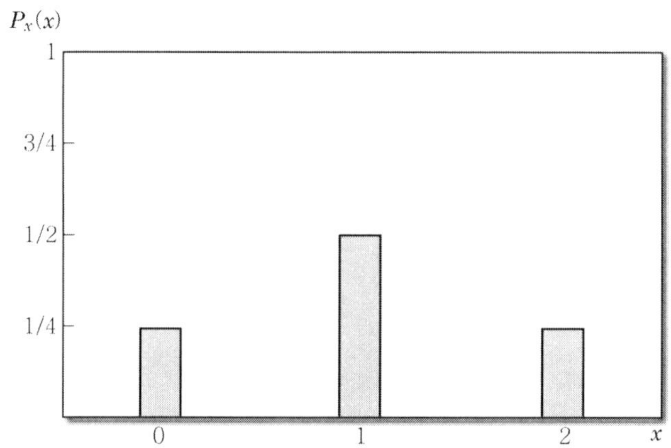

[그림 4-1] X의 확률분포의 그래프

또한 식으로 나타내면 아래와 같다.

$$P_X(x) = \begin{cases} \dfrac{1}{4} & x=0 \text{ 또는 } x=2 \text{ 인 경우} \\ \dfrac{1}{2} & x=1\text{인 경우} \end{cases}$$

확률분포는 상대도수의 개념을 이용하여 쉽게 계산될 수 있다. 다음의 예제를 통해 살펴보자.

예제 4-1

어느 자동차 판매대리점에서 보증기간 내에 고장수리를 위해 차를 입고시키는 횟수를 조사하고 있다. 지난 3년간 차를 구매한 고객 중 100명을 검토하여 상대도수를 구한 결과가 [표 4-2]와 같이 나타났다. 차를 입고시키는 횟수의 확률분포를 구해 보자.

[표 4-2] 입고횟수

입고횟수	도수(명)	상대도수
0	20	0.2
1	50	0.5
2	30	0.3
합계	100	1

[표 4-2]를 보면 입고횟수라는 변수 X가 취하는 값은 0, 1, 2이며 각각의 확률은 다음과 같다.

$$P_X(0) = 0.2$$

$$P_X(1) = 0.5$$

$$P_X(2) = 0.3$$

이 때, 확률변수 X가 특정한 값을 취하는 확률은 상대도수와 같게 된다. 따라서 X의 확률분포를 표와 그래프로 나타내면 각각 다음의 [표 4-3]과 [그림 4-2]와 같다.

[표 4-3] 입고횟수의 확률분포

입고횟수	상대도수	확률
0	0.2	0.2
1	0.5	0.5
2	0.3	0.3
합계	1	1

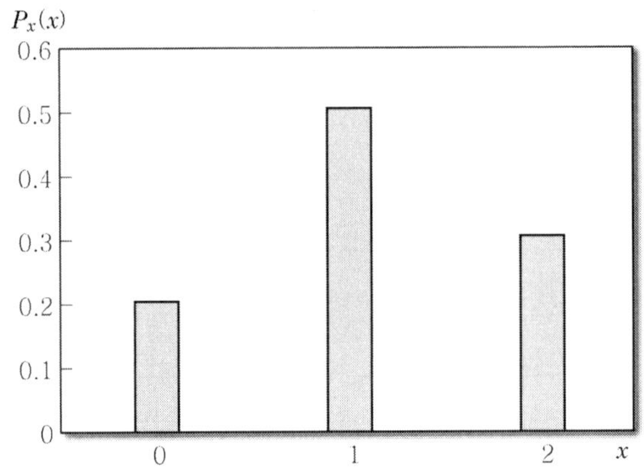

[그림 4-2] 입고횟수의 확률분포 그래프

이산확률변수는 다음과 같은 조건을 만족시킨다.

[이산확률함수 특성]

X가 확률함수 $P_X(x)$를 가진 이산확률변수라고 하자. 그러면 모든 x에 대하여 다음을 만족한다.

(i) $P_X(x) \geq 0$

(ii) $\sum_x P_X(x) = 1$

위의 특성 (i)은 확률은 음수로 나타나지 않는다는 것을 의미하며, 특성 (ii)는 모든 확률함수의 값을 더하면 1이 된다는 것을 의미한다.

확률변수와 관련된 또다른 함수표현으로 누적분포함수(cumulative distribution function ; c.d.f)가 있다. 누적분포함수란 확률변수 X가 특정한 값 x_0를 초과하지 않는 확률을 나타내는 함수로 $P(X \leq x_0)$를 의미한다. 이산확률변수의 누적분포함수는 다음과 같이 표현된다.

$$F_X(x_0) = \sum_{x \leq x_0} P_X(x) \tag{4.1}$$

[누적분포함수]

확률변수 X의 누적분포함수(cumulative distribution function), $F_X(x_0)$는 X가 값 x_0를 초과하지 않을 확률을 표현한다. 즉 모든 x_0에 대하여,

$$F_X(x_0) = P(X \leq x_0)$$

앞의 [예제 4-1]에서 입고횟수 X의 누적분포함수를 구해 보자. 앞에서 각 관측값에서의 확률은 다음과 같았다.

$$P_X(0) = 0.2,\quad P_X(1) = 0.5,\quad P_X(2) = 0.3$$

따라서 입고횟수 X의 누적분포함수는 위의 식 (4.1)에 의해

$$F_X(0) = P(X \leq 0) = P_X(0) = 0.2$$

$$F_X(1) = P(X \leq 1) = P_X(0) + P_X(1) = 0.2 + 0.5 = 0.7$$

$$F_X(2) = P(X \leq 2) = P_X(0) + P_X(1) + P_X(2) = 0.2 + 0.5 + 0.3 = 1.0$$

이 된다. 이를 그래프로 나타내면 [그림 4-3]과 같다.

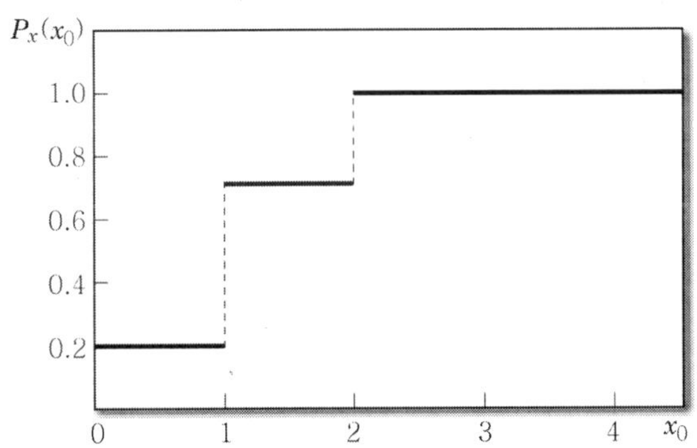

[그림 4-3] 입고횟수의 누적분포함수

이산확률변수에서 누적분포함수는 [그림 4-3]과 같이 항상 0에서 시작하여 1에서 끝나는 계단모양으로 나타난다. 이러한 이산확률변수에 대한 누적분포함수의 특성은 다음과 같다.

[이산확률변수의 누적분포함수의 특성]
① 모든 x_0에서, $0 \le F_X(x_0) \le 1$,
② $x_0 \le x_1$ 일 때, $F_X(x_0) \le F_X(x_1)$

제 3 절 이산확률변수의 기대값

제2장에서 자료의 중심위치를 나타내는 통계량으로 평균에 대해 살펴보았다. 확률분포에서 중심위치를 나타내는 평균의 개념에 해당하는 것이 기대값(expected value)이다. 어떤 확률변수의 성격은 확률분포에 의해 나타나므로 이 분포의 특징을 파악하기 위한 기본방법은 분포의 중심위치를 측정하는 것이다. 따라서 기대값은 확률변수가 취할 수 있는 모든 값들의 평균이라고 할 수 있다. 이제 이산확률변수의 기대값에 대해 살펴보자.

기대값의 정의는 장기적인 상대빈도에서 유도할 수 있다. N회의 반복적인 어떤 확률실험에서 사건 $X=x$ 가 N_x 회 발생했다고 하자. N회의 실험에서 이 확률변수가 취하는 값들의 평균은 모든 가능한 값 x 에 대해 $x(N_x / N)$ 의 합이 될 것이다. 이제 N이 무한히 커지면 비율 N_x / N는 사건 $X=x$ 의 발생확률이 될 것이다. 따라서 $x(N_x / N)$ 는 $xP_X(x)$가 될 것이므로 기대값은 바로 평균값으로 볼 수 있다.

이와 같이 기대값은 확률변수가 취할 수 있는 모든 값들의 발생확률을 곱한 후 합하여 계산하며, $E(X)$ 또는 μ_X 로 표시한다.

[이산확률변수 X의 기대값]

$$E(X) = \sum_x xP_X(x) = \mu_X$$

앞의 [예제 4-1]에서 확률변수인 입고횟수 X의 기대값을 구해 보자. 확률변수가 취하는 값과 그 발생확률은 [표 4-4]와 같았다.

[표 4-4] 입고횟수의 확률분포

입고횟수	확률
0	0.2
1	0.5
2	0.3
합계	1

입고횟수의 기대값은 다음과 같이 계산된다.

$$E(X) = \sum_x x P_X(x)$$

$$= 0 \times 0.2 + 1 \times 0.5 + 2 \times 0.3$$

$$= 1.1(\text{회})$$

따라서 이 자동차 대리점에서 어떤 고객에게 차를 팔았다면 그 고객이 보증기간 내에 고장난 차를 수리하기 위해 입고시킬 횟수는 1.1회 정도로 기대된다.

기대값의 개념은 확률변수에만 국한하지 않으며 확률변수의 함수형에도 적용될 수 있다. 앞의 예에서 고객에 대한 자동차대리점의 서비스비용은 고객이 차를 입고시키는 횟수에 따라 결정된다고 볼 수 있다. 입고횟수를 확률변수 X라고 한다면, 서비스비용은 입고횟수의 함수형인 $g(X)$가 된다. 이 경우 함수 $g(X)$의 기대값은 다음과 같이 정의된다.

$$E[g(X)] = \sum_x g(x) P_X(x)$$

예제 4-2

앞의 [예제 4-1]에서 자동차 수리비용이 1회에 10만원 든다고 하자. 또한 차 한대를 팔면 고정적으로 들어가는 고객관리비용이 5만원이라고 하자. 이 경우 서비스비용의 기대값을 구해 보자.

서비스비용은 단위를 만원으로 잡을 때 다음과 같이 입고횟수 X의 함수형태로 나타낼 수 있다.

$$g(X) = 5 + 10X$$

따라서 입고횟수에 따른 서비스비용은 다음 [표 4-5]와 같이 나타낼 수 있다.

[표 4-5]　서비스비용

입고횟수	서비스비용(만원)	확률
0	5 +10(0) = 5만원	0.2
1	5 +10(1) =15만원	0.5
2	5 +10(2) =25만원	0.3
합계		1

서비스비용에 대한 기대값을 구하면

$$\begin{aligned} E[g(X)] &= \sum_x g(x) P_X(x) \\ &= 5 \times 0.2 + 15 \times 0.5 + 25 \times 0.3 \\ &= 16(\text{만원}) \end{aligned}$$

따라서 고객에 대한 서비스 비용의 기대값은 16만원이 된다.

분포의 중심을 측정하는 평균 또는 기대값 외에 분포의 성격을 파악하는 또 하나의 유용한 방법으로서 분포의 산포를 측정하는 분산이 있다. 분산을 구하는 기본원리는 제2장에서 본 바와 같다. 즉 확률변수 X의 분산은 함수$(x-\mu)^2$이 무수히 반복되는 시행에서 얻을 수 있는 값들의 평균으로 볼 수 있다. 확률변수 X의 분산은 σ_X^2으로 표기하고 다음과 같이 정의된다.

$$\sigma_X^2 = E[(X-\mu_X)^2] = \sum_x (x-\mu_X)^2 P_X(x)$$

이 식은 다음과 같이 간단히 나타낼 수 있다.

$$\begin{aligned} \sigma_X^2 &= \sum_x (x-\mu_X)^2 P_X(x) \\ &= \sum_x (x^2 - 2\mu_X x + \mu_X^2)\, P_X(x) \\ &= \sum_x x^2 P_X(x) - 2\mu_X \sum_x x P_X(x) + \mu_X^2 \sum_x P_X(x) \end{aligned}$$

이 식에서 $\sum_x x P_X(x) = \mu_X$ 이고, $\sum_x P_X(x) = 1$ 이므로

$$\begin{aligned}\sigma_X^2 &= \sum_x x^2 P_X(x) - 2\mu_X^2 + \mu_X^2 \\ &= \sum_x x^2 P_X(x) - \mu_X^2\end{aligned}$$

이 된다. 이 식은 확률변수 제곱의 기대값에서 기대값의 제곱을 뺀 형태로 나타난다.

[확률변수 X의 분산 σ_X^2]

$$\begin{aligned}\sigma_X^2 = E[(X-\mu_X)^2] &= \sum_x (x-\mu_X)^2 P_X(x) \\ &= \sum_x x^2 P_X(x) - \mu_X^2\end{aligned}$$

또한 표준편차는 분산의 제곱근의 형태로 다음과 같다.

$$\sigma_X = \sqrt{\sigma_X^2}$$

예제 4-3

앞의 예제 [4-1]에서 자동차 판매대리점에서 수리를 위해 차를 입고시키는 횟수 X의 분산과 표준편차를 구해 보자.

앞에서 이미 다음과 같은 확률과 평균을 구했었다.

$$P_X(0) = 0.2, \quad P_X(1) = 0.5, \quad P_X(2) = 0.3$$

$$\mu_X = 1.1(\text{회})$$

따라서 분산은

$$\begin{aligned}\sigma_X^2 = E[(X-\mu_X)^2] &= \sum_x (x-\mu_X)^2 P_X(x) \\ &= (0-1.1)^2 \times 0.2 + (1-1.1)^2 \times 0.5 + (2-1.1)^2 \times 0.3 \\ &= 0.49\end{aligned}$$

가 되고, 표준편차는

$$\sigma_X = \sqrt{\sigma_X^2} = \sqrt{0.49} = 0.7$$

이 된다.

이제 함수의 기대값과 분산에 대해 고찰해 보자. 확률변수 X의 평균이 μ_X이고, 분산이 σ_X^2일 때 X의 함수

$$Y = g(X) = a + bX$$

의 평균은

$$\begin{aligned} E(Y) &= E(a + bX) \\ &= \sum_x (a + bx) P_X(x) \\ &= a \sum_x P_X(x) + b \sum_x x P_X(x) \\ &= a + b\mu_X \end{aligned}$$

가 되고, 분산은

$$\begin{aligned} \sigma_Y^2 &= Var(Y) = E[(Y - \mu_Y)^2] = \sum_x (Y - \mu_Y)^2 P_X(x) \\ &= \sum_x [(a + bX) - \mu_Y]^2 P_X(x) \\ &= \sum_x [(a + bX) - (a + b\mu_X)]^2 P_X(x) \\ &= \sum_x [bX - b\mu_X]^2 P_X(x) \\ &= \sum_x b^2 (X - \mu_X)]^2 P_X(x) \\ &= b^2 \sum_x (X - \mu_X)^2 P_X(x) \\ &= b^2 \sigma_X^2 \end{aligned}$$

이 된다.

확률변수 X의 평균이 μ_X이고, 분산이 σ_X^2일 때, $Y = g(X) = a + bX$의 평균과 분산은 다음과 같다.

$E(Y) = E(a + bX) = a + b\mu_X$
$\sigma_Y^2 = Var(a + bX) = b^2\sigma_X^2$

예제 4-4

앞의 자동차 판매대리점의 예에서 확률변수인 입고횟수 X에 대한 서비스비용 $g(X)$의 평균과 분산을 구해 보자.

앞에서 입고횟수의 평균과 분산은 각각

$$\mu_X = 1.1, \quad \sigma_X^2 = 0.49$$

였다. 또한 서비스 비용은

$$g(X) = 5 + 10X$$

와 같은 함수형이었으므로 $g(X)$의 평균은

$$\begin{aligned} \mu_Y &= E(5 + 10X) = 5 + 10E(X) \\ &= 5 + 10 \times 1.1 = 16 \end{aligned}$$

이 되고, 분산은

$$\begin{aligned} \sigma_Y^2 &= Var(5 + 10X) = 10^2 Var(X) \\ &= 100 \times 0.49 = 49 \end{aligned}$$

가 된다.

X가 값 x를 취할 확률이 $P_X(x)$인 확률변수라고 할 때 새로운 확률변수 $Z = m + nX$로 정의된다고 하자. X의 평균이 μ_X, 분산은 σ_X^2이라면 확률변수 $Z = m + nX$의 평균과 분산은

$$\mu_Z = E(m + nX) = m + n\mu_X$$
$$\sigma_Z^2 = Var(m + nX) = n^2\sigma_X^2$$

이 된다. 이 때 몇 가지 특별한 경우에 대해 살펴볼 필요가 있다.

첫째, $n = 0$ 인 경우의 기대값과 분산은 각각 다음과 같다.

$$\mu_Z = m + n\mu_X = m + 0(\mu_X) = m$$
$$\sigma_Z^2 = n^2\sigma_X^2 = (0)^2\sigma_X^2 = 0$$

즉,

$$E(m) = m, \quad Var(m) = 0$$

이 되어, 여기에서 어떤 상수 m 의 평균은 m 이고, 분산은 0이 된다는 것을 의미한다.

둘째, $m = 0$ 인 경우 기대값과 분산은 다음과 같다.

$$\mu_Z = m + n\mu_X = 0 + n(\mu_X) = n\mu_X$$
$$\sigma_Z^2 = n^2\sigma_X^2$$

즉,

$$E(nX) = n\mu_X, \quad Var(nX) = n^2\sigma_X^2$$

이 되어, 확률변수가 어떤 상수와 곱해진다면 평균은 같은 상수로 곱해지고, 분산은 상수의 제곱으로 곱해진다는 것을 의미한다.

제 4 절 이산확률변수의 결합분포

지금까지는 하나의 확률변수의 분포에 대해 살펴보았으나 이제는 둘 또는 그 이상의 확률변수의 관계를 고려하는 결합분포(joint distribution)에 대해 살펴보자.

두 개의 이산확률변수 X와 Y가 있다고 하자. 두 변수들의 결합확률함수는 X가 특정한 값 x를 취하고, 동시에 Y가 특정한 값 y를 취할 확률을 나타내는 함수로 다음과 같이 정의된다.

$$P_{X,Y}(x,y) = P(X = x \cap Y = y)$$

또한 이를 더 확장시키면 K개의 이산확률변수에 대하여 결합확률함수는 다음과 같이 정의된다.

$$P_{X_1,X_2,\cdots,X_K}(x_1,x_2,\cdots,x_K) = P(X_1 = x_1 \cap X_2 = x_2 \cap \cdots \cap X_K = x_K)$$

X와 Y가 두 개의 이산확률변수일 때, X가 특정한 값 x를 취하고, 동시에 Y가 특정한 값 y를 취할 확률인 결합확률함수는 다음과 같이 정의된다.

$$P_{X,Y}(x,y) = P(X = x \cap Y = y)$$

두 이동통신업체의 고객이 느끼는 업체의 서비스에 관한 만족도가 각 업체의 시장점유율과 관계가 있는지를 조사한 결과 다음의 [표 4-6]과 같은 자료가 얻어졌다. 이때 X는 서비스에 대한 만족도를 나타내는 확률변수로서 불만일 경우 1, 만족일 경우 2의 값을 취한다. 한편 Y는 각 업체의 시장점유율을 나타내는 확률변수로서 점유율이 높은 업체의 고객인 경우 1, 점유율이 낮은 업체의 고객인 경우 2의 값을 취한다.

[표 4-6] 고객의 만족도와 이동통신업체의 시장점유율간의 결합확률

만족도(X)	시장점유율(Y)	
	1(높음)	2(낮음)
1(불만)	0.56	0.03
2(만족)	0.14	0.27

이 경우 시장점유율이 높은 업체의 고객이면서 동시에 서비스수준에 대해 불만일 확률은 결합확률함수 $P_{X,Y}(1,1)$로 그 결합확률은 0.56이 된다. 또한 시장점유율이 낮은 업체의 고객인 경우 제공되는 서비스에 만족할 확률은 결합확률함수 $P_{X,Y}(2,2)$로 표기되며, 해당하는 확률은 0.27임을 의미한다.

이제 두 확률변수의 함수로부터 얻어질 수 있는 한계확률함수 또는 주변확률함수(marginal probability function)에 대해 알아보기로 하자.

결합분포된 두 확률변수 X, Y가 있다고 하자. 이때 확률변수Y가 취할 수 있는 모든 값들에 대한 결합확률의 합을 확률변수 X의 주변확률함수라고 하고 다음과 같이 표기한다.

$$P_X(x) = \sum_y P_{X,Y}(x,y)$$

또한 같은 방법으로 확률변수 X가 취할 수 있는 모든 값들에 대한 결합확률의 합은 확률변수 Y의 주변확률함수라고 하고 다음과 같이 나타낸다.

$$P_Y(y) = \sum_x P_{X,Y}(x,y)$$

보다 일반적으로 만일 $X_1, X_2, \cdots, X_K$가 K개의 결합분포된 이산확률변수이면, 이 중 어느 하나의 주변확률함수는 이를 제외한 모든 가능한 경우의 결합확률의 합에 의해 얻어진다.

결합분포된 두 이산확률변수 X, Y가 있을 때, X의 주변확률함수는

$$P_X(x) = \sum_y P_{X,Y}(x,y)$$

이고, Y의 주변확률함수는 다음과 같다.

$$P_Y(y) = \sum_x P_{X,Y}(x,y)$$

위의 예에서 어느 고객이 서비스에 대해 불만일 확률은

$$P_X(1) = P_{X,Y}(1,1) + P_{X,Y}(1,2) = 0.56 + 0.03 = 0.59$$

가 되고, 만족할 확률은

$$P_X(2) = P_{X,Y}(2,1) + P_{X,Y}(2,2) = 0.14 + 0.27 = 0.41$$

이 된다. 즉 임의로 선택된 이 두 업체의 서비스를 이용하는 어느 고객이 이동통신업체가 제공하는 서비스의 수준에 불만, 만족일 확률은 각각 0.59, 0.41이다.

또한 시장점유율이 높은 업체의 고객인 확률은

$$P_Y(1) = P_{X,Y}(1,1) + P_{X,Y}(2,1) = 0.56 + 0.14 = 0.70$$

이 되고, 점유율이 낮은 업체의 고객일 확률은

$$P_Y(2) = P_{X,Y}(1,2) + P_{X,Y}(2,2) = 0.03 + 0.27 = 0.30$$

이 된다. 즉, 임의로 선택된 고객이 점유율이 높은 업체의 고객, 그리고 낮은 업체의 고객일 확률은 각각 0.70, 0.30이다.

지금까지 살펴본 이산확률변수의 결합확률함수의 특징은 다음과 같다.

[이산확률변수의 결합확률함수의 특성]

(i) $P_{X,Y}(x,y) \geq 0$

(ii) X, Y가 동시에 취할 수 있는 값들에 대한 결합확률 $P_{X,Y}(x,y)$의 총합은 1이다.

이산확률변수의 조건부확률함수(conditional probability function)에 대해 알아보자.

결합분포된 두 이산확률변수 X, Y가 있다고 하자. 확률변수 Y의 조건부확률함수는 확률변수 X가 특정값 x를 취한다는 전제하에 확률변수 Y가 값 y를 취할 확률로 다음과 같이 표현된다.

$$P_{Y|X}(y \mid x) = \frac{P_{X,Y}(x,y)}{P_X(x)}$$

같은 방식으로 확률변수 Y가 y를 취한다는 전제하에 확률변수 X가 값 x를 취할 확률은 다음과 같다.

$$P_{X|Y}(x \mid y) = \frac{P_{X,Y}(x,y)}{P_Y(y)}$$

[이산확률변수의 조건부확률함수]

$$P_{Y|X}(y \mid x) = \frac{P_{X,Y}(x,y)}{P_X(x)}$$

$$P_{X|Y}(x \mid y) = \frac{P_{X,Y}(x,y)}{P_Y(y)}$$

앞의 예에서 두 이동통신업체의 시장점유율 (Y)이 주어졌을 때 두 업체가 제공하는 서비스에 대한 만족도(X)의 조건부확률 $P_{X \mid Y}(x \mid y)$는 다음과 같다.

Y가 1인 전제에서 X가 1일 조건부확률은

$$P_{X \mid Y}(1 \mid 1) = \frac{P_{X,Y}(1,1)}{P_Y(1)} = \frac{0.56}{0.70} = 0.8$$

이 되고, 같은 방법을 적용하여 Y가 주어졌을 때 X의 조건부확률 $P_{X \mid Y}(x \mid y)$을 계산한 결과가 [표 4-7]과 같다.

[표 4-7] 시장점유율(Y)이 주어졌을 때 만족도(X)의 조건부확률

만족도(X)	시장점유율(Y)	
	1(높음)	2(낮음)
1(불만)	$P_{X \mid Y}(1 \mid 1) = 0.8$	$P_{X \mid Y}(1 \mid 2) = 0.1$
2(만족)	$P_{X \mid Y}(2 \mid 1) = 0.2$	$P_{X \mid Y}(2 \mid 2) = 0.9$
합계	1	1

이번에는 만족도(X)가 주어졌을 때 시장점유율(Y)의 조건부확률 $P_{Y \mid X}(y \mid x)$를 구해 보자.

X가 1인 전제에서 Y가 1일 조건부확률은

$$P_{Y \mid X}(1 \mid 1) = \frac{P_{X,Y}(1,1)}{P_X(1)} = \frac{0.56}{0.59} = 0.9492$$

가 된다. 마찬가지로 X의 값이 주어질 때 Y의 조건부확률을 구한 결과가 다음 [표 4-8]과 같다.

[표 4-8] 만족도(X)가 주어졌을 때 시장점유율(Y)의 조건부확률

만족도(X)	시장점유율(Y)		합계
	1(높음)	2(낮음)	
1(불만)	$P_{Y \mid X}(1 \mid 1) = 0.9492$	$P_{Y \mid X}(2 \mid 1) = 0.0508$	1
2(만족)	$P_{Y \mid X}(1 \mid 2) = 0.3415$	$P_{Y \mid X}(2 \mid 2) = 0.6585$	1

앞장에서 살펴보았던 독립성의 개념을 확률변수에도 적용시킬 수 있다. 두 확률변수 X와 Y의 결합확률함수가 모든 가능한 한 쌍의 x와 y값에 대해 아래와 같이 각 주변확률함수의 곱과 같을 때 두 확률변수 X와 Y는 통계적으로 독립(statistically independent)이라고 한다.

$$P_{X,Y}(x,y) = P_X(x) \cdot P_Y(y)$$

일반적으로 K개의 확률변수 $X_1, X_2, \cdots, X_K$는 다음의 경우에 통계적으로 독립이다.

$$P_{X_1,X_2,\cdots,X_K}(x_1,x_2,\cdots,x_K) = P_{X_1}(x_1)\cdot P_{X_2}(x_2)\cdot\cdots\cdot P_{X_K}(x_K)$$

따라서 두 확률변수 X와 Y가 서로 독립적이라면 X가 주어졌을 때 Y의 조건부확률함수는

$$P_{Y|X}(y|x) = P(y)$$

가 되고, 같은 원리로

$$P_{X|Y}(x|y) = P(x)$$

가 된다.

> 두 확률변수 X와 Y가 통계적으로 독립이기 위해서는 모든 가능한 쌍의 x와 y값에 대해 아래의 조건이 성립되어야 한다.
>
> $$P_{X,Y}(x,y) = P_X(x) \cdot P_Y(y)$$

이동통신업체가 제공하는 서비스에 대한 만족도(X)와 업체의 시장점유율(Y)의 예에서 X와 Y가 통계적으로 독립인가를 확인해 보자. [표 4-6]에서 첫 번째 가능한 두 변수의 결합확률은

$$P_{X,Y}(X,Y) = P_{X,Y}(1,1) = 0.56$$

이었고, 각 주변확률은

$$P_X(1) = 0.59, \quad P_Y(1) = 0.70$$

이므로 주변확률의 곱은

$$P_X(X) \cdot P_Y(Y) = P_X(1) \cdot P_Y(1) = 0.59 \times 0.70 = 0.413$$

과 같다. 따라서

$$P_{X,Y}(1,1) \neq P_X(1) P_Y(1)$$

이므로 X와 Y는 통계적 독립이 아니다. 즉 고객이 느끼는 만족도와 이동통신 업체의 시장점유율 사이에는 어떤 관련이 있을 것으로 생각할 수 있다.

참고로 확률변수가 한 개인 경우와 마찬가지로 확률변수가 두 개 이상인 경우의 결합확률분포도 결합누적확률함수(joint cumulative probability function)로 나타낼 수 있다. 두 이산확률변수 X, Y가 있을 때 X의 값이 x_0 이하이고 동시에 Y가 y_0 이하의 값을 취할 확률은 결합누적확률함수 $F_{X,Y}(x_0, y_0)$로 다음과 같이 표현된다.

$$F_{X,Y}(x_0, y_0) = P(X \leqq x_0 \cap Y \leqq y_0) = \sum_{x \leqq x_0} \sum_{y \leqq y_0} P_{X,Y}(x, y)$$

이 식은 $x \leqq x_0$와 $y \leqq y_0$를 동시에 만족시키는 모든 쌍의 x와 y값에 대해 합해 준다는 의미이다.

제 5 절 공분산

결합확률분포와 기대값의 개념을 이용하여 두 변수 사이의 관계를 타나내는 통계적 방법으로서 공분산(covariance)이 있다. 통계적으로 독립이 아닌 두 확률변수 X, Y가 있다고 하자. 확률변수 X의 평균이 μ_X이고, Y의 평균이 μ_Y라고 할 때, 각 확률변수와 그 변수의 평균과의 편차를 곱한 $(X-\mu_X)(Y-\mu_Y)$를 생각해 보자. 만일, 큰 값의 X와 큰 값의 Y가 연관되거나 작은 값의 X와 작은 값의 Y가 연관되는 경향이 있다면, 위의 곱의 관계는 양의 값을 가질 것이므로 기대된다. 반대로 큰 값의 X와 작은 값의 Y가 연관되고 작은 값의 X와 큰 값의 Y가 연관된다면, 위의 곱은 음수를 가질 것으로 기대되며, 또한 X와 Y 사이에 연관관계가 없다면 값은 0이 될 것이다.

이와 같이 두 확률변수 X, Y가 있을 때 각각의 확률변수와 그 확률변수의 평균과의 편차를 서로 곱한 $(X-\mu_X)(Y-\mu_Y)$의 기대값을 공분산이라고 한다.

[확률변수 X, Y의 공분산]

$$\begin{aligned} Cov(X,Y) &= E[(X-\mu_X)(Y-\mu_Y)] \\ &= \sum_x \sum_y (x-\mu_X)(y-\mu_Y)P_{X,Y}(x,y) \\ &= E(XY) - \mu_X \mu_Y \end{aligned}$$

따라서 X와 Y가 서로 정의 관계에 있을 경우 공분산은 양의 값을 취하고, X와 Y가 서로 역의 관계에 있을 경우 공분산은 음의 값이 된다. 또한 X와 Y가 아무런 관련이 없다면 공분산의 값은 0이 된다.

앞의 고객의 만족도(X)와 이동통신업체의 시장점유율(Y)의 예에서 공분산을 계산해 보자. 앞에서 계산한 결합확률과 주변확률을 정리하면 다음의 [표 4-9]와 같다.

[표 4-9] 만족도와 시장점유율간의 결합확률과 주변확률

만족도(X)	시장점유율(Y)		X의 주변확률
	1(높음)	2(낮음)	
1(불만)	0.56	0.03	0.59
2(만족)	0.14	0.27	0.41
Y의 주변확률	0.70	0.30	

공분산을 구하기 위해서는 $E(XY)$, μ_X, μ_Y를 계산해야 한다. 이를 계산하면 각각

$$\begin{aligned} E(XY) &= \sum_x \sum_y xyP_{X,Y}(x,y) \\ &= (1\times1\times0.56)+(1\times2\times0.03)+(2\times1\times0.14)+(2\times2\times0.27) \\ &= 1.98 \end{aligned}$$

$$\mu_X = E(X) = \sum_x x P_X(x) = 1(0.59) + 2(0.41) = 1.41$$

$$\mu_Y = E(Y) = \sum_y y P_Y(y) = 1(0.7) + 2(0.3) = 1.3$$

이므로 공분산은

$$\begin{aligned} Cov(X, Y) &= E(XY) - \mu_X \mu_Y \\ &= 1.98 - (1.41 \times 1.3) \\ &= 0.147 \end{aligned}$$

이 된다. 공분산이 양의 값이므로 X의 큰 값이 Y의 큰 값에 관련되는 경향이 있음을 알 수 있다. 즉 만족도가 높은 사람은 시장점유율이 낮은 업체의 고객인 경향이 있다고 할 수 있다.

앞에서 두 확률변수 X와 Y 사이에 어떤 관계도 없는 경우 공분산의 값은 0이 된다고 했다. 이것을 통계적 독립이라고 한다.

[공분산과 통계적 독립]

만일 두 확률변수들이 통계적으로 독립이면, 그들 사이의 공분산은 0이다. 그러나 역의 관계는 언제나 성립하는 것은 아니다.

공분산이 0이라는 사실이 반드시 통계적 독립을 의미하지 않는 이유는 공분산은 어떤 직선관계를 추정하는 것이지 이 값이 다른 형태의 종속성을 검증하지는 못하기 때문이다.

예제 4-5

어느 회사의 직원들의 성별과 임금수준의 결합확률이 다음의 [표 4-10]과 같다. 성별과 임금수준의 통계적 독립과 공분산을 검토하라.

[표 4-10] 성별과 임금수준의 결합확률

성별(X)	임금수준(Y)		합 계
	1(고임금)	2(저임금)	
1(남자)	0.2	0.3	0.5
2(여자)	0.2	0.3	0.5
합계	0.4	0.6	1.0

성별을 X, 임금수준을 Y라고 하고 먼저 통계적 독립성을 검토해 보자. 통계적 독립성은

$$P_{X,Y}(x,y) = P_X(x) \cdot P_Y(y)$$

를 만족하는 것이므로 위의 [표 4-10]에서 각각에 대해 살펴보면

(1, 1)인 경우

$$P_{X,Y}(1,1) = 0.2$$

$$P_X(1)P_Y(1) = 0.5 \times 0.4 = 0.2$$

$$\therefore\ P_{X,Y}(1,1) = P_X(1)P_Y(1)$$

(1, 2)의 경우

$$P_{X,Y}(1,2) = 0.3$$

$$P_X(1)P_Y(2) = 0.5 \times 0.6 = 0.3$$

$$\therefore\ P_{X,Y}(1,2) = P_X(1)P_Y(2)$$

(2, 1)의 경우

$$P_{X,Y}(2,1) = 0.2$$

$$P_X(2)P_Y(1) = 0.5 \times 0.4 = 0.2$$

$$\therefore\ P_{X,Y}(2,1) = P_X(2)P_Y(1)$$

(2, 2)의 경우

$$P_{X,Y}(2,2) = 0.3$$

$$P_X(2)P_Y(2) = 0.5 \times 0.6 = 0.3$$

$$\therefore\ P_{X,Y}(2,2) = P_X(2)P_Y(2)$$

따라서 성별(X)과 임금수준(Y)은 통계적으로 독립이다.

이번에는 공분산을 계산해 보자.

$$\mu_X = E(X) = \sum_x x P_X(x) = 1(0.5) + 2(0.5) = 1.5$$

$$\mu_Y = E(Y) = \sum_y y P_Y(y) = 1(0.4) + 2(0.6) = 1.6$$

$$E(XY) = \sum_x \sum_y xy P_{X,Y(x,y)}$$

$$= (1\times1\times0.2) + (1\times2\times0.3) + (2\times1\times0.2) + (2\times2\times0.3)$$

$$= 2.4$$

따라서 공분산은

$$Cov(X,Y) = E(XY) - \mu_X\mu_Y$$

$$= 2.4 - (1.5\times1.6)$$

$$= 0$$

이 된다. 두 결과를 종합하면 통계적으로 독립인 경우 공분산의 값이 0임을 알 수 있다.

제 6 절 결합분포의 기대값

앞에서 살펴본 기대값의 개념은 두 개 이상의 확률변수의 함수에도 적용시킬 수 있다. 두 이산확률변수 X와 Y의 결합확률함수를 $P_{X,Y}(x,y)$라고 하면 이 확률변수들의 어떤 함수 $g(X,Y)$의 기대값은 다음과 같이 정의된다.

$$E[g(X,Y)] = \sum_x \sum_y g(x,y) P_{X,Y}(x,y)$$

일반적으로 표현하면 K개의 확률변수 $X_1, X_2, \cdots, X_K$가 결합확률함수 $P_{X_1,X_2,\cdots,X_K}(x_1,x_2,\cdots,x_K)$를 가질 때 함수 $g(X_1,X_2,\cdots,X_K)$의 기대값은

$$E[g(X_1, X_2, \cdots, X_K)]$$
$$= \sum_{x_1}\sum_{x_2}\cdots\sum_{x_K} g(x_1, x_2, \cdots, x_K) P_{X_1, X_2, \cdots, X_K}(x_1, x_2, \cdots, x_K)$$

이번에는 앞에서 살펴본 공분산의 개념을 적용하여 두 확률변수의 기대값에 대해 알아보자. 두 확률변수 X와 Y의 평균이 각각 μ_X, μ_Y이고, 분산이 각각 σ_X^2, σ_Y^2일 때 다음의 특성이 있다.

첫째, 두 확률변수의 합의 기대값은 각각의 기대값의 합과 같다.

$$E(X+Y) = \mu_X + \mu_Y$$

둘째, 두 확률변수의 차의 기대값은 각각의 기대값의 차와 같다.

$$E(X-Y) = \mu_X - \mu_Y$$

셋째, 두 확률변수의 공분산이 0일 때, 합의 분산은 각각의 분산의 합과 같다.

$$Var(X+Y) = \sigma_X^2 + \sigma_Y^2$$

넷째, 두 확률변수의 공분산이 0일 때, 차의 분산은 각각의 분산의 합과 같다.

$$Var(X-Y) = \sigma_X^2 + \sigma_Y^2$$

네 번째 특성을 유도해 보면

$$\begin{aligned} Var(X-Y) &= E[\{(X-Y) - E(X-Y)\}^2] \\ &= E[\{(X-E(X)) - (Y-E(Y))\}^2] \\ &\quad - 2E\{(X-E(X))(Y-E(Y))\} \\ &= Var(X) + Var(Y) - 2Cov(X,Y) \end{aligned}$$

에서 $Cov(X,Y) = 0$ 이므로 다음과 같은 식을 만족한다.

$$\begin{aligned} Var(X-Y) &= Var(X) + Var(Y) \\ &= \sigma_X^2 + \sigma_Y^2 \end{aligned}$$

일반적인 두 확률변수의 분산은 다음과 같다.

$$Var(aX \pm bY) = a^2 Var(X) + b^2 Var(Y) \pm 2ab Cov(X, Y)$$

예제 4-6

어느 자동차 판매 대리점에서는 한 명의 외판원을 고용하였다. 그 외판원의 판매실적을 조사해 보니 일주일에 평균 1대를 판매하고, 그 분산은 1인 것을 나타났다. 같은 수준의 외판원을 3명 더 고용할 경우 외판원 4명의 일주일 판매량의 평균과 분산을 구해 보자. 이 때, 각 외판원의 일주일 판매량은 통계적으로 독립이며 공분산은 0이다.

외판원의 일주일 판매량을 확률변수 X라고 하자. 이 때, X의 평균은 $\mu_X = 1$, 분산은 $\sigma_X^2 = 1$이다. 외판원 4명의 일주일 판매량은 $X+X+X+X$로 나타낼 수 있다. 따라서 외판원 4명의 일주일 판매량의 평균과 분산은 각각 다음과 같다.

$$\begin{aligned} E(X+X+X+X) &= \mu_X + \mu_X + \mu_X + \mu_X \\ &= 1+1+1+1 = 4 \end{aligned}$$

$$\begin{aligned} Var(X+X+X+X) &= \sigma_X^2 + \sigma_X^2 + \sigma_X^2 + \sigma_X^2 \\ &= 1+1+1+1 = 4 \end{aligned}$$

제 7 절 이항분포

이번에는 이산확률변수의 대표적인 분포인 이항분포에 대해 살펴보기로 하겠다.

두 개의 상호배타적이고 총괄적으로 망라된 결과가 나오는 어떤 확률 실험을 고려해 보자. 두 결과를 편의상 성공, 실패라고 할 때 p를 성공할 확률이라고 하면, $(1-p)$는 실패할 확률이 된다. 실험이 성공일 때 확률변수 X가 1의 값을 취하고, 실패일 때는 0의 값을 취한다고 정의하자. 그러면 이 확률변수의 확률함수는 $P_X(0)=1-p$, $P_X(1)=p$가 된다. 이와 같이 어떤 실험의 결과가 오직 두 가지 중의 하나로 나타나는 실험을 베르누이 실험(Bernoulli experiment)이라고 하고, 이 실험의 분포를 베르누이 분포(Bernoulli distribution)라고 한다. 베르누이 분포의 평균은

$$\mu_X = E(X) = \sum_x x P_X(x) = 0(1-p) + 1(p) = p$$

가 되고, 분산은

$$\begin{aligned}\sigma_X^2 &= E[(x-\mu)^2] = \sum_x (x-\mu)^2 P_X(x) \\ &= (0-p)^2(1-p) + (1-p)^2 p \\ &= p(1-p)\end{aligned}$$

가 된다.

이제 베르누이 실험이 여러 번 반복되는 경우의 성공횟수 X에 대해 고려해 보자. 이와 같이 동일한 성공확률을 가진 베르누이 실험을 독립적으로 반복수행할 때 성공횟수 X를 이항확률변수(binomial random variable)라고 하고, 이항확률변수의 분포를 이항분포(binomial distribution)라고 한다.

n번의 시행에서 성공하는 경우는 0부터 n회까지이므로 이항확률변수는 0,1, $\cdots$,n 중의 어떤 한 값을 취하게 된다. n번의 베르누이 실험에서 x번이 성공할 확률을 나타내는 일반적인 공식을 도출해 보자. x번의 성공이 처음부터 연속해서 나타나고 나머지는 계속해서 실패하는 경우를 고려해 보자.

$$\underbrace{\text{S S S}\cdots\cdots\text{S S S}}_{x\text{회}}\ \underbrace{\text{F F F}\cdots\cdots\text{F F F}}_{(n-x)\text{회}}$$

이 실험은 각각 독립적인 실험이므로 한 결과는 다른 결과에 영향을 미치지 않으므로 위의 결과가 발생할 확률은 확률의 곱셈법칙에 의해 다음과 같이 나타난다.

$$\underbrace{P(S)\ P(S) \cdots\cdots P(S)\ P(S)}_{x\text{회}}\ \underbrace{P(F)\ P(F) \cdots\cdots P(F)\ P(F)}_{(n-x)\text{회}}$$

$$= p^x (1-p)^{n-x}$$

그런데 n 번의 시행에서 성공이 x 번 나타나는 경우는 위의 한 경우뿐만 아니라 n 개에서 x 개를 순서없이 선택하는 조합의 수 ${}_n\mathrm{C}_x$ 만큼 존재하게 된다. 따라서 n 번의 시행에서 x 번 성공이 나올 경우의 수는 다음과 같다.

$${}_n\mathrm{C}_x = \frac{n!}{x!(n-x)!}$$

따라서 n 번의 시행에서 x 번 성공할 확률은

$$P(n\text{번의 시행에서 } x \text{ 번의 성공}) = \frac{n!}{x!(n-x)!} p^x (1-p)^{n-x}$$

이고, 이항분포의 확률함수는 다음과 같이 주어진다.

$$P_X(x) = \frac{n!}{x!(n-x)!} p^x (1-p)^{n-x}, \qquad \text{단 } x = 0, 1, 2, \cdots, n$$

이제 이항분포의 평균과 분산을 구해보자. 이항분포는 베르누이 실험을 n 번 시행한 것이므로 이항분포의 평균과 분산은 앞에서 구한 베르누이 분포의 평균과 분산에 각각 n 을 곱한 것과 같다. 이를 식으로 나타내면 평균은

$$\mu_X = E(X) = np$$

가 되고, 분산은

$$\sigma_X^2 = np(1-p)$$

가 된다.

[이항분포]

확률함수 : $P_X(x) = \frac{n!}{x!(n-x)!} p^x (1-p)^{n-x}$

평균 : $\mu_X = E(X) = np$
분산 : $\sigma_X^2 = np(1-p)$

예제 4-7

지난 총선 시 어떤 지역에서 여당의 어느 후보에 대한 사전조사를 실시한 결과 유권자들 중 70%가 이 후보를 지지하는 것으로 나타났으며, 30%는 반대하는 것으로 나타났다. 이 지역에서 임의로 3명의 유권자에게 질문을 했을 경우 이 후보를 지지하는 사람이 0명, 1명, 2명, 3명일 확률을 각각 구해보자. 또한 선택된 3명 중 2명 이상이 찬성할 확률은 얼마인가? 평균과 분산도 구해 보자.

찬성할 확률을 p라고 하면 $p=0.7$, $1-p=0.3$이 된다. $n=3$이므로 0명이 찬성할 확률은

$$P_X(0) = \frac{3!}{0!(3-0)!}(0.7)^0(1-0.7)^{3-0} = 0.3^3 = 0.027$$

이 되고, 1명이 찬성할 확률은

$$P_X(1) = \frac{3!}{1!(3-1)!}(0.7)^1(1-0.7)^{3-1}$$

$$= \frac{3 \cdot 2 \cdot 1}{2 \cdot 1}(0.7)(0.3)^2 = 0.189$$

이고, 2명이 찬성할 확률은

$$P_X(2) = \frac{3!}{2!(3-2)!}(0.7)^2(1-0.7)^{3-2}$$

$$= \frac{3 \cdot 2 \cdot 1}{2 \cdot 1}(0.7)^2(0.3) = 0.441$$

이 되고, 3명 모두가 찬성할 확률은

$$P_X(3) = \frac{3!}{3!(3-3)!}(0.7)^3(1-0.7)^{3-3} = 0.7^3 = 0.343$$

이 된다.

선택된 3명 중 2명 이상이 찬성할 확률은 다음과 같다.

$$P(X \geqq 2) = P_X(2) + P_X(3)$$
$$= 0.441 + 0.343$$
$$= 0.784$$

평균을 구해 보면

$$\mu_X = E(X) = np = 3(0.7) = 2.1$$

이 된다. 따라서 임의로 유권자 3명을 선택했을 경우 2명이 A 후보에 대해 찬성하는 것으로 기대할 수 있다. 분산은 다음과 같다.

$$\sigma_X^2 = Var(X) = np(1-p) = 3(0.7)(0.3) = 0.63$$

이항확률변수에 관한 확률은 부록의 [표 1]에 있는 이항분포의 누적확률분포표를 사용하면 편리하게 계산된다. 누적확률은 특정값까지의 확률을 모두 더한 것으로 이 표에는 아래의 확률이 여러 가지 n, p, c값에 대해 주어진다.

$$P(X \le c) = \sum_{x=0}^{c} P(X = x)$$

따라서 일반형으로 나타내면 다음과 같으므로 누적확률분포표를 이용하여 필요한 확률을 계산할 수 있다.

$$P(X = c) = P(X \le c) - P(X \le c-1)$$
$$P(X \ge c) = 1 - P(X \le c-1)$$
$$P(c_1 \le X \le c_2) = P(X \le c_2) - P(X \le c_1 - 1)$$

예를 들어 이항확률변수 X의 값이 3에서 5 사이일 확률을 아래와 같이 계산된다.

$$P(3 \le X \le 5) = P(X=3) + P(X=4) + P(X=5)$$
$$= \{P(X=0) + P(X=1) + P(X=2) + \cdots + P(X=5)\}$$
$$- \{P(X=0) + P(X=1) + P(X=2)\}$$
$$= P(X \le 5) - P(X \le 2)$$

예제 4-8

미래의 주가 변동은 예측하기 어려우므로 일반적으로 다음날 주가 등락의 예측이 맞을 확률을 0.5 라 하자. 어느 신규 투자자가 15개 종목의 주가 등락을 예측했다고 할 때 옳은 예측을 한 종목이 10개, 11개 이상, 8-12개일 확률을 각각 구하라.

여기서 $n=15$, $p=0.5$ 이고

첫째, 옳은 예측을 한 종목이 10개일 확률이면 c=10 이므로

$$P(X=10)=P(X\leq 10)-P(X\leq 9)$$
$$=0.941-0.849$$
$$=0.092$$

둘째, 11개 이상일 확률은 c=11이므로

$$P(X\geq 11)=1-P(X\leq 10)$$
$$=1-0.941$$
$$=0.059$$

셋째, 8-12개일 확률은 $c_1=8$ 또 $c_2=12$이므로

$$P(8\leq X\leq 12)-P(X\leq 12)-P(X\leq 7)$$
$$=0.996-0.500$$
$$=0.496$$

예제 4-9

어느 기업에서 생산하고 있는 전기퓨즈는 5%가 불량이라고 한다. 임의로 그 제품 20개를 골라 조사할 때 3개 이상이 불량품일 확률은 얼마인가?

부록의 표는 누적확률을 보여주고 있으므로,

$$P(X \geq 3) = 1 - P(X \leq 2)$$
$$= 1 - 0.925$$
$$= 0.075$$

제 8 절 포아송분포

1. 포아송분포의 개념

다음의 확률변수들을 고려하자.

· 경인고속도로에서 일주일 동안에 발생하는 대형 교통사고 수
· 어느 컴퓨터회사의 A/S센터에 하루에 접수되는 CD롬 드라이브의 교환요청 건수
· 사무실에 점심시간 15분 동안 걸려오는 전화 건수
· 서울시의 일년 동안의 지하철 파업 횟수

이 확률변수들은 어떤 주어진 기간동안 어떤 사건의 발생 건수라는 특징이 있다. 이런 종류의 확률변수들의 확률구조를 잘 대표하는 분포가 포아송확률분포(Poisson probability distribution)이다.

아래의 그림에 제시된 상황을 고려해 보자. 횡선은 시간을 나타내고 관심은 시간 0부터 시간 t까지의 기간에 있다. 발생한 두 건의 사건들은 시간축에 점으로 표시되어 있다.

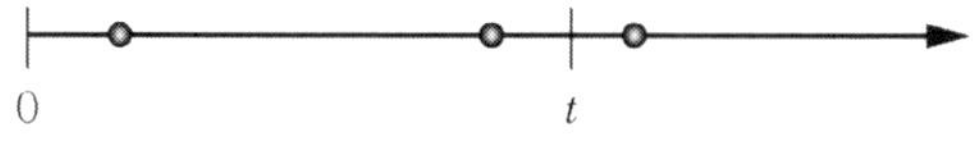

이 때 다음의 가정이 성립될 수 있다고 하자.

① 시간이 0과 t사이에서 하나의 작은 구획으로 나타날 수 있는 짧은 기간 동안에 어느 사건이 발생할 확률은 이 기간의 길이에 대체로 비례한다.

② 이러한 기간 내에 둘 이상의 사건이 발생할 확률은 한 번 발생할 확률에

비해 무시할 수 있을 정도로 작다.

③ 겹치지 않는 기간 내에 발생하는 사건의 수는 서로 독립이다.

위의 가정들이 충족된다면 시간 0에서 t 사이에 사건이 x 회 발생할 확률은 다음과 같다.

$$P_X(x) = \frac{e^{-\lambda}\lambda^x}{x!}$$

확률변수 X가 $x = 0, 1, 2, \cdots$ 와 $\lambda > 0$ 에 대해 이러한 확률함수를 가진 분포를 이루고 있을 때 이를 포아송분포(Poisson distribution)라고 한다. λ는 0에서 t까지의 기간 동안의 평균 발생건수이며, $e = 2.71828\cdots$ 로서 자연대수의 밑이다. ([부록]에 $e^{-\lambda}$의 값이 제시되어 있다.)

[포아송분포]

만일 확률함수가 다음과 같다면, 확률변수 X는 포아송분포를 따른다.

$$P_X(x) = \frac{e^{-\lambda}\lambda^x}{x!} \qquad \text{단, } \lambda > 0$$

여기에서 $x = 0, 1, 2, \cdots$

$$e = 2.71828\cdots$$

이 분포의 평균과 분산은 각각

$$\mu_X = E(X) = \lambda$$

$$\sigma_X^2 = E[(X - \mu_X)^2] = \lambda$$

예제 4-10

자동차 외판원들의 판매실적은 평균 1주일에 1대라고 한다. 어느 외판원이 일주일 동안 자동차를 한 대도 팔지 못할 확률은 얼마인가? 1대, 2대 혹은 3대 등등을 팔 확률은?

이 문제는 판매대수 평균 $\lambda = 1$인 포아송분포로 처리할 수 있다.($e^{-1} = 0.367879$, 부록 참고) 판매대수 X의 확률함수

$$P_X(x) = \frac{e^{-\lambda}\lambda^x}{x!}$$

에서

$$P_X(0) = \frac{e^{-1}1^0}{0!} = \frac{(0.367879)(1)}{1} = 0.3679$$

$$P_X(1) = \frac{e^{-1}1^1}{1!} = \frac{(0.367879)(1)}{1} = 0.3679$$

$$P_X(2) = \frac{e^{-1}1^2}{2!} = \frac{(0.367879)(1)}{2} = 0.1839$$

$$P_X(3) = \frac{e^{-1}1^3}{3!} = \frac{(0.367879)(1)}{6} = 0.0613$$

$$P_X(4) = \frac{e^{-1}1^4}{4!} = \frac{(0.367879)(1)}{24} = 0.0153$$

$$P_X(5) = \frac{e^{-1}1^5}{5!} = \frac{(0.367879)(1)}{120} = 0.0031$$

$$P_X(6) = \frac{e^{-1}1^6}{6!} = \frac{(0.367879)(1)}{720} = 0.0005$$

$$P_X(7) = \frac{e^{-1}1^7}{7!} = \frac{(0.367879)(1)}{5040} = 0.0001$$

위의 확률분포는 아래의 [표 4-11]과 [그림 4-4]와 같다.

[표 4-11] 포아송확률분포표

x	$P_X(x)$
0	0.3679
1	0.3679
2	0.1839
3	0.0613
4	0.0153
5	0.0031
6	0.0005
7	0.0001
합계	1

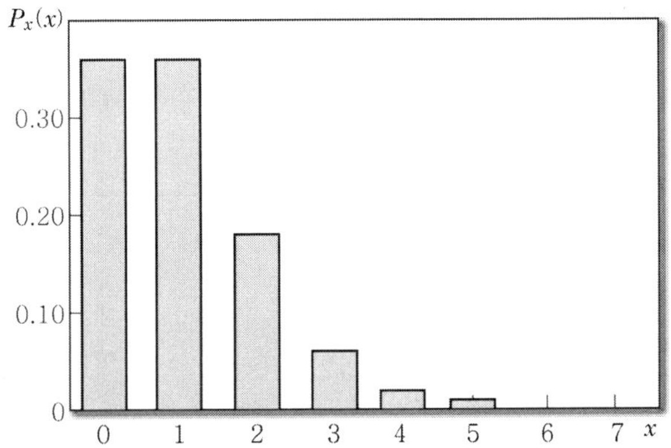

[그림 4-4] 포아송확률분포의 그래프

2. 이항분포의 포아송근사

이항분포에서 n이 매우 크게 되면 부록의 표로 모든 확률값을 나타내지 못하고 그 계산은 매우 지루하게 된다. 이때 이를 포아송분포로 근사시킬 수가 있다. 다만 n이 크고 성공확률 p가 매우 작아 np가 충분히 작은 경우(대략 7 이하)에 적절하게 근사화된다. 이 때 이항분포의 평균 np를 포아송분포의 평균 λ로 놓으면 된다.

[이항분포의 포아송근사]

이항분포에서 n이 매우 크고 p가 매우 작으면 평균 $np=\lambda$인 포아송분포로 근사화된다.

$$P_X(x)=\frac{e^{-np}(np)^x}{x!}, \quad \text{단, } x=0,1,2,\cdots$$

($np \leq 7$인 것이 바람직하다)

예제 4-11

소비자들이 어느 자동차 판매대리점의 외판원에게 자동차를 살 확률은 1%라고 알려져 있다. 어느 외판원이 100명의 소비자를 만났다면, 자동차를 한 대도 팔지 못할 확률은 얼마인가? 1대, 2대 또는 3대 등등을 팔 확률은?

이 문제를 이항분포의 경우로 접근하면,

$$n = 100,\ \ p = 0.01,\ \ x = 0, 1, 2, 3, \cdots, 100$$

이고, 성공의 횟수가 x 일 확률은

$$P_X(x) = \frac{n!}{x!(n-x)!} p^x (1-p)^{n-x}$$

에 의해 계산되지만 100!의 계산이 어렵다. n이 크고 $np = 100(0.01) = 1 \le 7$이므로 평균 $np = 1$인 포아송분포로 처리할 수 있다. 판매대수 X의 확률함수는 다음과 같다.($e^{-1} = 0.367879$, 부록 참고)

$$P_X(x) = \frac{e^{-np}(np)^x}{x!}$$

에서

$$P_X(0) = \frac{e^{-1}1^0}{0!} = \frac{(0.367879)(1)}{1} = 0.3679$$

$$P_X(1) = \frac{e^{-1}1^1}{1!} = \frac{(0.367879)(1)}{1} = 0.3679$$

$$P_X(2) = \frac{e^{-1}1^2}{2!} = \frac{(0.367879)(1)}{2} = 0.1839$$

$$P_X(3) = \frac{e^{-1}1^3}{3!} = \frac{(0.367879)(1)}{6} = 0.0613$$

$$P_X(4) = \frac{e^{-1}1^4}{4!} = \frac{(0.367879)(1)}{24} = 0.0153$$

$$P_X(5) = \frac{e^{-1}1^5}{5!} = \frac{(0.367879)(1)}{120} = 0.0031$$

$$P_X(6) = \frac{e^{-1}1^6}{6!} = \frac{(0.367879)(1)}{720} = 0.0005$$

$$P_X(7) = \frac{e^{-1}1^7}{7!} = \frac{(0.367879)(1)}{5040} = 0.0001$$

엑 셀 활 용

[이항분포]

[예제 4-7]의 자료를 이용하여 엑셀을 이용하여 이항확률을 구해 보자.

$$p = 0.7, \quad n = 3$$

1. 다음과 같이 A열에는 성공횟수에 대한 값 0, 1, 2, 3을 입력하고, 셀 B1에는 "확률"이라고 입력한다. 셀 포인터를 B2에 두고, 도구모음의 함수마법사 버튼 f_x 을 누른다. 다음과 같이 [함수마법사] 대화상자에서 범주선택에서 "통계", 함수선택에서 "BINOMDIST"를 선택한다.

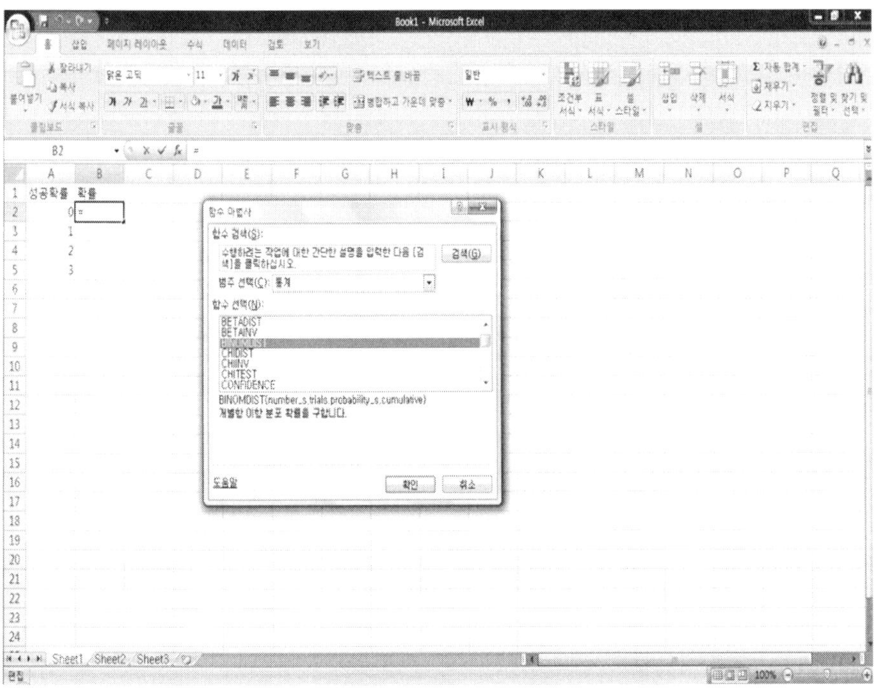

2. [확인]을 누르고 [BINOMDIST] 대화상자에서 "number_s"에 성공횟수를 나타내는 값인 0을 입력하고, "Trials"에 n의 값인 3, "probability_s"에 확률 0.7을 입력하고, "Cumulative"에 0을 입력한다.

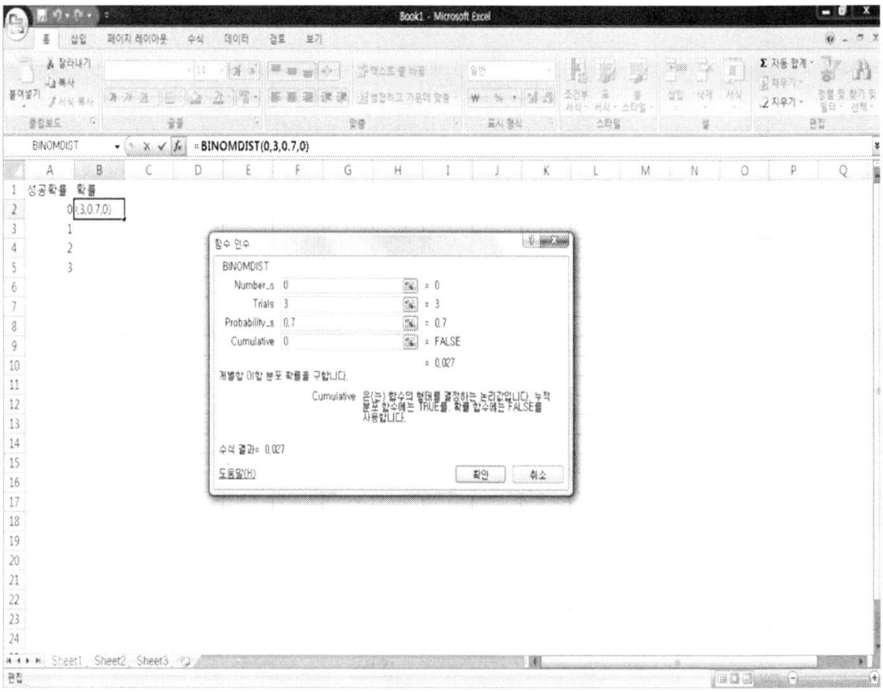

3. [확인]을 누르면 성공횟수 0에 대한 확률값이 나오고, 같은 방법으로 성공횟수 1, 2, 3에 대해 계산한 결과가 다음과 같다.

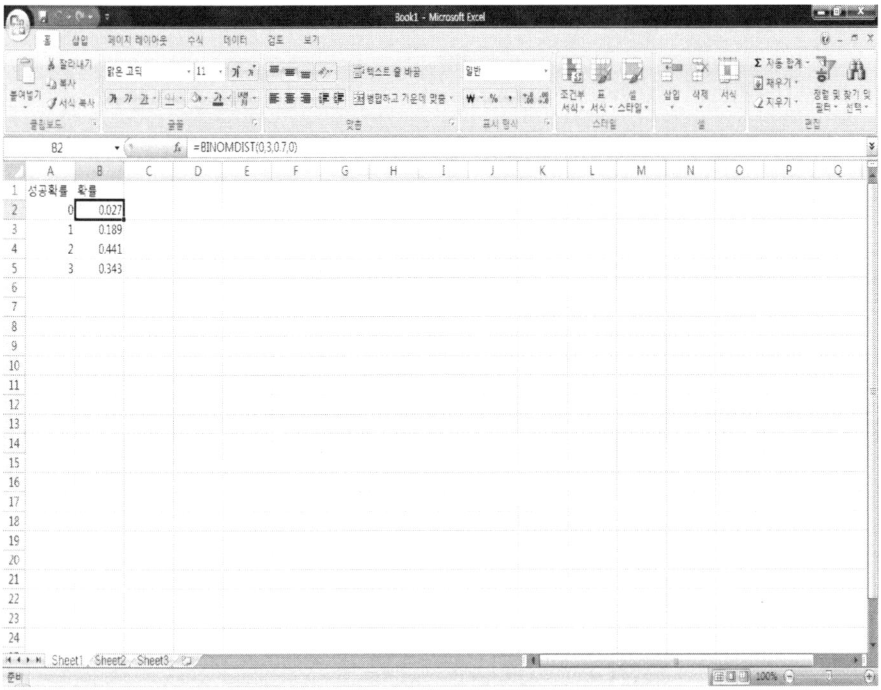

[누적이항분포]

[예제 4-8]의 $p=0.5$, $n=15$인 누적이항분포에서 옳은 예측을 한 종목이 8-12개일 확률을 구하라.

1. 다음과 같이 A열에는 성공횟수에 대한 값 7과 12를 입력하고, 셀 B1에는 "누적확률"이라고 입력한다. 셀 포인터를 B2에 두고, 도구모음의 함수마법사 버튼 f_x 을 누른다. 다음과 같이 [함수마법사] 대화상자에서 범주선택에서 "통계", 함수선택에서 "BINOMDIST"를 선택한다.

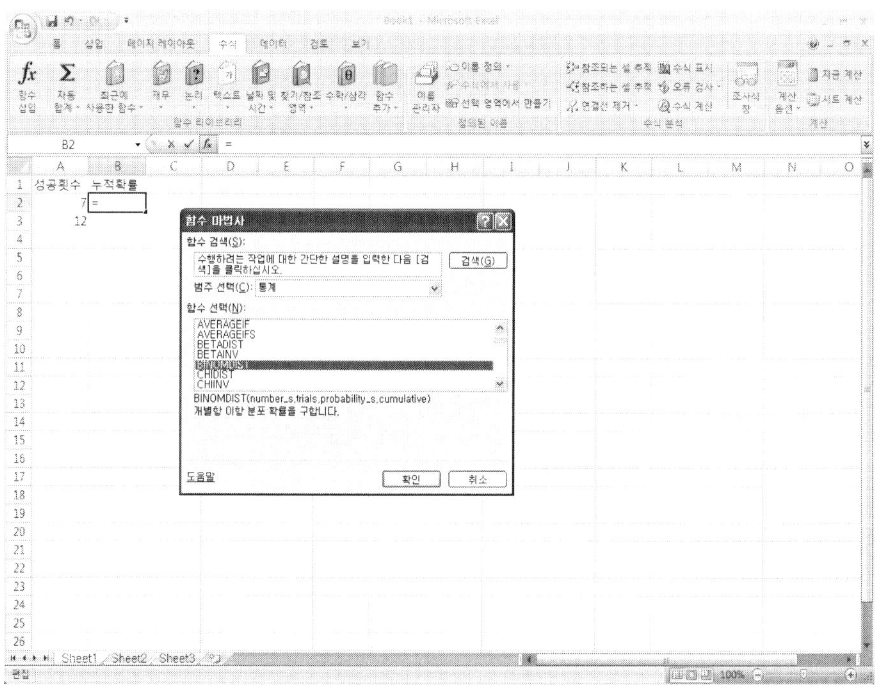

2. [확인]을 누르고 [BINOMDIST] 대화상자에서 "number_s"에 성공횟수를 나타내는 값인 7을 입력하고, "Trials"에 n의 값인 15, "probability_s"에 확률 0.5을 입력하고, "Cumulative"에 1을 입력한다.

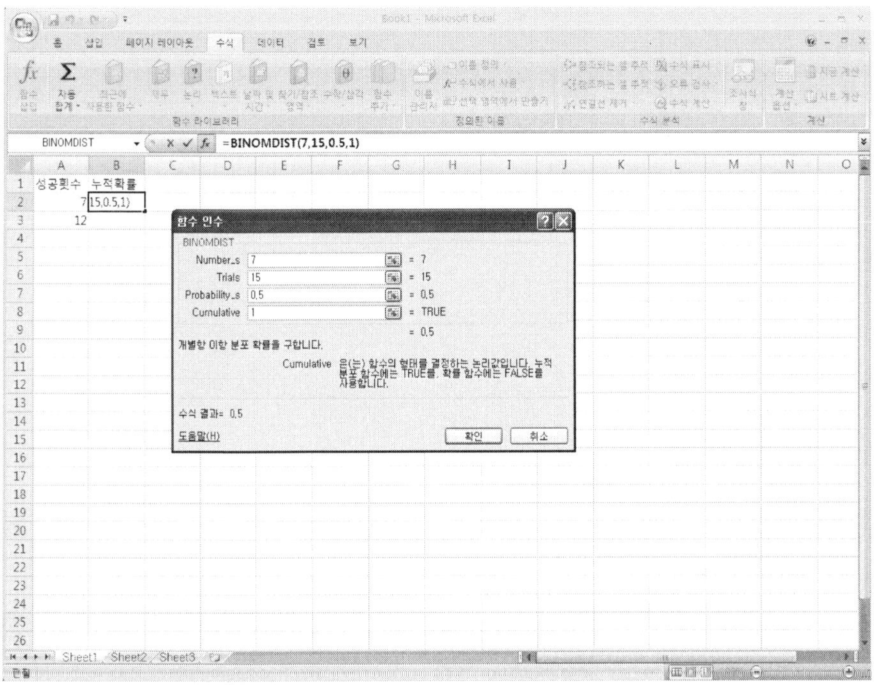

3. [확인]을 누르면 누적확률값 0.5가 나타난다. 같은 방법으로 성공횟수가 12일 때의 누적확률을 구하면 0.996307이 된다. 성공횟수가 8개와 12개 사이에 있을 확률을 구하는 것이므로 셀 포인터를 B4에 두고 수식 입력줄에서 B2-B3를 입력한 후 = 를 누르면 다음과 같이 확률이 계산된다.

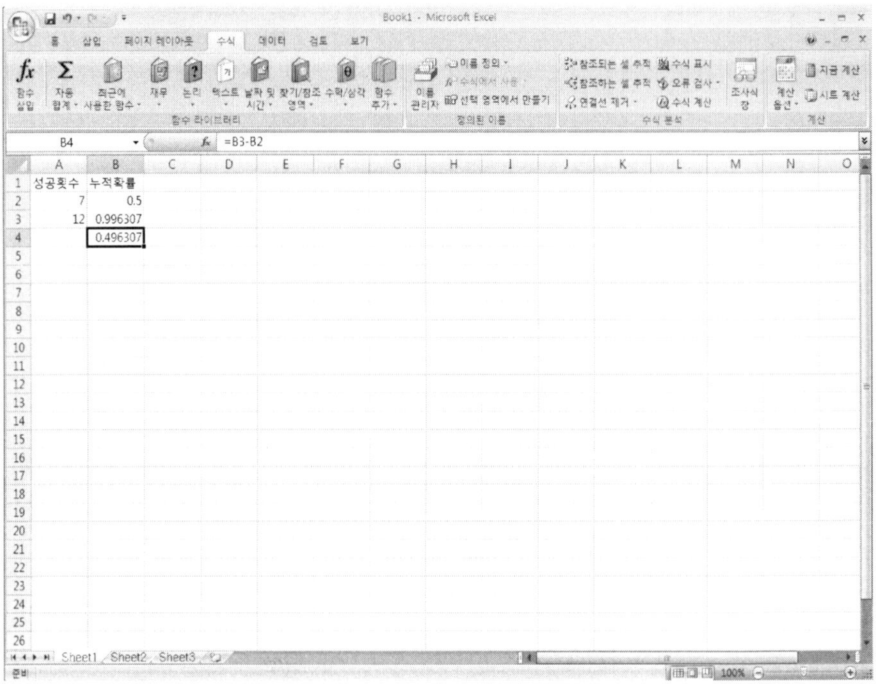

[포아송분포]

앞의 [예제 4-11]의 자료를 이용하여 포아송확률을 구해 보자.

$$\lambda = 1\,,\qquad x = 0,1,2,\cdots,7$$

1. 다음과 같이 A열에는 성공횟수에 대한 값 0, 1, 2, …, 7을 입력하고, 셀 B1에는 "확률"이라고 입력한다. 셀 포인터를 B2에 두고, 도구모음의 함수마법사 버튼 을 누른다. 다음과 같이 [함수마법사] 대화상자에서 범주선택에서 "통계", 함수선택에서 "POISSON"를 선택한다.

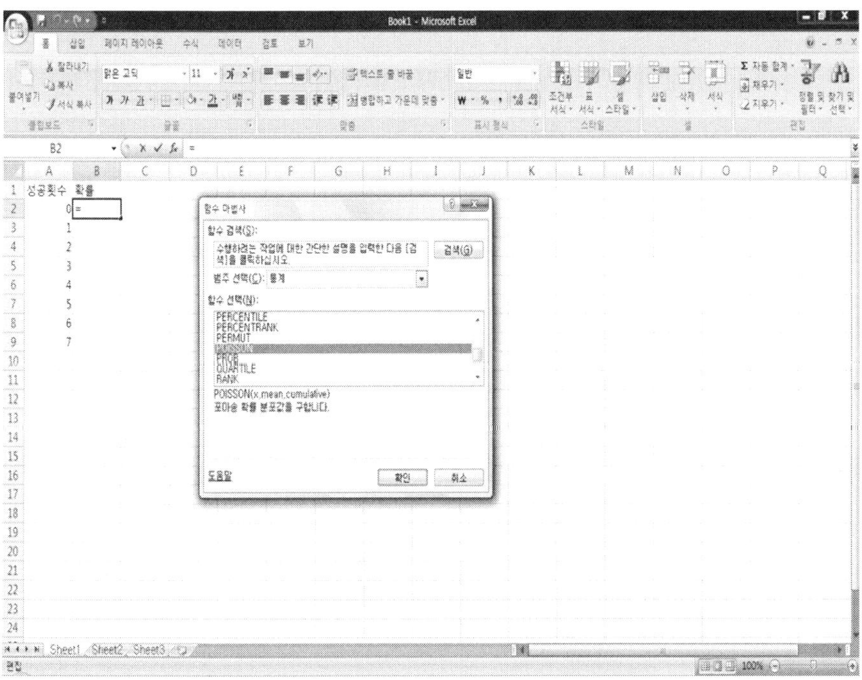

2. [확인]을 누르고 [POISSON] 대화상자에서 "x"에 성공횟수인 0을 입력하고, "Mean"에 평균 λ 값 1을 입력한다. "Cumulative"에 0을 입력한다(누적값을 구하려면 1을 입력한다).

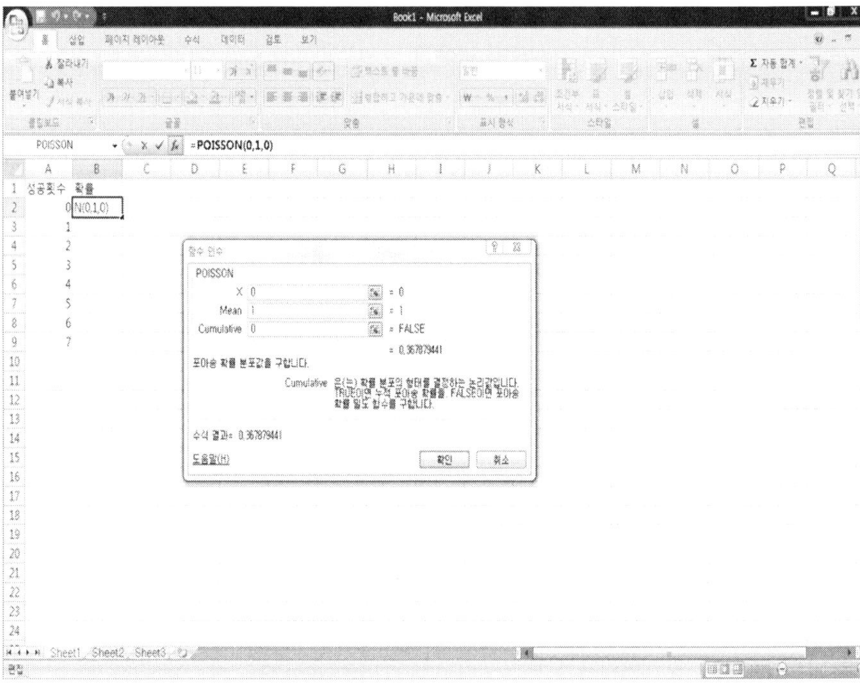

3. [확인]을 누르면 성공횟수 0에 대한 확률값이 나오고, 같은 방법으로 성공횟수 1, 2, …, 7에 대해 계산한 결과가 다음과 같다.

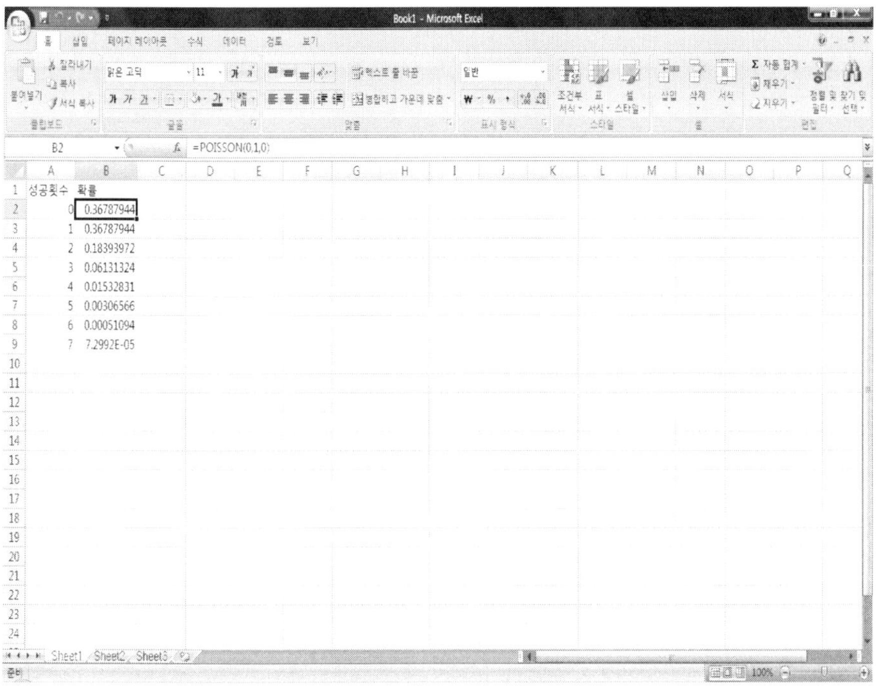

연 습 문 제

4.1 산업체 근로자들을 대상으로 1년 보험료 29만원의 생명보험을 판매하고 있다. 가입자가 사망했을 때 유족이 타는 보험금은 1천만원이다. 가입자의 사망확률이 연간 .001로 균일하다고 하면, 보험회사의 1건당 기대수익과 표준편차는 얼마인가?

4.2 어느 건설업체에서 1주일에 발생하는 안전사고 건수에 대한 확률은 다음과 같다. 평균과 표준편차를 구하라.

사고건수	0	1	2	3	4	5
확 률	0.10	0.15	0.19	0.26	0.19	0.11

4.3 어떤 레스토랑의 지배인은 손님으로부터 때때로 불만을 접수하는데 주로 음식 및 서비스에 대한 것이다. 1주일 동안 접수하는 불만의 주변확률함수는 다음과 같다.

음식에 대한 불만	확률	서비스에 대한 불만	확률
0	0.15	0	0.20
1	0.30	1	0.39
2	0.42	2	0.35
3	0.13	3	0.06

만일 음식에 대한 불만과 서비스에 대한 불만이 독립적이라면 결합확률함수를 구하라.

4.4 어느 음료제조업체에서는 새로운 탄산음료 A를 개발하였다. 소비자 100명을 임의로 선정하여 A와 경쟁회사들의 탄산음료인 B와 C 중에서 가장 선호하는 것 하나를 선택하라고 하였다. 100명 중에서 A를 선택한 사람의 숫자를 X라고 하자. 이것은 이항확률변수인가?

4.5 마이다스 왕은 금이 매우 많기 때문에 다음과 같은 게임을 즐겼다는 미확인 전설이 있다. 항아리에 똑같은 모양을 한 금덩어리 2 개와 구리덩어리 3 개를 집어넣었다. 그가 신뢰하는 3명의 신하에게 차례대로 손을 집어넣어 덩어리 하나씩 집어서 가지게 하였다. 항아리에서 나온 덩어리 중의 금덩어리의 개수를 X라고 한다면 이것은 이항확률변수인가?

4.6 자동차 엔진부속을 만드는 어느 기계는 가끔 오작동되어 10%의 불량품을 생산한다. 임의로 5개의 부속을 선정하였다.

(1) 그 중에 3개가 불량품일 확률을 구하라.

(2) $P(0)$, $P(1)$, $P(2)$, $P(4)$, $P(5)$를 구하라. $P(X)$ 그래프를 그려라.

(3) 평균 - (2×표준편차로)부터 평균 + (2 × 표준편차)까지의 구간을 표시하라.

(4) 임의로 5개의 부속을 선정하는 실험을 수없이 반복했을 때 x가 평균 ± (2 × 표준편차)의 구간에 떨어지는 비율은 얼마일까?

4.7 어떤 대규모 회사에서 60%의 종업원이 직장조합결성에 찬성하고 있다고 한다. 임의로 20명의 종업원을 선정하여 직장조합을 새로 결성할 것인지에 대한 여론조사를 하였다. 20명 중에서 직장조합결성에 찬성하는 사람의 수를 x라고 하자.

(1) x 의 평균과 표준편차를 구하라.

(2) $x < 10$ 의 확률을 구하라.

(3) $x > 12$ 의 확률을 구하라.

(4) $x = 11$ 의 확률을 구하라.

(5) 평균 ± (2 × 표준편차)의 구간을 구하라.

4.8 X는 포아송확률분포($\lambda=4$)를 하는 확률변수로 가정된다.

(1) $X=0, 1, 2, \cdots, 9, 10$ 에 대한 $P(x)$의 그림표를 그려라.

(2) 평균(μ), 표준편차(σ)를 구하고 $(\mu \pm 2\sigma)$의 구간을 그림표에 표시하라.

(3) x 가 $(\mu \pm 2\sigma)$의 구간에 있을 확률은 얼마인가?

4.9 어느 도시에서 한 달 동안 도산하는 중소기업의 수 X는 평균 10의 포아송분포에 근사하다고 한다.

(1) X의 기대값과 표준편차를 구하라.

(2) 지난 달에 도산한 기업의 수는 6 이었다. $P(x \leq 6)$을 구하라.

(3) 지난 달에 도산한 기업의 수는 16이었다. $P(x = 16)$을 구하라.

4.10 어느 출판업체에서는 페이지 1장당 오타의 개수가 평균 1개라고 한다. 임의로 한 페이지를 선택했을 때 2개 이상의 오타가 있을 확률은 얼마인가?

4.11 어느 카센터에 도착하는 손님의 수는 1시간에 평균 1.6명이라고 한다. 포아송 분포를 가정할 때, 임의의 1시간 동안 오는 손님의 수가 3명 이상일 가능성은 얼마인가?

4.12 판교에 건설한 K공사아파트에 대한 조사보고에 의하면, 임차인이 거주하는 경우와 소유자가 거주하는 경우의 자료는 표와 같다.

아파트규모(평수)	아파트수	
	임차인	소유자
25	540	25
33	912	848
42	417	483
58	261	869

(1) 확률변수 x = "임차인거주 아파트의 평수"의 확률분포를 작성하라.

(2) 임차인거주 아파트의 평수의 기댓값과 분산은?

(3) 확률변수 y = "소유자거주 아파트의 평수"의 확률분포를 작성하라.

(4) 소유자거주 아파트의 평수의 기댓값과 분산은?

(5) 임차인거주 아파트와 소유자거주 아파트의 평수의 비교에서 어떤 점이 관찰되나?

4.13 해외관광 여행객에 대한 어떤 조사의 결과, 응답자의 30%가 여행사를 통한 단체여행이었다.

(1) 5명의 해외관광 여행객 표본에서, 두 명이 단체여행일 확률은?

(2) 5명의 해외관광 여행객 표본에서, 적어도 두명이 단체여행일 확률은?

(3) 10명의 해외관광 여행자 표본에서, 아무도 단체여행이 아닐 확률은?

4.14 G 골프용품 전문점은 판매증진을 위해 온라인 판매를 하기로 하여 "K웹마켓"이라는 사이트에 가입을 했다. K웹마켓은 온라인 판매를 위한 웹사이트로

서, 여기에는 1분에 평균 10명의 방문자가 있다고 한다.

(1) 1분의 시간동안 K웹마켓 사이트 방문자가 한명도 없을 확률은?

(2) 1분의 시간동안 방문자가 2명 이상일 확률은?

(3) 1분의 시간동안 방문자가 5명 이상일 확률은?

(4) 30초의 시간동안 방문자가 한명 이상일 확률은?

제 5 장

연속확률변수와 확률분포

제 1 절　연속확률변수의 확률분포

1. 연속확률변수의 개념

이번에는 한 구간에서 어떤 값을 취하는 연속확률변수들에 대해 알아보기로 하자. 연속확률변수는 앞의 이산확률변수와는 달리 확률변수가 어떤 하나의 특정값을 갖는 확률, 예를 들어 한 자동차가 휘발유 1ℓ당 정확히 11.56km를 주행할 확률은 0이기 때문에 확률변수가 특정값을 취할 확률을 고려하는 것은 무의미하다. 또한 근본적으로 이산확률변수라도 어떤 특정값을 취할 확률이 아주 낮을 때는 연속확률변수로 간주하는 것이 편리하다.

연속확률변수는 특정값에 대해서는 무의미하지만 어떤 주어진 구간 안에 포함될 경우의 확률은 큰 의미가 있다. 예를 들어 한 자동차가 휘발유 1ℓ당 11~15km를 주행할 확률 또는 임의로 선택된 은행계좌의 예금액이 100만원~200만원 사이에 있을 확률 등은 계산이 가능하므로 의미를 갖게 된다.

2. 누적분포함수와 확률밀도함수

X를 연속확률변수라 하고, x를 이 확률변수가 취하는 특정값이라고 하자. X가 어떤 값 x를 초과하지 않을 확률을 누적분포함수(cumulative distribution function ; c.d.f)라고 하고 이는 다음과 같이 정의한다.

[연속확률변수 X의 누적분포함수]

$$F_X(x) = P(X \le x)$$

연속확률변수가 어느 특정 범위(range)내에 있을 확률을 측정한다고 하자. 범위의 양끝을 각각 $X=a$, $X=b$,$(a<b)$라고 하면 연속확률변수가 구간 a와 b 사이에 있을 확률은 다음과 같다.

$$P(a<X<b)$$

여기에서 어느 특정값에 대한 확률은 0이므로 연속확률변수의 경우

$$P(a \leqq X \leqq b) = P(a<X<b)$$

가 된다. 이제 X가 b보다 작은 확률을 구한다면 이는 a보다 작거나 또는 a와 b 사이에 있을 확률이 될 것이다. 즉

$$P(X<b) = P(X<a) + P(a<X<b)$$

가 되므로, 누적분포함수의 정의에 의해서

$$F_X(b) = F_X(a) + P(a<X<b)$$

가 된다. 따라서 X가 a와 b사이에 있을 확률은 다음과 같다.

$$P(a<X<b) = F_X(b) - F_X(a)$$

따라서 연속확률변수가 특정범위내의 값을 취할 확률은 다음과 같이 누적분포함수로부터 구할 수 있다.

[확률과 누적분포함수]

X가 누적분포함수 $F_X(x)$를 가진 연속확률변수이고, a, b가 X의 가능한 두 값 $(a < b)$이라고 하자. X가 a와 b사이에 놓일 확률은 다음과 같다.

$$P(a < X < b) = F_X(b) - F_X(a)$$

연속확률변수에서는 어떤 구간 또는 0에서 어느 지점까지의 확률을 계산하므로 누적분포함수가 큰 의미를 갖는다.

지금까지 연속확률변수가 어느 두 값 사이에 놓일 확률은 누적분포함수의 형식으로 표현될 수 있다는 것을 보았다. 누적분포함수는 연속확률변수의 확률구조에 대한 모든 정보를 포함하고 있다. 이번에는 확률구조에 대한 정보를 제공하는 또 다른 함수인 확률밀도함수(probability density function) $f_X(x)$에 대해 살펴보자.

앞장에서 배운 바와 같이 이산확률변수의 확률구조는 확률함수

$$P_X(x) = P(X = x)$$

로 표현한다. 연속확률변수의 확률구조는 확률밀도함수 $f_X(x)$로 나타낸다. 연속확률변수 X는 연속적인 표본공간을 통해 정의되므로 확률밀도함수를 그래프로 나타내면 [그림 5-1]과 같이 부드럽고 연속적인 곡선형태로 나타난다. 이 확률밀도함수의 아래 부분과 x축 사이의 면적은 1이 되며, 연속확률변수 X가 a와 b 사이의 값을 취할 확률은 a와 b 사이의 면적이 된다.

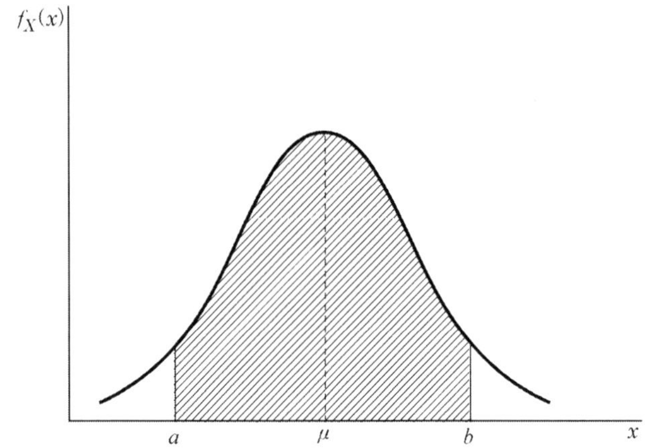

[그림 5-1] 확률밀도함수

[확률밀도함수]

연속확률변수 X의 확률구조는 확률밀도함수 $f_X(x)$에 의해 결정되며 다음과 같은 특성을 갖는다.

(i) 모든 x 값에 대해서 $f_X(x) \geq 0$

(ii) X가 a와 b 두 값 사이에 위치할 확률은 확률밀도함수아래 두 값 사이의 면적으로 다음과 같다.

$$P(a < X < b) = \int_a^b f_X(x)\, dx$$

(iii) $f_X(x)$ 아래에 있는 전체 면적은 1이다.

$$\int_{-\infty}^{\infty} f_X(x)\, dx = 1$$

예제 5-1

연속확률변수 X의 확률밀도함수가 다음과 같을 때 상수 a와 $P(\frac{1}{4} \leq X \leq \frac{3}{4})$을 계산하라.

$$f_X(x) = \begin{cases} ax(1-x), & 0 < x < 1 \\ 0 & , x \leq 0 \text{ 또는 } x \geq 1 \end{cases}$$

앞의 확률밀도 함수의 특성에서

$$\int_{-\infty}^{\infty} f_X(x)\, dx = 1$$

이므로

$$\int_{-\infty}^{\infty} ax(1-x)\, dx = 1$$

이 된다.

$$a\int_{0}^{1} (x-x^2)\, dx = 1$$

이므로 이를 적분하면

$$a\left[\frac{1}{2}x^2 - \frac{1}{3}x^3\right]_0^1 = a\left[\frac{1}{2} - \frac{1}{3}\right] = \frac{1}{6}a = 1$$

따라서

$$a = 6$$

이 된다. 또한

$$P(\frac{1}{4} \leqq X \leqq \frac{3}{4}) = \int_{1/4}^{3/4} 6x(1-x)dx$$

$$= 6\left[\frac{1}{2}x^2 - \frac{1}{3}x^3\right]_{1/4}^{3/4}$$

$$= 6\left[\frac{1}{2} \cdot \frac{9}{16} - \frac{1}{3} \cdot \frac{27}{64} - \frac{1}{2} \cdot \frac{1}{16} + \frac{1}{3} \cdot \frac{1}{64}\right]$$

$$= \frac{11}{16}$$

이 된다.

누적분포함수와 확률밀도함수의 관계에 대해 살펴보자. 어떤 값 x_0 좌측의 $f_X(x)$ 아래 면적은 $F_X(x_0)$로 누적분포함수는 다음 적분과 같다.

$$F_X(x_0) = \int_{-\infty}^{x_0} f_X(x)dx$$

따라서 확률밀도함수는 누적분포함수의 미분이 된다. 즉

$$f_X(x) = \frac{dF_X(x)}{dx}$$

이다.

제 2 절 연속확률변수의 기대값

앞에서 이산확률변수와 그 함수의 기대값을 구하는 방법에 대해 알아보았다. 연속확률변수의 경우에도 같은 원리가 적용된다.

확률실험의 결과가 연속확률변수 X로 나타난다고 가정할 때 이 실험을 N번 독립적으로 반복하면 이 확률변수의 기대값은 변수들이 취하는 값들의 평균이 되며 다음과 같이 표기한다.

$$\mu_X = E(X) = \int_{-\infty}^{\infty} x f_X(x)dx$$

연속확률변수에서는 앞의 이산확률변수와는 달리 $\sum$ 대신 $\int$ 기호를 사용한다. 또한 연속확률변수 X의 분산 σ_X^2은 평균과의 편차의 제곱인 $(X-\mu_X)^2$의 기대값으로 정의되므로

$$\begin{aligned} \sigma_X^2 &= E[(X-\mu_X)^2] \\ &= \int_{-\infty}^{\infty} (x-\mu)^2 f_X(x)dx \\ &= E(X^2) - \mu_X^2 \end{aligned}$$

이 된다.

[연속확률변수 X의 평균과 분산의 기대값]

평균 : $\mu_X = E(X) = \int_{-\infty}^{\infty} x f_X(x) dx$

분산 : $\sigma_X^2 = E[(X-\mu_X)^2] = E(X^2) - \mu_X^2$

연속확률변수 X의 함수형이 $g(X)$라면 이 함수의 기대값은

$$E[g(X)] = \int_{-\infty}^{\infty} g(x) f_X(x) dx$$

가 된다.

앞에서 이산확률변수의 선형함수에 대한 평균과 분산을 구한 바 있다. 연속확률변수의 경우에도 같은 원리가 적용된다. 연속확률변수 X의 평균이 μ_X, 분산이 σ_X^2일 때 X의 함수를 다음과 같이 정의하자.

$$g(X) = a + bX$$

그러면 $g(X)$의 평균과 분산은 각각 다음과 같다.

$$E(a+bX) = a + b\mu_X$$

$$Var(a+bX) = b^2\sigma_X^2$$

제 3 절 연속확률변수의 결합분포

앞 장에서 살펴본 이산확률변수의 결합분포의 개념과 결과들이 연속확률변수의 경우에도 적용된다.

$X_1, X_2, \cdots, X_K$를 연속확률변수들이라고 하자. 이들의 결합누적분포함수(joint cumulative distribution function) $F_{X_1, X_2, \cdots, X_K}(x_1,\ x_2,\ \cdots, x_K)$는 동시에 X_1이 x_1보다 작고, X_2가 x_2보다 작고, $\cdots$ X_K가 x_K보다 작을 확률을 나타낸다. 즉

$$F_{X_1, X_2, \cdots, X_K}(x_1, x_2, \cdots, x_K) = P(X_1 < x_1 \cap X_2 < x_2 \cap \cdots \cap X_K < x_K)$$

을 의미한다. 또한 다음을 만족하는 경우에 확률변수들을 통계적으로 독립이라고 한다.

$$F_{X_1, X_2, \cdots, X_K}(x_1, x_2, \cdots, x_K) = F_{X_1}(x_1) F_{X_2}(x_2) \cdots F_{X_K}(x_K)$$

$F_{X_i}(x_i)$는 확률변수 X_i가 특정값 x_i를 초과하지 않을 확률을 나타낸다.

여기에서 독립이라는 것은 이산확률변수의 경우와 마찬가지로 여러 개의 연속확률변수들이 있을 때, 어느 하나의 확률분포도 다른 변수들이 취하는 값에 영향을 받지 않는다는 의미이다. 결합분포된 연속확률변수의 기대값과 분산 및 공분산도 이산확률변수의 경우와 동일한 원칙이 적용된다.

[연속확률변수 X, Y의 공분산]

$$Cov(X, Y) = E[(X - \mu_X)(Y - \mu_Y)]$$

$$= E(XY) - \mu_X \mu_Y$$

X, Y가 독립이면 이들 사이의 공분산은 0이 된다.

연속확률변수들의 합과 차의 평균과 분산도 이산확률변수의 경우와 마찬가지로 $X_1, X_2, \cdots, X_K$가 각각 평균 $\mu_1, \mu_2, \cdots, \mu_K$, 분산 $\sigma_1^2, \sigma_2^2, \cdots, \sigma_K^2$를 가진 K개의 연속확률변수라고 할 때

첫째, K개의 연속확률변수들의 합의 기대값은 각각의 평균의 합과 같다.

$$E(X_1 + X_2 + \cdots + X_K) = \mu_1 + \mu_2 + \cdots + \mu_K$$

둘째, 두 확률변수의 차의 기대값은 각각의 평균의 차와 같다.

$$E(X_1 - X_2) = \mu_1 - \mu_2$$

셋째, 변수들의 모든 쌍 사이의 공분산이 0일 때, 합의 분산은 각각의 분산의 합과 같다.

$$Var(X_1 + X_2 + \cdots + X_K) = \sigma_1^2 + \sigma_2^2 + \cdots + \sigma_K^2$$

넷째, 예를 들어, X_1과 X_2사이의 공분산이 0이라면 차의 분산은 각 분산의 합과 같다.

$$Var(X_1 - X_2) = \sigma_1^2 + \sigma_1^2$$

예제 5-2

어느 항공사는 승객들의 무게가 평균 60kg, 표준편차 8kg을 가진 분포를 이루고 있고, 이들의 짐무게는 평균 15kg, 표준편차 3kg을 가진 분포를 이루고 있다고 결론을 내렸다. 승객과 짐의 총무게의 평균과 분산을 구해 보자. 승객과 짐의 무게는 통계적으로 독립이며 공분산은 0이다.

승객들의 무게를 X_1, 짐무게를 X_2라고 표시하면 X_1과 X_2의 평균과 표준편차는

$$\mu_1 = 60, \qquad \mu_2 = 15$$

$$\sigma_1 = 8\,, \qquad \sigma_2 = 3$$

이 된다. 따라서 총평균은

$$\mu = \mu_1 + \mu_2 = 60 + 15 = 75\,(\text{kg})$$

이 되고, 분산은

$$\sigma^2 = \sigma_1^2 + \sigma_2^2 = 64 + 9 = 73$$

제 4 절 정규분포

1. 정규분포의 개념

이번에는 통계학에서 가장 중요하고 중심적인 역할을 하며 많은 사회적, 자연적 현상에 적용되는 정규분포(normal distribution)에 대해 살펴보도록 하겠다.

시험을 쳤을 때 학생들의 성적의 대부분이 평균을 중심으로 집중되어 있다. 즉

평균이 65점이라면 80~90 또는 20~30점에 점수가 분포되어 있는 학생 수보다는 60~70점 사이에 분포되어 있는 학생 수가 더 많을 것이다. 이와 같이 평균에서 가장 높은 발생률을 가지며 평균에서 멀어질수록 발생률이 감소하는 종모양(bellshaped)의 확률분포를 정규분포라고 한다.

정규분포의 확률밀도함수는 다음과 같이 정의된다.

[정규분포의 확률밀도함수]

$$f_X(x) = \frac{1}{\sqrt{2\pi\sigma^2}} e^{-(x-\mu)^2/2\sigma^2}, \quad \text{단}, -\infty < x < \infty$$

여기에서

$$-\infty < \mu < \infty, \quad 0 < \sigma^2 < \infty,$$

$$\pi = 3.14159\cdots, \quad e = 2.71828\cdots$$

만약 연속확률변수 X가 위의 확률밀도함수 $f_X(x)$ 를 가진다면 X는 정규분포를 따른다고 한다.

정규분포를 따르는 확률변수를 정규확률변수(normal random variable)라고 하며 정규확률변수는 $-\infty$ 에서 ∞ 까지의 어떤 실수값도 취할 수 있다. 정규분포의 확률밀도함수에서 평균 μ 와 분산 σ^2 를 제외하고는 모두 상수이기 때문에 정규분포의 모양은 평균과 분산에 의존한다. 또 위의 정의에서 알 수 있듯이 하나의 정규분포가 있는 것이 아니라 μ 와 σ^2 의 값에 따라 많은 정규분포가 존재한다.

정규분포의 특징에 대해 살펴보면 확률변수 X가 평균 μ 와 분산 σ^2 을 가진 정규분포를 따를 때 다음의 특성을 지닌다.

[정규분포의 특징]

(i) 확률변수 X의 평균은 μ 이다.

$$E(X) = \mu$$

(ii) 확률변수 X 분산은 σ^2 이다.

$$Var(X) = E[(X-\mu)^2] = \sigma^2$$

(iii) 확률밀도함수의 모양은 평균 μ 를 중심으로 좌우대칭이며 종모양이다.

평균과 분산의 값에 따라 특정 정규분포가 명시되므로 다음과 같이 단순히 나타낼 수 있다.

확률변수 X가 평균 μ와 분산 σ^2인 정규분포를 따를 때 다음과 같이 표시한다.

$$X \sim N(\mu, \sigma^2)$$

평균은 분포의 중심위치, 분산은 분포의 산포도를 제공하므로 μ와 σ^2가 취하는 값에 따라 정규확률변수의 확률밀도함수에 미치는 영향은 다르다. 정규분포에 대한 확률밀도함수를 보면 아래 [그림 5-2]와 같이 μ값이 클수록 분포의 중심위치는 오른쪽으로, [그림 5-3]과 같이 σ^2이 클수록 분포가 평균을 중심으로 넓게 퍼지는 모양을 하고 있음을 알 수 있다. 확률밀도함수 아래의 면적은 반드시 1이 되어야 하므로 넓게 퍼질수록 높이가 낮아진다.

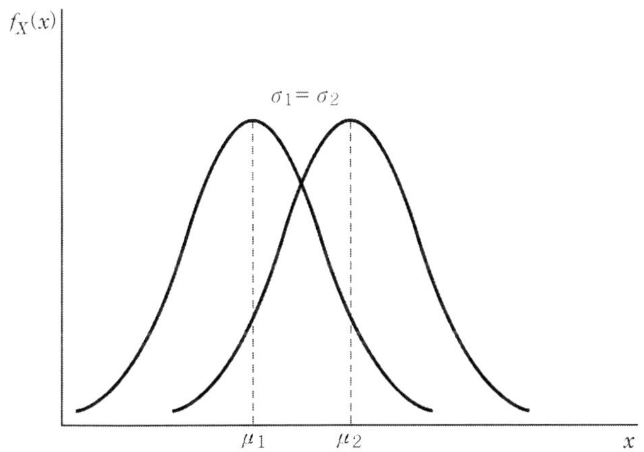

[그림 5-2] 두 정규분포의 비교($\mu_1 < \mu_2$, $\sigma_1 = \sigma_2$)

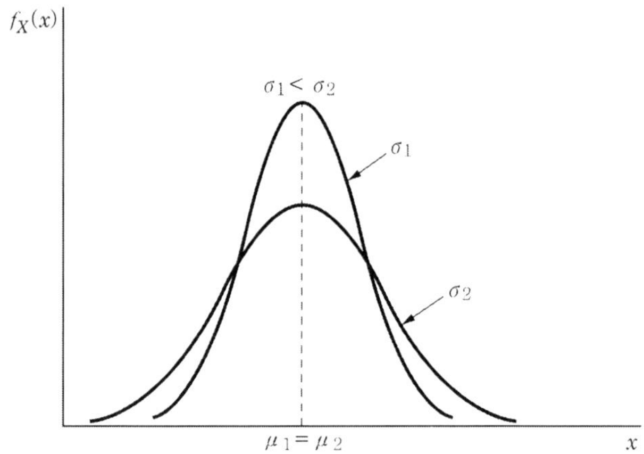

[그림 5-3] 두 정규분포의 비교($\mu_1 = \mu_2$, $\sigma_1 < \sigma_2$)

2. 정규분포의 확률결정

이번에는 특정한 정규분포에서의 확률의 결정에 대해 알아보자. 확률을 결정하는 첫 단계로 누적분포함수의 개념을 고려해 보자.

[정규분포의 누적분포함수]

X가 평균 μ와 분산 σ^2인 정규확률변수, 즉 $X \sim N(\mu, \sigma^2)$ 라고 하자. 이때 누적분포함수 $F_X(x_0)$는 다음과 같이 정의된다.

$$F_X(x_0) = P(X \leq x_0)$$

누적분포함수는 [그림 5-4]의 확률밀도함수에서 x_0 좌측의 면적에 해당된다. 또한 곡선 아래의 총면적은 1이다. 즉, 다음과 같이 표현된다.

$$F_X(\infty) = 1$$

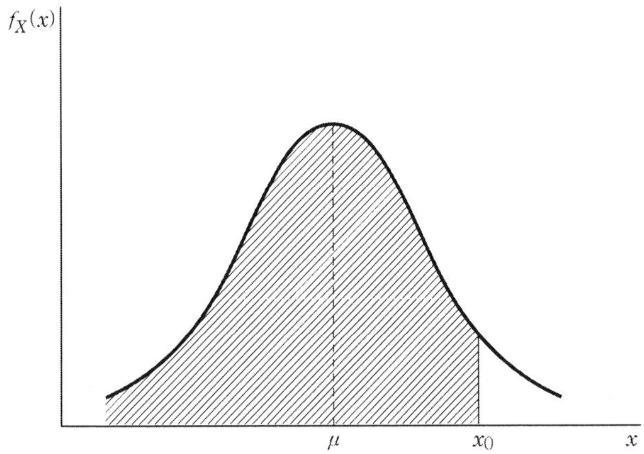

[그림 5-4] 확률밀도함수에서 값 x_0 이하일 확률

앞에서 보았듯이 연속확률변수의 확률은 누적분포함수를 이용하여 구할 수 있다. 따라서 X를 누적분포함수 $F_X(x)$를 가진 정규확률변수라고 하고, a, b $(a<b)$를 X의 두 개의 가능한 값이라고 하면 X가 이 구간에 있을 확률은

$$P(a<X<b)=F_X(b)-F_X(a)$$

로 이는 [그림 5-5]의 a와 b 사이의 면적에 해당된다.

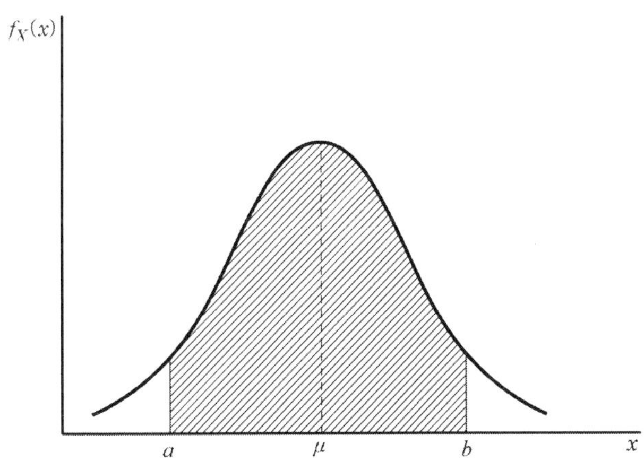

[그림 5-5] X가 a와 b사이의 값을 취할 확률

제 5 절 표준정규분포

정규확률변수가 어떤 범위의 값을 취할 확률을 계산할 때 매번 그래프의 아래 부분에 해당하는 면적을 구하는 일은 매우 번거롭다. 평균 μ와 분산 σ^2의 값에 따라 많은 정규분포가 존재하기 때문에 정규분포의 특성을 비교하거나 확률을 계산하기가 어렵다. 어떠한 확률도 누적분포함수를 이용하여 구할 수 있으나 이 함수를 결정하기 위한 편리한 공식이 없으므로 문제점이 존재한다. 앞에서 보았듯이 누적분포함수는 확률밀도함수의 적분이지만 정규분포의 확률밀도함수의 공식이 복잡하여 누적분포함수를 간단히 계산할 수 없다는 것이다.

그러나 어떠한 정규분포에 대한 확률도 누적분포함수를 이용하는 방식을 사용하여 하나의 정규분포에 대한 확률의 형태로 표현할 수가 있다. 즉 위에 언급한 단점을 보완하기 위해 정규확률변수 X의 모든 관측값을 평균이 0이고, 분산이 1인 표준정규확률변수(standard normal random variable) Z의 관측값으로 변환시킨다. 다시 말해

$$x_1,\ x_2, \cdots \quad \text{인}\ X \sim N(\mu, \sigma^2)$$

을

$$z_1,\ z_2, \cdots \quad \text{인}\ \ Z \sim N(0,1)$$

로 변환한다는 것으로 $Z \sim N(0,1)$을 표준정규분포(standard normal distribution)라고 하고 Z를 표준정규확률변수라고 한다.

[표준정규분포]

Z가 평균 0, 분산 1인 정규확률변수라고 하자. 즉,

$$Z \sim N(0,1)$$

일 때 Z가 표준정규분포를 따른다고 한다.

따라서 이 표준정규확률변수의 누적분포함수를 $F_Z(z)$라고 하면 Z가 두 값

a, $b\,(a<b)$ 사이에 있을 확률은 다음과 같다.

$$P(a<Z<b) = F_Z(b) - F_Z(a)$$

이제 임의의 정규분포 $X \sim N(\mu, \sigma^2)$이 있을 때 표준정규분포로 변환하여 확률을 구하는 방법에 대해 살펴보도록 하자.

[표준정규분포]

확률변수 X를 평균이 0, 분산이 1인

$$Z = \frac{(x-\mu)}{\sigma}$$

의 형태로 변환하는 것을 표준화(standarized)라고 한다.

따라서 a와 $b\,(a<b)$를 X가 취할 수 있는 두 값이라고 할 때 확률은

$$P(a<X<b) = P\left(\frac{a-\mu}{\sigma} < \frac{X-\mu}{\sigma} < \frac{b-\mu}{\sigma}\right)$$

$$= P\left(\frac{a-\mu}{\sigma} < Z < \frac{b-\mu}{\sigma}\right)$$

$$= F_Z\left(\frac{b-\mu}{\sigma}\right) - F_Z\left(\frac{a-\mu}{\sigma}\right)$$

이 된다. 이 때 Z는 표준정규확률변수이며 $F_Z(z)$는 누적분포함수이다.

이 확률을 계산하기 위한 표준정규분포의 누적분포함수는 부록의 표준정규분포표를 이용하는 것이 편하다. 이 표는 Z값이 음이 아닌 경우

$$F_Z(z) = P(Z \le z)$$

의 값을 제공해 준다. 예를 들어 $z = 1.50$이라면

$$F_Z(1.50) = 0.9332$$

인데 이는 표준정규확률변수 Z가 1.50을 초과하지 않는 확률이 0.9332라는 의미이다. Z값이 음수인 경우, 누적분포함수의 값 즉 Z가 $-z_0$보다 작은 값을 취할 확률은

$$F_Z(-z_0) = P(Z \leq -z_0)$$

을 구하는 것이 된다. 표준정규분포의 확률밀도함수가 평균 0에 대해 대칭이므로 확률밀도함수 아래의 $-z_0$ 좌측의 면적은 z_0 우측의 면적과 같다. 예를 들어 $z_0 = 1.50$ 이라면 Z가 -1.50을 초과하지 않는 확률은 아래의 [그림 5-6]처럼 Z가 1.50보다 클 확률과 같다는 것이다.

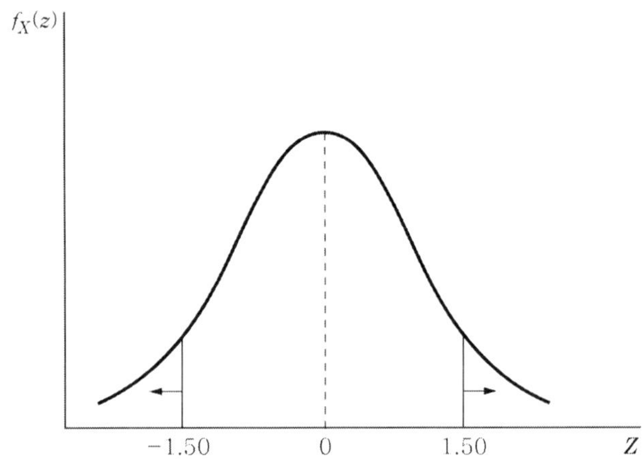

[그림 5-6] 표준정규분포의 대칭성

따라서

$$P(Z \leq -z_0) = P(Z \geq z_0)$$

이 성립된다. 또한 확률밀도함수 아래의 총 면적은 1이므로

$$P(Z \leq -z_0) = P(Z \geq z_0) = 1 - P(Z \leq z_0) = 1 - F_Z(z_0)$$

이 되고, 따라서

$$F_Z(-z_0) = 1 - F_Z(z_0)$$

이 된다. 예를 들어

$$P(Z \leq -1.50) = F_Z(-1.50) = 1 - F_Z(1.50)$$

$$= 1 - 0.9332 = 0.0668$$

이 된다.

[정규확률변수의 확률계산]

$X \sim N(\mu, \sigma^2)$일 때 X가 두 실수 a와 $b(a<b)$ 사이에 존재할 확률은 다음과 같이 계산한다.

$$P(a<X<b) = P\left(\frac{a-\mu}{\sigma} < Z < \frac{b-\mu}{\sigma}\right)$$

$$= F_Z\left(\frac{b-\mu}{\sigma}\right) - F_Z\left(\frac{a-\mu}{\sigma}\right)$$

단, Z는 표준정규확률변수이며 $F_Z(z)$는 누적분포함수이다.

예제 5-3

정규확률변수 $X \sim N(50, 225)$일 때, X가 30부터 50 사이에 있을 확률을 구해보자.

$$P(30 < X < 50) = P\left(\frac{30-\mu}{\sigma} < \frac{X-\mu}{\sigma} < \frac{50-\mu}{\sigma}\right)$$

$$= P\left(\frac{30-50}{\sqrt{225}} < \frac{X-\mu}{\sigma} < \frac{50-50}{\sqrt{225}}\right)$$

$$= P(-1.33 < Z < 0)$$

$$= F_Z(0) - F_Z(-1.33)$$

$$= 0.5000 - (1-0.9082) = 0.4082$$

따라서 정규확률변수가 30부터 50 사이에 있을 확률은 [그림 5-7]의 표준정규분포에서 빗금친 부분의 면적과 같다.

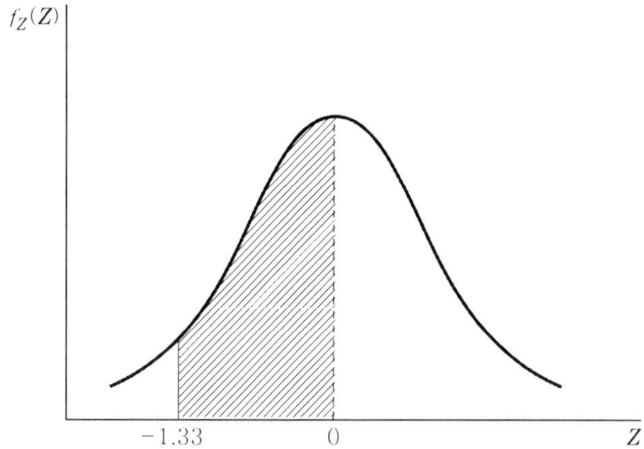

[그림 5-7] $30 < X < 50$의 확률

예제 5-4

확률변수 $X \sim N(15, 4^2)$일 때 X가 18보다 클 확률을 구하라.

$$P(X > 18) = P(\frac{X-\mu}{\sigma} > \frac{18-\mu}{\sigma})$$

$$= P(Z > \frac{18-15}{4}) = P(Z > 0.75)$$

$$= 1 - F_Z(0.75) = 1 - 0.7734 = 0.2266$$

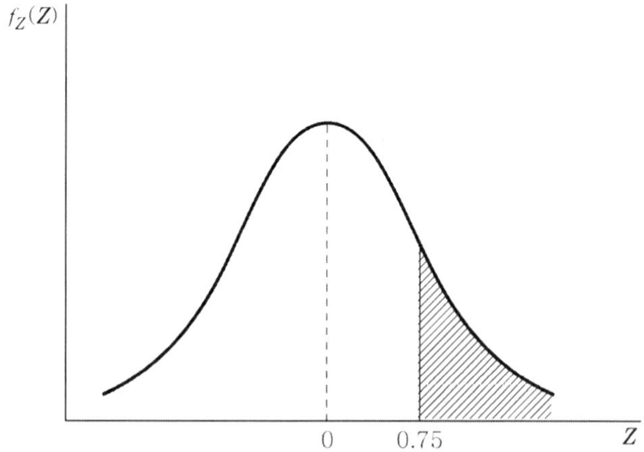

[그림 5-8] $X > 18$의 확률

제 6 절 중심극한정리

현실의 많은 확률변수들은 많은 다른 독립적인 확률변수들의 합이나 평균으로 볼 수 있다.

$X_1, X_2, \cdots, X_n$을 평균이 μ이고, 분산이 σ^2인 동일한 분포를 갖는 n개의 독립적인 확률변수들이라고 하자. 이들의 합을

$$X = X_1 + X_2 + \cdots + X_n$$

라고 표시하면 X의 기대값과 분산은 앞에서 보았듯이 합의 기대값은 평균의 합이고, 또 독립적인 확률표본들에 대해 합의 분산은 분산의 합이므로

$$E(X) = n\mu$$

$$Var(X) = n\sigma^2$$

이 된다. 이제 임의의 확률변수에서 평균으로 빼고 표준편차로 나누면 평균이 0이고, 분산이 1인 확률변수가 된다. 이것을 Z로 표시하면 다음과 같이 나타난다.

$$Z = \frac{X - E(X)}{\sqrt{Var(X)}} = \frac{X - n\mu}{\sqrt{n\sigma^2}}$$

여기에서 분자와 분모를 n으로 나누면

$$Z = \frac{\overline{X} - \mu}{\sigma / \sqrt{n}} \qquad \text{단, } \overline{X} = \frac{X_1 + X_2 + \cdots + X_n}{n} = \frac{X}{n}$$

가 된다. 여기에서 확률변수 X_i의 분포에 상관없이 n이 커지면 표본평균의 분포는 표준 정규화되는 경향이 있다는 것이다. 이를 중심극한정리(central limit theorem, CLT)라고 한다.

중심극한정리는 통계학을 실제로 사용하는데 있어서 중요한 영향을 미친다. 현실의 많은 문제들을 다룰 때 중심극한정리에 의해 정규분포는 실제 분포의 만족할만한 근사값(approximation)을 제공한다. 이 결과는 광범위하게 이용될 수 있

는데 독립적인 확률변수들의 분포에 상관없이 그들의 분산이 유한하고, 확률변수들의 표본의 크기가 적절히 크다면 변수들의 합이나 평균은 정규분포에 근사한 분포를 가진 확률변수가 된다는 것이다.

중심극한정리는 연속확률변수뿐만 아니라 이산확률변수에까지 적용된다. 이제 이산확률변수의 분포가 어떻게 중심극한정리에 의해 정규분포로 근사화되는가를 보도록 하자.

제7절 이항분포의 정규근사

이항분포에서 n이 매우 크게 되면, 이항확률의 계산이 어렵게 되며 이항분포표 사용에도 한계가 있다. 따라서 n이 큰 경우 중심극한정리에 의해 정규분포는 이항분포에 거의 가까운 근사값을 제공해 준다. 만약 X가 평균이 np이고 분산이 $np(1-p)$인 이항분포를 따른다면 표준정규분포 $Z \sim N(0,1)$은 n이 커짐에 따라

$$Z = \frac{X - np}{\sqrt{np(1-p)}}$$

가 된다. 만약 n번의 독립적인 시행에서 성공횟수 X가 a와 b사이에 놓일 확률에 대해 알고 싶다고 하자. 성공할 확률을 p라고 하면 이 확률은

$$P(a \leqq X \leqq b) \approx P\left(\frac{a-np}{\sqrt{np(1-p)}} \leqq \frac{X-np}{\sqrt{np(1-p)}} \leqq \frac{b-np}{\sqrt{np(1-p)}}\right)$$

$$\approx P\left(\frac{a-np}{\sqrt{np(1-p)}} \leqq Z \leqq \frac{b-np}{\sqrt{np(1-p)}}\right)$$

이 된다.

만약 n이 충분히 크다면 위의 Z는 아주 적절한 근사값을 제공하나, n이 충분히 크지 않은 경우 적절한 근사값을 얻기 위해 위의 식을 다소 수정해야 한다. 여기에서 유의할 점은 이항확률변수는 이산확률변수로 단지 정수값만을 취하나, 정규확률변수는 연속확률변수이므로 연속성을 가진 것으로 정의된다는데 문제가

있다. 예를 들어 성공횟수 X가 $10 \leqq X \leqq 15$일 확률 $P(10 \leqq X \leqq 15)$를 구한다고 하자. 실제 성공횟수는 반드시 정수가 되어야 하므로 우리가 구하고자 하는 확률은 $P(9.001 \leqq X \leqq 15.999)$와 같다. 따라서 좌변과 우변값 사이의 절충으로 좌측에는 0.5를 빼주고 우측에는 0.5를 더해 주어 $P(9.5 \leqq X \leqq 15.5)$로 구간을 정한다. 이를 연속성수정(continuity correction)이라고 한다. 따라서 위의 확률을 구하는 공식은 다음과 같이 수정된다.

$$P(a \leqq X \leqq b) = P\left(\frac{a - np - 0.5}{\sqrt{np(1-p)}} \leqq Z \leqq \frac{b - np + 0.5}{\sqrt{np(1-p)}}\right)$$

예제 5-5

$n = 15$, $p = 0.4$ 일 때 확률변수 X의 값이 4일 확률을 계산하라.

먼저 이항분포로 계산하면 다음과 같다.

$$P(X = 4) = 0.1268$$

이제 이항분포를 정규분포로 근사화시켜 확률을 구해 보자. 확률변수 X의 평균과 분산은 각각

$$\mu = np = 15(0.4) = 6$$

$$\sigma = \sqrt{15(0.4)(0.6)} = \sqrt{3.6} = 1.9$$

이므로

$$\begin{aligned} P(X = 4) &\approx P(3.5 \leqq X \leqq 4.5) \\ &= P\left(\frac{3.5 - 6}{1.9} \leqq Z \leqq \frac{4.5 - 6}{1.9}\right) \\ &= P(-1.32 \leqq Z \leqq -0.79) \end{aligned}$$

를 구하면 된다. 표준정규분포는 평균인 0을 중심으로 좌우대칭이므로 확률은 다음과 같다.

$$P(X=4) \approx P(0.79 \leq Z \leq 1.32)$$
$$= P(Z \leq 1.32) - P(Z \leq 0.79)$$
$$= 0.9066 - 0.7852$$
$$= 0.1214$$

따라서 정규분포는 이항분포에 근사값을 제공해 준다는 사실을 알 수 있으며, n 이 커질수록 두 개의 확률값은 거의 차이가 없게 된다.

예제 5-6

한 농구선수가 슛의 60%를 성공시킨다고 할 때 앞으로 쏠 100개의 슛에서 절반도 성공시키지 못할 확률을 구해 보자.

100개의 슛에서 성공하는 수를 X라고 하면, 각 슛은 독립적이고 $p=0.6$, $n=100$ 인 이항분포를 따른다. $n=100$ 이므로 정규근사를 사용하기 위해 먼저 평균과 분산을 계산하면

$$\mu = np = 100(0.6) = 60$$
$$\sigma = \sqrt{np(1-p)} = \sqrt{100(0.6)(0.4)} = 4.9$$

가 된다. 구하고자 하는 확률은 $P(X<50)$ 으로 이항분포를 정규분포로 변환하기 위해 Z값을 구할 때는 다음의 두 경우를 생각할 수 있다.

$$P(Z< \frac{50.5-60}{4.9}), \qquad P(Z< \frac{49.5-60}{4.9})$$

앞에서 살펴본 바에 의하면

$$P(a \leq X \leq b) = P\left(\frac{a-np-0.5}{\sqrt{np(1-p)}} \leq Z \leq \frac{b-np+0.5}{\sqrt{np(1-p)}}\right)$$

이므로 상한값일 때는 0.5를 더해 주는 것으로 생각할 수 있으나 이 문제에서는 값 50이 포함이 안 되므로 0.5를 빼주는 것이 적절하다. 따라서

$$P(Z< \frac{49.5-60}{4.9}) = P(Z< -2.14)$$

$$= 1-0.9838$$

$$= 0.0162$$

가 된다.

엑 셀 활 용

[정규분포]

[예제 5-3]의 평균 50, 표준편차 15인 정규분포에서, X가 30과 50 사이에 있을 확률을 구해 보자.

1. A 열에 X의 값 50, 30을 입력하고, B1 셀에 "누적확률"이라고 입력한다. 셀포인터를 B2에 위치시키고, 도구모음의 함수마법사 버튼 f_x 을 누른다. 다음과 같이[함수마법사]대화상자에서 범주선택에서 "통계", 함수선택에서 "NORMDIST"를 선택한다.

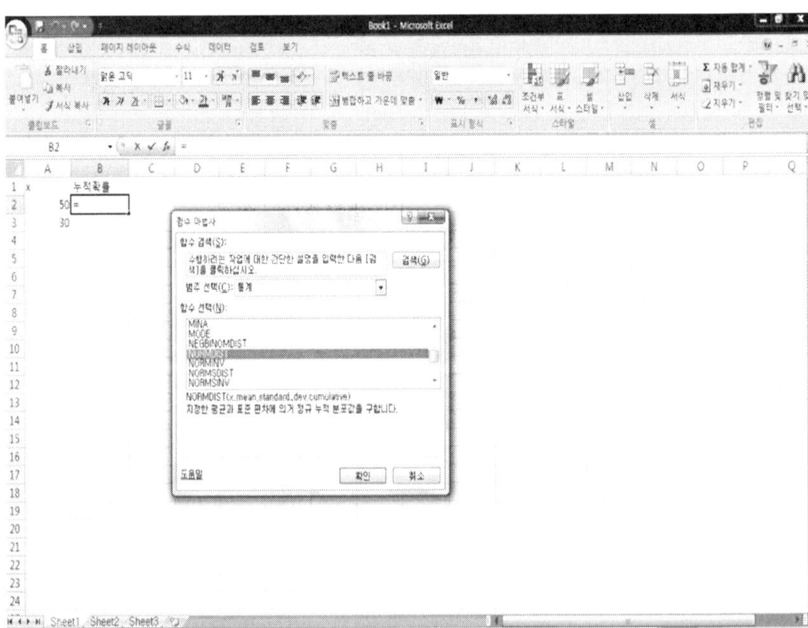

2. [확인]을 누르고 [NORMDIST] 대화상자에서 "x"에 X의 값 50을 입력한다. "Mean"에 50, "Standard_dev"에 15을 입력한다. 누적확률을 구하는 것이므로 "Cumulative"에 1을 입력한다.

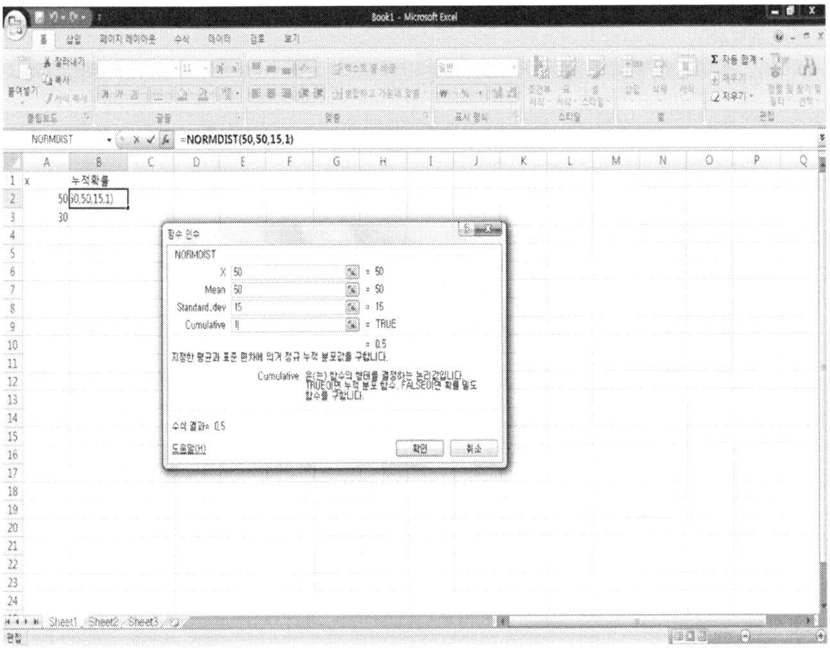

3. [확인]을 누르면 누적확률값 0.5가 나타난다. 같은 방법으로 X가 30일 때의 누적확률을 구하면 0.091211이 된다. X가 50과 30사이에 있을 확률을 구하는 것이므로 셀 포인터를 B4에 두고 수식 입력줄에서 B2-B3를 입력한 후 = 를 누르면 다음과 같이 확률이 계산된다.

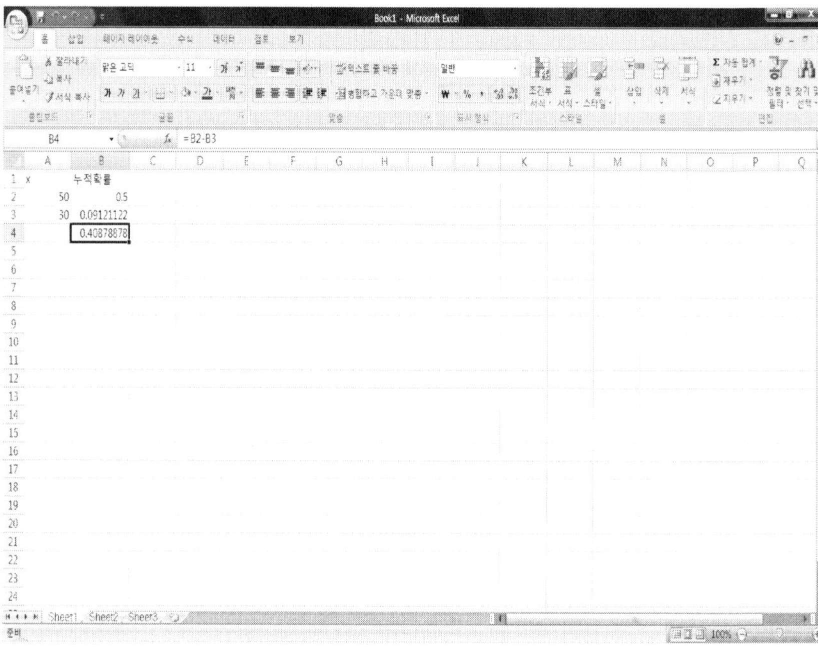

연 습 문 제

5.1 어떤 아파트에 새로운 에너지절약 보일러를 설치하였다. 1년간 새 보일러로 절약되는 에너지비용은 평균 300만원, 표준편차 70만원의 확률변수로 간주된다. 그러면 5년 동안 절약되는 에너지비용의 평균과 표준편차를 구하라. 이 계산에 전제되는 가정은 무엇인가?

5.2 어떤 조립라인에 여섯 명의 검사인력이 투입되었다. 1회의 생산에서 각 검사원이 검사하는 부품의 개수는 평균 130개, 표준편차 18개의 확률변수로 나타낼 수 있다고 하자. 각 검사원의 작업은 서로 독립적이라고 한다면 1회의 생산에서 여섯 명의 검사원이 검사하는 부품의 총 개수의 평균과 표준편차를 구하라.

5.3 확률변수 Z가 표준정규분포를 따를 때, 다음 확률을 구하라.

(1) $P(Z < 1.70)$

(2) $P(Z < 1.00)$

(3) $P(1.20 < Z < 1.33)$

(4) $P(-1.70 < Z < 1.20)$

5.4 두 개의 투자대안 A와 B가 있다. 수익률은 각각 다음의 정규분포를 한다고 생각된다. 적어도 10%의 수익률을 가질 확률이 높은 투자안을 선택하려고 한다. 어떤 것을 선택해야 할까?

투자안	평균	표준편차
A	10.4	1.2
B	11.0	4.0

5.5 통계학 기말고사 점수는 평균 70, 표준편차 10으로 정규분포에 근사하다. 이 시험에서 70~79 점에 해당하는 24명이 B 학점을 받았다. 시험친 사람은 전부 몇 명인가?

5.6 인천국제공항의 소음은 평균 100 데시벨(desibels), 표준편차 6 데시벨의 정규분포에 근사하다.

(1) 방금 손님을 환영하러 도착한 출영객이 본 비행기의 소음이 108 데시벨 이상일 가능성은 얼마인가?

(2) 당국에서는 공항의 소음이 95%의 경우 105 데시벨 이하여야 한다는 규례을 제정하였다. 표준편차가 동일하다면 평균을 얼마로 낮추어야 하겠는가?

5.7 A자동차 회사 세일즈맨들의 연평균 판매실적은 평균 180(백만원), 표준편차 50 (백만원)이며 정규분포에 근사하다. 내년부터 새로운 보너스제도를 실시하려 한다.

연판매실적 (단위:백만원)	100 이하	200 이하	200 초과
보너스 (단위:백만원)	1	5	10

(1) 전체 세일즈맨 중에서 1백만원을 받게 되는 비율은 몇 %로 기대되는가? 5(백만원), (10백만원)을 받게 되는 비율은?

(2) 1인당 평균 보너스 액은 얼마가 될 것인가?

5.8 어떤 강력접착제의 접착력은 평균 100kg, 표준편차 7kg의 정규분포를 한다. 이 접착제로 98kg의 무게를 가진 물체를 접착유지하려고 한다. 이 접착이 실패할 확률은 얼마인가?

5.9 어떤 공정에서 생산되는 품목의 10%는 불량품으로 알려져 있다. 하루 생산량 중에서 400개의 품목을 임의적으로 선택하였다.

(1) 최소한 35개가 불량품일 확률은 얼마인가?

(2) 40 내지 50개가 불량품일 확률은 얼마인가?

(3) 34 내지 48개가 불량품일 확률은 얼마인가?

5.10 z가 표준 정규확률변수일 때, 다음 각 경우의 z를 구하라.(정규분포표 참조)

(1) z의 왼쪽의 면적이 0.2119.

(2) -z부터 z까지의 면적이 0.80

(3) -z부터 z까지의 면적이 0.35

(4) z의 왼쪽의 면적이 0.85

(5) z의 오른쪽의 면적이 0.70

5.11 작년에 사무직 근로자는 업무중 인터넷에 연결(log on)되어 있는 시간이 월평균 82시간이었다. 모집단 평균이 82시간이라고 가정할 때, 이 시간은 정규분포이며 표준편차는 15시간이라고 가정하자.

(1) 임의로 선정된 어떤 근로자가 인터넷에 연결된 시간이 90시간 이상일 확률은 얼마인가?

(2) 임의로 선정된 어떤 근로자가 인터넷에 연결된 시간이 월 60시간 미만일 확률은 얼마인가?

(3) 연결된 시간이 상위 10%인 근로자를 집중사용자라고 분류할 때, 집중사용자는 몇 시간 이상을 인터넷에 연결되어 있었을까?

제 6 장

표본분포

제 1 절 임의추출

우리는 앞의 이산, 또 연속확률변수의 분포에서 확률변수의 분포를 알고 있다는 가정하에서 문제들을 다루어 왔으며, 그러한 가정들을 전제로 확률, 평균, 분산, 표준편차 등을 계산할 수 있었다. 그러나 현실적으로는 우리가 지금까지 배운 방법들을 이용하는 데 있어서 이러한 정보들을 구할 수 없다. 예를 들어 $p=0.3$ 등의 값과 평균, 분산 등이 주어졌기에 이를 근거로 문제를 다루어 왔으나 현실에서는 이러한 정확한 값을 알 수 없다는 것이다. 따라서 현실에서 문제들을 해결하기 위해서는 이들을 추정해야 한다.

한 모집단의 어떤 특성에 관심이 있을 때, 예를 들어 인터넷을 통한 상품구매 금액의 평균과 분산을 알고자 할 때 모집단 전체에 대한 완전한 정보를 얻는 것은 불가능하거나 시간과 비용의 낭비가 심하게 된다. 이 경우 전체 모집단의 특성을 잘 나타내는 표본을 추출하여 통계분석을 해야 한다. 만약 표본이 모집단으로부터 취해진다면 모집단에 관해 어떤 타당성 있는 추론을 해야 하므로 표본이 모집단의 성격을 잘 반영해야 한다는 사실이 중요하다.

어느 이동통신업체가 새로 개발한 통신기기에 대한 소비자들의 반응을 분석하려 한다고 하자. 이 경우 이 상품을 개발한 업체 직원이나 또는 어떤 특정한 계층의 소비자들만을 대상으로 조사한다면 소비자들의 반응에 대한 정확한 정보를 얻을 수가 없게 된다. 즉 표본이 모집단을 대표하지 못한다는 것이다.

이러한 문제점을 피하고 모집단에 관한 타당한 추론을 도출하기 위해 표본선택과정에서 임의성 또는 랜덤화(randomness)의 원리가 매우 중요하다.

[단순임의추출(simple random sampling)]

크기 N의 모집단에서 크기 n인 표본을 추출한다고 하자. 모집단의 구성원이 추출될 확률이 같도록 표본을 추출하는 방법을 단순임의추출이라고 하며, 그 결과를 확률표본(random sample)이라고 한다.

표본을 선택하는데 있어서 랜덤화의 원리는 모집단에서 반복적으로 표본이 추출된다면 평균적으로 표본내의 어떤 특정한 부표본(sub-sample)도 과잉묘사되지 않는다는 의미에서 표본이 모집단을 제대로 대표하지 못할 가능성을 방지해 준다. 더구나 표본분포의 개념을 통해 어떤 특정 표본이 어느 정도 만큼 모집단을 대표하지 못한다는 확률까지 결정하게 해준다.

우리의 목적은 표본정보에 근거하여 모집단에 대한 추론을 하는 것이다. 사실 크기가 적은 표본으로 전체 모집단의 분포를 파악하려 한다는 것은 다소 무리가 있다. 그러나 모분포의 중요한 특성들에 관한 타당한 추론을 할 수도 있다. 모집단은 어떤 특정 평균값을 가지고 분포되어 있으며, 이 평균은 모집단의 특성을 나타내는 고정된 미지의 숫자이다. 이 속성에 대한 추론을 하는데 있어서 확률표본이 모집단으로부터 추출되고 표본평균이 계산된다. 그러나 표본을 계속 취한다면 표본마다 다른 표본평균을 갖기 때문에 이 표본평균은 확률변수로 간주되어 확률분포를 가진다. 이 분포가 모집단에 대한 추론을 하는 근거를 제공해 준다.

[표본분포(sampling distribution)]

모집단에서 일정 크기의 가능한 표본을 계속 추출할 때 모든 표본으로 계산된 통계량의 확률분포이다.

그러면 표본분포의 개념의 이해를 위해 예를 하나 들어 보자.

예제 6-1

어느 통신업체의 지방출장소에서 통신업무 경력을 가진 고용원을 새로 채용하려고 한다. 6명이 지원하였는데, 이들의 업무경력은 각각 2, 4, 6, 6, 7, 8년이라고 가정하자.

그러면 이들 6명의 평균업무경력은

$$\frac{2+4+6+6+7+8}{6}=5.5$$

년으로 이 값이 모평균이 된다.

이들 중 4명을 선택하여 이들의 평균 업무경력을 알아보려 한다고 하자. 이는 6명의 모집단에서 선택된 4명의 확률표본으로 간주되어

$$_6C_4=\frac{6!}{4!2!}=15$$

개의 가능한 표본이 동일하게 선택될 수 있으며 15개의 표본평균이 구해질 수 있다.

어느 특정 표본이 선택될 확률은 $\frac{1}{15}$ 이며, 표본평균이 어느 특정값을 가질 확률도 계산할 수 있다. 각 표본의 평균을 구하면 다음과 같다.

	표 본				표본평균
1	2	4	6	6	4.50
2	2	4	6	7	4.75
3	2	4	6	8	5.00
4	2	4	6	7	4.75
5	2	4	6	8	5.00
6	2	4	7	8	5.25
7	2	6	6	7	5.25
8	2	6	6	8	5.50
9	2	6	7	8	5.75
10	2	6	7	8	5.75
11	4	6	6	7	5.75
12	4	6	6	8	6.00
13	4	6	7	8	6.25
14	4	6	7	8	6.25
15	6	6	7	8	6.75

따라서 표본평균의 확률분포는 아래와 같은 확률함수로 나타난다.

$$P(\overline{X}=4.50)=\frac{1}{15},\quad P(\overline{X}=4.75)=\frac{2}{15},\quad P(\overline{X}=5.00)=\frac{2}{15}$$

$$P(\overline{X}=5.25)=\frac{2}{15},\quad P(\overline{X}=5.50)=\frac{1}{15},\quad P(\overline{X}=5.75)=\frac{3}{15}$$

$$P(\overline{X}=6.00)=\frac{1}{15},\quad P(\overline{X}=6.25)=\frac{2}{15},\quad P(\overline{X}=6.75)=\frac{1}{15}$$

이를 그래프로 나타내면 아래의 [그림 6-1]과 같다.

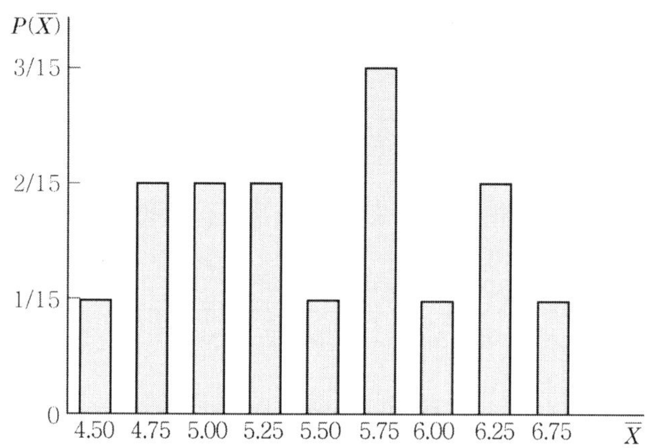

[그림 6-1] 표본평균의 확률함수

이와 같이 모든 가능한 표본평균이 나올 확률들이 모여 표본평균의 표본분포를 구성한다.

제2절 표본평균의 표본분포

평균이 μ_X, 분산이 σ_X^2인 어떤 모집단에서 n개의 관측값 X_1, $X_2, \cdots, X_n$을 확률표본으로 추출했다고 하자. 이 경우 각 관측값들은 각각 평균 μ_X와 분산 σ_X^2를 가진 확률변수로 간주될 수 있다. 모평균 μ_X에 대해 추론하는 것이 목적이라면 먼저 표본평균부터 고려해야 한다.

[표본평균]

$X_1, X_2, \cdots, X_n$ 이 어떤 모집단으로부터 추출한 하나의 확률표본이라고 하자. 이들의 평균값을 표본평균(sample mean)이라고 한다.

$$\overline{X} = \frac{1}{n}\sum_{i=1}^{n} X_i$$

확률변수 $\overline{X}$의 분포를 생각해 보자. 먼저 이 분포의 평균은 앞에서 보았듯이 합의 기대값은 기대값들의 합과 같으므로

$$E\left(\sum_{i=1}^{n} X_i\right) = E(X_1) + E(X_2) + \cdots + E(X_n)$$

이 된다. 이 식에서 각 확률변수 X_i 는 평균 μ_X 를 가지므로

$$E\left(\sum_{i=1}^{n} X_i\right) = n\mu_X$$

가 된다. 이 때 표본평균은 관측값들의 합을 n 으로 나눈 것이므로 표본평균의 기대값은

$$E(\overline{X}) = E\left(\frac{1}{n}\sum_{i=1}^{n} X_i\right) = \frac{1}{n}E\left(\sum_{i=1}^{n} X_i\right) = \frac{n\mu_X}{n} = \mu_X$$

가 된다. 따라서 표본평균들의 확률분포의 평균은 모평균이 된다.

만약 n 개의 관측값으로된 표본이 모집단으로부터 반복적이고 독립적으로 추출된다면 표본의 수가 커짐에 따라 표본평균의 평균은 모집단의 평균에 매우 근접하게 된다는 것을 알 수 있다. 다시 말해서 어느 특정한 표본평균은 모평균보다 크거나 작은 값을 가질 수도 있지만 평균적으로는 모평균과 거의 같다는 것이다.

이제 앞의 [예제 6-1]을 다시 보자. 표본평균의 기대값은

$$E(\overline{X}) = \sum \overline{x}\, P(\overline{x})$$

$$= 4.50\left(\frac{1}{15}\right) + 4.75\left(\frac{2}{15}\right) + \cdots + 6.75\left(\frac{1}{15}\right)$$

$$= 5.5$$

가 되어 $\mu_X = 5.5$ 와 동일해진다. 따라서 표본평균의 평균은 모평균이 되며, 표본평균의 분포는 모평균에 중심을 잡고 있다는 것을 알 수 있다.

이제 표본평균들이 모평균에 얼마나 근접할까에 관심을 가져 보자. 예를 들어 어떤 신형 자동차 20대를 표본으로 임의추출했을 때, 휘발유 1ℓ당 평균 15㎞를 주행한다고 하자. 그렇다면 이 신형자동차 전체의 1ℓ당 평균 주행거리에 얼마나 근접하게 될까? 이는 $\overline{X}$ 의 표본분포의 분산에 달려 있다.

먼저 모집단의 크기가 표본에 비해 매우 크다면 임의추출에 의해 각 표본관측값은 서로 독립적으로 분포하게 된다. 앞에서 배웠듯이 합의 분산은 각 분산의 합이 된다. 즉,

$$Var\left(\sum_{i=1}^{n} X_i\right) = Var(X_1) + Var(X_2) + \cdots + Var(X_n)$$

이고, 각 X_i 는 모분산 σ_X^2 을 가지므로

$$Var\left(\sum_{i=1}^{n} X_i\right) = n\sigma_X^2$$

이 되어, 표본평균 $\overline{X}$ 의 분산은

$$Var(\overline{X}) = Var\left(\frac{1}{n}\sum_{i=1}^{n} X_i\right) = \frac{1}{n^2} Var\left(\sum_{i=1}^{n} X_i\right) = \frac{n\sigma_X^2}{n^2} = \frac{\sigma_X^2}{n}$$

이 된다.

[표본평균의 표본분포]

$\overline{X}$를 평균 μ_X와 분산 σ_X^2을 가진 모집단에서 추출한 크기 n의 표본평균이라고 하자.

(i) 평균 : $E(\overline{X}) = \mu_X$

표본평균의 분산을 $\sigma^2_{\overline{X}}$ 라고 표기하며, 표준편차 $\sigma_{\overline{X}} = \sigma_X / \sqrt{n}$ 는 $\overline{X}$ 의 표준오차(standard error)라고 한다.

(ii) 표준오차 : $\sigma_{\overline{X}} = \dfrac{\sigma_X}{\sqrt{n}}$

따라서 표본평균 $\overline{X}$ 의 확률분포의 분산은 크기 n 이 증가할수록 감소하게 된다는 것을 알 수 있다. 즉 표본내에 관측값의 수가 많을수록 표본평균의 표본분포는 모평균 주변으로 더욱 집중된다는 것이다. 다시 말하면 표본의 크기가 클수록 모평균에 대한 추론은 더 정확해진다는 것이다.

위의 경우와는 달리 표본의 크기 n 이 모집단의 크기 N 에 비해 작지 않을 때는 개별적인 관측값들이 서로 독립적으로 분포되었다고 볼 수 없다. 모집단의 첫 번째 표본요소로 무엇이 선택되었나에 따라 모집단의 특정요소가 두 번째 표본요소로 선택될 확률이 달라지게 된다. 예를 들어 쇠구슬 4개와 금구슬 1개가 들어 있는 그릇에서 2개의 구슬을 표본으로 추출할 때 처음 어느 구슬이 표본으로 뽑혔느냐에 따라 금구슬이 두 번째 표본으로 뽑힐 확률이 달라진다. 이 경우에는

$$Var(\overline{X}) = \frac{\sigma^2_X}{n} \cdot \frac{N-n}{N-1}$$

이 된다. 여기에서 $(N-n)/(N-1)$ 을 유한모집단수정계수(finite population correction factor)라고 한다.

표본의 크기 n 이 모집단의 크기 N 에 비해 그리 작지 않다면

$$\sigma_{\overline{X}} = \frac{\sigma_X}{\sqrt{n}} \cdot \sqrt{\frac{N-n}{N-1}}$$

모집단이 정규분포를 따르면 표본평균 역시 정규분포를 따른다. 만일 모집단에 비해 표본크기가 작다면 이 때는 $\overline{X}$ 에서 $\overline{X}$ 의 평균을 빼주고 $\overline{X}$ 의 표준오차로 나누어주면 정규확률변수 $\overline{X}$ 를 표준정규확률변수 Z 로 전환시킬 수 있다. 즉

$$Z = \frac{\overline{X} - \mu_{\overline{X}}}{\sigma_{\overline{X}}} = \frac{\overline{X} - \mu_X}{\sigma_X / \sqrt{n}}$$

가 되며, $\mu_{\overline{X}}$는 $\overline{X}$의 표본분포의 평균으로 μ_X와 같다.

앞 장에서 정규분포에 관해 이미 서술한 내용을 본 장에서 다시 강조하는 바.

모집단의 분포가 정규분포가 아니더라도 표본크기 n이 적당히 크다면 중심극한 정리에 의해 $\overline{X}$의 분포는 정규분포에 근접하므로

$Z = \dfrac{\overline{X} - \mu_{\overline{X}}}{\sigma_{\overline{X}}} = \dfrac{\overline{X} - \mu_X}{\sigma_X / \sqrt{n}}$ 는 여전히 성립한다.

예제 6-2

새로 개발한 이동전화단말기 배터리의 지속시간이 평균 54시간, 표준편차가 6시간 정도라고 광고하고 있다. 이 이동전화 단말기를 구입한 50명의 고객을 대상으로 배터리의 지속시간을 조사한 결과 배터리의 평균 지속시간이 52시간 미만일 확률은 얼마가 될까?

$\overline{X}$를 표본평균이라고 하면 표본평균이 52시간 미만일 확률은

$$P(\overline{X} < 52) = P\left(\frac{\overline{X} - \mu_X}{\sigma_{\overline{X}}} < \frac{52 - \mu_X}{\sigma_{\overline{X}}}\right)$$

가 된다. 문제에서 배터리 지속시간이 정규분포한다는 언급이 없지만 표본크기가 50으로 충분히 크기 때문에 중심극한정리에 의해 표본평균은 정규분포로 접근한다. 모평균 $\mu_X = 54$이고

$$\sigma_{\overline{X}} = \frac{\sigma_X}{\sqrt{n}} = \frac{6}{\sqrt{50}} = 0.85$$

이므로

$$P(\overline{X} < 52) = P(Z < \frac{52-54}{0.85}) = P(Z < -2.35)$$

$$= F_Z(-2.35) = 1 - F_Z(2.35)$$

$$= 1 - 0.9906 = 0.0094$$

제 3 절 표본비율의 표본분포

모집단의 어떤 비율을 알고자 하는 경우가 있다. 예를 들어 대통령 선거에서 어느 특정 후보에 대한 유권자들의 지지율, 또는 어느 이동통신업체의 시장점유율 등을 결정하려고 한다면 모집단에서 취한 표본의 비율에 근거하게 된다.

[표본비율]

n개의 관측값으로 된 표본에서 성공횟수를 X, 성공할 확률은 p라고 하자. 이때 성공비율

$$\hat{p}_X = \frac{X}{n}$$

를 표본비율(sample proportion)이라고 한다. 특정 표본에서 x번이 성공한다면 표본비율의 관측값은 $\hat{p}_x = \frac{x}{n}$가 된다.

표본비율 $\hat{p}_X$의 표본분포의 평균과 분산은 앞에서 살펴본 바와 같이 확률변수 X의 평균과 분산이

$$E(X) = np$$

$$Var(X) = np(1-p)$$

이므로

$$E(\hat{p}_X) = E(\frac{X}{n}) = \frac{1}{n}E(X) = p$$

가 된다. 즉 표본비율의 평균은 모집단에서의 성공비율 p와 같다.

표본비율$\widehat{p_X}$의 분산은

$$\sigma_{\hat{p}}^2 = Var(\widehat{p_X}) = Var(\frac{X}{n}) = \frac{1}{n^2} Var(X) = \frac{p(1-p)}{n}$$

가 되고, 표본비율 $\widehat{p_X}$의 표준편차 $\sigma_{\hat{p}}$ 는,

$$\sigma_{\hat{p}} = \sqrt{\frac{p(1-p)}{n}}$$

로 $\sigma_{\hat{p}}$ 를 $\widehat{p_X}$의 표준오차라고 한다.

만일 모집단의 크기 N이 표본의 크기 n에 비해 그리 크지 않다면 표본비율의 분산에 있어서 유한모집단수정이 필요하다. 그 경우의 표본비율 $\widehat{p_X}$의 분산은 앞에서 표본평균의 경우처럼 표본비율의 분산도 다음과 같아진다.

$$\sigma_{\hat{p}}^2 = Var(\widehat{p_X}) = \frac{p(1-p)}{n} \cdot \frac{N-n}{N-1}$$

중심극한정리의 결과로 성공횟수의 분포는 표본의 크기가 클 경우 정규분포로 근사화된다. 이 원리는 성공비율에서도 역시 성립된다. 즉 표본비율에서 평균 p를 빼주고 표준오차로 나누어 주면 표준정규분포를 따르는 확률변수 Z를 구하게 된다. 즉 표본의 크기가 클 때 확률변수

$$Z = \frac{\widehat{p_X} - p}{\sigma_{\hat{p}}}$$

는 표준정규분포를 따르게 된다.

[표본비율의 표본분포]

성공비율이 p인 모집단으로부터 크기 n인 확률표본이 추출되고 표본의 성공비율이 $\widehat{p_X}$일 때, $\widehat{p_X}$의 평균과 표준오차는

(i) 평균 : $E(\widehat{p_X}) = p$

(ii) 표준오차 : $\sigma_{\hat{p}} = \sqrt{\frac{p(1-p)}{n}}$

(iii) 만일 표본의 크기 n이 모집단의 크기 N에 비해 그리 작지 않을 때의 표준

오차는

$$\sigma_{\hat{p}} = \sqrt{\frac{p(1-p)}{n}} \cdot \sqrt{\frac{N-n}{N-1}}$$

(iv) 만일 표본의 크기 n이 크다면, 다음 확률변수는 거의 표준정규분포에 근사한다.

$$Z = \frac{\widehat{p_X} - p}{\sigma_{\hat{p}}}$$

예제 6-3

어느 기업은 컴퓨터계열을 전공한 대졸자들로부터 100통의 지원서를 받았다. 이 지원자들은 최근의 모든 컴퓨터계열 졸업자들의 확률표본으로 간주될 수 있다고 가정하자. 만약 최근의 컴퓨터계열 전공 대졸자들의 30%가 그래픽 전공이라고 할 때 위의 지원자 중에서 이들이 25~35%를 차지할 확률은 얼마가 될까?

$n = 100$, $p = 0.3$ 이고 $\widehat{p_X}$는 $n = 100$ 에서 그래픽 전공자의 비율이 된다. 따라서 구하고자 하는 확률은

$$P(0.25 < \widehat{p_X} < 0.35) = P\left(\frac{0.25 - p}{\sigma_{\hat{p}}} < \frac{\widehat{p_X} - p}{\sigma_{\hat{p}}} < \frac{0.35 - p}{\sigma_{\hat{p}}}\right)$$

가 된다. 여기에서 표준오차는

$$\sigma_{\hat{p}} = \sqrt{\frac{p(1-p)}{n}} = \sqrt{\frac{0.3(1-0.3)}{100}} = 0.046$$

이므로

$$P(0.25 < \widehat{p_X} < 0.35) = P(\frac{0.25-0.30}{0.046} < \frac{\widehat{p_X} - p}{\sigma_{\hat{p}}} < \frac{0.35-0.30}{0.046})$$

$$= P(-1.09 < Z < 1.09)$$

$$= F_Z(1.09) - F_Z(-1.09)$$

$$= F_Z(1.09) - [1 - F_Z(1.09)]$$

$$= 2F_Z(1.09) - 1$$

$$= 2(0.8621) - 1 = 0.7242$$

가 된다.

제 4 절 표본분산의 표본분포

앞에서는 표본정보에 근거해 모집단의 평균과 비율에 대한 통계적 추론을 고려했다. 이제 모분산에 대해 살펴보자.

평균과 분산을 알 수 없는 모집단에서 $X_1, X_2, \cdots, X_n$ 으로된 n 개의 관측값이 임의의 확률표본으로 추출되었다고 하자. 이 때 모집단의 분산은

$$\sigma_X^2 = E[(X - \mu_X)^2]$$

이 된다. 즉 n 개의 표본요소 전체에 대한 $(X_i - \mu_X)^2$ 의 평균이라는 의미이다. 그러나 모평균 μ_X 의 값을 모르기 때문에 실제로는 계산할 수 없으므로 표본평균 $\overline{X}$ 로 대체해 준다.

이번에는 표본으로 추정하는 모집단의 분산과 표준편차의 추정치에 대해 살펴보자.

어떤 표본내의 관측값들이 $x_1, x_2, \cdots, x_n$ 이고 평균이 $\overline{x}$ 라고 하자. 표본으로 추정하는 분산 s^2 은 다음과 같이 정의된다.

[표본분산]

$$s_X^2 = \frac{1}{n-1}\sum_{i=1}^{n}(X_i - \overline{X})^2$$

표본표준편차는 표본분산의 제곱근으로 다음과 같다.

$$s = \sqrt{s^2}$$

여기에서 유의할 점은 표본분산은 모분산과는 달리 분모가 자료의 개수보다 한개가 적은 $(n-1)$이 된다. 왜냐하면 표본분산의 정의에서 중심위치로 모평균을 이용하는 것이 아니라 표본평균을 이용했기 때문이다. 즉 모평균 대신 표본평균을 사용함으로써 발생하는 편의가 표본크기보다 감소하게 된다. 이러한 분산의 추정을 위한 조정으로 인해 표본분산(s^2)은 모분산(σ^2)의 불편추정량이 된다.

예제 6-4

금융기관들에서 임의로 선택된 초임직원 5명의 연봉이 다음과 같다. 표본분산과 표본표준편차를 구해보자.

36	37	40	41	42

(단위 백만원)

앞에서 구한 표본평균 $\bar{x} = 39.2$이었다.

표본분산

$$s^2 = \frac{\sum_{i=1}^{n}(x_i - \bar{x})^2}{n-1} = \frac{\sum_{i=1}^{5}(x_i - 39.2)^2}{5-1}$$

$$= \frac{(36-39.2)^2}{4} + \frac{(37-39.2)^2}{4} + \cdots + \frac{(42-39.2)^2}{4}$$

$$= 6.7$$

표본표준편차 $s = \sqrt{s^2} = \sqrt{6.7} = 2.59$

앞에서 정의한 바와 같이 표본의 분산은

$$s_X^2 = \frac{1}{n-1}\sum_{i=1}^{n}(X_i - \overline{X})^2$$

로 정의되고, s_X^2의 제곱근 s_X는 표본표준편차라고 한다. 표본분산이 이렇게 정의될 때 표본분산의 표본분포의 기대값, 또는 평균은 실제 모분산이 된다. 즉

$$E(s_X^2) = \sigma_X^2$$

이 된다. (표본분산(s^2)은 모분산(σ^2)의 불편추정량이 되어야 바람직한 추정량이 된다는 논리는 다음 장에서 언급할 것이다.)

모집단의 분포를 정규분포로 가정하는 경우에 다음의 확률변수

$$\frac{(n-1)s_X^2}{\sigma_X^2} = \frac{\sum_{i=1}^{n}(X_i - \overline{X})^2}{\sigma_X^2}$$

은 자유도(degree of freedom ; df) $(n-1)$인 χ^2-분포(chi-square distribution)를 따른다.

자유도 $(n-1)$인 χ^2-분포는 $(n-1)$개의 독립적인 표준 정규확률변수의 제곱합의 분포이다. 또한 χ^2-분포는 표본분산의 값이 음수가 될 수 없으므로 확률변수의 양의 값에서만 정의된다. χ^2-분포의 모양은 자유도의 수에 의해 특징지어지며 확률밀도함수는 비대칭적이나 자유도가 커질수록 아래 [그림 6-2]와 같이 정규분포에 가까워짐을 알 수 있다.

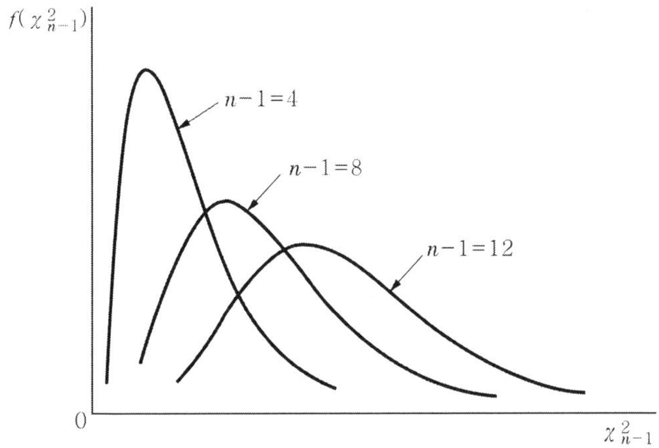

[그림 6-2] χ^2-분포

어떤 확률변수가 $(n-1)$의 자유도를 갖는 χ^2-분포를 따르는 경우에 χ^2_{n-1}로 표기한다. χ^2-분포의 평균은 자유도의 수와 같고, 분산은 자유도 수의 2배와 같다. 즉

$$E(\chi^2_{n-1}) = n-1$$

$$Var(\chi^2_{n-1}) = 2(n-1)$$

확률변수 $\dfrac{(n-1)s_X^2}{\sigma_X^2}$은 χ^2_{n-1}분포를 따르므로 s_X^2의 평균을 구하면

$$E[\frac{(n-1)s_X^2}{\sigma_X^2}] = n-1$$

로 놓고 이를 다시 정리하면

$$\frac{(n-1)}{\sigma_X^2} E(s_X^2) = n-1$$

이므로

$$E(s_X^2) = \sigma_X^2$$

이 된다. s_X^2의 분산은

$$Var[\frac{(n-1)s_X^2}{\sigma_X^2}] = 2(n-1)$$

이 되므로

$$\frac{(n-1)^2}{\sigma_X^4} Var(s_X^2) = 2(n-1)$$

이 되고, 이에 따라 s_X^2의 분산은 다음과 같다.

$$Var(s_X^2) = \frac{2\sigma_X^4}{(n-1)}$$

따라서 χ^2-분포는 표본분산의 분포에 대한 분산을 구하는데 사용되며, 단 모집단이 정규분포를 따를 때만 위의 결과가 성립된다.

이제 χ^2-분포의 모수인 자유도가 어떻게 결정되는가에 대해 살펴보자. 먼저 표본분산은 다음 편차들의 제곱합으로 계산된다.

$$X_1 - \overline{X}, X_2 - \overline{X}, \cdots, \ X_n - \overline{X}$$

즉 표본분산을 계산하는 데는 n개의 정보가 필요하게 된다. 그러나 $\overline{X}$의 정의에 의해 이들의 합이 0이 되어야 하므로 이들 각각은 서로 독립적인 정보가 아니다. 따라서 $(X_i - \overline{X})$의 어떤 $(n-1)$개만을 알고 있다면 나머지 하나는 자동적으로 계산할 수 있다. 즉

$$\sum_{i=1}^{n}(X_i - \overline{X}) = 0$$

이므로

$$X_n - \overline{X} = -\sum_{i=1}^{n-1}(X_i - \overline{X})$$

가 된다. 그렇다면 n개의 $(X_i - \overline{X})$는 $(n-1)$개의 독립적인 정보들의 집합이라고 말할 수 있다. 즉 추정을 위하여 $(n-1)$개의 독립적인 관측값들에 의존하므

로 $(n-1)$ 의 자유도가 가능하게 된다. 다시 말해 한 개의 편차만을 제외한 나머지 편차는 자유롭게 결정된다는 의미에서 자유도는 $(n-1)$ 이 된다.

χ^2-분포를 실제로 이용하기 위해서는 χ^2 확률변수에 대한 누적분포함수값이 필요하다. 예를 들어 확률변수가 χ^2_{10}-분포를 따르고 90%까지의 분포면적에 해당하는 어떤 값을 구하려고 하면 남은 면적은 10%, 즉 0.10이므로

$$P(\chi^2_{10} < \chi^2_{10,0.10}) = 0.90 \quad \text{또는} \quad P(\chi^2_{10} > \chi^2_{10,0.10}) = 0.10$$

이 되는 수가 필요할 것이다. 여기에 해당하는 값은

$$\chi^2_{10} = 15.99$$

로 [부록]의 χ^2-분포표에서 구할 수 있다. 이 관계가 아래의 [그림 6-3]에서 보듯이 확률밀도함수의 아래 영역으로 나타난다. [그림 6-3]을 해석해 보면 자유도 10인 χ^2 확률변수가 15.99보다 작을 확률은 0.90이라는 것이다.

정규분포를 따르는 모집단으로부터 표본을 취해 모집단의 분산을 추정하고 싶다고 하자. 이 때 아래의 [예제 6-5]와 같이 χ^2-분포가 사용된다.

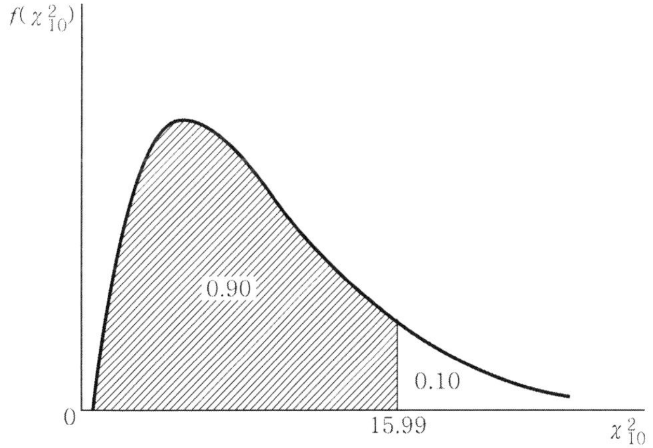

[그림 6-3] χ^2_{10}-분포의 확률밀도함수

예제 6-5

어느 제분업체는 제품의 평균무게가 포장에 표시된 무게와 차이가 없고, 또한

각 제품의 무게도 동일하게 제조하고자 한다. 생산되는 모든 제품의 무게가 정규분포를 따른다고 가정하고, 임의로 20개의 표본이 추출된다면

$$P(\frac{s_X^2}{\sigma_X^2} < A_1) = 0.05, \quad P(\frac{s_X^2}{\sigma_X^2} > A_2) = 0.05$$

가 되는 A_1, A_2를 구하라.

먼저 A_1에 대해서는

$$0.05 = P(\frac{s_X^2}{\sigma_X^2} < A_1) = P[\frac{(n-1)s_X^2}{\sigma_X^2} < (n-1)A_1]$$

$$= P[\chi_{n-1}^2 < (n-1)A_1]$$

이 되는데, $n = 20$이고, χ_{n-1}^2은 $n-1 = 19$ 자유도를 가진 χ^2 확률변수이다. 따라서

$$0.05 = P(\chi_{19}^2 < 19A_1)$$

또는

$$0.95 = P(\chi_{19}^2 > 19A_1)$$

이 된다. 부록의 χ^2-분포표에서 $19A_1 = 10.12$가 되므로

$$A_1 = 0.533$$

이 된다. 이 결과에 의하면 표본분산이 모분산의 53.3%보다 적을 확률이 0.05라는 것이다.

이제 A_2에 대해 계산해 보자.

$$0.05 = P(\frac{s_X^2}{\sigma_X^2} > A_2) = P[\frac{(n-1)s_X^2}{\sigma_X^2} > (n-1)A_2]$$

$$= P[\chi_{n-1}^2 > (n-1)A_2]$$

따라서

$$0.05 = P(\chi^2_{19} > 19A_2)$$

역시 부록의 χ^2-분포표에서

$$19\,A_2 = 30.14$$

가 되므로

$$A_2 = 1.586$$

이 된다. 즉 표본분산이 모분산보다 58.6% 이상 클 확률이 0.05라는 것이다.

위의 두 확률은 [그림 6-4]와 같이 χ^2_{19}-분포의 확률밀도함수 아래의 영역으로 나타난다. 이를 해석해 보면 χ^2_{19} 확률변수가 10.12보다 작거나 30.14보다 클 확률은 각각 0.05라는 것이다.

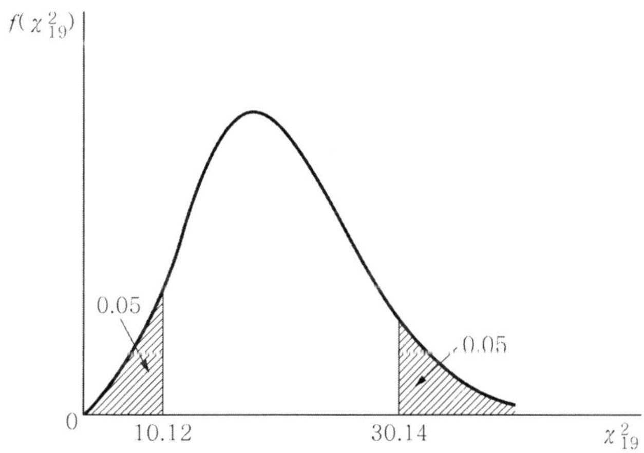

[그림 6-4] χ^2_{19}-분포의 확률밀도함수

예제 6-6

어느 백화점의 귀금속 판매코너의 월매출액은 정규분포를 따르며 표준편차는 3억원인 것으로 자체 판단하고 있다. 임의로 4개월을 선정하여 조사했을 경우 분산이 25보다 클 확률은 얼마가 되나?

$$n = 4,\ \sigma_X = 3,\ \sigma^2_X = 9$$

에서 구하고자 하는 확률은

$$P(s_X^2 > 25) = P[\frac{(n-1)s_X^2}{\sigma_X^2} > \frac{25(n-1)}{\sigma_X^2}]$$

$$= P(\chi_3^2 > \frac{25 \cdot 3}{9})$$

$$= P(\chi_3^2 > 8.33)$$

이다. 부록의 χ^2 - 분포표를 보면

$$P(\chi_3^2 > 7.81) = 0.050$$

$$P(\chi_3^2 > 9.35) = 0.025$$

이므로

$$0.025 < P(\chi_3^2 > 8.33) < 0.050$$

또는

$$0.025 < P(s_X^2 > 25) < 0.050$$

이 된다. 즉 표본분산이 25보다 클 확률은 0.025와 0.050 사이에 있다.

연 습 문 제

6.1 어느 전자제품 제조업체에서 생산하는 램프의 수명은 평균 1,200시간이며 표준편차는 400시간으로 정규분포를 따른다. 9개의 램프를 임의적으로 선정하였다.

(1) 램프수명의 표본평균의 평균은 얼마인가?

(2) 표본평균의 분산은 얼마인가?

(3) 표본평균의 표준오차는 얼마인가?

(4) 이 9개의 램프수명의 평균이 1,050시간에 못미칠 확률은 얼마인가?

6.2 작년에 용인의 전원주택단지에서 판매되는 주택의 평당가격은 평균 115만원이었다. 모표준편차는 25만원이었다. 이 단지에서 판매된 주택 중 임의로 100가구를 선정하였다.

(1) 평당가격의 표본평균이 110만원을 초과할 확률은 얼마인가?

(2) 평당가격의 표본평균이 113만원에서 117만원 사이일 확률은 얼마인가?

(3) 평당가격의 표본평균이 114만원에서 116만원 사이일 확률은 얼마인가?

(4) 계산을 하지 않고서 다음 중 어느 구간에 표본평균이 놓일 가능성이 가장 큰지 말해 보라. 113~115, 114~116, 115~117, 116~118.

6.3 어떤 공정에서 생산되는 화학물질에는 100그램당 불순물의 수준이 정규분포를 하며, 표준편차가 1.6그램이다. 불순물 수준의 모평균을 추정하려고, 100배취(batch)의 임의표본이 선정되었다.

(1) 표본평균이 5%의 확률로 모평균을 초과하려면 모평균보다 얼마나 커야 하는가?

(2) 표본평균이 10%의 확률로 모평균에 미달하려면 모평균보다 얼마나 작아야 하는가?

(3) 표본평균이 15%의 확률로 모평균과 차이가 나려면 모평균보다 얼마나 차이가 있어야 하는가?

6.4 이번 학기 통계학 수강생은 250명이다. 이 중 50명의 임의표본을 골라 지난주에 레포트를 쓰는데 소비한 시간을 물었다. 모표준편차는 30분이라고 하자.
(1) 표본평균이 모평균보다 2.5분을 초과할 확률은 얼마인가?
(2) 표본평균이 모평균보다 5분 이상 미달할 확률은 얼마인가?
(3) 표본평균이 모평균보다 10분 이상 차이가 날 확률은 얼마인가?

6.5 어느 지역의 4천만 소비자 가운데 2천5백만명이 A회사의 맥주를 선호한다면 모비율 (P)은 62.5%이다. 임의로 선정한 100명의 소비자 중에서 A 회사의 맥주를 선호하는 비율을 p라고 했을 때 p의 확률분포를 구하라. 그래프로 나타내고, 평균 ± (2 × 표준편차)를 그래프에 표시하라.

6.6 은행경영을 개선하기 위하여 지점에서 근무하는 남자행원들의 근무시간 비율을 조사하였다. 모 지점의 모 행원에 대해 일주일에 걸쳐 임의로 선정한 시각에 무인카메라를 찍어 "작업하고 있음"과 "대기하거나 휴식하고 있음"을 조사하였다. 조사결과는 50개의 조사시점 중에서 "작업하고 있음"은 70%이고 "대기하거나 휴식하고 있음"은 30%였다. "작업하고 있음" 비율의 분포를 구하라. 이 분포에서 평균을 중심으로 95%에 해당하는 구간을 구하라.

6.7 봉급생활자들이 일주일 동안 술마시는 데 소비하는 시간은 정규분포를 하며, 표준편차는 4.5시간이라고 한다. 임의적으로 30명의 봉급생활자들을 선정했을 때 다음 물음에 답하라.
(1) 표본표준편차가 3.5시간을 초과할 확률은 95% 이상인가?
(2) 표본표준편차가 6시간보다 작을 확률은 95% 이상인가?

6.8 어떤 유한 모집단이 4개의 요소 A,B,C, 및 D로 이루어져있다. 크기 2의 단순임의표본을 고려하자.
(1) 크기 2의 단순임의표본들을 AB 등으로 모두 적어보라.
(2) 단순임의표집을 이용할 때, 크기 2의 각 표본이 선정될 확률은 얼마인가?
(3) 엑셀의 RAND 함수를 이용하여 이 4개의 요소에 각각 다음의 임의숫자들을 부여했다고 하자: A(.7387), B(.1980), C(.7578), D(.2018). 임의숫자들을 이용하여 표본 하나를 선택할 때, 어떤 표본이 선택될까?

6.9 서울시에 등록된 자가용 승용자동차의 연간 자동차보험료 평균은 854,200원이라고 한다. 이 값을 모집단 평균으로 사용하고 모집단 표준편차가 $\sigma = 120,000$원이라고 가정하자. 50대의 자가용 승용자동차 표본을 고려하자.

(1) 연간 자동차보험료의 표본평균 $\bar{x}$의 분포는?

(2) 표본평균이 모평균의 50,000원 이내에 있을 확률은?

(3) 표본평균이 모평균의 20,000원 이내에 있을 확률은?

(4) 표본평균이 모평균을 20,000원 이내로 추정하기 원한다면, 표본크기는 더 커야 하는가?

6.10 어떤 모집단의 모비율이 0.40이다. 표본비율이 모비율의 ∓ 0.02 이내에 있을 확률은 다음의 표본크기에서 각각 얼마인가?

(1) n=200

(2) n=400

(3) 표본크기가 클 때 유리한 점은?

제 7 장

추정 : 단일표본

제1절 추정의 개념

통계분석의 기본은 모집단의 특성을 파악하는 것이다. 우리의 관심은 μ, σ^2, p에 있는데 이들을 모수(parameter)라고 한다. 모수를 추정(estimation)하기 위해 표본으로 $\overline{X}$, s^2, $\hat{p}$ 등을 이용함을 전장에서 소개했는데 이들을 각각 표본통계량(sample statistic)이라고 한다.

이제 표본에서 얻은 정보를 근거로 모집단의 모수를 추정하는 문제에 대해 살펴보기로 하자. 예를 들어 다음을 추정하고 싶다고 하자.

· 이번 달에 인터넷을 통한 상품의 구매 건수와 평균구매액
· 신형 자동차의 휘발유 1ℓ당 평균주행거리
· 새로운 세법에 대한 회계사와 세무사들의 지지율
· 교량공사에 사용되는 철강재의 단위면적당 강도

이러한 모집단의 모수를 추정하는데 있어서 대부분의 경우 표본이 가지고 있는 정보, 즉 표본평균, 표본분산 등과 같은 표본통계량에 기초하게 된다. 실제 모수는 거의 알려져 있지 않으므로 표본추출의 중요한 목적은 모수의 값을 추정하는 것이라고 할 수 있다.

어떤 모수의 추정량(estimator)은 표본정보를 이용, 미지의 모수에 대한 근사값을 제공해 주는 확률변수이고, 추정량의 실제 특정값을 추정값(estimate)이라고 한다.

추정량(estimator)과 추정값(estimate)을 구분하기 위한 예를 들어 보자. 교량공사에 사용되는 철강재의 단위면적당 강도를 추정하기 위하여 36개의 표본을 추출하여 철강재의 강도 즉, 모집단의 평균강도를 추정한다고 하자. 조사 결과 표본 평균강도 39.2톤의 값을 얻었다면 이 표본평균이 모평균의 추정량이라 한다면 실제 모평균의 추정값은 39.2가 된다.

미지의 모수를 추정하는 방법에는 두 가지가 있다. 하나는 대표값으로서, 위의 경우처럼 표본으로부터 하나의 값을 계산하는 점추정(point estimation)이고, 다른 하나는 모수의 참값이 포함될 범위 또는 구간을 구하는 구간추정(interval estimation)이다.

제2절 점추정

점추정량(point estimator)은 표본정보로부터 모수를 하나의 값으로 추정하는 확률변수이고, 점추정량의 특정값을 점추정값(point estimate)이라고 한다.

위의 예에서 점추정량은 표본평균이 되고, 점추정값은 39.2가 된다.

각 모수의 점추정량과 그에 해당되는 점추정값은 [표 7-1]과 같다.

[표 7-1] 모수의 점추정량과 점추정값

모수	점추정량	점추정값
평균(μ_X)	표본평균($\overline{X}$)	$\overline{x}$
분산(σ_X^2)	표본분산(s_X^2)	s_x^2
표준편차(σ_X)	표본표준편차(s_X)	s_x
비율(p)	표본비율($\hat{p}_X$)	$\hat{p}_x$

불편성

모집단의 한 모수를 추정하는데 있어서 추출된 표본에 따라 여러 개의 점추정값들이 나올 수 있다. 여기에서 하나의 추정값과 모수의 참값간에 차이가 어느 정도인가를 결정할 수 있다. 추정하고자 하는 모수위에 표본분포가 모아질수록 바람직한 추정값이 나올 것이다. 추정량의 표본분포가 모수와 평균이 같을 경우 그 추정량을 불편추정량(unbiased estimator)이라고 한다. 반면 표본분포의 평균이 추정하고자 하는 모수와 같지 않을 경우 편의추정량(biased estimator)이라고 하고, 편의(bias)의 크기는 표본분포의 평균과 모수간의 차이가 된다.

모수 θ의 추정량 $\hat{\theta}$의 기대값이 θ일 때 불편추정량이라고 한다. 즉,

$$E(\hat{\theta}) = \theta$$

$\hat{\theta}$가 θ의 추정량일 때, 편의는 $\hat{\theta}$의 기대값과 θ의 차이로 정의된다.

$$\text{Bias}(\hat{\theta}) = E(\hat{\theta}) - \theta$$

두 추정량 $\hat{\theta}_1$, $\hat{\theta}_2$의 표본분포가 [그림 7-1]과 같은 확률밀도함수로 나타날 때 $\hat{\theta}_1$은 그 평균값이 θ와 일치하므로 θ의 불편추정량이 되고, $\hat{\theta}_2$는 편의추정량이 된다.

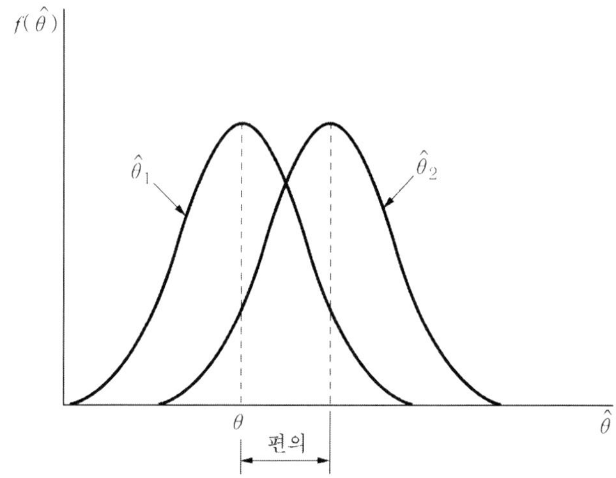

[그림 7-1] 불편추정량과 편의추정량

따라서 불편추정량이 가장 좋은 추정량이 된다. 그러나 만약 모수에 관한 추정을 하는데 $\widehat{\theta_1}$과 $\widehat{\theta_2}$가 모두 불편추정량이라면 분산이 적은 추정량을 사용하는 것이 바람직하다.

표본추출이 여러 번 반복된다면 불편추정량을 얻기 위한 값은 평균적으로 모수와 일치해야 할 것이다. 여기에서 이미 살펴본 기대값의 개념이 사용된다. 예를 들면 앞의 표본분포에서

$$E(\overline{X}) = \mu_X \qquad E(s_X^2) = \sigma_X^2, \qquad E(\widehat{p_X}) = p$$

가 됨을 살펴보았다. 따라서 표본평균, 표본분산, 표본비율은 대응되는 모수의 불편추정량이라고 할 수 있다.

효율성

한편 적절한 추정량을 선택하기 위한 또 하나의 기준으로서 분산을 기준으로 하는 추정량의 효율성(efficiency)의 개념을 살펴보자.

$\widehat{\theta_1}$과 $\widehat{\theta_2}$를 θ에 대한 두 개의 불편추정량이라고 하자.

(i) 다음의 경우에 $\widehat{\theta_1}$이 $\widehat{\theta_2}$보다 더 효율적이라고 한다.

$$Var(\hat{\theta_1}) < Var(\hat{\theta_2})$$

(ii) 어떤 추정량의 다른 것에 비한 상대적효율성(relative efficiency)은 그들의 분산의 비율이다. 즉,

$$상대적효율성 = \frac{Var(\hat{\theta_2})}{Var(\hat{\theta_1})}$$

(iii) $\hat{\theta}$가 θ의 불편추정량이고, 어떤 다른 불편추정량도 더 작은 분산을 가지지 않는다면, $\hat{\theta}$를 θ의 가장 효율적인 혹은 최소분산불편추정량(minimum variance unbiased estimator)이라고 한다.

최소분산불편추정량의 예를 들면 다음과 같다.

① 정규분포에서 추출한 표본평균

② 정규분포에서 추출한 표본분산

③ 이항표본비율

두 불편추정량의 표본분포를 확률밀도함수로 나타내보면 아래 [그림 7-2]와 같이 나타나므로 $\hat{\theta_1}$이 더 효율적임을 알 수 있다.

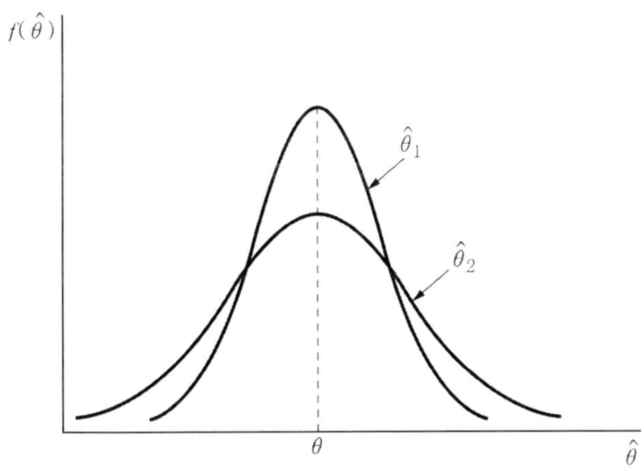

[그림 7-2] 두 불편추정량 $\hat{\theta_1}$과 $\hat{\theta_2}$의 효율성 비교

일치성

지금까지 우리는 표본의 크기 n에 상관없이 점추정량의 특성을 고려했다. 그

러나 표본의 크기가 매우 커짐에 따른 추정량의 특성변화에 대해 살펴볼 필요가 있다.

앞에서 정규분포에서 표본추출을 할 때 표본평균의 분포는 표본크기가 커짐에 따라 모평균주변에 더욱 집중된다는 것을 보았다. 이 특성을 일치성(consistency)이라는 개념을 통해 알아보자.

θ를 추정하려는 모수라고 하고 추정량을 $\hat{\theta_n}$이라고 할 때 이 추정량이 모수에 얼마나 근접하느냐가 관심이 된다. 따라서 $\hat{\theta_n}$과 θ와의 차이가 임의의 양의 값보다 적을 확률

$$P[|\hat{\theta_n} - \theta| < \epsilon]$$

을 고려하게 된다. 임의의 양의 값 ϵ에 대해 이 확률은 표본의 크기가 커짐에 따라 1에 접근해 간다. 추정량의 확률밀도함수는 실제 모수 주변에 더욱 집중되며, 이 때 이 추정량을 일치추정량(consistent estimator)이라고 한다.

[일치성]

$n \to \infty$일 때, 임의의 아주 작은 양의 값 ϵ에 대해

$$P[|\hat{\theta_n} - \theta| < \epsilon] \to 1$$

을 만족할 때 $\hat{\theta}$을 θ의 일치추정량이라고 한다.

이를 그래프로 나타내면 [그림 7-3]과 같다.

일반적으로 무한히 큰 표본을 가진 일치추정량을 사용하면 정확한 결과를 가져오지만 반대로 불일치추정량(inconsistent estimator)은 무한히 큰 표본정보에 근거를 둔다고 해도 정확한 결과를 도출하지 못한다. 따라서 일치성은 추정량에 대해 바람직한 속성이 된다.

그러나 여기에서 유의할 점은 만약 크기가 작은 어느 특정 표본에서 불일치추정량이 일치추정량보다 더 나은 특성, 즉 불편이고 더 작은 분산을 가지고 있다면 그때는 불일치추정량을 사용한다.

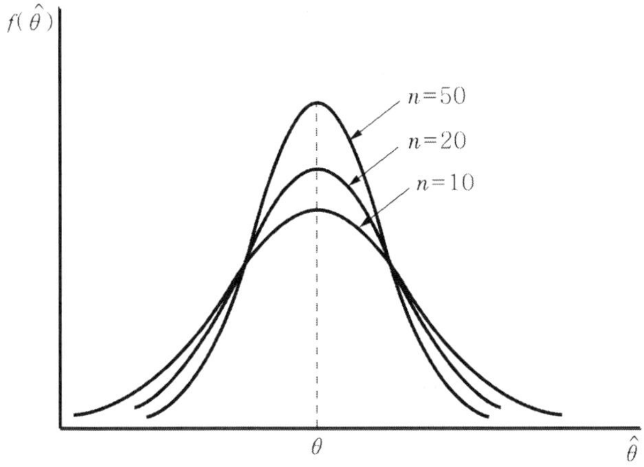

[그림 7-3] 추정량의 일치성

예제 7-1

평균 μ_X, 분산 σ_X^2을 가진 어느 분포로부터 $X_1, X_2, \cdots, X_n$을 표본으로 추출하였다. 표본평균이 모평균의 일치추정량인가?

앞장에서 살펴보았듯이 $E(\overline{X}) = \mu_X$이므로 표본의 크기에 상관없이 표본평균은 모평균의 불편추정량이다. 표본평균의 분산은

$$Var(\overline{X}) = \frac{\sigma_X^2}{n}$$

이므로 n이 커짐에 따라 분산은 작아지고 0에 가까워지므로 일치성이 성립된다. 따라서 표본평균은 모평균의 일치추정량이 된다.

제3절 구간추정

앞에서는 점추정에 대해 살펴보았으나 대부분의 실제문제를 다루는데 있어서는 표본으로부터 도출한 점추정 하나의 값으로 그 모집단 전체의 특성치로 산정하는 것은 논리적으로 부적절하다. 예를 들어 어느 백화점의 고객만족도를 조사해 보니 고객의 48%가 만족하는 것으로 추정되었다고 하자. 이때 백화점 경영

진은 만족하는 고객의 비율이 45~50% 사이일 것이 거의 확실하다고 하는 것이 더 적절한 표현이 된다. 따라서 구간추정은 하나의 점추정값이 갖고 있는 정보를 찾는 것이 아니라 그 추정값의 신뢰성을 찾는 것이다.

모집단으로부터 표본추출을 할 때 소표본(small sample)보다는 대표본(large sample)에서 더 정확한 정보를 얻을 수 있을 것이다. 구간추정값에는 앞의 점추정값의 경우와는 달리 표본으로부터 얻어지는 모수에 대한 보다 더 논리적 근거를 반영하게 된다.

θ가 두 개의 확률변수 A, B의 값 a와 $b(a<b)$ 사이에 있을 확률은

$P(A<\theta<B)=1-\alpha$ 단, $0<\alpha<1$로 나타낸다 .

어떤 모수의 구간추정량(interval estimator)은 표본정보에 근거하여 모수가 포함될 어떤 구간을 결정하는 규칙이다. 이의 추정을 구간추정값(interval estimate)이라고 한다.

구간추정을 보다 정확히 하기 위해 확률로 표현할 필요가 있다. 추정하고자 하는 모수를 θ라고 하고, 표본정보에 의해 두 개의 확률변수 A, B의 값 a와 b $(a<b)$ 사이에 놓일 가능성이 95%라면 다음과 같은 확률로 표현된다.

$$P(A<\theta<B)=95\%$$

이 때 A, B가 취하는 값의 구간 $a<\theta<b$를 θ의 95% 신뢰구간(confidence intervals)이라고 한다. 여기서 모수 추정의 하한값 a보다 작은 확률과 추정 상한값 b보다 클 확률은 똑같은 2.5%가 되게 한다. 즉 신뢰구간은 추정하는 모수가 가질 수 있는 부분 중에서 아주 크고 작은 두 양극단의 부분을 같은 비율씩 제외시키는 것이다.

또 다른 표현으로는 "만일 표본이 반복적으로 추출되어 이러한 구간들이 설정된다면 이 구간들의 95%는 모수를 포함할 것이다"라고 이해한다.

보다 일반적으로 표시하면

$$P(A<\theta<B)=1-\alpha \qquad 단,\ 0<\alpha<1$$

라고 할 수 있으며 A와 B가 취하는 측정값을 a와 b라고 하면 구간 $a<\theta<b$

를 θ의 $100(1-\alpha)\%$ 신뢰구간이라고 한다. 위의 예에서는 $1-\alpha=0.95$로 $\alpha=0.05$가 된다.

> θ가 두 개의 확률변수 A, B의 값 a와 $b\,(a<b)$ 사이에 있을 확률이
> $$P(A<\theta<B)=1-\alpha \quad \text{단, } 0<\alpha<1$$
> 와 같다면 구간 $a<\theta<b$를 θ의 $100(1-\alpha)\%$ 신뢰구간이라고 하고, $1-\alpha$를 신뢰수준(level of confidence)이라고 한다.

1. 정규분포의 평균에 대한 구간추정 : 모분산을 알 때

평균은 모르지만 분산을 아는 정규분포에서 확률표본을 취하여 모평균의 신뢰구간을 찾는다고 하자. 이 가정은 과거에 비슷한 모집단들에서 분산을 측정했었고 평균만이 변화했을 것이라고 생각되는 경우이다. 혹은 대표본에서 모집단의 분산을 추정할 수도 있다.

평균 μ를 모르고 분산 σ^2은 아는 정규모집단에서 추출한 n개의 표본관측값을 $X_1, X_2, \cdots, X_n$이라고 하고, 표본평균이 $\overline{X}$라고 하자. 모평균의 신뢰구간은 다음 확률변수가 표준정규분포를 따른다는 사실에 근거한다.

$$Z=\frac{\overline{X}-\mu}{\sigma/\sqrt{n}}$$

Z가 표준정규확률변수이고 α가 $0<\alpha<1$이라면

$$P(Z>z_\alpha)=\alpha$$

는 [그림 7-4]와 같이 나타난다.

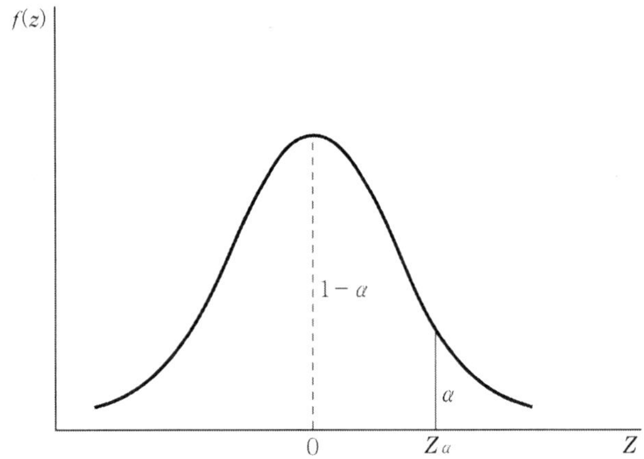

[그림 7-4] 표준정규분포

그림에서 보듯이 $P(Z > z_{\alpha}) = \alpha$이므로 $P(Z < z_{\alpha}) = 1-\alpha$가 된다. 예를 들어 $\alpha = 0.025$ 라면 $1-\alpha = 0.975$ 가 된다. [부록]의 표준정규분포표에서 $z_{0.025} = 1.96$이므로

$$P(Z > 1.96) = 0.025$$

가 된다. 만약 모집단에 대해 $100(1-\alpha)\%$ 신뢰구간을 구한다면 $P(Z > z_{\alpha}) = \alpha$ 에서 $P(Z > z_{\alpha/2}) = \frac{\alpha}{2}$ 가 된다. 표본정규분포는 0을 기준으로 대칭이므로 $P(Z < -z_{\alpha/2}) = -\frac{\alpha}{2}$ 가 되고 [그림 7-5]에서 알 수 있듯이

$$\begin{aligned} P(-z_{\alpha/2} < Z < z_{\alpha/2}) &= 1 - \frac{\alpha}{2} - \frac{\alpha}{2} \\ &= 1 - \alpha \end{aligned}$$

가 된다.

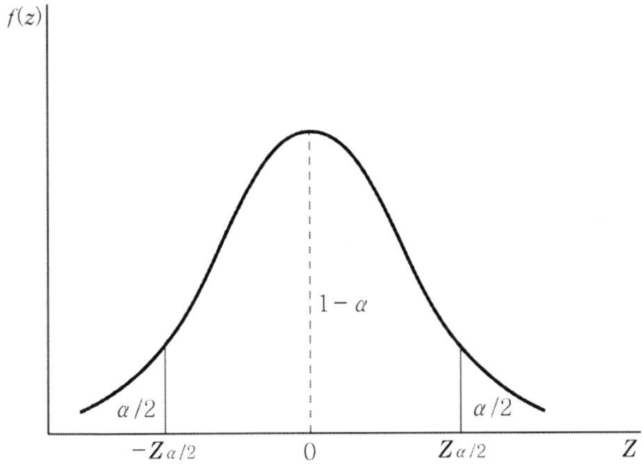

[그림 7-5] 신뢰구간의 설정

따라서 모평균의 $100(1-\alpha)\%$ 신뢰구간은

$$1-\alpha = P(-z_{\alpha/2} < Z < z_{\alpha/2})$$

$$= P\left(-z_{\alpha/2} < \frac{\overline{X}-\mu}{\sigma/\sqrt{n}} < z_{\alpha/2}\right)$$

$$= P\left(-z_{\alpha/2}\frac{\sigma}{\sqrt{n}} < \overline{X}-\mu < z_{\alpha/2}\frac{\sigma}{\sqrt{n}}\right)$$

$$= P\left(\overline{X}-z_{\alpha/2}\frac{\sigma}{\sqrt{n}} < \mu < \overline{X}+z_{\alpha/2}\frac{\sigma}{\sqrt{n}}\right)$$

가 되고, $\overline{X}$의 값을 $\overline{x}$라고 할 때 모평균 μ에 대한 신뢰구간은 아래와 같다.

> 모평균에 대한 $100(1-\alpha)\%$ 신뢰구간 : 모분산을 알 때
>
> $$\overline{x}-z_{\alpha/2}\frac{\sigma}{\sqrt{n}} < \mu < \overline{x}+z_{\alpha/2}\frac{\sigma}{\sqrt{n}}$$

따라서 n개의 관측값을 가진 표본이 모집단으로부터 반복적이고 독립적으로 추출되어 이러한 구간들이 설정되면 이 구간들의 $100(1-\alpha)\%$는 모평균의 참값을 포함할 것이다. 예를 들어 95% 신뢰구간인 경우 그림으로 나타내면 [그림

7-6]과 같다.

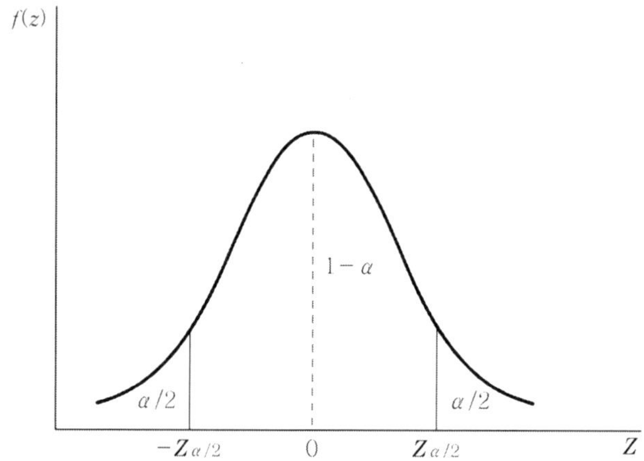

[그림 7-6] 모평균의 95% 신뢰구간

예제 7-2

어떤 설탕회사에서 정제된 설탕을 큰 포대에 담아 식품가공업체에 납품한다고 하자. 포대들에 담겨진 설탕의 무게는 정규분포를 따르고 표준편차가 1.2kg이다. 25개의 포대를 표본으로 뽑아 설탕의 무게를 잰 결과 19.8kg이었다. 이 때 이 회사에서 생산하는 모든 설탕포대의 실제 평균무게가 포함될 95% 신뢰구간을 구하라.

95% 신뢰구간이므로 $100(1-\alpha)=95$에서 $\alpha=0.05$이고 표준정규분포표에서 $z_{\alpha/2}=z_{0.025}=1.96$이 된다.

모평균 μ에 대한 95% 신뢰구간

$$\bar{x}-z_{\alpha/2}\frac{\sigma}{\sqrt{n}}<\mu<\bar{x}+z_{\alpha/2}\frac{\sigma}{\sqrt{n}}$$

에서 $\bar{x}=19.8$, $z_{\alpha/2}=1.96$, $\sigma=1.2$, $n=25$가 되므로 이를 대입하면

$$19.8-\frac{(1.96)(1.2)}{\sqrt{25}}<\mu<19.8+\frac{(1.96)(1.2)}{\sqrt{25}}$$

에서

$$19.33 < \mu < 20.27$$

이 구해진다. 따라서 설탕의 평균무게의 95% 신뢰구간은 19.33kg에서 20.27kg 사이가 된다.

표본의 크기가 클 경우, 즉 $n \geq 30$일 경우에는 모표준편차대신 표본표준편차를 사용해도 무방하며 모집단의 분포가 정규분포가 아니어도 중심극한정리에 의해 위의 방식을 그대로 사용할 수 있다. 즉 n이 크다면 모평균에 대한 100(1-α)% 신뢰구간은 다음과 같다.

[모평균에 대한 100(1-α)% 신뢰구간 : 모분산을 모르고 표본크기가 충분히 클 때]

$$\bar{x} - z_{\alpha/2}\frac{s_x}{\sqrt{n}} < \mu < \bar{x} + z_{\alpha/2}\frac{s_x}{\sqrt{n}}$$

즉 모집단이 정규분포가 아니라도 표준편차 σ 대신 표본표준편차 s_x로 대체할 수 있다.

예제 7-3

어느 철강업체에서 납품한 철강재의 평균강도를 추정하기 위하여 36개의 제품을 표본으로 추출한 결과 평균강도 $\bar{x}$ =39.2톤이고 표준편차 s_x =5톤이다. 모평균 μ에 대한 95% 신뢰구간을 구하라.

95% 신뢰구간이므로 $100(1-\alpha)=95$에서 $\alpha=0.05$이므로 표준정규분포표에서 $z_{\alpha/2} = z_{0.025} = 1.96$이 된다. 이 경우 $n = 36$이므로 모표준편차 대신 표본표준편차를 사용할 수 있다. 따라서 모평균에 대한 95% 신뢰구간은

$$39.2 - \frac{(1.96)(5)}{\sqrt{36}} < \mu < 39.2 + \frac{(1.96)(5)}{\sqrt{36}}$$

이므로

$$37.566 < \mu < 40.833$$

이 된다. 따라서 철강재의 평균강도는 신뢰수준 95%에서 구간 37.566kg에서

40.833kg 사이의 값이 된다.

2. 정규모집단 평균에 대한 구간추정 : 모분산을 모를 때

앞에서는 모분산이 알려졌을 때 정규모집단의 평균에 대한 구간을 추정해 보았고, 표본의 크기가 클 경우에는 모집단분포 및 모분산을 모르더라도 정규분포의 가정을 그대로 이용할 수 있음을 보여주었다.

이번에는 모집단의 분산을 모르고 표본의 크기도 작은 경우를 고려해 보자. 이를 위해 새로운 확률분포를 도입할 필요가 있다.

확률변수 $Z=\dfrac{\overline{X}-\mu}{\sigma/\sqrt{n}}$ 는 표준정규분포를 따른다는 근거로 많은 문제를 다루어 왔다. 그러나 모분산을 모를 경우 이 Z를 직접 이용할 수가 없게 된다. 또한 표본크기 n이 작다면($n<30$) 표본에서 모분산의 근사값을 추정하기 어렵다. 이 경우 σ를 모른다면 σ 대신 표본표준편차 s_X를 이용하여 새로운 분포

$$t=\frac{\overline{X}-\mu}{s_X/\sqrt{n}}$$

를 이용해야 하며, 이 확률변수 t는 표준정규분포를 따르지 않고 자유도 $(n-1)$인 t-분포(Student's t-distribution)를 따르게 된다.

자유도 $(n-1)$의 t-분포를 하는 확률변수를 t_{n-1}이라고 하자. $t_{n-1,\alpha}$는 다음과 같이 정의되며, 이는 [그림 7-8]과 같다.

[t－분포]

평균 μ와 모분산 값을 알지 못한 정규모집단으로부터 추출한 표본의 크기가 크지 않고($n<30$), 평균이 $\overline{X}$, 표본표준편차 s_X일 때 확률변수

$$t=\frac{\overline{X}-\mu}{s_X/\sqrt{n}}$$

는 자유도 $(n-1)$인 t-분포를 따른다.

t-분포는 표준정규분포와 비슷한 종모양을 하고 있으며 또한 평균이 0이고 평균을 중심으로 대칭이다. t-분포는 [그림 7-7]과 같이 표준정규분포보다 분산이 크나 χ^2-분포처럼 자유도가 커질수록 표준정규분포에 점점 가까워진다.

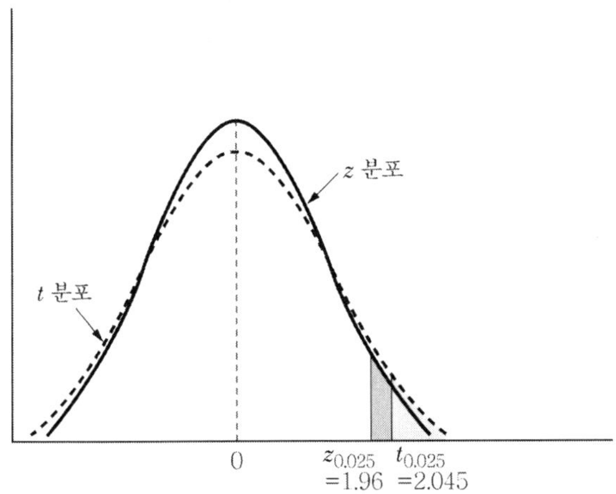

[그림 7-7] 표준정규분포와 t-분포

t-분포를 이용하여 모평균의 신뢰구간을 구하기 위한 과정도 앞에서와 같은 원리가 적용된다.

자유도 $(n-1)$의 t-분포를 하는 확률변수를 t_{n-1}이라고 하자. $t_{n-1,\alpha}$는 다음과 같이 정의되며, 이는 [그림 7-8]과 같다

$$P(t_{n-1} > t_{n-1,\alpha}) = \alpha$$

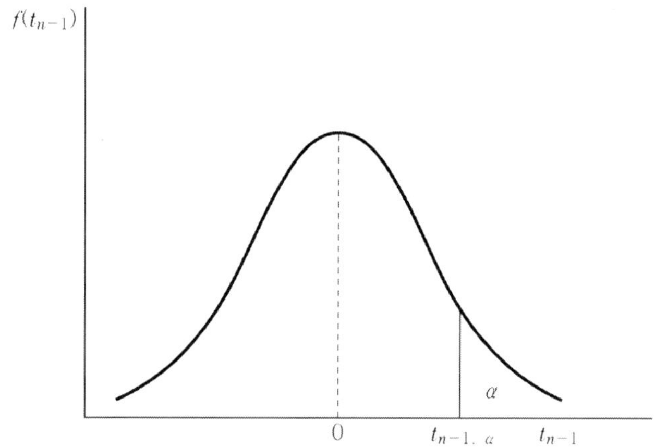

[그림 7-8] 자유도 $(n-1)$인 t-분포

예를 들어 자유도 15이고, 확률이 0.1을 초과하는 경우에는

$$P(t_{15} > t_{15,0.1}) = 0.1$$

을 만족하는 값으로 부록의 t-분포표에서

$$t_{15,0.1} = 1.341$$

이 된다.

모분산을 모르고 표본크기도 크지 않을 경우, 정규모집단의 평균에 대한 신뢰구간을 계산하기 위해서 Z 대신 t-분포를 사용하면

$$P(t_{n-1} > t_{n-1,\alpha/2}) = \frac{\alpha}{2}$$

가 되고, 평균에 대하여 대칭이므로

$$P(t_{n-1} < -t_{n-1,\alpha/2}) = \frac{\alpha}{2}$$

가 된다. 따라서

$$P(-t_{n-1,\alpha/2} < t_{n-1} < t_{n-1,\alpha/2})$$
$$= 1 - P(t_{n-1} > t_{n-1,\alpha/2}) - P(t_{n-1} < -t_{n-1,\alpha/2})$$
$$= 1 - \frac{\alpha}{2} - \frac{\alpha}{2} = 1 - \alpha$$

이고, 이를 그래프로 나타내면 [그림 7-9]와 같다.

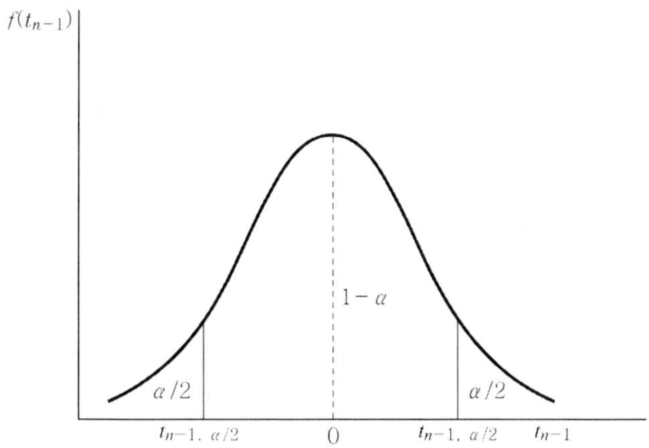

[그림 7-9] 자유도 $(n-1)$인 t-분포의 신뢰구간설정

모분산을 모를 경우 t-분포를 사용하여 정규모집단의 평균에 대한 $100(1-\alpha)\%$ 신뢰구간을 구해 보자.

$$1 - \alpha = P(-t_{n-1,\alpha/2} < t_{n-1} < t_{n-1,\alpha/2})$$
$$= P(-t_{n-1,\alpha/2} < \frac{\overline{X} - \mu}{s_X / \sqrt{n}} < t_{n-1,\alpha/2})$$
$$= P(-t_{n-1,\alpha/2} \frac{s_X}{\sqrt{n}} < \overline{X} - \mu < t_{n-1,\alpha/2} \frac{s_X}{\sqrt{n}})$$
$$= P(\overline{X} - t_{n-1,\alpha/2} \frac{s_X}{\sqrt{n}} < \mu < \overline{X} + t_{n-1,\alpha/2} \frac{s_X}{\sqrt{n}})$$

이므로 표본평균 $\overline{x}$와 표본분산 s_x^2을 구했다면 신뢰구간은 다음과 같다.

[정규모집단의 평균에 대한 신뢰구간 : 모분산을 모를 때]

$$\bar{x}-t_{n-1,\alpha/2}\frac{s_x}{\sqrt{n}}<\mu<\bar{x}+t_{n-1,\alpha/2}\frac{s_x}{\sqrt{n}}$$

예제 7-4

가전제품 대리점 20곳을 표본으로 추출하여 특정 제품의 가격을 조사해 보니 평균가격이 26,840원, 표준편차가 2,630원으로 나타났다. 모집단의 분포가 정규분포일 때 이 제품의 전체 대리점 평균가격에 대한 95% 신뢰구간을 구하라.

$n-1=19$, $\alpha/2=0.025$ 에서 $t_{19,0.025}=2.093$ 이다. $\bar{x}=26,840$, $s_x=2,630$ 이므로 모평균에 대한 신뢰구간은

$$\bar{x}-t_{n-1,\alpha/2}\frac{s_x}{\sqrt{n}}<\mu<\bar{x}+t_{n-1,\alpha/2}\frac{s_x}{\sqrt{n}}$$

에서 각각의 값을 대입하면

$$26,840-2.093\frac{2,630}{\sqrt{20}}<\mu<26,840+2.093\frac{2,630}{\sqrt{20}}$$

이므로

$$25,610<\mu<28,070$$

이 된다. 따라서 이 제품의 가격은 95% 신뢰수준에서 대리점 평균가격은 25,610원에서 28,070원 사이가 된다.

3. 모집단의 비율에 대한 추정 : 대표본

모집단이 가진 어떤 특성에 대한 비율에 관심이 있다고 하자. 예를 들어, 새로운 세법에 찬성하는 회계사와 세무사의 비율을 알고 싶다면 모집단에서 표본을 추출하고, 표본비율에 의해 모비율에 대한 추정을 할 수 있다. 즉 n 명의 회계사나 세무사 중에서 새로운 세법에 찬성하는 수인 X 는 이항확률변수이다. 따라서 한 명이 찬성할 확률 p 가 추정하고자 하는 모수가 되고, 이 p 가 이항분포에서의 성공확률이 된다. p 를 추정하기 위해서는 표본의 성공비율을 사용한다.

n 회의 독립적인 시행에서 성공비율을 $\hat{p_X}$ 라고 하자. 표본의 크기 n 이 크다면 확률변수

$$Z = \frac{\hat{p_X} - p}{\sqrt{p(1-p)/n}}$$

는 표준정규분포를 따르게 된다.

위의 식에서 모비율 p 를 알지 못하지만 대표본인 경우 분모를 표본비율 $\hat{p_X}$ 로 대체할 수 있으며, 계산할 때는 점추정치 $\hat{p_x}$ 를 사용한다. 즉

$$\sqrt{\frac{p(1-p)}{n}} \approx \sqrt{\frac{\hat{p_x}(1-\hat{p_x})}{n}}$$

또한 앞에서와 같이 Z가 표준정규분포를 따를 때 $z_{\alpha/2}$를 $P(Z > z_{\alpha/2}) = \frac{\alpha}{2}$ 로 정의한다. 따라서

$$\begin{aligned} 1-\alpha &= P(-z_{\alpha/2} < Z < z_{\alpha/2}) \\ &= P\left(-z_{\alpha/2} < \frac{\hat{p_x} - p}{\sqrt{\hat{p_x}(1-\hat{p_x})/n}} < z_{\alpha/2}\right) \\ &= P\left(-z_{\alpha/2}\sqrt{\frac{\hat{p_x}(1-\hat{p_x})}{n}} < \hat{p_X} - p < z_{\alpha/2}\sqrt{\frac{\hat{p_x}(1-\hat{p_x})}{n}}\right) \\ &= P\left(\hat{p_X} - z_{\alpha/2}\sqrt{\frac{\hat{p_x}(1-\hat{p_x})}{n}} < p < \hat{p_X} + z_{\alpha/2}\sqrt{\frac{\hat{p_x}(1-\hat{p_x})}{n}}\right) \end{aligned}$$

가 되므로 모비율에 대한 $100(1-\alpha)\%$ 신뢰구간은 다음과 같다.

[모비율에 대한 $100(1-\alpha)\%$ 신뢰구간]

$$\hat{p_x} - z_{\alpha/2}\sqrt{\frac{\hat{p_x}(1-\hat{p_x})}{n}} < p < \hat{p_x} + z_{\alpha/2}\sqrt{\frac{\hat{p_x}(1-\hat{p_x})}{n}}$$

예제 7-5

어느 대기업체에서 근무시간 중 불필요한 전자메일 및 인터넷 사용을 금하고자 검열을 강화하는 것에 대한 직원들의 반응을 분석하려고 한다. 따라서 이 기업체 직원 403명을 표본으로 뽑아 질문한 결과 24%가 검열에 대해 거부반응을 느낀다고 응답했다. 이 경우 거부반응을 느끼는 모비율에 대한 90% 신뢰구간을 구하라.

$n = 403$, $\widehat{p_x} = 0.24$ 이고, $\alpha = 0.1$ 이므로 [부록]의 정규분포표에서 $z_{\alpha/2} = z_{0.05} = 1.645$ 이다. 따라서 모비율에 대한 신뢰구간은

$$0.240 - 1.645\sqrt{\frac{(0.240)(0.760)}{403}} < p < 0.240 + 1.645\sqrt{\frac{(0.240)(0.760)}{403}}$$

에서

$$0.205 < p < 0.275$$

가 된다. 따라서 검열에 대해 거부반응을 느끼는 모비율에 대한 90% 신뢰구간은 0.205에서 0.275 사이가 된다.

4. 정규모집단의 분산에 대한 추정

앞의 모평균과 모비율에 대한 구간추정과 함께 모분산에 대한 구간추정도 필요할 경우가 있다.

분산 σ^2의 정규모집단에서 크기 n의 표본이 추출되고, 표본의 분산을 s_X^2이라고 할 때 확률변수

$$\chi^2_{n-1} = \frac{(n-1)s_X^2}{\sigma_X^2}$$

은 자유도 $(n-1)$인 χ^2-분포를 따른다. 이 사실을 이용하여 정규분포로부터 표본추출을 할 때 모분산 또는 모표준편차에 대한 신뢰구간을 추정할 수 있다.

앞에서 $P(\chi^2_{n-1} > \chi^2_{n-1,\alpha}) = \alpha$ 를 정의하였다. 그러면

$$P(\chi^2_{n-1} > \chi^2_{n-1,\alpha/2}) = \frac{\alpha}{2}$$

가 된다. 마찬가지로

$$P(\chi^2_{n-1} > \chi^2_{n-1,1-\alpha/2}) = 1 - \frac{\alpha}{2}$$

이고

$$P(\chi^2_{n-1} < \chi^2_{n-1,1-\alpha/2}) = \frac{\alpha}{2}$$

이므로

$$P(\chi^2_{n-1,1-\alpha/2} < \chi^2_{n-1} < \chi^2_{n-1,\alpha/2}) = 1 - \frac{\alpha}{2} - \frac{\alpha}{2} = 1 - \alpha$$

가 된다. 이를 그래프로 나타내면 다음 [그림 7-10]과 같다.

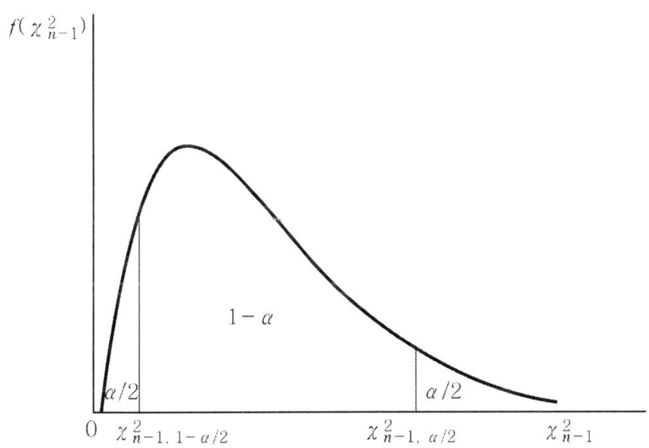

[그림 7-10] 자유도 $(n-1)$인 χ^2-분포의 신뢰구간 설정

위의 개념을 통해 모분산에 대한 신뢰구간을 유도해 보자.

$$1-\alpha = P(\chi^2_{n-1,1-\alpha/2} < \chi^2_{n-1} < \chi^2_{n-1,\alpha/2})$$

$$= P(\chi^2_{n-1,1-\alpha/2} < \frac{(n-1)s_X^2}{\sigma_X^2} < \chi^2_{n-1,\alpha/2})$$

$$= P[\frac{(n-1)s_X^2}{\chi^2_{n-1,\alpha/2}} < \sigma^2 < \frac{(n-1)s_X^2}{\chi^2_{n-1,1-\alpha/2}}]$$

가 되므로 표본분산의 특정값을 s_x^2이라고 하면 모분산에 대한 $100(1-\alpha)\%$ 신뢰구간은 다음과 같다.

[정규모집단의 모분산에 대한 $100(1-\alpha)\%$ 신뢰구간]

$$\frac{(n-1)s_x^2}{\chi^2_{n-1,\alpha/2}} < \sigma^2 < \frac{(n-1)s_x^2}{\chi^2_{n-1,1-\alpha/2}}$$

예제 7-6

어느 두통약 15정을 표본으로 추출하여 조사한 결과 진통효과를 내는 성분의 양의 표준편차가 0.8g이었다. 모집단에서 진통효과를 내는 성분에 대한 분산의 95% 신뢰구간을 구하라.

$n=15$, $s_x^2=(0.8)^2=0.64$ 이고 $\alpha=0.05$ 이므로 부록의 카이제곱분포표에서 다음과 같은 값들을 얻을 수 있다.

$$\chi^2_{n-1,\alpha/2} = \chi^2_{14,0.025} = 26.12$$

$$\chi^2_{n-1,1-\alpha/2} = \chi^2_{14,0.975} = 5.63$$

모분산의 95% 신뢰구간을 구하는 식에 이 값들을 대입하면

$$\frac{(14)(0.64)}{26.12} < \sigma^2 < \frac{(14)(0.64)}{5.63}$$

이므로 신뢰구간은

$$0.343 < \sigma^2 < 1.591$$

이 된다. 따라서 진통효과는 내는 성분의 분산에 대한 95% 신뢰구간은 0.343에서 1.591사이가 된다.

제 4 절 표본크기의 결정

신뢰구간을 계산하는데 있어서 표본의 크기가 커질수록 신뢰구간의 범위가 좁아지므로 더 정확한 추정을 할 수 있게 된다. 어떤 경우에는 신뢰구간을 미리 정하고 그에 알맞는 크기의 표본을 추출할 수도 있다. 이 절에서는 어떻게 표본크기가 결정될 수 있는지 두 모평균과 모비율의 구간추정을 이용하여 살펴보도록 하겠다.

1. 모평균의 추정을 위한 표본크기 결정

평균 μ, 분산 σ^2인 정규모집단에서 크기 n인 표본을 추출했을 때 모평균의 $100(1-\alpha)\%$ 신뢰구간은

$$\bar{x} - z_{\alpha/2}\frac{\sigma}{\sqrt{n}} < \mu < \bar{x} + z_{\alpha/2}\frac{\sigma}{\sqrt{n}}$$

로 주어진다. 이 때 표본평균은 구간의 중심이 되고 거리는 신뢰구간의 표본평균을 중심으로 좌우 $D = z_{\alpha/2}\frac{\sigma}{\sqrt{n}}$에 해당되므로 D는 신뢰구간 길이의 반에 해당한다.

$$D = z_{\alpha/2}\frac{\sigma}{\sqrt{n}}$$

은

$$\sqrt{n} = z_{\alpha/2}\frac{\sigma}{D}$$

이므로 구하는 표본의 크기는

$$n = (z_{\alpha/2})^2 \frac{\sigma^2}{D^2}$$

이 된다. 여기에서 유의할 점은 표본크기는 반드시 정수가 되어야 하므로 정수가 아닐 때는 올림을 해야 한다.

예제 7-7

어떤 공정에서 생산되는 전체 철봉의 길이를 알아보기 위해 36개의 철봉을 표본으로 추출한 결과 평균 2.6m, 표준편차가 0.3m가 나왔다. 만약 전체 철봉의 평균길이 μ에 대한 추정값의 오차가 0.05보다 작다고 95% 신뢰하기 위해서는 표본의 크기가 얼마가 되어야 할까?

$n = 36$, $s_X = 0.3$, $D = 0.05$ 이고, $\alpha = 0.05$ 이므로 $z_{\alpha/2} = z_{0.025} = 1.96$이 된다. σ를 s_X로 대체해 주면

$$n = \left[(1.96)\frac{0.3}{0.05}\right]^2 = 138.3$$

이므로 표본의 크기를 139로 결정해 주면 된다.

2. 모비율의 추정을 위한 표본크기 결정

크기 n인 표본에 근거한 모비율 p의 $100(1-\alpha)\%$ 신뢰구간은

$$\hat{p_x} - z_{\alpha/2}\sqrt{\frac{\hat{p_x}(1-\hat{p_x})}{n}} < p < \hat{p_x} + z_{\alpha/2}\sqrt{\frac{\hat{p_x}(1-\hat{p_x})}{n}}$$

이었다. 이 구간은 표본비율을 중심으로

$$D = z_{\alpha/2}\sqrt{\frac{\hat{p_x}(1-\hat{p_x})}{n}}$$

의 거리만큼 좌우로 퍼져 있다.

이 경우 앞의 정규분포의 평균에 대한 구간의 경우와는 달리 아직 알 수 없는

표본비율 $\hat{p_x}$ 가 식에 포함되어 있으므로 표본크기를 결정하는데 위의 결과를 직접 사용할 수 없다. 그러나 분명한 것은 표본비율이 0.5일 때 $\hat{p_x}(1-\hat{p_x})$는 0.25보다 크지 않다는 것이다. 표본비율 $\hat{p_x}$ 와 $(1-\hat{p_x})$의 최대값은 0.5이므로 $\hat{p_x}(1-\hat{p_x})$는 0.25를 초과할 수가 없다. 따라서 D의 최대값은

$$D = z_{\alpha/2}\sqrt{\frac{0.25}{n}} = 0.5\ z_{\alpha/2}\ \frac{1}{\sqrt{n}}$$

이 된다. 이때 신뢰구간이 표본비율의 좌우방향으로 D 이상을 벗어나지 않을 충분한 양의 표본을 원한다면

$$\sqrt{n} = \frac{0.5\ z_{\alpha/2}}{D}$$

에서

$$n = \frac{0.25\ (z_{\alpha/2})^2}{D^2}$$

이 된다.

예제 7-8

대학생들 중에서 흡연자의 비율을 조사하고 있는데 실제 모비율에서 양쪽으로 오차가 6%인 95%의 신뢰구간을 얻고자 할 때 표본의 크기는 얼마로 하면 되겠는가?

$D=0.06$ 이며 $Z_{\alpha/2}=Z_{0.025}=1.96$이므로

$$n = \frac{0.25\ (z_{\alpha/2})^2}{D^2} = \frac{0.25\ (1.96)^2}{(0.06)^2} = 266.8$$

로 최소한 크기 267의 표본이 필요하다.

연 습 문 제

7.1 인터넷을 통한 주문을 받아 판매하는 전자기기 기업의 홈페이지에 방문하는 고객들이 머무는 시간은 표준편차가 75초인 정규분포를 한다. 임의의 25명의 인터넷 방문자들을 추출해 표본평균 350초의 결과를 보였다. 모평균값의 95% 신뢰구간을 구하라.

7.2 정규분포를 하는 모집단에서 $n=5$를 추출하여 표본평균은 150, 표본표준편차 s는 30으로 계산되었다. 모평균의 90% 신뢰구간을 구하라.

7.3 대규모 신용회사가 체납되어 있는 계정[변수 x]의 평균금액 μ에 대해 알고자 한다. 표본크기 $n=100$, 표본평균 $\bar{x}=233$(천원), 표본평균의 표준편차 $s=90$(천원)이다.
모평균의 구간추정을 위해 다음 구간을 설정하였다.
(215~251)
몇 %의 경우에, μ가 이 구간내에 들어 있을까?

7.4 어떤 항공사에서 항공편당 빈자리수 X를 조사해 보았다. 표본크기 $n=225$, 표본평균 $\bar{x}=11.6$, 표본평균의 표준편차 $s=4.1$이다. 모평균 μ의 90% 신뢰구간을 구하라.

7.5 어떤 생산관리자는 어떤 화학물질 한 상자에 들어 있는 불순물은 표준편차 40그램의 정규분포를 한다는 기록을 가지고 있다. 불순물의 모평균을 양쪽으로 5그램의 오차범위에서 95%의 신뢰수준으로 추정하기 위한 표본의 크기를 구하라.

7.6 모 프로 바스켓볼 선수의 500개의 슛을 조사해 봤더니 골인 성공률이 48%인 것을 보였다. 이 선수의 슛 성공 모비율의 95% 신뢰구간을 구하라.

7.7 모 국회의원의 지지율에 관한 추정치는 없다. 이제 그의 지지율을 90%의 신뢰수준을 갖고 모비율과 표본비율과의 차가 0.03 이내로 추정하기 위해 필요한 표본크기는 얼마인가 ?

7.8 어느 제약회사에서 제조하고 있는 치료제는 한 개 정량이 평균 20그램인 정규분포한다. 그 모분산을 추정하기 위해 15개의 표본을 추출해 표본분산(s^2) $12gm^2$을 얻었다. 모분산의 90% 신뢰구간을 구하라.

제 8 장

가설검정 : 단일표본

제 1 절 가설의 설정

모집단에서 추출된 표본에서 얻어진 결과는 모집단의 특성에 대한 추정 이외에 가설(hypothesis)의 타당성을 판단하는 데 이용될 수 있다. 이런 예로 다음과 같은 경우를 들 수 있다.

1. 새로운 세법에 대한 회계사와 세무사들의 찬성의 비율은 90%라는 것이 정부의 주장이다. 이를 확인하기 위하여 회계사/세무사들의 의견을 조사한다.
2. 교량공사에 사용되는 철강재의 단위면적당 강도가 37톤이 넘어야 한다는 것이 시 건설국의 납품조건이다. 이를 보증하기 위해 표본들을 검사한다.

이처럼 일반적으로 어떤 모집단에 대한 주장이나 예상을 가설이라 하고, 표본정보에 의해 이 가설의 타당성 여부를 판단하는 통계적 방법을 가설검정(hypothesis testing)이라고 한다. 표본으로부터 얻어진 정보가 가설과 다를 경우 이 가설을 기각(reject)하고, 반면에 이 가설이 맞다면 채택(accept)한다고 한다. 그러나 여기에서 유의할 점은 가설을 채택한다는 것은 가설을 기각시킬 근거가 충분하지 않다는 것으로 그 가설이 완전히 정확하다는 의미는 아니다.

이와 같이 기존의 가설이 잘못되었다는 충분한 근거가 제시되기 전까지 참으로 받아들여지는 가설을 귀무가설(null hypothesis)이라고 하고, H_0 로 나타낸다. 반면 귀무가설의 사실여부를 검정하여 그 주장이 잘못되었다는 충분한 근거를 통해 귀무가설이 기각될 때, 받아들여지는 새로운 가설을 대립가설(alternative hypothesis)이라고 하고, H_1 으로 표기한다. 즉 대립가설은 귀무가설의 주장이 의심이 가서 통계적 검정을 하는 데 있어서 귀무가설에 반대되는 사실이 되므로 흔히 대립가설에 관심을 두게 된다.

어떤 변수에 관한 모수, 예를 들어 모평균, 모분산, 모비율 등을 θ 라고 하자. 이 모수에 대한 가설을 설정해 보자.

1. 만약 어느 제과회사가 그 회사에서 생산하는 제품의 비스켓이 1상자당 평균 500g이라고 주장한다고 할 때, 이 가설이 사실인가를 검정하고 싶다고 하자. 이 경우 가설은 다음과 같다.

H_0 : $\theta = 500$ 이고

H_1 : i. $\theta > 500$

ii. $\theta < 500$

iii. $\theta \neq 500$

이 때 i과 ii처럼 어느 한쪽에 위치하는 값만을 포함하는 경우를 단측대립가설(one-sided alternative hypothesis)이라고 하고, iii의 경우와 같이 귀무가설에서 설정된 값을 제외한 양쪽의 모든 값을 포함하는 경우 양측대립가설(two-sided alternative hypothesis)이라고 한다.

2. 만약 평균이 최소한 500g이라는 주장을 검정한다면 귀무가설은 다음과 같다.

$$H_0 : \theta \geq 500$$

귀무가설의 주장이 의심가는 것은, "500g보다 작은 것이 아닌가?"이므로 대립가설은

H_1 : $\theta < 500$ 이 된다.

3. 만약 평균이 최대한 500g이라는 주장을 검정할 경우 귀무가설은

$$H_0 \ : \theta \leqq 500$$

이에 대해 의심이 가는 것은 "500g 이상이 아닌가?"이므로 대립가설은

$$H_1 \ : \theta > 500$$

가설검정을 통해 귀무가설을 채택하는 경우와 기각하는 경우 중의 하나를 결정하게 된다. 이와 같이 표본정보에 근거하여 두 가지 결정 중에서 하나를 선택하는 기준을 의사결정규칙(decision rule)이라고 한다. 가설검정을 할 경우 모수를 알지 못하여 표본에서 얻은 정보에 근거하게 되므로 잘못된 결론을 내릴 오류가 존재하게 된다. 이 때 발생할 수 있는 오류는 두 가지가 있다.

[표 8-1] 검정결과에 대한 판정 및 오류

검정결과	실제 현상	
	H_0이 참	H_0이 거짓
채택	올바른 결정 (확률=1-α)	제2종오류 (확률=β)
기각	제1종오류 (확률=α)	올바른 결정 (확률=1-β)

만일 귀무가설이 참일 때 귀무가설을 기각하는 경우를 제1종오류(type I error)라고 하고, 이 오류가 발생할 확률을 α라고 하며 α를 유의수준(significance level)이라고 한다. 만일 귀무가설이 거짓일 때 귀무가설을 채택하는 경우를 제2종오류(type 2 error)라고 하며 그 확률은 β로 나타낸다. 또한 귀무가설이 거짓일 때 귀무가설을 기각할 확률 $1-\beta$를 검정력(power of the test)이라고 한다.

제1종오류는 대립가설이 채택될 때에만 발생하고 제2종오류는 귀무가설이 채택될 때에만 발생하므로 제1종오류가 발생할 확률을 줄이면 제2종오류가 발생할 확률이 증가하게 된다. 두 오류가 발생할 확률을 동시에 줄이는 방법은 모수에

대한 더 많은 정보를 얻기 위해 표본의 크기를 크게 하는 것이다. 그러나 실제 문제를 다루는데 있어서는 제1종오류가 발생할 확률인 α, 즉 유의수준을 고정시킨다. 이 경우 귀무가설을 기각 또는 채택하는 결정에는 제2종오류에 영향을 받지 않게 된다. 따라서 유의수준을 작은 값으로 고정시킬 때 귀무가설이 기각될 가능성은 낮아지게 된다.

제 2 절 정규모집단의 평균에 대한 가설검정

1. 모분산을 알 때

평균 μ, 분산 σ^2인 정규모집단에서 표본 X_1, X_2, $\cdots, X_n$를 추출하고 모분산을 알고 있다고 가정하자. μ가 어떤 값 μ_0와 같다는 가설을 검정하려고 한다면 귀무가설은

$$H_0 \ : \ \mu = \mu_0$$

이다. 귀무가설은 의심이 가는 문제의 주된 가설이다. 이 가설에서 모평균이 μ_0보다 큰 것이 아닌가 하고 의심이 가는 것이라면 이에 대한 대립가설은 모평균이 특정값 μ_0보다 크다라고 설정한다.

$$H_1 \ : \ \mu > \mu_0$$

모평균에 대한 검정은 당연히 표본평균 $\overline{X}$에 근거하여 시행된다. 그러나 표본평균이 특정값 μ_0를 크게 초과한다면 귀무가설의 사실여부에 대해 의심을 갖게 된다. 따라서 귀무가설이 참일 때 귀무가설을 기각할 확률인 유의수준 α를 미리 정해야할 필요가 있다. 이러한 검정은 확률변수 $Z = \dfrac{\overline{X} - \mu}{\sigma / \sqrt{n}}$가 표준정규분포를 따른다는 사실에 입각하여 표본평균의 표본분포가 평균 μ와 표준편차 $\sigma/\sqrt{n}$인 정규분포라는데 근거를 둔다. 따라서 결정규칙은 다음과 같다.

$$\frac{\overline{X}-\mu_0}{\sigma/\sqrt{n}} > z_\alpha \text{ 일 경우 } H_0 \text{ 기각}$$

Z통계량과 같이 귀무가설과 대립가설 중에서 하나를 선택하는데 기준이 되는 통계량을 검정통계량(test statistic)이라고 하고 H_0를 기각시키는 검정통계량의 영역을 기각역(critical region), 기각역이 아닌 영역을 채택역(acceptance region)이라고 한다.

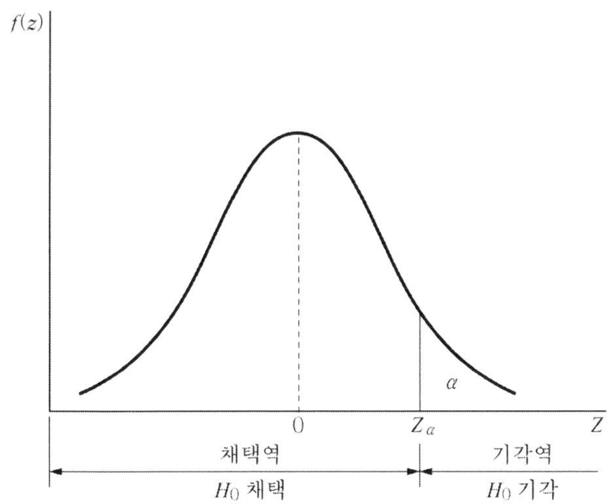

[그림 8-1] Z 통계량의 검정영역

[그림 8-1]에서 알 수 있듯이 유의수준 α를 변동시킨다면 가설에 대한 판단이 달라질 수 있다. 즉 α를 작게 하면 참인 귀무가설을 기각할 확률을 감소시킨다. 따라서 귀무가설이 기각될 수 있는 최소의 유의수준을 정할 수 있는데 이를 p-값(p-value)라고 한다.

[p-값]
귀무가설이 기각될 수 있는 최소한의 유의수준

[모평균에 대한 가설검정 : 모분산을 아는 경우]
ⅰ. $H_0: \mu=\mu_0$ 또는 $H_0: \mu \leq \mu_0$

$H_1 : \mu > \mu_0$

$\frac{\bar{x}-\mu_0}{\sigma/\sqrt{n}} > z_\alpha$ 인 경우 H_0 기각

ii. $H_0 : \mu = \mu_0$ 또는 $H_0 : \mu \geq \mu_0$

$H_1 : \mu < \mu_0$

$\frac{\bar{x}-\mu_0}{\sigma/\sqrt{n}} < -z_\alpha$ 인 경우 H_0 기각

iii. $H_0 : \mu = \mu_0$

$H_1 : \mu \neq \mu_0$

$\frac{\bar{x}-\mu_0}{\sigma/\sqrt{n}} > z_{\alpha/2}$ 이거나 $\frac{\bar{x}-\mu_0}{\sigma/\sqrt{n}} < -z_{\alpha/2}$ 인 경우 H_0 기각

일반적으로 가설검정을 수행하는 절차는 다음과 같다.

1. 귀무가설 H_0 와 대립가설 H_1 을 설정한다.
2. 검정통계량을 계산한다.
3. 유의수준 α 에 따라 기각역을 구한다.
4. 주어진 자료의 유의성을 판단하고 결과를 해석한다.

앞에서 모집단은 정규분포를 따르고 모분산을 아는 것으로 가정하였다. 만일 모분산을 모르는 경우 표본의 크기가 크다면 모분산 대신 표본으로부터 도출한 추정치 s_X^2 로 대치할 수 있고, 모집단이 정규분포가 아닌 경우에도 표본의 크기가 크다면 중심극한정리에 의해 표본평균은 정규분포로 근사화되므로 전 장에서의 구간추정과 동일한 가설검정절차를 적용할 수 있다.

예제 8-1

어느 초콜릿 제조업자는 주문받은 100개의 발렌타인데이 선물용 포장 초콜릿의 개당 무게가 평균 12g을 채우도록 조정되었는지 검정하기를 원한다. 만일 개당 평균무게가 12g을 넘거나 미달하면 이를 시정해야 하기 때문이다. 100개의 초콜릿을 모두 조사해 보니 무게의 평균과 표준편차는 다음과 같았다.

$$\bar{x} = 11.85\text{g} \qquad \sigma = 0.5\text{g}$$

평균무게가 12g과 다른지 5% 유의수준에서 검정하라.

무게가 12g과 다른지 알기를 원하므로 양쪽 검정이 된다. 귀무가설과 대립가설은 각각 다음과 같다.

$$H_0 \ : \ \mu = 12$$

$$H_1 \ : \ \mu \neq 12$$

$\bar{x} = 11.85$, $\sigma = 0.5$ $n = 100$이므로 검정통계량을 계산하면

$$\frac{\bar{x} - \mu_0}{\sigma / \sqrt{n}} = \frac{11.85 - 12}{0.5 / \sqrt{100}} = -3.0$$

$\alpha/2 = 0.025$이므로 기각역은

$$z_{0.025} = 1.96 \ \text{또는} \ -z_{0.025} = -1.96$$

이다. 따라서

$$\frac{\bar{x} - \mu_0}{\sigma / \sqrt{n}} = -3.0 < -1.96$$

이므로 귀무가설을 기각하게 된다. 즉 평균무게는 12g이 아니라고 할 수 있다.

2. 모분산을 모를 때

정규분포를 따르는 모집단의 분산을 모르고, 추출된 표본크기도 크지 않다고 하자. 모집단에서 n개의 관측값을 표본으로 추출하여 모평균에 대한 가설검정을 하려고 한다. 표본평균 $\overline{X}$, 표본분산을 s_X^2 또 이들의 값을 각각 $\bar{x}$, s_x^2이라고 할 때 앞에서 살펴본 자유도 $n-1$인 t-분포를 따르는 확률변수

$$t_{n-1} = \frac{\overline{X} - \mu}{s_X / \sqrt{n}}$$

를 검정통계량으로 사용하여 앞의 검정과 같은 절차를 수행한다.

[정규모집단의 평균에 대한 가설검정 : 모분산을 모르고 소표본일 때]

i. $H_0 : \mu = \mu_0$ 또는 $H_0 : \mu \leq \mu_0$

$H_1 : \mu > \mu_0$

$\dfrac{\bar{x} - \mu_0}{s_x / \sqrt{n}} > t_{n-1,\alpha}$ 인 경우 H_0 기각

ii. $H_0 : \mu = \mu_0$ 또는 $H_0 : \mu \geq \mu_0$

$H_1 : \mu < \mu_0$

$\dfrac{\bar{x} - \mu_0}{s_x / \sqrt{n}} < -t_{n-1,\alpha}$ 인 경우 H_0 기각

iii. $H_0 : \mu = \mu_0$

$H_1 : \mu \neq \mu_0$

$\dfrac{\bar{x} - \mu_0}{s_x / \sqrt{n}} > t_{n-1,\alpha/2}$ 이거나 $\dfrac{\bar{x} - \mu_0}{s_x / \sqrt{n}} < -t_{n-1,\alpha/2}$ 인 경우 H_0 기각

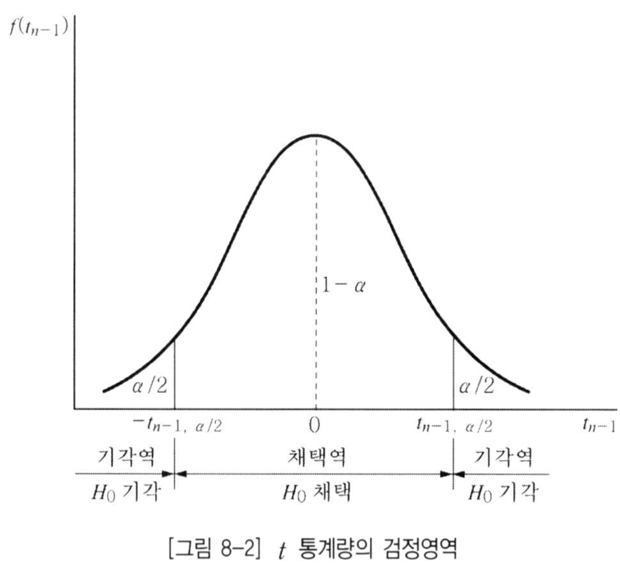

[그림 8-2] t 통계량의 검정영역

예제 8-2

어느 기업은 내년도 주가를 예측하기 위해 5명의 전문가에게 자문을 구했다. 주당수익에 대한 예측치의 평균과 표준편차는 다음과 같다.

$\bar{x}$ =2,630원 s_x =720원

작년도의 주당수익은 2,010원이었다. 전문가들의 평균예측치가 작년보다 높은 값이라고 할 수 있는지 유의수준 5%에서 검정하라.

검정을 위한 가설은 다음과 같다.

H_0: $\mu = 2{,}010$

H_1: $\mu > 2{,}010$

$\alpha = 0.05$, $n = 5$, $\bar{x}$ =2,630, s_x =720이므로 검정통계량은

$$\frac{\bar{x} - \mu}{s_x / \sqrt{n}} = \frac{2{,}630 - 2{,}010}{720 / \sqrt{5}} = 1.93$$

이고, 기각역은

$$t_{n-1,\alpha} = t_{4,0.05} = 2.132$$

가 된다.

$$\frac{\bar{x} - \mu}{s_x / \sqrt{n}} = 1.93 < 2.132$$

이므로 귀무가설을 기각하지 못한다. 따라서 주당수익율의 평균예측값이 작년값을 초과하지 않는다고 할 수 있다.

제3절 모집단 비율에 대한 가설 검정 : 대표본

p를 모비율, $\hat{p_X}$를 크기 n인 표본의 비율이라고 할 때 표본크기 n이 클 경우 확률변수

$$Z=\frac{\hat{p_X}-p}{\sqrt{p(1-p)/n}}$$

은 표준정규분포를 따른다는 것을 배운바 있다. 여기에서 귀무가설이 '모비율이 어떤 특정값인 p_0이다'라고 한다면 귀무가설이 참일 때 확률변수

$$Z=\frac{\hat{p_X}-p_0}{\sqrt{p_0(1-p_0)/n}}$$

는 표준정규분포를 따른다는 것이다. 즉 이 값이 모비율에 대한 검정통계량이 된다.

이 때 모비율을 검정하는 방법은 아래와 같다.

[모비율에 대한 가설검정]

i. $H_0: p=p_0$ 또는 $H_0: p \leq p_0$

$H_1: p>p_0$

$\frac{\hat{p}_x-p_0}{\sqrt{p_0(1-p_0)/n}}>z_\alpha$ 인 경우 H_0 기각

ii. $H_0: p=p_0$ 또는 $H_0: p \geq p_0$

$H_1: p<p_0$

$\frac{\hat{p}_x-p_0}{\sqrt{p_0(1-p_0)/n}}<-z_\alpha$ 인 경우 H_0 기각

iii. $H_0: p=p_0$

$H_1: p \neq p_0$

$$\frac{\hat{p_x}-p_0}{\sqrt{p_0(1-p_0)/n}} > z_{\alpha/2} \text{ 이거나 } \frac{\hat{p_x}-p_0}{\sqrt{p_0(1-p_0)/n}} < -z_{\alpha/2} \text{ 인 경우}$$

H_0 기각

예제 8-3

어느 특수 공구 제조업체는 공구사용자의 40%가 자사의 상표를 선호하는 것으로 받아들이고 있다. 이를 확인하기 위하여 임의로 1,000명의 공구사용자를 대상으로 설문조사를 실시하였다. 그 결과 313명만이 이 회사의 제품을 좋아한다고 응답하였다. 이 회사 제품의 시장점유율이 40% 가 맞는지 유의수준 5%에서 검정하라.

검정을 위한 가설은 다음과 같다.

H_0: $p = 0.4$

H_1: $p \neq 0.4$

유의수준 $\alpha = 0.05$ 이고, $n = 1,000$,$\hat{p_x}$ =0.313이므로 검정통계량은

$$\frac{\hat{p_x}-p_0}{\sqrt{p_0(1-p_0)/n}} = \frac{0.313-0.4}{\sqrt{0.4(1-0.4)/1000}} = -5.61$$

$$-z_{\alpha/2} = -z_{0.025} = -1.96$$

이므로 귀무가설을 기각한다. 따라서 시장점유율이 40%가 아니라고 할 수 있다.

제4절 정규모집단 분산의 가설검정

정규모집단의 분산에 대한 가설검정은 앞의 검정절차와 동일하나 정규모집단의 분산에 대한 추정에서처럼 χ^2-분포를 이용한다. 따라서 모분산이 어떤 특정값 σ_0^2이 동일하다는 귀무가설이 참일 때 검정통계량은

$$\chi_{n-1}^2 = \frac{(n-1)s_X^2}{\sigma_0^2}$$

이 되고 가설검정을 하는 방법은 다음과 같다.

[모분산에 대한 가설검정]

1. $H_0: \sigma^2 = \sigma_0^2$ 또는 $H_0: \sigma^2 \leqq \sigma_0^2$

   $H_1: \sigma^2 > \sigma_0^2$

   $\dfrac{(n-1)s_x^2}{\sigma_0^2} > \chi_{n-1,\alpha}^2$ 인 경우 H_0 기각

2. $H_0: \sigma^2 = \sigma_0^2$ 또는 $H_0: \sigma^2 \geqq \sigma_0^2$

   $H_1: \sigma^2 < \sigma_0^2$

   $\dfrac{(n-1)s_x^2}{\sigma_0^2} < \chi_{n-1,1-\alpha}^2$ 인 경우 H_0 기각

3. $H_0: \sigma^2 = \sigma_0^2$

   $H_1: \sigma^2 \neq \sigma_0^2$

   $\dfrac{(n-1)s_x^2}{\sigma_0^2} > \chi_{n-1,\alpha/2}^2$ 이거나 $\dfrac{(n-1)s_x^2}{\sigma_0^2} < \chi_{n-1,1-\alpha/2}^2$ 인 경우 H_0 기각

예제 8-4

합판을 생산하는 한 목재기업은 그 두께가 0.2㎠ 이하의 분산을 갖도록 제조하고 있다. 어느 날 생산되고 있는 합판이 이 기준을 초과하지 않았는지 의심이

들어 10개의 표본을 점검한 결과 분산의 추정치 0.4㎠를 얻었다. 유의 수준 5%로 이 제품의 분산이 0.2㎠보다 큰 것이 아닌지 검정하라.

검정을 위한 가설은 다음과 같다.

$$H_0 : \sigma^2 = 0.2$$

$$H_1 : \sigma^2 > 0.2$$

$$\frac{(n-1)s_x^2}{\sigma_0^2} = \frac{9 \times 0.4}{0.2} = 18 \ > \ \chi^2_{9,0.05} = 16.9$$

귀무가설은 기각된다. 분산은 0.2보다 크다고 할 수 있다.

엑 셀 활 용

추정

[예제 7-3]의 자료를 이용하여 95% 신뢰구간을 구해 보자.
$\overline{x}=39.2,\ s_x=5,\ n=36,\ \alpha=0.05,\ s_x/\sqrt{n}=5/\sqrt{36}=0.8333$

1. 셀 A1에 신뢰구간 하한, 셀 A2에 신뢰구간 상한이라고 입력한 후 셀 포인터를 B1에 두고 도구모음의 함수마법사 버튼 *fx* 을 누른다. [함수마법사] 대화상자에서 범주선택에서 "통계", 함수선택에서 "NORMINV"를 선택한다. [NORMINV] 대화상자에서 "Probability"에 $\alpha/2$의 값 0.025를 입력하고, "Mean"에 39.2, "Standard_dev"에 0.8333을 입력한다.

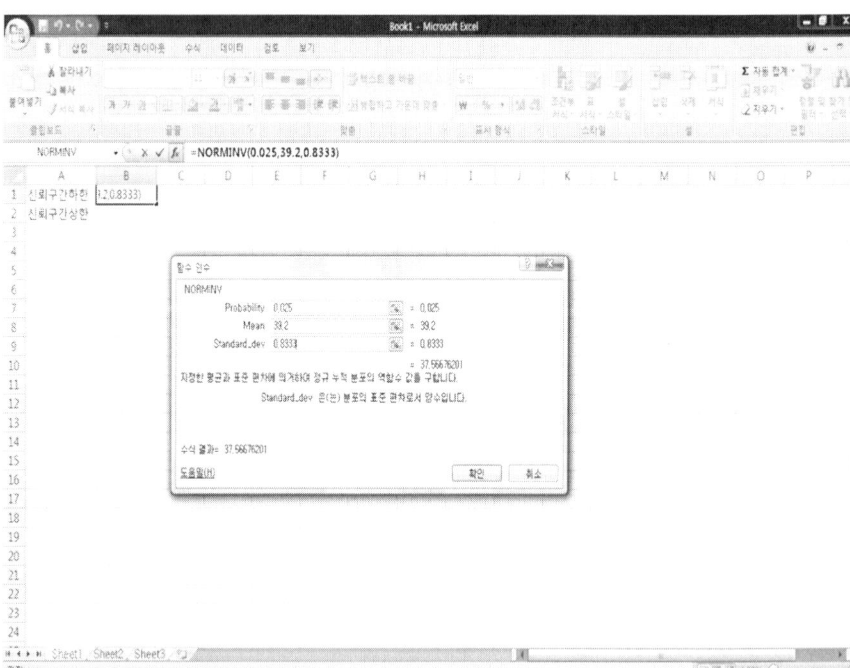

2. [확인]을 누르면 신뢰구간 하한의 값 37.56676이 구해지고, 신뢰구간의 상한을 구하는 경우 "Probability"에 0.975를 입력한 후 같은 방법을 수행하면 된다. 신뢰구간을 구한 결과가 다음 그림과 같다.

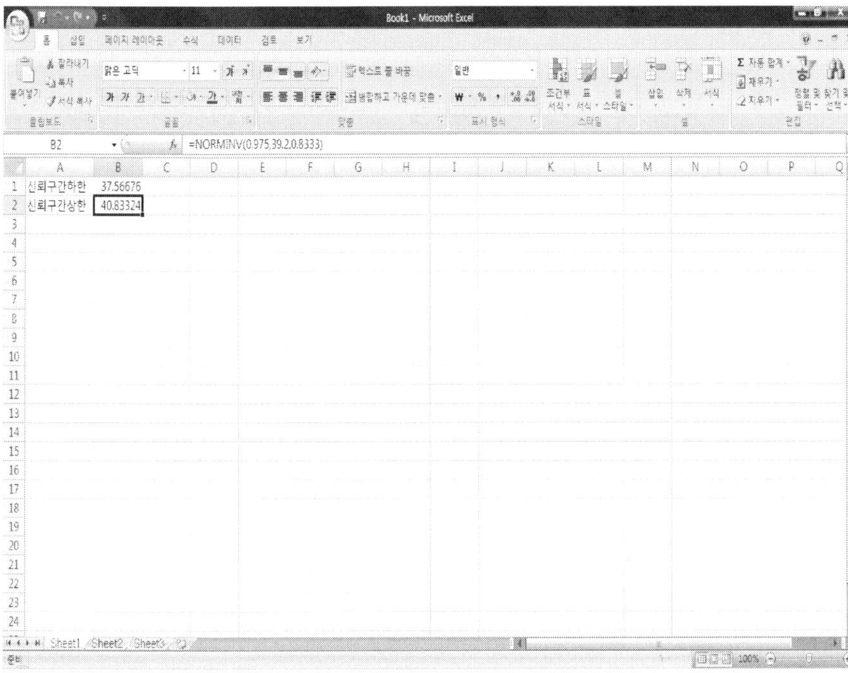

[정규분포의 평균에 대한 가설검정 ; 모분산을 알 때]

• 예 제

어느 도시행정당국에서는 교량의 붕괴를 막기 위하여 사용되는 철강재의 강도를 엄격히 검사하고 있다. 업자가 납품하는 철강재의 강도(強度)가 단위면적당 37톤보다 커야 한다는 조건을 내세우고 있다. 업자 A가 납품하려는 철강재 중에서 임의로 36개를 선정하여 조사해 본 결과 강도 평균이 39.2톤, 표준편차 5톤이다. $\bar{x}$의 표준편차 $= \frac{5}{\sqrt{36}}$ =0.8333이다. 이 업자에게서 납품받아도 되겠는가?(유의수준 .05)

H_0 : μ = 37 (A가 납품하는 철강재의 평균강도는 37톤이다.)

H_1 : μ > 37 (A가 납품하는 철강재의 평균강도는 37톤을 초과한다.)

1. 셀 A1에 확률, 셀 A2에 p값이라고 입력한 후 셀 포인터를 B1에 두고 도구모음의 함수마법사 버튼 f_x 을 누른다. [함수마법사] 대화상자에서 범주선택에서 "통계", 함수선택에서 "NORMDIST"를 선택한다. [NORMDIST] 대화상자에서 "X"에 39.2, "Mean"에 37, "Standard_dev"에 .8333, "Cumulative"에 1을 입력한다.

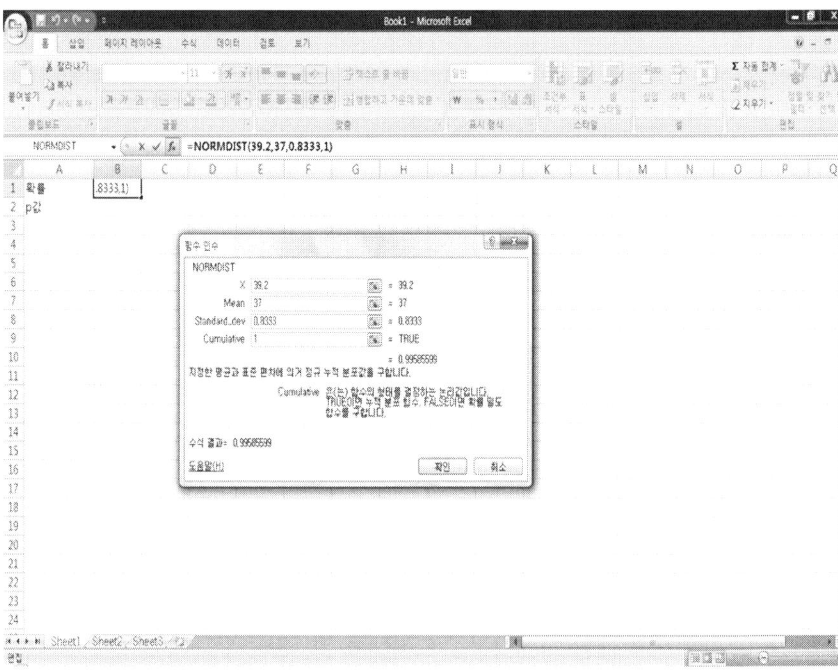

2. [확인]를 누르면 셀 B1에에 확률 0.995855이 나타난다. 확률이 0.95를 초과하므로 대립가설 H_1을 채택한다. 이 업자에게서 납품받아도 된다고 할 수 있다. 셀 포인터를 B2에 두고 수식입력줄에 "1-B1"을 입력한 후 = 를 누르면 p값 0.004144를 얻는다. 계산 결과는 다음 그림과 같다.

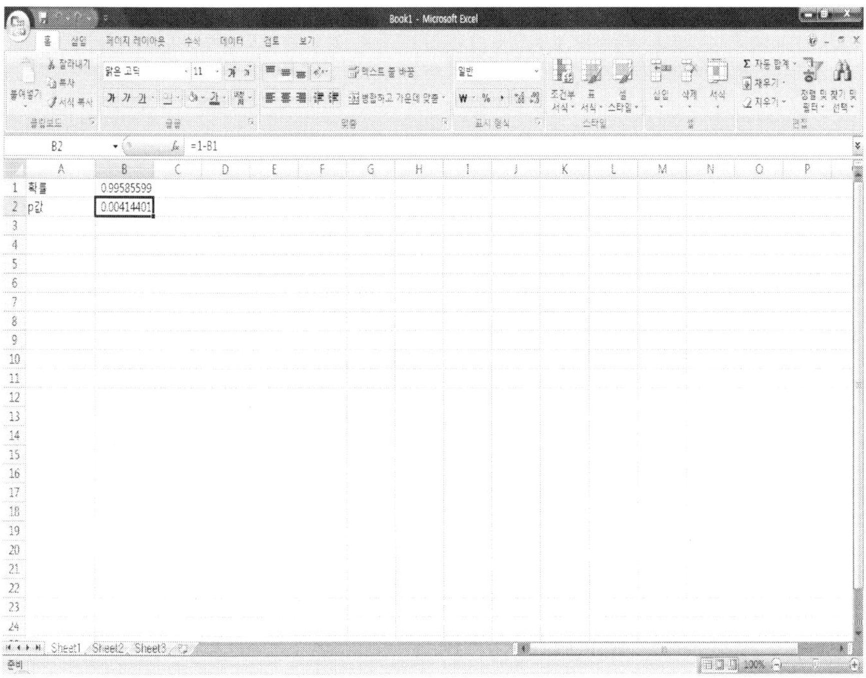

[정규 모집단 평균에 대한 가설검정-모분산을 모를 때]

[예제 8-2]의 자료에서

$n=5$, $\bar{x}=$ 2630원, $s=$ 720원, $\alpha=0.05$

가설 : H_0: $\mu=2010$

H_1: $\mu>2010$

검정통계량 : $$t=\frac{\bar{x}-\mu}{s/\sqrt{n}}=\frac{2630-2010}{720/\sqrt{5}}=1.9255$$

이었다. 이를 검정해 보자.

1. 셀 A1에 확률이라고 입력한 후 셀 포인터를 B1에 두고 도구모음의 함수마법사 버튼 *fx* 을 누른다. [함수마법사] 대화상자에서 범주선택에서 "통계", 함수선택에서 "TDIST"를 선택한다. [TDIST] 대화상자에서 "x"에 검정통계량의 값 1.9255을 입력하고, "Deg_freedom"에 자유도 4, "Tails"에 1을 입력한다.(양측검정일 때에는 2를 입력한다).

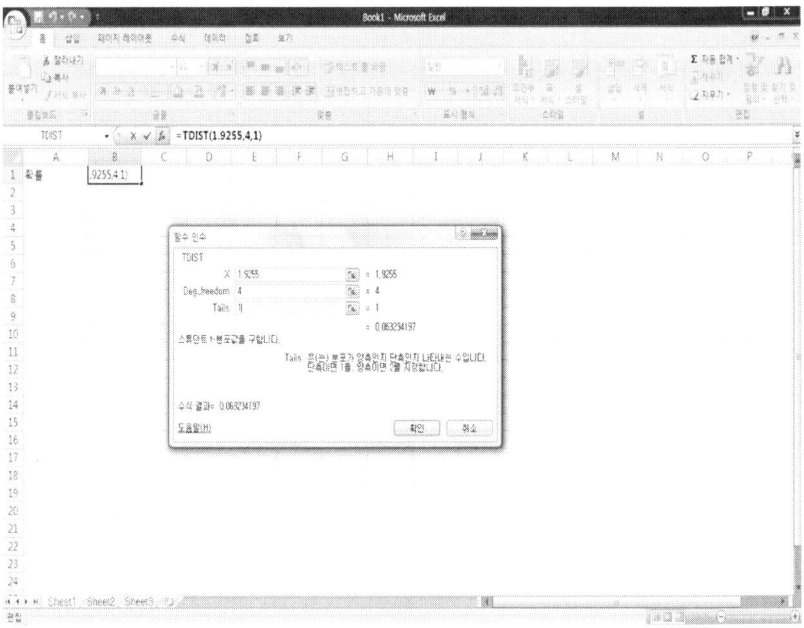

2. [확인]을 누르면 셀 B1에 확률 0.063234이 나타난다. 확률이 0.05를 초과하므로 귀무가설 H_0을 기각하지 못한다. 따라서 주당수익률의 평균 예측값은 작년값을 초과하지 않는다고 할 수 있다.

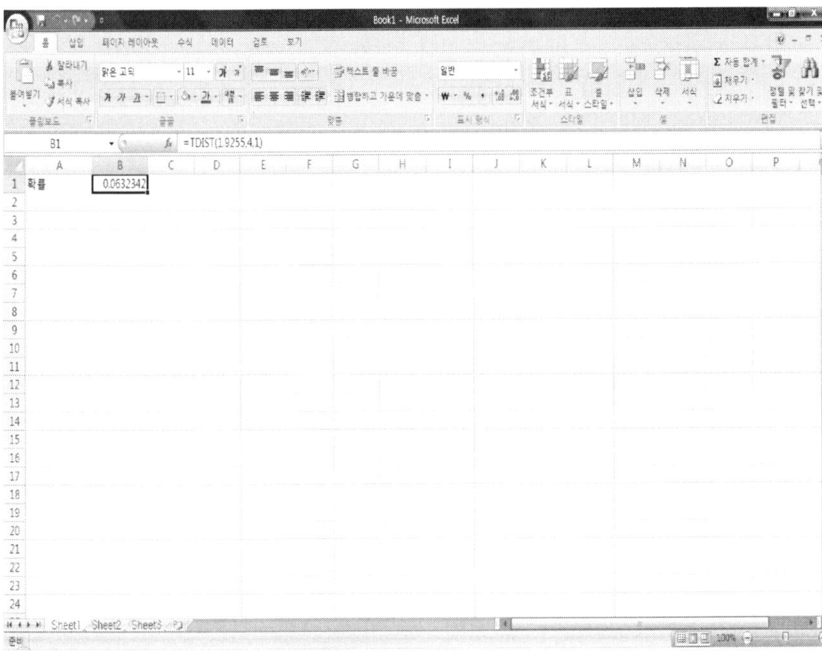

연 습 문 제

8.1 수도국에서는 업자가 납품하는 파이프의 강도(强度)가 단위면적당 2,400kg보다 커야 한다는 조건을 내세우고 있다. 업자 A가 납품하려는 파이프 중에서 임의로 50개를 선정하여 조사해 본 결과 강도의 평균이 2,460kg, 표준편차 200kg이었다. 이 업자에게서 납품받아도 되겠는가? 유의수준 5% 에서 검정해보라.

8.2 A회사에서 생산되는 맥주 한 병의 양은 평균 1리터일 것으로 기대하고 있다. 그런데 임의로 49병을 조사해 보니 평균이 0.98리터이고 표준편차가 0.05리터이다.

(1) 이 조사는 맥주 한 병의 평균량이 1리터가 아니라고 할 수 있는가? 유의수준 5%에서 가설검정하라.

(2) 관측된 유의수준 p 값은 얼마인가?

8.3 전자제품에 쓰이는 와퍼의 두께는 평균 3mm로 생산되고 있었다. 이번 달에 설비를 새로 교체하였다. 새로 만들어지는 와퍼의 두께 평균이 동일한지를 확인하기 위하여 와퍼 64개를 임의로 선정하여 조사하였더니 평균이 2.9mm이고 표준편차는 0.3mm이다.

(1) 새로 만들어지는 와퍼의 두께가 종전과 동일하게 3mm라고 할 수 있는지 검정하라.(유의수준 $\alpha=0.05$)

(2) 관측된 유의 확률 p는 얼마인가?

8.4 어떤 제품의 강도는 평균 73.7kg, 표준편차 1kg인 정규분포에 근사하다고 생각되었다. 그런데 공정을 변경한 후 크기 16의 표본을 채집해 보니 평균 75.1kg 이었다. 평균강도가 달라졌는지 유의수준 $\alpha = 0.05$에서 검정하라.

8.5 어떤 비누공장에서 생산하는 비누 1개의 평균무게는 100g, 표준편차=1.8g이었다. 공정 일부를 변경한 후, 10개의 표본을 뽑아 평균을 본 결과 98g이다. 평균에 변동사항이 있는지 유의수준 1%에서 검정하라.

8.6 어느 자동차제조회사에서는 수출용 승용차의 엔진이 국제공해방지 기준에 달하는지 알고 싶다. 국제기준은 배출가스 중의 탄소가 20ppm미만이어야 한다. 10개의 엔진을 임의로 선정하여 시험해 보니 평균 17.1ppm, 표준편차 3ppm이다. 규격에 달한다고 할 수 있는가? 유의수준 1%에서 검정하라.

8.7 어떤 제품의 평균무게가 2g보다 작은지 알고 싶다. 크기 25인 표본의 평균은 1.96g, 표본표준편차는 0.05g이다. 유의수준 5%에서 검정하라.

8.8 튜너의 불량률은 5.5%였다. 공정을 개선한 후 200개를 표본으로 추출해 보니 4개가 불량이었다. 모불량률이 5.5%보다 작아졌다고 할 수 있는가? 유의수준 5%에서 검정하라.

8.9 카메라 플래쉬발브의 제조업자는 불량률 5% 미만이라고 확신하고 있다. 300개를 임의로 선정해보니 10개가 불량품이었다. 이를 유의수준 1%에서 검정하라.

8.10 어느 정부기관에서는 국민들에게 비치는 기관의 이미지에 대해 조사하였다. 조사대상자들이 보인 반응은 다음과 같다.

긍정적인 이미지	2,502 명
부정적인 이미지	3,465 명
응답없음	821 명

이 조사에서 50% 이상의 국민이 이 정부기관에 대해 부정적인 생각을 가지고 있다고 할 수 있나? 5% 유의수준에서 검정하라.

8.11 정부의 검열관의 주장에 따라 새로운 안전장치가 조립라인에 설치되었다. 이후에 8일의 임의표본을 조사해본즉, 생산되는 부품의 개수는 다음과 같다.

62	66	64	63	57	60	64	58

경영진은 일일 생산량의 분산이 4를 초과하는 것은 바람직하지 않다고 생각하고 있다. 매일의 생산량의 모분산이 4를 초과하지 않는다는 가설을 유의수준 5%에서 검정하라.

제 9 장

추정과 가설검정 : 두 표본

제 1 절 두 모평균의 차이에 대한 추정과 검정

두 모집단의 유사성이나 차이점을 찾아내기 위해 두 모집단을 비교해야 할 경우가 있다. 예를 들어 차종 Ⅰ의 후속모델로 차종 Ⅱ를 개발했는데 후속모델의 휘발유 1ℓ당 평균 주행거리가 구형모델에 비해 개선되었는지 비교해 볼 필요가 있을 것이다. 이 때 관심이 되는 모수는 두 모집단의 평균간 차이가 될 것이다.

모평균을 비교하기 위해서는 각 모집단에서 확률표본을 추출하고, 표본의 결과에 근거하여 두 모집단 평균간의 차이에 관한 추론이 이루어진다. 일반적으로 표본을 추출하는 절차는 대응표본(paired sample)과 독립표본(independent sample)이 있다. 대응표본은 표본들이 각 모집단에서 짝지어진 쌍(matched pair)으로 선택되는데 이러한 쌍들은 가능한 한 서로 비슷하여 직접 비교를 가능하게 한다. 예를 들어 속독훈련 전·후의 분당 단어 읽는 수, 다이어트 전·후의 체중 등을 들 수 있다. 독립표본은 두 모집단에서 독립적으로 추출되는 것으로 표본이 다른 표본에 의해서 영향을 받지 않게 된다. 예를 들어 남·여별 연봉, 경영학과와 통계학과 학생들의 입학성적 등을 들 수 있다. 먼저 대응표본의 경우에 대해 살펴보자.

1. 대응표본

평균이 각각 μ_X, μ_Y인 두 정규모집단에서 크기 n인 확률표본 (x_1,y_1), (x_2, y_2), …, (x_n,y_n)을 얻었다고 하자. 예를 들어 제조업체와 서비스업체의 과장들 중에서 학력이 고졸, 대졸여성, 대졸남성, 석사, 박사에 해당하는 5명의 연봉과 그 차이가 [표 9-1]과 같다고 하자.

[표 9-1] 학력에 따른 과장들의 연봉비교 (단위 : 백만원)

학력	제조업체 x_i	서비스업체 y_i	차이(x_i-y_i) d_i	d_i^2
고졸	36	35	1	1
대졸여성	37	38	-1	1
대졸남성	40	42	-2	4
석사	41	43	-2	4
박사	42	45	-3	9
		합계	-7	19
		평균	-1.4	

이 경우 두 관측값의 차이 d_i는 평균이

$$\bar{d}=\frac{1}{n}\sum_{i=1}^{n}d_i=-1.4$$

이고, 분산은

$$s_d^2=\frac{1}{n-1}\left(\sum_{i=1}^{n}d_i^2-n\overline{d^2}\right)$$

$$=\frac{1}{5-1}[19-5(-1.4)^2]=2.3$$

이다. 표준편차는 다음과 같다.

$$s_d=\sqrt{2.3}=1.517 \quad =1.517$$

대응표본간의 차이는 두 정규모집단에서 추출한 확률표본을 구성한다. 따라서 평균 μ_X 와 μ_Y 를 가진 두 모집단으로부터 n 개의 짝지어진 값들을 표본으로 추출했을 경우 차이 d_i 에 대한 표본평균은 $\bar{d}$, 분산은 s_d^2 이 된다.

짝진 두 관측값의 차이 d 의 기대값 μ_d 는

$$E(d) = \mu_d = E(X - Y) = \mu_X - \mu_Y$$

가 되므로 두 모집단의 평균차 μ_d 에 대한 추론은 차이의 표본평균인 $\bar{d}$ 에 근거하게 된다. d_i 가 정규분포를 따르고 표본이 작다면($n < 30$), 확률변수

$$t_{n-1} = \frac{\bar{d} - \mu_d}{s_d / \sqrt{n}}$$

는 자유도 $(n-1)$ 인 t-분포를 따른다. 이때 두 모집단의 평균차이 $\mu_d = \mu_X - \mu_Y$ 에 대한 $100(1-\alpha)\%$ 신뢰구간은 다음과 같다.

[두 모집단의 평균차이에 대한 $100(1-\alpha)\%$ 신뢰구간 : 대응표본]

$$\bar{d} - t_{n-1,\alpha/2}\frac{s_d}{\sqrt{n}} < \mu_X - \mu_Y < \bar{d} + t_{n-1,\alpha/2}\frac{s_d}{\sqrt{n}}$$

예제 9-1

앞의 [표 9-1]의 연봉사료에서 99% 신뢰구간을 구하라.

$t_{n-1,\alpha/2} = t_{4,0.005} = 4.604$ 이므로

$$-1.4 - 4.604\frac{1.517}{\sqrt{5}} < \mu_X - \mu_Y < -1.4 + 4.604\frac{1.517}{\sqrt{5}}$$

에서

$$-4.523 < \mu_X - \mu_Y < 1.723$$

이 된다. 구간은 0을 포함하고 있으므로 표본에 의하면 모평균이 같을 것이라는 추측이 가능해진다.

두 정규모집단의 평균의 차이에 대한 검정은 귀무가설이 평균에 차이가 없다는 것으로

$$H_0 : \mu_X - \mu_Y = 0$$

이 된다. 이를 더 일반화시키면 차이 $\mu_X - \mu_Y$가 어느 특정값 D_0와 같다는 가설을 검정할 수 있다.

[두 모집단의 평균 차이에 대한 가설검정: 분산을 모르고 표본크기가 작은 경우]

i. H_0: $\mu_X - \mu_Y = D_0$ 또는 H_0: $\mu_X - \mu_Y \leqq D_0$

H_1: $\mu_X - \mu_Y > D_0$

$\dfrac{\bar{d} - D_0}{s_d / \sqrt{n}} > t_{n-1,\alpha}$ 인 경우 H_0 기각

ii. H_0: $\mu_X - \mu_Y = D_0$ 또는 H_0: $\mu_X - \mu_Y \geqq D_0$

H_1: $\mu_X - \mu_Y < D_0$

$\dfrac{\bar{d} - D_0}{s_d / \sqrt{n}} < -t_{n-1,\alpha}$ 인 경우 H_0 기각

iii. H_0: $\mu_X - \mu_Y = D_0$

H_1: $\mu_X - \mu_Y \neq D_0$

$\dfrac{\bar{d} - D_0}{s_d / \sqrt{n}} > t_{n-1,\alpha/2}$ 또는 $\dfrac{\bar{d} - D_0}{s_d / \sqrt{n}} < -t_{n-1,\alpha/2}$ 인 경우 H_0 기각

여기에서

$\bar{d}$: n개의 차이 $(x_i - y_i)$에 대한 표본평균

s_d : n개의 차이 $(x_i - y_i)$에 대한 표준편차

2. 독립표본 : 모분산을 아는 경우 또는 표본의 크기가 큰 경우

이번에는 독립적인 표본의 경우를 살펴보자. 앞의 대응표본에서는 표본의 크기가 동일하였으나 독립표본에서는 두 표본의 크기가 같을 필요는 없다.

평균이 각각 μ_X, μ_Y, 분산이 σ_X^2, σ_Y^2이고 정규분포를 따르는 모집단들에서 각각 크기 n_x, n_y인 독립적인 확률표본을 얻었다고 하자. 추출된 독립표본의 각각의 표본평균을 $\overline{X}$, $\overline{Y}$라고 하자. 두 모평균의 차이 $\mu_X - \mu_Y$에 관심이 있으므로 두 표본평균의 차이 $\overline{X} - \overline{Y}$에 추론의 근거를 두어야 할 것이다. 이 확률변수

의 평균은

$$E(\overline{X}-\overline{Y})=E(\overline{X})-E(\overline{Y})=\mu_X-\mu_Y$$

이고, 표본들이 독립적이므로 분산은

$$Var(\overline{X}-\overline{Y})=Var(\overline{X})+Var(\overline{Y})=\frac{\sigma_X^2}{n_x}+\frac{\sigma_Y^2}{n_y}$$

이 된다. 모집단의 분포가 정규분포이므로 확률변수

$$Z=\frac{(\overline{X}-\overline{Y})-(\mu_X-\mu_Y)}{\sqrt{\frac{\sigma_X^2}{n_x}+\frac{\sigma_Y^2}{n_y}}}$$

는 표준정규분포를 따르게 된다. 따라서 독립표본인 경우 모평균 차이에 대한 $100(1-\alpha)\%$ 신뢰구간은

$$(\bar{x}-\bar{y})-z_{\alpha/2}\sqrt{\frac{\sigma_X^2}{n_x}+\frac{\sigma_Y^2}{n_y}}<\mu_X-\mu_Y<(\bar{x}-\bar{y})+z_{\alpha/2}\sqrt{\frac{\sigma_X^2}{n_x}+\frac{\sigma_Y^2}{n_y}}$$

이 된다. 여기에서 $z_{\alpha/2}$는 $P(Z>z_{\alpha/2})=\frac{\alpha}{2}$가 되는 수이다.

그러나 이 구간은 실제 모분산을 알아야 하므로 직접 사용되는 경우는 흔치 않다. 모분산을 모르는 경우 표본크기, 즉 n_x와 n_y가 클 경우($n_x \geq 30$, $n_y \geq 30$)에는 적절한 근사값으로 모분산대신 표본분산 s_x^2과 s_y^2으로 대체시켜 두 모평균 차이에 대한 신뢰구간을 구한다. 또한 모집단의 분포가 정규분포가 아니더라도 표본크기가 클 때에는 중심극한정리에 의해 정규분포로 근사화되므로 위의 식을 그대로 사용할 수 있다.

[두 모평균의 차이에 대한 $100(1-\alpha)\%$ 신뢰구간 : 모분산을 알거나 표본크기가 큰 경우]

$$(\bar{x}-\bar{y})-z_{\alpha/2}\sqrt{\frac{\sigma_X^2}{n_x}+\frac{\sigma_Y^2}{n_y}}<\mu_X-\mu_Y<(\bar{x}-\bar{y})+z_{\alpha/2}\sqrt{\frac{\sigma_X^2}{n_x}+\frac{\sigma_Y^2}{n_y}}$$

모분산을 모르지만 표본크기가 충분히 크다면 σ_X^2와 σ_Y^2 대신 표본분산 s_x^2과 s_y^2

으로 대체시킨다.

두 모집단의 평균 차이에 대한 가설검정에 대해 살펴보자.

평균이 μ_X, 분산이 σ_X^2 인 정규모집단에서 n_x 개, 평균이 μ_Y, 분산이 σ_Y^2 인 정규모집단에서 n_y 개의 독립표본을 취한다고 하자. 표본평균이 각각 $\bar{x}$, $\bar{y}$ 라고 할 때 가설검정은 다음과 같다.

[두 모집단의 평균 차이에 대한 가설검정: 분산을 알거나 표본크기가 큰 경우]

i. $H_0:\ \mu_X-\mu_Y=D_0$ 또는 $H_0: \mu_X-\mu_Y \leqq D_0$

$H_1:\ \mu_X-\mu_Y > D_0$

$$\frac{\bar{x}-\bar{y}-D_0}{\sqrt{\frac{\sigma_X^2}{n_x}+\frac{\sigma_Y^2}{n_y}}} > z_\alpha \text{ 인 경우 } H_0 \text{ 기각}$$

ii. $H_0:\ \mu_X-\mu_Y=D_0$ 또는 $H_0: \mu_X-\mu_Y \geqq D_0$

$H_1:\ \mu_X-\mu_Y < D_0$

$$\frac{\bar{x}-\bar{y}-D_0}{\sqrt{\frac{\sigma_X^2}{n_x}+\frac{\sigma_Y^2}{n_y}}} < -z_\alpha \text{ 인 경우 } H_0 \text{ 기각}$$

iii. $H_0:\ \mu_X-\mu_Y=D_0$

$H_1:\ \mu_X-\mu_Y \neq D_0$

$$\frac{\bar{x}-\bar{y}-D_0}{\sqrt{\frac{\sigma_X^2}{n_x}+\frac{\sigma_Y^2}{n_y}}} > z_{\alpha/2} \text{ 또는 } \frac{\bar{x}-\bar{y}-D_0}{\sqrt{\frac{\sigma_X^2}{n_x}+\frac{\sigma_Y^2}{n_y}}} < -z_{\alpha/2} \text{ 인 경우 } H_0 \text{ 기각}$$

예제 9-2

어느 대학교에서는 여름방학동안 사회과학과 자연과학계열로 나뉘어 같은 강사진에 의해 영어 특강을 실시하였다. 특강 마지막 날 같은 시간에 치른 종합시험의 결과를 토대로 두 계열 학생들의 평균점수에 차이가 있는지를 분석하고자 한다. 각 계열별 수강학생들의 10%인 26명과 21명의 표본을 사회과학계열과 자연과학계열에서 각각 독립적으로 추출하여 평균점수를 계산한 결과 82점과 78점으로 밝혀졌다. 계열별 수강학생들의 점수는 정규분포하며 예년의 경우로 보아 분산은 각각 23과 28인 것으로 알고 있다. 계열별 영어 수강생들의 평균점수 차이에 대한 95% 신뢰구간을 구하라. 일반적으로 사회계열 학생들의 영어점수가 자연계열 학생들에 비해 높다고 알려져 있는데 이런 사실이 타당한지를 5% 유의수준에서 검정하라.

문제에서

$$\overline{x_1} = 82, \quad \sigma_1^2 = 23, \quad n_1 = 26$$
$$\overline{x_2} = 78, \quad \sigma_2^2 = 28, \quad n_2 = 21$$

이고, $z_{0.025} = 1.96$ 이므로 신뢰구간은 다음과 같이 계산된다.

$$(82-78) - 1.96\sqrt{\frac{23}{26} + \frac{28}{21}} < \mu_X - \mu_Y < (82-78) + 1.96\sqrt{\frac{23}{26} + \frac{28}{21}}$$

따라서 계열별 학생들의 영어 평균점수의 차이에 대한 95% 신뢰구간은 (1.082, 6.918)이다.

한편 가설검정을 위한 가설은

$$H_0: \ \mu_1 - \mu_2 = 0$$

$$H_1: \ \mu_1 > \mu_2 \text{ 또는 } \mu_1 - \mu_2 > 0$$

이다. 검정통계량을 계산하면

$$\frac{\overline{x_1} - \overline{x_2}}{\sqrt{\frac{\sigma_1^2}{n_1} + \frac{\sigma_2^2}{n_2}}} = \frac{82 - 78}{\sqrt{\frac{23}{26} + \frac{28}{21}}} = 2.686$$

이고, $z_{0.05} = 1.645$ 이므로 귀무가설은 기각된다. 따라서 사회과학계열 학생들이 자연과학계열 학생들의 영어성적보다 높다고 할 수 있다.

예제 9-3

경기도 지역에 지점을 신설하려고 하는 어느 백화점은 가구당 소득을 비교하여 참조하려고 한다. 지역 1과 지역 2에서 각각 100가구를 독립적으로 추출하여 소득의 평균과 표준편차를 구한 결과가 아래와 같다.

	지역 1(X)	지역 2(Y)
평균소득	18,750 천원	15,150 천원
표본표준편차(s)	3,200 천원	2,700 천원
표본크기(n)	100	100

두 지역의 가구당 소득은 차이가 있다고 할 수 있는지 유의수준 5%에서 정하라.

가구당 소득에 차이가 있다는 것이 관심이 되므로 가설은 다음과 같다.

$$H_0:\ \mu_X - \mu_Y = 0$$

$$H_1:\ \mu_X - \mu_Y \neq 0$$

주어진 자료를 이용하여 검정통계량을 구하면

$$\frac{\bar{x} - \bar{y} - D_0}{\sqrt{\frac{\sigma_X^2}{n_x} + \frac{\sigma_Y^2}{n_y}}} = \frac{(18,750 - 15,150) - 0}{\sqrt{\frac{3200^2}{100} + \frac{2700^2}{100}}} = 8.59$$

가 되고, $\alpha = 0.05$ 에서 $z_{\alpha/2} = z_{0.025} = 1.96$ 이므로 기각역은

$$z < -1.96 \quad \text{또는} \quad z > 1.96$$

이다. 검정통계량을 계산한 결과

$$\frac{\bar{x} - \bar{y} - D_0}{\sqrt{\frac{\sigma_X^2}{n_x} + \frac{\sigma_Y^2}{n_y}}} = 8.59 > 1.96$$

이므로 귀무가설을 기각한다. 따라서 두 지역의 소득은 차이가 있다고 할 수 있다.

3. 독립표본 : 모분산을 모르는 경우

모집단의 분포가 정규분포이긴 하나 모분산을 알지 못하고 표본 크기도 크지 않는 경우 모평균의 차이에 대한 추론은 모분산이 동일한 경우와 모분산이 동일하지 않는 경우로 나눌 수 있는데 본서에서는 모집단이 동일한 보다 일반적인 경우에 대해서만 살펴보도록 하겠다.

평균이 각각 μ_X, μ_Y 이고, 미지의 공통분산을 가진 두 정규모집단으로부터 n_x 와 n_y 개의 관측값을 각각 독립적으로 추출한다고 하자. 앞에서와 같이 모평균의 차이에 대한 추론은 두 표본평균간의 차이 $(\overline{X}-\overline{Y})$ 에 근거를 둔다. 이 확률변수는 정규분포하며, 평균이 $(\mu_X-\mu_Y)$ 이고 모분산이 동일하다면 두 평균의 차이에 대한 분산은

$$\begin{aligned} Var(\overline{X}-\overline{Y}) &= Var(\overline{X})+Var(\overline{Y}) \\ &= \frac{\sigma^2}{n_x}+\frac{\sigma^2}{n_y}=\sigma^2\left(\frac{1}{n_x}+\frac{1}{n_y}\right) \\ &= \sigma^2\left(\frac{n_x+n_y}{n_xn_y}\right) \end{aligned}$$

가 된다. 따라서 확률변수

$$Z=\frac{(\overline{X}-\overline{Y})-(\mu_X-\mu_Y)}{\sqrt{\sigma^2\left(\frac{n_x+n_y}{n_xn_y}\right)}}$$

는 표준정규분포를 따른다. 그러나 이 확률변수에서 모분산 σ^2 을 모르기 때문에 표본분산 s^2 으로 대체해야 한다. 두 모집단이 같은 분산을 가지므로 두 개의 표본정보가 합해져 이 분산을 추정하게 된다. 따라서 두 표본분산 s_X^2, s_Y^2 으로부터 표본분산은 다음과 같이 구해진다.

$$s^2 = \frac{(n_x - 1)s_X^2 + (n_y - 1)s_Y^2}{(n_x + n_y - 2)}$$

위의 Z식에서 σ^2를 s^2로 대체하면 확률변수

$$t = \frac{(\overline{X} - \overline{Y}) - (\mu_X - \mu_Y)}{s\sqrt{\dfrac{n_x + n_y}{n_x n_y}}}$$

가 되며 이는 자유도 $(n_x + n_y - 2)$인 t-분포를 따르게 된다. 따라서 모평균 $(\mu_X - \mu_Y)$에 대한 $100(1-\alpha)\%$ 신뢰구간은 아래와 같다.

[두 모평균의 차이에 대한 $100(1-\alpha)\%$ 신뢰구간 : 표본의 크기가 크지 않고 모분산을 모르는 경우]

$$(\overline{x} - \overline{y}) - t_{n_x + n_y - 2, \alpha/2}\, s\sqrt{\frac{n_x + n_y}{n_x n_y}}$$

$$< \mu_X - \mu_Y < \quad (\overline{x} - \overline{y}) + t_{n_x + n_y - 2, \alpha/2}\, s\sqrt{\frac{n_x + n_y}{n_x n_y}}$$

여기에서 $s = \sqrt{\dfrac{(n_x - 1)s_x^2 + (n_y - 1)s_y^2}{(n_x + n_y - 2)}}$ 이며, $t_{n_x + n_y - 2, \alpha/2}$는

$P(t_{n_x + n_y - 2} > t_{n_x + n_y - 2, \alpha/2}) = \alpha/2$가 되는 수이다.

또한 두 모평균의 차이에 대한 가설검정은 다음과 같이 수행된다.

[두 모평균의 차이에 대한 가설검정: 표본의 크기가 크지 않고, 두 모분산이 동일할 때]

i. H_0: $\mu_X - \mu_Y = D_0$ 또는 H_0: $\mu_X - \mu_Y \leq D_0$

H_1: $\mu_X - \mu_Y > D_0$

$\dfrac{\overline{x} - \overline{y} - D_0}{s\sqrt{\dfrac{n_x + n_y}{n_x\, n_y}}} > t_{n_x + n_y - 2, \alpha}$ 인 경우 H_0 기각

ii. H_0: $\mu_X - \mu_Y = D_0$ 또는 H_0: $\mu_X - \mu_Y \geqq D_0$

H_1: $\mu_X - \mu_Y < D_0$

$$\frac{\bar{x} - \bar{y} - D_0}{s\sqrt{\dfrac{n_x + n_y}{n_x n_y}}} < -t_{n_x + n_y - 2, \alpha} \text{ 인 경우 } H_0 \text{ 기각}$$

iii. H_0: $\mu_X - \mu_Y = D_0$

H_1: $\mu_X - \mu_Y \neq D_0$

$$\frac{\bar{x} - \bar{y} - D_0}{s\sqrt{\dfrac{n_x + n_y}{n_x n_y}}} > t_{n_x + n_y - 2, \alpha/2} \text{ 또는}$$

$$\frac{\bar{x} - \bar{y} - D_0}{s\sqrt{\dfrac{n_x + n_y}{n_x n_y}}} < -t_{n_x + n_y - 2, \alpha/2} \text{ 인 경우 } H_0 \text{ 기각}$$

예제 9-4

품질개선활동에 대한 장려금의 효과를 알아보기 위해 장려금제도를 실시하는 기업에서 10개의 분임조를 추출하고, 실시하지 않고 있는 기업에서 5개의 분임조를 추출하여 각 분임조의 지난 2개월간의 제안건수를 조사하여 다음의 결과를 얻었다. 각 집단의 분산은 같다고 한다. 장려금을 지급할 때 품질관리분임조의 제안건수가 더 많다고 할 수 있는지 유의수준 5%에서 검정하라.

	실시하는 기업(X)	실시하지 않는 기업(Y)
표본평균($\bar{x}$)	18.2건	13.7건
표본표준편차(s)	4.5건	3.6건
표본크기(n)	10	5

장려금을 지급할 때 품질관리분임조의 제안건수가 더 많은가가 관심이므로 가설은 다음과 같다.

$$H_0: \ \mu_X - \mu_Y = 0$$

$$H_1: \ \mu_X - \mu_Y > 0$$

위의 자료를 이용하여 검정통계량을 구하면

$$\frac{\bar{x}-\bar{y}-D_0}{s\sqrt{\dfrac{n_x+n_y}{n_x\,n_y}}}=\frac{(18.2-13.7)-0}{18\sqrt{\dfrac{10+5}{10\cdot5}}}=1.936$$

이 계산된다. 자유도는 $n_x+n_y-2=13$ 이고, $\alpha=0.05$ 이므로 부록의 t-분포표를 이용하면 $t_{n_x+n_y-2,\alpha}=1.771$ 을 찾을 수 있다. 그 결과

$$\frac{\bar{x}-\bar{y}-D_0}{s\sqrt{\dfrac{n_x+n_y}{n_x\,n_y}}}=1.936>1.771$$

이므로 귀무가설을 기각하게 된다. 따라서 장려금제도를 실시하는 것이 분임조들의 제안건수를 증가시킨다고 할 수 있다.

제 2 절 두 모비율의 차이에 대한 추정과 검정

이번에는 두 모집단에서 독립적인 대표본이 취해질 때 모비율간의 차이에 대한 신뢰구간을 구해 보기로 하자. 비율 p_X 인 모집단에서 n_x 개의 관측값을 추출했을 때 표본비율이 $\widehat{p_X}$, 비율 p_Y 인 모집단에서 n_y 개의 관측값을 독립적으로 추출했을 때 표본비율이 $\widehat{p_Y}$ 라고 하면 두 모집단의 비율의 차에 대한 추정을 위해서$(\widehat{p_X}-\widehat{p_Y})$라는 확률변수를 검토해야 할 것이다.

7장의 표본비율의 표본분포에서 X가 n 개의 관측값으로 된 표본에서 성공하는 수라고 할 때 평균과 분산은

$$E(X)=np$$
$$Var(X)=np(1-p)$$

표본비율의 평균과 분산은

$$E(\widehat{p_X}) = E(\frac{X}{n}) = \frac{1}{n}E(X) = p$$

$$Var(\widehat{p_X}) = Var(\frac{X}{n}) = \frac{1}{n^2}Var(X) = \frac{p(1-p)}{n}$$

이었다. 같은 개념으로 $(\widehat{p_X} - \widehat{p_Y})$는 평균

$$E(\widehat{p_X} - \widehat{p_Y}) = E(\widehat{p_X}) - E(\widehat{p_Y}) = p_X - p_Y$$

또, 표본이 독립적으로 취해지므로 분산은

$$Var(\widehat{p_X} - \widehat{p_Y}) = Var(\widehat{p_X}) + Var(\widehat{p_Y})$$

$$= \frac{p_X(1-p_X)}{n_x} + \frac{p_Y(1-p_Y)}{n_y}$$

를 가진다. 표본의 크기가 크다면 확률변수 $(\widehat{p_X} - \widehat{p_Y})$의 분포는 정규분포에 근사하므로 평균을 빼주고 표준편차로 나누면 표준정규확률변수가 된다. 표본의 크기가 크므로 미지의 모비율은 표본비율로 대체시킬 수 있다. 따라서 확률변수

$$Z = \frac{(\widehat{p_X} - \widehat{p_Y}) - (p_X - p_Y)}{\sqrt{\frac{\widehat{p_X}(1-\widehat{p_X})}{n_x} + \frac{\widehat{p_Y}(1-\widehat{p_Y})}{n_y}}}$$

는 표준정규분포를 따르게 된다. 따라서 두 모비율의 차이에 대한 $100(1-\alpha)\%$ 신뢰구간은 다음과 같다.

[두 모비율의 차이에 대한 신뢰구간 : 표본의 크기가 큰 경우]

$$(\widehat{p_x} - \widehat{p_y}) - z_{\alpha/2}\sqrt{\frac{\widehat{p_x}(1-\widehat{p_x})}{n_x} + \frac{\widehat{p_y}(1-\widehat{p_y})}{n_y}}$$

$$< p_X - p_Y < (\widehat{p_x} - \widehat{p_y}) + z_{\alpha/2}\sqrt{\frac{\widehat{p_x}(1-\widehat{p_x})}{n_x} + \frac{\widehat{p_y}(1-\widehat{p_y})}{n_y}}$$

두 모집단의 비율 $p_X = p_Y$라는 가설을 검정하려 한다고 가정할 때 공통비율

이 p_0 라고 하면 이 가설하에서

$$Z = \frac{(\hat{p_X} - \hat{p_Y})}{\sqrt{\frac{p_0(1-p_0)}{n_x} + \frac{p_0(1-p_0)}{n_y}}} = \frac{(\hat{p_X} - \hat{p_Y})}{\sqrt{p_0(1-p_0)(\frac{n_x+n_y}{n_x\, n_y})}}$$

는 표준정규분포에 근사한다. 위의 공통비율 p_0 는

$$\hat{p_0} = \frac{n_x \hat{p_X} + n_y \hat{p_Y}}{n_x + n_y}$$

에 의해 추정되며 표본의 크기가 크다면 모르는 값 p_0 를 $\hat{p_0}$ 로 대체하면 위의 확률변수는 표준정규분포에 근사한다. 이러한 결과가 가설검정에 대한 근거를 제공해준다. 가설검정절차는 다음과 같다.

[두 모비율의 차이에 대한 검정 : 표본의 크기가 큰 경우]

i. H_0: $p_X - p_Y = 0$ 또는 $H_0: p_X - p_Y \leqq 0$

H_1: $p_X - p_Y > 0$

$$\frac{\hat{p_x} - \hat{p_y}}{\sqrt{\hat{p_0}(1-\hat{p_0})(\frac{n_x+n_y}{n_x\, n_y})}} > z_\alpha$$ 인 경우 H_0 기각

ii. H_0: $p_X - p_Y = 0$ 또는 $H_0: p_X - p_Y \geqq 0$

H_1: $p_X - p_Y < 0$

$$\frac{\hat{p_x} - \hat{p_y}}{\sqrt{\hat{p_0}(1-\hat{p_0})(\frac{n_x+n_y}{n_x\, n_y})}} < -z_\alpha$$ 인 경우 H_0 기각

iii. H_0: $p_X - p_Y = 0$

H_1: $p_X - p_Y \neq 0$

$$\frac{\hat{p_x} - \hat{p_y}}{\sqrt{\hat{p_0}(1-\hat{p_0})(\frac{n_x+n_y}{n_x\, n_y})}} > z_{\alpha/2} \text{ 또는 } \frac{\hat{p_x} - \hat{p_y}}{\sqrt{\hat{p_0}(1-\hat{p_0})(\frac{n_x+n_y}{n_x\, n_y})}} < -z_{\alpha/2}$$ 인 경우

H_0 기각

예제 9-5

공무원과 국영기업체 직원들의 여당에 대한 지지도를 조사하려고 한다. 공무원 중에서 300명을 확률표본으로 취한 결과 46%가 지지하는 것으로 나타났고, 이와는 별도로 추출한 국영기업체 직원 300명 중에서는 52%가 여당을 지지하고 있는 것으로 나타났다. 각각의 모비율을 p_1과 p_2로 표시하면 $(p_1 - p_2)$에 대한 90% 신뢰구간을 구하라.

$$n_1 = 300, \quad \hat{p_1} = 0.46, \quad n_2 = 300, \quad \hat{p_2} = 0.52$$

이고

$\alpha = 0.1$ 에서 $z_{\alpha/2} = z_{0.05} = 1.645$

가 되므로

$$(0.46 - 0.52) \pm 1.645\sqrt{\frac{0.46(0.54)}{300} + \frac{0.52(0.48)}{300}}$$

에서 90% 신뢰구간

$$-0.127 < p_1 - p_2 < 0.007$$

이 구해진다. 모비율의 차가 0을 포함하고 있으므로 두 모비율은 통계적으로 유의한 차이가 없음을 알 수 있다. 그렇다면 이것이 맞는가를 검정해 볼 필요가 있다. 두 모비율간에 차이가 없다는 귀무가설은 있다는 양측대립가설에 대해 유의수준 10%에서 검정해 보자.

$$H_0: \ p_1 = p_2 \text{ 또는 } p_1 - p_2 = 0$$

$$H_1: \ p_1 \neq p_2 \text{ 또는 } p_1 - p_2 \neq 0$$

공통비율의 추정값은

$$\hat{p_0} = \frac{300(0.46) + 300(0.52)}{300 + 300} = 0.49$$

이고,

$$\frac{0.46-0.52}{\sqrt{0.49(0.51)(\frac{300+300}{300 \cdot 300})}}=\frac{-0.06}{0.04082}=-1.47$$

이므로 $-z_{\alpha/2}=-z_{0.05}=-1.645$ 를 초과하지 않는다. 따라서 귀무가설이 기각되지 않으므로 두 모비율간에는 차이가 없음을 알 수 있다. 5% 유의수준에서는 $-z_{\alpha/2}=-z_{0.025}=-1.96$ 이므로 귀무가설이 기각되지 않음이 더 확실해진다.

제 3 절　모분산의 동일성에 대한 추정과 가설검정

실제로 통계학을 이용하여 문제를 다룰 때 흔히 두 모분산의 동일성을 가정하며 두 모집단간의 관계를 비교분석하는 경우가 많다. 모분산간의 비교분석은 자료가 가진 많은 중요한 성질을 제공해 준다. 두 집단의 가설검정에서 두 정규모집단의 분산의 동일성에 대한 검정을 한다고 하자.

단일 모분산에 대한 추정에는

$$\chi^2_{n-1}=\frac{(n-1)s^2_X}{\sigma^2_X}$$

이 사용된다. 두 정규모집단을 비교할 때 모분산들이 같은가를 검토해 볼 필요가 있다고 하자. 두 정규모집단에서 확률표본을 독립적으로 추출하여 이 표본들을 근거로 모분산의 동일성 여부를 검정해야 한다. 두 정규모집단의 분산에 대한 비교에는 새로운 확률분포인 F-분포가 사용된다.

분산이 σ^2_X인 정규모집단에서 얻은 크기 n_x의 확률표본의 표본분산을s^2_X라고 하자. 또 분산이 σ^2_Y인 다른 정규모집단에서 얻은 크기 n_y의 확률포본의 표본분산을 s^2_Y라고 하자. 그러면 다음과 같은 확률변수

$$F=\frac{s^2_X/\sigma^2_X}{s^2_Y/\sigma^2_Y}$$

는 F-분포를 따른다.

χ^2 -분포와 F-분포와의 관계를 다음과 같다.

$$F_{n_x-1,n_y-1} = \frac{\chi^2_{n_x-1}/(n_x-1)}{\chi^2_{n_y-1}/(n_y-1)}$$

이와 같은 F-분포는 통계분석에서 널리 사용되며, 분자와 관련된 자유도와 분모와 관련된 자유도에 의해 구분된다. F-분포의 분자의 자유도는 (n_x-1)이고, 분모의 자유도는 (n_y-1)이므로 이러한 F-분포를 F_{n_x-1,n_y-1}이라고 표시하며, 유의수준 α 에서

$$P(F_{n_x-1,n_y-1} > F_{n_x-1,n_y-1,\alpha}) = \alpha$$

가 된다. 이를 그래프로 나타내면 [그림 9-1]과 같다.

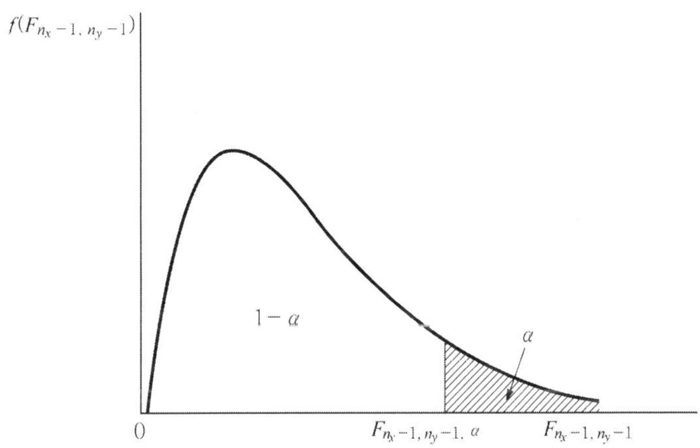

[그림 9-1] F-분포

예를 들어 분자의 자유도가 10, 분모의 자유도가 20일 때 유의수준이 $\alpha = 0.05$라면 F-분포표에서 $F_{10,20,0.05} = 2.35$ 이고, 또 $\alpha = 0.01$ 이라면 $F_{10,20,0.01} = 3.37$ 이다. 즉

$$P(F_{10,20} > F_{10,20}, 0.05) = 0.05 \quad 또 \quad P(F_{10,20} > F_{10,20}, 0.01) = 0.01$$

이다.

두 모분산이 동일하다는 귀무가설

$$H_0:\ \sigma_1^2 = \sigma_2^2 \quad \text{또는} \quad H_0:\ \sigma_1^2/\sigma_2^2 = 1$$

에서 두 모분산의 비에 대한 $100(1-\alpha)\%$ 에 대한 신뢰구간은

$$1-\alpha = P\left(F_{n_x-1,n_y-1,1-\alpha/2} < \frac{s_X^2/\sigma_X^2}{s_Y^2/\sigma_Y^2} < F_{n_x-1,n_y-1,\alpha/2}\right)$$

$$= P\left(\frac{s_X^2/s_Y^2}{F_{n_x-1,n_y-1,1-\alpha/2}} < \frac{\sigma_X^2}{\sigma_Y^2} < \frac{s_X^2/s_Y^2}{F_{n_x-1,n_y-1,\alpha/2}}\right)$$

이므로 두 표본분산값으로 대체하면 아래와 같다.

[두 정규모집단의 모분산의 비율에 대한 $100(1-\alpha)\%$ 신뢰구간]

$$\frac{s_x^2/s_y^2}{F_{n_x-1,n_y-1,1-\alpha/2}} < \frac{\sigma_X^2}{\sigma_Y^2} < \frac{s_x^2/s_y^2}{F_{n_x-1,n_y-1,\alpha/2}}$$

실제로 문제를 다루는데 있어서는 더 큰 표본분산을 분자로 둔다. 이는 일반적으로 F분포 통계표가 우측 꼬리부분만 보여주기 때문이다.

우리가 관심이 있는 것은 두 모분산의 동일성을 검정하는 것으로 두 모분산이 동일하도록 식을 정리해서 검정하며, 채택되면 모분산이 동일하다는 것이 성립된다. 따라서 확률변수

$$F = \frac{s_X^2}{s_Y^2}$$

는 F_{n_x-1,n_y-1} 분포를 따른다.

두 정규모집단의 분산의 동일성에 대한 가설검정 절차는 다음과 같다.

i. H_0: $\sigma_X^2 = \sigma_Y^2$ 또는 H_0: $\sigma_X^2 \leq \sigma_Y^2$

H_1: $\sigma_X^2 > \sigma_Y^2$

$\dfrac{s_X^2}{s_Y^2} > F_{n_x-1,n_y-1,\alpha}$ 인 경우 H_0 기각

ii. H_0: $\sigma_X^2 = \sigma_Y^2$

H_1: $\sigma_X^2 \neq \sigma_Y^2$

$\dfrac{s_X^2}{s_Y^2} > F_{n_x-1, n_y-1, \alpha/2}$ 또는 $\dfrac{s_X^2}{s_Y^2} < F_{n_x-1, n_y-1, 1-\alpha/2}$ 인 경우 H_0 기각

예제 9-6

두통약에서 진통효과를 내는 성분 A의 양은 분산이 중요시되는 관리사항이다. 이제 새로운 기계의 도입으로 새 공정에서 두통약이 생산되고 있다. 과거의 공정에서 생산된 두통약에서 크기 15의 임의표본을 채집하니 표본분산이 0.64 gm^2 이었다. 새로운 공정에서 생산된 두통약에서 크기 21의 임의표본을 채집하니 표본분산이 1.70 gm^2 이었다. 두 모집단의 분산이 같은지 10% 유의수준에서 양측검정하라.(단, $s_X^2 > s_Y^2$)

문제를 해결하기 위한 가설은 다음과 같다.

$$H_0:\ \sigma_X^2 = \sigma_Y^2$$

$$H_1:\ \sigma_X^2 \neq \sigma_Y^2$$

검정통계량은

$$\frac{s_X^2}{s_Y^2} = \frac{1.70}{0.64} = 2.66$$

이고, $n_x = 21$, $n_y = 15$, $\alpha = 0.10$ 에서

$$F_{n_x-1, n_y-1, \alpha/2} = F_{20, 14, 0.05} = 2.39$$

가 된다.

$$\frac{s_X^2}{s_Y^2} = 2.66 > 2.39$$

이므로 귀무가설을 기각한다. 따라서 두 모집단의 분산은 동일하다고 할 수 없다.

엑 셀 활 용

[두 모평균의 차이의 추정과 가설검정 : 대응표본]

아래의 자료를 이용하여 두 회사의 과장들의 연봉에 차이가 있는지 알아보자.

[두 회사의 학력에 따른 과장들의 연봉비교]

	제조업 x_i	서비스업 y_i
고졸	36	35
대졸여성	37	38
대졸남성	40	42
석사	41	43
박사	42	45

1. 위의 자료를 입력하고, 메뉴표시줄의 [데이터]-[데이터분석]을 선택하고, [통계 데이터 분석] 대화상자에서 분석도구를 " t-검정 : 쌍체비교"를 선택한다.

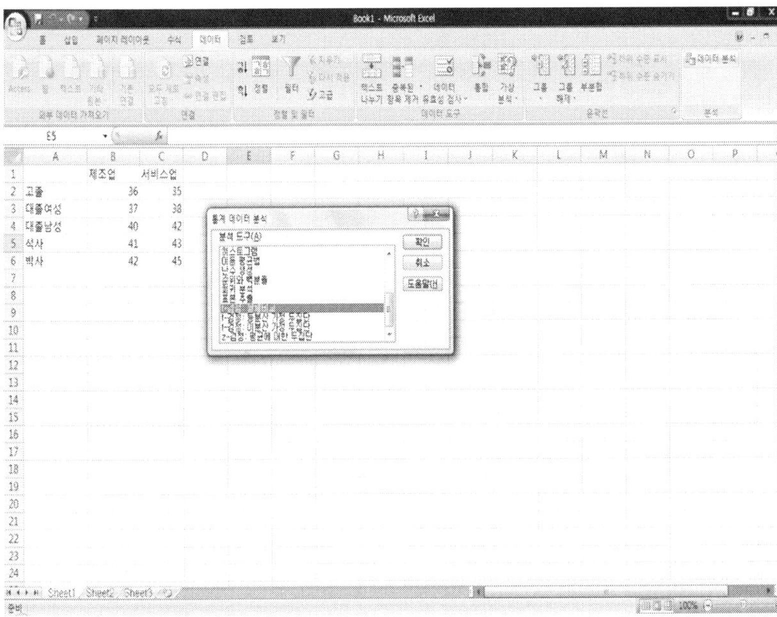

2. [확인]을 누른 후 [t검정:쌍체비교] 대화상자에서 "변수1입력범위"에 제조업의 자료인 $B$1:$B$6 을 지정해주고, "변수2입력범위"에 서비스업의 자료인 $C$1:$C$6 을 입력한다. "가설평균차"에 0을 입력한다. 자료의 첫 행에 자료의 이름이 입력되어 있으므로 "이름표"를 선택한다. "유의수준"을 0.05로 입력하고, "출력범위"에 $A$7을 지정한다.

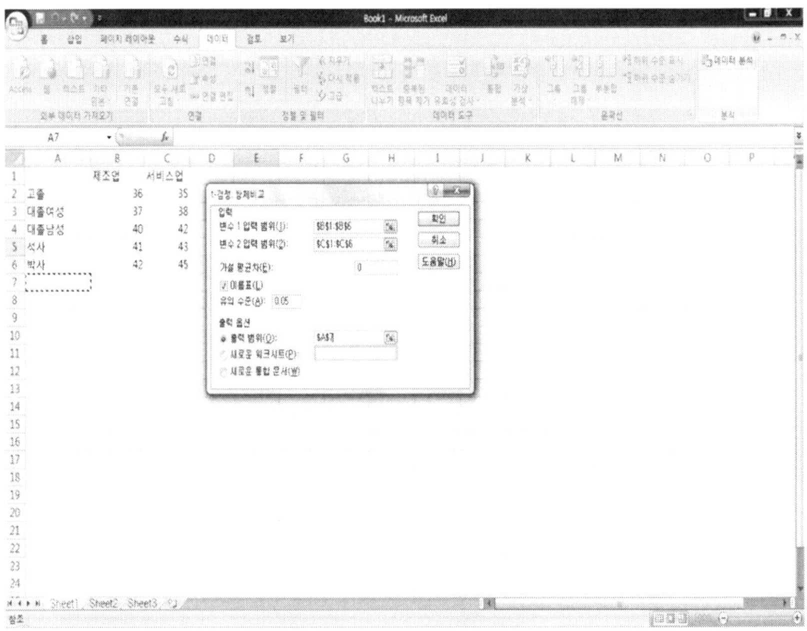

3. [확인]을 누르면 다음 그림과 같이 셀 A7부터 결과들이 출력되어 나타난다. 결과에 의하면 " t통계량"은 -2.06419이고, " t기각치양측검정"은 2.776445로 2.06419 〈2.776445 이므로 귀무가설을 기각하지 못한다. 따라서 두 모평균은 차이가 있다고 할 수 없다.

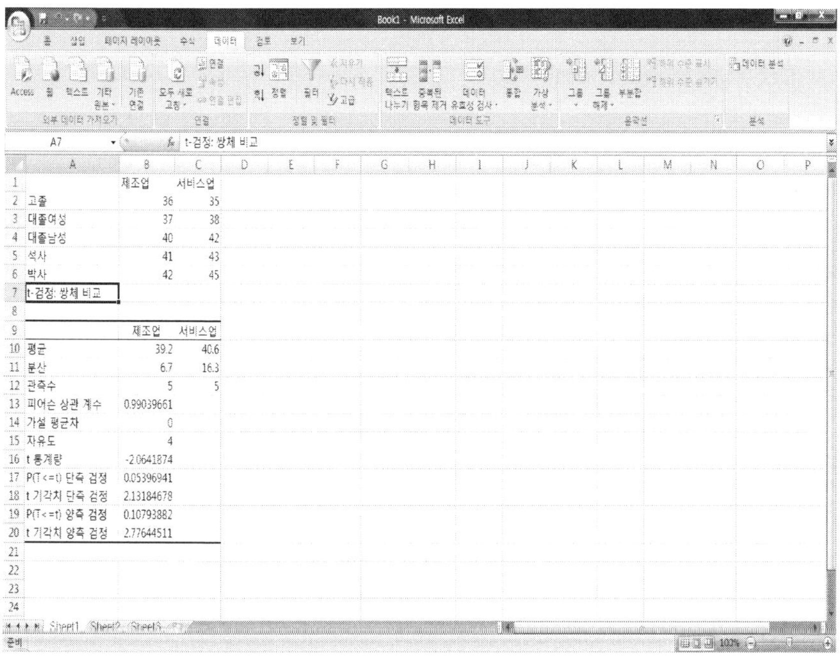

	A	B	C
1		제조업	서비스업
2	고졸	36	35
3	대졸여성	37	38
4	대졸남성	40	42
5	석사	41	43
6	박사	42	45
7	t-검정: 쌍체 비교		
8			
9		제조업	서비스업
10	평균	39.2	40.6
11	분산	6.7	16.3
12	관측수	5	5
13	피어슨 상관 계수	0.99039661	
14	가설 평균차	0	
15	자유도	4	
16	t 통계량	-2.0641874	
17	P(T<=t) 단측 검정	0.05396941	
18	t 기각치 단측 검정	2.13184678	
19	P(T<=t) 양측 검정	0.10793882	
20	t 기각치 양측 검정	2.77644511	

[두 모평균의 차이의 추정과 가설검정 : 독립표본,모분산이 같은 경우]

• 예 제

품질개선활동에 대한 장려금의 효과를 알아보기 위해 장려금제도를 실시하는 기업에서 10개의 분임조를 추출하고, 실시하지 않고 있는 기업에서 5개의 분임조를 추출하여 각 분임조의 지난 2개월간의 제안건수를 조사하여 다음의 결과를 얻었다.

[장려금지급 여부에 따른 제안건수]

장려금실시	장려금불실시
18	17
19	14
19	11
18	9
18	17
13	
26	
23	
18	
10	

장려금을 지급할 때 품질관리분임조의 제안건수가 더 많아진다고 말할 수 있는지 5% 유의수준에서 검증하라.

1. 위의 자료를 입력하고, 메뉴표시줄의 [데이터]-[데이터분석]을 선택하고, [통계 데이터 분석] 대화상자에서 분석도구를 " t검정 : 등분산 가정 두집단"을 선택한다.

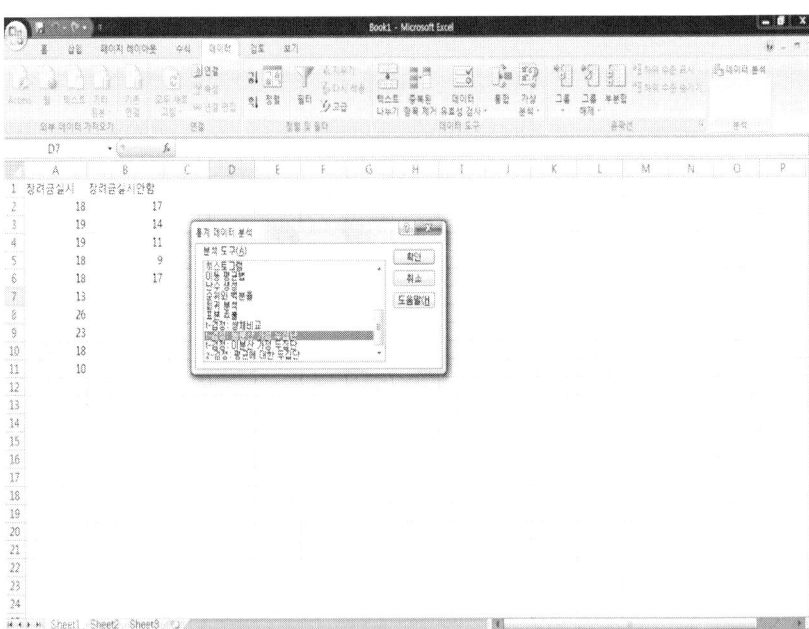

2. [확인]을 누른 후 [t검정:등분산 가정 두집단] 대화상자에서 "변수1입력범위"에 장려금실시 자료의 범위인 $A$1:$A$11을 입력하고, "변수2입력범위"에 $B$1:$B$6을 입력한다. "가설평균차"에 0을 입력한다. 각 자료의 첫 행의 자료 이름이 변수입력범위에 포함되었으므로 "이름표"를 선택한다. "유의수준"에 0.05를 입력하고, "출력범위"를 $A$12로 지정한다.

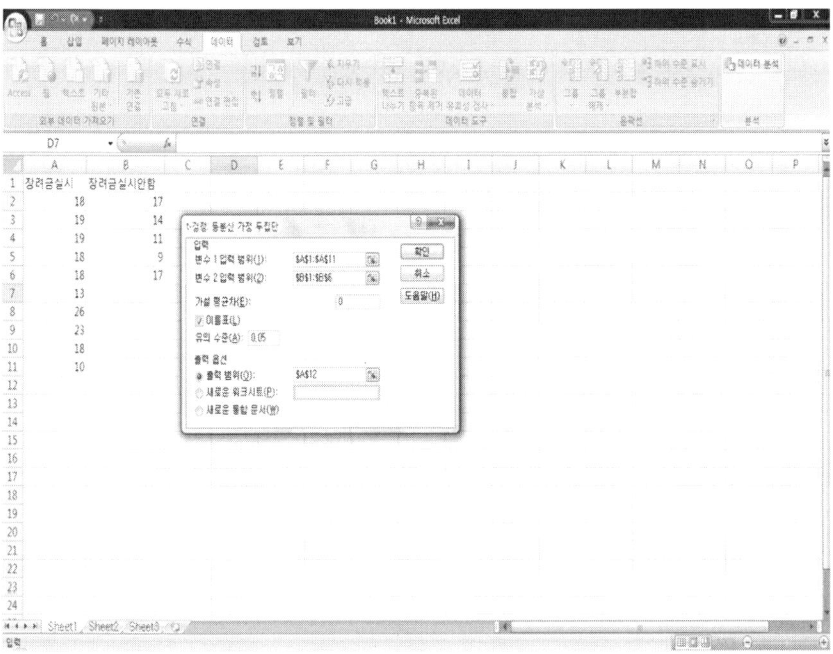

3. [확인]을 누른다. 다음의 결과를 보면 "t통계량"은 1.99320046이고, " t기각치단측검정"은 1.7709334이다. 1.99320046>1.7709334이므로 귀무가설을 기각한다. 따라서 두 통계량의 t검정 결과 두 모평균은 차이가 있다고 할 수 있다. 즉 장려금을 지급하는 경우에 제안건수가 많아진다고 할수 있다.

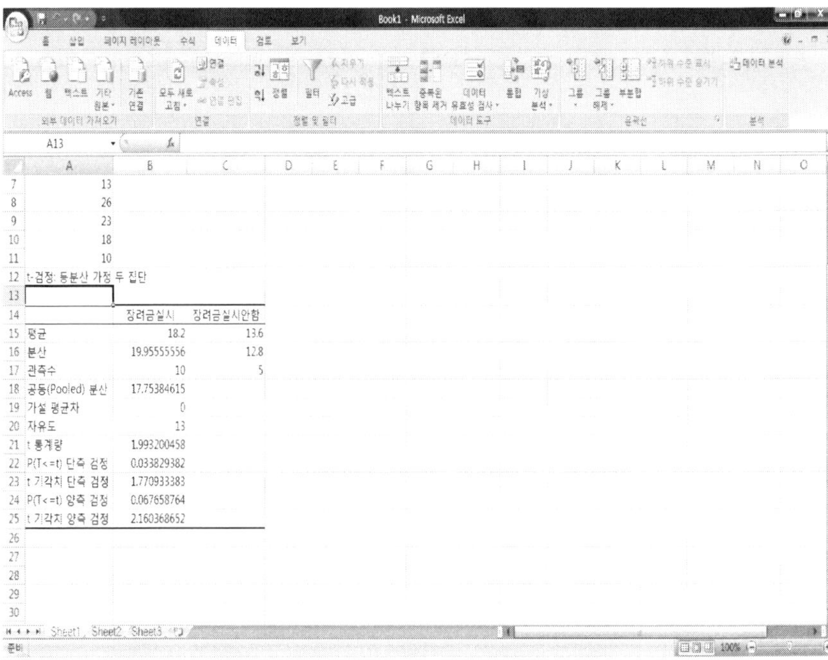

	A	B	C
7	13		
8	26		
9	23		
10	18		
11	10		
12	t-검정: 등분산 가정 두 집단		
13			
14		장려금실시	장려금실시안함
15	평균	18.2	13.6
16	분산	19.95555556	12.8
17	관측수	10	5
18	공동(Pooled) 분산	17.75384615	
19	가설 평균차	0	
20	자유도	13	
21	t 통계량	1.993200458	
22	P(T<=t) 단측 검정	0.033829382	
23	t 기각치 단측 검정	1.770933383	
24	P(T<=t) 양측 검정	0.067658764	
25	t 기각치 양측 검정	2.160368652	

연 습 문 제

9.1 두 개의 정규모집단이 있다. 각 모집단의 평균은 12 및 4이며, 표준편차는 10 및 3이다. 각 정규모집단에서 크기 25의 표본을 채집한 즉 평균이 $\overline{x_1}$ 및 $\overline{x_2}$ 이다.

(1) $\overline{x_1}$ 의 분포의 평균과 표준편차는 얼마인가?

(2) $\overline{x_2}$ 의 분포의 평균과 표준편차는 얼마인가?

(3) $(\overline{x_1} - \overline{x_2})$의 분포의 평균과 표준편차는 얼마인가?

9.2 농산물연구소에서는 새로 개발한 신품종의 옥수수가 과거의 옥수수에 비해 생산량이 증가하였는지를 알고자 한다. 지역, 비료, 기온 등에서 동일한 조건을 가진 8개의 지역에서 각각의 산출량을 조사한 결과는 아래의 표와 같다. 생산량이 동일한지 아니면, 신품종의 생산량이 더 많은지 검정하라.

(단위:kg)

지역	과거의 품종	신 품종
1	22.6	26.2
2	23.6	24.7
3	29.3	28.4
4	22.3	21.7
5	26.2	28.6
6	25.9	29.3
7	28.5	28.3
8	21.3	24.3

9.3 모집단 1, 2에서 각각 독립적으로 다음과 같은 표본을 추출하였다.

	표본 1	표본 2
크기	100	100
평균	55.2	50.1
분산	144	169

(1) 표본평균의 차이 $(\overline{x_1} - \overline{x_2})$의 표준편차는 얼마로 추정되는가?

(2) 모평균의 차이 (μ_1 - μ_2)가 15라면 ($\overline{x}_1$ -$\overline{x}_2$)의 분포는 어떠할까?

(3) μ_1 〉 μ_2라는 가설을 유의수준 1%에서 검정하라.

(4) 관찰된 유의수준은 얼마인가? 그 의미는 무엇인가?

9.4 호남제지(주)에서는 제품운송에 있어서 과거의 적재방식과 새로운 적재방식의 효과를 비교하고자 한다. 각각 50대의 트럭을 임의로 선정하여 조사해 보니 다음과 같았다. 이 자료에 의하면 과거방식보다 새 방식이 시간이 더 적게 걸리는가? 유의수준 0.05에서 검정하라. 관찰된 유의수준은 얼마인가?

과거방식	새 방식
n_1=50 $\overline{x}_1$=27.3분 s_1=3.7 분	n_2=50 $\overline{x}_2$=25.4분 s_2=3.1 분

9.5 두 정규모집단들로부터 두 개의 임의표본을 골라 다음의 자료를 얻었다.

표본 1	2.1	3.6	1.4	3.0	2.9	3.2
표본 2	3.4	3.0	4.1	3.9	3.5	

이 자료는 모집단1의 평균이 모집단2의 평균보다 작다는 증거를 제시하는가? (유의수준 0.1), 관찰된 유의수준은 얼마인가?

9.6 어느 작업장에서는 야간교대조와 주간교대조의 2교대를 하고 있다. 인사담당자는 병으로 인한 결근일자 때문에 작업손실이 있음을 알고 있다. 인사담당자는 이와 관련하여 야간교대조의 병가일자가 많다고 추정하고 있다. 이를 확인하기 위하여 두 교대조에서 각각 임의로 10명을 선정하여 지난 1년의 병가일자를 조사해 보았더니 다음과 같았다. 야간교대조의 병가일자가 많은지 유의수준 0.05로 검정하라. 이 검정이 타당하기 위해 어떤 전제조건이 만족되어야 하는가? 만일 아니라면 어떤 검정을 해야 하나?

야간교대조	21	10	14	33	7	2	19	6	4	12
주간교대조	13	5	16	0	7	18	17	3	24	1

9.7 소비자연맹에서는 두 개의 가장 잘 팔리는 차종인 모델1과 모델2에 대하여, 구입 후 2년내에 심각한 결함(30만원 이상이 드는 수리)이 있는 비율에 차이가

있는지를 알고 싶어한다. 모델1을 2년간 소유한 차주 400명을 접촉해서 알아본 결과 53명이 심각한 결함을 경험했다. 모델2를 2년간 소유한 차주 500명을 접촉해서 알아본 결과 78명이 심각한 결함을 경험했다. 두 비율에 차이가 있다고 할 수 있는가? 유의수준 10%로 검정하라.

9.8 정부에서는 매년 이삿짐업체로부터 경영보고를 받고 있다. 이삿짐 업체들은 운송 중에 5만원 이상의 손해를 이사짐에 끼친 비율을 보고해야 한다. 이사짐업체 A와 B는 이 비율을 구하기 위하여 임의로 표본을 선택하여 조사하기로 하였다. 조사한 결과는 각각 다음과 같다. 업체 A가 업체 B보다 우수하다고 할 수 있는가? 유의수준 0.05로 검정하라.

	업체 A	업체 B
조사한 운송 건수	66	95
5만원 이상의 손해를 끼친 운송 건수	5	17

9.9 어느 조미료제조업체에서는 병에 담은 식탁용 소금을 판매하고 있다. 과거에는 소금병을 원통형으로 하였는데, 원가를 절감하기 위하여 사각형으로 바꾸었다. 판매부장은 이 조치가 시장점유율에 현저히 나쁜 영향을 미친다고 주장하고 있다. 이를 확인하기 위하여 과거에 조사해 둔 자료와 현재의 자료를 비교하였더니 다음과 같았다. 판매부장의 말이 옳은지 유의수준 0.05에서 검정하라.

	과거	현재
조사 가구	1000	1000
업체의 소금을 애용하는 가구의 수	475	305

9.10 컴퓨터칩을 생산하는 자동화된 공정 1과 공정 2가 있다. 두 공정에서 생산되는 칩은 500메가헤르츠의 속도를 갖도록 설계되어 있다. 속도는 두 공정에서 분산이 같은 정규분포를 하는 것으로 생각된다. 임의표본 5개씩을 골랐더니 속도가 다음과 같다. 두 공정에서 생산되는 칩들의 속도의 분산이 같은지 검정하라.

공정 1	510	502	498	500	499
공정 2	520	500	490	501	490

제 10 장

분산분석

미지의 공통분산을 가진 두 정규모집단의 평균이 같은가를 검정하는 절차에 대해 배운 바 있다. 이러한 검정은 어떤 통계적 속성이 서로 다른 조건 아래 있을 때 차이가 있는지를 보고자 하는 것이다. 이제 두 모평균을 비교하기 위한 검정을 확장하여 K개의 모평균을 동시에 비교하는 가설검정에 대해 살펴보기로 하자. 예를 들면, 새로 연구 개발된 네 종류의 마케팅전략이 평균적으로 같은 수준의 이윤을 가져오는가, 세 종류의 서로 다른 중형 승용차의 평균연비에 유의한 수준의 차이가 존재하는가, 또는 같은 재료의 견본을 여섯 종류의 실험으로 분석한 결과가 같은가 등에 관심을 가질 수 있다. 이와 같이 세 개 이상의 모평균을 분석하는 대표적인 방법이 분산분석(analysis of variance : ANOVA)이다.

제 1 절 분산분석의 개념

세 가지 품종의 벼를 같은 크기의 면적으로 나눈 몇 개 구획에 심어 구획당 산출량을 기록하는 실험을 한다고 해보자. 세 품종이 평균적으로 같은 산출량을 가져온다 또는 여러 개의 평균값이 같다라는 귀무가설을 동시에 검정하고자 할 때 분산분석이 사용된다.

분산분석은 자료의 총변동을 각 요인별로 분해시켜 분석하는 방법이다. 위의 예는 두 가지 요인을 가지고 있는데 하나는 실험상의 오차에 기인한 변동과 또 하나는 실험상의 오차와 서로 다른 품종으로 인한 변동이다. 만약 귀무가설이 성립된다면 세 가지 품종은 평균적으로 같은 양을 생산하고, 두 요인은 독립적인 오차의 추정값을 갖게 된다. 산출량은 경작되는 토양의 종류에 따라 달라질 수 있다. 실험이 같은 성질의 토양을 가진 땅에서 경작되도록 계획된다면 이 변동요인은 해소될 것이나 그렇지 못할 경우 실험오차의 추정값이 과장될 것이다.

이제 세 가지 품종의 벼 생산에 네 종류의 비료를 사용하는 실험을 고려해 보자. 관심은 산출량의 변동이 품종의 차이에 의한 것인가, 아니면 비료가 다르기 때문인가, 또는 두 가지 모두에 기인한 것인가를 검정하는데 있다. 이 경우 분산분석을 통해 산출량의 총변동을 첫째 실험상의 오차의 변동과 둘째 실험상의 오차와 품종의 차이에 의한 변동, 셋째 실험상의 오차와 비료의 종류에 따른 변동을 측정하는 세 가지 요인으로 분해시켜 검정하게 된다. 따라서 둘째 요인을 첫째 요인과 비교하는 것은 각 품종이 평균적으로 동일한 산출량을 낸다는 가설을 검정하는 것이다. 마찬가지로 셋째 요인과 첫째 요인을 비교하면 비료의 종류가 달라도 평균산출량에는 차이가 없다는 가설을 검정하게 되는 것이다.

벼의 품종과 같이 하나의 기준을 근거로 관측값을 분류하는 분산분석법을 일원배치법(one-way analysis of variance : one-way ANOVA)이라고 하며, 관측값이 품종과 비료의 종류와 같이 두 가지 기준에 따라 분류되면 이원배치법(two-way ANOVA)이 된다.

제2절 일원분산분석

1. 분산분석표와 가설검정

세 가지 종류의 차량 Ⅰ, Ⅱ, Ⅲ의 연비를 비교하고 싶다고 하자. 이 때 귀무가설은 연료 1ℓ당 평균주행거리는 세 차량이 모두 같다는 것이 된다. 어떻게 이러한 가설이 검정될 수 있는가를 표본이 독립적으로 취해지는 경우부터 살펴보기로 하자. 20명의 시범 운전사 중 차종 Ⅰ에 임의로 7명을 배당하고, 차종 Ⅱ에 역시 7명, 나머지 6명에게는 차종 Ⅲ이 배당된다. [표 10-1]에 휘발유 1ℓ당 주행거리를 실험한 결과가 나와 있고, 하단에는 표본평균이 계산되어 있다.

[표 10-1] 세 가지 승용차의 연비 실험결과

차종 Ⅰ	차종 Ⅱ	차종 Ⅲ
20.4	23.5	23.1
18.8	23.6	22.7
21.2	22.8	22.1
21.0	22.1	23.4
19.9	22.3	20.9
20.3	22.0	22.3
20.1	23.8	
$\bar{x}_1 = 20.24$	$\bar{x}_2 = 22.87$	$\bar{x}_3 = 22.42$

검정의 목적은 모평균의 비교에 있으므로 먼저 표본평균을 검토해 본다. 그러나 [표 10-1]의 하단에 나타난 바와 같이 표본평균들이 모두 동일하지 않음을 알 수 있다. 이와 같은 편차가 우연히 발생한 것이라고 보기 어렵다면 귀무가설을 신뢰할 수 없게 된다.

위의 예를 일반화시켜 K개의 모평균을 비교하고 싶다고 하자. 이들은 각기 동일분산을 가진 것으로 가정한다. K개의 모집단들로부터 표본으로 $n_1, n_2, \cdots, n_K$ 관측값들을 독립적으로 추출하여 x로 표기하면 [표 10-2]와 같고, 여기에서 x_{ij}는 i번째 모집단의 j번째 관측값이 된다. 이러한 형식으로 모평균 $\mu_1, \mu_2, \cdots, \mu_K$의 동일성을 검정하는 과정을 일원분산분석 또는 일원배치법이라 한다. 다시 말하면 일원분산분석법은 귀무가설

$$H_0:\ \mu_1 = \mu_2 = \cdots = \mu_K$$

를 검정하는 방법이다.

[표 10-2] K 모집단의 표본관측값

1	2	…	K
x_{11}	x_{21}		x_{K1}
x_{12}	x_{22}		x_{K2}
$\vdots$	$\vdots$		$\vdots$
x_{1n_1}	x_{2n_2}		x_{Kn_K}

K개의 모집단으로부터 표본이 독립적으로 추출될 때 모평균이 동일하다는 귀무가설을 검정하기 위한 첫 단계는 표본평균을 계산하는 것이다. 표본평균을 $\overline{x_1}, \overline{x_2}, \cdots, \overline{x_K}$로 표기하면

$$\overline{x_i} = \frac{\sum_{j=1}^{n_i} x_{ij}}{n_i}, \qquad i = 1, 2, \cdots, K$$

와 같고, 여기에서 n_i는 모집단 i의 표본관측값의 수를 의미한다.

K개의 모집단이 공통평균을 가진다면 표본자료에서 공통평균의 추정값을 구해야 한다. 이러한 추정값로는 표본관측값의 전체 평균이 적절하며, 표본값의 합을 표본수로 나누어 구한다. 표본관측값의 총수를 n으로 표기하면

$$n = \sum_{i=1}^{K} n_i$$

가 되고, 전체 평균은

$$\overline{x} = \frac{\sum_{i=1}^{K}\sum_{j=1}^{n_i} x_{ij}}{n} = \frac{\sum_{i=1}^{K} n_i \overline{x_i}}{n}$$

와 같다. [표 10-1]의 자료로 전체 평균을 구하면

$$\overline{x} = \frac{7(20.24) + 7(22.87) + 6(22.42)}{20} = 21.81$$

이 된다. 따라서 앞의 예에서 모든 차종의 모평균 주행거리가 같다면 공통평균은 휘발유 ℓ당 21.81㎞로 추정된다.

앞에서 설명한 바와 같이 모평균의 동일성에 대한 검정은 표본에 의해 발생하는 두 가지 형태의 변동을 비교하는데 근거를 두고 있다. 첫째는 K개의 표본집단내 개별 표본평균들의 변동으로 이를 급내변동이라 한다. 급내변동은 실험상의 오차에 기인한 것이기 때문에 흔히 오차제곱합이라고도 한다. 둘째는 K개의 표본평균간의 변동으로 이를 급간변동이라고 한다. 이제 표본자료로 이 두 가지 형태의 변동을 구해보자.

우선 급내변동부터 고려해 보면, 표본 1내의 변동은 아래와 같이 표본평균 $\overline{x_1}$과 관측값간 편차의 제곱합을 계산하여 구한다.

$$SS_1 = \sum_{j=1}^{n_1}(x_{1j} - \overline{x_1})^2$$

마찬가지로 표본 2에 대해서는

$$SS_2 = \sum_{j=1}^{n_2}(x_{2j} - \overline{x_2})^2$$

이 되며, 나머지 표본에 대해서도 동일한 방식을 적용한다. 급내변동은 K개의 편차의 제곱합을 더하여 아래와 같이 나타나며 SSW(within sum of squares)로 표기한다.

$$SSW = SS_1 + SS_2 + \cdots + SS_K = \sum_{i=1}^{K}\sum_{j=1}^{n_i}(x_{ij} - \overline{x_i})^2$$

[표 10-1]의 자료를 사용하면

$$SS_1 = (20.4 - 20.24)^2 + (18.8 - 20.24)^2 + \cdots + (20.1 - 20.24)^2 = 3.74$$

$$SS_2 = (23.5 - 22.87)^2 + (23.6 - 22.87)^2 + \cdots + (23.8 - 22.87)^2 = 3.47$$

$$SS_3 = (23.1 - 22.42)^2 + (22.7 - 22.42)^2 + \cdots + (22.3 - 22.42)^2 = 3.93$$

이 되므로 급내변동은 아래와 같이 구해진다.

$$SSW = SS_1 + SS_2 + SS_3 = 3.74 + 3.47 + 3.93 = 11.14$$

다음으로 급간변동을 고려해 보자. 급간변동은 각 표본평균과 전체평균간의 편차에 근거를 둔다. 급간변동을 계산하기 위해서는 각 제곱편차 $(\overline{x}_i - \overline{x})^2$ 를 표본관측값의 수로 가중시켜 더해 주며 다음과 같이 SSB (between sum of squares)로 표기한다.

$$SSB = \sum_{i=1}^{K} n_i (\overline{x}_i - \overline{x})^2$$

[표 10-1]의 자료를 이용하여 급간변동을 구해보면 아래와 같다.

$$SSB = 7(20.24 - 21.81)^2 + 7(22.87 - 21.81)^2 + 6(22.42 - 21.81)^2 = 27.34$$

마지막으로 급내변동과 급간변동의 합인 총변동을 고려해 보자. 이를 SST (total sum of squares)로 표기한다.

$$SST = SSW + SSB$$

총변동은 총편차의 제곱합으로 모든 표본관측값과 전체평균과의 편차의 제곱합이며 아래와 같이 구한다.

$$SST = \sum_{i=1}^{K} \sum_{j=1}^{n_i} (x_{ij} - \overline{x})^2$$

[표 10-1]의 자료를 이용해서 SST를 구하면

$$SST = 11.14 + 27.34 = 38.48$$

이 된다. 지금까지 배운 일원분산분석의 과정을 정리하면 아래와 같다.

[일원 분산분석의 과정]

x_{ij}가 i번째 모집단에서 추출한 j번째 표본관측값이라고 할 때 제곱합은

급내변동 : $SSW = \sum_{i=1}^{K} \sum_{j=1}^{n_i} (x_{ij} - \overline{x}_i)^2$

급간변동 : $SSB = \sum_{i=1}^{K} n_i (\overline{x}_i - \overline{x})^2$

총변동 : $SST = SSW + SSB = \sum_{i=1}^{K}\sum_{j=1}^{n_i}(x_{ij} - \bar{x})^2$

으로 분리된다.

총제곱합을 급내와 급간제곱합의 두 요인으로 분해시키면 모평균의 동일성에 대한 분산분석검정이 가능해진다. 모평균이 동일하다는 가설을 검정하기 위해서는 K개의 모집단이 공통분산을 갖는다고 가정한다. 이 귀무가설이 성립되면 SSW와 SSB의 각 제곱합은 공통모분산의 추정값을 구하는데 사용될 수 있으며, 이 추정값을 구하기 위해 각 제곱합을 자유도로 나누어 주어야 한다.

우선 SSW를 자유도 $(n-K)$로 나누면 아래와 같이 모분산의 불편추정값이 구해지는데, 이를 급내평균제곱이라 하고 MSW로 나타낸다.

$$MSW = \frac{SSW}{(n-K)}$$

[표 10-1]의 자료에서

$$MSW = \frac{11.14}{(20-3)} = 0.66$$

이 얻어진다. 만약 모평균들이 같다면 모분산의 또다른 불편추정값은 SSB를 $(K-1)$로 나눈 값으로 이를 급간평균제곱이라 하고 MSB로 표기한다.

$$MSB - \frac{SSB}{(K-1)}$$

따라서

$$MSB = \frac{27.34}{(3-1)} = 13.67$$

이 된다.

만약 귀무가설이 기각된다면, 즉 모평균이 서로 같지 않다면 급간평균제곱은 공통모분산의 불편추정값이 아니지만 귀무가설이 기각되지 못한다면, 즉 모평균이 서로 같다면 모분산에 대한 두 개의 불편추정값을 얻게 되므로 두 추정값이 거의 비슷한 것이라고 예상할 수 있다. 두 추정값간의 편차가 클수록 귀무가설은 신뢰할 수 없게 되며 이때, 귀무가설을 검정하기 위해서는 다음과 같은 검정통계량 F를 사용하는데 이를 변동비율이라고 한다.

$$F = \frac{MSB}{MSW} = \frac{\text{급간평균제곱}}{\text{급내평균제곱}} \tag{10.1}$$

식 (10.1)을 변동비율이라고 한다.

이 비율이 1에 가까우면 모평균이 동일하다는 귀무가설을 기각할 수 없지만 급간변동이 급내변동에 비해 크다면, 즉 비율이 1을 초과할 때는 귀무가설은 기각된다. 귀무가설이 성립된다면 모집단이 정규분포를 갖는다고 가정할 때, (10.1)은 분자의 자유도 $(K-1)$, 분모의 자유도 $(n-K)$인 F분포를 따르게 된다.

일원배치법의 가설검정과정을 요약해 보자.

모집단 : $1, 2, \cdots, K$

독립표본 : $n_1, n_2, \cdots, n_K$

총표본 크기 : $n = n_1 + n_2 + \cdots + n_K$

에서 평균제곱은 아래와 같이 정의된다.

급내변동 : $MSW = \dfrac{SSW}{(n-K)}$

급간변동 : $MSB = \dfrac{SSB}{(K-1)}$

K개의 모평균이 동일하다는 귀무가설은

$$H_0 : \mu_1 = \mu_2 = \cdots = \mu_K$$

이며, 이 때

i. 모분산은 동일하다.

ii. 모집단은 정규분포를 따른다.

의 두 가정을 추가하면 유의수준 α에서의 검정은 아래와 같다.

$\dfrac{MSB}{MSW} > F_{K-1, n-K, \alpha}$ 이면 귀무가설 기각

여기에서 $F_{K-1, n-K, \alpha}$는

$$P(F_{K-1, n-K} > F_{K-1, n-K, \alpha}) = \alpha$$

를 만족하는 값이다. 변수 $F_{K-1,n-K}$는 분자의 자유도가 $(K-1)$이고, 분모의 자유도가 $(n-K)$인 F분포를 따른다.

[표 10-1]의 자료에 적용시키면 변동비율 F는

$$F = \frac{MSB}{MSW} = \frac{13.67}{0.66} = 20.71$$

이고, 분자와 분모의 자유도가 각각 $(K-1) = 2$와 $(n-K) = 17$인 값은 F분포표에서

$$F_{2,17,0.01} = 6.11$$

과 같다. $F > F_{2,17,0.01}$이므로 세 가지 차종의 모평균 주행거리가 같다는 귀무가설은 1% 유의수준에서 기각된다. 따라서 차종에 따라 주행거리가 다르다고 할 수 있다.

이러한 검정을 수행하는 과정은 [표 10-3]과 같은 분산분석표로 나타낼 수 있다.

[표 10-3] 분산분석표의 일반형

변동요인	제곱합	자유도	평균제곱	F
급간변동	$SSB = \sum_{i=1}^{K} n_i(\bar{x}_i - \bar{x})^2$	$(K-1)$	$MSB = SSB/K-1$	$\frac{MSB}{MSW}$
급내변동	$SSW = \sum_{i=1}^{K}\sum_{j=1}^{n_i}(x_{ij} - \bar{x}_i)^2$	$(n-K)$	$MSW = SSW/n-K$	
총변동	$SST = \sum_{i=1}^{K}\sum_{j=1}^{n_i}(x_{ij} - \bar{x})^2$	$(n-1)$		

[표 10-1]에 제시된 자료의 결과를 분산분석표로 나타내면 [표 10-4]와 같고, [그림 10-1]에는 SAS를 이용하여 분석한 결과가 제시되어 있다.

[표 10-4] 자동차 주행거리의 분산분석표

변동요인	제곱합	자유도	평균제곱	F
급간변동	27.34	2	13.67	$\frac{13.67}{0.66}=20.71$
급내변동	11.14	17	0.66	
총변동	38.48	19		

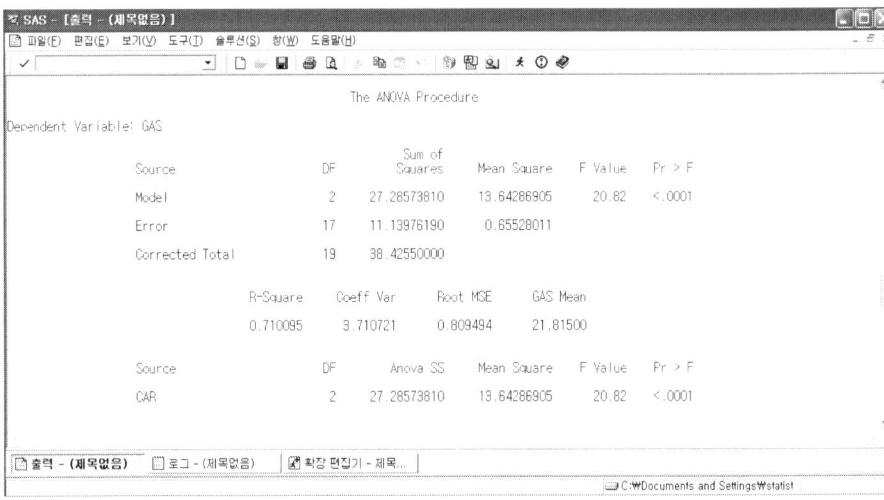

The ANOVA Procedure

Dependent Variable: GAS

Source	DF	Sum of Squares	Mean Square	F Value	Pr > F
Model	2	27.28573810	13.64286905	20.82	<.0001
Error	17	11.13976190	0.65528011		
Corrected Total	19	38.42550000			

R-Square	Coeff Var	Root MSE	GAS Mean
0.710095	3.710721	0.809494	21.81500

Source	DF	Anova SS	Mean Square	F Value	Pr > F
CAR	2	27.28573810	13.64286905	20.82	<.0001

그림 10-1] 표 10-4의 SAS 출력물

예제 10-1

한 화장품 제조업체는 자사제품인 A상표를 애용하는 20명의 메이크업 아티스트들을 임의의 표본으로 선발하였다. 이 메이크업 아티스트들은 다시 5명씩 4개의 그룹으로 나뉘어, 상표를 완전히 제거하여 구분이 되지 않는 4개 제조업체의 제품에 대한 평가를 요청받았다. 그룹 1에게는 실제로는 자신들의 애용품인 A상표가, 그룹 2에게는 B상표, 그룹 3에게는 C상표, 그룹 4에게는 D상표가 주어졌다. 자신에게 주어진 제품이 어느 회사의 생산품인지 모르는 가운데 20명의 아티스트들이 준 점수는 [표 10-5]와 같다.

[표 10-5] 화장품 제조업체의 조사결과

	A	B	C	D
	55	62	58	61
	59	60	54	57
	60	61	58	61
	65	56	62	65
	61	66	58	61
$\overline{x}_i$	60	61	58	61

위의 자료를 분산분석표로 나타내기 위해서는 우선 다음과 같은 계산이 필요하다.

$$SSB = 5[(60-60)^2 + (61-60)^2 + (58-60)^2 + (61-60)^2] = 30$$

$$\begin{aligned} SSW = & (55-60)^2 + (59-60)^2 + \cdots + (61-60)^2 \\ & + (62-61)^2 + (60-61)^2 + \cdots + (66-61)^2 \\ & + (58-58)^2 + (54-58)^2 + \cdots + (58-58)^2 \\ & + (61-61)^2 + (57-61)^2 + \cdots + (61-61)^2 \\ & = 168 \end{aligned}$$

$$\begin{aligned} SST = & (55-60)^2 + (59-60)^2 + \cdots + (62-60)^2 + (60-60)^2 \\ & + \cdots + (58-60)^2 + (54-60)^2 + \cdots + (61-60)^2 \\ & + (57-60)^2 + \cdots + (61-60)^2 \\ & = 198 \end{aligned}$$

$$MSB = \frac{SSB}{K-1} = \frac{30}{3} = 10$$

$$MSW = \frac{SSW}{n-K} = \frac{168}{16} = 10.5$$

$$F = \frac{MSB}{MSW} = \frac{10}{10.5} = 0.95$$

위의 계산결과에 의한 분산분석표는 [표 10-6]과 같다.

[표 10-6] 화장품 제조업체의 분산분석표

변동요인	제곱합	자유도	평균제곱	F
급간변동	30	3	10	0.95
급내변동	168	16	10.5	
총변동	198	19		

이 경우 귀무가설과 대립가설은 각각

$H_0: \mu_A = \mu_B = \mu_C = \mu_D$
$H_1: \mu_A, \mu_B, \mu_C, \mu_D$ 모두 동일하지는 않다.

이고, 이때

$$F_{3,16,0.05} = 3.24$$

로 $F_{3,16,0.05} > F = 0.95$이므로 네 가지 제품의 평균점수가 같다는 귀무가설은 유의수준 5%에서 기각되지 않는다. 따라서 메이크업 아티스트들을 대상으로 실험한 결과 네 제품에는 별 차이가 없다고 할 수 있다.

2. 신뢰구간

지금까지는 일원분산분석법을 사용하여 여러 개의 모평균이 동일한가를 검정하는 방법에 대해 알아보았다. 그러나 대부분의 통계적 분석에서는 단순히 이들이 같은지 다른지를 알고자 하는 것이 아니라 이러한 평균값들이 서로 얼마나 다른가를 알고자 하는데 목적이 있다. 즉 평가를 의뢰한 업체는 자사제품과 경쟁사의 제품을 평가한 평균점수의 차가 얼마나 되는가를 알고 싶은 것이 목적일 것이다. 따라서 앞의 화장품 제조업체의 예에서 각 제품이 평가된 평균점수간의 차를 추정해 보는 것이 중요하다. 모평균의 차에 대한 신뢰구간이 어떻게 구해질 수 있는가를 보기로 하자.

네 개의 화장품 제조업체의 경우 네 개의 모평균이 있으므로 두 제조업체간의 차, 즉 두 모평균간의 차는 여섯 개가 된다. 각 모평균을 제조업체에 따라 μ_A, μ_B, μ_C, μ_D라 하면 다음이 모두 동시에 성립될 확률은 $100(1-\alpha)\%$이다.

$$\overline{x_A} - \overline{x_B} - \sqrt{F_\alpha}\sqrt{MSW}\sqrt{2(K-1)/n} < \mu_A - \mu_B < \overline{x_A} - \overline{x_B} + \sqrt{F_\alpha}\sqrt{MSW}\sqrt{2(K-1)/n}$$

$$\overline{x_A} - \overline{x_C} - \sqrt{F_\alpha}\sqrt{MSW}\sqrt{2(K-1)/n} < \mu_A - \mu_C < \overline{x_A} - \overline{x_C} + \sqrt{F_\alpha}\sqrt{MSW}\sqrt{2(K-1)/n}$$

$$\overline{x_A} - \overline{x_D} - \sqrt{F_\alpha}\sqrt{MSW}\sqrt{2(K-1)/n} < \mu_A - \mu_D < \overline{x_A} - \overline{x_D} + \sqrt{F_\alpha}\sqrt{MSW}\sqrt{2(K-1)/n}$$

$$\overline{x_B} - \overline{x_C} - \sqrt{F_\alpha}\sqrt{MSW}\sqrt{2(K-1)/n} < \mu_B - \mu_C < \overline{x_B} - \overline{x_C} + \sqrt{F_\alpha}\sqrt{MSW}\sqrt{2(K-1)/n}$$

$$\overline{x_B} - \overline{x_D} - \sqrt{F_\alpha}\ \sqrt{MSW}\ \sqrt{2(K-1)/n} < \mu_B - \mu_D < \overline{x_B} - \overline{x_D} + \sqrt{F_\alpha}\ \sqrt{MSW}\ \sqrt{2(K-1)/n}$$

$$\overline{x_C} - \overline{x_D} - \sqrt{F_\alpha}\ \sqrt{MSW}\ \sqrt{2(K-1)/n} < \mu_C - \mu_D < \overline{x_C} - \overline{x_D} + \sqrt{F_\alpha}\ \sqrt{MSW}\ \sqrt{2(K-1)/n}$$

여기에서 K는 평균값의 수이고, n은 각 모집단에서 취해지는 표본의 크기이며, MSW는 급내변동의 평균제곱, 즉 오차평균제곱이다. 앞의 예에서

$$\overline{x_A} = 60, \quad \overline{x_B} = 61, \quad \overline{x_C} = 58, \quad \overline{x_D} = 61$$

이고,

$$F_{3.16,0.05} = 3.24, K = 4, \ n = 5, \sqrt{MSW} = \sqrt{10.5}$$

이므로

$$\sqrt{F_\alpha}\ \sqrt{MSW}\ \sqrt{2(K-1)/n} = 6.39$$

가 된다. 따라서 화장품 제조업체의 예에서 모평균의 차에 대한 신뢰구간은 다음과 같다.

$$-7.39 < \mu_A - \mu_B < 5.39$$

$$-4.39 < \mu_A - \mu_C < 8.39$$

$$-7.39 < \mu_A - \mu_D < 5.39$$

$$-3.39 < \mu_B - \mu_C < 9.39$$

$$-6.39 < \mu_B - \mu_D < 6.39$$

$$-9.39 < \mu_C - \mu_D < 3.39$$

위의 모든 신뢰구간은 0을 포함하고 있으므로 [표 10-6]의 분산분석에서 평균값 사이의 차는 통계적으로 유의하지 않다는 결과를 뒷받침해 준다.

제 3 절 이원분산분석

1. 랜덤화 블록

하나의 실험에서 한 가지 특성뿐만이 아니라 또다른 요인이 결과에 중요한 영향력을 발휘한다고 생각되는 경우가 있다. 세 가지 차종의 연비를 비교한 실험에서 세 독립표본의 자료를 구하고 일원분산분석을 해 보았다. 이 때 표본자료에서의 가변성은 두 가지 원인에 기인한 것으로 가정되었다. 하나는 세 차종간 주행상의 차이고, 또 하나는 실험상의 오차에 기인한 변동이었다. 오차에 의한 변동 중 일부는 운전습성의 차이로 설명될 수 있다. 이제 주행거리에 영향을 주는 요인으로 운전자의 운전습성을 고려해 보자. 실험상의 오차변동에서 이 요인에 따른 변동을 분리해 낸다면 검정하기가 다소 쉬워질 것이다. 따라서 오차변동은 감소될 것이므로 모든 차종의 모평균 주행거리가 동일하다는 귀무가설의 검정은 더욱 신뢰할 수 있게 된다.

주행연비를 비교하고자 하는 세 가지 차종 A, B, C가 있을 때 각 차종을 여섯 번 주행하는 실험을 고려해 보자. 이 실험은 여섯 명의 운전자에 의해 수행되며, 각 운전자는 세 차종을 모두 주행해 본다. 그렇다면 모든 차는 각 운전자에 의해 검정되므로, 차종간의 차이로 인해 발생하는 변동과 운전상의 변동에 대한 정보를 알 수 있게 된다. 이때 새로 추가된 변수인 운전자를 블록변수(blocking variable)라고 하며 각 운전자에 하나씩 여섯 개의 블록이 존재하게 된다.

이렇게 블록화된 계획은 두 요인에 대한 정보를 동시에 얻는데 사용될 수 있기 때문에 차종에 따라 또 운전자에 따라 얻어진 연비를 비교할 수 있게 된다. 운전자의 연령이 휘발유 1ℓ당 주행거리에 미치는 영향에 대해 관심이 있다고 할 때 운전자를 연령에 따라 다음의 여섯 계층으로 구분한다고 하자.

1. 25세 이하
2. 26~35세

3. 36~45세

4. 46~55세

5. 56~65세

6. 66세 이상

그렇다면 각 연령계층의 한 운전자가 각 종류의 차량을 주행해 보는 것으로 실험방식을 설정할 수 있다. 따라서 모평균 주행거리가 각 차종에 대해 동일하다는 가설을 검정하는 것과 더불어 모평균 주행거리가 모든 연령층에 대해 동일하다는 가설까지 검정할 수 있다. 각 차량이 각 운전자에 의해 주행되든, 또는 각 차량이 각 연령계층의 한 운전자에 의해 주행되든 모평균 주행거리의 동일성을 검정하는 과정은 사실상 같다.

차종과 연령계층이 모두 고려된 실험결과에 대한 자료는 [표 10-7]에 제시되어 있다. 이때 관심의 초점은 차종의 비교에 있고, 운전자의 연령은 블록변수로 사용된다.

이러한 종류의 계획을 랜덤화블록계획(randomized blocks design)이라고 한다. 여기에서 랜덤화라고 하는 것은 A차량을 운전하기 위해 연령층 1에서 운전자 한 명을 임의로 선택하기 때문이다.

[표 10-7] 세 차종, 여섯 운전자에 의한 연비의 표본관측값

연령층 \ 차종	A	B	C	합	평균
1	26.1	23.9	25.0	75.0	25.0
2	24.7	22.7	25.4	72.8	24.27
3	27.0	24.4	25.3	76.7	25.57
4	24.8	23.3	24.4	72.5	24.17
5	23.9	23.8	24.5	72.2	24.07
6	24.2	24.5	26.4	75.1	25.03
합	150.7	142.6	151.0	444.3	
평균	25.12	23.77	25.17		

위의 예를 일반화시켜 K개의 집단과 H개의 블록이 있다고 하면 [표 10-8]과 같이 나타나며, 여기에서 x_{ij}는 i번째 집단의 j번째 블록에 해당되는 표본관측값이다.

[표 10-8] K집단과 H블록의 표본관측값

블록 \ 집단	1	2	…	K
1	x_{11}	x_{21}	…	x_{K1}
2	x_{12}	x_{22}	…	x_{K2}
⋮	⋮	⋮		⋮
H	x_{1H}	x_{2H}	…	x_{KH}

모든 K집단의 모평균이 동일하다는 가설을 검정하기 위해서는 각 집단의 표본평균을 구해야 한다. i번째 집단의 표본평균은 다음과 같이 나타낸다.

$$\overline{x_{i\cdot}} = \frac{\sum_{j=1}^{H} x_{ij}}{H}, \qquad i = 1, 2, \cdots, K$$

[표 10-7]에서 세 집단에 대한 표본평균은 각각 A, B, C열의 평균으로 다음과 같다.

$$\overline{x_{1\cdot}} = \frac{150.7}{6} = 25.12, \overline{x_{2\cdot}} = \frac{142.6}{6} = 23.77, \overline{x_{3\cdot}} = \frac{151.0}{6} = 25.17$$

모블록평균들간의 차이를 보기 위해 각 블록의 표본평균을 구해 보자. j번째 블록의 표본평균을 $\overline{x_{\cdot j}}$로 표기하면

$$\overline{x_{\cdot j}} = \frac{\sum_{i=1}^{K} x_{ij}}{K}, \qquad j = 1, 2, \cdots, H$$

와 같다. [표 10-7]에서 여섯 개의 블록 평균을 계산하면 아래와 같다.

$$\overline{x_{\cdot 1}} = \frac{75.0}{3} = 25.0, \overline{x_{\cdot 2}} = \frac{72.8}{3} = 24.27, \overline{x_{\cdot 3}} = \frac{76.7}{3} = 25.57$$

$$\overline{x_{\cdot 4}} = \frac{72.5}{3} = 24.17, \overline{x_{\cdot 5}} = \frac{72.2}{3} = 24.07, \overline{x_{\cdot 6}} = \frac{75.1}{3} = 25.03$$

마지막으로 표본관측값의 전체평균은 관측값의 총수가

$$n = KH$$

이므로

$$\bar{x} = \frac{\sum_{i=1}^{K}\sum_{j=1}^{H} x_{ij}}{n} = \frac{\sum_{i=1}^{K}\overline{x_{i\cdot}}}{K} = \frac{\sum_{j=1}^{H}\overline{x_{\cdot j}}}{H}$$

에 의해 계산된다. [표 10-7]의 자료에 적용시키면 표본관측값의 전체평균은 다음과 같이 계산된다.

$$\bar{x} = \frac{444.3}{18} = 24.68$$

총제곱합은 일원배치법의 경우와 마찬가지로

$$SST = \sum_{i=1}^{K}\sum_{j=1}^{H}(x_{ij} - \bar{x})^2$$

이 되고, 다음과 같이 세 부분으로 분해된다.

$$\sum_{i=1}^{K}\sum_{j=1}^{H}(x_{ij} - \bar{x})^2 = H\sum_{i=1}^{K}(\overline{x_{i\cdot}} - \bar{x})^2 + K\sum_{j=1}^{H}(\overline{x_{\cdot j}} - \bar{x})^2 + SSE \qquad (10.2)$$

SSE(sum of squares of error)는 오차제곱합으로 (10.2)를 SSE에 대해 정리하면 다음과 같다.

$$SSE = \sum_{i=1}^{K}\sum_{j=1}^{H}(x_{ij} - \bar{x})^2 - H\sum_{i=1}^{K}(\overline{x_{i\cdot}} - \bar{x})^2 - K\sum_{j=1}^{H}(\overline{x_{\cdot j}} - \bar{x})^2$$

식 (10.2)에서 총표본변동은 집단간의 차, 블록간의 차로 인한 변동과 오차의 합으로 표현된다. 이와 같이 자료가 집단과 블록에 따라 두 가지로 분류되는 분산분석을 이원분산분석(two-way analysis of variance) 또는 이원배치법이라고 한다.

일원배치법의 분해방식과는 달리 이원배치법에서 총변동은 세 부분으로 나뉘는데, 이때 추가되는 변동은 블록간 차이에 대한 변동이다. 집단표본평균을 $\overline{x_{i\cdot}}$ $(i = 1, 2, \cdots, K)$로, 블록표본평균을 $\overline{x_{\cdot j}}$ $(j = 1, 2, \cdots, H)$로, 그리고 전체표본평균을 $\bar{x}$로 표시하면, 각 변동은 다음과 같은 제곱합들로 정의된다.

총변동 : $SST = \sum_{i=1}^{K}\sum_{j=1}^{H}(x_{ij} - \overline{x})^2$

집단간 변동 : $SSG = H\sum_{i=1}^{K}(\overline{x_{i\cdot}} - \overline{x})^2$

블록간 변동 : $SSB = K\sum_{j=1}^{H}(\overline{x_{\cdot j}} - \overline{x})^2$

오차변동 :

$$SSE = \sum_{i=1}^{K}\sum_{j=1}^{H}(x_{ij} - \overline{x})^2 - H\sum_{i=1}^{K}(\overline{x_{i\cdot}} - \overline{x})^2 - K\sum_{j=1}^{H}(\overline{x_{\cdot j}} - \overline{x})^2$$
$$= \sum_{i=1}^{K}\sum_{j=1}^{H}(x_{ij} - \overline{x_{i\cdot}} - \overline{x_{\cdot j}} + \overline{x})^2$$

이를 하나의 식으로 표현하면 다음과 같다.

$$SST = SSG + SSB + SSE$$

[표 10-7]의 자료를 사용하여 계산하면 다음과 같은 변동합들을 구할 수 있다.

$$SST = (26.1 - 24.68)^2 + (24.7 - 24.68)^2 + \cdots + (26.4 - 24.68)^2 = 19.65$$
$$SSG = 6[(25.12 - 24.68)^2 + (23.77 - 24.68)^2 + (25.17 - 24.68)^2] = 7.57$$
$$SSB = 3[(25.0 - 24.68)^2 + (24.27 - 24.68)^2 + \cdots + (25.03 - 24.68)^2] = 5.47$$

오차제곱합은 다음과 같이 계산된다.

$$SSE = SST - SSG - SSB = 19.65 - 7.57 - 5.47 = 6.61$$

이원배치법에서의 검정은 일원배치법의 경우와 같은 방식으로 수행한다. 즉 각 제곱합을 자유도로 나누어 주어 평균제곱을 구하며, 자유도는 집단과 블록의 수에 의해 결정된다. SST의 자유도는 $(n-1)$이고, SSG의 자유도는 $(K-1)$, SSB의 자유도는 $(H-1)$이다. 따라서 SSE의 자유도는

$$(n-1) - (K-1) - (H-1) = n - K - H + 1 = KH - K - H + 1$$
$$= (K-1)(H-1)$$

이 된다.

각 모집단의 평균이 같다는 귀무가설은 집단의 평균제곱과 오차의 평균제곱과의 비율에 의해 검정된다. 또한 블록의 모평균이 같다는 귀무가설도 관심의 대상

이 되는데, 이때의 귀무가설은 블록의 평균제곱과 오차의 평균제곱과의 비율로 검정된다. 일원배치법의 경우와 마찬가지로 F검정을 하며 이 과정을 요약하면 아래와 같다.

K개의 집단과 H개의 블록이 있을 때 평균제곱은 다음과 같이 정의된다.

$$\text{집단간 변동 : } MSG = \frac{SSG}{K-1}$$

$$\text{블록간 변동 : } MSB = \frac{SSB}{H-1}$$

$$\text{오차변동 : } MSE = \frac{SSE}{(K-1)(H-1)}$$

이 때 가설검정과정은 유의수준이 α일 때 다음과 같다.

i. K개의 모평균이 동일하다는 H_0는

$\dfrac{MSG}{MSE} > F_{K-1,(K-1)(H-1),\alpha}$이면 기각

ii. H개의 블록의 모평균이 동일하다는 H_0는

$\dfrac{MSB}{MSE} > F_{H-1,(K-1)(H-1),\alpha}$이면 기각

이를 종합한 이원분산분석표의 일반형은 [표 10-9]와 같다.

[표 10-9] 이원분산분석표의 일반형

변동요인	제곱합	자유도	평균제곱	F
집단간 변동	SSG	$(K-1)$	$MSG=\dfrac{SSG}{K-1}$	$\dfrac{MSG}{MSE}$
블록간 변동	SSB	$(H-1)$	$MSB=\dfrac{SSB}{H-1}$	$\dfrac{MSB}{MSE}$
오차변동	SSE	$(K-1)(H-1)$	$MSE=\dfrac{SSE}{(K-1)(H-1)}$	
총변동	SST	$(n-1)$		

[표 10-7]의 자동차 연비자료에서 평균제곱은 다음과 같이 구할 수 있다.

$$MSG = \frac{SSG}{K-1} = \frac{7.57}{2} = 3.79$$

$$MSB = \frac{SSB}{H-1} = \frac{5.47}{5} = 1.09$$

$$MSE = \frac{SSE}{(K-1)(H-1)} = \frac{6.61}{10} = 0.66$$

세 차종의 모평균 주행거리가 같다는 귀무가설을 검정하기 위해 평균제곱의 비율을 계산하면

$$\frac{MSG}{MSE} = \frac{3.79}{0.66} = 5.73$$

이 된다. 이 때

$$F_{K-1,(K-1)(H-1),\alpha} = F_{2,10,0.05} = 4.10$$

이므로 귀무가설은 5% 유의수준에서 기각된다. 따라서 차종에 따라 주행거리가 다르다고 할 수 있다.

이번에는 블록의 모평균이 같다는 귀무가설을 검정해 보자. 이 가설은 각 연령계층의 모든 운전자들은 평균주행거리가 같다는 뜻이다. F값을 계산하면

$$\frac{MSB}{MSE} = \frac{1.09}{0.66} = 1.66$$

으로 F분포표에서

$$F_{H-1,(K-1)(H-1),\alpha} = F_{5,10,0.05} = 3.33$$

보다 작으므로 5% 유의수준에서 귀무가설은 기각되지 않는다. 따라서 연령계층은 운전자들의 평균 주행거리에 영향을 주지 않는다고 할 수 있다.

지금까지 계산한 결과를 분산분석표로 작성하면 [표 10-10]과 같고, [그림 10-2]에는 SAS를 이용한 결과가 제시되어 있다.

[표 10-10] 자동차 연비의 이원분산분석표

변동요인	제곱합	자유도	평균제곱합	F
자동차	7.57	2	3.79	5.73
운전자	5.47	5	1.09	1.66
오 차	6.61	10	0.66	
총변동	19.65	17		

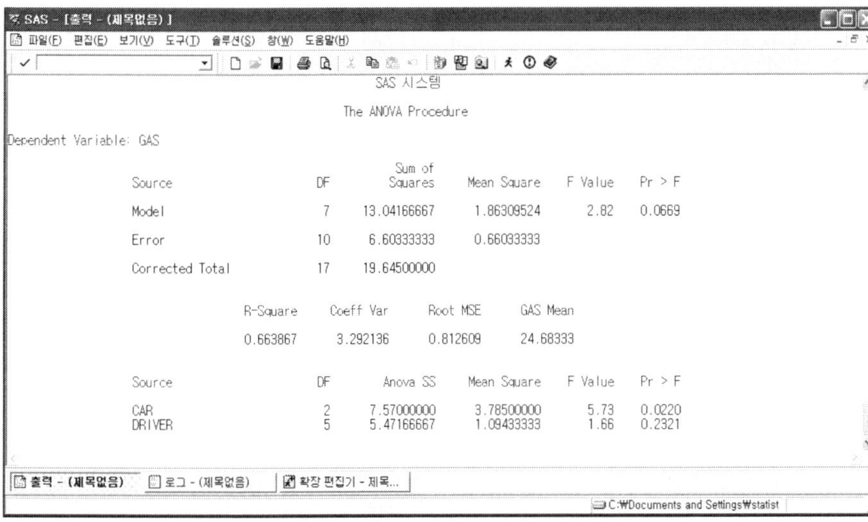

[그림 10-2] 자동차 연비의 이원분산분석표의 SAS 출력문

2. 행과 열에 따른 분석

앞에서는 랜덤화블록계획에 따른 이원배치법에 대해 분석해 보았다. 이번에는 원리는 같으나 특정계획에 따르지 않고 관측값이 동시에 행과 열에 나타나는 두 가지 요인에 따라 구분되는 경우에 대해 알아보기로 하자. [표 10-11]은 열의 구분이 한 기준이 되고 행이 또다른 하나의 기준이 되는 예로서, 네 가지 종류의 비료를 사용한 세 품종의 벼 수확량을 나타낸다.

[표 10-11] 구획당 수확량

비료＼품종	Ⅰ	Ⅱ	Ⅲ	합
1	64	72	74	210
2	55	57	47	159
3	59	66	58	183
4	58	57	53	168
합	236	252	232	720

위의 자료로 수확량의 변동이 품종의 차이에 의한 것인지, 비료가 달라서인지, 또는 두 가지 모두의 차이 때문인지를 검정할 수 있다. [표 10-11]과 같은 유형의 자료를 r 개의 행과 c 개의 열을 가진 표로 일반화시키면 [표 10-12]와 같이 나타낼 수 있고, 여기에서 x_{ij} 는 i 번째 행과 j 번째 열에 있는 관측값을 의미한다. 또한 x_{ij} 는 평균값이 μ_{ij} 이고 공통분산이 σ^2 인 정규분포를 따르는 독립확률변수의 값이라고 가정된다.

[표 10-12]에서 $T_{i\cdot}$ 과 $\overline{x_{i\cdot}}$ 은 각각 i 번째 행에 있는 모든 관측값의 합과 평균이고, $T_{\cdot j}$ 와 $\overline{x_{\cdot j}}$ 는 각각 j 번째 열의 모든 관측값의 합과 평균이다. 또 T 와 $\overline{x}$ 는 모든 rc 관측값의 합과 평균이다. i 번째 행의 모평균들의 평균 $\mu_{i\cdot}$ 은

$$\mu_{i\cdot} = \frac{\sum_{j=1}^{c} \mu_{ij}}{c}$$

로 정의되고, 마찬가지로 j 번째 열의 모평균들의 평균 $\mu_{\cdot j}$ 는

$$\mu_{\cdot j} = \frac{\sum_{i=1}^{r} \mu_{ij}}{r}$$

로 정의되며, rc 모평균들의 평균 μ 는

$$\mu = \frac{\sum_{i=1}^{r}\sum_{j=1}^{c} \mu_{ij}}{rc}$$

로 정의된다.

[표 10-12] 표 10-3의 일반형

행 \ 열	1	2	…	j	…	c	합	평균
1	x_{11}	x_{12}	…	x_{1j}	…	x_{1c}	$T_{1\cdot}$	$\bar{x}_{1\cdot}$
2	x_{21}	x_{22}	…	x_{2j}	…	x_{2c}	$T_{2\cdot}$	$\bar{x}_{2\cdot}$
⋮	⋮	⋮		⋮		⋮	⋮	⋮
i	x_{i1}	x_{i2}	…	x_{ij}	…	x_{ic}	$T_{i\cdot}$	$\bar{x}_{i\cdot}$
⋮	⋮	⋮		⋮		⋮	⋮	⋮
r	x_{r1}	x_{r2}	…	x_{rj}	…	x_{rc}	$T_{r\cdot}$	$\bar{x}_{r\cdot}$
합	$T_{\cdot 1}$	$T_{\cdot 2}$	…	$T_{\cdot j}$	…	$T_{\cdot c}$	T	
평균	$\bar{x}_{\cdot 1}$	$\bar{x}_{\cdot 2}$	…	$\bar{x}_{\cdot j}$	…	$\bar{x}_{\cdot c}$		$\bar{x}$

관측값의 일부 변동이 행 사이의 차에 기인한 것인가를 알아보기 위한 가설은 다음과 같다.

$H_0^1: \mu_{1\cdot} = \mu_{2\cdot} = \cdots = \mu_{r\cdot} = \mu$

H_1^1: 모든 $\mu_{\cdot j}$가 같지는 않다

또한 변동의 일부가 열 사이의 차에 의한 것인가를 보기 위해서는 다음의 가설이 고려된다.

$H_0^2: \mu_{\cdot 1} = \mu_{\cdot 2} = \cdots = \mu_{\cdot c} = \mu$

H_1^2: 모든 $\mu_{\cdot j}$가 같지는 않다

α_i가 i번째 행의 효과이고, β_j는 j번째 열의 효과라고 할 때, r행의 평균들 $\mu_{i\cdot}$이 동일하다는 것을 검정하기 위한 가설은 다음과 같다.

$H_0^1: \alpha_1 = \alpha_2 = \cdots = \alpha_r = 0$

H_1^1: α_i 중 최소한 하나는 0이 아니다

마찬가지로 c열 평균들인 $\mu_{\cdot j}$가 같다는 귀무가설은 다음의 가설을 검정하는 것과 같다.

$H_0^2: \beta_1 = \beta_2 = \cdots = \beta_c = 0$

H_1^2: β_j 중 최소한 하나는 0이 아니다

이러한 검정들은 공통모분산 σ^2의 독립추정값들을 비교하는데 근거를 두므로 평균값과의 편차를 계산하며, 이 추정값들은 아래와 같이 자료의 총제곱합을 세 요인으로 분리시켜 구한다.

$$\sum_{i=1}^{r}\sum_{j=1}^{c}(x_{ij}-\overline{x})^2 = c\sum_{i=1}^{r}(\overline{x_{i\cdot}}-\overline{x})^2 + r\sum_{j=1}^{c}(\overline{x_{\cdot j}}-\overline{x})^2 + \sum_{i=1}^{r}\sum_{j=1}^{c}(x_{ij}-\overline{x_{i\cdot}}-\overline{x_{\cdot j}}+\overline{x})^2$$

이를 다시 쓰면

$$SST = SSR + SSC + SSE$$

가 되며, 이 때

총제곱합 : $SST = \sum_{i=1}^{r}\sum_{j=1}^{c}(x_{ij}-\overline{x})^2 = \sum_{i=1}^{r}\sum_{j=1}^{c}x_{ij}^2 - \frac{T^2}{rc}$

행평균제곱합 : $SSR = c\sum_{i=1}^{r}(\overline{x_{i\cdot}}-\overline{x})^2 = \frac{\sum_{i=1}^{r}T_{i\cdot}^2}{c} - \frac{T^2}{rc}$

열평균제곱합 : $SSC = r\sum_{j=1}^{c}(\overline{x_{\cdot j}}-\overline{x})^2 = \frac{\sum_{j=1}^{c}T_{\cdot j}^2}{r} - \frac{T^2}{rc}$

오차제곱합 : $SSE = \sum_{i=1}^{r}\sum_{j=1}^{c}(x_{ij}-\overline{x_{i\cdot}}-\overline{x_{\cdot j}}+\overline{x})^2 = SST - SSR - SSC$

와 같이 정의된다. 따라서 분산분석표는 아래의 [표 10-13]과 같다.

[표 10-13] 행과 열의 구분에 의한 분산분석표

변동요인	제곱합	자유도	평균제곱	F
행평균	SSR	$(r-1)$	$MSR = \frac{SSR}{r-1}$	$\frac{MSR}{MSE}$
열평균	SSC	$(c-1)$	$MSC = \frac{SSC}{c-1}$	$\frac{MSC}{MSE}$
오차	SSE	$(r-1)(c-1)$	$MSE = \frac{SSE}{(r-1)(c-1)}$	
총변동	SST	$(rc-1)$		

[표 10-11]의 자료에서 다른 종류의 비료가 사용될 때 벼의 평균수확량에는 차이가 없다는 귀무가설 H_0^1, 또 세 품종의 평균수확량에는 차이가 없다는 가설 H_0^2를 5% 유의수준에서 검정해 보자.

$H_0^1 : \alpha_1 = \alpha_2 = \alpha_3 = \alpha_4 = 0$

$H_1^1 : \alpha_i$ 중 최소한 하나는 0이 아니다

이 때의 귀무가설은 벼의 평균수확량에는 차이가 없다. 즉 행의 효과가 0이라는 의미이다.

$H_0^2 : \beta_1 = \beta_2 = \beta_3 = 0$

$H_1^2 : \beta_j$ 중 최소한 하나는 0이 아니다

이 때의 귀무가설은 세 품종의 평균수확량에는 차이가 없다. 즉 귀무가설은 열의 효과가 없다는 의미이다. 각 변동요인들의 제곱합을 계산하면

$$SST = 64^2 + 55^2 + \cdots + 53^2 - \frac{(720)^2}{12} = 662$$

$$SSR = \frac{210^2 + 159^2 + 183^2 + 168^2}{3} - \frac{(720)^2}{12} = 498$$

$$SSC = \frac{236^2 + 252^2 + 232^2}{4} - \frac{(720)^2}{12} = 56$$

$$SSE = 662 - 498 - 56 = 108$$

이 되므로 분산분석표는 아래와 같이 구해진다.

[표 10-14] 수확량과 비료의 분산분석표

변동요인	제곱합	자유도	평균제곱	F
행평균	498	3	166	9.22
열평균	56	2	28	1.56
오차	108	6	18	
총변동	662	11		

위의 분산분석표에서 행평균의 F값 9.22는 $F_{3,6,0.05} = 4.76$ 보다 크므로 H_0^1은 기각되고, 따라서 비료의 종류에 따라 평균수확량에 차이가 존재한다고 할 수 있

다. 그리고 열평균의 F값 1.56은 $F_{2,6,0.05}=5.14$보다 작기 때문에 H_0^2는 기각되지 않으므로, 품종에 따른 평균산출량에는 차이가 없다고 할 수 있다.

3. 신뢰구간

지금까지 이원배치법을 사용하여 평균값의 동일성 여부를 검정하는 방법에 대해 살펴보았다. 그러나 대부분의 분석에서는 단순히 평균값이 다른가를 알아보고자 하는 것이 아니라 얼마나 다른가를 파악하는데 목적이 있다. 따라서 평균값간의 차에 대한 신뢰구간이 어떻게 계산될 수 있는가를 보도록 하자. 여기에서도 앞의 일원배치법의 경우와 같이 신뢰구간이 동시에 성립할 확률은 $100(1-\alpha)\%$이다.

예제 10-2

앞의 화장품 제조업체의 예에서 회사의 경영진이 상표에 따라 다른 심사원을 고용하는 대신 동일한 다섯 명의 심사자로 하여금 네 상표의 품질을 모두 평가하도록 제안했다고 하자. 이러한 방식으로 평가된 표본평균점수간의 차는 표본구성원의 차이에 의해서는 영향을 받지 않게 된다. 따라서 이 실험은 각 평가자가 블록을 구성하는 랜덤화블록계획이 된다. 실험결과는 [표 10-15]와 같고, 분산분석표는 [표 10-16]과 같이 나타난다.

[표 10-15] 새로 제안된 화장품 제조업체의 평가결과

평가자 \ 상표	A	B	C	D	블록평균
가	63	59	62	61	61.25
나	61	62	57	63	60.75
다	61	64	60	58	60.75
라	62	62	60	62	61.50
마	58	63	61	61	60.75
평균	61	62	60	61	

[표 10-16] 새로운 계획에 의한 화장품 제조업체의 분산분석표

변동요인	제곱합	자유도	평균제곱	F
상표(집단)	10	3	3.33	0.74
평가자(블록)	2	4	0.50	0.11
오차	54	12	4.50	
총변동	66	19		

평가자는 고정시켜 두고 네 상표의 평균점수간의 차에 대한 신뢰구간은 아래와 같은 식에 의해 구해진다.

$$\overline{x_{\cdot 1}} - \overline{x_{\cdot 2}} - \sqrt{F_\alpha}\sqrt{MSE}\sqrt{\frac{2(K-1)}{H}} < \mu_1 - \mu_2 < \overline{x_{\cdot 1}} - \overline{x_{\cdot 2}} + \sqrt{F_\alpha}\sqrt{MSE}\sqrt{\frac{2(K-1)}{H}}$$

$$\overline{x_{\cdot 1}} - \overline{x_{\cdot 3}} - \sqrt{F_\alpha}\sqrt{MSE}\sqrt{\frac{2(K-1)}{H}} < \mu_1 - \mu_3 < \overline{x_{\cdot 1}} - \overline{x_{\cdot 3}} + \sqrt{F_\alpha}\sqrt{MSE}\sqrt{\frac{2(K-1)}{H}}$$

$$\vdots \qquad\qquad \vdots \qquad\qquad \vdots$$

$$\overline{x_{\cdot 2}} - \overline{x_{\cdot 3}} - \sqrt{F_\alpha}\sqrt{MSE}\sqrt{\frac{2(K-1)}{H}} < \mu_2 - \mu_3 < \overline{x_{\cdot 2}} - \overline{x_{\cdot 3}} + \sqrt{F_\alpha}\sqrt{MSE}\sqrt{\frac{2(K-1)}{H}}$$

$$\vdots \qquad\qquad \vdots \qquad\qquad \vdots$$

여기에서 K는 집단의 수이고, H는 블록의 수이다. [표 10-15]의 자료에 적용시키면

$$\overline{x_{\cdot 1}} = 61, \quad \bar{x}_{\cdot 2} = 62, \quad \bar{x}_{\cdot 3} = 60, \quad \bar{x}_{\cdot 4} = 61$$

이고,

$$F_{3,12,0.05} = 3.49, \quad K=4, \quad H=5$$

이므로 95% 신뢰구간은 다음과 같다.

$$-5.34 < \mu_1 - \mu_2 < 3.34$$

$$-3.34 < \mu_1 - \mu_3 < 5.34$$

$$-4.34 < \mu_1 - \mu_4 < 4.34$$

$$-2.34 < \mu_2 - \mu_3 < 6.34$$

$$-3.34 < \mu_2 - \mu_4 < 5.34$$

$$-5.34 < \mu_3 - \mu_4 < 3.34$$

모든 신뢰구간은 0을 포함하고 있으므로 각 상표에 대한 평가점수간의 차이는 어느 것도 통계적으로 유의하지 않다고 할 수 있다.

엑 셀 활 용

[일원배치법]

[표 10-1]의 세 종류 차량의 연비를 비교하는 자료를 이용하여 일원분산분석을 수행해 보자.

귀무가설 : 연료 1ℓ당 평균 주행거리는 세 차량이 모두 같다.

1. 다음과 같이 워크시트에 자료를 입력한 후, 메뉴표시줄에서 [데이터]-[데이터분석]을 선택한다. [통계 데이터 분석] 대화상자가 나타나면 "분산분석 : 일원배치법"을 선택한다.

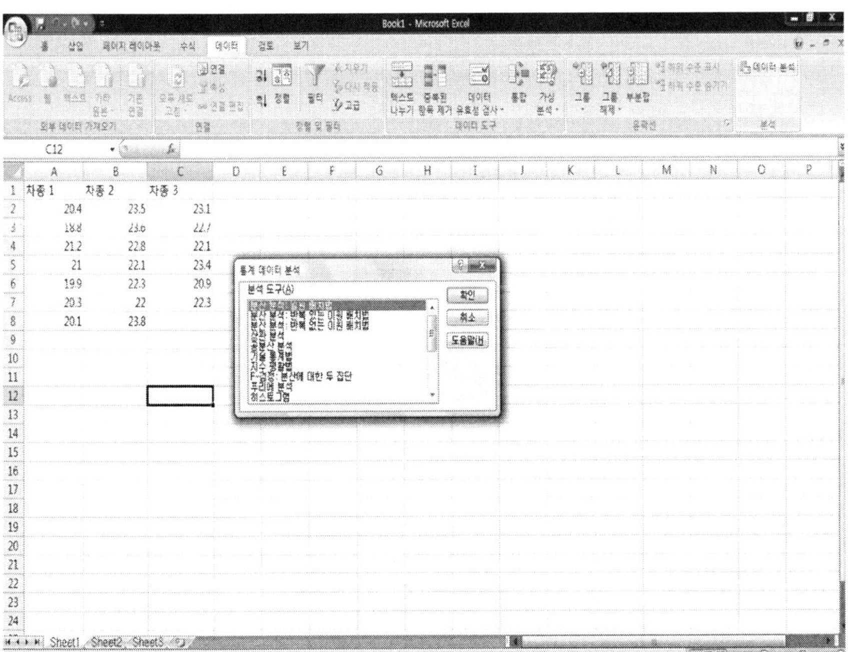

2. [확인]을 누르면, 다음과 같이 [분산분석 : 일원배치법]대화상자가 나타나는데 크게 "입력" 부분과 "출력옵션"으로 구성되어 있다. 먼저 "입력"에서 "입력범위"에는 분석할 자료의 범위인 셀 A1:C8까지 마우스로 드래그하거나 직접 입력하여 지정해 준다. 데이터 방향은 본 자료에서는 열형식으로 입력했기 때문에 "열"로 선택한다. 자료 입력범위의 첫째 행에 자료의 이름이 포함되어 있기 때문에 "첫째 행 이름표 사용"을 선택하고, 유의수준은 0.05로 지정한다. 출력옵션은 "새로운 워크시트"를 선택한다.

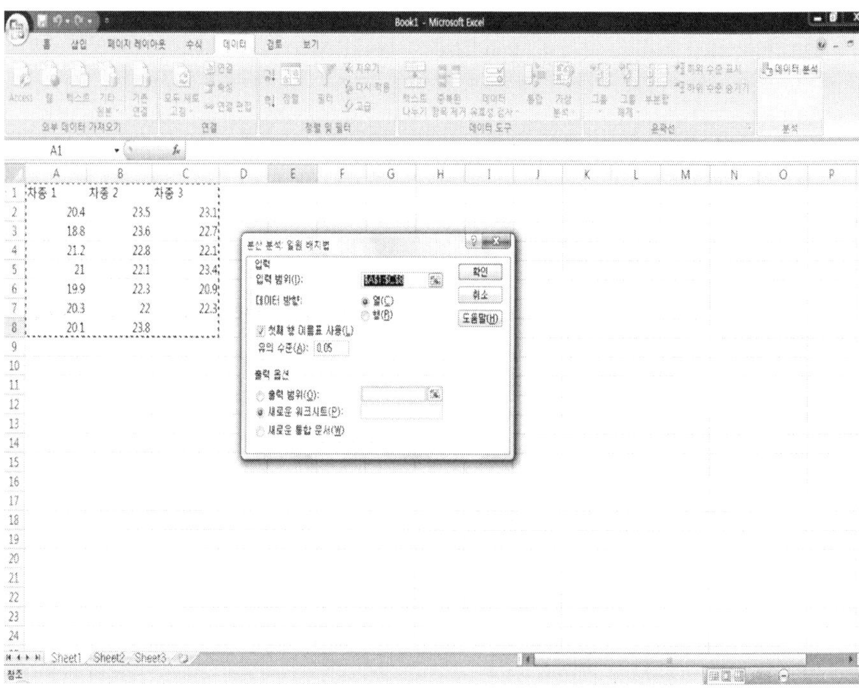

3. [확인]을 누르면 다음과 같은 일원분산분석의 결과화면이 새로운 워크시트에 나타난다.

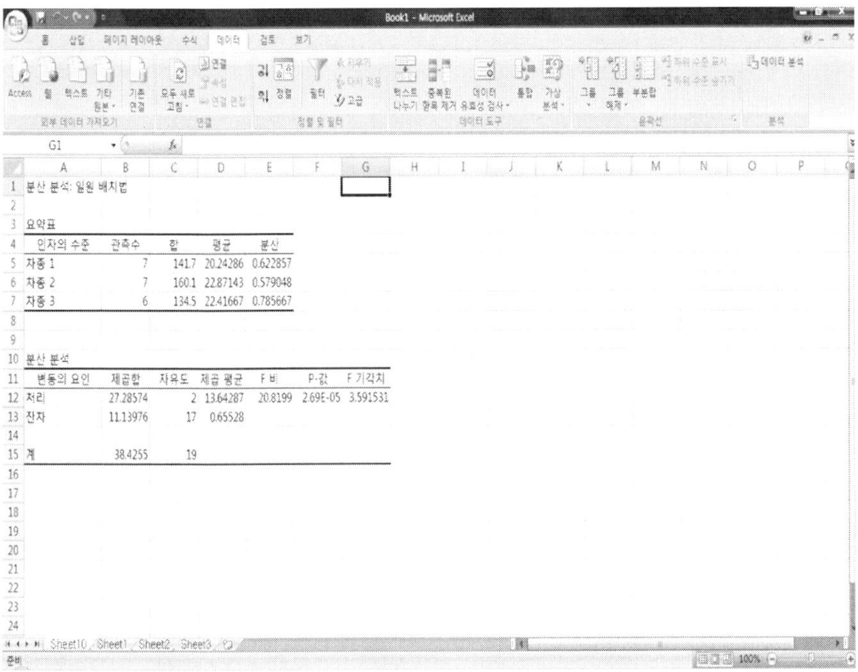

분산 분석: 일원 배치법

요약표

인자의 수준	관측수	합	평균	분산
차종 1	7	141.7	20.24286	0.622857
차종 2	7	160.1	22.87143	0.579048
차종 3	6	134.5	22.41667	0.785667

분산 분석

변동의 요인	제곱합	자유도	제곱 평균	F 비	P-값	F 기각치
처리	27.28574	2	13.64287	20.8199	2.69E-05	3.591531
잔차	11.13976	17	0.65528			
계	38.4255	19				

결과를 보면 먼저 요약표에 각 인자에 대한 관측수, 합, 평균, 분산이 제시되어 있다. 분산분석표에는 제곱합, 자유도, 제곱평균, F비, P-값, F기각치가 나타나 있다. F값이 20.8199로 F기각치보다 크므로 연료 1ℓ당 평균 주행거리는 세 차량이 같다는 귀무가설은 기각된다. 즉, 연료 1ℓ당 평균 주행거리는 세 차량이 다르다고 할 수 있다.

[이원분산분석]

[표 10-7]의 차종과 운전자에 따른 주행연비 자료를 이용하여 이원 분산분석을 수행해 보자.

귀무가설 : 모든 연령층에 대해 주행거리가 동일하다.
각 차종에 대해 주행거리가 동일하다

1. 다음과 같이 워크시트에 자료를 입력한 후, 메뉴표시줄에서 [데이터]-[데이터분석]을 선택한다. [통계 데이터 분석] 대화상자가 나타나면 "분산분석 : 반복없는 이원배치법"을 선택한다.

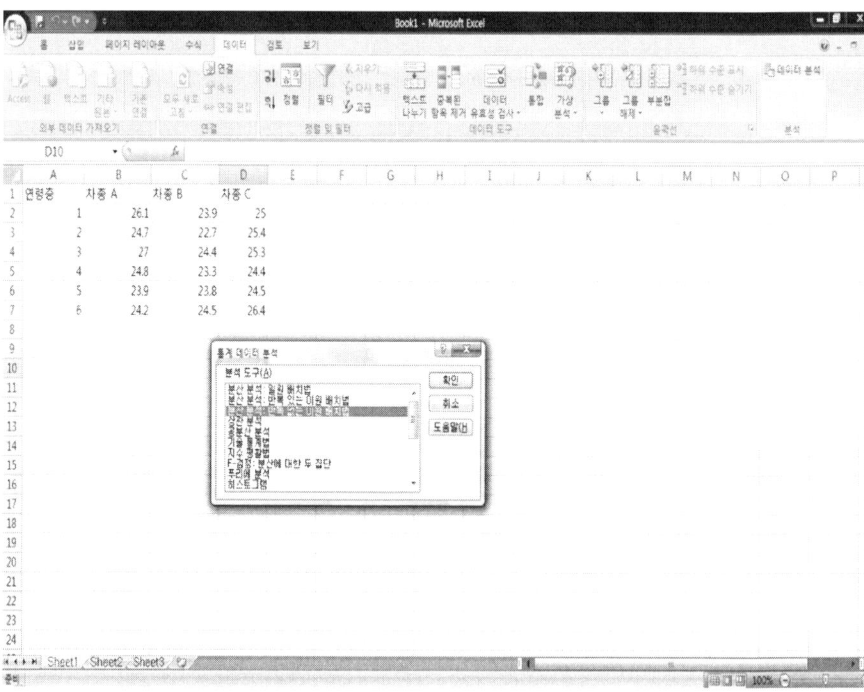

2. [확인]을 누르면 아래와 같이 [분산분석 : 반복이 없는 이원배치법] 대화상자가 나타난다. "입력 범위"에는 분석할 자료의 범위인 셀 A1:D7까지를 마우스로 드래그하거나 직접 입력하여 지정한다. 데이터범위의 첫 행과 첫 열에 이름이 표시되어 있으므로, "이름표"를 선택하고, "유의수준"은 0.05로 지정한다. 출력옵션은 "새로운 워크시트"를 선택한다.

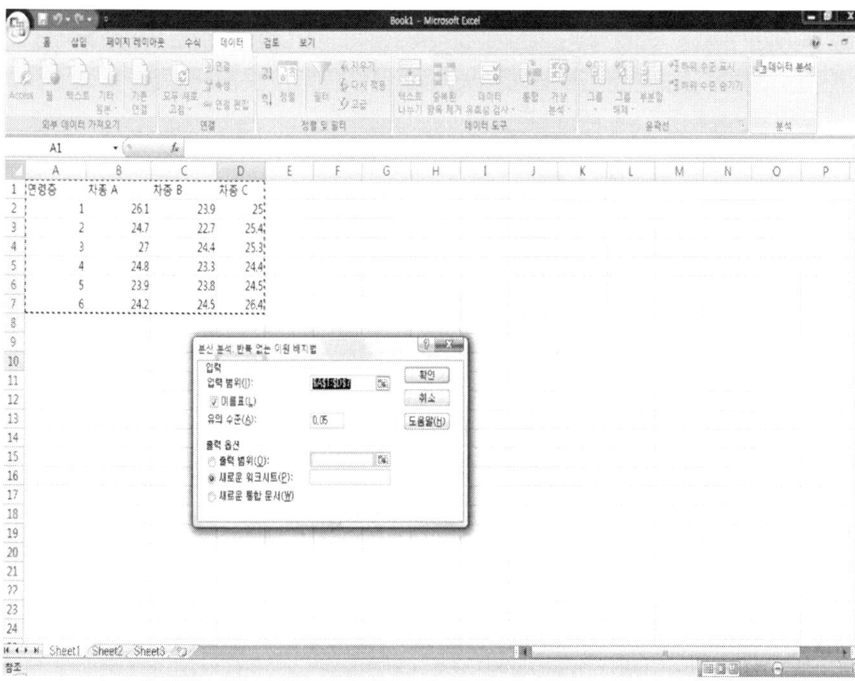

3. [확인]을 누르면 다음과 같이 새로운 워크시트에 이원분산분석의 결과가 나타난다.

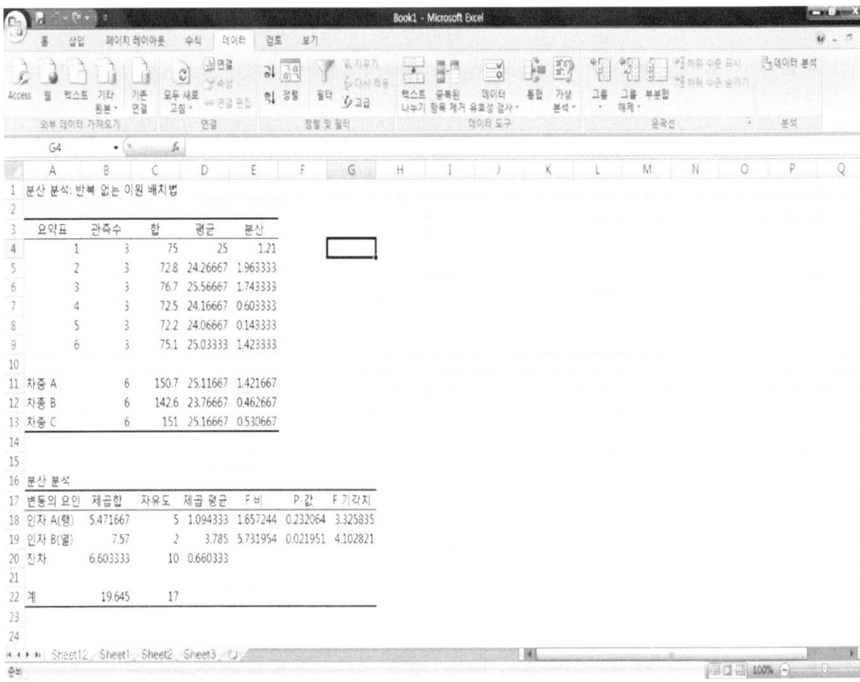

분산 분석: 반복 없는 이원 배치법

요약표	관측수	합	평균	분산
1	3	75	25	1.21
2	3	72.8	24.26667	1.963333
3	3	76.7	25.56667	1.743333
4	3	72.5	24.16667	0.603333
5	3	72.2	24.06667	0.143333
6	3	75.1	25.03333	1.423333
차종 A	6	150.7	25.11667	1.421667
차종 B	6	142.6	23.76667	0.462667
차종 C	6	151	25.16667	0.530667

분산 분석

변동의 요인	제곱합	자유도	제곱 평균	F 비	P-값	F 기각치
인자 A(행)	5.471667	5	1.094333	1.657244	0.232064	3.325835
인자 B(열)	7.57	2	3.785	5.731954	0.021951	4.102821
잔차	6.603333	10	0.660333			
계	19.645	17				

결과화면을 보면 요약표에 6종류의 연령층과 세 가지의 차종에 대한 관측수, 합, 평균, 분산이 제시되어 있다. 분산분석표를 보면 인자 A(행)에는 원자료에서 행방향으로 입력된 연령층이, 인자B(열)에는 원자료에서 열방향으로 입력된 차종에 대한 제곱합, 자유도, 제곱평균, F비, P-값, F기각치가 각각 나타나 있다. 먼저 인자 A인 연령층에 대한 분석을 하면 F비가 약 1.6572로 F기각치 3.3258보다 작기 때문에 모든 연령층에 대해 주행거리가 동일하다는 귀무가설을 기각하지 못한다. 즉, 주행거리는 모든 연령층에 대해 차이가 없다고 할 수 있다. 인자 B인 차종에 대한 분석을 해보면 F비가 약 5.7320으로 F기각치 4.1028보다 크므로 각 차종에 대해 주행거리가 동일하다는 귀무가설을 기각한다. 따라서 주행거리는 각 차종에 따라 차이가 있다고 할 수 있다.

연습문제

10.1 어느 철강회사는 세 가지 종류의 기계로 건축자재용 철근을 생산하고 있다. 새로 개발된 원자재를 사용할 때 생산되는 철근의 평균강도가 같은가를 알고 싶다. 각 기계에서 철근 4개씩을 제조해 본 결과가 아래의 표에 제시되어 있다.

기계		
A	B	C
51	39	45
52	40	47
50	41	49
51	40	47

(1) 분산분석표를 작성하고 세 종류의 기계에서 생산되는 철근의 평균강도가 같은가를 5% 유의수준에서 검정하라.

(2) 모평균간의 차에 대한 95% 신뢰구간을 구하고, 그 결과를 해석하라.

10.2 다섯 개의 제약회사가 생산하는 진통제의 효력이 얼마나 지속되는가를 알아 보고자 5개 항목에 걸쳐 실험을 해 보았다. 아래의 자료는 각 제품의 효력이 지속되는 시간을 나타낸다.

제약회사				
A	B	C	D	E
4	7	5	3	6
3	9	7	4	7
5	9	3	2	7
6	6	3	1	4
8	8	2	4	9

(1) 분산분석을 실시하라.

(2) 진통효과의 평균지속시간이 모든 제품에 있어서 같은가에 대한 귀무가설과 대립가설을 세우고 유의수준 5%에서 검정하라.

10.3 어느 공장의 현장감독은 주력상품을 제조하는데 네 가지 공법이 있다는 것을 알게 되었다. 각 공법이 사용되는데 얼마나 시간이 걸리는가를 알아보기 위해 감독은 네 명씩의 인원을 배치하였으며, 아래 표에 그 결과가 제시되어 있다.

(단위 : 분)

공법 Ⅰ	공법 Ⅱ	공법 Ⅲ	공법 Ⅳ
17	16	20	23
20	14	19	20
19	18	21	22
22	15	19	21

(1) 분산분석표를 구하라.

(2) 작업에 걸리는 평균시간이 각 공법간에 차가 있는가?

(3) 평균간의 차에 대해 99% 신뢰구간을 구하라.

10.4 어느 가공식품 제조업체의 경영진은 소득수준에 따라 가공식품의 소비성향에 차이가 있는지 연구해 보고자 한다. 연간 소득이 2,000만원 이하에서 여섯 가구, 2,000만원과 3,000만원 사이에서 다섯 가구, 3,000만원 이상에서 네 가구가 독립표본으로 추출되었다. 표본가구들이 가공식품의 구입에 쓰는 월간 지출액이 아래의 표에 나와 있다.

연간소득 (단위 : 1,000원)

2,000만원 이하	2,000~3,000만원	3,000만원 이상
45.2	48.2	50.7
63.7	51.6	71.6
52.8	63.7	61.3
31.7	46.8	49.8
33.6	49.2	
39.4		

(1) 분산분석표를 구하라.

(2) 소득수준은 달라도 가공식품의 구입에 드는 지출은 평균적으로 같다는 귀무가설을 검정하라.

10.5 어느 음료수 제조업체는 붉은색, 노란색, 파란색의 음료수 색상이 판매고에 미치는 영향을 비교하고자 한다. 한 지역에 세 상점씩 네 지역이 임의로 선정되어 일정기간 동안 판매고를 조사한 결과는 아래와 같다.

지역 \ 색상	붉은색	노란색	파란색
1	47	52	60
2	56	54	52
3	49	63	55
4	41	44	48

(1) 분산분석표를 구하라.

(2) 각 색상을 가진 음료수의 평균판매량은 같다는 귀무가설을 검정하라.

10.6 세 TV 방송국이 동일시간대에 4대 도시에서 각기 연속극을 방영하고 있다. 각 연속극에 대한 시청자들의 반응은 0부터 100점 사이의 점수로 평가되어 분석된다. 집단(연속극)간 제곱합 SSG와 블록(지역)간 제곱합 SSB는 각각 95.2, 75.6이고 오차제곱합은 79.3임이 밝혀졌다. 분산분석표를 구하고 세 연속극에 대해 시청자들이 보이는 반응은 평균적으로 같다는 귀무가설을 검정하라.

10.7 다음의 자료는 원자재 A, B, C와 제조기계 Ⅰ, Ⅱ, Ⅲ간의 철근강도에 대한 자료이다.

원자재 \ 기계	Ⅰ	Ⅱ	Ⅲ
A	50	40	45
B	48	39	45
C	52	44	48

(1) 분산분석표를 구하라.

(2) 세 종류의 기계에서 생산되는 철근의 평균강도간에 차가 있을 것인가를 검정하라.

(3) 세 종류의 원자재로 만든 철근의 평균강도가 다를 것인가를 검정하라.

(4) 원자재는 고정시키고 각 기계에 의해 생산되는 철근의 평균강도의 차에 대한 95% 신뢰구간을 구하라.

10.8 다음은 화학약품 제고공장의 자료로 제조과정에서 A, B, C, D 4가지의 촉매제를 사용한 결과 나온 제품 생산량이다. ANOVA 표를 구하고, 생산량이 촉매제에 의해 영향을 받는가를 검정하라.

A	36	33	35	34	32	34
B	35	37	36	35	37	36
C	35	39	37	38	39	38
D	34	31	35	32	34	33

10.9 제조과정에서 많은 양의 천을 사용하는 공장에서 네 개 제조업체가 제공하는 네 가지 다른 감으로 만든 상품을 대조하고 있다. 어떤 다입의 천이 고려되든

각 기 우수한 품목이라 주장한다. 공장의 연구부서에서 각 제조업체로부터 각 종류의 천의 견본을 구해 품질 정도를 검정한 결과는 아래와 같다.

제조업체	천의 타입			
	A	B	C	D
1	40	41	46	34
2	28	37	42	22
3	31	40	45	25
4	46	47	52	40

이원배치 ANOVA 표를 작성하고 첫째 천의 타입에 차이가 없다는 귀무가설, 둘째 네 제조업체의 품질에 차이가 없다는 귀무가설을 각각 검장하라.

10.10 다음의 자료는 네 가지 종류의 다른 기계를 사용한 5명 기술자의 일일 생산량을 나타낸다.

(1) 분산분석표를 구하라.

(2) 평균 생산성이 네 가지 다른 기계류에 대해 같은가를 검정하라.

(3) 5명 기술자의 평균 생산성이 다른가를 검정하라.

기술자	기계류			
	1	2	3	4
1	44	38	47	36
2	46	40	52	43
3	34	36	44	32
4	43	38	46	33
5	38	42	49	39

제 11 장

상관분석과 단순회귀분석

지금까지는 한 개의 확률변수나 또는 서로가 독립적인 확률변수들에 대한 통계적 추론에 치중해 왔다. 그러나 독립이 아닌 두 개 이상의 확률변수들이 서로 어떤 관계에 있는가 하는 문제는 실증분석에 있어서 대단히 중요하다. 지금부터는 독립이 아닌 변수들 사이의 관계와 그 관련정도를 추론하는데 대해 알아보고자 한다. 이 추론은 크게 두 가지로 구분할 수 있는데 첫째는 변수와 변수간에 관계가 있는가, 있다면 그 연관성이 어느 정도인가를 보는 상관분석(correlation analysis)이고, 둘째는 변수와 변수 사이의 관계식에 대한 추론을 하는 회귀분석(regression analysis)이다.

제 1 절 서 론

우리 주변에는 기존의 자료를 이용하여 변수간의 관계를 알아보고자 하는 경우가 흔히 있다. 예를 들어 수능성적과 내신성적은 밀접한 관련이 있는 것으로 알려져 있다. 수능성적과 내신성적간의 연간관계를 구체적으로 나타낼 수 있다면 입학 가능성이 높은 대학 및 학과를 선정하기 위한 방책을 고안하는데 유용하게 쓰일 수 있을 것이다. 변수간의 연관성은 기업의 경영방향을 설정하는데도 중요한 참고자료가 된다. 예를 들어 이자율의 변동은 주택수요에 직접적으로 영향을 미치기 때문에 건설업계에서는 이자율이 주요 관심사이다. 이자율과 주택수요간 연간관계를 알 수 있다면 이자율의 변동에 따른 주택수요의 예측이 가능하게 된다. 이와 같이 두 변수 사이의 연관관계와 관계의 정도를 파악하고자 하는 통계적 분석방법을 상관분석이라고 한다.

상관분석과는 달리 변수간의 관계를 방정식으로 설정하여 한 변수의 변화가 다른 변수의 변화에 얼마나 영향을 미치는가를 알아보거나 또는 한 변수의 값으로 다른 변수의 값을 예측하는 경우가 있다. 이와 같이 사용되는 변수들간의 함수관계를 파악하는 통계적 분석방법을 회귀분석이라고 한다. 두 변수 사이의 함수관계를 기본적인 일차함수 형태로 놓는 모형을 단순회귀모형(simple regression model)이라 하고, 한 변수를 여러 변수의 함수로 나타내어 여러 변수가 한 변수에 영향을 주는 형태로 놓는 모형을 다중회귀 또는 중회귀모형(multiple regression model)이라고 한다.

제 2 절 상관분석

한 쌍의 변수는 다양하게 서로 관련을 가질 수 있지만 합리적이고 근사적인 접근방법으로서 흔히 선형관계가 가정된다. 선형관계는 분석에 간편하고 현실에 부합된다는 장점이 있다. 현실적으로 한 쌍의 변수 X와 Y 사이에 어떤 관계가 있을 경우 이들의 결합관측점들은 [그림 11-1]과 같이 하나의 직선 주변에 모이는 경향을 보인다.

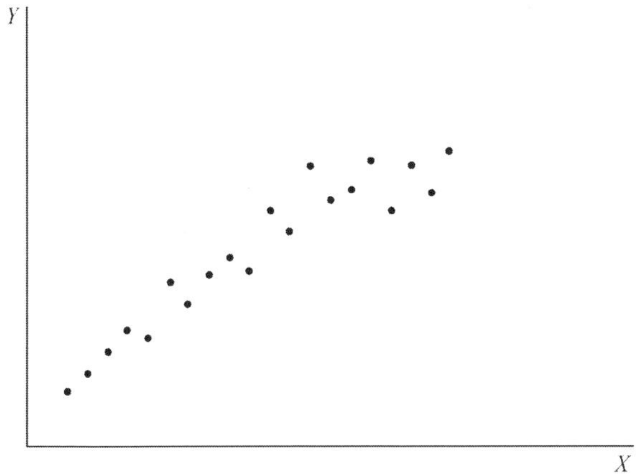

[그림 11-1] 선형관계에 있는 한 쌍의 변수들의 산점도

[그림 11-1]과 같은 산점도를 그려보는 것은 변수들 사이의 관계를 분석하기 위한 예비단계라고 할 수 있으며, 여기에서 선형성과 크게 동떨어진 이상점(outlier)들이 식별된다.

이제 두 변수들의 선형결합관계가 어느 정도인가를 측정하는 방법에 대해 알아보자. X와 Y가 각각 평균 μ_X, μ_Y 그리고 분산 σ_X^2, σ_Y^2을 가진 한 쌍의 확률변수라고 하자. 이 두 변수 사이의 관계를 측정하는 데는 공분산(covariance)의 개념이 사용되며 아래와 같이 정의된다.

$$Cov(X, Y) = E[(X-\mu_X)(Y-\mu_Y)]$$

두 변수들이 양의 관계에 있다면 X의 값이 클 경우 Y의 값도 크게 되고, X이 값이 작다면 Y의 값도 작아지므로 공분산은 양의 값이 된다. 반대로 두 변수들이 음의 관계에 있다면 X의 값이 커질수록 Y값은 작아지고, X값이 작아질수록 Y의 값은 커지게 되어 공분산은 음의 값을 갖게 된다. 한편 X와 Y 사이에 선형결합관계가 없다면 공분산은 0의 값을 갖게 된다.

문제는 변수들의 단위가 서로 다를 수 있으므로 한 쌍의 변수들 사이에 직선관계가 얼마나 강한가를 나타내는데는 공분산이 잘 사용되지 않는다는 것이다. 단위와 규모에 상관없는 수치를 구하기 위해서는 공분산을 각 변수의 표준편차의 곱으로 나누어 주는데, 이를 상관계수(correlation coefficient)라고 한다. 각 개

체의 특성을 변수 X와 Y로 나타낼 때, 이들의 직선관계의 정도를 나타내는 모상관계수는

$$\rho = Corr(X, Y) = \frac{Cov(X, Y)}{\sigma_X \sigma_Y} = \frac{E[(X-\mu_X)(Y-\mu_Y)]}{\sqrt{E(X-\mu_X)^2 E(Y-\mu_Y)^2}} \quad (11.1)$$

로 정의되며

$$-1 \leq \rho \leq 1$$

의 범위를 가진다. 상관계수는 다음과 같이 해석할 수 있다.

i. 상관계수의 절대값이 클수록 두 변수 사이의 직선관계는 강하다.

ii. 상관계수의 절대값이 작을수록 두 변수 사이에 직선관계가 약해진다.

iii. 상관계수 1은 완전한 양의 직선관계를 의미한다.

iv. 상관계수 -1은 완전한 음의 직선관계를 의미한다.

v. 상관계수 0은 직선관계가 없음을 의미한다.

모상관계수 ρ는 모집단의 특성에 관계되어 실제로는 그 값을 계산하기 어렵기 때문에 표본자료를 통해 추정할 수밖에 없다. n쌍의 관측값(x_1, y_1), (x_2, y_2), $\cdots$ (x_n, y_n)으로 구성된 표본에서 모표준편차의 추정치는

$$s_x = \sqrt{\frac{1}{n-1}\sum_{i=1}^{n}(x_i - \bar{x})^2}, \quad s_y = \sqrt{\frac{1}{n-1}\sum_{i=1}^{n}(y_i - \bar{y})^2}$$

와 같은 표본표준편차로 구하게 된다. 마찬가지로 공분산의 추정치는

$$\frac{1}{n-1}\sum_{i=1}^{n}(x_i - \bar{x})(y_i - \bar{y})$$

로 구한다. 모상관계수 ρ를 추정하기 위해 위의 표본추정치들을 식 (11.1)에 대입하면 표본상관계수 r이 아래와 같이 구해진다.

$$r = \frac{\frac{1}{n-1}\sum_{i=1}^{n}(x_i - \overline{x})(y_i - \overline{y})}{s_x\, s_y} = \frac{\sum_{i=1}^{n}(x_i - \overline{x})(y_i - \overline{y})}{\sqrt{\sum_{i=1}^{n}(x_i - \overline{x})^2 \sum_{i=1}^{n}(y_i - \overline{y})^2}}$$

$$= \frac{\sum_{i=1}^{n} x_i y_i - n\,\overline{x}\,\overline{y}}{\sqrt{(\sum_{i=1}^{n} x_i^2 - n\,\overline{x^2})(\sum_{i=1}^{n} y_i^2 - n\overline{y^2})}}$$

표본상관계수도 항상 1과 -1 사이의 값을 가진다. [그림 11-2]에서 보듯이 관측점들이 직선 주변에 밀집될수록 값이 1 또는 -1에 가깝게 나타나고, 0에 가까울수록 두 변수 사이의 직선관계가 약해지는 것을 알 수 있다. (a)~(c)는 두 변수가 양의 관계에 있는 경우이며, (e)~(g)는 음의 상관관계에 있는 경우이다. 한편 두 변수간에 아무런 관계가 없다면 상관계수값이 0이 되는데 (d)와 (h)의 경우에 해당된다.

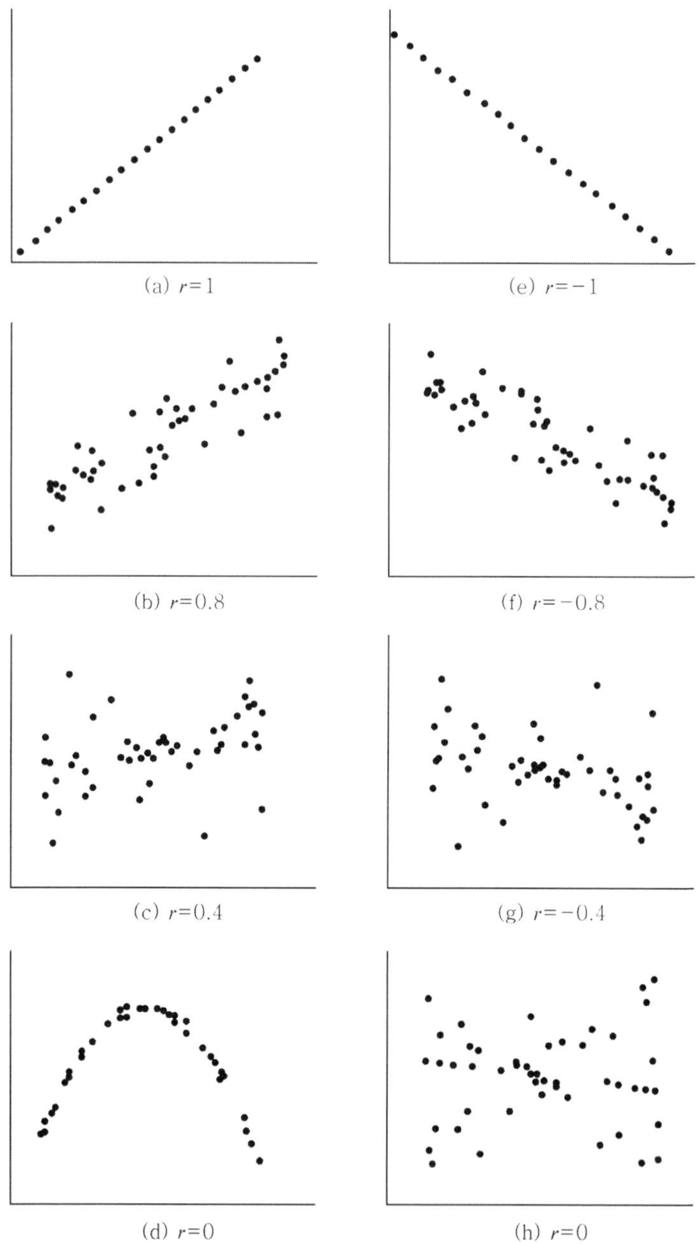

[그림 11-2] 표본상관계수와 산점도

예제 11-1

어느 전자제품회사는 지난해 전국에 산재해 있는 모든 매장에서 동시에 연말 세일을 단행하였으며, 이 때 판매증진을 위해 매장이 있는 각 지역의 언론매체를 통해 대대적인 선전을 했었다. 아래의 [표 11-1]은 표본으로 뽑은 16개의 매장이 각 지역 언론매체에 지불한 선전비와 세일 동안의 판매고에 관한 자료로서 X는 선전비, Y는 판매고이며, 단위는 백만원이다. 먼저 산점도를 구하여 두 변수 가 양의 상관관계에 있는지 또는 음의 상관관계에 있는지를 살펴보고, 상관계수를 구한 후 산점도가 주는 의미와 일치하는지를 파악하여 보라.

[표 11-1] 선전비와 판매고의 자료

(단위: 백만원)

지역	x_i	y_i	지역	x_i	y_i
1	1.65	60.52	9	2.65	115.38
2	4.17	19.81	10	3.12	86.63
3	13.56	14.51	11	1.22	105.65
4	3.26	90.27	12	3.35	93.80
5	1.53	31.56	13	15.93	24.22
6	1.60	20.88	14	3.13	61.02
7	8.26	22.57	15	1.72	65.23
8	1.23	80.65	16	1.48	77.69

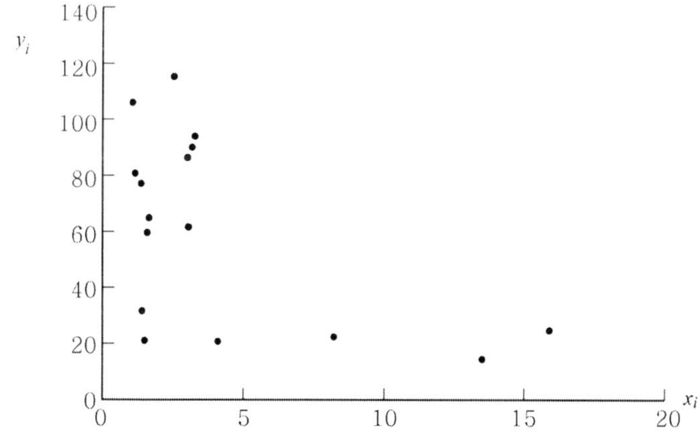

[그림 11-3] 선전비와 판매고

[표 11-1]에서 표본평균은

$$\bar{x}=\frac{67.86}{16}=4.2413 \qquad \bar{y}=\frac{970.39}{16}=60.6494$$

와 같이 얻어지고, 추가적으로 아래의 값을 계산한다.

$$\sum x_i^2=587.4324\,, \qquad \sum y_i^2=76{,}238.5565\,, \qquad \sum x_i y_i=2{,}863.9836$$

따라서 표본상관계수는 다음과 같이 구해진다.

$$r=\frac{\sum_{i=1}^{n} x_i y_i - n\bar{x}\,\bar{y}}{\sqrt{(\sum_{i=1}^{n} x_i^2 - n\overline{x^2})(\sum_{i=1}^{n} y_i^2 - n\overline{y^2})}}$$

$$=\frac{2{,}863.9836-16(4.2413)(60.6494)}{\sqrt{[587.4324-16(4.2413)^2][76{,}238.5565-16(60.6494)^2]}}$$

$$=\frac{-1{,}251.7332}{\sqrt{(299.6144)(17{,}384.9610)}}$$

$$=-0.5485$$

표본상관계수 -0.5485는 선전비와 판매고 사이에 음의 상관관계가 존재한다는 것으로 높은 선전비용이 낮은 판매고와 연관되는 성향이 있음을 의미한다. 앞에서 언급한 바와 같이 상관계수 0은 두 변수간에 직선관계가 없음을 의미하고, -1은 완전한 음의 직선관계에 있음을 의미하므로 -0.5485는 선전비와 판매고간에 그리 긴밀한 관계에 있지는 않다는 사실을 알 수 있다.

표본상관계수는 표본내에서 두 변수 사이에 직선관계가 얼마나 강한가를 나타내 주는 유용한 통계량이다. 그와 동시에 두 변수의 모집단 사이에 직선관계가 존재하는가를 검정할 수 있는 근거로 사용될 수 있다. 한 쌍의 변수간에 직선관계가 없다는 귀무가설

$$H_0:\ \rho=0$$

은 종종 관심의 대상이 된다. 모상관계수를 추정하면 직선관계의 존재여부에 상관없이 거의 필연적으로 0이 아닌 값을 얻게 된다. 문제는 관심의 대상이 되는

두 변수 사이에 직선관계가 없을 때 0과는 어느 특정한 양만큼 다른 표본상관계수를 구할 가능성이 얼마나 되느냐는 것이다.

위의 귀무가설이 성립되고, 두 변수 X와 Y의 모든 선형결합점들이 정규분포를 가질 때, 즉 모집단의 분포가 이변량정규분포라면 검정통계량

$$t = \frac{r}{\sqrt{(1-r^2)/(n-2)}}$$

은 $(n-2)$자유도를 가진 t분포를 따른다. 따라서 표본이 n쌍의 관측값으로 구성되어 있을 때 적절한 검정법은 아래와 같이 유도된다.

r을 표본상관계수라 할 때 귀무가설

$H_0 : \rho = 0$

i. 대립가설이

$H_1 : \rho > 0$

일 때

$$\frac{r}{\sqrt{(1-r^2)/(n-2)}} > t_{n-2,\alpha}$$

라면 귀무가설은 기각된다.

ii. 대립가설이

$H_1 : \rho < 0$

일 때

$$\frac{r}{\sqrt{(1-r^2)/(n-2)}} < -t_{n-2,\alpha}$$

라면 귀무가설은 기각된다.

iii. 대립가설이

$H_1 : \rho \neq 0$

와 같이 양측가설일 때

$$\frac{r}{\sqrt{(1-r^2)/(n-2)}} < -t_{n-2,\alpha/2} \text{ 또는 } \frac{r}{\sqrt{(1-r^2)/(n-2)}} > t_{n-2,\alpha/2}$$

라면 귀무가설은 기각된다.

여기에서 $t_{n-2,\alpha}$는

$P(t_{n-2} > t_{n-2,\alpha}) = \alpha$

인 값이며, t_{n-2}는 $(n-2)$자유도를 가진 t분포를 따른다.

예제 11-2

예제 11-1의 선전비와 판매고에 관한 문제에서 전국 모든 매장의 선전비와 판매고가 이변량정규분포를 따른다면 이 두 변수 사이에 상관관계가 있는가를 양측대립가설에 대해 검정하고 결과를 해석하여 보라.

모상관계수를 ρ라고 표기할 때

$$H_0:\ \rho = 0$$

를 대립가설

$$H_1:\ \rho \neq 0$$

에 대해 검정하고자 한다. 이 때 검정통계량은

$$\frac{r}{\sqrt{(1-r^2)/(n-2)}} = \frac{-0.5485}{\sqrt{[1-(-0.5485)^2]/(16-2)}} = -2.4541$$

의 값을 가진다. $n=16$이므로 자유도는 $(n-2)=14$이고, 검정은 부록의 t분포표에서

$$t_{14,0.025} = 2.145\ ,\ \ t_{14,0.005} = 2.977$$

의 값과 비교된다. 선전비와 판매고 사이에 상관관계가 없다는 귀무가설은 5% 유의수준에서 기각되지만 1% 유의수준에서는 기각되지 않는다.

제 3 절 단순회귀분석

1. 회귀모형의 개념

변수들간의 관계와 관련정도에 대한 두 가지 통계적 추론 중 한 쌍의 변수들 사이에 존재하는 직선관계의 정도를 나타내는 방법으로서 상관분석에 대해 알아보았다. 지금부터는 한 변수가 다른 변수에 의해 영향을 받는 선형함수 관계식에

대한 통계적 추론인 회귀분석을 다루고자 한다. 개념은 변수 X가 어느 특정값을 취할 때 변수 Y가 보이는 반응, 즉 한 변수 X의 값으로 다른 변수 Y의 값을 예측할 수 있는 변수간의 비독립성 또는 의존성의 관계를 파악하는 것이다.

아래의 자료로 이러한 관계를 분석하여 보기로 하자. [표 11-2]는 1970년부터 23년간 1인당 국내총생산(GDP, 10만원, 1985 불변가격)과 1인당 어떤 상품 수입량(kg)의 연간자료이다.

소득(x)이라는 한 변수의 증가는 다른 변수인 수입(y)의 증가를 초래하므로 소득의 변화가 수입에 어떠한 영향을 미치는가를 알아보고자 한다. 위의 자료를 그래프로 나타내면 [그림 11-4]와 같다.

소득이 높아질수록 수입이 증가해 온 추세를 잘 보여주고 있다. 뿐만 아니라 소득과 수입량의 결합관측값들이 하나의 직선 주변에 모인 경향을 보이므로 높은 값의 양의 상관계수가 얻어지리라는 것도 예상할 수 있다. 회귀분석의 목적은 이러한 두 변수 사이의 관계를 모형화하는 데 있으며, 이때 두 가지 유의할 점이 있다.

[표 11-2] 1인당 국내총생산(x)와 1인당 수입량(y)의 자료

(단위: 십만원)

연도	x_i	y_i	연도	x_i	y_i
1	7.6	8.81	13	15.7	71.56
2	8.2	9.58	14	17.3	104.36
3	8.5	12.60	15	18.7	79.80
4	9.5	13.37	16	19.8	74.38
5	10.1	16.52	17	22.1	89.77
6	10.7	15.08	18	24.5	115.26
7	11.8	24.83	19	27.0	124.74
8	12.8	37.63	20	28.4	130.44
9	13.9	48.45	21	30.7	144.58
10	14.7	76.76	22	33.0	125.75
11	14.2	58.60	23	34.2	146.26
12	14.9	60.82			

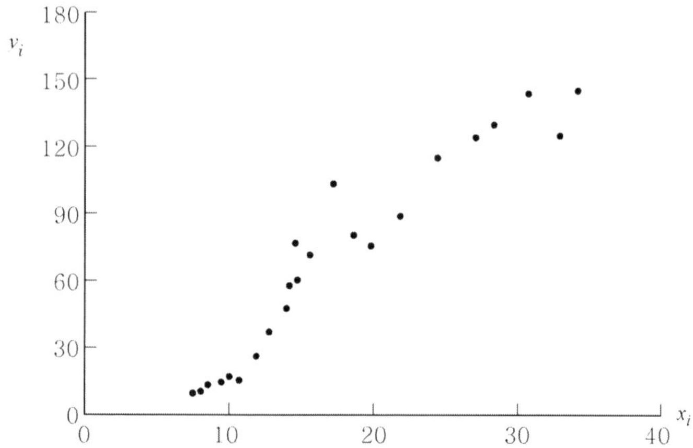

[그림 11-4] 실질소득과 수입자료의 산점도

첫째, 소득이 높아짐에 따라 더 많은 수입을 하게 된다는 것만 예상할 수 있을 뿐 두 변수 사이의 관계를 나타내는 정확한 함수형은 알 수가 없다는 것이다. 이에 따라 모형의 구조를 단순하게 가정하는 것이 바람직하며, 변수간의 관계식을 선형으로 놓는 것이 합리적이고 또한 현실에 부합된다.

문제는 소득이 어느 특정 수준일 때 얼마나 수입하느냐는 것이다. 1인당 연간 실질소득이 200만원일 때 정확히 얼마나 수입하는지는 알 수 없다. 현실적으로 두 변수 사이의 양적 관계는 정확하지 않을 것이고, 따라서 어느 특정 소득수준에 일치된 값의 수입량을 구하려는 것보다는 각 소득수준에 따른 수입량의 분포를 아는 것이 더 타당하다 하겠다. 즉 1인당 연간 소득수준이 특정값 200만원이라는 조건하에서 수입량의 분포를 고려해야 한다. 우리의 관심은 이 분포의 평균값 또는 기대치에 있다. 그러므로 1인당 연 실질소득이 200만원이었을 때 수입은 평균 얼마였다고 표현하는 것이 합당하다는 것이다.

일반적으로 변수 X가 특정값 x를 취할 때 변수 Y의 기대값은 $E(Y|X=x)$로 표기하며, 이러한 조건부 기대값이 x의 선형함수라면

$$E(Y|X=x) = \alpha + \beta x \tag{11.2}$$

와 같이 나타낼 수 있다. 여기서 α와 β는 각각 절편과 기울기로서 특정한 형태의 직선을 결정하므로 이들에 대한 해석은 매우 중요하다. 만약, 수입량이 다음

의 방정식을 통해 소득과 관련된다고 가정해보자.

$$E(Y|X=x)=12+3x \tag{11.3}$$

이때 방정식 (11.2)에서 $\alpha=12$이고 $\beta=3$이 된다. $x=0$을 (11.2)에 대입하면

$$E(Y|X=0)=\alpha$$

가 되어 X가 값 0을 취할 때 α는 Y의 기대값이 됨을 알 수 있다.

변수 X의 값 x는 식의 외부에서 독자적으로 정해지므로 X는 독립변수(independent variable)라 하고, 변수 Y의 값 y는 식의 내부에서 값 x에 의해 결정되므로 Y는 종속변수(dependent variable)라고 한다. 식 (11.3)은 소득이 없을 때도 1인당 연간 수입량은 12kg이 된다고 해석할 수 있다. 그러나 국가 전체로 보아 소득이 없는 경우는 있을 수 없으므로 이 해석은 이론적으로 옳긴 하지만 실증분석에서는 중요한 의미를 갖지 않는다.

중요한 것은 선형성의 가정이 주어진 자료의 범위를 벗어난 관측값에까지 적용되어서는 안된다는 것이다. [표 11-2]에서 1인당 소득은 76만원에서 342만원에 걸쳐 있으므로 이 범위내에서 선형함수의 가정은 타당하나 여기에서 나온 결론을 이 범위에서 멀리 벗어난 소득수준까지 적용시키면 오류를 범할 수 있다.

식 (11.2)에서 X의 값이 x에서 $(x+1)$로 1단위 증가한다고 하자. 그러면

$$E(Y|X=x+1)=\alpha+\beta(x+1)$$

이 되어 이 식에서 (11.2)를 빼면

$$E(Y|X=x+1)-E(Y|X=x)=\alpha+\beta(x+1)-(\alpha+\beta x)=\beta$$

가 된다. 따라서 직선의 기울기 β는 X가 한 단위 증가할 때 기대할 수 있는 Y의 변화량이다. 다시 말해 식 (11.3)에서 1인당 연간소득이 한 단위, 즉 10만원 상승하면 1인당 옥수수 수입량은 3kg 증가하리라고 예상된다는 뜻이다.

이미 언급한 바와 같이 회귀분석의 목적은 한 변수의 변화로 다른 변수가 변화하는 두 변수 사이의 종속관계를 모형화하는 것이다. 이러한 종속성은 독립변수 X의 변화로 인해 종속변수 Y가 변화하는 형식의 관계식으로 표현되이 X기

한 단위 증가할 때마다 기대되는 Y의 변화량은 β가 된다. 따라서 X의 값이 증가할 때, β의 값이 양수이면 Y값은 증가하게 되고, β의 값이 음수이면 Y값은 감소하게 된다. 또한 종속변수의 변화량은 항상 독립변수 변화량의 β배가 된다는 것을 알 수 있다.

두 번째로 유의할 점은, 이론적 관계에 대한 가정이 현실에서는 정확히 성립되지 않는다는 것이다. [그림 11-4]의 점들은 모두 직선상에 놓여 있지는 않다. 독립변수의 값이 x_i라고 가정하고, 이에 해당하는 종속변수를 Y_i라고 하면 이 변수의 기대치는 아래와 같다.

$$E(Y_i|X=x_i)=\alpha+\beta x_i \qquad (11.4)$$

실제로 Y_i의 관측값은 거의 변함없이 (11.4)에서 다소 벗어날 것이므로 이 편차를 변수 ϵ_i라 표기하면 (11.4)에 의해 평균값 0을 가지고

$$\epsilon_i = Y_i - E(Y_i|X=x_i) = Y_i - (\alpha+\beta x_i)$$

라고 쓸 수 있다. 이항하면

$$Y_i = \alpha + \beta x_i + \epsilon_i \qquad (11.5)$$

가 되는데, 방정식 (11.5)를 모회귀선(population regression line)이라고 한다. 따라서 소득에 대한 수입의 반응은 두 부분으로 구성되어 있다고 볼 수 있다. 체계적 관계를 나타내는 기대값 $(\alpha+\beta x_i)$와 기대값과의 오차 ϵ_i이다. 이 오차항 ϵ_i는 소득 이외에 수입에 영향을 미치는 요인들의 집합이라고 간주할 수 있다.

2. 최소제곱추정

회귀모형을 현실에 적용시킬 때는 위의 모회귀선을 정확히 구할 수 없으므로 자료로부터 추정값을 얻어야 한다. n쌍의 관측값 $(x_1, y_1), (x_2, y_2), \cdots, (x_n, y_n)$이 있을 때 이 점들을 가장 잘 적합시키는 직선을 구해 모회귀직선의 계수인 미지수 α와 β를 추정하고 싶다고 하자. α와 β의 추정값을 각각 a, b라 하면 추정되는 직선은

$$y = a + bx$$

가 된다. 추정값이 얼마나 정확한가를 보기 위해 [그림 11-5]에서 보듯이 이 선에서 점 (x_i, y_i) 까지의 거리를 나타내 보자.

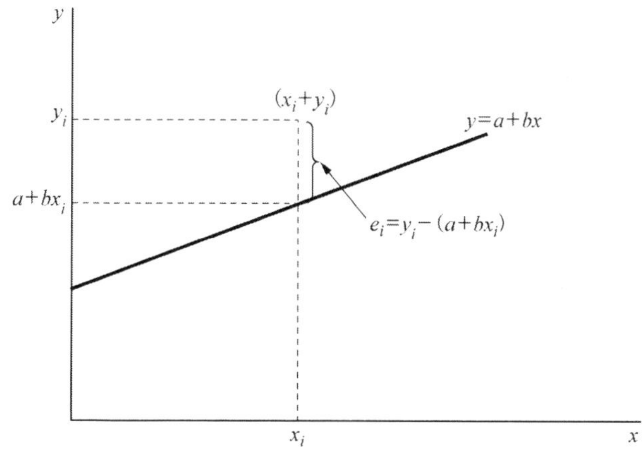

[그림 11-5] 점 (x_i, y_i)에서 $y = a + bx$ 까지의 거리

값 x_i 에 해당하는 직선상의 y 값은 $(a+bx_i)$이지만, 실제 종속변수의 관측값은 y_i 이다. 따라서 추정된 값 $(a+bx_i)$와 종속변수 y_i 사이의 거리를 나타내면

$$e_i = y_i - (a + bx_i) \tag{11.6}$$

가 된다. 즉 실제값과 관측값과 차이인 오차를 의미한다.

식 (11.3)에서 가정한 직선은

$$y = 12 + 3x$$

이므로 절편과 기울기의 값은 다음과 같다.

$$a = 12, \quad b = 3$$

[표 11-2]에서 최초의 관측값은

$$x_1 = 7.60, \quad y_1 = 8.81$$

이므로 x_1 이 7.60일 때 이 직선에 의해 예측되는 y 의 값은

$$a + bx_1 = 12 + 3(7.60) = 34.80$$

이 된다. 실제값 y_1과 직선에 의해 추정되는 값 사이의 차이 e_1은 아래와 같이 얻어진다.

$$e_1 = y_1 - (a + bx_1)$$

$$= 8.81 - 34.80 = -25.99$$

[표 11-2]의 결합관측값 중 일부는 추정된 직선의 상단에, 일부는 하단에 놓일 것이므로 (11.6)의 일부는 양수, 일부는 음수가 될 것이다. 오차의 합을 구하면 양과 음의 값은 상쇄되어 실제의 편차를 과소평가할 우려가 있으므로 이를 방지하기 위해 e_i의 제곱합을 구한다. 따라서 각 점으로부터 직선까지 거리의 제곱합은

$$SS = \sum_{i=1}^{n} e_i^2 = \sum_{i=1}^{n} (y_i - a - bx_i)^2 \tag{11.7}$$

이 된다. 이 오차제곱합을 최소화시키는 직선, 즉 전체 오차가 가장 작은 직선을 선택하는 방법을 최소제곱법(least squares method)이라고 하며, 그 결과로 구한 a와 b의 값이 모회귀직선의 모수 α와 β의 추정치로 사용된다.

(11.7)을 최소화시키는 a와 b의 값, 즉 모회귀직선 모수들의 최소제곱추정값(least squares estimate)을 유도하여 보자. 먼저 (11.7)에서 b는 고정시키고 a에 대해 미분하면

$$\frac{\partial SS}{\partial a} = -2\sum_{i=1}^{n}(y_i - a - bx_i)$$

$$= -2\left(\sum y_i - na - b\sum x_i\right)$$

가 된다. 최소가 되기 위해서는 미분한 값이 0이 되어야 하므로

$$\sum y_i - na - b\sum x_i = 0$$

으로 놓고, n으로 나눈 후 이항시키면

$$a = \overline{y} - b\overline{x}$$

가 되는데, 이때 $\overline{x}$ 와 $\overline{y}$ 는 각각 표본평균이다. a 의 값을 식 (11.7)에 대입하면

$$SS = \sum_{i=1}^{n}[(y_i - \overline{y}) - b(x_i - \overline{x})]^2$$

이 되고, 이를 b 에 대해 아래와 같이 미분한다.

$$\frac{dSS}{db} = -2\sum_{i=1}^{n}(x_i - \overline{x})[(y_i - \overline{y}) - b(x_i - \overline{x})^2]$$

$$= -2[\sum(x_i - \overline{x})(y_i - \overline{y}) - b\sum(x_i - \overline{x})^2]$$

최소화시키기 위해서는 이 미분이 0이 되어야 하므로

$$\sum(x_i - \overline{x})(y_i - \overline{y}) = b\sum(x_i - \overline{x})^2$$

이 된다. 양변을 $\sum(x_i - \overline{x})^2$ 으로 나누어 주면

$$b = \frac{\sum_{i=1}^{n}(x_i - \overline{x})(y_i - \overline{y})}{\sum_{i=1}^{n}(x_i - \overline{x})^2} = \frac{\sum_{i=1}^{n}x_i y_i - n\overline{x}\,\overline{y}}{\sum_{i=1}^{n}x_i^2 - n\overline{x^2}}$$

를 얻는다. 위에서 구한 a 와 b 를 사용한 직선

$$y = a + bx$$

가 바로 표본회귀직선(sample regression line)이다. 이제 식 (11.3)에서 가정한 회귀직선 대신 실제의 자료로부터 표본회귀선을 구해 보자.

[표 11-2]의 자료를 이용하여 표본회귀직선을 계산하려면 [표 11-3]에 나타난 $x_i y_i$, x_i^2 을 먼저 계산해야 한다. 모회귀직선 계수들의 최소제곱추정 값은 각각 아래와 같이 계산된다.

[표 11-3] 소득과 수입의 표본회귀선을 구하기 위한 계산

	x_i	y_i	x_iy_i	x_i^2
	7.6	8.81	66.96	57.76
	8.2	9.58	78.56	67.24
	8.5	12.60	107.10	72.25
	9.5	13.37	127.02	90.25
	10.1	16.52	166.85	102.01
	10.7	15.08	161.36	114.49
	11.8	24.83	292.99	139.24
	12.8	37.63	481.66	163.84
	13.9	48.45	673.46	193.21
	14.7	76.76	1,128.37	216.09
	14.2	58.60	832.12	201.64
	14.9	60.82	906.22	222.01
	15.7	71.56	1,123.49	246.49
	17.3	104.36	1,805.43	299.29
	18.7	79.80	1,492.26	349.69
	19.8	74.38	1,472.72	392.04
	22.1	89.77	1,983.92	488.41
	24.5	115.26	2,823.87	600.25
	27.0	124.74	3,367.98	729.00
	28.4	130.44	3,704.50	806.56
	30.7	144.58	4,438.61	942.49
	33.0	125.75	4,149.75	1,089.00
	34.2	146.26	5,002.09	1,169.64
합	408.3	1,589.95	3,6387.27	8,752.89
평균	17.7522	69.1283		

$$b = \frac{\sum_{i=1}^{n} x_i y_i - n\bar{x}\,\bar{y}}{\sum_{i=1}^{n} x_i^2 - n\bar{x}^2}$$

$$= \frac{36,387.27 - 23(17.7522)(69.1283)}{8,752.89 - 23(17.7522)^2} = \frac{8,162.1436}{1,504.6561} = 5.4246$$

$$a = \bar{y} - b\bar{x} = 69.1283 - (5.4246)(17.7522) = -27.1703$$

따라서 추정된 회귀직선은

$$y = -27.1703 + 5.4246x$$

가 된다. 실제의 자료를 사용한 회귀선의 기울기는 실질소득이 십만원 증가할 때 상품의 수입량은 평균 5.4246kg 증가한다고 해석할 수 있다. 추정된 회귀선의 기울기는 X와 Y가 양의 관계에 있다는 [그림 11-4]의 결과와 일치한다.

3. 선형회귀모형의 기본가정과 가우스-마코브 정리

최소제곱추정값이 언제나 가장 타당한 것은 아니지만 몇 가지 가정이 주어지면 바람직한 속성을 지니게 된다. 모회귀직선이

$$Y_i = \alpha + \beta x_i + \epsilon_i$$

이고 n 쌍의 관측값들이 주어진다고 할 때 회귀분석의 기본가정은 다음과 같다.

[회귀모형의 기본가정]

i. 독립변수 X_i는 오차항 ϵ_i와 독립적이다.

ii. 오차항 ϵ_i는 평균값 0인 확률변수이다. 즉

$$E(\epsilon_i) = 0 \qquad i = 1, 2, \cdots, n$$

iii. 변수 ϵ_i는 모두 같은 분산 즉, σ_ϵ^2을 가진다. 따라서

$$E(\epsilon_i^2) = \sigma_\epsilon^2 \qquad i = 1, 2, \cdots, n$$

iv. 변수 ϵ_i는 서로 상관관계가 없다. 따라서

$$E(\epsilon_i \epsilon_j) = 0 \qquad i \neq j$$

가정 i은 x_i가 정확하게 관측될 수 없을 때나 또는 회귀방정식이 상호의존형 방정식체계의 일부일 때는 성립되지 않을 수도 있지만 일반적으로는 옳은 것으로 받아들여진다. 따라서 여기에서는 이 가정이 주어진 것으로 간주한다. 가정 ii ~ iv는 회귀방정식의 오차항 ϵ_i, 즉 Y_i와 조건부 기대값 $(\alpha + \beta x_i)$간의 오차에 관한 것이다. 오차의 기대치는 0이고, 모든 오차들은 같은 분산을 가지는 것으로 가정된다. 마지막으로 오차항은 서로 상관관계가 없다고 가정된다. 한 관측치에서 양의 값을 갖는 큰 오차가 발생한다고 해도 다른 어떠한 오차항의 값을 예측하는 데는 영향을 주지 않는다는 것이다.

이제 최소제곱추정법의 사용을 정당화시켜 보자. n 쌍의 표본관측값 (x_1, y_1), $(x_2, y_2), \cdots$, (x_n, y_n)이 주어지고, 가정 i ~iv가 성립된다고 하자. 가우스-마코브 정리(Gauss-Markov theorem)에 의하면 Y_i에 선형인 α와 β의 모든 가능한 불편추정량 중 최소제곱추정량이 가장 작은 분산을 갖는다는 것이다. 즉 d_0와 d_1이 어떤 상수이고

$$d_0 \alpha + d_1 \beta$$

를 추정하고 싶다면

$$d_0 a + d_1 b$$

에 해당하는 추정량이 Y_i에 선형인 불편추정량 중 가장 작은 분산을 가진다는 것이다. 이 정리를 만족하는 최소제곱추정량을 최량선형불편추정량(best linear unbiased estimator, BLUE)이라고 한다.

점추정량의 효율성을 고려할 때 최소제곱법은 다양한 불편추정량 중 가장 효율적인 추정량을 산출해낸다. 그러나 만약 네 가지의 기본 가정들이 만족되지 않는다면 이러한 결과를 얻지 못하게 된다. 최소제곱법이 목적이 같은 다른 방법들과 구분되는 것은 가우스-마코브정리에 의해 나온 추정량이 바람직한 통계적 속성을 가지고 있다는 사실 때문이다.

4. 회귀모형의 분해와 결정계수

독립변수 X에 관한 정보를 사용하여 종속변수 Y의 변동을 설명하려는 방법은 회귀모형으로 표현된다. 이제 표본자료로 추정된 모형이 종속변수의 변동을 얼마나 설명할 수 있는가에 대해 알아보자. 종속변수의 관측값은 표본내에서 일정량의 변동을 보이는데 이러한 변동 중 어느 정도가 모형에 의해 설명될 수 있느냐는 것이다. 추정된 회귀방정식은

$$y_i = a + b x_i + e_i$$

또는

$$y_i = \hat{y}_i + e_i \tag{11.8}$$

이고, 여기에서

$$\hat{y}_i = a + bx_i$$

이다. $\hat{y}_i$ 는 회귀선에 의해 추정되는 종속변수의 값이고, 잔차(residual) e_i 는 관측값과 예측값간의 차이를 나타낸다. 따라서 잔차는 독립변수와의 선형관계에 의해서는 설명되지 않는 종속변수의 변동 일부를 포함한다.

종속변수의 변동을 표본평균으로부터의 편차로도 생각할 수 있다. 식 (11.8)의 양변에서 $\bar{y}$ 를 빼면

$$(y_i - \bar{y}) = (\hat{y}_i - \bar{y}) + e_i \tag{11.9}$$

가 되고 (11.9)는 (표본평균과 관측값 사이의 편차)=(표본평균과 예측값과의 편차)+(잔차)로 해석된다. 식 (11.9)의 양변을 제곱하여 모든 i 에 대해 더해주면 아래와 같다.

$$\sum_{i=1}^{n}(y_i - \bar{y})^2 = \sum_{i=1}^{n}(\hat{y}_i - \bar{y})^2 + \sum_{i=1}^{n}e_i^{\,2} \tag{11.10}$$

식 (11.10)의 좌변은 표본내 종속변수의 값과 평균값과의 편차합을 나타내는 총표본변동으로 우변의 첫 항인 회귀선에 의해 설명되는 변동과 둘째 항인 회귀선으로는 설명되지 않는 변동으로 구성된다. 다시 말해 총편차의 제곱합은 회귀에 의해 설명되는 편차의 제곱합과 잔차의 제곱합으로 분해시킬 수 있다. 즉 자료의 변동이 회귀에 기인하는 부분과 오차에 기인하는 부분의 합으로 표현될 수 있다는 것이다. 이런 의미에서 설명될 수 있는 표본변동의 비율이 높을수록 회귀선의 설명력이 높아진다.

[제곱합의 분해와 결정계수]

다시 정리하면, n 쌍의 관측값으로 최소제곱법을 사용하여

$$y_i = a + bx_i + e_i = \hat{y}_i + e_i \qquad i = 1, 2, \cdots, n$$

의 선형회귀방정식을 추정한다고 할 때, (11.10)의 각 구성요인은 다음과 같이 정

의된다.

총제곱합(total sum of squares) : $SST = \sum_{i=1}^{n} (y_i - \bar{y})^2$

회귀제곱합(regression sum of squares) : $SSR = \sum_{i=1}^{n} (\hat{y_i} - \bar{y})^2$

오차제곱합(error sum of squares) : $SSE = \sum_{i=1}^{n} e_i^2$

여기에서 $\bar{y}$는 종속변수의 표본평균으로 총제곱합은 식 (11.10)에 의해 아래와 같이 분해된다.

$$SST = SSR + SSE$$

따라서 설명력은 종속변수의 총제곱합 중에서 회귀제곱합이 차지하는 비율로 나타낼 수 있다. 이것을 결정계수(coefficient of determination) R^2이라고 하고, 다음과 같이 정의한다.

$$R^2 = \frac{SSR}{SST} = 1 - \frac{SSE}{SST}$$

즉 결정계수는 독립변수와의 선형관계에 의해 설명되는 종속변수의 표본변동 비율로서

$$0 \leq R^2 \leq 1$$

의 값을 갖게 되고, 1에 가까울수록 관측값들이 직선 주위에 밀집되어 나타나는 것을 의미하므로 회귀직선의 설명력이 높다.

예제 11-3

[표 11-2]의 소득과 수입문제에서 SSE와 SST를 구하고 R^2의 값을 계산하고 해석하라.

SSE와 SST는 각각 다음과 같이 구해진다.

$$SSE = \sum_{i=1}^{n} e_i^2 = 4,164.3833, \quad SST = \sum_{i=1}^{n} (y_i - \bar{y})^2 = 48,440.7019$$

따라서 결정계수는 다음과 같다.

$$R^2 = 1 - \frac{SSE}{SST} = 0.9140$$

이 결과는 소득변수 하나만으로도 수입량의 변동을 91% 이상 설명할 수 있다는 것을 의미한다. 소득을 독립변수로 사용하여 수입량의 변동을 효과적으로 설명할 수 있다는 결론을 내릴 수 있다.

5. 신뢰구간과 가설검정

앞에서는 모회귀직선을 추정하기 위해 최소제곱법을 사용하여 모수 α 와 β 의 점추정값을 구하였다. 그러나 분석을 철저히 하기 위해서는 점추정만으로는 충분치 못하므로 계산된 추정값이 얼마나 신뢰할 만한가라는 문제가 추가되어야 한다. 따라서 모회귀선의 모수에 대한 신뢰구간 추정과 가설검정에 대해 살펴보기로 하자. 이를 위해서 먼저 오차분산(error variance)의 추정부터 알아보자.

모회귀선이

$$Y_i = \alpha + \beta x_i + \epsilon_i$$

라고 가정하고, 앞의 회귀모형의 가정 i ~iv가 성립된다고 하자. 오차항 ϵ_i 의 공통분산을 σ_ϵ^2 이라고 표기하면 σ_ϵ^2 의 불편추정값은

$$s_e^2 = \frac{\sum_{i=1}^{n} e_i^2}{n-2} = \frac{SSE}{n-2}$$

가 된다.

이번에는 모회귀선 기울기에 대한 최소제곱추정량의 표본분포를 고려해 보자. 모회귀선의 기울기 β 에 대한 최소제곱추정값을 b 라 하고 모형의 가정 i ~iv가 그대로 유지된다고 하면 b 는 β 의 불편추정량이고, 분산은

$$\sigma_b^2 = \frac{\sigma_\epsilon^2}{\sum_{i=1}^{n} (x_i - \bar{x})^2} = \frac{\sigma_\epsilon^2}{\sum x_i^2 - n\bar{x}^2}$$

이므로 σ_b^2 의 불편추정값은 아래와 같다.

$$s_b^2 = \frac{s_e^2}{\sum_{i=1}^{n}(x_i - \overline{x})^2} = \frac{s_e^2}{\sum x_i^2 - n\overline{x}^2}$$

같은 방식으로 β, b, s_b^2 을 α, a, s_a^2 으로 대체해 주면 절편에 대한 추론도 가능해진다.

$$s_a^2 = s_e^2\left[\frac{1}{n} + \frac{\overline{x}^2}{\sum(x_i^2 - n\overline{x}^2)}\right]$$

앞의 소득과 수입의 예에 적용하면

$$s_e^2 = \frac{SSE}{n-2} = \frac{4,164.3833}{23-2} = 198.3040$$

을 얻을 수 있다. [표 11-3]에서

$$\overline{x} = 17.7522 \qquad \sum_{i=1}^{n} x_i^2 = 8,752.89$$

이므로

$$s_b^2 = \frac{198.3040}{8,752.89 - (23)(17.7522)^2} = 0.1318$$

이 된다.

지금까지는 모집단의 오차 ϵ_i 에 대해서 특정한 분포를 가정하지 않았지만 보통 이 오차들은 정규분포를 따른다고 가정한다. 이러한 가정은 신뢰구간과 가설검정을 가능하게 하고 중심극한정리를 이용하여 다양한 비정규오차분포에까지 적용될 수 있다.

모회귀직선의 기울기에 대한 추론을 계속해 보자. β 를 모회귀선의 기울기라 하고, b 를 n 쌍의 표본관측값에 근거한 β 의 최소제곱추정치라 하자. 회귀모형의 가정 i ~iv가 그대로 성립되고, 또 오차 ϵ_i 가 정규분포를 따른다면 변수

$$t = \frac{b-\beta}{s_b}$$

는 자유도 $n-2$인 t분포를 따른다. 이 때 모회귀선의 기울기 β에 대한 $100(1-\alpha)\%$ 신뢰구간은 아래와 같다.

[모회귀선의 기울기에 대한 신뢰구간]

$$b - t_{n-2.\alpha/2}s_b < \beta < b + t_{n-2.\alpha/2}s_b$$

가 되며, $t_{n-2.\alpha/2}$는

$$P(t_{n-2} > t_{n-2,\alpha/2}) = \frac{\alpha}{2}$$

를 만족하는 값이다.

역시 소득과 수입의 문제에서 β에 대한 99% 신뢰구간을 구해 보기로 하자. 앞에서

$$n = 23, \quad b = 5.4246, \quad s_b = \sqrt{0.1318} = 0.3630$$

이었다. 99% 신뢰구간은 $(1-\alpha)$ =0.99에서 $\alpha = 0.01$이므로 t값은 t분포표에서

$$t_{n-2,\alpha/2} = t_{21,0.005} = 2.831$$

이다. 따라서 99% 신뢰구산은

$$5.4246 - 2.831(0.3630) < \beta < 5.4246 + 2.831(0.3630)$$

또는

$$4.3969 < \beta < 6.4523$$

이 된다.

이번에는 모회귀직선의 기울기 β가 어느 특정값 β_0라는 가설을 유의수준 α에서 검정해 보기로 하자. 검정과정을 요약하면 다음과 같다.

[모회귀선의 기울기에 대한 검정]

i. $H_0: \beta = \beta_0$ 또는 $H_0: \beta \leq \beta_0$

$H_1: \beta > \beta_0$

에 대한 검정은

$\frac{b-\beta_0}{s_b} > t_{n-2,\alpha}$ 이면 H_0 기각

ii. $H_0: \beta = \beta_0$ 또는 $H_0: \beta \geq \beta_0$

$H_1: \beta < \beta_0$

에 대한 검정은

$\frac{b-\beta_0}{s_b} < -t_{n-2,\alpha}$ 이면 H_0 기각

iii. $H_0: \beta = \beta_0$

$H_1: \beta \neq \beta_0$

에 대한 검정은

$\frac{b-\beta_0}{s_b} > t_{n-2,\alpha/2}$ 또는 $\frac{b-\beta_0}{s_b} < -t_{n-2,\alpha/2}$ 이면 H_0 기각

회귀기울기의 값이 0이라는 가설을 보자. 모회귀직선

$$Y_i = \alpha + \beta x_i + \epsilon_i$$

에서 β가 0이 되므로

$$Y_i = \alpha + \epsilon_i$$

가 된다. 독립변수가 취하는 값에 상관없이 종속변수는 평균 α와 분산 σ_ϵ^2를 가진 변수라는 것을 의미한다. 따라서 종속변수의 기대값은 독립변수의 값에 의해 영향을 받지 않을 것이다. 다시 말하면 종속변수의 변동은 독립변수와의 선형관계에 의해서는 설명될 수 없다는 것이다.

이를 설명하기 위해 소득과 수입 자료로 귀무가설

$$H_0: \beta = 0$$

를 검정해 보자. 즉, 가설은 소득이 수입에 영향을 미치지 않는다는 의미이다. 그러나 소득의 증가는 수입의 증가를 가져온다고 예상되므로 대립가설은

$$H_1 : \beta > 0$$

이 된다. 이미 가지고 있는 정보

$$n = 23, \quad b = 5.4246, \quad s_b = 0.3630, \quad \beta_0 = 0$$

을 이용하면

$$\frac{b - \beta_0}{s_b} = \frac{5.4246 - 0}{0.3630} = 14.9438$$

이 계산된다. t 분포표에서 $n-2=21$의 자유도에 대해

$$t_{21, 0.005} = 2.831$$

로 t값 14.9438보다 작으므로 모회귀직선의 기울기가 0이라는 귀무가설은 양의 기울기를 가진다는 대립가설에 대해 기각된다. 따라서 소득이 증가함에 따라 수입이 증가한다고 할 수 있다.

본 장에서는 한 쌍의 변수들 사이에 선형관계가 없다는 귀무가설에 대한 두 가지 검정을 살펴보았다. 하나는 표본상관계수에 근거한 검정이고, 또 하나는 위에서 구한 회귀직선에서 본 바와 같이 기울기에 대한 최소제곱추정값에 근거한 검정이다. 사실 두 가지 검정은 동일하지만 선형회귀와 상관분석 사이의 차이는 검정과정에 있는 것이 아니라 연관관계에 대한 해석에 있다. 상관분석은 변수들 사이의 어떤 종속성 또는 의존성의 방향은 가정하지 않는 반면 회귀분석의 경우 독립변수의 변화는 종속변수의 변화를 가져온다고 가정한다.

6. 예측

회귀분석의 중요한 목적 중 하나는 독립변수가 어느 특정값을 가질 때 종속변수의 값을 예측하는 것이다. 종속변수와 독립변수 사이에 선형관계가 계속 유지된다고 가정하자. 독립변수가 어떤 특정값 x_{n+1}을 가질 때, 종속변수의 값은

$$Y_{n+1} = \alpha + \beta x_{n+1} + \epsilon_{n+1} \qquad (11.11)$$

이 되고, x_{n+1} 이 주어질 때 기대치

$$E(Y_{n+1}|x_{n+1}) = \alpha + \beta x_{n+1} \tag{11.12}$$

를 갖는다.

예측문제에 대한 주요 관심사는 다음과 같다.

첫째, (11.11)에서 Y_{n+1} 의 실제값을 추정하고,

둘째, (11.12)의 조건부기대치를 추정하는 것, 즉 독립변수가 x_{n+1} 에 고정될 때 종속변수의 평균값을 구하는 것이다.

회귀모형의 네 가지 기본가정 하에서 실제값과 조건부 기대값에 대한 점추정값이 동일하게 된다. 미지수 α 와 β 를 최소제곱추정값 a 와 b 로 대체시키므로 $(\alpha+\beta x_{n+1})$은 $(a+bx_{n+1})$로 추정되며, 가우스-마코브 정리에 의하여 이 추정량은 최량선형불편추정량이므로 위의 두 가지 경우에 대한 적절한 점추정값은 아래와 같다.

$$\widehat{Y_{n+1}} = a + bx_{n+1}$$

(11.11)의 오차에 대한 점추정값은 회귀모형의 기본가정에 의해 ϵ_{n+1}의 평균이 0이라는 것을 제외하고는 다른 유용한 정보를 알지 못하기 때문에 적절한 정보가 없는 상태에서는 0을 사용한다.

구간추정값은 점추정값과 함께 유용하게 쓰이지만 점추정값과 달리 위의 두 가지 경우 동일한 결과가 나오지 않는다. 왜냐하면 (11.11)에는 나타나지만 (11.12)에는 나타나지 않는 변수 ϵ_{n+1}이 취하는 값에 불확실성이 존재하기 때문이다. 따라서 예측에 대한 신뢰구간은 다음과 같다.

i. Y_{n+1} 의 실제값에 대한 $100(1-\alpha)\%$ 예측구간

$$\widehat{Y_{n+1}} \pm t_{n-2,\alpha/2}\sqrt{\left[1+\frac{1}{n}+\frac{(x_{n+1}-\overline{x})^2}{(\sum_{i=1}^{n}x_i^2-n\overline{x}^2)}\right]s_e^2}$$

ii. 조건기대값 $E(Y_{n+1}|x_{n+1})$의 $100(1-\alpha)\%$ 예측구간

$$\widehat{Y_{n+1}} \pm t_{n-2,\alpha/2}\sqrt{\left[\frac{1}{n}+\frac{(x_{n+1}-\overline{x})^2}{(\sum_{i=1}^{n}x_i^2-n\overline{x}^2)}\right]s_e^2}$$

이 때

$$\overline{x}=\frac{\sum_{i=1}^{n}x_i}{n}, \qquad \widehat{Y_{n+1}}=a+bx_{n+1}$$

이다.

앞의 소득과 수입의 예에서 1인당 실질소득이 200만원일 때 수입량을 예측하고 싶다고 하자. 여기에서

$$x_{n+1}=20$$

이 되고, 점추정값

$$\begin{aligned}\widehat{Y_{n+1}} &= a+bx_{n+1}\\ &= -27.1694+5.4246(20)=81.3226\end{aligned}$$

이 구해진다. 1인당 실질소득이 200만원일 때 1인당 수입량은 81.3226kg으로 추정된다는 뜻이다.

앞에서

$$n=23, \quad \overline{x}=17.7522, \quad \sum_{i=1}^{n}x_i^2=8{,}752.89, \quad s_e^2=198.3040$$

을 구한 바 있다. 따라서

$$\sqrt{\left[1+\frac{1}{n}+\frac{(x_{n+1}-\bar{x})^2}{(\sum_{i=1}^{n}x_i^2-n\overline{x^2})}\right]s_e^2}$$

$$=\sqrt{\left[1+\frac{1}{23}+\frac{(20-17.7522)^2}{8{,}752.89-23(17.7522)^2}\right](198.3040)}$$

$$=14.4085$$

과

$$\sqrt{\left[\frac{1}{n}+\frac{(x_{n+1}-\bar{x})^2}{(\sum_{i=1}^{n}x_i^2-n\overline{x^2})}\right]s_e^2}$$

$$=\sqrt{\left[\frac{1}{23}+\frac{(20-17.7522)^2}{8{,}752.89-23(17.7522)^2}\right](198.3040)}$$

$$=3.0497$$

이 얻어진다. $\alpha=0.05$ 일 때

$$t_{n-2,\alpha/2}=t_{21,0.025}=2.080$$

이므로 소득이 200만원인 해에 실제 수입량의 95% 구간추정치는

$$81.3226\pm 2.080(14.4085)$$

와 같이 구해진다. 반면 소득이 200만원일 때 수입량의 기대치에 대한 95% 신뢰구간은

$$81.3226\pm 2.080(3.0497)$$

이 얻어진다.

여기서 한 가지 유의해야 할 점이 있다. 소득이 200만원인 경우는 주어진 자료의 범위내에 있으므로 별 문제가 없으나 예를 들어 400만원인 경우에 대한 예측

을 한다고 가정해 보자. 400만원은 자료의 최대값인 342만원을 넘어선다. [표 11-2]의 자료는 소득의 범위내에서 두 변수사이의 선형관계를 제시하고 있는 것으로 400만원의 소득은 관측된 적이 없다. 선형관계가 이렇게 고소득수준 때까지 유지된다고 가정할 수도 있겠으나 이는 자료로부터 추론된 바가 아니므로 그러한 가정에 근거를 두고 예측을 하면 오류가 발생할 소지가 있다. 따라서 자료에 있는 독립변수의 범위를 너무 벗어난 값에까지 추정된 회귀모형을 사용하는 것은 바람직하지 않다.

엑 셀 활 용

[상관분석]

[예제 11-1]의 선전비와 판매고 자료를 이용하여 산점도를 그려보고 상관계수를 구해보자.

• 산점도 그리기

1. 다음과 같이 엑셀 워크시트에 자료를 입력한 후 선전비와 판매고간의 관계를 산점도로 나타내기 위해 메뉴표시줄의 [삽입]-[차트]를 선택한다. [차트 마법사] 대화상자가 나타나면 다음과 같은 절차를 수행한다.

• 자료의 범위를 마우스로 드래그하여 지정하고, 대화상자에서 다음과 같이 차트 종류를 분산형으로 선택한다.

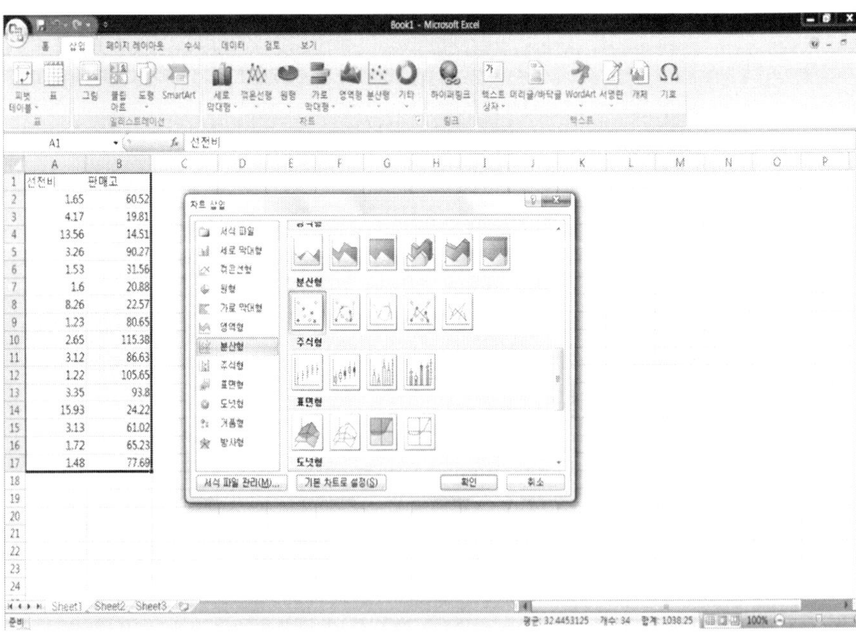

• [확인]을 누르면 다음과 같이 산점도가 나타난다.

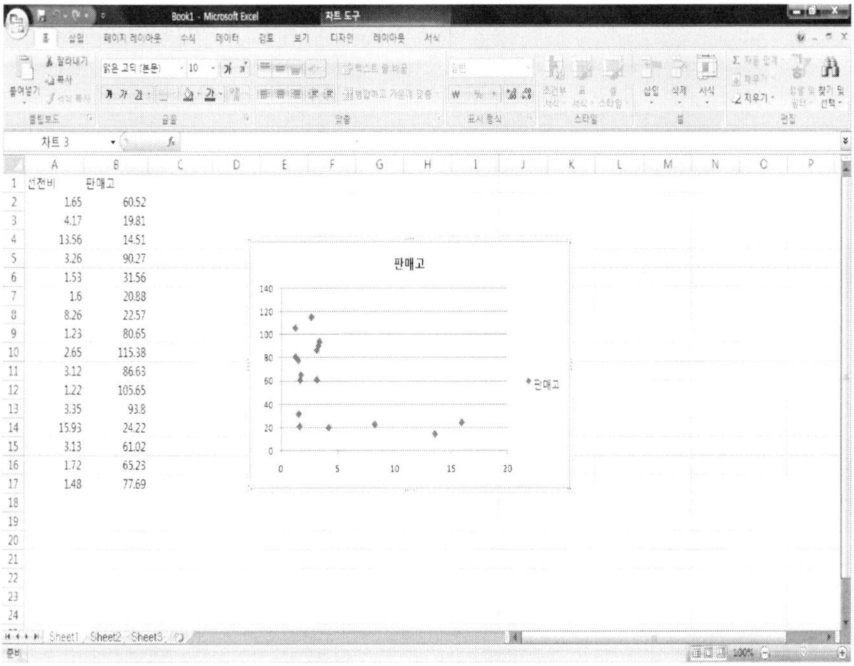

• 나타난 차트를 클릭하면, [차트 도구]-[레이아웃]에서 [차트제목], [축 제목], [범례] 등의 항목을 변경할 수 있다.

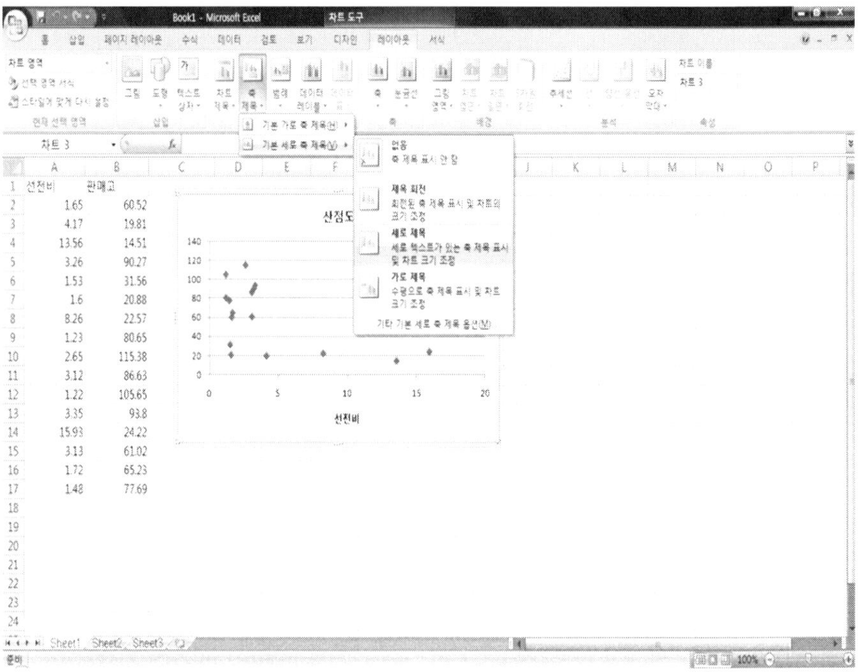

• 그려진 차트에서 오른쪽 마우스를 클릭하여 [차트 이동]을 선택하면, 차트위치를 지정할 수 있다. "워크시트에 삽입"을 선택하면 데이터가 입력된 기존의 워크시트에 포함되고, "새 시트"를 선택하면 현재 워크시트 앞에 산점도만 포함된 새로운 워크시트가 생성된다.

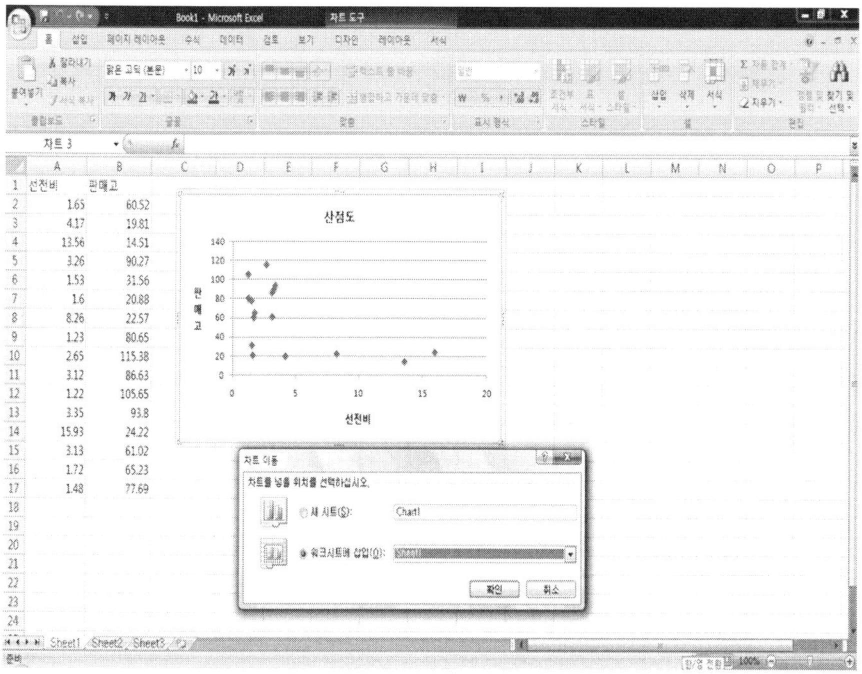

2. [확인]을 누르면 다음과 같이 기존의 워크시트에 선전비와 판매고간의 산점도 결과가 나타난다.

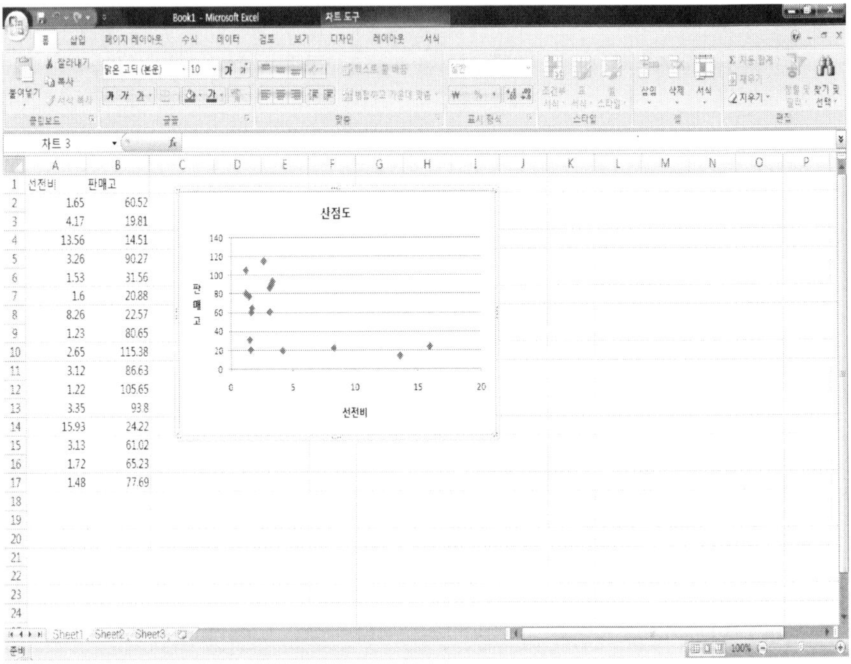

산점도 결과를 보면 자료들이 왼쪽에 편중되어 있는 것을 볼 수 있지만 상관계가 어느 정도인지는 구체적으로 파악할 수 없다. 따라서 상관계수를 구하여 선전비와 판매고간의 상관관계를 알아보도록 하자.

• 상관관계의 계산

엑셀에서 상관관계를 계산하는 방법은 함수마법사에서 통계 함수를 이용하는 방법과 통계 데이터 분석을 이용하는 두 종류의 방법이 있다.

통계 함수 이용

1. 상관계수를 입력할 셀을 B18로 지정한 후, 메뉴표시줄에서 [수식]-[함수삽입]을 선택하거나 도구모음에서 f_x 를 선택하면 [함수마법사] 대화상자가 나타난다. 여기에서 범주선택에서는 "통계"를, 함수선택에서는 "CORREL"을 선택한다.

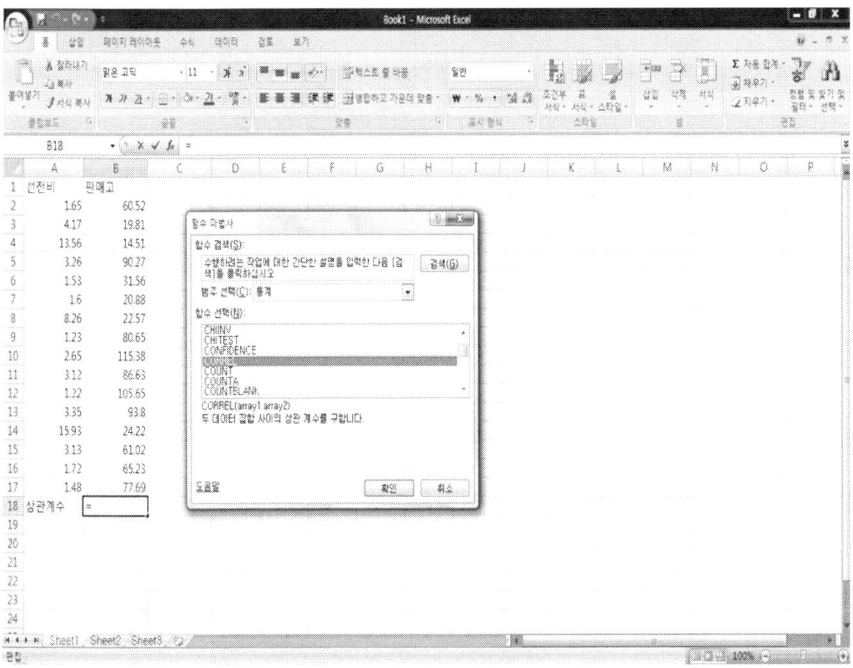

2. [확인]을 누르면 [CORREL] 대화상자가 나타난다. 여기서는 계산하고자 하는 데이터의 범위를 입력한다. 마우스로 드래그하여 첫째 값의 범위인 셀 A2:A17을 Array1에, 둘째 값의 범위인 B2:B17을 Array2에 지정한다.

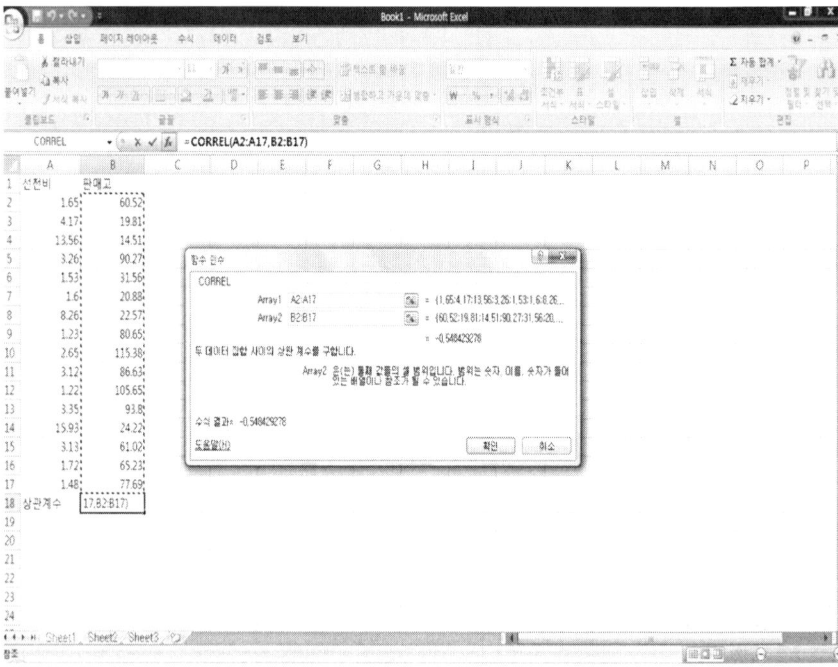

3. [확인]을 누르면 다음과 같이 상관계수의 결과가 나타난다.

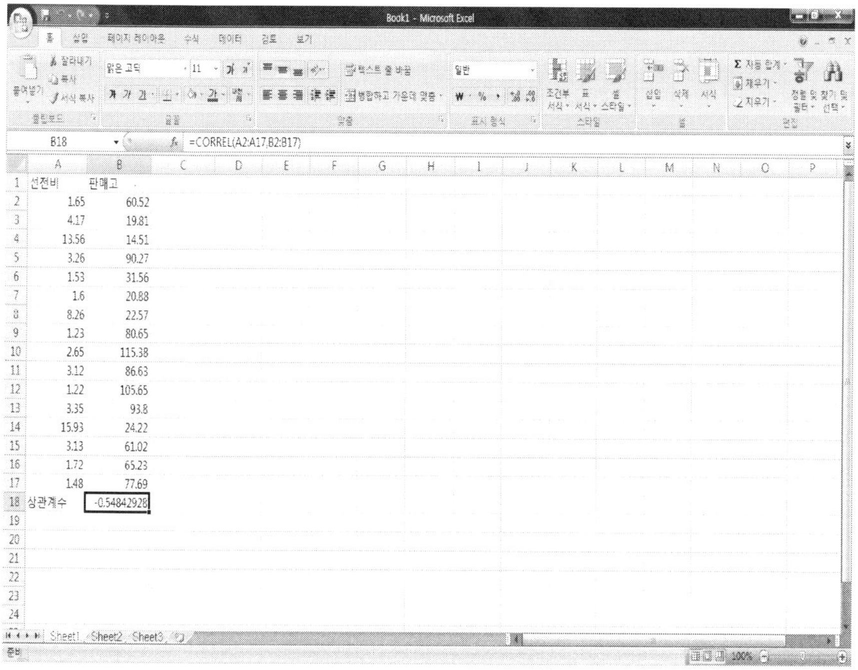

상관분석의 결과 상관계수의 값이 -0.54843이므로 선전비와 판매고간에 음의 상관관계가 있긴 하지만 그리 크지는 않음을 알 수 있다.

통계 데이터 분석 이용

1. 메뉴표시줄에서 [데이터]-[데이터분석]을 선택한다. [통계 데이터 분석] 대화상자가 나타나면 상관분석을 선택한다.

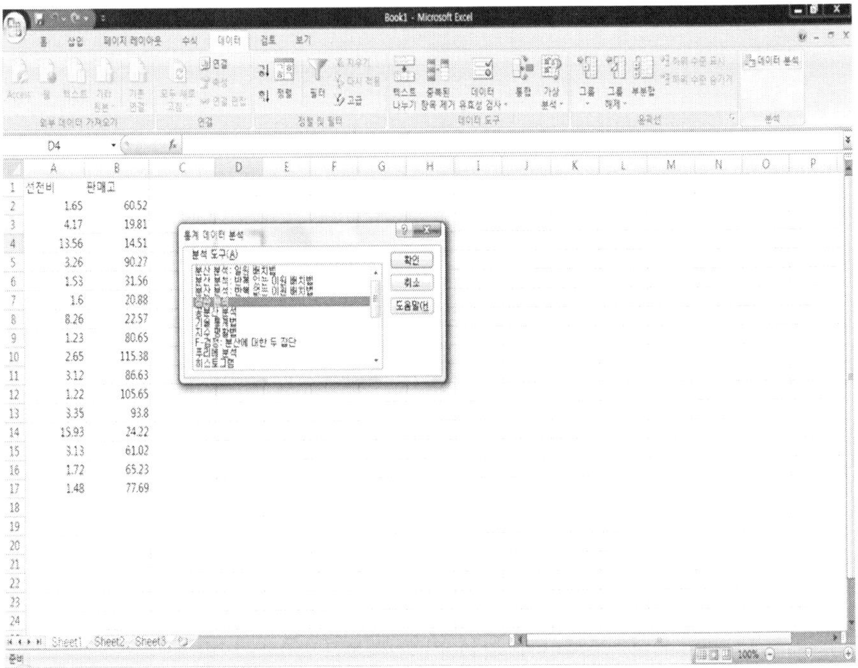

2. [확인]을 누르면 [상관 분석]대화상자가 나타나는데, 입력과 출력옵션으로 나뉘어져 있다. 입력범위에 계산하고자 하는 자료의 범위인 셀 $A$1: $B$17까지를 마우스로 드래그하여 선택한다. 데이터를 열방향으로 입력했기 때문에 방향을 "열"로 지정하고, 첫째 행에 이름을 입력했기 때문에 "첫째 행 이름표 사용"을 선택한다. 출력옵션은 "새로운 워크시트로"를 선택한다. 출력옵션에서 "출력범위"를 선택하고 출력하고자 하는 셀 범위를 지정해주면 같은 워크시트에 결과가 나타나게 되고, "새로운 워크시트"를 선택하면 출력결과만이 포함된 새로운 워크시트가 나타나게 되고, "새로운 통합문서"를 선택하면 출력결과만이 포함된 새로운 엑셀 통합문서가 나타나게 된다.

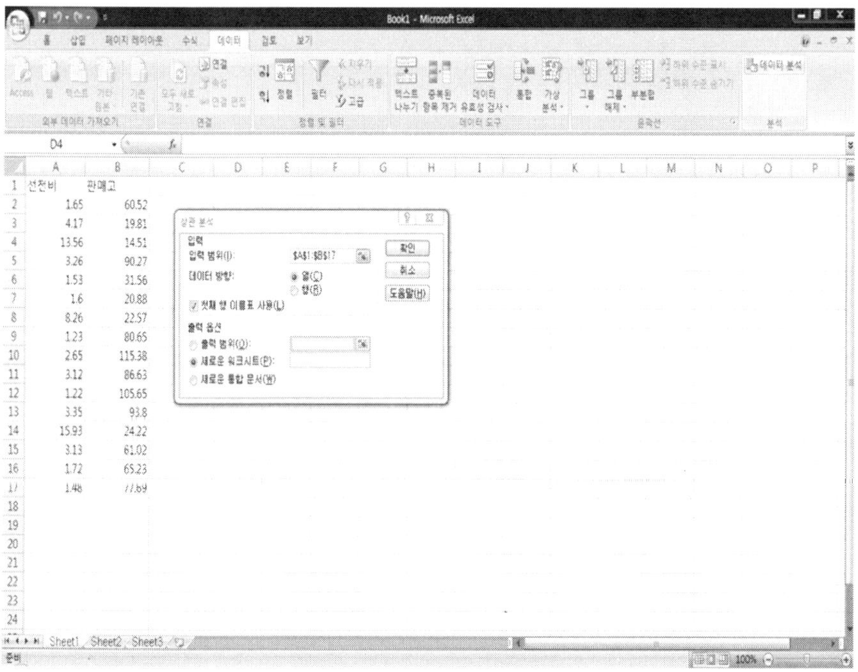

3. [확인]을 누르면 다음과 같이 새로운 워크시트에 선전비와 판매고의 상관분석 결과가 나타난다.

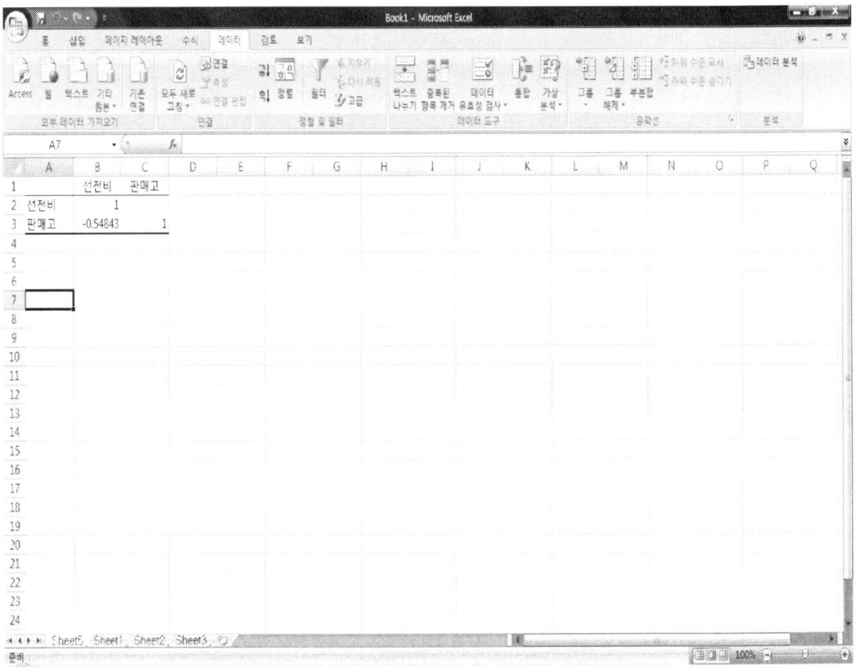

[단순회귀분석]

[표 11-2]에 제시되어 있는 1인당 국내 총생산과 1인당 수입량 자료를 이용하여 단순회귀분석을 해보자.

1. 다음과 같이 데이터를 입력한 후 메뉴 표시줄의 [데이터]-[데이터 분석]을 선택하면 [통계 데이터 분석]대화상자가 나타난다. 여기에서 "회귀분석"을 선택한다.

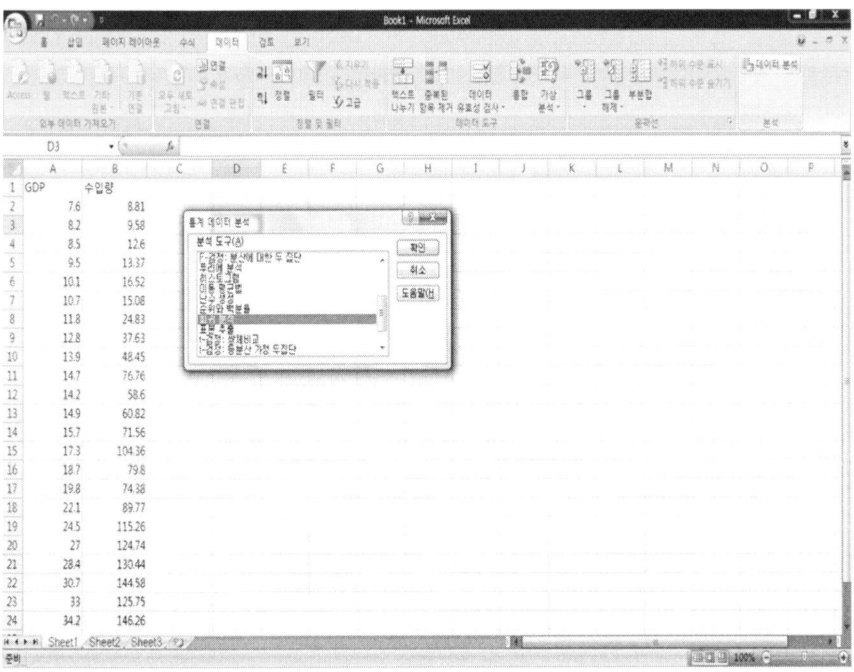

2. [확인]을 누르면, [회귀 분석] 대화상자가 나타난다. "Y축 입력 범위"에 종속변수인 수입량의 범위 $B$1: $B$24를, "X축 입력 범위"에 독립변수인 1인당 국내총생산(GDP)의 범위 $A$1: $A$24를 마우스로 드래그하여 지정한다. 자료의 첫 행에 변수들의 이름이 입력되어 있으므로 "이름표"를 선택하고, "신뢰수준"은 95%로 지정한다. 출력옵션에서는 "새로운 워크시트"를 선택한다. 잔차 부분은 추정된 회귀직선에 대하여 잔차의 분포를 살펴보기 위한 옵션이고, 정규 확률도는 잔차의 정규성을 그래프로 쉽게 알아보기 위한 옵션인데, 여기서는 생략하기로 한다.

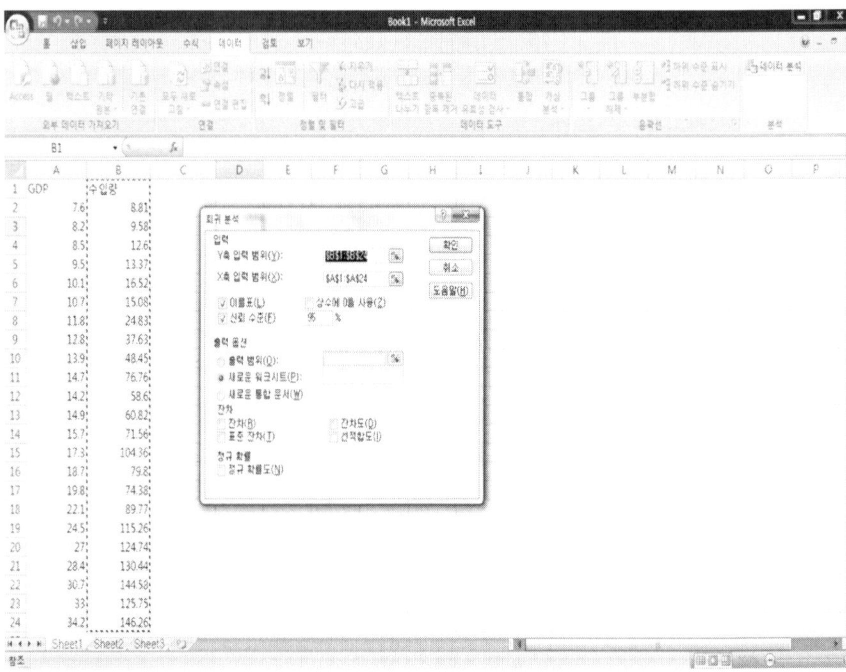

3. [확인]을 누르면 다음과 같이 새로운 워크시트에 1인당 국내총생산과 수입량에 대한 회귀분석 결과가 나타난다.

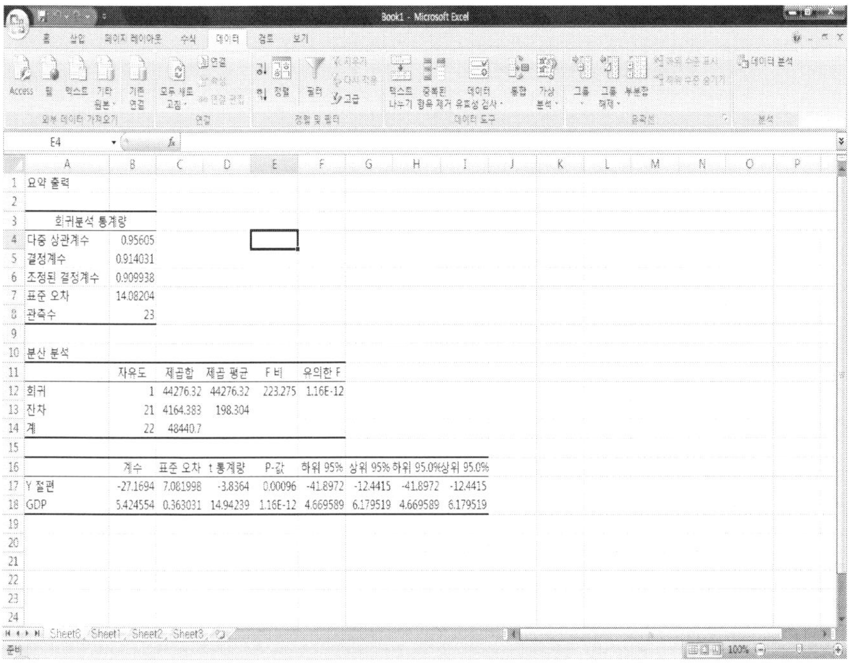

요약 출력

회귀분석 통계량	
다중 상관계수	0.95605
결정계수	0.914031
조정된 결정계수	0.909938
표준 오차	14.08204
관측수	23

분산 분석

	자유도	제곱합	제곱 평균	F 비	유의한 F
회귀	1	44276.32	44276.32	223.275	1.16E-12
잔차	21	4164.383	198.304		
계	22	48440.7			

	계수	표준 오차	t 통계량	P-값	하위 95%	상위 95%	하위 95.0%	상위 95.0%
Y 절편	-27.1694	7.081998	-3.8364	0.00096	-41.8972	-12.4415	-41.8972	-12.4415
GDP	5.424554	0.363031	14.94239	1.16E-12	4.669589	6.179519	4.669589	6.179519

결과화면을 보면 회귀분석 통계량과 분산분석결과와 회귀계수의 추정값, 표준오차, t-통계량 값, 신뢰구간 등의 값들이 제시되어 있다. 모형의 적합도를 보면 유의한 F값이 0.05보다 작으므로 추정된 회귀식 〈수입량=-27.1694+5.4246×GDP〉는 전체적으로 의미가 있는 것으로 설명된다. 자세한 결과해석은 본문의 내용을 참고하길 바란다.

연 습 문 제

11.1 아래 자료에서 상관계수를 구하고 해석하여 보라.

x	y
1	5
4	15
0	3
3	12
2	10

11.2 다음의 변수들간에 어떤 상관관계(양, 음 또는 0)가 있을 것으로 예상되는가?

(1) 몸무게와 키

(2) 몸무게와 혈압

(3) 학력과 연봉

(4) 학점과 그 학생의 키

(5) 취업연령과 학력

(6) 실업률과 제조업 가동률

(7) 소득수준과 소비

(8) 비료 투입량과 산출량

11.3 어느 출판사는 교재용 책의 가격과 판매량 사이에 연관관계가 있는지를 알고 싶어한다. 이미 출간한 적이 있는 도서 여덟 권을 표본으로 가격과 판매량을 조사한 결과 아래와 같은 자료가 얻어졌다.

가격(단위 : 1,000원)	21.3	17.8	19.2	20.5	19.9	20.8	17.2	19.7
판매량(단위 : 1,000권)	15.7	14.7	12.4	18.6	35.2	25.4	11.1	29.2

(1) 가격과 판매량 사이의 표본상관계수를 구하라.

(2) 교재용 책의 가격과 판매량 사이에는 상관관계가 없다는 귀무가설을 양측가설에 대해 5% 유의수준에서 검정하라.

11.4 생산성과 직원의 근속기간 사이에 서로 상관관계가 있는가를 알고 싶다. 30개 기업체를 대상으로 조사한 결과 표본상관계수 0.15가 얻어졌다. 다음의 가설을 검정하고 해석하라.

$$H_0:\ \rho = 0 \qquad H_1:\ \rho > 0$$

11.5 다음의 표는 어느 택배업체가 표본으로 뽑은 배달거리와 배달에 소요되는 시간에 관한 자료이다.

배달번호	거리 x(km)	시간 y(분)
1	3	9
2	6	20
3	8	20
4	9	16
5	11	23
6	11	19
7	13	20
8	14	30
9	15	33
10	16	27
11	16	32
12	17	34
13	19	41
14	19	34
15	21	47
16	22	47
17	23	51

(1) 회귀모형을 추정하라.

(2) 추정된 회귀모형에서 배달거리가 14km일 때 시간이 얼마나 걸릴 것으로 예측되는가?

11.6 연구와 개발에 투자하는 비용과 기업의 이윤사이의 관계를 알아보고자 한다. 아래의 표에는 지난 6년 동안의 자료가 제시되어 있다. 회귀방정식을 세우고 변수간의 관계를 설명하라.

(단위 : 억)

해	연구개발비용(x)	연간이윤(y)
1	5	31
2	4	30
3	2	20
4	3	25
5	11	40
6	5	34

11.7 어느 전자제품회사는 같은 상품을 여덟 개 대리점에서 각기 다른 가격에 판매하도록 시도해 보았다. 가격과 판매량은 아래와 같다.

대리점	1	2	3	4	5	6	7	8
가격(단위 : 10만원)	5.5	6.0	6.5	6.0	5.0	6.5	4.5	5.0
판매량	410	380	350	400	440	380	450	420

(1) 독립변수와 종속변수는 각각 무엇일까?

(2) 회귀방정식을 추정하라.

(3) 가격을 10만원 올리면 어떤 결과가 나오리라 예상되는가?

(4) 결정계수를 구하고 해석하라.

11.8 10명의 대학생이 각자의 평점과 매주 공부에 투입하는 시간에 대한 질문을 받았다. 학점은 5.0만점이고 아래 표에 학생들의 응답이 제시되어 있다.

학생	1	2	3	4	5	6	7	8	9	10
공부시간	25	22	9	15	15	30	20	30	10	18
평점	4.8	4.3	3.8	3.8	4.2	4.3	3.8	4.0	3.1	3.9

(1) 공부시간을 독립변수, 평점을 종속변수로 놓고 선형회귀모형을 추정하라.

(2) 매주 공부시간을 1시간 늘리면 평점에 주는 효과는?

(3) 불편추정과정을 사용하여 모회귀 오차항의 분산의 점추정값을 구하라.

(4) 모회귀직선 기울기에 대한 최소제곱추정량의 분산의 점추정값을 불편추정과정으로 구하라.

(5) 주당 공부시간을 1시간 늘릴 때 향상될 평점의 기대치에 대한 95% 신뢰구간을 구하라.

11.9 어느 연구결과 최소제곱 회귀방정식이

$$y = 0.652 - 0.0000207x \qquad n = 43$$

로 추정되었다. 모회귀선 기울기의 추정량의 추정표준편차는 0.0000292이다. 모회귀선의 기울기가 0이라는 귀무가설을 음의 기울기를 가진다는 대립가설에 대해 검정하라.

제 12 장

중회귀분석

앞에서는 상관분석을 통해 두 변수 사이에 존재할 수 있는 어떤 관계의 유무와 관련정도를 살펴보았다. 그리고 단순회귀분석을 통해 이 두 변수 사이의 함수관계를 파악하고, 한 변수의 값으로부터 다른 변수의 값을 예측하였다. 이때, 다른 변수에 영향을 주는 변수를 독립변수 또는 설명변수(explanatory variable)라 하고, 영향을 받는 변수를 종속변수 또는 반응변수(response variable)라고 한다. 독립변수와 종속변수 사이의 관계를 구체적인 방정식으로 나타내고, 독립변수의 변화에 따른 종속변수의 반응을 측정하며 그 값을 예측하고자 하는 것이 회귀분석의 목적이다.

제 1 절 중회귀모형

단순회귀분석에서는 종속변수의 변동을 설명하기 위해 한 개의 독립변수만을 사용하였다. 그러나 두 개 이상의 독립변수를 선택하여 종속변수의 변화에 미치는 영향을 분석하면 하나의 독립변수에 의해 설명되는 단순회귀분석보다 더 다양한 분석이 가능해질 것이다. 이와 같이 두 개 이상의 독립변수를 사용하여 종속변수의 변화를 설명하는 회귀모형을 중회귀모형 또는 다중회귀모형(multiple regression model)이라고 한다. 중회귀모형의 분석 목적 역시 관심의 대상이 되는 종속변수의 변동을 설명하기 위한 방정식을 설정하는 것이다.

단순회귀모형에서 종속변수와 독립변수와의 관계는 종속변수의 기대값이 한 개의 독립변수값에 선형인 함수형태로 모형이 설계되었다. 중회귀모형에서 종속변수의 기대값은 모든 독립변수들이 취하는 값에 의해 결정된다.

종속변수 Y가 두 개의 독립변수 X_1과 X_2에 의해 설명되고, 두 독립변수가 각각 x_1과 x_2의 값을 갖는다고 하면, 종속변수 Y의 기대치는

$$E(Y|X_1 = x_1, X_2 = x_2) = \alpha + \beta_1 x_1 + \beta_2 x_2 \tag{12.1}$$

로 나타낼 수 있다. 여기에서 α, β_1과 β_2는 자료를 사용하여 추정해야 한다.

하나의 종속변수 Y가 $X_1, X_2, \cdots, X_K$라는 K개의 독립변수로 설명되고 이 변수들이 각각 값 $x_1, x_2, \cdots, x_K$를 가질 때, (12.1)과 같은 Y의 기대치는 아래와 같이 일반화된다.

$$E(Y|X_1 = x_1, X_2 = x_2, \cdots, X_K = x_K) = \alpha + \beta_1 x_1 + \beta_2 x_2 + \cdots + \beta_K x_K \tag{12.2}$$

단순회귀분석의 경우와 마찬가지로 모든 x의 값이 0일 때 Y의 기대값은

$$E(Y|X_1 = 0, X_2 = 0, \cdots, X_K = 0) = \alpha$$

가 된다. 식 (12.2)는 독립변수의 관측값이 갖는 범위내에서 유효하다고 간주된다. 모든 독립변수의 값이 0일 때 관심을 갖는 경우는 거의 없으므로 이 경우 α에 대한 해석은 별 의미가 없다고 하겠다.

반면 $\beta_1, \beta_2, \cdots, \beta_K$의 해석은 아주 중요하다. 다른 독립변수들의 값은 고정되어 있고 X_1만이 현재값 x_1에서$(x_1 + 1)$로 한단위 증가했다고 하자. 그러면

$$E(Y|X_1 = x_1 + 1, X_2 = x_2, \cdots, X_K = x_K) = \alpha + \beta_1 (x_1 + 1) + \beta_2 x_2 + \cdots + \beta_K x_K$$

가 되고, (12.2)에서 x_1이 한 단위 증가했을 때의 변화량은 아래와 같다.

$$E(Y|X_1 = x_1 + 1, X_2 = x_2, \cdots, X_K = x_K)$$
$$- E(Y|X_1 = x_1, X_2 = x_2, \cdots, X_K = x_K)$$
$$= \alpha + \beta_1(x_1 + 1) + \beta_2 x_2 + \cdots + \beta_K x_K - (\alpha + \beta_1 x_1 + \beta_2 x_2 + \cdots + \beta_K x_K)$$
$$= \beta_1$$

이는 모든 다른 독립변수들은 변하지 않고, X_1이 한 단위 증가할 때 Y는 β_1만큼 증가하리라고 기대된다는 의미이다. 따라서 계수 β_j는 독립변수 x_j만 한 단위 증가할 때 기대되는 Y의 반응도를 나타내므로, 이를 부분회귀계수(partial regression coefficient)라고 한다.

현실 세계의 실제 모회귀선과 자료로 추정된 모형이 정확히 같을 수는 없기 때문에 모형을 완성하기 위해서는 오차항을 포함시켜야 한다. K개의 독립변수가 각각 특정값 $x_{1i}, x_{2i}, \cdots, x_{Ki}$를 갖고 종속변수의 값이 Y_i일 때, 기대값은

$$E(Y_i|X_1 = x_{1i}, X_2 = x_{2i}, \cdots, X_K = x_{Ki}) = \alpha + \beta_1 x_{1i} + \beta_2 x_{2i} + \cdots + \beta_K x_{Ki}$$

가 된다. 변수 ϵ_i를 Y_i와 Y_i의 기대값간의 편차로 표기하면

$$\epsilon_i = Y_i - E(Y_i|X_1 = x_{1i}, X_2 = x_{2i}, \cdots, X_K = x_{Ki})$$
$$= Y_i - (\alpha + \beta_1 x_{1i} + \beta_2 x_{2i} + \cdots + \beta_K x_{Ki})$$

가 된다. 이를 다시 쓰면

$$Y_i = \alpha + \beta_1 x_{1i} + \beta_2 x_{2i} + \cdots + \beta_K x_{Ki} + \epsilon_i$$

와 같은 모중회귀모형(population multiple regression model)을 얻게 된다. 여기에서 α, $\beta_1, \beta_2, \cdots, \beta_K$는 미지의 모회귀계수이며, ϵ_i는 평균값이 0인 확률변수이다.

독립변수가 두 개인 경우 모회귀모형은

$$Y_i = \alpha + \beta_1 x_{1i} + \beta_2 x_{2i} + \epsilon_i$$

가 되므로 두 독립변수의 특정값 x_{1i}와 x_{2i}에 의한 종속변수의 값은 기대값 $\alpha + \beta_1 x_{1i} + \beta_2 x_{2i}$와 편차 또는 오차항 ϵ_i의 합의 형태가 된다.

제 2 절 최소제곱추정과 컴퓨터 출력

최소제곱추정법을 사용하여 모중회귀모형의 모수를 추정하는 방법은 단순회귀모형의 경우와 같다. 즉 편차의 제곱합을 최소화시켜 관측자료에 가장 가까운 추정방정식을 구하는 것으로 주어진 자료를 이용하여 모회귀모형의 미지의 모수 $\alpha, \beta_1, \beta_2, \cdots, \beta_K$ 의 추정값을 계산하는 것이다. 이때 모수의 추정값을 각각 a, $b_1, b_2, \cdots, b_K$ 라 할 때 추정된 모형은

$$\hat{y} = a + b_1 x_1 + b_2 x_2 + \cdots + b_K x_K$$

가 된다. 이 추정모형을 사용하여 독립변수들의 관측값으로 예측한 종속변수의 값은 $(a + b_1 x_{1i} + b_2 x_{2i} + \cdots + b_K x_{Ki})$이 되고, 실제 관측값은 y_i 이다. 종속변수의 관측값과 예측값과의 편차는 아래와 같다.

$$e_i = y_i - (a + b_1 x_{1i} + b_2 x_{2i} + \cdots + b_K x_{Ki}), \quad i = 1, 2, \cdots, n$$

최소제곱추정값은 잔차제곱합

$$SS = \sum_{i=1}^{n} e_i^2 = \sum_{i=1}^{n} (y_i - a - b_1 x_{1i} - b_2 x_{2i} - \cdots - b_K x_{Ki})^2 \qquad (12.3)$$

을 최소화시키는 $a, b_1, b_2, \cdots, b_K$ 의 값이다.

중회귀모형에서 최소제곱추정치의 계산은 독립변수의 수가 증가할수록 길고 복잡해진다. 실제의 추정은 현재 널리 보급된 EXCEL, SAS, SPSS, MINITAB 등과 같은 통계분석 프로그램을 사용하여 해결한다. 최소제곱추정값을 계산하는 과정은 (12.3)에 제시된 잔차제곱합을 최소화시키는 원리에 바탕을 둔다는 사실을 이해하는 것으로 충분하다고 본다. 이제 중회귀모형의 예를 들어 보도록 하자.

11장에 있는 소득과 수입의 예에서 소득변수 하나만으로 수입의 변화를 91% 이상이나 설명할 수 있음을 보았다. 현실적으로 볼 때 상품의 가격 역시 수입량에 영향을 줄 것으로 보이므로 소득과 가격이 모형에 고려된다면 수입의 변화를

더 잘 설명할 수 있을 것으로 예상된다. 소득이 늘어나면 수입도 늘어날 것이므로 소득과 수입은 양의 관계에 있을 것이고, 반면 가격이 오르면 외화부담과 비싼 가격으로 인해 수입량은 감소할 것이므로 가격과 수입은 음의 관계에 있다고 가정할 수 있다.

[표 12-1]은 중회귀모형 추정에 필요한 수입가격 변수의 자료를 [표 11-2]의 자료에 추가한 것이다. 1인당 소득(x_1)과 1인당 수입량(y)은 [표 11-2]와 마찬가지로 단위가 각각 10만원(1985 불변가격)과 kg이며, 새로 추가된 수입가격(x_2)은 단위가 $/톤(1985 불변가격)이다.

[표 12-1] 소득, 수입가격, 수입량의 연간자료

해	x_{1i}	x_{2i}	y_i	해	x_{1i}	x_{2i}	y_i
1	7.6	199.25	8.81	13	15.7	156.98	71.56
2	8.2	192.07	9.58	14	17.3	151.75	104.36
3	8.5	155.17	12.60	15	18.7	167.16	79.80
4	9.5	243.10	13.37	16	19.8	130.71	74.38
5	10.1	315.07	16.52	17	22.1	103.09	89.77
6	10.7	321.78	15.08	18	24.5	84.57	115.26
7	11.8	248.34	24.83	19	27.0	101.74	124.74
8	12.8	211.10	37.63	20	28.4	122.32	130.44
9	13.9	193.00	48.45	21	30.7	111.31	144.58
10	14.7	190.50	76.76	22	33.0	99.06	125.75
11	14.2	175.95	58.60	23	34.2	98.60	146.26
12	14.9	213.15	60.82				

[표 12-1]의 자료를 사용하여 수입모형을 추정한 SAS, MINITAB, SPSS 등 세 가지 프로그램의 출력문을 보기로 하자. [그림 12-1]은 수입시장의 분석에 사용된 SAS프로그램 출력문의 일부이다. 상반부에는 모형의 분산분석(analysis of variance)의 결과와 결정계수값인 R-square가 나와 있으며, 하반부에 최소제곱모수추정값과 표준오차의 추정값이 나타나 있다. 이 두 값의 비율이 T for H_o : Parameter=0 아래 나와 있으며, 모회귀선의 모수가 0이라는 귀무가설을 검정하기 위한 t통계치들이 주어진다.

이번에는 MINITAB출력문인 [그림 12-2]를 살펴보자. 상단에는 추정된 회귀식이 제시되어 있고, 중간 부분의 S=13.42는 [그림 12-1]의 Root MSE에 해당하는 값으로 모회귀의 오차항 ϵ_i의 표준편차에 대한 추정값이며 다음과 같이 계산된다.

$$s_e = \sqrt{\frac{SSE}{(n-K-1)}}$$

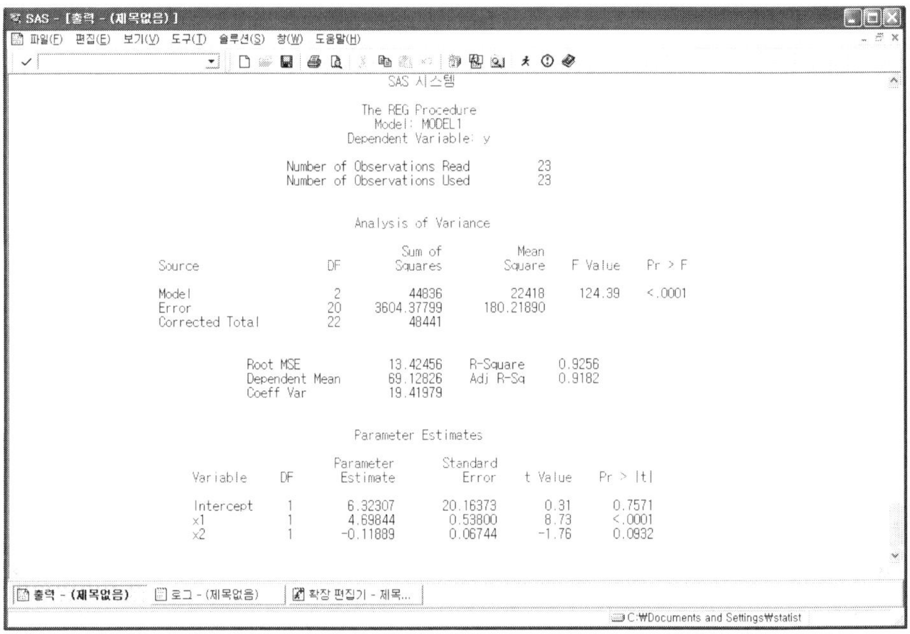
SAS 시스템

The REG Procedure
Model: MODEL1
Dependent Variable: y

Number of Observations Read 23
Number of Observations Used 23

Analysis of Variance

Source	DF	Sum of Squares	Mean Square	F Value	Pr > F
Model	2	44836	22418	124.39	<.0001
Error	20	3604.37799	180.21890		
Corrected Total	22	48441			

Root MSE	13.42456	R-Square	0.9256
Dependent Mean	69.12826	Adj R-Sq	0.9182
Coeff Var	19.41979		

Parameter Estimates

Variable	DF	Parameter Estimate	Standard Error	t Value	Pr > |t|
Intercept	1	6.32307	20.16373	0.31	0.7571
x1	1	4.69844	0.53800	8.73	<.0001
x2	1	-0.11889	0.06744	-1.76	0.0932

[그림 12-1] 수입분석의 SAS 출력문

[그림 12-3]은 같은 문제에 대한 SPSS 출력문이다. 구성이 앞의 두 출력문과 비슷하고 같은 결과를 주므로 쉽게 해석할 수 있다.

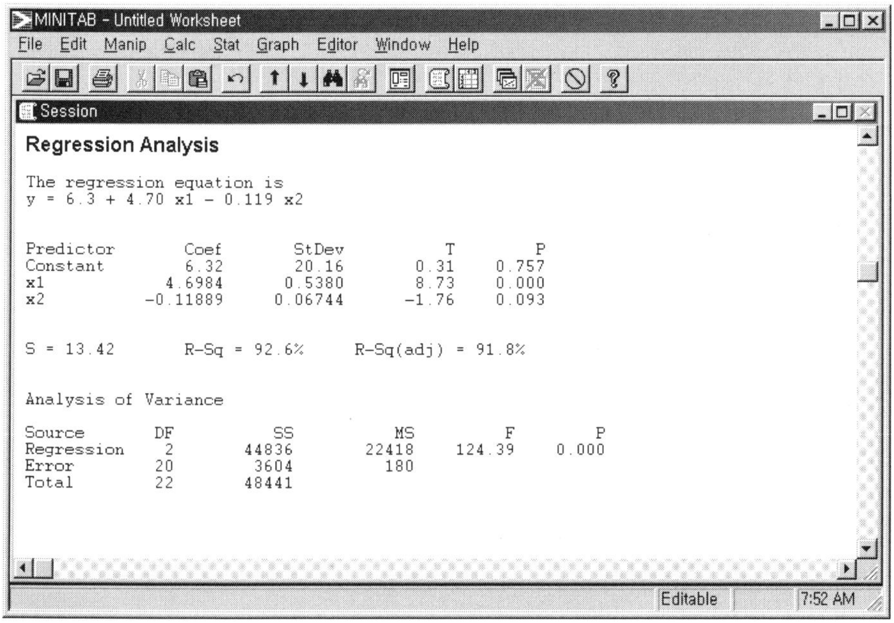

[그림 12-2] 수입분석의 MINITAB 출력문

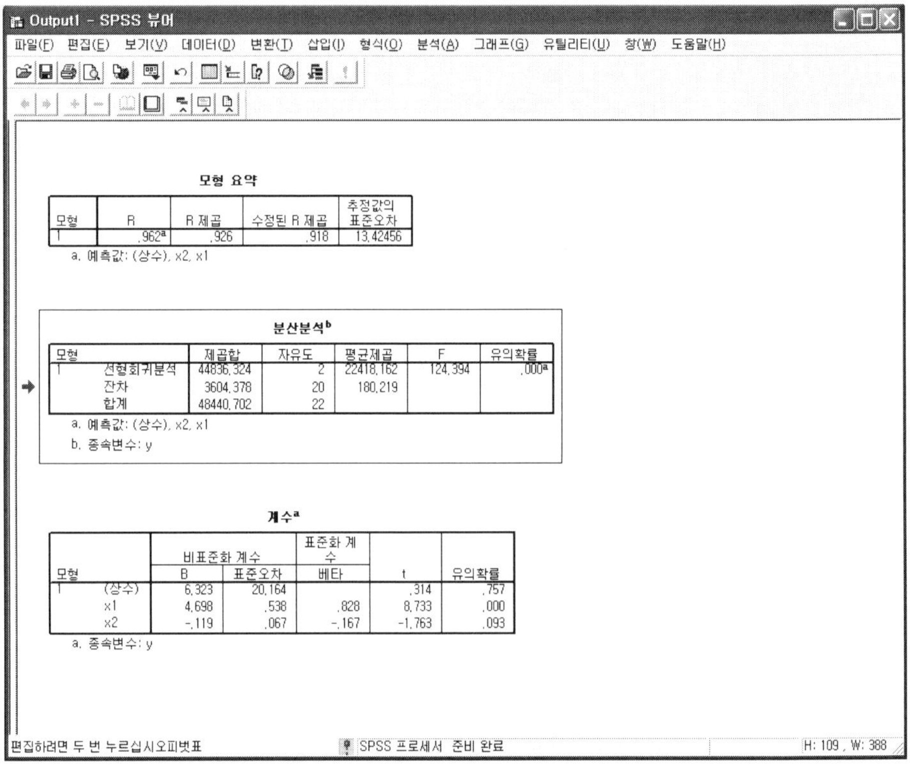

모형 요약

모형	R	R 제곱	수정된 R 제곱	추정값의 표준오차
1	.962[a]	.926	.918	13.42456

a. 예측값: (상수), x2, x1

분산분석[b]

모형		제곱합	자유도	평균제곱	F	유의확률
1	선형회귀분석	44836.324	2	22418.162	124.394	.000[a]
	잔차	3604.378	20	180.219		
	합계	48440.702	22			

a. 예측값: (상수), x2, x1

b. 종속변수: y

계수[a]

모형		비표준화 계수		표준화 계수	t	유의확률
		B	표준오차	베타		
1	(상수)	6.323	20.164		.314	.757
	x1	4.698	.538	.828	8.733	.000
	x2	-.119	.067	-.167	-1.763	.093

a. 종속변수: y

[그림 12-3] 수입분석의 SPSS 출력문

컴퓨터 출력결과 얻어진 모수의 최소제곱추정값을 정리하면

$$a = 6.3231, \qquad b_1 = 4.6984, \qquad b_2 = -0.1189$$

이므로 표본중회귀모형은 아래와 같다.

$$y = 6.3231 + 4.6984\,x_1 - 0.1189\,x_2$$

결과를 해석하면, 다른 사항에 변동이 없이 1인당 연간 실질소득이 10만원 증가하면 수입량은 1인당 4.6984kg 증가하게 되고, 또 소득이 고정되어 있을 때 톤당 실질 수입가격이 1달러 오르면 1인당 수입량은 0.1189kg 감소한다는 의미이다. 따라서 소득과 수입량 사이에는 양의 관계, 가격과 수입량 사이에는 음의 관계가 있을 것이라는 가정이 성립됨을 알 수 있다. 또한 결정계수 R^2의 값은 소득과 가격의 두 변수가 수입량의 변동을 93%가량 설명하고 있음을 의미한다. 소득에 가격변수가 추가됨으로써 단순회귀모형의 경우보다 설명력이 높아졌음을 알 수 있다.

최소제곱추정법을 적용하여 중회귀모형을 추정해 보자. 잔차제곱합

$$SS = \sum e_i^2 = \sum_{i=1}^{n} (y_i - a - b_1 x_{1i} - b_2 x_{2i} - \cdots - b_K x_{Ki})^2$$

이 최소가 되는 $a, b_1, b_2, \cdots, b_K$ 값을 중회귀모형 모수의 최소제곱추정값으로 정의한다. SS를 최소화시키는 값을 구하기 위해 a, b_1, b_2, $\cdots$,b_K에 대해 각각 편미분하여 0으로 놓으면, $b_1, b_2, \cdots, b_K$ 값은 다음과 같은 K개의 방정식의 해가 된다. 이와 같은 방정식들을 정규방정식(normal equation)이라고 한다.

$$\sum (x_{1i} - \overline{x_1})(y_i - \overline{y}) = b_1 \sum (x_{1i} - \overline{x_1})^2 + b_2 \sum (x_{1i} - \overline{x_1})(x_{2i} - \overline{x_2}) + \cdots + b_K \sum (x_{1i} - \overline{x_1})(x_{Ki} - \overline{x_K})$$

$$\sum (x_{2i} - \overline{x_2})(y_i - \overline{y}) = b_1 \sum (x_{2i} - \overline{x_2})(x_{1i} - \overline{x_1}) + b_2 \sum (x_{2i} - \overline{x_2})^2 + \cdots + b_K \sum (x_{2i} - \overline{x_2})(x_{Ki} - \overline{x_K})$$

$$\vdots \qquad\qquad \vdots$$

$$\sum (x_{Ki} - \overline{x_K})(y_i - \overline{y}) = b_1 \sum (x_{Ki} - \overline{x_K})(x_{1i} - \overline{x_1}) + b_2 \sum (x_{Ki} - \overline{x_K})(x_{2i} - \overline{x_2}) + \cdots + b_K \sum (x_{Ki} - \overline{x_K})^2$$

또 절편의 추정값 a는

$$a = \overline{y} - b_1 \overline{x_1} - b_2 \overline{x_2} - \cdots - b_K \overline{x_K}$$

가 된다. 여기에서 $\overline{x_1}, \overline{x_2}, \cdots, \overline{x_K}$는 독립변수의 표본평균이다.

이제 [표 12-1]에 제시된 자료를 이용하여 최소제곱추정값을 구해 보자. 이 경우 독립변수가 두 개이므로 상대적으로 계산이 간단하다. 다음과 같은 두 개의 정규방정식

$$\sum (x_{1i} - \overline{x_1})(y_i - \overline{y}) = b_1 \sum (x_{1i} - \overline{x_1})^2 + b_2 \sum (x_{1i} - \overline{x_1})(x_{2i} - \overline{x_2})$$

$$\sum(x_{2i}-\overline{x_2})(y_i-\overline{y}) = b_1\sum(x_{2i}-\overline{x_2})(x_{1i}-\overline{x_1}) + b_2\sum(x_{2i}-\overline{x_2})^2$$

에서 해는

$$b_1 = \frac{\sum(x_{2i}-\overline{x_2})^2\sum(x_{1i}-\overline{x_1})(y_i-\overline{y}) - \sum(x_{1i}-\overline{x_1})(x_{2i}-\overline{x_2})\sum(x_{2i}-\overline{x_2})(y_i-\overline{y})}{\sum(x_{1i}-\overline{x_1})^2\sum(x_{2i}-\overline{x_2})^2 - [\sum(x_{1i}-\overline{x_1})(x_{2i}-\overline{x_2})]^2}$$

$$b_2 = \frac{\sum(x_{1i}-\overline{x_1})^2\sum(x_{2i}-\overline{x_2})(y_i-\overline{y}) - \sum(x_{1i}-\overline{x_1})(x_{2i}-\overline{x_2})\sum(x_{1i}-\overline{x_1})(y_i-\overline{y})}{\sum(x_{1i}-\overline{x_1})^2\sum(x_{2i}-\overline{x_2})^2 - [\sum(x_{1i}-\overline{x_1})(x_{2i}-\overline{x_2})]^2}$$

가 되며, 절편의 추정값은

$$a = \overline{y} - b_1\overline{x_1} - b_2\overline{x_2}$$

가 된다. 수입분석모형의 모수에 대한 최소제곱추정값을 계산하기 위해 이 공식들을 적용해 보자. [표 12-1]의 자료에서 다음과 같은 결과를 얻을 수 있다.

$$\sum x_{1i} = 408.30, \quad \sum x_{1i}^2 = 8,752.89, \quad \sum x_{1i}y_i = 36,387.27$$

$$\sum x_{2i} = 3,985.77, \quad \sum x_{2i}^2 = 786,460.8, \quad \sum x_{2i}y_i = 220,967.6$$

$$\sum y_i = 1,589.95, \quad \sum x_{1i}x_{2i} = 61,566.14$$

$$\overline{x_1} = 17.7522, \quad \overline{x_2} = 173.2943, \quad \overline{y} = 69.1283$$

최소제곱추정값의 계산을 위해서는 아래의 값이 추가로 필요하다.

$$\sum(x_{1i}-\overline{x_1})^2 = \sum x_{1i}^2 - n\overline{x_1}^2 = 8,752.89 - 23(17.7522)^2 = 1,504.6561$$

$$\sum(x_{2i}-\overline{x_2})^2 = \sum x_{2i}^2 - n\overline{x_2}^2 = 786,460.8 - 23(173.2943)^2 = 95,749.7685$$

$$\sum(x_{1i}-\overline{x_1})(x_{2i}-\overline{x_2}) = \sum x_{1i}x_{2i} - n\overline{x_1}\,\overline{x_2}$$

$$= 61,566.14 - 23(17.7522)(173.2943) = -9,190.0267$$

$$\sum(x_{1i}-\overline{x_1})(y_i-\overline{y}) = \sum x_{1i}y_i - n\overline{x_1}\,\overline{y}$$

$$= 36,387.27 - 23(17.7522)(69.1283) = 8,162.1436$$

$$\sum(x_{2i}-\overline{x_2})(y_i-\overline{y}) = \sum x_{2i}y_i - n\overline{x_2}\,\overline{y}$$

$$= 220,967.6 - 23(173.2943)(69.1283) = -54,561.8283$$

위의 값들을 b_1, b_2 식에 대입하면

$$b_1 = \frac{(95,749.7685)(8,162.1436)-(-9,190.0267)(-54,561.8283)}{(1,504.6561)(95,749.7685)-(-9,190.0267)^2} = 4.6984$$

$$b_2 = \frac{(1,504.6561)(-54,561.8283)-(-9,190.0267)(8,162.1436)}{(1,504.6561)(95,749.7685)-(-9,190.0267)^2} = -0.1189$$

가 되고, 절편추정값

$$a = 69.1283 - 4.6984(17.7522) - (-0.1189)(173.2943) = 6.3231$$

을 얻게 된다.

독립변수가 단지 두 개이므로 최소제곱추정량의 추정표준편차 역시 상대적으로 간단하게 계산할 수 있다. 분산의 추정값은

$$s_{b_1}^2 = \frac{s_e^2 \sum(x_{2i}-\overline{x_2})^2}{\sum(x_{1i}-\overline{x_1})^2\sum(x_{2i}-\overline{x_2})^2 - [\sum(x_{1i}-\overline{x_1})(x_{2i}-\overline{x_2})]^2}$$

$$s_{b_2}^2 = \frac{s_e^2 \sum(x_{1i}-\overline{x_1})^2}{\sum(x_{1i}-\overline{x_1})^2\sum(x_{2i}-\overline{x_2})^2 - [\sum(x_{1i}-\overline{x_1})(x_{2i}-\overline{x_2})]^2}$$

로 계산되고, 독립변수의 수가 $K=2$이므로 모회귀에서 오차항 ϵ_i의 분산의 추정값은

$$s_e^2 = \frac{SSE}{(n-K-1)} = \frac{3,604.3780}{20} = 180.2189$$

가 된다. 위의 공식에 적용하면

$$s_{b_1}^2 = \frac{180.2189(95,749.7685)}{(1,504.6561)(95,749.7685)-(-9,190.0267)^2} = 0.2895$$

$$s_{b_2}^2 = \frac{180.2189(1,504.6561)}{(1,504.6561)(95,749.7685)-(-9,190.0267)^2} = 0.0045$$

가 되어, 아래와 같은 값을 얻게 된다.

$$s_{b_1} = 0.5380, \qquad s_{b_2} = 0.0674$$

지금까지 계산된 각 통계값은 컴퓨터 출력문의 결과와 일치한다.

제 3 절 중회귀모형의 기본 가정과 가우스-마코브 정리

회귀모형에 대한 통계적 추론을 살펴보기 전에 최소제곱추정량이 가장 효율적인 불편추정량이 될 수 있는 근거가 되는 몇 가지 가정에 대해 알아보자. 모중회귀선을

$$Y_i = \alpha + \beta_1 x_{1i} + \beta_2 x_{2i} + \cdots + \beta_K x_{Ki} + \epsilon_i$$

로 표기하고, n 집합의 관측값이 주어진다고 할 때, 다음의 가정이 성립하면 최소제곱추정법의 사용은 정당화된다.

[중회귀모형의 기본과정]

i. 변수 $X_{1i}, X_{2i}, \cdots, X_{Ki}$ 는 오차항 ϵ_i 와 독립적이다.

ii. 오차항 ϵ_i 는 평균값 0을 갖는다. 즉

$$E(\epsilon_i) = 0, \qquad i = 1, 2, \cdots, n$$

iii. 변수 ϵ_i 는 모두 동일한 분산 σ_ϵ^2을 갖는다. 따라서

$$E(\epsilon_i^2) = \sigma_\epsilon^2, \qquad i = 1, 2, \cdots, n$$

iv. 변수 ϵ_i 는 서로 상관관계에 있지 않다. 따라서 모든 $i \neq j$ 에 대해 다음과 같은 조건이 성립한다.

$$E(\epsilon_i \epsilon_j) = 0$$

v. 모든 $i = 1, 2, \cdots, n$에 대해

$$c_0 + c_1 x_{1i} + c_2 x_{2i} + \cdots + c_K x_{Ki} = 0$$

이 되는 한 세트의 수 $c_0, c_1, c_2, \cdots, c_K$는 구할 수 없다.

i ~iv의 가정은 단순회귀의 경우와 근본적으로 같다. v의 가정은 유일최소제곱추정치가 존재하지 않는 특정 경우를 고려대상에서 제외시키고자 하는 것이다. 예를 들면, 물품운송료의 변동을 설명하는데 필요한 변수들 중 하나를 운반거리라고 하자. 거리는 조사자가 편한 단위로 측정할 수 있으나 회귀모형에 두

가지의 다른 단위, 즉 km와 마일을 다른 변수로 함께 포함시킬 수는 없다. 왜냐하면, 이 두 변수는 사실상 같은 설명을 하는 대체측정값일 뿐이므로 운송료에 서로 다른 영향을 준다고 볼 수 없기 때문이다. 위의 다섯 가지 가정들은 앞으로 계속 만족하는 것으로 간주한다.

중회귀모형의 모수를 추정하기 위해 $(x_{11}, x_{21}, \cdots, x_{K1}, y_1)$, $(x_{12}, x_{22}, \cdots, x_{K2}, y_2)$, $\cdots, (x_{1n}, x_{2n}, \cdots, x_{Kn}, y_n)$의 관측값을 사용하고, 위의 가정 i ~ v가 성립된다고 하자. 가우스-마코브정리에 의하면 Y_i에 선형인 모든 가능한 불편추정량 α, β_1, β_2, $\cdots$, β_K 중 최소제곱추정값 a, b_1, b_2, $\cdots$, b_K를 갖는 추정량이 가장 작은 분산을 갖는다.

다시 말해서 만약 d_o, d_1, d_2, $\cdots$, d_K가 어떤 상수이고,

$$d_0\alpha + d_1\beta_1 + d_2\beta_2 + \cdots + d_K\beta_K$$

를 추정하고자 한다면

$$d_0 a + d_1 b_1 + d_2 b_2 + \cdots + d_K b_K$$

에 해당하는 추정량이 Y_i에 선형인 모든 불편추정량 중 가장 작은 분산을 가지며 가장 효율적이라는 것이다. 가우스-마코브정리에 의해 최소제곱추정량을 최량선형불편추정량(BLUE)이라고 한다. 여기에서 유의할 점은 최소제곱추정법이 항상 최상의 접근법은 아니라는 것이다. 위의 가정 중에서 성립되지 않는 가정이 하나라도 존재하게 된다면 다른 추정량으로 대체되어야 한다.

제 4 절 회귀모형의 분해와 모형의 설명력

종속변수의 변화는 독립변수들과의 선형관계에 의해 설명될 수 있으므로 본절에서는 추정된 회귀방정식이 종속변수의 변화를 얼마나 설명하는가를 알아보기로 하자. 표본으로 추정된 회귀선을

$$y_i = a + b_1 x_{1i} + b_2 x_{2i} + \cdots + b_K x_{Ki} + e_i$$

라고 할 때, 이를

$$y_i = \hat{y}_i + e_i \tag{12.4}$$

로 나타낼 수 있다. 여기에서

$$\hat{y}_i = a + b_1 x_{1i} + b_2 x_{2i} + \cdots + b_K x_{Ki}$$

는 회귀에 의해 추정되는 종속변수의 값이고, 잔차 e_i는 관측값과 추정값간의 차이이다.

(12.4)의 양변에서 종속변수의 표본평균을 빼주면

$$y_i - \bar{y} = (\hat{y}_i - \bar{y}) + e_i \tag{12.5}$$

가 된다. (12.5)의 양변을 제곱해서 모든 i에 대해 더해 주면

$$\sum_{i=1}^{n}(y_i - \bar{y})^2 = \sum_{i=1}^{n}(\hat{y}_i - \bar{y})^2 + \sum_{i=1}^{n} e_i^2 \tag{12.6}$$

이 되어 단순회귀모형의 경우와 같이 아래의 세 부분으로 분해할 수 있다.

[제곱합의 분해와 결정계수]

총제곱합 : $SST = \sum_{i=1}^{n}(y_i - \bar{y})^2$

회귀제곱합 : $SSR = \sum_{i=1}^{n}(\hat{y}_i - \bar{y})^2$

오차제곱합 : $SSE = \sum_{i=1}^{n} e_i^2$

(12.6)에 의해

$$SST = SSR + SSE$$

가 됨을 알 수 있으며, 이는 표본의 총변동은 회귀에 의해 설명될 수 있는 변동 SSR과 설명되지 않는 변동인 오차변동 SSE로 분해됨을 의미한다. 이 중에서 설명될 수 있는 총표본변동의 비율인 결정계수 R^2은

$$R^2 = \frac{SSR}{SST} = 1 - \frac{SSE}{SST}$$

로 정의되며, 범위는 다음과 같다.

$$0 \leq R^2 \leq 1$$

앞의 수입방정식모형에 적용시키면

$$SSE = \sum_{i=1}^{n} e_i^2 = 3{,}604.3780, \quad SST = \sum_{i=1}^{n} (y_i - \overline{y})^2 = 48{,}440.7019$$

이므로 결정계수

$$R^2 = 1 - \frac{SSE}{SST} = 1 - \frac{3{,}604.3780}{48{,}440.7019} = 0.9256$$

이 되므로 앞의 컴퓨터 출력결과와 같은 결과를 얻게 된다. 따라서 수입량 변화의 93% 정도가 소득 및 수입가격과의 선형관계에 의해 설명된다는 것을 알 수 있다. 오차제곱합은 모회귀모형 오차항의 분산을 추정하는데 쓰인다. 회귀모형의 가정 i ~ v의 전제하에서 오차항 ϵ_i의 공통분산을 σ_ϵ^2로 표기하면, σ_ϵ^2의 불편추정치는 아래와 같이 구해진다.

$$s_e^2 = \frac{\sum_{i=1}^{n} e_i^2}{n-K-1} = \frac{SSE}{n-K-1}$$

결정계수는 독립변수들이 종속변수의 변동을 얼마나 설명할 수 있는가를 측정해 주는 유용한 통계량이지만 독립변수의 수 K가 표본의 크기 n에 비해 작지 않을 때는 유의해야 한다. 이 경우 독립변수들이 종속변수와 밀접한 관련이 없을지라도 모형은 자료를 더 잘 적합하는 것으로 나타날 수 있다.

중요한 사실은 회귀모형에 추가되는 독립변수의 수가 많아질수록 R^2 값은 커지고 오차제곱합은 계속 감소하게 되어 모형의 설명력이 과대평가될 우려가 있다는 것이다. 이러한 문제점을 수정해 주기 위해 각 제곱합을 해당 자유도로 나누어 주어 R^2 값을 조절해 주어야 한다. SSE를 $(n-K-1)$로 나누어 주면 위에서 보듯 오차분산의 불편추정치가 구해진다. 또 SST를 $(n-1)$로 나누어 주면 종속변수의 분산에 대한 불편추정치가 구해진다. 두 불편추정값을 사용하여 다음과 같이 수정결정계수(adjusted 또는 corrected coefficient of determination)를 정의한다.

$$\overline{R^2} = 1 - \frac{SSE/(n-K-1)}{SST/(n-1)}$$

앞의 수입분석모형에서

$$n = 23,\ K = 2,\ SSE = 3,604.3780,\ \ SST = 48,440.7019$$

이므로 수정결정계수는

$$\overline{R^2} = 1 - \frac{3,604.3780/20}{48,440.7019/22} = 0.9182$$

가 된다. 이 경우에서는 R^2 값과 큰 차를 보이지 않지만 표본수에 대한 독립변수 수의 비율이 클수록 조정량이 커지게 되므로 결정계수값과 수정결정계수값의 차이는 벌어진다.

제 5 절 회귀모수의 신뢰구간과 가설검정

지금까지는 모회귀모형 모수의 점추정에 대해 집중적으로 다루었으나, 본 절에서는 구간추정으로 확대하여 앞에서 얻은 결과를 신뢰구간과 가설검정에 이용하여 보기로 하자. 앞의 컴퓨터 결과에서 추정된 계수의 표준오차는 아래와 같았다.

$$s_a = 20.1637, \quad s_{b_1} = 0.5380, \quad s_{b_2} = 0.0674$$

회귀모형의 추정결과는 방정식으로 나타내며, 계수의 추정치 밑에 표준편차를 포함시키고 또한 결정계수나 수정결정계수를 추가하는 것이 통례다. 따라서 수입모형은 다음과 같다.

$$\begin{aligned} y = \ & 6.3231 + 4.6984\,x_1 - 0.1189\,x_2, \qquad R^2 = 0.9256 \\ & (20.1637)\ (0.5380)\ \ (0.0674) \end{aligned}$$

회귀분석에서 모오차항 ϵ_i는 정규분포를 따른다고 가정하고 이 가정에 근거를 둔 추론을 한다. 그러나 오차항의 분포가 정규성에서 다소 벗어난다 해도 중심극한정리에 의해 신뢰구간이나 가설검정은 별다른 영향을 받지 않는다. 종속변수에 영향을 미치는 요인은 많지만 모회귀모형에는 중요한 요인들만 독립변수로 고려되므로 그 외의 요인들이 종속변수에 미치는 총영향력은 오차항에 포함된다. 개별적으로는 이 요인들이 큰 영향력을 발휘하지 못하나 이들의 결합효과는 무시할 수 없다. 오차항이 많은 수의 이러한 요인들의 합으로 구성되어 있으므로 분포는 중심극한정리에 의해 정규분포에 근사화되어 간다는 근거가 성립된다.

[부분회귀계수에 대한 신뢰구간]

기본가정 i ~ v가 성립되고, 오차항 ϵ_i 가 정규분포를 따른다면 변수

$$t_a = \frac{a-\alpha}{s_a}, \qquad t_{b_i} = \frac{b_i - \beta_i}{s_{b_i}}, \qquad i = 1, 2, \cdots, K$$

는 $(n-K-1)$ 자유도를 가진 t 분포를 따른다. 이때 모회귀계수 β_i 의 $100(1-\alpha)\%$ 신뢰구간은

$$b_i - t_{n-K-1,\alpha/2} s_{b_i} < \beta_i < b_i + t_{n-K-1,\alpha/2} s_{b_i}$$

로 나타나며, $t_{n-K-1,\alpha/2}$ 는

$$P(t_{n-K-1} > t_{n-K-1,\alpha/2}) = \alpha/2$$

를 만족하는 값이다.

수입모형의 추정결과

$$n = 23, b_1 = 4.6984, s_{b_1} = 0.5380, \; b_2 = -0.1189, s_{b_2} = 0.0674$$

가 얻어진다. 모수 β_1 과 β_2 의 95% 신뢰구간을 구하려면 우선 t 분포표에서

$$t_{n-K-1,\alpha/2} = t_{20,0.025} = 2.086$$

이므로 β_1 의 95%신뢰구간은

$$4.6984 - 2.086(0.5380) < \beta_1 < 4.6984 + 2.086(0.5380)$$

또는

$$3.5761 < \beta_1 < 5.8207$$

이 된다. 따라서 다른 사항은 변함이 없고 소득이 한 단위 증가할 때 예상되는

수입의 증가량은 3.5761에서 5.8207kg 사이일 확률이 95%라고 해석할 수 있다. 한편 β_2 의 95% 신뢰구간도 위의 t 값을 그대로 사용하여 다음과 같이 구한다.

$$-0.1189 - 2.086(0.0674) < \beta_2 < -0.1189 + 2.086(0.0674)$$

이므로

$$-0.2595 < \beta_2 < 0.0217$$

이 된다.

[부분회귀계수에 대한 가설검정]

모수 β_i 의 값이 어떤 특정값 β_i^0 라는 가설은 다음과 같이 검정할 수 있다. 오차 ϵ_i 는 정규분포를 따르고, 가정 i ~ v가 성립될 때 유의수준 α 에서의 검정은

i. $H_0 : \beta_i = \beta_i^0$ 또는 $H_0 : \beta_i \leq \beta_i^0$

$H_1 : \beta_i > \beta_i^0$

때

$\dfrac{b_i - \beta_i^0}{s_{b_i}} > t_{n-K-1,\alpha}$ 면 H_0 기각

ii. $H_0 : \beta_i = \beta_i^0$ 또는 $H_0 : \beta_i \geq \beta_i^0$

$H_1 : \beta_i < \beta_i^0$

때

$\dfrac{b_i - \beta_i^0}{s_{b_i}} < -t_{n-K-1,\alpha}$ 면 H_0 기각

iii. $H_0 : \beta_i = \beta_i^0$

$H_1 : \beta_i \neq \beta_i^0$

때

$\dfrac{b_i - \beta_i^0}{s_{b_i}} > t_{n-K-1,\alpha/2}$ 또는 $\dfrac{b_i - \beta_i^0}{s_{b_i}} < -t_{n-K-1,\alpha/2}$ 면 H_0 기각

모수 β_2 의 값이 0이라면 변수 X_2 에 대한 정보는 종속변수의 변화를 설명하는데 전혀 기여를 하지 않는다는 뜻이다. 앞의 수입분석의 예에서 수입가격의 변화

는 수입량의 변화에 유의한 영향을 미치지 않을 것이라는 가설을 검정하고 싶다고 하자. 이 때의 귀무가설은

$$H_0 : \beta_2 = 0$$

이 되며, 이 경우 $\beta_i^0 = 0$을 의미한다. 한편 시장원리에 의하면 가격이 상승하면 수요는 감소하고, 반대로 가격이 하락하면 수요는 증가한다. 수입량과 가격의 움직임이 서로 반대이므로 대립가설은

$$H_1 : \beta_2 < 0$$

으로 놓으며, 검정통계량은

$$\frac{b_2 - \beta_2^0}{s_{b_2}} = \frac{-0.1189 - 0}{0.0674} = -1.7641$$

이다. t 분포표에서

$$t_{20,0.05} = 1.725$$

이므로 귀무가설은 유의수준 5%에서 기각된다. 그러나 단측검정 대신 양측검정을 실시할 경우 귀무가설은 유의수준 5%에서 기각되지 않는다.

예제 12-1

다음의 중회귀모형은 지난 30분기 동안의 자료를 표본으로 음반시장의 수요를 추정한 결과이며 ( )안의 숫자는 추정계수의 표준편차를 나타낸다.

$$\begin{aligned} y = 0.70 + &4.76\,x_1 + 0.005\,x_2 - 0.72\,x_3 \\ &(0.67) \quad\;\; (0.013) \quad (0.353) \end{aligned}$$

x_3 변수를 포함시켜도 y의 변동을 설명하는데 기여하지 않는다는 가설을 기여한다는 대립가설에 대해 양측검정을 해보자. 가설

$$H_0 : \beta_3 = 0$$
$$H_1 : \beta_3 \neq 0$$

에서 검정통계량은

$$\frac{b_3 - \beta_3^0}{s_{b_3}} = \frac{-0.72}{0.353} = -2.040$$

이 되고, $n = 30$ 이므로 자유도는 $(n - K - 1) = 26$ 이다. t 분포표에서 유의수준이 $\alpha = 0.10$일 때와 $\alpha = 0.05$일 때 각각

$$t_{26,0.05} = 1.706\ , \qquad t_{26,0.025} = 2.056$$

이므로 [그림 12-4]에서 보듯이 귀무가설은 양측검정 결과 유의수준 10%에서는 기각되나 5%에서는 기각하지 못하게 된다.

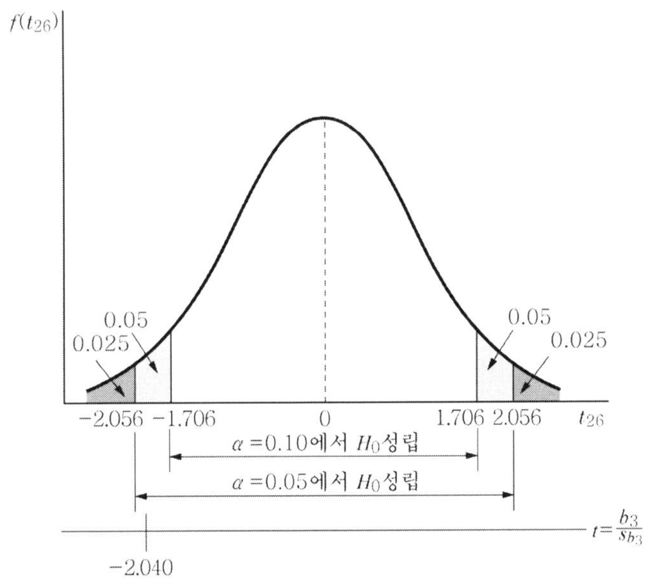

[그림 12-4] $H_0: \beta_3 = 0,\ H_1: \beta_3 \neq 0$의 양측검정시 기각영역

제 6 절 일부 또는 전체 모수에 대한 동시검정

앞에서와 같이 각 회귀모수에 대해 검정을 할 수도 있으나 둘 이상의 모수값이 동시에 0이라는 가설도 검증할 수 있다. 모형을 설정하고 분석하는 과정에서

는 일부 또는 전체 모수의 값을 명시하는 가설을 검정해야 할 경우가 있다.

모형이

$$Y_i = \alpha + \beta_1 x_{1i} + \beta_2 x_{2i} + \cdots + \beta_K x_{Ki} + \epsilon_i \tag{12.7}$$

와 같을 때 회귀계수가 모두 0이라는 다음의 귀무가설을 검정하는 것부터 시작하자. 귀무가설

$$H_0 : \beta_1 = \beta_2 = \cdots = \beta_K = 0 \tag{12.8}$$

이 성립된다면 회귀모형 (12.7)은

$$Y_i = \alpha + \epsilon_i$$

로 축소되며, 독립변수들의 값에 관계없이 종속변수의 기대값은 상수 α가 된다는 것을 의미한다. 귀무가설 (12.8)은 독립변수들이 하나의 그룹으로서 종속변수에 영향을 미치지 않는다는 뜻으로 이런 경우 회귀모형은 의미가 없게 된다.

귀무가설의 검정은 제곱합의 분해

$$SST = SSR + SSE \tag{12.9}$$

에 근거를 두고 있다. 식 (12.9)는 앞에서 설명한 바와 같이 종속변수의 총변화는 회귀모형에 의해 설명되는 변화분인 SSR과 회귀에 의해서는 설명되지 않는 변화분인 SSE로 구성되어 있다는 것을 의미한다. (12.8)의 귀무가설이 사실이라면 SSR이 SSE에 비해 상대적으로 작을 것이며, 반면 SSE에 대한 SSR의 비율이 클수록 귀무가설의 신빙성에 의심이 가게 된다.

적합한 검정통계량을 구하기 위해 각 제곱합을 각각의 자유도로 나누어 준다. SSE의 자유도는 $(n-K-1)$이고, SSR의 자유도는 $\beta_1, \beta_2, \cdots, \beta_K$라는 K개의 회귀계수가 있으므로 K가 된다. (12.8)의 귀무가설을 검정할 때 확률변수

$$F = \frac{SSR/K}{SSE/(n-K-1)} \tag{12.10}$$

는 분자의 자유도 K, 분모의 자유도 $(n-K-1)$인 F분포를 따른다. 회귀제곱합이 오차제곱합에 비해 크다면 귀무가설은 신뢰할 수 없게 되고, 검정통계치가 F값보다 클 경우 가설은 기각될 것이다.

[전체 모수에 대한 검정]

회귀모형의 전체 모수에 대한 검정을 보자. 모형(12.7)에서 귀무가설이

$$H_0 : \beta_1 = \beta_2 = \cdots = \beta_K = 0$$

이고 대립가설이

$$H_1 : \text{최소 하나의 } \beta_i \neq 0$$

일 때, 유의수준이 α 라면 (12.10)에서 검정통계량이

$$\frac{SSR/K}{SSE/(n-K-1)} > F_{K,n-K-1,\alpha}$$

이면 H_0 는 기각된다. 여기에서 $F_{K,n-K-1,\alpha}$ 는

$$P(F_{K,n-K-1} > F_{K,n-K-1,\alpha}) = \alpha$$

인 수이며, 변수 $F_{K,n-K-1}$ 은 분자의 자유도 K, 분모의 자유도 $(n-K-1)$인 F분포를 따른다.

검정은 결정계수 R^2 을 이용하여 실시할 수도 있다.

$$R^2 = \frac{SSR}{SST} = 1 - \frac{SSE}{SST}$$

에서

$$\frac{R^2}{1-R^2} = \frac{SSR/SST}{SSE/SST} = \frac{SSR}{SSE}$$

이므로

$$\frac{SSR/K}{SSE/(n-K-1)} = \frac{(n-K-1)}{K} \cdot \frac{R^2}{1-R^2}$$

이 된다.

예를 들어 앞의 수입분석에서 소득과 수입가격 모두 수입량에 영향을 미치지 않는다는 가설을 검정하고 싶다고 하자. 이때 귀무가설은

$$H_0 : \beta_1 = \beta_2 = 0$$

이 되고, 검정에 필요한 정보는 다음과 같다.

$$n = 23, K = 2, \; SSE = 3{,}604.3780, SST = 48{,}440.7019$$

따라서

$$SSR = SST - SSE = 48{,}440.7019 - 3{,}604.3780 = 44{,}836.3239$$

이 되고, 검정통계량의 값

$$\frac{SSR/K}{SSE/(n-K-1)} = \frac{44{,}836.3239/2}{3{,}604.3780/20} = 124.3941$$

을 얻게 된다. F분포표에서 $\alpha = 0.01$ 일 때,

$$F_{K,n-K-1,\alpha} = F_{2,20,0.01} = 5.85$$

가 되므로 검정통계량의 값이 더 크기 때문에 귀무가설은 1% 유의수준에서 명백히 기각된다.

예제 12-2

$n = 31$ 의 표본을 $K = 4$ 의 독립변수를 사용하여 모형을 추정한 결과 $R^2 = 0.72$ 를 얻게 되었다. 이 네 변수의 계수들이 모두 종속변수의 변동에 영향을 미치지 않는다는 가설을 검정하고 싶다.

문제에서 검정에 필요한 정보는

$$n = 31, \qquad K = 4, \qquad R^2 = 0.72$$

와 같이 요약되고, 귀무가설은 아래와 같다.

$$H_0 : \beta_1 = \beta_2 = \beta_3 = \beta_4 = 0$$

검정통계량은

$$\frac{(n-K-1)}{K} \cdot \frac{R^2}{1-R^2} = \frac{26}{4} \cdot \frac{0.72}{1-0.72} = 16.7$$

의 값을 가지므로 F분포표에서

$$F_{K,n-K-1,\alpha} = F_{4,26,0.01} = 4.14$$

와 비교하면 1% 유의수준에서 H_0 는 기각된다.

지금까지는 개별 회귀모수나 또는 전체 회귀모수에 대한 가설을 검정하였다. 마찬가지로 모수들의 부분집합에 대한 가설검정 역시 가능하다. 예를 들어, K개의 독립변수 중 첫 l개의 계수가 0일 가능성에 관심이 있다고 하자. 독립변수들을 $X_1, X_2, \cdots, X_l,\ X_{l+1},\ \cdots,\ X_K$ 라고 표시하면 회귀모형은

$$Y_i = \alpha + \beta_1 x_{1i} + \beta_2 x_{2i} + \cdots + \beta_l x_{li} + \beta_{l+1} x_{l+1,i} + \cdots + \beta_K x_{Ki} + \epsilon_i \qquad (12.11)$$

가 되고, 이 때 검정될 귀무가설은

$$H_0 : \beta_1 = \beta_2 = \cdots = \beta_l = 0$$

이 된다.

이는 변수$X_1,\ X_2,\ \cdots,\ X_l$ 이 모형에 함께 추가되어 종속변수의 변화를 설명하는 데는 기여하지 못한다는 것을 의미한다. 따라서 이 가설은 종속변수 Y를 $X_{l+1}, \cdots, X_K$ 만의 함수로 다시 추정함으로써 검정된다. 즉

$$Y_i = \alpha^* + \beta^*_{l+1} x_{l+1,i} + \cdots + \beta^*_K x_{K,i} + \epsilon^*_i \qquad (12.12)$$

에서 귀무가설 H_0 가 성립된다면 (12.11)의 오차제곱합 SSE가 (12.12)의 오차제곱합 SSE^*와 별로 다르지 않을 것이다. 따라서 검정은 아래와 같이 두 SSE 간의 차이에 근거를 두며, 만약 아래와 같은 조건이 만족된다면 H_0 는 기각된다.

$$\frac{(SSE^* - SSE)/l}{SSE/(n-K-1)} > F_{l,n-K-1,\alpha}$$

예제 12-3

전국에서 20개 할인매장을 운영하는 대형 유통회사의 본부 경영진은 판촉비 지출이 매상고에 많은 영향을 주는 것으로 생각되어 20년의 관측값으로 선형회귀모형을 추정해 보았다. 종속변수는 매장당 평균매상액이고, 독립변수는 평균선전비이며, 이 단순회귀직선의 오차제곱합은 SSE^* =88.27이다. 경영진의 의뢰를

받은 어느 유통문제 전문가는 두 가지 다른 요인이 매상에 영향을 준다고 주장했다. 조언에 따라 독립변수로서 지역 실업률과 지역내의 경쟁매장수를 추가하여 중회귀모형을 추정하였다. 중회귀모형의 오차제곱합은 $SSE = 76.83$이었다. 실업율과 경쟁매장의 수가 매상고의 변동을 설명하는데 기여하지 않는다는 가설을 검정하라.

회귀모형은

$$Y_i = \alpha + \beta_1 x_{1i} + \beta_2 x_{2i} + \beta_3 x_{3i} + \epsilon_i$$

이고, 포함된 변수는 아래와 같이 정의된다.

Y : 매장당 연평균 매상고

x_1 : 연간 실업률

x_2 : 연간 경쟁매장의 수

x_3 : 연평균 판촉비

검정될 귀무가설은

$$H_0 : \beta_1 = \beta_2 = 0$$

이 되고, 문제를 요약하면

$$n = 20, l = 2, \ K = 3, SSE^* = 88.27, SSE = 76.83$$

이 얻어지므로 검정통계량은

$$\frac{(SSE^* - SSE)/l}{SSE/(n-K-1)} = \frac{(88.27 - 76.83)/2}{76.83/16} = 1.19$$

로 계산된다. F분포표에서 $\alpha = 0.05$일 때

$$F_{l,n-K-1,\alpha} = F_{2,16,0.05} = 3.63$$

이므로 귀무가설은 5% 유의수준에서 기각되지 않는다. 따라서 실업율과 경쟁매장수가 매상고에 영향을 주지 않는다고 할 수 있다.

제7절 예 측

중회귀모형은 각 독립변수가 특정값을 갖는 경우, 종속변수의 값을 예측하는데도 사용된다. K개의 독립변수가 값 $x_{1,n+1}$, $x_{2,n+1}$, $\cdots$, $x_{K,n+1}$을 가질 때 종속변수의 값은

$$Y_{n+1} = \alpha + \beta_1 x_{1,n+1} + \beta_2 x_{2,n+1} + \cdots + \beta_K x_{K,n+1} + \epsilon_{n+1} \qquad (12.13)$$

이 된다. 이때, ϵ_{n+1}은 평균값이 0인 확률변수이다. Y_{n+1}이 실제 취하게 되는 값을 예측하기 위해서는 미지의 모수 $\alpha, \beta_1, \beta_2, \cdots, \beta_K$ 를 최소제곱추정치 $a, b_1, b_2, \cdots, b_K$로, 또 변수 ϵ_{n+1}을 기대치 0으로 대체시켜야 한다.

중회귀모형을 사용하여 예측하는 과정을 요약하면 다음과 같다. 모회귀모형이

$$Y_i = \alpha + \beta_1 x_{1i} + \beta_2 x_{2i} + \cdots + \beta_K x_{Ki} + \epsilon_i\,,\ i = 1, 2, \cdots, n+1$$

와 같고, 회귀모형의 기본가정이 유지된다고 하자. 그리고 a, b_1, $b_2, \cdots, b_K$가 $(x_{11}, x_{21}, \cdots, x_{K1}, y_1)$, $(x_{12}, x_{22}, \cdots, x_{K2}, y_2)$, $\cdots$, $(x_{1n}, x_{2n}, \cdots, x_{Kn}, y_n)$의 자료로 추정한 $\alpha, \beta_1, \beta_2, \cdots, \beta_K$ 의 최소제곱추정치라고 하자. 이때 $x_{1,n+1}, x_{2,n+1}, \cdots, x_{K,n+1}$이 주어지면 Y_{n+1}의 최량선형불편예측량은 가우스-마코브 정리에 의해 아래와 같다.

$$\widehat{Y_{n+1}} = a + b_1 x_{1,n+1} + b_2 x_{2,n+1} + \cdots + b_K x_{K,n+1}$$

앞의 수입분석에서 소득이 26, 수입가격이 115가 되는 해의 수입량을 예측하고 싶다고 하자. 이때

$$x_{1,n+1} = 26\,, \qquad x_{2,n+1} = 115$$

가 된다. 앞에서 구한

$$a = 6.3231\,, \quad b_1 = 4.6984\,, \quad b_2 = -0.1189$$

를 이용하면 수입량의 적정 점예측량

$$\begin{aligned}\widehat{Y_{n+1}} &= a + b_1 x_{1,n+1} + b_2 x_{2,n+1} \\ &= 6.3231 + 4.6984(26) - 0.1189(115) \\ &= 114.808\end{aligned}$$

이 계산된다. 따라서 $x_1 = 26, x_2 = 115$인 해에 y의 값은 114.808로 예측된다.

엑 셀 활 용

[표 12-1]의 소득, 수입가격, 수입량 자료를 이용하여 중회귀분석을 해보자.

1. 다음과 같이 자료를 입력하고, 메뉴 표시줄에서 [데이터]-[데이터 분석]을 선택하면 [통계 데이터 분석]대화상자가 나타나는데, 여기에서 "회귀분석"을 선택한다.

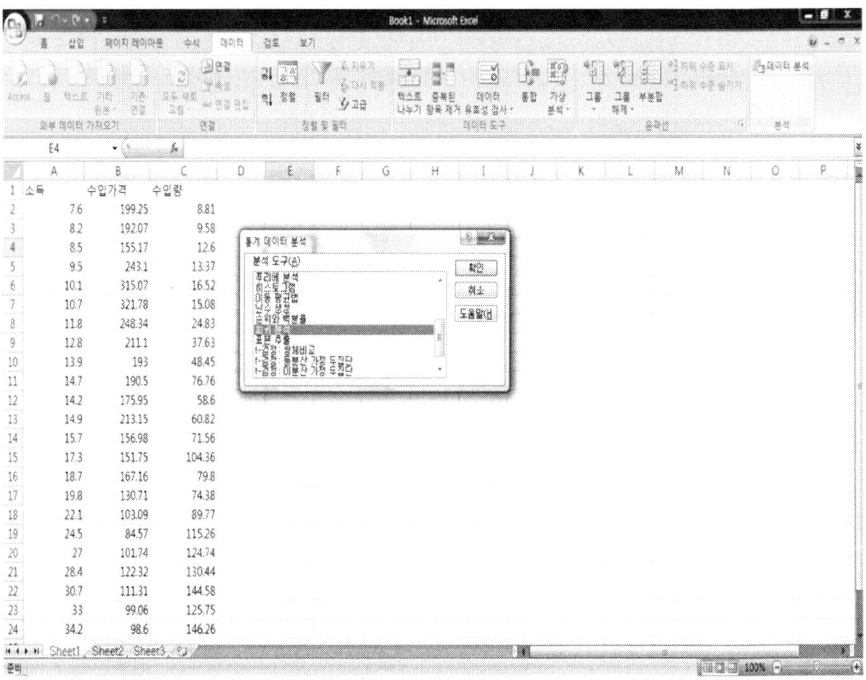

2. [확인]을 누르면 [회귀분석] 대화상자가 나타난다. "Y축 입력 범위"에는 종속변수인 수입량의 범위인 셀 $C$1:$C$24를, "X축 입력 범위"에는 독립변수인 소득과 수입가격의 범위인 셀 $A$1:$B$24를 마우스로 드래그하여 지정한다. 첫 행의 값에 변수의 이름이 입력되어 있으므로 "이름표"를 선택하고, "신뢰수준"은 95%로 지정한다. 출력옵션은 "새로운 워크시트"를 선택한다.

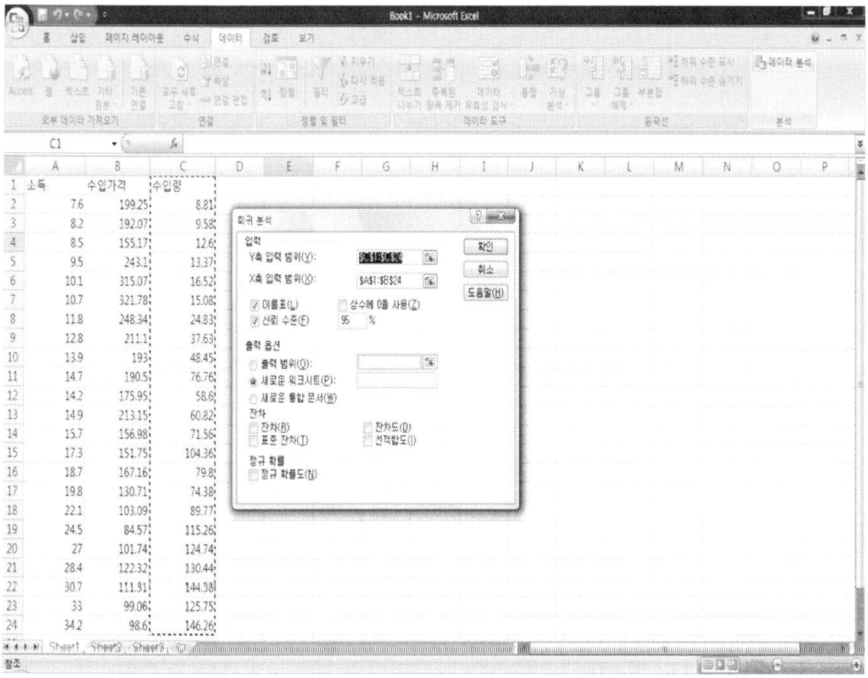

3. [확인]을 누르면 다음과 같이 새로운 워크시트에 소득과 수입가격, 수입량에 대한 중회귀분석 결과가 나타난다.

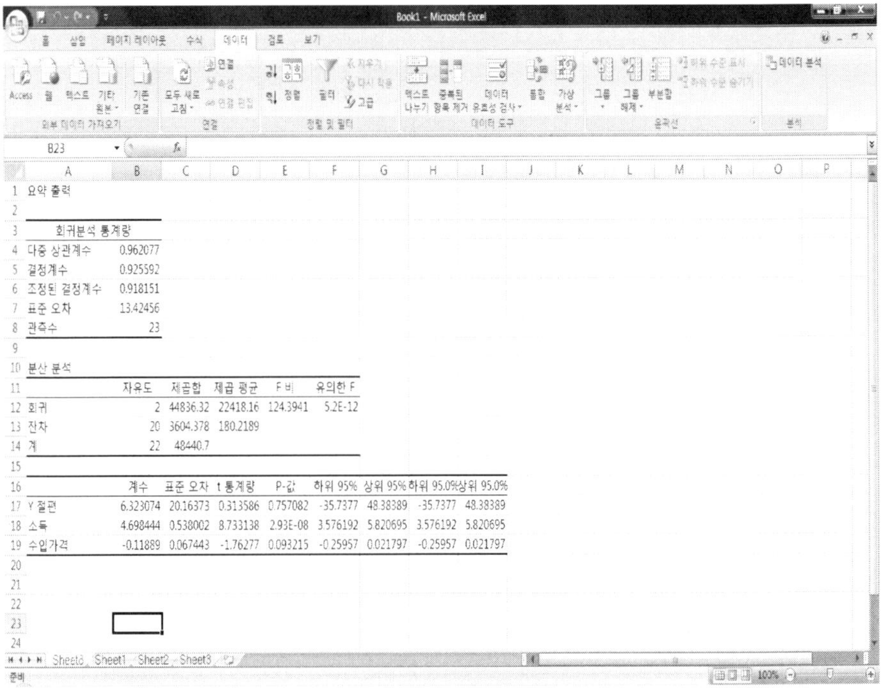

요약 출력

회귀분석 통계량	
다중 상관계수	0.962077
결정계수	0.925592
조정된 결정계수	0.918151
표준 오차	13.42456
관측수	23

분산 분석

	자유도	제곱합	제곱 평균	F 비	유의한 F
회귀	2	44836.32	22418.16	124.3941	5.2E-12
잔차	20	3604.378	180.2189		
계	22	48440.7			

	계수	표준 오차	t 통계량	P-값	하위 95%	상위 95%	하위 95.0%	상위 95.0%
Y 절편	6.323074	20.16373	0.313586	0.757082	-35.7377	48.38389	-35.7377	48.38389
소득	4.698444	0.538002	8.733138	2.93E-08	3.576192	5.820695	3.576192	5.820695
수입가격	-0.11889	0.067443	-1.76277	0.093215	-0.25957	0.021797	-0.25957	0.021797

연 습 문 제

12.1 비행기 승객수를 설명하기 위한 모형이 아래와 같이 추정되었을 때 모형을 해석하라.

$$y = 2.38 - 0.82x_1 + 12.65x_2 + 4.90x_3$$

y : 탑승객수
x_1 : 항공권가격(1,000원)
x_2 : 연료가격(1,000원/ ℓ)
x_3 : 비행거리(시간)

12.2 어느 백화점에서 지난 25개월간의 이윤변동을 설명하기 위한 모형의 추정결과가 아래와 같다.

$$y = -5.32 + 0.03x_1 + 0.12x_2 + 0.6x_3$$

y : 이윤(100만원)
x_1 : 식품판매고(1,000만원)
x_2 : 비식품판매고(1,000만원)
x_3 : 매장규모(10㎡)

총제곱합과 회귀제곱합이 각각 아래와 같을 때 물음에 답하라.

$SST = 656.98$, $SSR = 610.48$

(1) 결정계수를 구하ㄱ 해석하라
(2) 수정결정계수를 구하고 결정계수와 비교하여 본 후 그 차이가 주는 의미를 해석하라.

12.3 아래의 중회귀모형에서 β_3의 90%와 95% 신뢰구간을 구하고 이를 해석하라.

$$y = -12.860 + \underset{(0.004)}{0.035x_1} + \underset{(7.278)}{15.867x_2} + \underset{(3.082)}{7.653x_3}$$

모형은 19개의 관측값을 표본으로 하여 최소제곱추정법을 사용하였으며, ( ) 안의 숫자는 추정계수의 표준오차이다.

12.4 31개의 표본으로 추정된 모형이

$$y = 0.81 + 4.76x_1 + 0.0045x_2 - 0.75x_3 + 0.013x_4, \quad R^2 = 0.84$$
$$(0.661) \quad (0.013) \quad (0.362) \quad (0.0115)$$

와 같을 때, 4개의 독립변수가 모두 종속변수의 변화에 영향을 미치지 못한다는 가설을 검정하라.

12.5 다음의 중회귀 모형에서

$$y = 1.565 + 0.237x_1 - 0.000249x_2$$

$$n = 25,\ SSE = 0.0623,\ SST = 0.4640,\ s_{b_1} = 0.0555,\ s_{b_2} = 0.000032$$

(1) 결정계수와 수정결정계수를 구하라.

(2) β_1과 β_2의 99%신뢰구간을 구하라.

(3) $H_0: \beta_1 = 0, \quad H_1: \beta_1 > 0$과 $H_0: \beta_2 = 0, \quad H_1: \beta_2 < 0$의 가설을 $\alpha = 0.01$에서 검정하라.

(4) $H_0: \beta_1 = \beta_2 = 0$을 $\alpha = 0.01$에서 검정하고 싶다. 이때 H_1은 무엇이 되겠으며, 검정결과는 어떠한가?

(5) $x_1 = 4.50,\ x_2 = 9000$일 때 y의 값을 예측하라.

12.6 아래의 모형에 대해 물음에 답하라.

$$y = -40 + 0.20x_1 - 0.10x_2, \quad \overline{R^2} = 0.96, \quad n = 19$$
$$(0.009) \quad (0.084)$$

( )안의 숫자는 계수 추정치의 표준오차

(1) β_1의 95% 신뢰구간을 구하라.

(2) $H_0: \beta_2 = 0, \quad H_1: \beta_2 < 0$을 $\alpha = 0.01$에서 검정하라.

12.7 다음을 증명하라.

(1) $\overline{R^2} = \dfrac{(n-1)R^2 - K}{n-K-1}$

(2) $R^2 = \dfrac{(n-K-1)\overline{R^2} + K}{n-1}$

12.8 $Y_i = \alpha + \beta_1 x_{1i} + \beta_2 x_{2i} + \epsilon_i$를 48개의 관측치로 추정한 결과, $b_1 = 0.057$, $b_2 = -0.065$, $\overline{R^2} = 0.463$를 얻었다. $H_0: \beta_1 = \beta_2 = 0$을 검정하라.

제 13 장

회귀모형의 설정과 추정상의 문제점

제11장과 제12장에서는 단순회귀모형과 중회귀모형을 통해 종속변수와 독립변수와의 관계를 설명하는 방법에 대해 알아보았다. 이 과정에서 같은 종속변수를 설명하는데도 두 모형이 모두 사용될 수 있으며, 모형에 포함될 독립변수의 선택에도 융통성이 있다는 것을 알 수 있었다. 회귀방정식을 설정하고 실제 자료를 이용하여 추정하는 데는 다양한 표기가 가능하지만 이에 따라 여러 가지 문제점이 발생할 수 있다. 이 장에서는 실제로 모형을 설계하는 과정에서 발생하는 몇 가지 문제점들을 살펴보기로 하자.

제 1 절 모형설정의 방법론

복잡한 현실세계에서 서로 영향을 주고받는 변수들의 관계를 방정식의 형태로 정확히 나타내기는 어렵다. 그러나 이러한 복잡한 관계를 현실에 가깝도록 표현하여, 관심의 대상이 되는 중요한 변수들간의 상호관계를 파악할 수 있을 만큼 단순한 함수의 형태로 모형을 설계하는 것은 가능하다. 통계모형의 설계과정에 대해 차례로 살펴보자.

1. 모형의 표기

모형설계는 가능하면 정확한 표현을 할 수 있는 모형의 표기에서부터 시작한다. 관심의 대상이 되는 종속변수에 영향을 주는 변수들을 모두 독립변수로서 모형에 포함시킨다는 것은 불가능하므로 중요한 변수들만을 고려한다. 종속변수의 기대치와 독립변수가 취하는 값 사이의 선형관계가 모형의 기본형식이지만 여기에서 유의할 점은 모형에 포함되는 변수들의 속성에 대한 가정도 모형표기의 한 부분이라는 것이다. 예를 들어 지금까지 오차항들은 모두 동일한 분산을 갖고 서로 상관관계가 없다고 가정해 왔다. 추정된 회귀방정식으로 가능한 통계적 추론이 유효성과 타당성을 갖추기 위해서는 이러한 기본가정들이 필요하다.

2. 추정

모형에 포함될 독립변수들이 결정되면 각 독립변수가 종속변수에 미치는 영향력을 추정해야 한다. 다중회귀모형이

$$Y_i = \alpha + \beta_1 x_{1i} + \beta_2 x_{2i} + \cdots + \beta_K x_{Ki} + \epsilon_i \qquad (13.1)$$

와 같이 표현될 때 우변의 각 독립변수와 좌변의 종속변수 사이의 관계는 절편 α와 각 독립변수들의 모수인 $\beta_1, \beta_2, \cdots, \beta_K$를 추정함으로써 파악된다. 따라서 이러한 모수들을 추정하기 위해 모든 변수들의 관측값이 자료로 사용된다. 그러나 만약 식 (13.1)의 오차항 ϵ_i에 대한 기본가정이 성립되지 않는 경우 최소제곱추정량은 비효율적일 수 있다.

3. 모형의 입증

변수들의 관계를 방정식으로 나타내면 현실을 간단하게 설명할 수 있지만 추정된 결과, 모형이 현실을 나타내지 못하는 경우가 있다. 회귀방정식을 추정한

후 추정값들이 현실을 반영하지 못하는 경우, 특히 추정된 어느 계수의 부호가 현실과 반대로 나타나고, 또 그 계수가 0이라는 귀무가설이 기각되어 통계적으로 유의하게 나타난다면 문제는 심각해진다. 이러한 현상의 원인은 모형의 잘못된 표기에 의한 것으로 중요한 독립변수가 누락되었는지, 또 함수의 형태가 적절한지 등을 검토해야 할 것이다. 따라서 모형의 타당성을 확인하는 과정이 매우 중요하다.

또 다른 원인은 오차항에 기인한 것으로 위에서 언급한 바와 같이 각 오차항은 동일분산을 가지고 서로 상관되어 있지 않다는 가정에 부합해야 한다. 후에 이 가정들이 어떻게 검토될 수 있는가를 살펴보도록 하겠다.

모형의 타당성이 입증되지 않으면 모형의 표기를 수정해야 하므로 다시 첫 단계로 되돌아가게 된다. 따라서 모형의 설정은 표기, 추정, 입증의 반복과정으로 생각할 수 있으며, 적절한 모형이 구해질 때까지 이 과정을 되풀이한다.

4. 해석과 추론

적절한 모형이 설정되면 연구의 목적에 맞게 모수의 신뢰구간이나 가설검정, 또 종속변수값의 예측 등을 실시한다. 모든 통계적 추론은 모형의 표기에 근거를 두므로 만약 표기오류가 심각하다면 추론은 가치가 없게 된다.

제 2 절 가변수

중회귀모형은 수치를 갖지 않는 질적인 변수의 효과를 분석하는데 사용될 수 있다. 이러한 변수가 종속변수에 중대한 영향을 미치는 경우가 종종 발생한다. 예를 들어 노동쟁의로 인해 일정기간 동안 생산량에 차질을 가져오는 경우, 어느 상품의 소비량이 계절에 따라 증감폭이 심한 경우, 수입통제 때와 개방 때의 수입량이 다른 경우 등이 있다. 이러한 노동쟁의, 계절성, 또 수입정책의 변화는 당연히 종속변수의 값에 영향을 주는 요인들이다. 종속변수의 변동을 설명하기 위해 독립변수로서 모형에 고려되는 이러한 질적인 변수들을 가변수(dummy variable)라고 한다.

가변수의 개념을 이해하기 위한 예를 들어보자. 정부의 조세수입(Y)은 수출액(x_1)과 1인당 소득(x_2)에 달려 있다고 알려져 있다. 그러나 조세수입은 자유무역지대, 공동시장, 관세협약 등과 같은 어떠한 형태의 경제통합에 참여한 나라가 그렇지 않은 나라보다 더 낮은 것으로 평가되고 있다. 참여여부의 효과를 따로 검토하기 위해 또 하나의 독립변수 x_3 를 추가하여 경제통합에 참여한 나라에게는 값 1, 참여하지 않는 나라에 대해서는 0의 값을 주면 회귀모형은

$$Y_i = \alpha + \beta_1 x_{1i} + \beta_2 x_{2i} + \beta_3 x_{3i} + \epsilon_i \tag{13.2}$$

가 된다. 여기서 Y_i 는 국가 i 의 조세수입, x_{1i} 는 국가 i 의 수출액, x_{2i} 는 국가 i 의 1인당 소득, 또 x_{3i} 는 국가 i 의 참여여부를 나타내는 가변수로 1과 0의 값을 갖는다.

β_1 과 β_2 에 대한 해석은 앞에서와 동일하지만 가변수는 두 가지의미를 갖고 있으므로 β_3 에 대한 해석은 주의를 요한다. 경제통합에 참여한 나라는 x_{3i} 가 1의 값을 갖게 되므로 식 (13.2)는

$$Y_i = \alpha + \beta_1 x_{1i} + \beta_2 x_{2i} + \beta_3 + \epsilon_i \tag{13.3}$$

가 되는 반면 그렇지 않은 나라에 대해서는 x_{3i} 가 0의 값을 갖게 되므로

$$Y_i = \alpha + \beta_1 x_{1i} + \beta_2 x_{2i} + \epsilon_i \tag{13.4}$$

가 된다. 따라서 수입과 소득의 값을 고정시키면 β_3 은 가입국과 비가입국 조세수입의 기대치간 차이이다.

x_3 을 제외한 모든 변수들의 단위를 미화(\$)로 환산한 43개 개발도상국의 자료를 최소제곱법으로 추정한 결과, 아래와 같은 식을 얻었다.

$$\begin{aligned} y = 9.188 + \underset{(0.061)}{0.135\,x_1} + \underset{(0.00272)}{0.00286\,x_2} - \underset{(1.412)}{3.664\,x_3} \end{aligned}$$

추정결과에 의해 다른 여건이 동일할 때 조세수입의 기대치는 가입국이 비가

입국보다 3.664만큼 낮게 나타났음을 알 수 있다. x_2를 고정시키고 Y와 x_1과의 추정결과를 보면 다음 [그림 13-1]과 같이 두 개의 평행선으로 나타난다.

①은 비가입국의 경우로 식 (13.4)에, ②는 가입국의 경우로 (13.3)에 해당한다. x_3은 가입여부에 따라 1과 0의 값을 가지므로 추정결과에 의해 값이 1일 때 절편이 3.664만큼 하락하여 a_1과 a_2의 차가 3.664가 된다는 것을 알 수 있다.

가변수가 모형에 포함될 때 모수의 신뢰구간과 가설검정도 앞에서와 동일하게 구해진다. 모형 (13.2)에서 가변수의 효과, 즉 가입여부가 종속변수의 변동에 영향을 미치는가를 보기 위해 가설검정을 실시해 보자. 귀무가설은

$$H_0 : \beta_3 = 0$$

로 조세수입의 기대치는 가입국과 비가입국이 같다는 의미이다. 대립가설

$$H_0 : \beta_3 < 0$$

은 추정결과에 의해 가입국의 경우 기대되는 조세수입이 더 낮다는 의미이다. 추정계수와 표준오차의 비율은

$$\frac{b_3}{s_{b_3}} = \frac{-3.664}{1.412} = -2.595$$

로 얻어지고

$$n = 43, \qquad K = 3$$

이므로 t 분포표에서

$$-t_{n-k-1,\alpha} = -t_{39,0.01} \approx -2.423$$

이 된다. 따라서 귀무가설은 1% 유의수준에서 기각되므로, 비가맹국이 가맹국보다 조세수입이 더 높다고 할 수 있다.

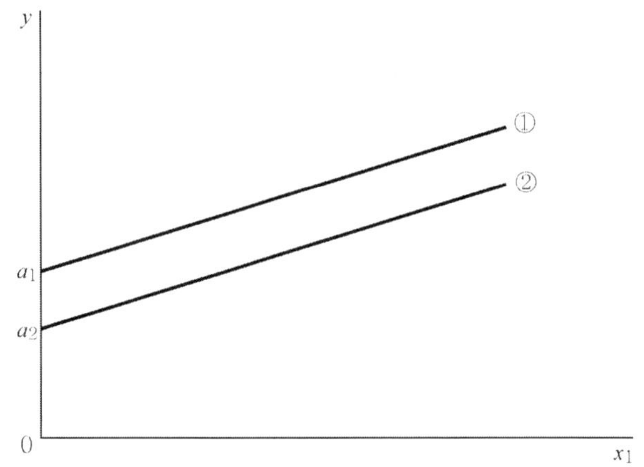

[그림 13-1] 조세수입과 수출액 사이의 추정관계

제 3 절 시차종속변수

자료는 연간자료, 분기 자료, 월간자료, 주간자료, 일간자료 등과 같이 시간의 개념을 포함하고 있는 경우가 많다. 이와 같이 시간이 흐름에 따라 관측되는 자료를 시계열자료(time series data)라고 한다. 이제 시간의 개념을 모형에 도입시켜 보기 위해 지금까지 사용된 첨자 i 대신에 시간을 나타내는 t를 사용하기로 하자. 이 때 회귀모형은 아래와 같이 종속변수의 값이 같은 기간의 독립변수들의 값에 의해 영향을 받는다는 형식으로 나타낸다.

$$Y_t = \alpha + \beta_1 x_{1t} + \beta_2 x_{2t} + \cdots + \beta_K x_{Kt} + \epsilon_t \qquad (13.5)$$

(13.5)의 모형과 같은 형식에서 기간 t 때 종속변수의 값 Y_t가 전 기간의 값 Y_{t-1}에 영향을 받는 경우가 발생하기도 한다. 이러한 전 기간의 종속변수의 값 Y_{t-1}을 시차종속변수(lagged dependent variable)라고 한다.

시차종속변수를 추가하여 종속변수 Y와 K개의 독립변수 $x_1, x_2, \cdots, x_K$를 연관시켜 주는 다음의 회귀모형을 고려해 보자.

$$Y_t = \alpha + \beta_1 x_{1t} + \beta_2 x_{2t} + \cdots + \beta_K x_{Kt} + \gamma Y_{t-1} + \epsilon_t$$

이렇게 시차종속변수가 포함되면 모형내에 종속변수의 조정과정이 고려되므로 모형이 더욱 현실적이고 또한 유용하게 쓰일 수 있다. $\alpha, \beta_1, \beta_2, \cdots, \beta_K, \gamma$ 는 앞에서와 같이 최소제곱법으로 추정할 수 있으며, 구해진 모형의 계수는 다음과 같이 해석된다. 기간 t 에 모든 다른 독립변수들이 현 수준에 고정되어 있고 독립변수 x_j 만이 한 단위 증가할 때 예상되는 종속변수의 증가량은

기간 t 에 β_j,

기간 $(t+1)$ 에 $\beta_j \gamma$,

기간 $(t+2)$ 에 $\beta_j \gamma^2$,

기간 $(t+3)$ 에 $\beta_j \gamma^3$,

⋮

와 같이 계속되며, 장기적으로 예상되는 총 증가량은 $\beta_j / (1-\gamma)$ 가 된다.

회귀모수에 대한 신뢰구간과 가설검정역시 앞에서와 같은 방식으로 구할 수 있다. 회귀방정식이 시차종속변수를 포함할 때 이 방식은 엄밀히 말해 단지 근사적으로만 유효하며, 표본관측값의 수가 증가할수록 근사화수준은 점점 향상된다.

모형에 시차종속변수가 포함될 때 회귀추정값을 해석하고 추론하는 방법을 이해하기 위해 앞의 단순회귀모형의 예를 다시 보자. [표 11-2]에 제시된 1인당 소득(x)과 1인당 수입량(y)의 23년치 연간자료를 이용하여 추정한 모형은 소득이 증가함에 따라 수입량도 증가해 왔다는 결과를 제시해 주고 있다. 그러나 소득의 증가가 일시에 상품 수입의 증가를 가져오고 그 인과관계가 같은 기간에 모두 이루어진다고 간주하는 것은 비현실적이다. 수입변화의 영향은 현실적으로 그 기간내에 끝나는 것이 아니라 재고 및 저장을 통해 여러 기간에 걸쳐 지속되므로 기간 사이의 조정과정을 고려하기 위해 전년도의 수입량을 모형에 포함시킨다. 따라서 금년 수입량(Y_t)은 금년의 소득(x_t)과 작년도 수입량(Y_{t-1})에 의존한다고 보고 동일한 자료를 사용하여 다음과 같이 모형을 설정한다.

$$Y_t = \alpha + \beta x_t + \gamma Y_{t-1} + \epsilon_t$$

이 때 Y_{t-1} 은 단순히 또 하나의 독립변수로 간주하며, 최소제곱법으로 추정한다. [표 13-1]은 [표 11-2]에 시차종속변수 Y_{t-1} 의 자료를 추가한 것이며,

[그림 13-2]에는 SAS 출력결과가 제시되어 있다.

[표 13-1] 소득 (x_t), 수입량(y_t), 전 기간의 수입량 (y_{t-1})의 연간 자료

연도	x_t	y_t	y_{t-1}	연도	x_t	y_t	y_{t-1}
2	8.2	9.58	8.81	13	15.7	71.56	60.82
3	8.5	12.60	9.58	14	17.3	104.36	71.56
4	9.5	13.37	12.60	15	18.7	79.80	104.36
5	10.1	16.52	13.37	16	19.8	74.38	79.80
6	10.7	15.08	16.52	17	22.1	89.77	74.38
7	11.8	24.83	15.08	18	24.5	115.26	89.77
8	12.8	37.63	24.83	19	27.0	124.74	115.26
9	13.9	48.45	37.63	20	28.4	130.44	124.74
10	14.7	76.76	48.45	21	30.7	144.58	130.44
11	14.2	58.60	76.76	22	33.0	125.75	144.58
12	14.9	60.82	58.60	23	34.2	146.26	125.75

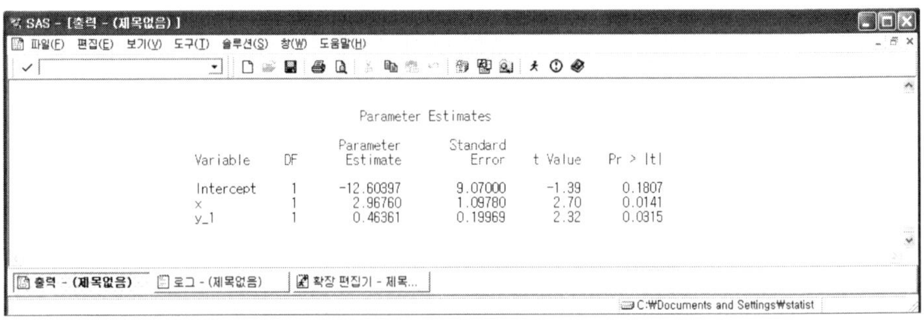

[그림 13-2] 추정결과의 SAS 출력문

[그림 13-2]의 추정결과를 식으로 표현하면 아래와 같고, 여기에서 ( )안의 숫자는 추정된 표준오차이다.

$$\underset{}{y_t} = \underset{(9.0700)}{-12.6040} + \underset{(1.0978)}{2.9676\,x_t} + \underset{(0.1997)}{0.4636\,y_{t-1}} \tag{13.6}$$

시차종속변수가 포함된 모형에서는 결정계수 R^2에 관한 해석에 주의해야 한다. 많은 시계열은 시간에 따라 완만히 진척되는 경향을 보이므로 시차종속변수가 회귀모형에 포함되면 모형의 설명력이 과대평가 될 가능성이 있다는 것을 충분히 예상할 수 있다. 따라서 R^2 값이 높다고 하더라도 이 경우 반드시 소득과 수입량간의 밀접한 관계를 나타낸다고 볼 수 없다.

추정된 회귀식 (13.6)에 대한 해석은 다음과 같다. 소득이 금년 한 단위 증가한다고 가정하면 기대되는 수입량은

금년 : 2.9676 단위

다음해 : $0.4636(2.9676) = 1.3758$ 단위

2년 후 : $(0.4636)^2(2.9676) = 0.6378$ 단위

⋮

와 같다. 소득의 증가에 의해 유발되는 수입의 증가는 같은 기간뿐만 아니라 다음해, 2년 후, … 등으로 그 여파가 지속되며 장기적 총수입증가량은

$$\frac{2.9676}{1-0.4636} = 5.5324 \text{ 단위}$$

가 될 것으로 기대된다.

회귀모수의 신뢰구간을 구하거나 가설검정을 하는 과정은 앞과 동일하다고 언급한 바 있다. x_t 의 계수 β 의 95% 신뢰구간을 구해 보자. 식 (13.6)에서

$$b = 2.9676, \quad s_b = 1.0978, \quad n = 22, \quad K = 2$$

이고, t 분포표에서

$$t_{n-k-1,\alpha/2} = t_{19,0.025} = 2.093$$

이 구해진다. 따라서 β 의 95% 신뢰구간은

$$b - t_{n-K-1,\alpha/2}\, s_b < \beta < b + t_{n-K-1,\alpha/2}\, s_b$$

에 의해

$$2.9676 - 2.093(1.0978) < \beta < 2.9676 + 2.093(1.0978)$$

이 되므로 다음과 같다.

$$0.6699 < \beta < 5.2653$$

마지막으로 시차종속변수의 계수 γ 가 0이라는 귀무가설을 검정해 보자.

$$H_0:\ \gamma = 0$$

은 소득의 증가가 같은 기간에만 영향을 미칠 뿐 그 후에는 영향을 미치지 않는다는 의미이다. 식 (13.6)에서 알 수 있듯이 소득증가의 여파는 계속될 것으로 예상되므로 대립가설은

$$H_0:\ \gamma > 0$$

으로 설정한다. 식 (13.6)에서

$$\hat{\gamma} = 0.4636, \quad s_{\hat{\gamma}} = 0.1997$$

이므로 검정통계량을 계산하면

$$\frac{\hat{\gamma}}{s_{\hat{\gamma}}} = \frac{0.4636}{0.1997} = 2.3215$$

가 된다. t 분포표에서

$$t_{19,0.05} = 1.729$$

이므로 귀무가설은 5% 유의수준에서 기각된다. 따라서 소득의 증가는 같은 기간뿐만 아니라 그 이후에도 영향을 준다고 할 수 있으므로 시차종속변수가 모형에 포함되는 것이 바람직하다고 할 수 있다.

제4절 표기오류

현실세계를 하나의 모형으로 단순하게 설명할 수 있다는 것은 회귀분석의 큰 장점이라 할 수 있으나 현실에 부합되지 않는 모형으로 통계적 추론을 할 경우 큰 오류를 범하게 된다. 여기서는 표기오류의 대표적인 유형과 그 결과에 대해 살펴보기로 하자.

회귀모형

$$Y_i = \alpha + \beta_1 x_{1i} + \beta_2 x_{2i} + \cdots + \beta_K x_{Ki} + \epsilon_i$$

에서 종속변수의 변화에 유의한 영향을 미친다고 여겨지는 요인들은 $X_1, X_2,$

$\cdots, X_K$ 와 같이 독립변수로 고려되고, 그 외 사소한 요인들은 오차항 ϵ_i 에 흡수된다고 가정한다.

여기에서 유의할 점은 모형의 종속변수에 중요한 영향을 주는 요인이 독립변수에서 제외되어서는 안된다는 것이다. 중요한 독립변수가 모형에 포함되지 않는 경우 최소제곱추정량은 불편추정값을 갖지 못하게 되고, 신뢰구간이나 가설검정과 같은 통계적 추론은 사실을 크게 왜곡시키게 된다.

앞의 단순회귀모형에서 수입분석의 예를 다시 보자. 수입량(y)은 소득(x)의 함수로서

$$\underset{}{y =} \underset{(7.0820)}{-27.1694} + \underset{(0.3630)}{5.4246\,x} \qquad R^2 = 0.9140 \tag{13.7}$$

를 구한 바 있다. 만약 독립변수로 소득 대신 수입가격(x_2)을 사용한다면

$$y = \underset{(17.1766)}{167.8782} - \underset{(0.0929)}{0.5698\,x_2} \qquad R^2 = 0.6418 \tag{13.8}$$

가 구해진다. (13.7)에서 소득이 증가하면 수입량이 증가하게 되고, (13.8)에서 수입가격이 상승하면 수입량은 감소하므로 두 식이 모두 현실에 부합된다. 또한 추정계수를 표준오차와 비교할 때 소득이나 수입가격은 모두 통계적으로 유의한 변수라는 것을 알 수 있다.

단순회귀모형을 사용하여 수입의 변동을 분석할 경우 모형의 표기를 (13.7)과 같이 할 수도 있고 또는 (13.8)로 정할 수도 있다. 두 모형을 비교해 본다면 (13.7)이 $R^2 = 0.9140$으로 수입의 변화가 91%이상 설명되므로 (13.8)에 비해 상대적으로 설명력이 높다. 그러나 위의 두 식은 각기 종속변수를 설명하는 중요한 독립변수가 생략되었다고 볼 수 있다. 소득과 수입가격이 모두 수입을 설명할 수 있는 중요한 독립변수라 여겨지므로 소득 x_1 과 가격 x_2 의 두 변수를 하나의 모형에 포함시켜 추정하면 앞 장에서 구한 바와 같이

$$y = \underset{(20.1637)}{6.3231} + \underset{(0.5380)}{4.6984\,x_1} - \underset{(0.0674)}{0.1189\,x_2} \qquad R^2 = 0.9256 \tag{13.9}$$

가 된다. 두 변수가 모두 통계적으로 유의하고, 계수의 부호 또한 현실과 부합되

므로 수입의 변화에 대해 상대적으로 다각적인 설명이 가능하게 된다. 또한 $R^2 = 0.9256$을 통해 모형의 설명력이 향상되었음을 알 수 있다. 따라서 수입의 변화를 설명하는데 소득과 가격을 독립변수로 고려한 모형 (13.9)가 소득만을 고려한 (13.7)과 가격만을 고려한 (13.8)에 비해 옳은 표기라고 하겠다.

이번에는 표기의 오류가 초래하는 심각한 결과에 대해 하나의 예를 통해 살펴보도록 하자. 예금과 대출업무를 취급하는 한 금융기관의 이윤율(y)을 설명하는데 예금액 단위당 순수입(x_1)과 경쟁영업소의 수(x_2)가 중요한 독립변수로 고려되고 있다. 25년간의 연간자료를 사용하여 중회귀모형을 추정한 결과는 다음과 같다.

$$\underset{}{y =} \underset{(0.079)}{1.565} + \underset{(0.0555)}{0.237 x_1} - \underset{(0.000032)}{0.00025 x_2} \qquad R^2 = 0.87 \tag{13.10}$$

추정결과는 순수입이 증가할수록 이윤율은 증가하지만 경쟁이 되는 금융업소의 수가 많을수록 이윤율은 감소하는 것으로 나타났다.

여기에서 이윤율(y)에 영향을 주는 변수로 순수입(x_1)만 고려했다고 가정해 보자. 단순회귀모형을 추정한 결과는 아래와 같이 나타났다.

$$y = \underset{(0.139)}{1.326} - \underset{(0.036)}{0.169 x_1} \qquad R^2 = 0.50 \tag{13.11}$$

(13.11)을 보면 식 (13.10)에서 영업소의 수를 나타내는 독립변수를 제거함으로써 R^2의 값은 0.87에서 0.50으로 급격히 감소했다.

더욱 심각한 문제는 y를 설명하는 x_1 변수의 역할이다. (13.10)에서 x_1의 계수는 영업소의 수에 변함이 없을 때 순수입이 한 단위 증가하면 이윤을 0.237단위 증가시키는 것으로 나타난다. 그러나 (13.11)에서는 순수입이 한 단위 증가하면 이윤율은 0.169단위 감소하는 것으로 나타나 같은 독립변수로 같은 종속변수를 설명하는데도 상반된 결과를 얻게 된다. 더구나 (13.11)에서 계수의 추정값을 표준오차의 추정값과 비교할 때 다음과 같은 가설

$$H_0: \ \beta_1 = 0$$
$$H_1: \ \beta_1 < 0$$

를 검정하면 귀무가설이 기각되고 대립가설이 채택된다. 순수입이 증가하면 이윤율이 통계적으로 유의하게 감소한다는 뜻이 되므로 현실에 분명 위배된 결과를 얻게 되는 것이다.

(13.10)에서와 같이 영업소의 수가 독립변수로 모형에 포함되면 순수입이 증가할 때 이윤도 증가하게 된다는 현실적인 결론을 얻게 된다. 위의 예는 모형을 잘못 표기함으로써 초래되는 문제점을 잘 지적해 주고 있다. 중요한 독립변수가 모형에 포함되지 않을 때 도출된 결론은 현실을 왜곡하게 되므로 종속변수를 설명하는 적절한 독립변수의 선택은 매우 중요하다.

제 5 절 비선형모형

지금까지 회귀모형은 종속변수와 독립변수가 선형관계에 있다고 가정하였다. 선형모형은 복잡한 현실체계를 단순하게 분석할 수 있는 근사적인 접근방법을 제공해 주지만 자료에 따라 비선형관계가 더 적절한 경우가 있다. 지금까지 설명한 기술적 방법들을 수정, 보완하여 비선형모형(nonlinear model)에 대해 알아보기로 하자.

아래의 단순회귀모형이 있다고 하자.

$$Y_i = \alpha + \beta_1 x_{1i} + \epsilon_i$$

이 모형에 X^2 변수를 추가하여 이차함수형으로 만들면 모형은

$$Y_i = \alpha + \beta_1 x_{1i} + \beta_2 x_{1i}^2 + \epsilon_i \qquad (13.12)$$

가 된다. 그러면 식 (13.12)는 세 개의 미지수 α, β_1, β_2를 갖는 중회귀모형이므로 최소제곱추정이 가능하다. 모형을 종속변수가 두 개의 독립변수 x_{1i}와 x_{1i}^2에 의해 설명된다고 취급하여 $x_{2i} = x_{1i}^2$으로 놓으면 식 (13.12)는 다음과 같이 표현할 수 있다.

$$Y_i = \alpha + \beta_1 x_{1i} + \beta_2 x_{2i} + \epsilon_i$$

(13.12)의 모수 β_1 과 β_2 의 신뢰구간과 가설검정도 앞에서와 동일한 방식으로 구한다. 이 때 선형보다 이차함수형의 모형이 더 바람직한가에 대해서는 β_2 가 0 이라는 귀무가설을 검정하면 된다. 만약 이 귀무가설이 기각되지 않으면 β_2 가 0 이므로 (13.12)는 독립변수가 한 개인 선형모형이 된다.

이번에는 또다른 비선형모형으로서 많은 응용분야에서 자주 사용되는 대수선형모형(log linear model)에 대해 알아보도록 하자. 이 모형은 변수의 대수 사이에 선형관계를 가정하므로 추정에 앞서 종속변수와 독립변수의 관측값에 대수를 취해야 한다. 독립변수가 하나인 경우 모형은 아래와 같이 쓸 수 있다.

$$\log Y_i = \alpha + \beta \log x_i + \epsilon_i$$

대수선형모형도 최소제곱추정법을 사용할 수 있으며, 앞의 단순회귀모형과 같은 방법으로 분석한다.

대수선형모형은 [그림 13-3]과 같이 종속변수와 독립변수값 사이의 곡선관계를 표현한다. 그림에서 (a)와 (b)는 독립변수값이 증가하면 종속변수의 값도 증가하는 관계를 나타내며 (a)는 $\beta > 1$, (b)는 $0 < \beta < 1$인 경우이다. 이와 반대로 (c)는 독립변수값의 증가로 종속변수값이 감소하는 관계를 나타낸다. 대수선형모형이 적절할 것인가를 판단하는 한 가지 방법은 자료를 그래프로 나타낸 후 [그림 13-3]의 곡선형태들이 선형보다 변수 사이의 관계를 더 잘 표현하는가를 검토하는 것이다.

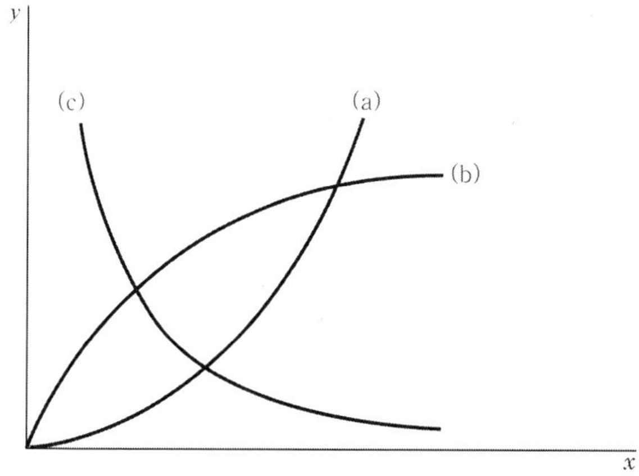

[그림 13-3] x와 y의 대수선형관계

대수선형모형은

$$\log Y_i = \alpha + \beta_1 \log x_{1i} + \beta_2 \log x_{2i} + \cdots + \beta_K \log x_{Ki} + \epsilon_i$$

와 같이 여러 개의 독립변수를 가진 중회귀모형으로 확장시킬 수 있으나 모수의 해석은 앞의 선형회귀모형의 경우와 다소 다르다. β_j는 모든 다른 독립변수의 값이 고정되어 있는 상태에서 독립변수 X_j가 1% 증가할 때 종속변수가 몇 % 증가할 것인가를 나타낸다. 대수선형모형은 값과 단위에 관계없이 독립변수의 변화에 따른 종속변수의 변화가 백분율의 관계로 편리하게 해석되므로 여러 방면의 응용분야에서 많이 사용되는 함수형이다.

예제 13-1

아래 회귀모형은 여름 휴가기간 동안 각 세대의 지출을 결정하는 요인들에 대한 어느 연구결과이다. 총 2,000세대의 표본자료를 사용한 최소제곱추정 결과는 아래와 같고, ( )안의 숫자는 추정계수의 표준오차이다.

$$\log y = -5.6464 + \underset{(0.0648)}{1.2856} \log x_1 - \underset{(0.0910)}{0.8408} \log x_2$$

y : 휴가기간 동안의 지출경비

x_1 : 총 연간 소비지출

x_2 : 세대별 가족수

추정결과에 의하면 다른 여건은 변하지 않고 연간 소비지출이 1% 증가하면 휴가경비는 1.2856% 증가하고, 가족수가 1% 증가하면 휴가경비는 0.8408% 감소한다.

모수의 신뢰구간은 앞에서와 동일하게 구한다. 즉, β_1 의 95% 신뢰구간을 구하려면

$$n = 2000, \quad K = 2, \quad b_1 = 1.2856, \quad s_{b_1} = 0.0648$$

이고,

$$t_{2000, 0.025} \approx t_{\infty, 0.025} = 1.96$$

이므로

$$b - t_{n-K-1, 0.025}\, s_{b_1} < \beta < b + t_{n-K-1, 0.025}\, s_{b_1}$$

에 대입하면

$$1.2856 - 1.96(0.0648) < \beta_1 < 1.2856 + 1.96(0.0648)$$

이 된다. 이를 다시 쓰면 신뢰구간은 아래와 같다.

$$1.1586 < \beta_1 < 1.4126$$

따라서 연간소비지출이 1% 증가함에 따라 예상되는 휴가경비의 증가율에 대한 95% 신뢰구간은 1.1586%에서 1.4126%에 이른다.

제6절 이분산

최소제곱추정법과 이에 근거한 추론과정의 타당성은 앞장에서 설명한 바와 같이 몇 가지 가정을 전제로 하고 있다. 이 가정들이 성립되면 이미 설명한 분석방법들은 실제 자료에 그대로 적용시킬 수 있다. 그러나 성립되지 않는 가정이 하

나라고 있다면 회귀모수의 최소제곱추정은 비효율적이고 추정결과에 의한 통계적 추론은 사실을 오도하게 된다.

4절에서는 모형의 설정에 있어서 한 가지 문제점인 표기오류에 대해 살펴보았다. 중요한 독립변수가 회귀모형에서 누락되면 나머지 변수들의 영향에 의한 어떠한 추론도 신뢰할 수 없게 된다. 모형표기의 또 한 가지 중요한 점은 오차항의 통계적 속성에 대한 가정에 있다. 이제부터 모회귀모형

$$Y_i = \alpha + \beta_1 x_{1i} + \beta_2 x_{2i} + \cdots + \beta_K x_{Ki} + \epsilon_i$$

의 오차항 ϵ_i 에 대한 기본가정이 부분적으로 성립되지 않을 가능성을 고려해 보자. 지금까지 이 오차항들은 모두 동일분산을 가지고 있다라고 가정해왔으나 여기에서는 동일분산의 가정이 성립되지 않는 경우를 간단한 예를 통해 살펴보기로 하자.

어느 특정 산업분야의 산출량과 이에 영향을 미치는 요인들간의 관계에 관심이 있다고 하자. 산출량과 고용인원, 그리고 자본에 대한 자료가 여러 기업체로부터 수집된다. 기업체의 규모가 일반적으로 같지 않을 것이므로 모형의 오차항은 산출량이 높은 기업들이 산출량이 낮은 기업들에 비해 평균적으로 클 것이다. 즉 오차분산은 모든 기업들에 대해 같지 않을 것이고 오히려 업체의 규모에 비례하게 된다.

모형의 오차항이 이렇게 모두 같은 분산을 갖지 않는 경우를 이분산(heteroscedasticity)이라고 한다. 이러한 현상이 나타날 때 최소제곱추정법은 비효율적이고, 이에 따른 통계적 추론 역시 신뢰할 수 없게 되므로 이분산의 존재여부를 검토하는 것은 추정의 중요한 과정이다. $a, b_1, b_2, \cdots, b_K$ 를 $\alpha, \beta_1, \beta_2, \cdots, \beta_K$ 의 최소제곱추정값라 하면 종속변수의 추정값은

$$\hat{y}_i = a + b_1 x_{1i} + b_2 x_{2i} + \cdots + b_K x_{Ki}$$

가 되고, 오차항 ϵ_i 는 잔차

$$e_i = y_i - \hat{y}_i$$

에 의해 추정된다.

이분산의 존재여부는 잔차 e_i 와 각 독립변수, 또 잔차 e_i 와 $\hat{y_i}$ 와의 관계를 그래프로 나타내 보면 쉽게 판별된다. 예를 들어 e_i 와 독립변수 x_{1i} 와의 관계를 그래프로 나타냈을 때 x_{1i} 가 증가함에 따라 오차의 크기도 증가하는 경향이 있다면 오차분산이 일정하지 않다는 증거로 이분산이 존재함을 의미한다. 이와는 대조적으로 x_{1i} 의 증감에 따라 e_i 와 어떤 체계적 관계가 나타나지 않는다면 이분산이 존재하지 않는다는 것을 의미한다. 이분산이 존재하는 경우에 대한 분석과정은 이 책의 범위를 벗어나므로 여기서는 생략하기로 한다.

제 7 절 자기상관

이제 회귀모형의 오차항 사이에 서로 상관관계가 없다는 가정이 성립되지 않을 가능성에 대해 알아보도록 하자. 앞에서도 언급했듯이 회귀모형의 오차항은 종속변수에 영향을 미치는 많은 사소한 요인들의 합으로 나타난다. 자료가 어떤 모집단에서 임의로 추출된 표본으로 구성되어 있다면 오차항간에 상관관계가 없다는 가정은 그런대로 성립될 수 있다. 그러나 시계열자료가 분석될 때 이러한 요인들이 미치는 영향은 시간이 흐름에 따라 계속되는 경향이 있어서 현재와 과거의 상황이 아주 비슷하다면 가까운 기간의 오차 사이에 양의 상관관계가 존재하게 된다. 따라서 오차항을 그 자체의 과거값의 함수로 표시할 수 있다.

회귀모형이

$$Y_t = \alpha + \beta_1 x_{1t} + \beta_2 x_{2t} + \cdots + \beta_K x_{Kt} + \epsilon_t$$

와 같을 때, 오차항 ϵ_t 가 서로 상관되어 있지 않다는 가정이 성립되지 않는다면 최소제곱추정은 비효율적이고, 이에 따라 신뢰구간이나 가설검정같은 추론은 사실을 크게 왜곡시키게 된다. 따라서 시계열자료를 사용하는 회귀모형에서 오차항이 서로 상관되어 있지 않다는 가설을 검정하는 것이 아주 중요하다. 오차항들이 시간에 따라 서로 상관되어 있는 현상을 자기상관(autocorrelation)이라고 한다.

이 문제에 접근하기 위해서는 우선 어느 특정 자기상관구조를 생각해 볼 필요가 있다. 한 가지 경우를 살펴보면 기간 t 때 오차 ϵ_t 는 전 기간의 오차 ϵ_{t-1} 에 밀접하게 상관되어 있고, 두 기간 전의 오차항 ϵ_{t-2} 와는 상관관계가 상대적으로 약하며 기간이 멀어질수록 상관도는 약해진다는 것이다. 연속되는 기간의 오차항 사이의 상관을 ρ 로 표시하면

$$Corr(\epsilon_t, \epsilon_{t-1}) = \rho$$

가 되고, ρ 는 상관계수이므로 절대값 1보다 작은 값을 갖는다.

기간이 서로 멀어질수록 오차항간의 상관은 감소한다면

$$Corr(\epsilon_t, \epsilon_{t-2}) = \rho^2$$

$$Corr(\epsilon_t, \epsilon_{t-3}) = \rho^3$$

$$\vdots$$

와 같은 형태로 나타낸다. 따라서 j 기간 떨어져 있다면

$$Corr(\epsilon_t, \epsilon_{t-j}) = \rho^j \qquad j = 1, 2, 3, \cdots$$

이 되어 j 가 증가할수록 상관관계는 약해진다. 오차 ϵ_t 가 모두 동일분산을 가진다고 가정하면 ϵ_t 는 아래의 같은 식으로도 나타낼 수 있다.

$$\epsilon_t = \rho\epsilon_{t-1} + u_t$$

여기에서 변수 u_t 는 평균값 0, 일정한 분산을 가지며, 자기상관되어 있지 않다.

이제 회귀모형의 오차에 자기상관이 존재하지 않는다는 가설을 검정해 보도록 하자. 자기상관의 존재여부를 파악하는데 가장 널리 사용되는 검정법이 Durbin-Watson 검정(Durbin-Watson test)으로 검정통계량

$$d = \frac{\sum_{t=2}^{n}(e_t - e_{t-1})^2}{\sum_{t=1}^{n}e_t^2}$$

에서 보듯이 최소제곱법으로 추정한 회귀방정식의 잔차 e_t 를 사용한다. Durbin-

Watson 통계량은 다시 근사값

$$d = 2(1-r)$$

로 쓸 수 있으며, 여기서 r은 상관 ρ의 표본추정값이다. 따라서 오차가 자기상관되어 있지 않다면 d값은 2에 가깝게 될 것이다. 즉 d값이 2에 가까울수록 오차들 사이에 자기상관이 존재하지 않고, 2에서 멀어질수록 자기상관이 존재할 가능성이 높다는 것이다.

자기상관을 검정할 수 있는 Durbin-Watson 검정통계량(Durbin-Watson test statistic)의 분포표는 독립변수의 수 K와 표본의 크기 n에 대한 d의 하한치 d_L과 상한치 d_U를 설정하여 유의수준 1%와 5%에 대해 검정을 실시하도록 구성되어 있다. 자기상관이 없다는 귀무가설

$$H_0: \ \rho = 0$$

과 오차간에 양의 자기상관이 있다는 대립가설

$$H_1: \ \rho > 0$$

에 대한 검정은 아래와 같이 결정한다.

만약 $d < d_L$이면 H_0 기각

만약 $d > d_U$이면 H_0 성립

만약 $d_L < d < d_U$이면 가설검정이 결정되지 않음

만약 음의 자기상관이 있다는 대립가설

$$H_1: \ \rho < 0$$

에 대해 검정하는 경우 양의 자기상관이 있는 경우와 동일하나 d 대신 통계량 $(4-d)$를 사용한다.

예제 13-2

$n=25$, $K=2$인 회귀모형에서 $\sum_{t=1}^{25} e_t^2 = 0.062319$이고 $\sum_{t=2}^{25}(e_t - e_{t-1})^2 = 0.121615$일 때 오차에 자기상관이 없다는 귀무가설을 양의 자기상관이 있다는 대

립가설에 대해 유의수준 5%에서 검정하라.

공식에 의해 $d = 1.95$ 이, Durbin-Watson 검정통계량의 분포표에서

$$d_L = 1.21 \qquad d_U = 1.55$$

가 구해진다. 따라서 $d = 1.95$ 는 아래 [그림 13-4]에서 보듯이 d_U 보다 크므로 자기상관이 없다는 귀무가설은 기각되지 않는다.

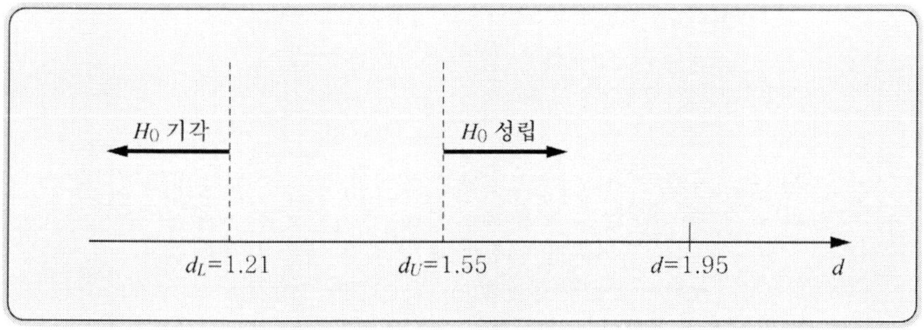

[그림 13-4] 귀무가설의 검정

연 습 문 제

13.1 다음은 같은 산업분야에 종사하는 48개 기업의 증권 수익률에 관한 회귀모형이며, ( )안은 추정계수의 표준오차이다. 다음 물음에 답하라.

$$y = 0.286 + \underset{(0.560)}{1.257x_1} - \underset{(4.244)}{9.507x_2} - \underset{(1.019)}{1.018x_3} + \underset{(1.408)}{1.567x_4}$$

y : 기업의 증권 수익률
x_1 : 시장 점유율
x_2 : 기업의 규모
x_3 : 산업 성장률
x_4 : 가변수, 생산품의 이질성이 낮은 기업은 0, 아니면 1

(1) 가변수의 추정계수를 해석하라.

(2) $H_0 : \beta_4 = 0$, $H_1 : \beta_4 > 0$의 가설을 검정하라.

(3) β_2의 99% 신뢰구간을 구하라.

13.2 다음은 15년간의 분기별 자료를 사용하여 최소제곱으로 추정한 어느 광역시의 소득과 소비 사이의 관계를 나타내는 회귀방정식이며, ( )안의 숫자는 계수의 표준오차이다. 다음 물음에 답하라.

$$y_t = 0.213 + \underset{(0.10)}{0.33x_t} + \underset{(0.21)}{0.76y_{t-1}}$$

y_t : 소비
x_t : 소득

(1) y_{t-1} 변수를 모형에 포함시키는 배경에 대해 설명하라.

(2) x_t가 한 단위 상승했을 때 y_t가 받는 영향은?

(3) 소득변수의 모수에 대한 95% 신뢰구간을 구하라.

(4) y_{t-1}이 위 식에 포함되는 것이 바람직한가를 검정해 보라.

13.3 다음의 모형

$$\log y = -0.2871 + \underset{(0.0546)}{1.1556}\log x_1 + \underset{(0.0230)}{0.2204}\log x_2$$

에서 $n = 1{,}500$일 때 X_1 변수의 모수에 대한

(1) 90% 신뢰구간을 구하라.

(2) 99% 신뢰구간을 구하라.

13.4 소고기 수요의 변화를 설명하기 위해 30개의 연간 관측값으로 아래의 회귀모형을 추정하였다.

$$\log y = -1.27 - \underset{(0.12)}{0.29}\log x_1 + \underset{(0.10)}{0.23}\log x_2 + \underset{(0.08)}{0.09}\log x_3$$

y : 소고기 수요량
x_1 : 소고기 가격
x_2 : 돼지고기 가격
x_3 : 소득

(1) 소득이 소고기 수요에 영향을 미치지 않는다는 귀무가설을 검정하라.

(2) 돼지고기 가격이 소고기 수요에 영향을 미치지 않는다는 귀무가설을 검정하라.

(3) 다른 여건이 동일할 때, 소고기 가격이 1% 증가함에 따라 소고기 수요량의 감소율에 대한 90%와 95% 신뢰구간을 구하라.

(4) 첫번째 독립변수의 추정계수를 해석하라.

13.5 $n = 30$, $K = 5$, $d = 0.55$일 때, 자기상관이 존재하지 않는다는 귀무가설과 양의 자기상관이 있다는 대립가설을 유의수준 1%에서 검정하라.

13.6 $K = 2$, $n = 61$로 추정한 어느 모형에서

$$\sum_{t=2}^{n}(e_t - e_{t-1})^2 = 13{,}908{,}400, \quad \sum_{t=1}^{n} e_t^2 = 9{,}711{,}000$$

이 구해졌다. 유의수준 5%에서 자기상관의 존재여부를 검정하라.

13.7 $n = 40$, $K = 2$, $d = 2.71$일 때, 아래의 가설을 $\alpha = 0.01$에서 검정하라.

$$H_0 : \rho - 0$$
$$H_1 : \rho < 0$$

제 14 장

비모수검정

제1절 개 념

모집단으로부터 취한 표본을 사용하여 신뢰구간이나 가설검정과 같은 통계적 추론을 하는 과정에서 지금까지는 표본의 크기가 크다 또는 표본을 추출하는 모집단이 정규분포를 따르고 있다라는 제한적인 가정이 수반되었다. 그러나 모집단이 항상 정규분포를 따르는 것은 아니며 때로는 정규분포를 사용하는 것이 부적절한 경우도 있다는데 문제가 있다. 어떤 종류의 모집단으로부터 표본을 취하고 있는지를 모르는 경우, 즉 모집단의 분포가 어떤 형태를 갖추고 있는지 모를 때는 흔히 비모수적 통계기법을 사용하게 된다.

정규분포는 이론적인 분포로서 모집단이 정확히 정규분포를 따르는 경우는 없다고 볼 수 있으나 실제 문제를 다룰 때는 중심극한정리에 의해서 정규분포의 원리를 그대로 적용시킬 수 있다. 왜냐하면 표본 X_i의 분포에 상관없이 σ^2이 유한하다면 표본의 크기 n이 충분히 클 때 $Z=\sqrt{n}(\overline{X}-\mu)/\sigma$의 분포가 표준정규분포에 수렴하기 때문이다. 따라서 정규분포의 가정하에서 얻은 결과가 근사적으로 성립하게 된다.

그러나 관측값의 분포가 정규분포와는 거리가 멀거나 또는 관측값에 이상이 있을 때 정규분포의 원리를 적용시키면 검정력이 떨어지거나 신뢰구간의 길이가 길어지는 등 추론결과에 오류가 생기게 된다. 이러한 경우 지금까지 사용했던 특정 가설검정들과 같은 모수적 통계방법에 대한 대안이 필요하게 된다.

모집단의 분포에 제한적인 가정을 하지 않는 유용한 통계적 방법을 비모수통계학(nonparametric statistics)이라고 하며, 비모수검정(nonparametric test)에서는 모집단의 모수값은 사용되지 않는다. 비모수적 방법의 장점은 다음과 같다.

첫째, 모집단의 분포에 대한 가정이 필요하지 않다.

둘째, 대부분의 비모수검정은 계산과정이 단순하여 사용하고 이해하기가 쉽다.

셋째, 모수값들을 1, 2, 3, 4, 5와 같은 순위로 대체하기도 하며, 어떤 경우에는 순위조차 필요없이 결과의 우열관계만 표현할 수도 있으므로 다루기가 간편하다.

넷째, 관측값이 정확하지 않아 모수적 방법을 사용할 수 없는 경우 비모수적 방법을 사용할 수 있다.

이에 반해 단점은 다음과 같다.

첫째, 모수값을 순위로 대체함으로써 모수값이 가지고 있는 정보를 잃게 된다.

둘째, 모수적 검정에 비해 효율이 떨어지거나 정확하지 않을 경우가 발생한다. 예를 들어 신뢰구간의 추정치가 서로 몇 배 이상 차이가 날 수도 있다. 이 경우 정확도는 잃을 수 있으나 더 적은 정보를 사용하여 더 빨리 계산할 수 있으므로 장·단점이 공존하게 된다.

비모수통계학에서는 어떤 특정 분포를 가정하지 않으므로 표본이 추출되는 모집단의 분포에 상관없도록 부호(sign)와 순위(rank)가 흔히 사용된다. 비모수검정의 종류는 여러 가지가 있으나 많이 알려지고 또 널리 사용되는 일부 방법에 대해서 설명하고자 한다.

제2절 부호검정

부호검정(sign test)은 가장 간단한 검정법으로 관측값의 크기에 상관없이 매 쌍의 관측값간의 차이가 양의 관계에 있는가, 또는 음의 관계에 있는가 하는 부호의 방향에 근거를 둔다.

1. 표본의 수가 적은 경우

다음의 예를 보자. 한 영화제작업체는 작년에 상영된 영화와 금년에 제작된 속편에 대한 관람객들의 반응을 비교하려고 한다. 두 편을 모두 관람한 8명의 관람객을 표본으로 선택하여 1부터 10까지 점수로 평가하도록 요청했다.

아래의 [표 14-1]에는 표본으로 선택된 관람객들이 두 영화를 평가한 점수와 두 점수간의 차가 제시되어 있다. 따라서 전편과 후편의 두 영화에 대한 관객 선호도의 차이를 부호로 나타낼 수 있다. 전편이 더 나은 경우는 양의 부호(+), 후편이 더 낫다면 음의 부호(−), 만일 선호도가 같다면 0으로 표시된다.

[표 14-1] 선호도의 등급

관객	전편	후편	차	차의 부호
1	4	9	-5	−
2	5	9	-4	−
3	8	7	1	+
4	6	6	0	0
5	6	8	-2	−
6	3	9	-6	−
7	6	9	-3	
8	5	4	1	+

이 조사에서는 두 명의 관람객만이 전편을 더 좋아하고, 한 명은 동일한 점수를 주었으며 나머지는 후편을 더 선호하는 것으로 나타난다. 이 때 관심이 되는 귀무가설은 두 영화를 모두 관람한 전체 관람객들이 전・후편에 내린 평가는 전반적으로 같다는 것이다. 이러한 가설에 접근하기 위해서는 우선 동일한 점수가 나온 경우를 제외시키고 각 영화에 대한 선호도를 나타내는 점수를 비교한다. 따라서 표본의 크기는 n =7로 감소하게 되므로 검정은 7명의 관객 중 두 명만이 전편을 더 좋아한다는 표본정보에 근거하게 된다.

위의 귀무가설은 두 편을 모두 관람한 전체 관람객들이 두 영화에 주는 점수 차의 모중위수(population median)가 0이라는 가설로도 해석될 수 있다. 만약 이

가설이 사실이라면 [표 14-1]의 차는 '+'와 '-'일 확률이 각각 0.5인 모집단으로부터 추출된 임의의 표본으로 간주할 수 있을 것이다. 이 때 관측값들은 '+'일 확률이 0.5인 이항모집단(binomial population)에서 임의로 뽑은 표본을 형성하게 된다. 따라서 p를 모집단 즉 두 영화를 모두 본 전체 관람객의 선호도 중 '+'가 차지하는 비율을 나타낸다면 귀무가설은 단순히

$$H_0:\ p = 0.5$$

가 된다. 위의 [표 14-1]에서 두 영화에 대한 선호도가 후편으로 기우는 것으로 보아 대립가설은

$$H_1:\ p < 0.5$$

가 된다.

한 번의 시도에서 성공할 확률이 0.5일 때 7번을 시도하여 x번의 성공 즉 x개의 '+'가 관측될 확률을 $P(x)$로 표시하면, 두 개 이하의 '+'가 관측될 확률은 이항분포표에서

$$P(0) + P(1) + P(2) = 0.2266$$

이 된다. 따라서 "두 개 이하의 '+'가 표본에서 발생할 때 H_0를 기각시킨다"는 기준을 채택한다면 귀무가설이 사실임에도 불구하고 기각될 확률은 0.2266이다. 이러한 검정은 유의수준 22.66%를 갖게 되고, 이 예에서는 귀무가설이 22.66%에서 기각될 수 있다.

앞에서는 대립가설을 단측가설(one-sided hypothesis)로 채택했으나 이번에는 양측가설(two-sided hypothesis)의 경우를 고려해 보자. 이 경우

$$H_1:\ p \neq 0.5$$

가 되어 모집단의 전반적인 선호도가 어느 한 편으로 기운다는 의미가 된다. 대립가설은 귀무가설이 기각되는 유의수준이 양측에서 대칭적으로 다루어져야 하므로 귀무가설을 기각시키려면 "2개 이하의 '+' 또는 5개 이상의 '+'가 표본에서 얻어질 때 H_0를 기각시킨다"로 기준을 정한다. 이 검정에 대한 유의수준은

$$
\begin{aligned}
P(0)+P(1)+P(2)+P(5)+P(6)+P(7) &= 2[P(0)+P(1)+P(2)] \\
&= 2(0.2266) \\
&= 0.4532
\end{aligned}
$$

가 된다.

한편 귀무가설을 기각시키는데 실패하는 유의수준에도 관심을 가질 수 있다. 단측가설의 경우 "만약 한 개 이하의 '+'가 표본에서 발생한다면 H_0 를 기각시킨다"는 규칙으로는 귀무가설이 기각되지 않는다. 이 검정의 유의수준은

$$P(0)+P(1) = 0.0625$$

가 되므로 귀무가설은 6.25% 유의수준 검정으로는 기각되지 않는다. 또한 양측대립가설의 경우, "한 개 이하의 '+', 또는 6개 이상의 '+'가 표본에서 발생하면 H_0 를 기각시킨다"는 규칙으로는 귀무가설이 기각되지 않는다. 이 검정의 유의수준은

$$
\begin{aligned}
P(0)+P(1)+P(6)+P(7) &= 2[P(0)+P(1)] \\
&= 2(0.0625) \\
&= 0.1250
\end{aligned}
$$

이 되어, 12.5% 수준의 검정으로는 귀무가설이 기각되지 않는다.

부호검정은 모중위수가 0이라는 귀무가설을 검정하는데 사용된다. 검정될 귀무가설은 모집단에서 0이 아닌 관측값 중에서 양수의 비율 p가 0.5라는 것으로

$$h_0:\ P = 0.5$$

가 된다. 검정은 표본에서 양수인 관측값의 수가 이항분포를 따른다는 사실에 근거를 둔다.

2. 표본의 수가 많은 경우

표본의 수가 많을 때는 중심극한정리에 의해 이항분포의 정규근사화가 이루어

지며 이 원리가 부호검정에 사용될 수 있다. 아래의 예를 살펴보자.

30명의 대학 졸업반 학생들이 실습이 포함된 통계학강좌 A와 실습이 없는 통계학강좌 B의 효율성에 대해 비교평가를 한다. 강좌의 효과에 대해 낮다, 보통이다, 높다, 매우 높다의 순서로 1부터 4까지의 점수를 준 결과가 아래의 [표 14-2]와 같이 나타난다고 하자.

먼저 [표 14-2]에 제시된 것처럼 두 종류의 강좌법에 대한 평가를 부호로 전환시키는 것부터 시작한다. 양의 부호는 실습이 포함된 강좌 A를, 음의 부호는 실습없는 강좌 B를 더 선호한다는 것을 의미한다. [표 14-2]에서 n =30의 표본은 '+' 19개, '−'11개로 구성되어 있다.

[표 14-2] 두 강좌에 대한 평가

학생	1	2	3	4	5	6	7	8	9	10	11	12	13	14	15
강좌 A	2	3	2	4	3	4	4	1	4	1	4	2	1	3	4
강좌 B	1	2	3	2	4	3	3	2	3	3	1	3	2	2	2
차(A-B)	+	+	−	+	−	+	+	−	+	−	+	−	−	+	+
학생	16	17	18	19	20	21	22	23	24	25	26	27	28	29	30
강좌 A	1	4	4	3	4	2	2	3	2	3	2	3	4	3	3
강좌 B	2	3	3	2	1	3	1	1	3	2	4	2	3	4	1
차(A-B)	−	+	+	+	+	−	+	+	−	+	−	+	+	−	+

두 강좌에 대한 평가에 실제로 차이가 존재하는가를 결정하기 위해 부호검정을 해보자. 차이가 없다면 $p=0.5$ 가 되며 이때 표본은 15개의 '+'와 15개의 '−'로 구성되어 있다는 것을 의미한다. 가설은

$$H_0 : p = 0.5$$

$$H_1 : p \neq 0.5$$

와 같고, 두 종류의 강좌에 대한 학생들의 평가에 차이가 없다는 귀무가설을 5% 유의수준에서 검정한다면

$$p = 0.5$$

$$n = 30$$

$$\hat{p} = 19/30 = 0.633$$

에서 비율의 표준편차

$$\sigma_{\hat{p}} = \sqrt{\frac{p(1-p)}{n}} = \sqrt{\frac{0.5(0.5)}{30}} = 0.091$$

을 우선 얻을 수 있다.

표준정규분포표를 보면 귀무가설이 성립되는 구간은

$$p \pm 1.96\sigma_{\hat{p}} = 0.5 \pm (1.96)(0.091)$$

이 되므로 상한과 하한이 각각 0.678과 0.322로 구해진다. 표본비율 $\hat{p} = 0.633$이 이 범위 내에 존재하므로 두 강좌에 대한 학생들의 평가에 차이가 없다는 귀무가설은 기각할 수 없게 된다.

지금까지 살펴보았듯이 부호검정은 단순하고, 또 단측과 양측검정 이 모두 가능하다. 부호검정은 보통 이항분포에 근거를 두지만 표본의 크기가 충분히 큰 경우 정규분포는 타당한 근사치를 제공해 준다.

제3절 Wilcoxon 순위합 검정

앞 절에서 살펴본 바와 같이 부호검정은 비교대상이 되는 한 쌍의 표본이 주어졌을 때 이들이 추출되는 모집단의 성격을 파악할 수 있는 간단한 검정방법을 제공해 준다. 그러나 부호검정의 단점은 매우 제한된 양의 정보만을 고려한다는 것이다. 예를 들면, [표 14-1]의 경우, 부호검정은 상대적 우열만 고려할 뿐 선호도의 정도는 무시되고 있어서 표본의 크기가 작을 때 검정력을 신뢰하기가 어렵게 된다. 부호 뿐만 아니라 대응되는 각 쌍의 관측값들의 차이 역시 고려하면서 여전히 모집단의 분포에 관계없는 검정이 가능할 수 있을 것이다. Wilcoxon 검정

(Wilcoxon test)은 차의 상대적 크기에 부호와 순위에 대한 정보를 결합시키는 방법을 제공해 준다.

[표 14-1]의 두 영화에 대한 선호도에 순위를 고려하면 [표 14-3]이 얻어진다.

[표 14-3] 영화 선호도의 자료에 대한 Wilcoxon 검정통계량

관객	전편	후편	차	순위(+)	순위(-)
1	4	9	-5		6
2	5	9	-4		5
3	8	7	1	1.5	
4	6	6	0		
5	6	8	-2		3
6	3	9	-6		7
7	6	9	-3		4
8	5	4	1	1.5	
합				3	25

Wilcoxon 검정통계량(Wilcoxon test statistic)은 다음과 같이 계산된다.

첫째, 부호검정의 경우와 마찬가지로 차이가 0인 경우는 제외시킨다. 따라서 일곱 개의 표본 관측값이 고려대상이 된다.

둘째, 순위는 차의 절대값이 오름차순으로 순위가 정해지고, 둘 이상의 절대값이 같을 때는 이들 순위의 평균으로 동일하게 순위가 정해진다. 예를 들어 [표 14-3]에서 가장 작은 차의 값인 1이 두 개 있다. 이들에게 부여되는 순위는 순위 1과 2의 평균인 1.5가 되며, 다음으로 차의 절대값 2가 순위 3이 되는 방식으로 모든 차의 순위를 정한다.

셋째, 부여된 순위는 양의 차와 음의 차이로 구분하여 각각 합하며, 이 둘의 합 중에서 작은 값이 Wilcoxon 통계량 T가 된다. [표 14-3]에서 양순위의 합은 3이고 음순위의 합은 25이므로 Wilcoxon 통계량은 $T=3$이 된다.

1. 순위합

수학의 정리에 의하면 정수 1, 2, 3, ⋯, n의 합은

$$1+2+3+\cdots+n=\frac{n(n+1)}{2}$$

로 주어진다. 예를 들어 네 개의 관측값 1, 2, 3, 4의 순위합은 1+2+3+4=(4)(5)/2=10 이 된다.

예제 14-1

다음 관측값들의 순위를 정하고 순위합을 구하라.

4.00	2.86	4.30	3.18	3.18	5.62	4.56	4.56	4.56

이 자료를 오름차순으로 다시 정리해 보면 다음과 같다.

2.86	3.18	3.18	4.00	4.30	4.56	4.56	4.56	5.62

순위 2와 3, 또 순위 6, 7, 8이 각각 같은 값을 가지고 있으므로, 3.18은 (2+3)/2=2.5로, 4.56은 (6+7+8)/3=7로 순위가 정해진다. 따라서 각 관측값들의 순위를 나타내면 다음과 같다.

1	2.5	2.5	4	5	7	7	7	9

순위합은 이 순위들을 더하면 얻어지나, 앞의 정리를 사용하면 n =9이므로 아래와 같이 더 간단하게 구할 수 있다.

$$\frac{n(n+1)}{2} = \frac{9(10)}{2} = 45$$

앞의 영화 선호도의 자료에 이 공식을 적용시켜보자. 차가 0인 경우를 제외시키고 순위를 관객 1부터 차례로 나열하면 아래와 같다.

6	5	1.5	3	7	4	1.5

n =7이므로 순위합은

$$\frac{n(n+1)}{2} = \frac{7(8)}{2} = 28$$

이 되어 '+' 순위합인 3, '−' 순위합인 25를 합한 결과와 일치한다.

Wilcoxon 검정에서는 자료를 연속적이고 대칭적인 모집단에서 추출된 임의의 표본으로 가정한다. 이에 따라 차의 모분포는 대칭적이라고 가정하며 검정되는 귀무가설은 이 분포의 중심이 0이라는 것이다. 그러므로 두 영화에 대한 평가간에 차이가 있는지의 여부가 우선적인 관심의 대상이 되므로 차이가 없다는 귀무가설을 통해 검정해야 한다는 것이다.

2. 표본의 수가 적은 경우

영화 선호도의 예에서 양의 순위합과 음의 순위합이 크게 다르다면 귀무가설은 신뢰할 수 없게 된다. 단측대립가설은 차의 모분포가 0보다 크거나 또는 0보다 작은 어떤 점 위에 중심을 잡고 있다는 것을 의미하므로 T통계치가 Wilcoxon 검정통계량의 분포표가 주는 값보다 작으면 귀무가설은 기각된다.

[표 14-3]에 의해 속편이 전편보다 더 호평을 받고 있다는 대립가설이 대두되며, 이는 0보다 작은 어느 값을 중심으로 점수차가 분포되어 있다는 것을 뜻한다. Wilcoxon 검정통계량의 분포표를 보면 표본의 크기가 $n=7$일 때, 유의수준 $\alpha=0.025$는 3, $\alpha=0.05$는 4의 값을 가진다. 귀무가설은 단측대립가설에 대해 5% 유의수준에서는 기각되며, 2.5% 수준에서는 겨우 기각된다는 것을 알 수 있다. 따라서 두 편의 영화를 모두 관람한 전체 관객들의 선호도의 차가 0을 중심으로 분포되어 있다는 귀무가설은 성립되지 않으며, 전반적으로 후편이 더 호평을 받고 있는 것으로 나타난다.

두 편의 영화에 대한 선호도의 차가 0이 아니라는 대립가설이 양측가설인 경우 유의수준은 단측가설 때의 두 배가 된다. 앞의 예를 그대로 적용시키면 귀무가설은 양측대립가설에 대해 10% 유의수준에서 충분히 기각되며, 5% 수준에서는 겨우 기각된다. 순위에 의해 추가적인 정보가 제공됨으로써 부호검정의 경우보다 훨씬 낮은 유의수준에서 귀무가설이 기각된다는데 유의할 필요가 있다.

3. 표본의 수가 많은 경우

평가점수의 차가 0이 아닌 관측값이 많을 때($n \geq 20$) Wilcoxon 통계량 T의 분포는 정규근사화된다. 차의 모집단이 0을 중심으로 분포되어 있다는 귀무가설이 성립할 때 이 분포의 평균과 분산은 아래와 같다.

$$E(T) = \mu_T = \frac{n(n+1)}{4}$$

$$Var(T) = \sigma_T^2 = \frac{n(n+1)(2n+1)}{24}$$

n이 클 때 확률변수

$$Z = \frac{T - \mu_T}{\sigma_T}$$

의 분포는 표준정규분포에 수렴하며, 검정은 아래와 같이 요약될 수 있다.

0이 아닌 차의 수가 많고 T가 Wilcoxon 통계량의 값이라면 유의수준 α에서

i. 대립가설이 단측이면

$$\frac{T - \mu_T}{\sigma_T} < -z_\alpha$$

일 때 귀무가설은 기각된다.

ii. 대립가설이 양측이면

$$\frac{T - \mu_T}{\sigma_T} < -z_{\alpha/2}$$

일 때 귀무가설은 기각된다.

예제 14-2

IMF시대의 사업환경이 그 이전에 비해 더 열악하다는 것이 업계의 중론이다. 85개 업체에게 IMF시대와 그 이전의 사업환경을 점수로 평가하도록 의뢰한 결과 85쌍의 관측값이 얻어졌다. 점수차의 절대값을 오름차순으로 나열하여 순위합을 구한 결과, 차이가 양수인 경우와 음수인 경우의 순위합이 각각 3,275와 1,195로 나타났다. 귀무가설은 전체 업계가 전반적으로 느끼는 사업환경은 IMF시대나 그 이전이나 별로 차이가 없다는 것이다. 귀무가설을 IMF시대의 기업환경이 더 열악하다는 단측대립가설에 대해 검정해 보자.

$n = 85$ 이므로 귀무가설하에서 Wilcoxon 통계량의 평균과 분산이 각각 아래와 같다.

$$\mu_T = \frac{n(n+1)}{4} = \frac{85(86)}{4} = 1,827.5$$

$$\sigma_T^2 = \frac{n(n+1)(2n+1)}{24} = 52,083.75$$

두 개의 순위합 3,275와 1,195 중 후자의 값이 작으므로 T=1,195가 된다. 이에 따라

$$\frac{T-\mu_T}{\sigma_T} = -2.77$$

이 구해진다. 표준정규분포표에서 $z_\alpha = 2.77$에 해당하는 α의 값은 0.0028이므로 아래의 [그림 14-1]에서 보듯이 0.28%보다 높은 모든 수준에서 귀무가설은 기각된다. 따라서 결과는 IMF시대의 사업환경이 그 이전보다 더 열악하다고 할 수 있다.

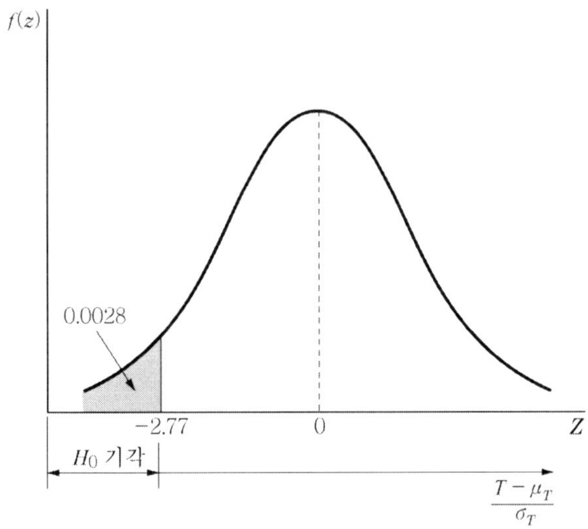

[그림 14-1] 사업환경 평가 : 단측대립가설

제 4 절 Mann-Whitney 검정

Wilcoxon 검정에서는 표본이 대응쌍(matched pair)으로 주어질 때 이들이 각기 추출되는 두 모분포의 중심이 어떻게 비교될 수 있는가를 살펴보았다. 이번에는 두 모집단에서 표본이 독립적으로 추출될 때 같은 문제를 검정하는 방법에 대해 설명하고자 한다.

어느 대학의 경제학과와 경영학과에서 각각 10명과 12명의 학생들이 독립적인 표본으로 추출하였다. 이들이 전공필수인 경제학원론과 경영학원론을 공부하는데 매주 투입하는 시간을 설문조사하여 얻은 자료가 다음의 [표 14-4]에 제시되어 있다.

관심은 두 학과의 학생들이 각 전공원론을 공부하는데 전반적으로 동일한 양의 시간을 매주 투입하는가에 있으므로 귀무가설은 두 모분포의 중심점이 동일하다는 것이다. 이 가설을 검정하는 첫 단계는 두 표본을 하나의 표본으로 합하여 증가순으로 각 관측값들의 순위를 정한다. 동일한 관측값의 경우 앞에서와 같이 순위의 평균값으로 주어진다.

[표 14-4] 주당 투입시간

경제학원론	순위	경영학원론	순위
8	4.5	17	22
6	2	10	10
10	10	13	17.5
10	10	12	15.5
13	17.5	14	19
11	13	16	21
12	15.5	9	7
11	13	15	20
9	7	7	3
5	1	9	7
		8	4.5
		11	13
순위합	93.5	순위합	159.5

귀무가설이 성립된다면 두 표본의 평균순위는 거의 비슷하게 나타날 것으로 예상할 수 있다. [표 14-4]를 보면 경제학과 학생들의 평균순위는 93.5/10=9.35이고 경영학과 학생들의 경우는 159.5/12=13.29이다. 가설검정시 귀무가설이 사실이라면 이 값의 차가 얼마나 되는가를 알고 싶은 것이다.

n_1 개의 관측값이 첫 모집단에서, n_2 개가 둘째 모집단에서 추출되었다고 하고, 첫 모집단에서 나온 관측값들의 순위합을 R_1 으로 표기하자. Mann-Whitney 검정통계량(Mann-Whitney test statistic) U는

$$U = n_1 n_2 + \frac{n_1(n_1+1)}{2} - R_1$$

으로 정의된다. 두 모분포의 중심점이 같다는 귀무가설을 검정하기 위해서는 두 모분포가 동일하다고 가정한다. 귀무가설이 성립한다면 확률변수 U의 평균과 분산은 각각

$$E(U) = \mu_U = \frac{n_1 n_2}{2}$$

$$Var(U) = \sigma_U^2 = \frac{n_1 n_2(n_1+n_2+1)}{12}$$

이 되고, U의 분포는 표본의 수가 증가할수록 정규분포에 급격히 접근해 간다.

각 표본이 10개 이상의 관측치로 구성되면 확률변수

$$Z = \frac{U-\mu_U}{\sigma_U}$$

의 분포는 표준정규분포에 수렴하게 되며 유의수준이 α일 때 검정은 다음과 같이 이루어진다.

i. 대립가설이 모집단 1의 수준은 모집단 2보다 높다는 단측가설인 경우

$Z = \dfrac{U-\mu_U}{\sigma_U} < -z_\alpha$ 일 때 H_0는 기각

ii. 대립가설이 모집단 1의 수준은 모집단 2보다 낮다는 단측가설일 때는

$Z = \dfrac{U-\mu_U}{\sigma_U} > z_\alpha$ 일 때 H_0는 기각

iii. 대립가설이 두 모분포가 다르다는 양측가설일 때는

$$Z = \frac{U - \mu_U}{\sigma_U} < -z_{\alpha/2} \text{ 또는 } Z = \frac{U - \mu_U}{\sigma_U} > z_{\alpha/2} \text{ 일 때 } H_0 \text{ 는 기각}$$

이 검정법을 근거로 앞의 [표 14-4]의 예에서 모분포의 중심점이 같다는 귀무가설을 양측대립가설에 대해 검정해 보자.

$$n_1 = 10, n_2 = 12,\ R_1 = 93.5$$

이므로 Mann-Whitney 통계량은

$$\begin{aligned} U &= n_1 n_2 + \frac{n_1(n_1+1)}{2} - R_1 \\ &= 10(12) + \frac{10(11)}{2} - 93.5 \\ &= 81.5 \end{aligned}$$

가 된다. 귀무가설하에서 이 통계량의 분포는 평균

$$\mu_U = \frac{n_1 n_2}{2} = \frac{10(12)}{2} = 60$$

과 분산

$$\sigma_U^2 = \frac{n_1 n_2 (n_1 + n_2 + 1)}{12} = \frac{(10)(12)(23)}{12} = 230$$

을 갖게 된다. 따라서

$$\frac{U - \mu_U}{\sigma_U} = \frac{81.5 - 60}{\sqrt{230}} = 1.42$$

가 구해진다. 이 때 정규분포표에서 이 값에 해당하는 $z_{\alpha/2}$의 $\alpha/2$ 값은 0.0778이 되므로 $\alpha = 0.1556$이 된다.

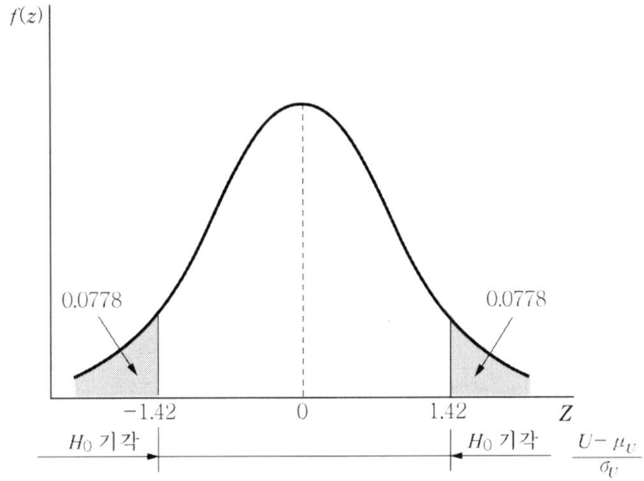

[그림 14-2] 공부시간에 대한 검정 : 양측대립가설

[그림 14-2]에서 보듯이 귀무가설은 양측대립가설에 대해 15.56%보다 높은 수준에서는 기각된다. 따라서 위의 자료는 두 모분포의 중심점이 같다는 가설을 강력히 부정하지는 못하고 있다. 어느 한 과목에 전반적으로 더 많은 시간이 투입된다고 단정짓기 또한 어렵다.

앞에서 U 통계량을 계산할 때 R_1 을 사용하였다. 그러나 두 표본의 크기가 다를 때

$$U = n_1 n_2 + \frac{n_1(n_1+1)}{2} - R_1$$

을 쉽게 계산했던 것과 마찬가지로 R_2 를 사용하여

$$U = n_1 n_2 + \frac{n_2(n_2+1)}{2} - R_2$$

를 구할 수 있다. 이를 계산해 보면

$$U = 10(12) + \frac{12(13)}{2} - 159.5 = 38.5$$

가 나온다. 그러면

$$Z = \frac{U - \mu_U}{\sigma_U} = \frac{38.5 - 60}{\sqrt{230}} = -1.42$$

가 되어 R_1 을 사용할 때와 같은 결론을 내리게 됨을 알 수 있다.

예제 14-3

두 모집단 1, 2에서 표본 $n_1 = 15$, $n_2 = 15$를 추출한 결과 $R_1 = 247$, $R_2 = 218$이 구해졌다. 두 모집단의 평균값이 동일하므로 서로 차이가 없다는 귀무가설을 평균값이 다르므로 두 모집단간에 차이가 있다는 대립가설에 대해 $\alpha = 0.15$의 유의수준에서 검정하라.

$$H_0: \mu_1 = \mu_2$$

$$H_1: \mu_1 \neq \mu_2$$

를 검정하기 위해 먼저 다음을 계산한다.

$$U = n_1 n_2 + \frac{n_1(n_1+1)}{2} - R_1 = 15(15) + \frac{15(16)}{2} - 247 = 98$$

$$\mu_U = \frac{n_1 n_2}{2} = \frac{15(15)}{2} = 112.5$$

$$\sigma_U = \sqrt{\frac{n_1 n_2 (n_1 + n_2 + 1)}{12}} = \sqrt{\frac{(15)(15)(15+15+1)}{12}} = 24.1$$

$\alpha = 0.15$이므로 표준정규분포표에서 한 변이 0.425가 되는 z 값으로 1.44를 찾을 수 있다.

$$\mu_U + 1.44\sigma_U = 112.5 + 1.44(24.1) = 147.2$$

와

$$\mu_U - 1.44\sigma_U = 112.5 - 1.44(24.1) = 77.8$$

의 상한과 하한이 각각 구해지므로 아래 [그림 14-3]과 같이 나타난다.

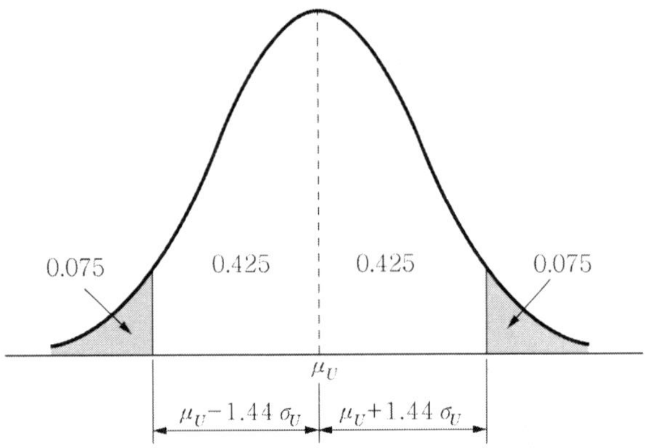

[그림 14-3] 모집단의 차이에 대한 검정 : 양측대립가설

U=98은 상한과 하한값 사이에 놓이므로 두 모집단간에 차이가 없다는 귀무가설은 기각되지 않고, 모집단의 분포, 즉 평균은 같다고 결론지을 수 있다.

제 5 절 순위상관계수

이번에는 순위로 관측된 두 변수들의 연관관계가 어느 정도인지를 측정하고 또 검정하는 방법에 대해 알아보고자 한다. 자료가 n개의 관측값으로 구성되어 있고 각 관측값은 한 쌍의 값 (x_i, y_i)라고 하자. 자료는 순위로 전환시키고, 같은 값의 순위는 앞에서와 같은 방법을 사용한다. x_i와 y_i의 각 순위차를 d_i라 할 때 변수 X와 Y의 연관성은

$$r_s = 1 - \frac{6\sum d_i^2}{n(n^2-1)}$$

으로 측정되는데 이 계수를 스피어만 순위상관계수(Spearman rank correlation coefficient)라고 한다.

자료가 아래와 같이 주어졌다고 하자.

관측값	x_i 순위	y_i 순위	d_i
1	1	1	0
2	2	2	0
3	3	3	0
4	4	4	0

두 변수의 순위는 일치하므로 모든 i에 대해 $d_i = 0$이 된다. 따라서 위의 식에서 $\sum d_i^2 = 0$으로 $r_s = 1$이 된다.

이번에는 Y의 순위가 거꾸로 되어 다음과 같다고 하자.

관측값	x_i	y_i	d_i
1	1	4	-3
2	2	3	-1
3	3	2	1
4	4	1	3

이 경우는 위와는 반대로 두 변수의 순위가 완전하게 불일치하므로 $\sum d_i^2 = 20$이 되어 $r_s = -1$이 된다. $|r_s|$가 1에 가까우면 X와 Y간에 관계가 있다는 사실을 의미하고, 반면 $|r_s|$가 0에 가까우면 X와 Y사이에 관련이 없거나 또는 독립적임을 의미한다.

예제 14-4

어느 종합보험회사의 판매담당 이사는 10명의 외판원들을 외모에 따라 순위를 정하고 있다. 외모가 가장 떨어지는 사람에게 1순위를 부여하고, 외모가 나은 순으로 순위를 올린다. 동시에 지난해 이들이 올린 판매고를 고려한 [표 14-5]의 자료로 순위상관계수를 구하라.

[표 14-5] 종합보험회사의 자료

외판원	판매고(단위 : 100만원)
1	180
2	221
3	270
4	195
5	305
6	202
7	228
8	365
9	402
10	197

[표 14-5]에 순위상관계수를 계산하기 위해 열을 추가시켜 [표 14-6]과 같이 확장해 보자. [표 14-6]은 계산을 위한 모든 정보를 갖추고 있으므로 순위상관계수를 구하면

$$r_s = 1 - \frac{6\sum d_i^2}{n(n^2-1)} = 1 - \frac{6(296)}{10(10^2-1)} = -0.7939$$

가 된다. 따라서 자료는 외모와 판매고 사이에 어느 정도의 연관성이 있음을 나타내고 있다. r_s 의 값이 음수로 나타났기 때문에 외모가 떨어질수록 판매성과는 더 높은 경향이 있는 것으로 나타난다.

순위상관계수는 표본내 두 순위 사이에 존재할 수 있는 연관관계를 알려주는 유용한 통계량이지만, 연관성의 존재여부에 대한 가설검정에도 사용될 수 있다. 전체 외판원들의 외모와 판매고의 연관성에 대한 가설이

H_0 : X와 Y는 관련이 없다.

H_1 : X와 Y는 서로 연관관계에 있다.

일 때, $n \geq 10$ 에 대해 검정통계량

$$t = \frac{r_s}{\sqrt{(1-r_s^2)/(n-2)}}$$

는 귀무가설이 성립할 때 $(n-2)$ 자유도를 가진 t 분포를 따른다.

[표 14-6] 순위상관계수의 계산을 위한 자료

외판원(x_i)	x_i순위	판매고(y_i)	y_i순위	d_i	d_i^2
1	6	180	1	5	25
2	4	221	5	-1	1
3	5	270	7	-2	4
4	10	195	2	8	64
5	3	305	8	-5	25
6	7	202	4	3	9
7	8	228	6	2	4
8	1	365	9	-8	64
9	2	402	10	-8	64
10	9	197	3	6	36
				합	296

예제 14-5

위의 결과 $n=10$, $r_s=-0.7939$를 사용하여 X와 Y가 연관성이 없다는 귀무가설을 검정하라.

위의 검정통계량에 $n=10$과 $r_s=-0.7939$을 대입하면 아래와 같이 구해진다.

$$t=\frac{r_s}{\sqrt{(1-r_s^2)/(n-2)}}=\frac{-0.7939}{\sqrt{[1-(-0.7939)^2]/8}}=-3.6926$$

자유도 8에서 H_0는 1% 유의수준에서도 기각된다. 따라서 r_s값은 외모와 판매고 사이에 연관성이 없다는 귀무가설을 강력히 기각함을 알 수 있다.

연 습 문 제

14.1 IMF 이전과 이후, 상품의 수출에 소요되는 일 수에 차이가 있는가를 보기 위해 5% 유의수준에서 부호검정법을 사용하여 검정하라.

이전	36	29	42	34	29	32	41	33	39	40	34	47	33	32	36
이후	29	28	38	36	32	34	38	35	37	41	34	47	37	30	35

14.2 바닐라와 초콜릿 두 종류의 아이스크림에 대한 선호도를 비교하기 위해 임의의 표본으로서 100명의 어린이에게 질문을 하였다. 그 결과 56명이 바닐라를, 40명이 초콜릿을 더 좋아하고 있으나, 나머지 4명은 어느 것이 더 좋다는 표현을 하지 않았다. 모든 어린이들이 전반적으로 어느 한 쪽을 더 좋아한다는 경향은 없다는 귀무가설을 양측대립가설에 대해 검정하라.

14.3 어느 기관은 속독시 학생들의 이해능력을 향상시키는 프로그램을 개발하였다. 10명의 학생에게 30분간 독서를 시킨 후 이해하는 수준을 알아보기 위해 테스트를 실시하였으며, 이러한 과정을 학생들이 프로그램을 이수한 후에도 반복했다. 프로그램 이수 전과 이수 후 이해도에 대한 점수는 아래 표와 같다. 프로그램 이수 후에도 이해도가 전반적으로 향상되지는 않았다는 귀무가설을 검정하여 보라.

학생	1	2	3	4	5	6	7	8	9	10
과정 전	84	60	58	62	93	55	60	72	49	85
과정 후	80	69	59	69	99	63	69	70	63	89

14.4 비모수 검정의 가장 큰 단점은 무엇인가?

14.5 어느 은행의 시장분석가는 한 가정의 부부가 은행을 방문하는 횟수를 조사하여 남녀간 은행을 이용하는 성향에 대한 연구를 하고자 한다. 지난 한 달 동안 표본으로 잡은 여덟 가구가 은행을 방문한 횟수는 다음과 같다.

가구	남	녀
1	12	8
2	3	19
3	5	14
4	8	10
5	17	6
6	4	14
7	15	10
8	6	3

(1) [표 14-3]과 같이 차와 순위를 계산하여 위의 표를 확장시켜 보라.

(2) 이 연구에서 관심사는 무엇이 되겠는가? 이를 검정하기 위한 귀무가설과 대립가설을 설정하라.

(3) (+)순위와 (−)순위의 각 순위합과 Wilcoxon 통계량 T를 구하라.

(4) $\alpha=0.05$에서 위의 가설을 검정하라.

14.6 두 유명 사립대학교 출신 경영학 석사들의 초봉을 비교하기 위해 각 학교에서 30명씩의 표본을 독립적으로 추출하였다. 두 종류의 표본을 한데 모아 60개 초봉의 순위를 검토한 결과 한 학교 졸업생들의 순위합이 1,243이었다. 두 모분포의 중심점이 같다는 귀무가설을 검정하라.

14.7 지난 대통령선거에서 여당후보에 투표한 유권자 중 50명, 또 야당후보에 투표한 유권자 중 50명을 임의의 표본으로서 독립적으로 추출하여 연간 평균소득이 얼마냐고 질문하였다. 100가지의 소득을 모아 최저액부터 최고액에 이르기까지 순위를 부여한 결과 야당 지지자의 순위합이 2,062로 나타났다. 두 정당 지지자들의 평균소득에 차이가 없다는 귀무가설을 여권 지지자들의 평균소득이 높다는 대립가설에 대해 검정하라.

14.8 어느 대기업의 입사시험에서 서류전형을 통과한 금년도 대학 졸업생들이 면접시험을 보았다. 아래 자료는 그 중 상위 10명에 대해 면접위원장이 심사한 순위와 해당 졸업생의 출신교 순위이다. 출신교 순위 1은 이 기업의 선호도에 따른 최고의 대학이다.

수험생	면접 순위	출신교 순위
1	10	6
2	3	7.5
3	2	3
4	9	9
5	5	1
6	6	7.5
7	1	2
8	4	4.5
9	8	10
10	7	4.5

순위상관계수를 계산하고, 면접순위와 출신교 사이에는 관련성이 없다는 가설을 유의수준 0.05에서 검정하라.

14.9 $n=14$ 이고 순위상관계수 $r_s=-0.19$ 일 때 두 순위 사이에 연관성이 없다는 가설을 유의수준 0.01에서 검정하라.

제 15 장

지 수

개인이나 또는 어느 기관, 단체와 같은 조직사회에서는 주변여건이 일정기간 동안 얼마나 변했는가를 알아야 할 때가 있다. 예를 들어, 생활비가 작년에 비해 얼마나 증가했는가를 알아야 주어진 소득에서 가계예산을 조절할 수 있을 것이다. 공장을 가동하는데도 생산품 단위당 드는 비용이 6개월 전과 비교하여 얼마나 변했는가를 알아야 경영방침을 조정할 수 있다. 뿐만 아니라 각 공공기관도 정책수행에 드는 비용이 지난 해에 비해 어느 정도 증가했는가를 알아야 적절한 예산책정이 가능해진다. 이것이 가능하기 위해서는 각 단위기간 사이 변화의 정도가 정의되고 파악되어야만 한다. 이와 같이 기준이 되는 어느 시점과 비교하여 얼마나 변화했는가를 나타내는 것이 바로 지수(index)이다.

지수는 경제와 경영활동 규모의 변화를 측정하는 기술적 척도이다. 가격, 소득, 생산, 고용 등의 변화를 나타내 주는 지수는 다양하나 그 중에서 가장 널리 알려진 지수중의 하나는 소비자물가지수(consumer price index)라고 할 수 있다. 소비자물가지수는 생계비의 변화에 대한 지표로서 소매가격의 변화를 관찰하고 화폐의 구매력을 측정하는데 사용된다. 1995년을 기준연도로 잡고 그 해의 물가지수를 100으로 볼 때 금년의 물가지수가 150으로 계산되었다면 금년의 전반적 물가수준은 1995년에 비해 50% 정도 증가한 것으로 파악된다는 것이다.

제1절 지수의 정의

지수는 현재의 값과 기준시점의 값과의 비율을 계산하여 100을 곱하므로 백분율로 표현되며, 기준시점의 지수값은 항상 100이 된다. 예를 들어 새로 창업하는 기업의 수가 1995년 1,950개, 96년 1,980, 97년 1,480, 98년 950, 그리고 99년도에 2,130개라고 하자. 1995년을 기준연도로 잡을 때 기업수의 변화를 반영하는 지수는 아래의 [표 15-1]과 같이 계산한다.

[표 15-1] 지수의 계산(기준연도 : 1995)

연도	창업기업의 수(100)	비율	지수
1995	19.5	19.5/19.5=1.00	1.00×100=100
1996	19.8	19.8/19.5=1.02	1.02×100=102
1997	14.8	14.8/19.5=0.76	0.76×100=76
1998	9.5	9.5/19.5=0.49	0.49×100=49
1999	21.3	21.3/19.5=1.09	1.09×100=109

계산결과에 의하면 1998년의 창업기업의 수는 기준연도인 1995년의 49%에 불과하다는 것을 알 수 있다.

1. 지수의 유형과 사용

지수는 가격지수(price index), 수량지수(quantity index), 또 가치지수(value index) 등과 같은 3가지의 기본형으로 구분된다. 가격지수는 가장 자주 사용되는 것으로 각 기간의 물가수준을 비교할 수 있으며 그 대표적인 예로 소비자물가지수, 도매물가지수, 생산자물가지수 등이 있다. 소비자물가지수는 소비생활에 중요한 재화와 용역을 기준연도의 지출비중을 가중치로 하여 산출한 평균적인 가격변동이다. 따라서 다양한 소비재와 용역의 전반적인 가격변화가 생계비를 정의하는데 사용된다. 반면 생산자물가지수는 생산자가 필요로 하는 재화의 가격변동을 같은 방법으로 구한다. 기준연도는 대체로 5년마다 변경되는데 이는 소비활동과 생산활동에 필요한 상품의 내용과 구성비중이 달라지기 때문이다.

수량지수는 한 변수의 수나 양이 시간이 흐름에 따라 얼마나 변화하는가를 나타내준다. 예를 들어 산업생산지수는 생산용량과 같은 어떤 양적인 특징의 변화를 기준연도와 비교하게 된다. [표 15-1]에서 계산된 지수는 창업기업의 수가 1995년을 기준으로 어떻게 변화해 가는가를 나타내는 수량지수이다.

마지막으로 가치지수는 총화폐가치의 변화를 나타내며, 더 많은 정보를 제공하는 지수를 제시하기 위해 가격과 수량의 변화를 결합시킨다. [표 15-1]에는 수량지수만 제시되어 있으나 화폐효과를 포함시켜 총가치를 계산할 수 있다.

모든 지수는 특별한 목적에 따라 각각 자체의 독자적인 공식을 갖추고 있다. 지수를 올바르게 사용하기 위해서는 각 지수의 본질과 구성을 제대로 이해해야 한다. 지수는 통상적으로 시간의 흐름에 따른 전반적인 변화를 나타내 주지만 서로 다른 지역간의 차이를 분석하는데도 사용될 수 있다. 예를 들어 두 지역에서 동시에 수집한 자료로 계산한 생계비지수를 비교하면 어느 지역이 생활비가 덜 드는가를 알 수 있게 된다. 하나의 지수는 관련변수들의 복합적 변동상황을 반영한다. 소비자물가지수는 소비생활에 필요한 재화와 용역의 일반적 가격수준을 계산한 것으로 이들 재화와 용역의 개별가격이 결합되어 복합적인 가격지수가 형성되는 것이다.

지수의 용도는 크게 두 가지로 구분된다. 첫째, 소비자물가지수가 경제여건의 일반적인 지표로 인용되듯 그 자체가 하나의 결과로서 사용된다. 둘째, 지수는 다른 정보를 더 잘 이해하기 위한 중간계산 과정에 활용되기도 한다. 물가상승요인을 배제한 화폐의 실질구매력을 정확히 파악하기 위해 모든 가격을 실질가격으로 전환시킬 때 소비자물가지수가 사용되는 것이 좋은 예이다.

[표 15-2]는 일정기간 동안 대졸 신입사원이 받는 초봉과 그 해의 소비자물가지수, 그리고 계산된 실질임금의 한 예를 보여준다. 신입사원의 초봉은 두 배 이상 증가했으나 같은 기간 전반적인 물가수준이 두 배로 동시에 올랐기 때문에 실질임금은 거의 상승하지 않았음을 알 수 있다.

[표 15-2] 실질임금의 계산

연도	초봉(만원)	소비자물가지수	실질임금(만원)
1985	45	100	(45/100)×100=45.00
1995	85	182	(85/182)×100=46.70
1999	100	200	(100/200)×100=50

2. 지수의 왜곡 요인

지수가 왜곡되는 몇 가지 요인을 살펴보자.

① 간혹 지수를 계산하기에 적절한 자료를 찾기 힘든 경우가 있다. 예를 들어, 어느 대형 백화점의 경영진이 판매고의 계절에 따른 변동을 반영하는 지수를 계산하고 싶다고 하자. 그러나 연간 매상고만 기록되는 일부 상품들은 계절에 따른 판매추이를 제대로 반영하는 지수를 계산할 수 없게 된다.

② 지수가 계산되는 대상에 근본적인 변화가 발생했다면 그 전의 지수와 비교할 수가 없게 된다. 예를 들어 지난 15년간 자동차의 가격지수만 비교하면 값이 크게 올랐다고 할 수 있으나 이는 기술의 발달로 인한 품질의 향상효과는 고려하지 않은 것이기 때문에 자동차가격이 올랐다고 쉽게 단정지을 수 없다.

③ 부적절한 가중치도 지수를 왜곡시킨다. 소비자물가지수와 같은 복합적 지수를 개발시킬 때 어떤 변수들의 변화는 다른 변수들의 변화보다 더 비중을 두어야 한다는 사실을 고려해야 한다. 예를 들어 휘발유 ℓ당 50원의 가격상승은 자동차 가격의 50원 하락보다 소비자에게 더 큰 영향을 미친다. 따라서 자동차 가격의 하락보다 휘발유 가격의 상승에 더 큰 가중치가 부여되어야 한다는 것이다.

④ 부적절한 기준시점을 택할 때도 지수가 왜곡될 수 있다. 예를 들어 호황시 국제선 항공탑승권의 매상지수를 IMF 외환위기 시기를 기준연도로 잡아 비교하면 호경기에 의한 영향이 실제보다 부풀려지게 된다.

따라서 이 모든 요인을 고려하여 지수가 왜곡되지 않도록 해야 한다.

제2절 비가중합지수

복합적 지수의 가장 간단한 형태는 비가중합지수이다. 비가중이란 지수를 계산하는데 있어서 고려되는 모든 품목의 중요도가 동일하다는 것을 의미하며, 합이란 값을 모두 더한다는 뜻이다. 비가중합지수의 장점은 계산이 단순하다는데 있다. 즉 고려되는 동일품목들에 대해 주어진 기간과 기준기간과의 비율을 아래와 같이 계산하면 된다.

[비가중합지수]

$$\frac{\sum Q_1}{\sum Q_0} \times 100$$

여기에서

Q_1 : 금년도 각 품목의 양

Q_0 : 기준연도 각 품목의 양

위의 식은 수량을 물가나 가치로 대체시켜 물가지수나 가치지수를 구하는 방정식으로 만들 수 있다. [표 15-3]에 비가중합지수를 계산한 결과가 제시되어 있다. 이 경우 몇 가지 품목의 가격변화를 근거로 전반적 가격수준의 변화를 측정하고자 하는 것으로 1995년 가격이 기준가격이며 같은 품목의 2000년 가격과 비교된다. [표 15-3]을 보면 물가지수는 1995년 100에서 2000년 154.84로 증가한 것으로 나타난다.

[표 15-3] 비가중합지수의 계산(네 품목) (단위 : 원)

품목	1995년 가격(P_0)	2000년 가격(P_1)
상품 1	1,920	3,450
상품 2	850	1,010
상품 3	1,500	2,100
상품 4	1,000	1,600
	$\sum P_0 = 5,270$	$\sum P_1 = 8,160$

$$\frac{\sum P_1}{\sum P_0} \times 100 = \frac{8,160}{5,270} \times 100 = 154.84$$

따라서 이 품목들의 가격이 전반적인 물가수준을 대표한다 가정하면 1995년에서 2000년 사이 물가가 약 55% 상승했다고 볼 수 있다. 그러나 네 품목의 표본이 모든 재화와 용역의 정확한 가격변화를 반영한다고 기대할 수는 없으므로 [표 15-4]와 같이 한 품목을 추가시켜 가격지수를 다시 구해 보도록 하자.

1995년에서 2000년까지 가격이 상승한 품목이 더 많으므로 두 개의 지수를 비교해보면 [표 15-3]에서의 지수 154.84가 [표 15-4]의 94.78보다 전반적 물가변동의 현실을 제대로 반영한 추정값이라고 할 수 있다.

[표 15-4] 비가중합지수의 계산(다섯 품목) (단위 : 원)

품 목	1995년 가격(P_0)	2000년 가격(P_1)
상품 1	1,920	3,450
상품 2	850	1,010
상품 3	1,500	2,100
상품 4	1,000	1,600
상품 5	16,000	12,000
	$\sum P_0 = 21,270$	$\sum P_1 = 20,160$

$$\frac{\sum P_1}{\sum P_0} \times 100 = \frac{20,160}{21,270} \times 100 = 94.78$$

여기에서 비가중지수의 중요한 단점이 드러난다. 즉 소비생활에 더 많이 쓰이는 품목과 그렇지 않은 품목이 지수의 계산에서 같은 비중을 차지하고 있다는 것이다. 예를 들어 상품 1이 계란, 상품 5가 수동전자계산기라 하자. 한 가정이 1년에 수십 다스의 계란은 살 수 있으나, 계산기를 많이 보유하지는 않을 것이다. 수동계산기는 그동안 기술발전으로 인해 가격이 계속 하락해 왔으므로 이와 같이 많이 구매하지 않는 품목의 큰 가격변동은 지수를 왜곡시킬 수 있다. 따라서 중요한 분석에서는 통상적으로 단순한 비가중합지수가 사용되지 않고, 이러한 결점은 상품의 중요도에 따라 가중치를 부여함으로써 보완될 수 있다.

제3절 가중합지수

앞에서 언급했던 바와 같이 어떤 변수들의 변화는 다른 변수들보다 상대적으로 더 중요한 영향을 미치는 경우가 많다. 변수들의 중요도에 따라 가중치를 주기 위해서는 가격의 변화 외에 더 많은 정보가 필요하게 된다는 단점이 있긴 하지만 전반적인 물가수준을 측정하는데 있어서는 정확도가 더욱 높아질 것이다. 문제는 각 변수들에게 어떤 가중치를 줄 것인가를 결정하는 것이다. 가중합 물가지수를 계산하기 위한 일반형은 다음과 같다.

[가중합지수]

$$\frac{\sum P_1 Q}{\sum P_0 Q} \times 100$$

여기에서 P와 Q는 아래와 같이 정의된다.

P_1 : 금년도 각 상품의 가격

P_0 : 기준연도 각 상품의 가격

Q : 소비량

시간이 가면 물가가 전반적으로 오를 것임에도 불구하고 [표 15-4]에서는 오히려 감소한 것으로 나타났다. 이와 같은 오류는 [표 15-5]에서와 같이 소비량을 가중치로 곱해 줌으로써 수정될 수 있다. 그렇다면 어떤 소비량을 가중치로 사용하는 것이 직합할까?

가중치로는 다음의 세 가지 방법을 주로 사용한다. 첫째 방법은 각 지수를 계산하는데 있어서 기준기간의 소비량을 가중치로 사용하는 것으로 이를 Laspeyres(라스파이레스) 방법이라 한다. 두 번째 방법은 기준연도의 소비량 대신 현재의 소비량을 가중치로 사용하는 것으로 이를 Paasche(파셰)방법이라고 한다. 세 번째 방법은 어느 한 기간을 선택하여 그 때의 소비량을 가중치로 사용하는 것으로 이를 고정가중법이라고 한다. 이때 만약 선정된 기간이 기준기간이라면 Laspeyres 방법과 동일한 결과를 얻게 된다.

[표 15-5] 가중합 물가지수의 계산

품목	Q(양)	P_0 (1995년 가격)	P_1 (2000년 가격)	P_0Q (가중판매고)	P_1Q (가중판매고)
상품 1	20.00	1,920	3,450	38,400	69,000
상품 2	4.50	850	1,010	3,825	4,545
상품 3	12.00	1,500	2,100	18,000	25,200
상품 4	135.00	1,000	1,600	135,000	216,000
상품 5	0.01	16,000	12,000	160	120

$$\sum P_0Q = 195,385 \quad \sum P_1Q = 314,865$$

$$\frac{\sum P_1Q}{\sum P_0Q} \times 100 = \frac{314,865}{195,385} \times 100 = 161.15$$

1. Laspeyres 물가지수

Laspeyres지수는 가장 널리 사용되는 지수로, 각 기간의 지수값이 동일한 기준기간의 가격과 수량에 달려 있으므로 한 기간의 지수를 직접 다른 기간의 지수와 비교할 수 있다. 예를 들어, 한 철강회사에서 자체 계산한 가격지수가 1993년을 기준으로 할 때 1996년 109, 1999년 122라면 이 회사는 1996년에서 1999년까지 가격수준이 13% 상승했다고 결론지을 수 있다.

Laspeyres지수는 아래와 같이 계산한다.

[Laspeyres 지수]

$$\frac{\sum P_1 Q_0}{\sum P_0 Q_0} \times 100$$

여기에서

P_1 : 금년도 가격

P_0 : 기준연도의 가격

Q_0 : 기준연도의 소비량

Laspeyres 방법을 사용하여 1995년부터 1999년 사이 물가수준의 변동을 [표 15-6]의 예를 통해 알아보기로 하자.

[표 15-6] Laspeyres 물가지수의 계산

품목	P_0 (1995)	P_1 (1999)	Q_0	P_0Q_0	P_1Q_0
상품 1	930	1,220	190	176,700	231,800
상품 2	890	1,090	280	249,200	305,200
상품 3	3,620	4,415	95	343,900	419,425

$$\sum P_0 Q_0 = 769,800 \sum P_1 Q_0 = 956,425$$

$$\frac{\sum P_1 Q_0}{\sum P_0 Q_0} \times 100 = \frac{956,425}{769,800} \times 100 = 124.24$$

P_0와 P_1의 단위는 원으로 소비되는 각 상품의 단위당 가격이며, Q_0는 1995년 한 가정의 평균소비량이다. 위의 세 품목이 대표로 뽑힌 상품의 표본이라고 할 때 물가수준은 1995년의 100에서 1999년에는 124.24가 되어 24% 이상 상승했다고 결론내릴 수 있다. [표 15-6]에서 사용된 양은 Q_0로 상품의 총소비량 대신 평균소비량을 사용했다. 같은 수량의 척도를 적용시키는 한 어느 것을 사용하든 관계없으나 통상적으로 조사자가 구하기 쉬운 자료를 선택한다.

Laspeyres지수의 장점은 한 기간의 지수값을 다른 기간의 그것과 비교할 수 있다는데 있다. 기준연도의 수량을 공통적으로 사용하므로 1996년의 물가지수를 구하기 위해서는 1996년의 가격만이 자료로 필요하며 이 지수는 1999년 지수와 그대로 비교할 수 있다. 또 다른 장점은 소비량의 모든 연간자료가 필요한 것이 아니라 기준연도의 자료만 사용된다는데 있다. 따라서 Laspeyres 방법을 사용한다면 기준연도의 수량만이 계산에 필요하므로 자료를 추가적으로 구할 필요가 없게 된다.

반면 Laspeyres지수의 근본적인 단점은 소비패턴의 변화를 고려하지 않는다는 것이다. 예를 들면 무선호출기, 연탄 등과 같이 몇 년전 대량판매되던 품목들이 현재는 상대적으로 중요하지 않을 수 있다. 기준연도의 판매량과 현재의 판매량이 크게 다르다면 이 품목의 가격변화는 일반적인 물가수준의 변화를 설명하는데 거의 영향을 미치지 못하게 된다.

2. Paasche 물가지수

가중합 물가지수를 계산하는 또 하나의 방법은 Paasche 방법이다. Paasche지수를 계산하는 방법은 Laspeyres지수의 경우와 비슷하나, 기준기간의 소비량 대신 현재의 소비량을 사용한다는 점이 다르다. Paasche지수는 다음과 같이 정의된다.

[Paasche지수]

$$\frac{\sum P_1 Q_1}{\sum P_0 Q_1} \times 100$$

이때

P_1 : 현기간의 가격

P_0 : 기준기간의 가격

Q_1 : 현기간의 소비량

위의 식을 이용하여 [표 15-6]을 다시 계산할 수 있다. 1995년의 소비량을 1999년의 소비량으로 대체시키면 [표 15-7]과 같이 Paasche지수를 구할 수 있다.

[표 15-7]에서 계산된 1999년의 물가지수는 123.35이다. [표 15-6]의 Laspeyres 지수값 124.24와 비교할 때 두 지수의 차이는 세 품목의 소비패턴의 변화를 반영

한다.

[표 15-7] Paasche 물가지수의 계산

품목	P_1 (1999)	P_0 (1995)	Q_1	P_1Q_1	P_0Q_1
상품 1	1,220	930	190	231,800	176,700
상품 2	1,090	890	102	111,180	90,780
상품 3	4,415	3,620	260	1147,900	941,200

$$\sum P_1Q_1 = 1,490,880 \quad \sum P_0Q_1 = 1,208,680$$

$$\frac{\sum P_1Q_1}{\sum P_0Q_1} \times 100 = \frac{1,490,880}{1,208,680} \times 100 = 123.35$$

Paasche 방법의 장점은 가격과 소비패턴의 변화로 인한 효과가 함께 고려된다는데 있다. 따라서 경제의 전반적인 변화를 설명하는데 Laspeyres지수보다는 더 나은 경제지표라 하겠다. 위의 예는 1995-1999년 사이의 물가수준은 약 23%가량 상승했다는 것을 보여준다. 그러나 Paasche지수의 단점은 다음과 같다. Paasche 지수를 계산하기 위해서는 각 기간의 소비량 또는 판매량에 대한 자료가 필요한데 이러한 자료는 수집하기가 힘들거나 또는 불가능한 경우도 있다. 또한 Paasche지수는 가격과 수량의 변화를 모두 고려하므로 서로 다른 기간의 지수를 단순히 비교하기는 어렵다.

3. 고정가중합지수

가중치를 사용한 세 번째 방법은 고정가중합 물가지수로 앞의 두 방법과 비슷하다. 차이점은 단지 기준기간이나 현기간 대신 대표적인 기간의 수량을 가중치로 사용한다는 것이다. 이때 대표가중치를 고정가중치라 하며, 이 고정가중치와 기준연도의 가격이 같은 기간의 자료일 필요는 없다. 고정가중합 물가지수를 계산하는 공식은 다음과 같다.

[고정가중합지수]

$$\frac{\sum P_1 Q_2}{\sum P_0 Q_2} \times 100$$

이때

P_1 : 현기간의 가격

P_0 : 기준기간의 가격

Q_2 : 고정가중치

이 지수를 계산하기 위한 과정을 살펴보자. 예를 들어, 어느 기업체의 경영진이 1979년부터 1999년 사이 상품의 제조에 필요한 원자재 수입가격의 동향을 파악하고 싶다고 하자. 과거의 구매기록을 검토한 결과 1992년의 구매량이 과거 20년간 구매패턴의 특징을 잘 나타내고 있다고 판단되었다. 이 때 1979년의 가격수준이 이 분석에서 기준연도의 가격이라고 볼 수 있다. 고정가중합지수의 계산과정은 [표 15-8]에 제시되어 있으며, 결과를 보면 20년간 물가가 83%가량 올랐음을 알 수 있다.

[표 15-8] 고정가중합 물가지수의 계산

원자재	Q_2 (1992년 소비량, 천톤)	P_0 (1979년 톤당 평균가, $)	P_1 (1999년 톤당 평균가, $)	가중합(1979)	가중합(1999)
철광석	13	15.20	27.50	197.60	357.50
니켈광석	4	24.10	48.00	96.40	192.00
석탄	160	14.10	25.70	2,256.00	4,112.00
				$\sum P_0 Q_2 = 2{,}550.00$	$\sum P_1 Q_2 = 4{,}661.50$

$$\frac{\sum P_1 Q_2}{\sum P_0 Q_2} \times 100 = \frac{4{,}661.50}{2{,}550.00} \times 100 = 182.80$$

고정가중합지수의 장점은 기준가격과 고정가중치를 선택하는데 융통성이 있다는 것이다. 기업체가 기준으로 삼고자 하는 기간은 소비수준의 특징을 나타내지 못하는 경우가 많다. 그러나 고정가중치로 사용하기 위해 다른 기간을 선택할 수 있기 때문에 기업체는 지수의 정확도를 높일 수 있다. 지수를 계산할 때 기업체는 고정가중치를 변경시키지 않고 기준가격을 바꿀 수 있으므로 어느 기간 동안 수량의 측정치를 구하기 어렵거나 불가능한 경우 특히 유용하다.

제4절 상대평균지수

1. 비가중상대평균지수

지금까지 살펴본 비가중합과 가중합 대신 상대적 평균으로 지수를 계산할 수도 있다. [표 15-1]의 지수계산 과정은 사실 상대평균의 한 유형이다. [표 15-1]은 단일상품의 경우에 해당되는 예로써 현기간의 기업수를 기준연도의 기업수로 나누는 상대비율을 계산했었다. 상품이 여러 개인 경우에도 각 상품에 대해 현재의 가격과 기준가격의 비율을 계산한다. 비가중상대평균지수의 일반형은 아래와 같다.

[비가중상대평균지수]

$$\frac{\sum(\frac{P_1}{P_0}\times 100)}{n}$$

이때

P_1 : 현기간의 가격

P_0 : 기준기간의 가격

n : 상품의 수

[표 15-9]는 [표 15-3]의 예를 이용하여 비가중상대평균지수를 계산하는 과정을 나타내고 있다. 이 계산에 의해 구해진 2000년의 물가지수는 149.63으로 [표 15-3]에서 구한 비가중합지수 154.84와는 차이를 보이고 있다.

[표 15-9] 비가중상대평균지수의 계산

품목	1995년 가격	2000년 가격	비율
상품 1	1,920	3,450	(3,450/1,920)×100=179.69
상품 2	850	1,010	(1,010/850)×100=118.82
상품 3	1,500	2,100	(2,100/1,500)×100=140
상품 4	1,000	1,600	(1,600/1,000)×100=160

$$\sum(\frac{P_1}{P_0}\times 100) = 598.51$$

$$\frac{\sum(\frac{P_1}{P_0}\times 100)}{n} = \frac{598.51}{4} = 149.63$$

비가중상대평균지수는 각 상품의 가격비율의 평균을 계산하나, 비가중합지수는 각 상품가격의 합의 비율을 계산한다. 따라서 비가중상대평균지수는 각 품목을 상대비율로 전환시켜 총액이 아닌 백분율로 계산된다.

2. 가중상대평균지수

상품의 중요도에 따라 가중치가 주어진 지수가 현실을 더 잘 반영한다고 할 때 가중상대평균지수가 비가중지수보다는 더욱 유용할 것이다. 가중합 물가지수를 계산할 때는 소비량을 가중치로서 사용하였으나 가중상대평균지수의 계산에는 각 상품의 가치를 나타내는 (가격×수량)이 가중치로 쓰인다.

가중치를 결정하는데는 몇 가지 방법이 있으나 우선 Laspeyres 지수를 계산할 때처럼 기준연도의 가격과 수량을 곱한 기준연도의 가치를 가중치로 사용할 수 있다. 이 경우 Laspeyres지수와 같은 값이 나오므로 자료의 사용가능성에 따라 두 방법 중 한 방법을 선택하면 된다. 수량에 대한 자료를 더 쉽게 구할 수 있다면 Laspeyres 방법을 사용하고, 가치에 대한 자료를 구하는 것이 더 수월하다면 가중상대평균법을 사용하면 된다. 가중상대평균 가격지수를 계산하기 위해 사용되는 공식은 아래와 같다.

[가중상대평균 가격지수]

$$\frac{\sum[(\frac{P_1}{P_0}\times 100)P_nQ_n]}{\sum P_nQ_n}$$

P_nQ_n : 가치가중치 (기준기간은 $n=0$, 현기간은 $n=1$, 고정기간은 $n=2$)

P_0 : 기준기간의 가격

P_1 : 현기간의 가격

기준연도의 가치 P_0Q_0 를 사용하여 가중상대평균지수를 계산하려면 위의 공식은 다음과 같아지므로 Laspeyres 방법과 동일하게 된다.

$$\frac{\sum[(\frac{P_1}{P_0}\times 100)P_0Q_0]}{\sum P_0Q_0}$$

[표 15-6]에는 기준연도의 수량과 가격이 제시되어 있으므로 기준연도의 가치를 사용하여 계산하면 [표 15-10]이 얻어지게 된다. [표 15-10]에서 계산된 물가지수는 예상했던 바와 같이 [표 15-6]의 물가지수와 같다.

가중합의 경우에서와 같이 가중치로 기준가치 P_0Q_0 나 또는 고정가치 P_2Q_2 를 사용할 때 한 기간의 가격수준과 다른 기간의 가격수준을 비교할 수 있다. 그러나 가중상대평균 물가지수를 계산하는 데 있어서 현가치 P_1Q_1 을 사용할 때는 가격과 수량이 모두 변화했을지 모르므로 서로 다른 기간의 값을 직접 비교할 수는 없다. 따라서 가중상대평균지수를 계산할 때는 흔히 기준가치나 고정가치 중 하나를 사용한다.

[표 15-10] 가중상대평균지수의 계산

품목	P_0 (1995)	P_1 (1999)	Q_0 (1995)	$\frac{P_1}{P_0}\times 100$	P_0Q_0	$(\frac{P_1}{P_0}\times 100)P_0Q_0$
상품 1	930	1,220	190	(1,220/930)×100=131.18	176,700	23,179,506
상품 2	890	1,090	280	(1,090/890)×100=122.47	249,200	30,519,524
상품 3	3,620	4,415	95	(4,415/3,620)×100=121.96	343,900	41,942,044
					$\sum P_0Q_0$ $=769{,}800$	$\sum[(\frac{P_1}{P_0}\times 100)P_0Q_0]$ $=95{,}641{,}074$

$$\frac{\sum[(\frac{P_1}{P_0}\times 100)P_0Q_0]}{\sum P_0Q_0}=\frac{95{,}641{,}074}{769{,}800}=124.24$$

제5절 수량지수와 가치지수

지금까지는 지수를 주로 물가지수로 국한시켜 살펴보았으나 이제는 수량과 가치의 변화를 나타내는 지수에 대해 살펴보기로 하자. 수량지수는 가격의 파동으로 인한 효과가 제거되므로 인플레이션인 경우는 원자재와 최종제품의 실제 산출량에 대해 가치지수보다 더 신뢰할만한 정보를 제공해 준다.

앞에서 물가지수를 계산하기 위해 사용된 방법들이 수량지수를 구하는 데도 사용될 수 있다. 다만 물가지수를 계산할 때는 수량이나 가치를 가중치로 사용한데 반해, 수량지수를 구하고자 할 때는 가격이나 가치를 가중치로 사용한다. 이제 가중상대평균 수량지수를 구해 보도록 하자. 계산과정은 아래에서 보듯이 물가지수를 구할 때와 같다.

[가중상대평균 수량지수]

$$\frac{\sum[(\frac{Q_1}{Q_0}\times 100)Q_nP_n]}{\sum Q_nP_n}$$

여기에서

Q_1 : 현기간의 수량
Q_0 : 기준기간의 수량

이 공식을 사용하여 가중상대평균 수량지수를 계산하는 과정이 [표 15-11]에 제시되어 있다. 가치 Q_nP_n은 기준기간의 값으로 결정되며, Q_0P_0로 표시할 수 있다.

[표 15-11] 가중상대평균 수량지수의 계산

품목	Q_0 (1995 수량)	Q_1 (1999 수량)	P_0 (1985 단위당 가격)	$\frac{Q_1}{Q_0}\times 100$	Q_0P_0 (기준가치)	$(\frac{Q_1}{Q_0}\times 100)Q_0P_0$
상품 1	30	25	390	83.33	11,700	974,961
상품 2	4	3.2	290	80	1,160	92,800
상품 3	14	16	645	114.29	9,030	1,032,038.7

$$\sum Q_0P_0 = 21,890 \quad \sum[(\frac{Q_1}{Q_0}\times 100)Q_0P_0] = 2,099,799.7$$

$$\frac{\sum[(\frac{Q_1}{Q_0}\times 100)Q_0P_0]}{\sum Q_0P_0} = \frac{2,099,799.7}{21,890} = 95.93$$

한편 가치지수는 한 상품의 총가치가 얼마나 변하는가를 보여준다. 가치는 가격과 수량에 의해 결정되므로 가치지수에는 가격과 수량변화의 결합효과가 내재하게 된다. 이 지수의 단점은 가격과 수량의 효과를 구분해 주지 않는다는 데 있긴 하지만 그럼에도 불구하고 전반적인 변화를 측정하는 데는 유용하게 쓰인다.

연 습 문 제

15.1 다음은 지난 4년간 어느 대기업체의 상위 네 직급의 연봉에 관한 자료이다. 1996년을 기준연도로 잡고, 1996년 이후 3년간 이들의 비가중임금지수를 계산하라.

(단위 : 십만원)

	1996	1997	1998	1999
1 직급	310	347	385	411
2 직급	450	499	548	586
3 직급	690	752	819	876
4 직급	848	932	1,034	1,116

15.2 다음은 어느 종합병원의 급식용 식품류의 연평균 구입가격이다. 1998년을 기준연도로 잡아 그 전 해와 다음 해의 비용지출동향을 파악하고 싶다. 1997년과 1999년의 가격을 비가중종합지수로 표현하라.

연도 \ 품목	육류제품	야채류	과일류	낙농제품
1997	3,190	850	1,110	2,340
1998	3,410	890	1,190	2,380
1999	3,360	940	1,180	2,600

15.3 연극협회는 지난 4년간 입장권의 가격과 판매량에 대한 정보를 아래와 같이 수집하였다. 1997년을 기준연도로 잡고 이 때의 값을 가중치로 사용하여 가중상대평균 물가지수를 계산하라.

	연간평균가격				매표수			
	1996	1997	1998	1999	1996	1997	1998	1999
1등석	6,500	7,250	7,500	8,100	26,000	27,000	31,000	28,000
2등석	3,500	3,850	4,300	4,350	71,000	80,000	89,000	90,000

15.4 자동차사고를 그 정도에 따라 네 등급으로 나눌 때 평균수리비가 아래와 같이 나타났다. 1995년을 기준연도로 사용하여 비가중상대평균 물가지수를 구하라.

(단위 : 만원)

연도 \ 사고등급	I	II	III	IV
1995	16	26	35	189
1997	16	29	37	205
1999	18	30	41	216

15.5 아래의 표는 미국 농무성이 농가 번영기인 1910-1914 기간부터 국제 곡물파동기인 1974년까지 농가가 받은 각 생산품의 가격을 지수화한 것이다.

기간	모든 농산물	가축	면화	연초	과일
1910-14	100	100	100	100	100
1930	125	134	104	140	149
1950	258	280	282	402	194
1970	280	326	183	604	233
1974	467	453	433	821	349

(1) 농산물 가격이 1950-70 기간보다 1970-74 기간에 더 빨리 증가했다고 할 수 있는가?

(2) 1970-74 기간을 1930-50 기간과 비교할 때는 어떤가?

(3) 어떤 농산물의 가격이 1910-14 기간부터 1974년까지 가장 크게 상승했는가?

15.6 어느 백화점은 본점과 각 지점에 세 가지 모델의 TV-오디오 세트를 판매하고 있다. 1988년과 1998년의 평균판매가와 판매량은 다음과 같다.

모델	1988		1998	
	가격	판매량	가격	판매량
I	360,000	2,100	505,000	2,000
II	480,000	1,700	520,000	1,600
III	610,000	900	622,000	700

(1) 이 백화점은 판매하는 모든 TV-오디오 세트에 대한 가격지수를 계산하고 싶다. 1988년을 기준연도로 할 때 1998년의 단순비가중 물가지수를

계산하라.

(2) 1988년을 기준연도로 잡고 1998년의 Laspeyres 물가지수를 계산하라.

(3) 1988년을 기준연도로 하여 1998년의 Paasche 물가지수를 계산하라.

(4) (2)와 (3)의 결과로 무엇을 알 수 있는가?

15.7 다음은 어느 지역 협동조합에서 판매하는 세 가지 농산물의 1996-1999 가격과 수량에 대한 자료이다.

농산물	가격(1000원/톤)				판매량(톤)			
	1996	1997	1998	1999	1996	1997	1998	1999
A	108	109	113	111	1,280	1,150	1,330	1,360
B	93	96	96	101	830	860	850	890
C	97	99	106	107	1,640	1,760	1,630	1,660

(1) 1996년을 기준연도로 하여 매해의 Laspeyres지수를 구하라.

(2) 1997년을 기준연도로 연도별 Paasche지수를 계산하라.

15.8 아래의 자료는 지난 4년간 어느 영어학원의 강좌별 수강료이다. 1998년을 기준연도로 하여 매 해의 비가중상대평균지수를 계산하라.

(단위 : 만원)

강좌	1996	1997	1998	1999
A	5.4	6.5	8.6	10.3
B	3.9	4.1	5.5	7.6
C	4.8	6.1	7.6	9.3
D	4.6	5.8	7.5	9.6

15.9 어느 중장비 제조업체는 회사의 주력상품에 대해 아래와 같은 생산정보를 수집하였다. 1999년의 수량과 가격을 기준으로 한 가중치를 사용하여 가중합 수량지수를 계산하라.

생산품	생산량			단위당 생산비(백만원)
	1997	1998	1999	1999
운반용 트럭	92	118	85	33
포크레인	456	475	480	56
기중기	52	56	59	116

15.10 아래는 지난 4년간 강력범죄에 대한 어느 경찰서의 집계이다.

	1996	1997	1998	1999
폭행	110	128	134	129
살인 또는 과실치사	30	45	40	48
강도	610	720	770	830
절도	2,450	2,630	2,910	2,890

1999년을 기준연도로 사용하여 매 해의 비가중상대평균 수량지수를 구하라.

제 16 장

시계열분석

해마다 연말이 되면 한 해 동안 일어난 일련의 사건들을 되돌아보게 된다. 어떤 사건이 계속 발생할 때 이들의 지속적인 변동패턴을 식별하고, 장기적인 관계가 파악되면 정부의 경제정책이나 기업의 경영전략을 개발하는데 유용하게 쓰일 수 있다. 현실적인 측면에서 볼 때 과거의 사건은 분석의 근원이 되므로 더 정확한 분석을 위해 장기적인 자료를 다루는 체계적인 접근법이 필요하다.

제1절 서 론

지금까지 배운 자료의 구성이나 분석에서 관측값이 발생하는 순서에는 비중을 두지 않았다. 그러나 경영과 경제자료를 비롯하여 현실에서 얻는 많은 자료들은 보통 임의의 순서가 아닌 연속적인 자료값을 갖는다. 이 경우 자료가 수집되고 기록되는 순서는 무시되어서는 안되며, 그렇지 않으면 자료의 속성이 지닌 가치있는 정보를 상실하게 된다.

일정한 시간간격을 두고 장기적으로 연속해서 작성된 기록을 시계열자료(time series data)라고 한다. 시계열 자료의 예로는 국민소득, 물가수준, 생산성, 실업률 등과 같이 월별, 계절별, 연도별로 얻어지는 자료들을 들 수 있다. 시계열자료의 시간에 따른 패턴을 식별하고 특징짓는 분석법을 시계열분석(time series analysis)이라고 한다. 이러한 형식의 분석에 있어서 기본가정은 일정한 시간간격을 두고 연속적으로 얻어진 관측값은 통계적으로 독립적이라고 할 수 없으며, 따라서 특정 시점에서의 어느 변수값은 다른 시점에서의 그 변수값과 통계적으로 관련되어 있다는 것이다.

연속적으로 관측되는 자료가 시간의 흐름에 따라 어떠한 패턴을 보이는 이유는 자료의 발생구조에 일관되고 지속적인 요인이 존재하기 때문이다. 사람은 불경기나 호황에 관계없이 의식주와 기본 운송수단이 필요하다. 따라서 소비자의 총체적인 구매패턴은 하루 사이에 변하지 않고, 기업계의 생산계획 또한 서서이 수정된다. 이와 같이 기업과 소비자의 행위에 영향을 미치는 요인들의 상대적 안정성은 자료에 그대로 반영되므로 현실자료의 관측값은 시간이 흐름에 따라 서로 연관되게 된다.

경제적, 사회적, 정치적 요인으로 인해 주변 환경이 변화하면서 자료값에 미치는 과거의 영향은 점차 약화되지만 새로이 전개되는 요인들에 의해 매기간의 자료는 장기적으로 반복적인 패턴을 보이게 된다. 모든 변동은 지속적으로 되풀이되거나 또 새로운 요인들이 복합적으로 작용한 결과라고 할 수 있다. 시계열분석의 목적은 관측되는 자료에 영향을 미치는 다양한 요인들을 분리시키고, 식별한 후 미래에 대한 예측을 하는 것이다.

타당한 예측을 하기 위해서는 다양한 여건들이 주변환경에 미치는 영향을 과거의 자료를 이용하여 철저히 분석해야 한다. 예를 들어 소매업소는 연말의 주문량을 추정하기 위해 과거의 판매추세를 검토하며, 제조업체는 인플레이션, 실업률, 이자율과 같은 여러 주변 요인들이 그간의 소매에 미친 영향을 고려하게 된다. 이렇게 미래를 예측하기 위해 과거의 정보를 분석하는 것이 시계열분석의 주요 특징이라고 볼 수 있다.

제2절 시계열의 구성요인

시계열의 특성을 이해하기 위한 첫 단계는 다음과 같은 시계열의 구성요인을 식별하는 것이다.

i. 추세요인(trend component : T)
ii. 순환요인(cyclical component : C)
iii. 계절요인(seasonal component : S)
iv. 불규칙요인(irregular component : I)

가장 널리 사용되는 시계열모형은 시계열의 값 y를 위의 네 가지 요인의 곱으로 아래와 같이 표현하는 것이다.

$$y = T \cdot C \cdot S \cdot I$$

시계열 분석의 전통적인 접근방법은 이 시계열을 요인별로 분리시키는 것이다. 이를 위해 네 가지 요인들을 차례로 검토해 보기로 하자.

시계열의 추세요인은 관측값의 장기적인 변동상황을 말한다. 한 가지 예로 [그림 16-1]에 1970년부터 20여년간 한 상품의 판매고가 나와 있다. 시간이 경과함에 따라 증가하는 추세를 보이므로 변수의 변동을 시간의 함수로 나타내는 추세방정식을 사용하여 수학적인 표현을 할 수 있다. 방정식은 선형일수도 비선형일수도 있으며, 또한 정의 관계나 역의 관계로 나타낼 수 있다.

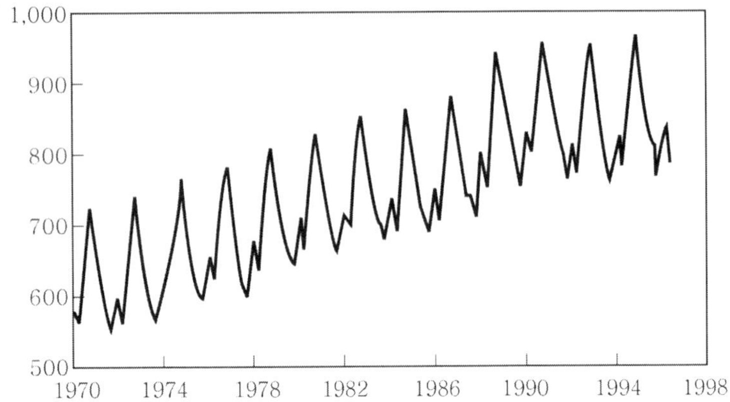

[그림 16-1] 추세변동

순환요인은 분기별 자료로 나타낸 아래의 [그림 16-2]와 같이 반복적으로 진동하는 변동이다. 순환변동이 반복을 시작하기 전까지 걸리는 시간은 전체 시계열을 통해 다양하며, 예를 들어 5년의 기간 다음에 10년 주기, 20년 주기 등이 뒤따를 수 있고, 진폭 역시 기간에 따라 다르다. 순환은 재고정책과 같은 기업의 내부적 원인, 또 기후, 경제여건, 정부정책과 같은 외부적 원인에 기인하며, 순환관계가 식별되어야 시계열의 전환점을 파악할 수 있고, 또한 중기예측이 가능하게 된다.

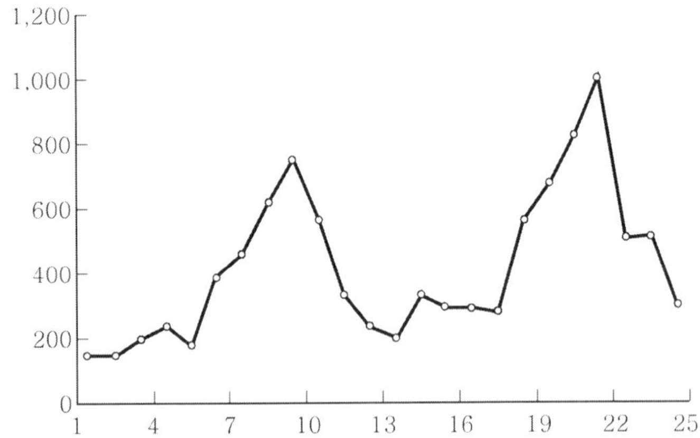

[그림 16-2] 순환변동

계절요인은 [그림 16-3]과 같이 1년 이하의 기간동안 반복적으로 진동하는 변동상황을 가리킨다. 높은 관측값과 낮은 관측값 사이의 변동을 매해 두 번 겪게 되며, 이러한 패턴은 해마다 같은 시점에 반복되므로 순환변동에 비해 더 규칙적이고 예측이 가능하게 된다. 여름에는 바캉스용품, 겨울에는 월동 및 스키용품의 소비가 증가하는 것이 좋은 예이다. 계절변동은 지수로도 측정되는데 계절지수는 단기예측에 유용하며, 계절변동으로 인한 영향을 받지 않도록 자료를 조정해 주는데도 사용된다.

불규칙요인은 추세나 순환 또는 계절적 요인으로 구분될 수 없는 시계열의 변동요인을 가리키며 이러한 의미에서 다른 요인들을 분리시킨 후 잔존하는 여분으로 볼 수 있다. 노동쟁의, 전쟁, 화재 또는 태풍과 같은 사건은 시계열에 영향을 주나 예측이 불가능한 경우가 많다. 노동쟁의는 판매의 급격한 감소를 가져오며, 전쟁으로 인해 무기제조업체의 매상은 단기간 급격히 상승한다. 따라서 불규칙적인 변동은 설명하거나 예측을 하기가 어렵다.

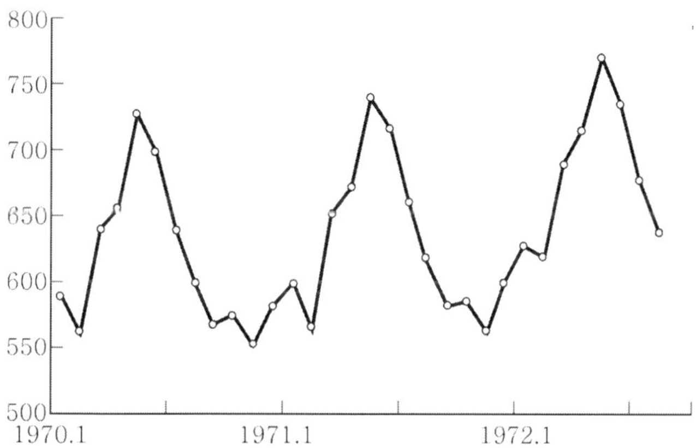

[그림 16-3] 계절변동

이제 시계열을 추세, 순환, 계절, 불규칙의 네 가지 기본요인들로 분리시키는 전통적인 분석방법에 대해 알아보기로 하자.

제3절 추세분석

추세는 시계열의 전반적인 변동상황을 나타내며, 이러한 의미에서 신형 승용차 가격의 추세, 또 실업율의 추세와 같은 어떤 변수의 장기적인 변동성향이 파악된다. 추세를 분석하는 목적은 다음과 같다.

① 장기적인 변동의 묘사

추세가 파악되면 비교분석에 유용하게 쓰일 수 있다. 예를 들면 각 자동차회사는 지난 20년 동안 판매고의 추세를 파악하여 자동차 산업전체에 대한 자사의 경영실적을 비교평가할 수 있다. 각 가정은 생활비와 소득, 또한 정부는 조세수입과 공공사업비 지출 사이의 장기적 변동상황을 비교할 수 있게 된다.

② 예측

예를 들어 성공적인 기업운영의 비결은 판매고, 이윤, 비용과 같은 주요 경영요인들의 변동상황을 예측하여 미래에 대비한 경영전략을 수립하는 것이다.

③ 시계열의 추세효과의 제거

시계열의 원자료에서 추세효과를 제거하면 순환요인을 분리시킬 수 있으므로 시계열의 다른 요인들을 연구하는데 유용하게 쓰인다.

추세는 시간 X에 따라 변수 Y가 장기적으로 변동해 가는 과정을 나타내는 방정식 $Y=f(X)$에 의해 분석된다. 추세방정식을 설정하기 위해서는 장기간 동안 측정된 시계열을 사용해야 하며, 만약 기간이 짧으면 단기적 변동에 심하게 영향을 받게 된다. 추세분석에서는 일반적으로 연간자료를 사용하는데, 계절적 요인으로 인한 영향이 배제되므로 시계열은 $y=T\cdot C\cdot I$와 같이 세 요인으로 구성된다.

추세나 다른 요인들을 분석하기 전에 시계열의 값을 교정해 주기도 한다. 첫째, 가격의 변화에 따른 자료의 조정으로 예를 들면 시간이 흐름에 따라 판매고는 물가수준에 의해 영향을 받게 된다. 판매고의 추세를 물가수준과 분리시켜 설명하려면 명목가격으로 구해진 판매고를 물가지수로 나누어 실질판매고를 계산해야 한다. 그 결과 이 시계열을 사용한 추세방정식이 판매고의 실제 변화를 나타내게 된다. 소득과 임금수준과 같은 시계열 추세를 구하는 데는 물가수준의 변동에 따라 자료를 조절해 주는 것이 타당하다.

둘째, 자료는 인구의 변화에 따라서도 교정시켜 주어야 한다. 예를 들어 흡연에 관한 최근의 관심사를 고려해 보자. 자료는 일반적으로 총소비량으로 기록되므로 흡연율이 변함이 없거나 심지어 감소한다 해도 인구가 증가하면 총소비량은 증가할 수 있다. 따라서 실제 흡연추세를 파악하기 위해서는 매기간 흡연자료를 인구수로 나누어 1인당 소비량으로 조정시켜 주어야 한다.

제 4 절 최소제곱추세방정식

시계열의 추세를 방정식으로 표현하면 장기간 동안의 동향을 효과적으로 나타내게 된다. 추세방정식은 독립변수가 시간으로 나타나는 특수한 경우의 회귀방정식으로 볼 수 있다. 시간 X가 흐름에 따라 Y의 시계열이 관측된다면 추세방정식은 $y=f(x)$로 나타나 시간에 따른 추세값 $\hat{y}$를 구하게 된다.

최소제곱추세식의 수학적 속성은 다음과 같다.

첫째, $\sum(y-\hat{y})=0$으로서 관측값 y와 추세값 $\hat{y}$ 간 오차 또는 편차의 합은 0이 된다.

둘째, 오차의 제곱합 $\sum(y-\hat{y})^2$을 최소화시킨다.

추세식을 회귀방정식의 특수한 경우로 볼 수 있다고 해도 회귀방정식에서처럼 주어진 x값으로 y에 대한 추론은 할 수가 없다. 회귀분석에서는 주어진 x값에 대한 y의 조건분포를 정규분포로 가정한다. 그리고 주어진 x의 값에 따른 y의 관측값은 이 조건분포로부터 나오며, $y|x$의 연속적인 값 또한 서로 독립적이다. 그러나 시계열분석에서는 어느 기간의 관측값이 조건분포로부터 나오지 않으며

독립성의 가정 또한 충족시키지 못한다. 이와 같이 회귀방정식에서의 추론이 추세방정식의 경우에 타당하지 않지만 추세식을 시계열에 적합시키기 위한 최소제곱법은 전적으로 타당하다.

자료의 조정이 일단 완료되면 방정식을 자료에 적합시킨다. 추세방정식을 적합시키는 단계는 다음과 같다.

① 자료를 그래프로 나타낸다.

② 최상형의 방정식을 선정한다.

③ 선택된 방정식을 최소제곱법을 사용하여 자료에 적합시킨다.

자료를 그래프로 나타내면 시계열의 장기적 변동을 쉽게 파악할 수 있게 된다. 우선 시간이 경과함에 따라 증가 또는 감소하는 성향을 살피고, 추세를 가장 잘 나타낼 것으로 보이는 선형 또는 비선형 모형을 선택한 후 최소제곱법을 사용하여 자료에 적합시켜 본다. 이제 자주 사용되는 선형, 이차형, 그리고 지수형의 추세모형에 대해 알아보기로 한다.

제 5 절 추세방정식

1. 직선추세방정식

1985-99년간 어느 기업체의 연간 판매량은 다음의 [표 16-1]에 제시된 y 값과 같다. 15년 동안 이 시계열자료의 변동을 파악하기 위해 [그림 16-4]와 같이 그래프로 나타내면 직선형태로 나타나는 것을 알 수 있다.

[표 16-1] 연간 판매량과 시간변수의 부호화

연도	y (판매량 : 1000단위)	x	xy	x^2	$\hat{y}$ (추세값)	$y-\hat{y}$	$(y-\hat{y})^2$
1985	24	-7	-168	49	23.32	0.68	0.46
1986	28	-6	-168	36	27.37	0.63	0.40
1987	34	-5	-170	25	31.42	2.58	6.66
1988	35	-4	-140	16	35.47	-0.47	0.22
1989	39	-3	-117	9	39.52	-0.52	0.27
1990	41	-2	-82	4	43.57	-2.57	6.60
1991	47	-1	-47	1	47.62	-0.62	0.38
1992	50	0	0	0	51.67	-1.67	2.79
1993	57	1	57	1	55.72	1.28	1.64
1994	60	2	120	4	59.77	0.23	0.05
1995	61	3	183	9	63.82	-2.82	7.95
1996	69	4	276	16	67.87	1.13	1.28
1997	72	5	360	25	71.92	0.08	0.01
1998	77	6	462	36	75.97	1.03	1.06
1999	81	7	567	49	80.02	0.98	0.96
	775	0	1,133	280		0	30.73

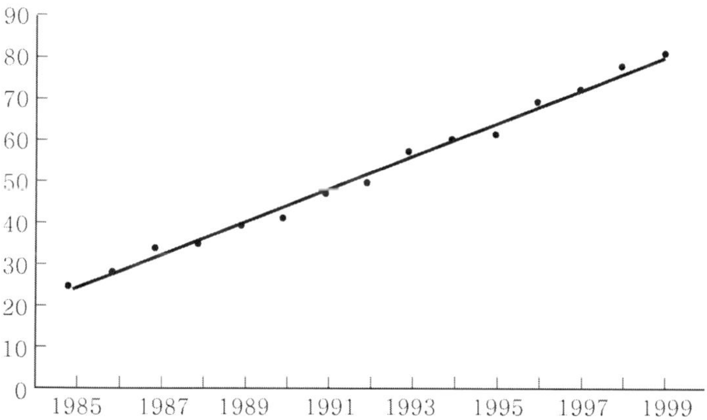

[그림 16-4] 연간 판매량과 추세

추세를 자료에 적합시키기 위해 최소제곱법을 사용하여 아래의 이변수 선형방정식을 추정한다.

$$\hat{y} = b_0 + b_1 x \tag{16.1}$$

이 때 b_0 와 b_1 의 최소제곱추정량은 다음과 같다.

$$b_1 = \frac{\sum xy - n \cdot \bar{x} \cdot \bar{y}}{\sum x^2 - n\bar{x}^2} \quad (16.2)$$

$$b_0 = \bar{y} - b_1 \bar{x} \quad (16.3)$$

$$= \frac{\sum y - b_1 \sum x}{n}$$

직선추세방정식(linear trend equation)을 추정하기 위한 (16.2)와 (16.3)의 두 추정량은 독립변수의 시계열을 코드화시키면 간략하게 표현된다. 독립변수인 시간을 코드화시키는 방법은 전체 기간의 수가 홀수일 경우 중간기간에 0의 값을 주고, 이 기간을 중심으로 과거로 갈수록 −1, −2, −3, …처럼 음의 값을, 미래로 갈수록 +1, +2, +3, …처럼 양의 값을 준다. 전체 기간의 수가 짝수일 때는 중앙에 위치한 두 기간 중 앞의 기간에 값 −1을, 뒤의 기간에 +1을 부여한다. −1의 값에서 시간을 거슬러 올라가며 −3, −5, −7 등의 값을 주고, 반대로 +1 값에서 시간이 흐를수록 +3, +5, +7 등의 값을 준다. 전체 기간이 홀수인 경우, x 한 단위의 변화는 한 기간을 나타내는 반면 짝수인 경우, x 한 단위는 한 기간의 절반을 나타낸다.

[표 16-1]의 경우 전체 기간의 수가 홀수이므로 중앙기간에 해당하는 1992년의 x값이 0이 되며, 1991, 1990년과 같이 과거로 갈수록 −1, −2, −3, …의 값, 반대로 1993, 1994년과 같이 미래로 갈수록 +1, +2, +3, …의 값을 가지게 되며, 그 합은 0이 된다. $\sum x = 0$이면 $\bar{x} = 0$이므로 식 (16.2)와 (16.3)은 아래의 (16.4)와 같이 표현된다.

$$b_0 = \bar{y} = \frac{\sum y}{n}, \qquad b_1 = \frac{\sum xy}{\sum x^2} \quad (16.4)$$

넷째와 다섯째 열에 제시된 계산결과에 의해 식 (16.4)의 b_0와 b_1이

$$b_0 = \frac{\sum y}{n} = \frac{775}{15} = 51.67$$

$$b_1 = \frac{\sum xy}{\sum x^2} = \frac{1,133}{280} = 4.05$$

와 같이 구해지며, 따라서 (16.1)의 추세방정식은 아래와 같이 시간이 흐름에 따른 변동을 나타내게 된다.

$$\hat{y} = 51.67 + 4.05x$$

$x=0$일 때 $\hat{y} = 51.67$이 되고, 각 기간의 추세값은 x의 코드화된 값을 대입하여 구한다. [표 16-1]을 보면 1992년 x의 값은 0이므로 추세는 1992년을 중심으로 연평균 판매량은 51,670단위이고, 연간 판매량은 매해 평균 4,050단위씩 증가한다고 해석된다. 1985-99 기간의 추세값은 [표 16-1]의 여섯째 열에 계산되어 있으며, 1989년의 추세값은

$$\widehat{y_{89}} = 51.67 + 4.05x_{89}$$
$$= 51.67 + 4.05(-3) = 39.52$$

로 39,520단위가 된다. 이 추세값들이 [그림 16-4]에서 보듯이 판매량의 시계열을 잘 적합시키는 직선으로 나타난다.

[표 16-1]의 마지막 두 열은 최소제곱의 특징에 관한 것으로 열 7의 $y-\hat{y}$는 $\sum(y-\hat{y}) = 0$이 되고 열 8에서 $SSE = \sum(y-\hat{y})^2 = 30.73$이므로 [표 16-1]의 자료로는 어떠한 다른 직선방정식도 30.73보다 작은 SSE를 얻을 수 없게 된다. 위와는 달리 [표 16-1]에서 첫 해인 1985년에 $x=0$을 부여하고, 1986년에는 $x=1$, 1987년에는 $x=2$와 같이 $\sum x \neq 0$이 되도록 시간변수를 코드화시켜도 식 (16.2)와 (16.3)은 그대로 사용될 수 있다. [표 16-1]의 자료에 의해 [표 16-2]의 결과가 얻어지며, 식 (16.2)와 (16.3)을 사용하여 b_0와 b_1을 구한다.

[표 16-2]에서

$$\bar{x} = 7, \quad \bar{y} = 51.67, \quad n = 15$$

이고,

$$\overline{x^2} = 49, \quad \sum xy = 6{,}558, \quad \sum x^2 = 1{,}015$$

이므로 식 (16.2)와 (16.3)에 적용하여 다음과 같은 값을 얻는다.

$$b_1 = \frac{\sum xy - n\overline{x}\,\overline{y}}{\sum x^2 - n\overline{x}^2} = \frac{6{,}558 - 15(7)(51.67)}{1{,}015 - 15(49)} = 4.05$$

$$b_0 = \overline{y} - b_1\overline{x} = 23.32$$

따라서 식 (16.1)에서 추세방정식은 다음과 같이 구해진다.

$$\hat{y} = 23.32 + 4.05\,x$$

두 추세방정식의 절편값 b_0는 서로 다르지만 [표 16-1]과 [표 16-2]에서 알 수 있듯이 계산된 추세값은 동일하다. 즉 두 가지의 코드화방식 중에서 어느 것을 사용하여도 같은 결과를 얻게 된다. 그러나 직접 손으로 계산하는 경우 $\sum x = 0$이 되도록 코드화시키는 것이 더 효율적이다.

시계열의 추세를 나타내는 방정식의 형태는 시계열의 값 y가 시간이 지남에 따라 변화해 가는 모양을 반영하도록 선택된다. y가 x의 단위당 변화에 평균적으로 일정량 만큼 변화한다면 직선방정식이 추세를 가장 잘 나타낼 것이고, y의 평균변화량이 일정하지 않다면 비선형방정식이 추세를 더 잘 나타낼 것이다. 다음으로 비선형방정식의 기본형인 이차방정식형과 지수형에 대해 알아보기로 하자.

[표 16-2] 연간 판매량과 시간변수의 부호화($\sum x \neq 0$ 일 때)

연도	y (판매량 : 1000단위)	x	xy	x^2	$\hat{y}$ (추세값)
1985	24	0	0	0	23.32
1986	28	1	28	1	27.37
1987	34	2	68	4	31.42
1988	35	3	105	9	35.47
1989	39	4	156	16	39.52
1990	41	5	205	25	43.57
1991	47	6	282	36	47.62
1992	50	7	350	49	51.67
1993	57	8	456	64	55.72
1994	60	9	540	81	59.77
1995	61	10	610	100	63.82
1996	69	11	759	121	67.87
1997	72	12	864	144	71.92
1998	77	13	1,001	169	75.97
1999	81	14	1,134	196	80.02
	775	105	6,558	1,015	

2. 이차형추세방정식

이차형추세식(quadratic trend equation)의 기본 형태는 다음과 같다.

$$\hat{y} = b_0 + b_1 x + b_2 x^2 \tag{16.5}$$

그래프로는 포물선(parabola)의 형태가 되며, 네 종류의 서로 다른 비선형추세를 나타내는데 사용될 수 있다.

앞의 [그림 16-5]는 x 의 단위당 변화에 대해 $\hat{y}$ 값이 각기 다른 증감률로 변화해 가는 추세를 보여준다.

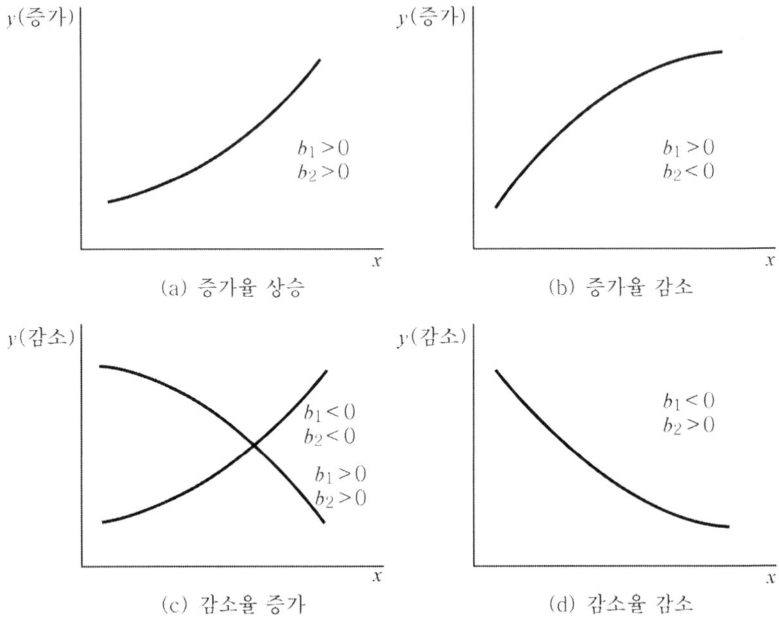

[그림 16-5] 이차형방정식의 변동형태

시간변수가 $\sum x = 0$으로 코드화될 때 이차형방정식을 적합시키기 위한 최소제곱방정식은

$$\sum y = nb_0 + b_1 \sum x + b_2 \sum x^2$$

에서

$$\sum xy = b_0 \sum x + b_1 \sum x^2 + b_2 \sum x^3$$

$$\sum x^2 y = b_0 \sum x^2 + b_1 \sum x^3 + b_2 \sum x^4$$

이 된다. $\sum x = 0$일 때 x의 홀수승을 포함한 합 또한 0이 되므로 위의 방정식은

$$\sum y = nb_0 + b_2 \sum x^2 \qquad (16.6)$$

$$\sum x^2 y = b_0 \sum x^2 + b_2 \sum x^4 \qquad (16.7)$$

으로 간략화되고, 최소제곱추정량 b_0 와 b_2 는 (16.6)과 (16.7)의 두 연립방정식을 통해 계산된다. 그리고 추정량 b_1 은 아래와 같다.

$$b_1 = \frac{\sum xy}{\sum x^2} \tag{16.8}$$

아래의 [표 16-3]은 식품 및 음료산업에 종사하는 기업들의 판매고에서 연구개발비용이 차지하는 평균비율에 관한 자료이다. 비율(y)을 그래프로 나타내면 [그림 16-6]과 같이 시계열의 추세가 비선형이 된다. 이는 [그림 16-5]의 네 가지 그래프 중에서 y 가 감소하고 감소율은 증가하는 경우에 해당되므로 식 (16.5)의 b_1, b_2 는 모두 음수가 된다.

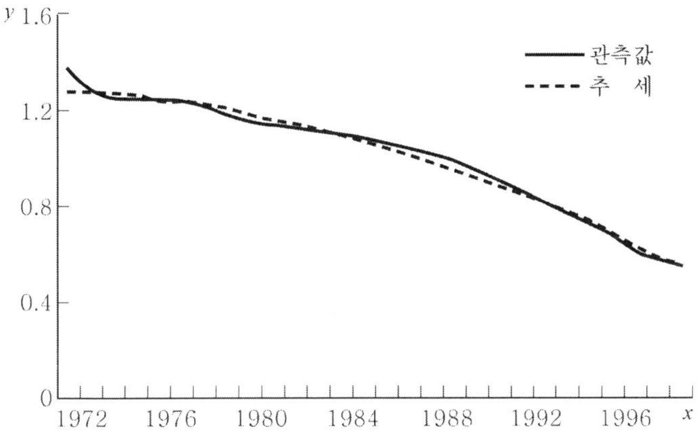

[그림 16-6] 연구개발비율의 추세

[표 16-3]은 시계열이 짝수의 기간을 가지는 경우로 이미 앞에서 설명한 바와 같이 중앙의 두 기간인 1985, 1986년도에 각각 값 −1, +1을 부여했다. 시간을 거슬러 올라가며 −3, −5, −7 등 음의 값을 가지며, 반대로 시간이 흐를수록 +3, +5, +7 등 양의 값으로 코드화된다.

[표 16-3]에 제시된 값들을 식 (16.6)과 (16.7)에 대입하면

$$28.55 = 28b_0 + 7{,}308b_2$$

$$7{,}150.87 = 7{,}308b_0 + 3{,}427{,}452b_2$$

가 되고, 이 연립방정식을 풀면

$$b_0 = 1.0704 \qquad b_2 = -0.000198$$

이 구해진다. 또 b_1 을 구하기 위해 식 (16.8)에 대입하면

$$b_1 = \frac{\sum xy}{\sum x^2} = \frac{-99.11}{7,308} = -0.01356$$

이 계산되므로 앞에서 예상했던 바와 같이 b_1 과 b_2 가 모두 음수가 된다는 것을 알 수 있다. 따라서 (16.5)의 이차형추세식은 다음과 같다.

$$\hat{y} = 1.0704 - 0.01356x - 0.000198x^2$$

추세값은 x 값을 방정식에 대입하면 구할 수 있는데 예를 들어, 1996년의 추세값을 구하면

$$\begin{aligned}\widehat{y_{96}} &= 1.0704 - 0.01356x_{96} - 0.000198x_{96}^2 \\ &= 1.0704 - 0.01356(21) - 0.000198(21)^2 \\ &= 0.6983\end{aligned}$$

이 된다. 이렇게 구한 추세와 원자료의 시계열은 [그림 16-6]과 같이 나타나게 된다.

[표 16-3] 연구개발비용의 판매고에 대한 평균비율

연도	y (연구개발비 : %)	x	xy	x^2	x^2y	x^4
1972	1.37	-27	-36.99	729	998.73	531,441
1973	1.29	-25	-32.25	625	806.25	390,625
1974	1.26	-23	-28.98	529	666.54	279,841
1975	1.25	-21	-26.25	441	551.25	194,481
1976	1.24	-19	-23.56	361	447.64	130,321
1977	1.25	-17	-21.25	289	361.25	83,521
1978	1.23	-15	-18.45	225	276.75	50,625
1979	1.19	-13	-15.47	169	201.11	28,561
1980	1.16	-11	-12.76	121	140.36	14,641
1981	1.15	-9	-10.35	81	93.15	6,561
1982	1.13	-7	-7.91	49	55.37	2,401
1983	1.11	-5	-5.55	25	27.75	625
1984	1.10	-3	-3.30	9	9.90	81
1985	1.09	-1	-1.09	1	1.09	1
1986	1.08	1	1.08	1	1.08	1
1987	1.05	3	3.15	9	9.45	81
1988	1.03	5	5.15	25	25.75	625

연도	y (연구개발비 : %)	x	xy	x^2	x^2y	x^4
1989	1.00	7	7.00	49	49.00	2,401
1990	0.96	9	8.64	81	77.76	6,561
1991	0.91	11	10.01	121	110.11	14,641
1992	0.87	13	11.31	169	147.03	28,561
1993	0.83	15	12.45	225	186.75	50,625
1994	0.80	17	13.60	289	231.20	83,521
1995	0.75	19	14.25	361	270.75	130,321
1996	0.68	21	14.28	441	299.88	194,481
1997	0.62	23	14.26	529	327.98	279,841
1998	0.59	25	14.75	625	368.75	390,625
1999	0.56	27	15.12	729	408.24	531,441
	28.55	0	-99.11	7,308	7,150.87	3,427,452

3. 지수형추세방정식

매 기간 y의 변화량이 고정비율로 근사화될 때는 (16.9)와 같은 지수형추세식(exponential trend equation)이 사용된다.

$$\hat{y} = b_0 b_1^x \tag{16.9}$$

[표 16-4]의 예에서 시간에 따른 y값의 변화를 살펴보자. 둘째 열은 y값이 계속 증가하고 있다는 것을, 또 셋째 열은 y의 증가율이 지속적으로 상승하고 있음을 나타내므로 [그림 16-5]의 A와 같은 이차형의 추세를 보인다고 하겠다. 그러나 넷째 열에서 보듯이 y는 일정비율로 변화하므로 지수형추세는 [그림 16-5]의 A와 D 같은 이차형추세의 특수한 경우로 간주된다. 따라서 y의 평균변화량이 일정비율로 근사화되면 지수형방정식을 사용하고, 그렇지 않으면 이차형방정식을 사용한다.

이차형과 지수형추세 중 어느 것이 더 적절한가를 결정하기 위해서는 자료를 수직축이 대수적 척도, 수평축이 산술적 척도를 가진 그래프로 나타내 본다. y값이 연속해서 일정비율로 변화한다면 시계열은 이 그래프에서 직선으로 나타난다. [표 16-4]의 자료를 수직축이 실제 y값인 그래프 (A)와 y의 대수인 그래프 (B)에 그리면[그림 16-7]의 (A)에서는 증가율이 상승하는 곡선으로 나타나는데 비해 (B)에서는 직선으로 나타난다. 따라서 이 경우 지수형추세방정식이 더 적절하다고 할 수 있다.

[표 16-4] 시간에 따른 y값의 변화

시간	y	변화량	변화율(%)
1	80	-	-
2	104	24	30
3	135.2	31.2	30
4	175.76	40.56	30
5	228.488	52.728	30
6	297.0344	68.5464	30
7	386.1447	89.1103	30
8	501.9881	115.8434	30

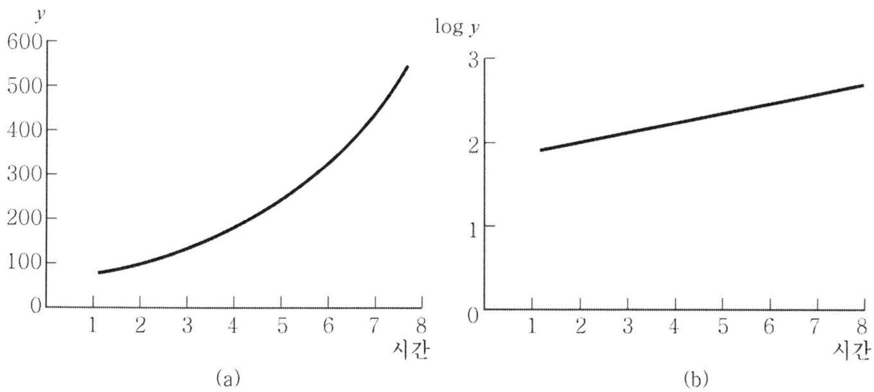

[그림 16-7] 시간에 따른 y값의 변화

지수방정식을 계산하기 위해서 식 (16.9)의 양변에 대수를 취하면

$$\log \hat{y} = \log b_0 + \log b_1 \cdot x \tag{16.10}$$

와 같이 $\log\hat{y}$와 원래값 x로 표현된 선형방정식이 된다. 여기서 최소제곱정규방정식은

$$\sum \log y = n \log b_0 + \log b_1 \sum x$$
$$\sum x \log y = \log b_0 \sum x + \log b_1 \sum x^2$$

이고, $\sum x = 0$이 된다면 $\log b_0$와 $\log b_1$의 최소제곱추정량은 아래와 같다.

$$\log b_0 = \frac{\sum \log y}{n} \tag{16.11}$$

$$\log b_1 = \frac{\sum x \log y}{\sum x^2} \tag{16.12}$$

다음의 [표 16-5]는 1985-99년간 어느 기업의 연간 생산량에 대한 자료이다.

[표 16-5] 어느 기업의 연간생산량

연도	y (생산량 : 1000단위)	x	$\log y$	$x \log y$	x^2
1985	320	-7	2.505	-17.535	49
1986	339	-6	2.530	-15.180	36
1987	362	-5	2.559	-12.795	25
1988	381	-4	2.581	-10.324	16
1989	405	-3	2.608	-7.824	9
1990	430	-2	2.634	-5.268	4
1991	451	-1	2.654	-2.654	1
1992	475	0	2.677	0	0
1993	510	1	2.708	2.708	1
1994	542	2	2.734	5.468	4
1995	573	3	2.758	8.274	9
1996	610	4	2.785	11.140	16
1997	644	5	2.809	14.045	25
1998	680	6	2.833	16.998	36
1999	725	7	2.860	20.020	49
		0	40.235	7.073	280

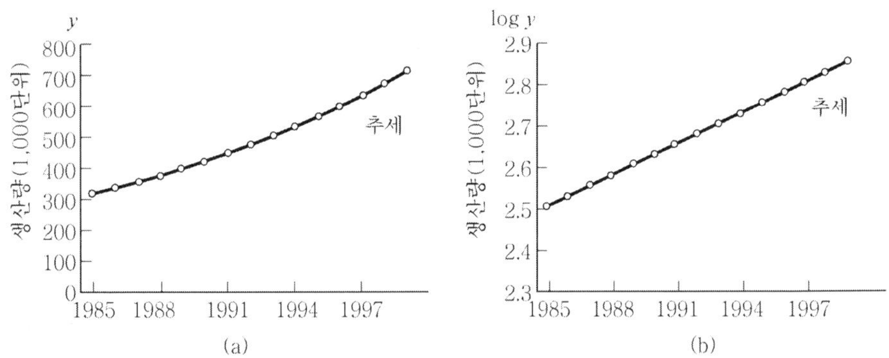

[그림 16-8] 연간생산량의 도표

원자료를 그래프로 나타낸 [그림 16-8]의 (A)는 생산량이 증가추세에 있으며 증가율 또한 상승하고 있다. 대수선형모형을 나타낸 [그림 16-8]의 (B)에서는 생산량이 대략 직선으로 나타나므로 지수추세모형이 적절함을 알 수 있다.

[표 16-5]의 자료를 식 (16.11)과 (16.12)에 대입하면 다음과 같다.

$$\log b_0 = \frac{40.235}{15} = 2.682$$

$$\log b_1 = \frac{7.073}{280} = 0.025$$

따라서 (16.10)과 같은 형태의 지수방정식은

$$\log \hat{y} = 2.682 + 0.025x \qquad (16.13)$$

가 되며, 추세값은 x값을 (16.13)에 대입하여 $\log\hat{y}$를 진수로 전환시켜 구한다. 1989년의 추세값을 구하기 위해서는 일단

$$\begin{aligned}\log\widehat{y_{89}} &= 2.682 + 0.025x_{89} \\ &= 2.682 + 0.025(-3) \\ &= 2.607\end{aligned}$$

을 계산한 후 진수로 바꾸어 주면 추세값

$$\begin{aligned}\widehat{y_{89}} &= \text{antilog}\, 2.607 \\ &= 404\end{aligned}$$

가 얻어진다.

지수형추세로 나타나는 고정변화율은 $\hat{y}$의 대수형태인 $\log\hat{y}$보다는 $\hat{y}$와 x의 원래의 단위로 표현한 방정식으로 구한다. 식 (16.13)을 진수로 구하면 지수형 추세식은 $\hat{y} = b_0 b_1^x$의 형태로

$$\hat{y} = 481(1.06)^x$$

이 된다. 변화율은 b_1값을 $100(b_1 - 1)$에 대입하여 구하며, 위의 식에서 $100(1.06 - 1) = 6$이 되므로 생산량은 연간 6%씩 상승하는 추세에 있다는 것을 알 수 있다. 만약 시간이 흐름에 따라 일정비율로 감소한다면 $100(b_1 - 1)$은 음의 값을 갖게 된다. 예를 들어 추세식이

$$\hat{y}= 200(0.93)^x$$

인 경우 변화율은 $100(0.93-1)=-7$이므로 y는 해마다 7%씩 감소한다.

제6절 예 측

예측이란 시계열의 미래값을 알고자 하는 것으로 전통적인 예측방법은 추세분석으로부터 시작한다. 앞에서 살펴본 것처럼 추세방정식을 구하여 단순히 현 추세를 연장시켜 미래의 추세값을 구할 수 있다. [표 16-1]의 자료로 구한 추세방정식은 다음과 같다.

$$\hat{y}= 51.67 + 4.05x$$

였다. 여기에서 1992년에는 $x=0$이었고, x의 단위는 1년이었으며, y는 1000단위의 판매량이었다. 즉 x의 부호값이 0인 시점은 1992년이며, x 한 단위의 변화는 시간상 1년을 나타낸다.

현추세로 미래를 예측하기 위해서는 $x=0$인 시점에서 미래시점까지의 x 단위수를 방정식에 대입시킨다. 예를 들어 2005년 연간 판매의 추세값을 예측하는 과정은 다음과 같다.

① $x=0$인 해에서 2005년까지 x의 단위수를 계산한다.

2005－1992＝13(년)

② 연간 x 단위의 수를 곱한다.

13×1＝13 (x 단위)

③ x 값을 방정식에 대입한다.

$$\begin{aligned}\widehat{y_{2005}} &= 51.67+4.05(13)\\ &= 104.32\end{aligned}$$

[표 16-1]에서 기간이 2005년까지 연장된다면 단계 ①에서 x의 값이 13이 되고, 단계 ③에서 연간 판매추세가 104,320단위가 됨을 알 수 있다. 다른 기간이나 다른 시계열에 대해서도 같은 방식으로 예측을 할 수 있으며, [그림 16-9]는 추

세가 2005년까지 연장된 경우를 보여준다.

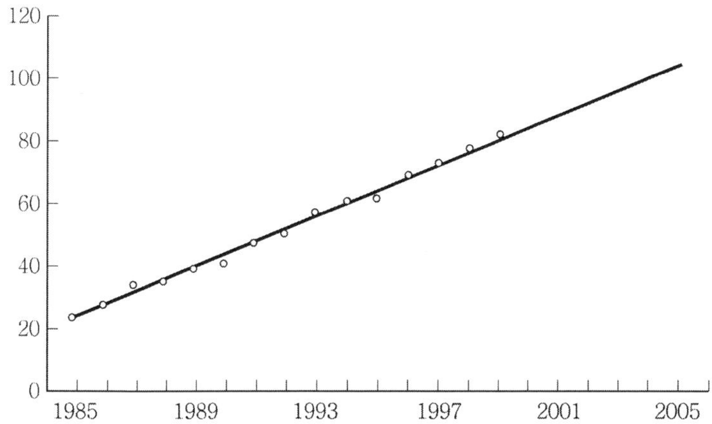

[그림 16-9] 2005년 연간판매량의 예측

예제 16-1

[표 16-3]의 연구개발비의 추세식은 다음과 같았다.

$$\hat{y} = 1.0704 - 0.01356x - 0.000198x^2$$

여기에서 1985-86사이의 기간에 $x=0$ 이고, x 의 단위는 반년이며, y 는 판매고에서 연구개발비가 차지하는 비율이다. 2004년의 추세값은 얼마인가?

시계열자료는 보통 기간의 가운데 시점에 위치한다. 앞의 연간 판매의 예에서 추세식의 x 값이 정확히 0이 되는 시점은 1992년의 중간인 1992년 7월 1일로 볼 수 있다. [표 16-3]은 $x=0$ 이 되는 시점이 1985년과 1986년 사이의 중간에 위치하고 있으므로 1985.7.1과 1986.7.1 사이의 중간시점은 1986.1.1로 볼 수 있다.

2004년의 추세를 계산하기 위해서는 앞에서 제시된 단계를 따른다.

① $x=0$ 이 되는 시점부터 2004년까지 x 의 단위수를 구한다.

2004.7.1 − 1986.1.1 = 18.5(년)

② 연간 x 단위의 수를 곱한다.

18.5×2 = 37(x 단위)

③ 방정식에 x 값을 대입한다.

$$\widehat{y_{2004}} = 1.0704 - 0.01356(37) - 0.000198(37)^2$$
$$= 0.2976$$

따라서 2004년에는 판매고에서 차지하는 연구개발비용의 비율이 약 0.298에 이를 것으로 예측할 수 있다.

이와 같이 현 추세를 미래로 확장시키는 방법을 보외법(extrapolation)이라고 한다. [표 16-1]과 같은 연간 판매추세의 예를 보자. 1999년 이후 불경기에 접어든다면 현 판매추세는 계속되지 않을 것이며 미래의 판매량에 대한 추정값은 하향조정될 것이다. 따라서 보외법이 반드시 타당한 예측결과를 제공하는 것은 아니다. 미래에 대한 불확실성으로 인해 보외법에 근거한 예측은 대부분의 시계열에서 3년 내지 5년을 초과하지 않는 단기적인 기간으로 제한된다. 실제의 예측은 미래의 사건이 어떻게 시계열에 영향을 미칠 것인가에 대한 평가와 미래의 불확실성이 함께 고려되어야 하므로 추세분석과 전문가의 의견, 또 경영적 측면의 판단이 함께 이루어져야 한다.

제 7 절 평활법

예측을 하기 위한 또 하나의 유용한 기법인 평활법(smoothing method)은 시계열에 영향을 미치는 불규칙 변동을 제거하여 시계열의 근본적인 이동성향을 파악하기 위한 방법이다.

장기적으로 관측된 시계열은 시간이 흐름에 따라 자료의 생성구조에 변화가 있을 수 있다. 시계열이 변동폭이 큰 계절요인이나 추세만으로는 설명하기 힘든 불규칙요인을 포함하고 있는 경우, 평활에 의해 이러한 요인을 제거해 주면 전반적인 추세가 뚜렷이 드러나게 되고 예측이 쉬워진다. 대표적인 평활법으로는 이동평균법(moving average method)과 지수평활법(exponential smoothing method)이 있다.

1. 이동평균

이동평균은 연속되는 기간의 관측값을 평균한 시계열의 평활치로서 모든 관측값에 동일한 가중치를 주는 것이 아니라 인접한 관측값에만 동일한 가중치를 준다. 앞에서 추세식을 구할 때와는 달리 시간을 원래의 표기 t 로 환원시키자. [표 16-6]의 판매자료에서 y_t 가 기간 t 때의 관측값이라면 5개월 이동평균은 다음과 같이 첫 5개월간 평균판매량으로 계산한다.

$$\frac{1}{5}(y_1+y_2+y_3+y_4+y_5)=\frac{1}{5}(22+24+9+23+18)=\frac{96}{5}=19.2$$

평균은 5개월 단위로 구하므로 이동합과 이동평균은 [표 16-6]에서 구간의 중앙인 셋째 달($t=3$)에 기입되고 [그림 16-10]의 이동평균도 셋째 달에 표시된다.

$\overline{y_t}$를 기간 t 에 기입할 평균치라면 첫 5개월의 이동평균은 $\overline{y_3}=19.2$가 된다. 다섯 달이 한 단위로 한 달씩 앞으로 이동하면서 다음 구간이 정해지고, t 값도 하나씩 증가하게 된다. 따라서 두 번째 구간의 이동평균은

$$\overline{y_4}=\frac{1}{5}(y_2+y_3+y_4+y_5+y_6)=\frac{1}{5}(24+9+23+18+17)=\frac{91}{5}=18.2$$

가 되고, 잇달아 $t=5$ 에 위치할 셋째 구간의 평균은

$$\overline{y_5}=\frac{1}{5}(y_3+y_4+y_5+y_6+y_7)=\frac{1}{5}(9+23+18+17+22)=\frac{89}{5}=17.8$$

이 된다. 같은 방법으로 9개월 이동평균을 계산한 결과가 [표 16-6]에 제시되어 있으며, [그림 16-10]에서 보듯이 판매량의 파동은 5개월 이동평균보다 더 효과적으로 평활시킨다.

이동평균의 계산을 일반화시켜 보자. 한 구간이 n 기간인 자료의 이동평균은 지난 n 기간 동안의 관측값의 평균치로서 y_t 가 기간 t 때의 관측값이라고 할 때

$$\overline{y_t} = \frac{1}{n}[y_{t-(n-1)/2} + \cdots + y_{t-1} + y_t + y_{t+1} + \cdots + y_{t+(n-1)/2}]$$

이 되며, 여기에서 n 은 홀수이다.

[표 16-6] 월간 판매량의 이동평균

	t	y_t	5개월 이동합	5개월 이동평균	9개월 이동합	9개월 이동평균
1998.1	1	22				
2	2	24				
3	3	9	96	19.2		
4	4	23	91	18.2		
5	5	18	89	17.8	185	20.6
6	6	17	106	21.2	190	21.1
7	7	22	107	21.4	194	21.6
8	8	26	116	23.2	207	23.0
9	9	24	127	25.4	202	22.4
10	10	27	127	25.4	206	22.9
11	11	28	119	23.8	209	23.2
12	12	22	117	23.4	203	22.6
1999.1	13	18	110	22	202	22.4
2	14	22	98	19.6	206	22.9
3	15	20	101	20.2	191	21.2
4	16	16	111	22.2	186	20.7
5	17	25	101	20.2	188	20.9
6	18	28	104	20.8	190	21.1
7	19	12	112	22.4	194	21.6
8	20	23	107	21.4	195	21.7
9	21	24	105	21.0		
10	22	20	114	22.8		
11	23	26				
12	24	21				

이동평균을 결정하기 위해서는 홀수의 기간이 주로 사용되며, 계산된 평균값이 위치하는 시점에는 [표 16-6]에서 보듯이 관측값 y_t 도 존재한다. 그러나 짝수의 기간이 사용되면 이동평균값은 두 관측값 사이에 위치하게 된다. 이와 같이 짝수 기간에 비해 홀수기간이 사용되는 경우 관측값과 평활값과의 비교가 가능하고, 평균하는 기간의 수가 많을 경우 평활에 더 효과적이다.

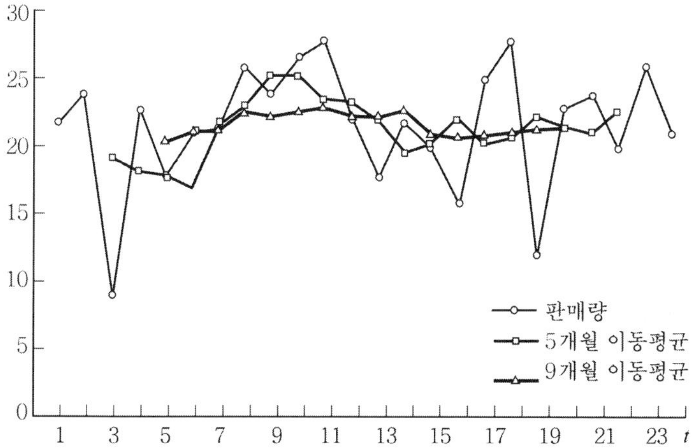

[그림 16-10] 월간 판매량과 이동평균(5개월, 9개월)

[표 16-6]의 5개월과 9개월 이동평균의 계산결과를 보면 관측값 y_t 가 존재하는 모든 기간에 평균값이 계산되어 있지 않는 이동평균법의 단점이 드러난다. 즉 5개월 이동평균에는 $\overline{y_1}$, $\overline{y_2}$, $\overline{y_{23}}$, $\overline{y_{24}}$에 해당하는 값을 구할 수 없고, 9개월 이동평균은 첫 4개월과 마지막 4개월의 $\overline{y_t}$ 를 구할 수 없다. 따라서 이동평균은 예측보다는 시계열의 과거 변동상황을 연구하는데 더 유용하며, 예측을 주목적으로 하는 경우 다음의 지수평활법을 사용한다.

2. 지수평활법

지수평활법은 시계열의 현재와 모든 과거값들을 지수적으로 가중평균하여 시계열의 평활치를 구하는 방법으로 단기예측에 많이 사용된다. 이동평균법이 최근의 자료에만 동일한 가중값을 주는데 반해 지수평활법은 최근의 자료에 상대적으로 큰 가중값을 주고 과거로 갈수록 가중값을 지수적으로 감소시켜 예측에 이용하는 방법이다.

y_t 를 기간 t 때의 관측값, w 를 $0 < w < 1$로서 현 기간의 관측값에 부여된 가중치라고 하고, s_t 를 t 때의 평활치라고 하자. 지수평활법은 첫 기간 평활치를 현재

값과 동일하게 놓고 시작한다. 따라서 첫 번째 기간은 $t=1$ 이므로

$$s_1 = y_1$$

이 된다. 둘째 기간의 평활치는 현재값 y_2 와 전 기간의 값 y_1 의 가중평균으로 아래와 같다.

$$s_2 = wy_2 + (1-w)y_1$$

셋째 기간의 평활치는 현재의 값 y_3 에 w, 둘째 기간의 값에 $w(1-w)$, 그리고 첫 기간의 값에 $(1-w)^2$ 의 가중치를 각각 주어

$$s_3 = wy_3 + w(1-w)y_2 + (1-w)^2 y_1$$

이 된다. 이를 계속 확장하면 넷째와 다섯째 기간의 평활치는 각각 다음과 같다.

$$s_4 = wy_4 + w(1-w)y_3 + w(1-w)^2 y_2 + (1-w)^3 y_1$$

$$s_5 = wy_5 + w(1-w)y_4 + w(1-w)^2 y_3 + w(1-w)^3 y_2 + (1-w)^4 y_1$$

위의 과정에서 현 기간의 평활치는 현재와 과거의 모든 관측값들을 지수적으로 가중평균한 값이라는 것을 알 수 있다. 가중체계는 평활과정이 진척됨에 따라 지수적으로 변화한다. 이 방식이 지수평활법의 기본방식이지만 실제로는 s_t 값을 구하기 위해 더 효율적인 과정이 사용된다.

첫 기간 이후의 모든 기간에 대해

$$\text{현 평활치} = \omega(\text{현 관측값}) + (1-\omega)(\text{전 기간의 평활치})$$

로 계산하여 아래와 같이 나타낸다.

$$s_t = wy_t + (1-w)s_{t-1} \tag{16.14}$$

이 식에서 s_3 를 구하면

$$s_3 = wy_3 + (1-w)s_2$$

가 된다. s_2 를 구하기 위해 (16.14)를 적용시켜 보면

$$s_3 = wy_3 + (1-w)[wy_2 + (1-w)s_1]$$

이 되며, $s_1 = y_1$이므로

$$s_3 = wy_3 + w(1-w)y_2 + (1-w)^2 y_1$$

이 되어, 앞의 결과와 동일하다. 식 (16.14)는 시계열의 지수평활치를 구하는 표준과정으로서 다음 기간의 평활치를 단지 전 기간의 평활치만을 사용하여 계산하므로 효율적일 뿐 아니라 자료 보유에 대한 부담도 크게 줄인다.

[표 16-6]의 월간 판매량에 가중치 w =0.1, 0.3, 0.5를 각각 사용하여 평활치를 계산한 결과는 [표 16-7]과 같다. 예를 들어 $w = 0.1$일 때는 아래와 같이 계산된다.

$$s_1 = 22.00$$

$$s_2 = 0.1(24) + 0.9(22) = 22.20$$

$$s_3 = 0.1(9) + 0.9(22.2) = 20.88$$

$$s_4 = 0.1(23) + 0.9(20.88) = 21.09$$

$$\vdots \qquad\qquad \vdots$$

24개월 동안의 관측값과 세 평활치간의 관계는 [그림 16-11]과 같이 나타나며, 지수평활법이 시계열의 변동을 감소시킨다는 것을 알 수 있다. 지수평활에서 중요한 문제는 가중치의 선택이다. 가중치 w를 평활상수(smoothing constant)라고도 하며, w의 값이 클수록 현재와 최근 관측값의 변화가 더 큰 비중을 차지하게 되므로 평활과정이 시계열의 급변에 민감한 반응을 보이게 된다.

[그림 16-11]에서 평활상수값 0.5를 사용한 월간 판매의 평활치는 다른 상수값을 사용한 평활치보다 원 시계열의 변동에 더 큰 반응을 보인다는 것을 알 수 있다. 반면 평활상수값이 작을수록 평활과정이 시계열의 변화에 대해 보이는 반응은 낮은 것으로 나타난다. 평활의 목적은 불규칙한 외부요인에 의한 영향을 상쇄시키는데 있으므로 w의 값으로는 일반적으로 0.1에서 0.3 사이의 상대적으로 작은 값이 사용된다.

지수평활로 예측을 하는 기본적인 접근방법은 다음 기간의 예측에 가장 최근의 평활치 s_t를 사용하는 것이지만 이 경우 존재할 수도 있는 어떠한 추세나 계절효과를 무시하게 되는 단점이 있다. 추세와 계절효과를 조정하기 위해서는 추가적인 자료가 필요하게 되며, 이는 고급 시계열분석에서 다루게 된다.

[표 16-7] 월간 판매자료의 지수평활치

	t	y_t	s_t (w =0.1)	s_t (w =0.3)	s_t (w =0.5)
1998.1	1	22	22.00	22.00	22.00
2	2	24	22.20	22.60	23.00
3	3	9	20.88	18.52	16.00
4	4	23	21.09	19.86	19.50
5	5	18	20.78	19.30	18.75
6	6	17	20.40	18.61	17.88
7	7	22	20.56	19.63	19.94
8	8	26	21.11	21.54	22.97
9	9	24	21.40	22.28	23.48
10	10	27	21.96	23.69	25.24
11	11	28	22.56	24.99	26.62
12	12	22	22.50	24.09	24.31
1999.1	13	18	22.05	22.26	21.16
2	14	22	22.05	22.18	21.58
3	15	20	21.84	21.53	20.79
4	16	16	21.26	19.87	18.39
5	17	25	21.63	21.41	21.70
6	18	28	22.27	23.39	24.85
7	19	12	21.24	19.97	18.42
8	20	23	21.42	20.88	20.71
9	21	24	21.68	21.82	22.36
10	22	20	21.51	21.27	21.18
11	23	26	21.96	22.69	23.59
12	24	21	21.86	22.18	22.29

평활상수는 개념상 시계열의 심한 변동을 완화시키기 위해 선택된다. 체계적인 접근방법은 평활상수값을 0.1, 0.2, …, 0.6으로 놓고 예측값을 계산하여 각 예측오차의 제곱합을 구하여, 그 값이 가장 작은 평활상수의 값을 선택하여 예측에 사용한다.

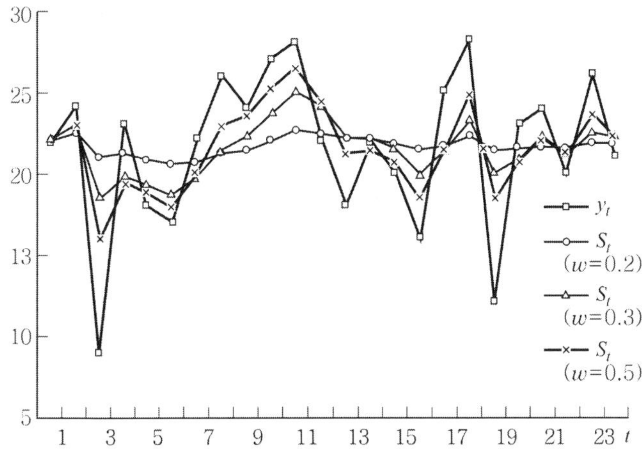

[그림 16-11]　월간 판매의 자료와 평활치

제 8 절　순환변동

순환요인은 시계열의 추세 위아래로 진동해 가는 반복적인 변동성향을 의미하는 것으로 시계열의 전환점(turning point) 파악과 단기예측에 유용하다. 순환변동은 시계열의 관측값과 추세값으로 추정할 수 있다. 추세식을 구하기 위해 연간 자료가 사용된다면 시계열의 관측값(y)은 추세(T), 순환(C), 그리고 불규칙(I)요인들의 곱이 된다. 관측값을 추세값의 비율로 표현하면 순환요인은 다음과 같이 나타난다.

$$\frac{y}{\hat{y}}\cdot 100 = \frac{T\cdot C\cdot I}{T}\cdot 100 = C\cdot I\cdot 100$$

[표 16-3]의 연구개발비 자료와 추세값과의 비율이 [표 16.8]에 계산되어 있으며, 추세값은 앞의 추세식으로부터 구해진다. [표 16-8]에 계산된 추세율은 [그림 16-12]와 같이 나타나며, 1974-84의 기간 동안 관측값은 대체로 추세(100%) 아래쪽에 위치하고, 1985-95 기간에는 위쪽에 위치하는 것을 알 수 있다. 1972-89 기간은 완전한 순환을 나타낸다. 순환의 기간과 크기는 보통 일정하지

않지만 순환관계를 파악함으로써 시계열의 추세 위·아래의 전환점들을 예측할 수 있게 된다.

[표 16-8] 연구개발비의 추세율 계산

연도	관측값 y	추세값 $\hat{y}$	추세율 $(y/\hat{y})\cdot 100$
1972	1.37	1.29	106.02
1973	1.29	1.29	100.34
1974	1.26	1.28	98.63
1975	1.25	1.27	98.59
1976	1.24	1.26	98.68
1977	1.25	1.24	100.51
1978	1.23	1.23	100.06
1979	1.19	1.21	98.09
1980	1.16	1.20	97.02
1981	1.15	1.18	97.76
1982	1.13	1.16	97.78
1983	1.11	1.13	97.95
1984	1.10	1.11	99.16
1985	1.09	1.08	100.58
1986	1.08	1.06	102.21
1987	1.05	1.03	102.15
1988	1.03	1.00	103.24
1989	1.00	0.97	103.54
1990	0.96	0.93	102.97
1991	0.91	0.90	101.42
1992	0.87	0.86	101.09
1993	0.83	0.82	100.92
1994	0.80	0.78	102.22
1995	0.75	0.74	101.18
1996	0.68	0.70	97.38
1997	0.62	0.65	94.83
1998	0.59	0.61	97.10
1999	0.56	0.56	100.01

[그림 16-12] 연구개발비의 추세율

순환변동을 분석하기 위해 하나의 예를 인용하여 보자. 어느 지역의 농협이 1992년부터 8년간 한 작물의 단위 면적당 수확량의 변동을 측정하고 싶다. [표 16-9]는 8년동안 수확량에 대한 자료이며, $\hat{y}$는 최소제곱법으로 구한 연도별 선형추세의 값이다. 실제 수확량 y와 추세 $\hat{y}$를 도표로 나타내면 [그림 16-13]과 같고, 수확량 y는 98.7과 102.5 사이에서 추세선 위아래로 진동한다. 이러한 순환변동은 강우량 및 기온과 같은 요인에 기인한다고 볼 수 있으므로 변동의 특정 패턴을 예측하기가 어렵다.

[표 16-9] 단위 면적당 수확량 (단위 : 톤)

연도	y(수확량)	$\hat{y}$ (추세량)
1992	7.5	7.6
1993	7.8	7.8
1994	8.2	8.0
1995	8.2	8.2
1996	8.4	8.4
1997	8.5	8.6
1998	8.7	8.8
1999	9.1	9.0

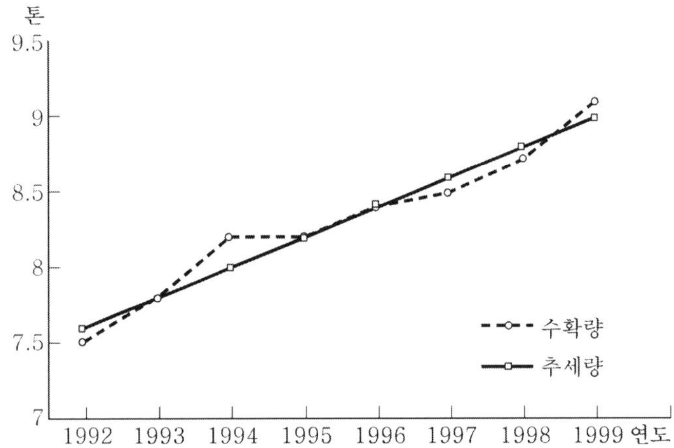

[그림 16-13] 추세선 주변의 순환변동

순환변동은 각 관측값과 추세와의 편차율을 계산한 상대순환잔차(relative cyclical residual)로도 측정할 수 있다. 상대순환잔차를 계산하는 공식은 다음과 같다.

$$\frac{y-\hat{y}}{\hat{y}}\times 100$$

여기에서 y는 관측값이고, $\hat{y}$는 추세값이다. 상대순환잔차는 추세율에서 100을 빼주면 쉽게 계산된다.

[표 16-10] 수확량의 추세율과 상대순환잔차

연도	수확량 y	추세량 $\hat{y}$	추세율 $(y/\hat{y})\cdot 100$	상대순환잔차 $[(y-\hat{y})/\hat{y}]\cdot 100$
1992	7.5	7.6	98.7	-1.3
1993	7.8	7.8	100.0	0.0
1994	8.2	8.0	102.5	2.5
1995	8.2	8.2	100.0	0.0
1996	8.4	8.4	100.0	0.0
1997	8.5	8.6	98.8	-1.2
1998	8.7	8.8	98.9	-1.1
1999	9.1	9.0	101.1	1.1

순환변동을 측정하는 두 가지 방법인 추세율과 상대순환잔차는 추세의 백분율

로 표현된다. 1997년을 예로 들면 추세율은 실제 수확량이 기대치의 98.8%였고, 상대순환잔차는 실제 수확량이 1.2% 정도 기대치에 미치지 못했음을 각각 의미한다. 순환변동은 흔히 [그림 16-14]와 같이 추세율로 나타낸다.

[그림 16-14] 수확량의 추세선과 추세율

제 9 절 계절변동

추세와 순환요인 외에 시계열에 나타나는 요인으로는 계절요인이 있다. 계절변동은 1년 이내의 기간 동안 반복적으로 발생하는 예측 가능한 변동으로 정의된다. 계절변동은 다양한 여건에 의해 발생되며, 흔히 자연적인 것과 인위적인 것으로 구분할 수 있다. 자연적인 현상의 예로는 계절에 따른 의류판매량의 변화 등을 들 수 있다. 인위적 현상의 예로는 크리스마스와 연말연시, 또는 명절 등과 같은 시기에 다양한 종류의 상품판매고의 급등을 들 수 있다.

계절변동을 분석하는 이유는 크게 세 가지로 구분할 수 있다. 첫째, 계절적 변동의 패턴을 식별하면 단기적인 변동을 이해하고 설명할 수 있게 된다. 둘째, 계절적 변동현상을 이해하면 단기예측에 유용하게 사용되어 다음해의 월간판매를 예측할 수 있게 된다. 셋째, 시계열로부터 계절적인 요인을 제거하기 위한 목적으로 분석된다. 계질직 패턴이 존재하면 시계열에 발생할 변화를 예상할 수 있게 되지만 실질적 변화가 기대했던 것보다 큰가 작은가를 알기 위해서는 자료의 계절조정이 이루어져야 한다.

계절변동은 계절지수(seasonal index)에 의해 변동의 정도가 파악되며, 보통 월간 또는 분기별 관측값을 기본자료로 사용하여 자료의 이동평균에 대한 비율을 계산해야 한다. 이동평균은 추세와 순환요인을 나타내며 자료는 시계열의 네 가지 요인을 모두 포함하므로 이동평균에 대한 자료(y)의 비율은 다음과 같이 계절요인과 불규칙요인으로 나타나게 된다.

$$\frac{y}{T \cdot C} = \frac{T \cdot C \cdot S \cdot I}{T \cdot C} = S \cdot I$$

이 비율은 불규칙적인 영향을 최소화하기 위해 평균을 하며 그 결과 계절지수가 구해진다.

계절지수를 계산하는 방법을 예를 통해 살펴보자. 어느 휴양지의 한 호텔은 객실수요의 계절적 영향을 검토하고자 한다. 이 호텔의 경영진은 고객에 대한 서비스의 질을 높이기 위해 성수기에는 더 많은 인원을 고용할 계획을 세우고 있다. 아래의 [표 16-11]은 1995년부터 5년간 분기별 객실 수요량에 대한 자료이다.

[표 16-11] 분기별 객실 수요

연도	분기			
	Ⅰ	Ⅱ	Ⅲ	Ⅳ
1995	1,898	2,305	2,670	2,010
1996	1,985	2,400	2,750	2,100
1997	1,990	2,270	2,865	1,677
1998	1,720	1,988	2,470	1,783
1999	1,827	2,234	2,965	2,210

① 계절지수를 계산하기 위한 첫 단계로 네 분기 이동합을 구한다. 첫 해인 1995년의 객실 수요는 1,898+2,305+2,670+2,010=8,883이 되며, 연도별 이동합은 네 개의 관측값에 의해 계산되므로 네 분기의 중간 지점인 1995-Ⅱ와 1995-Ⅲ분기 사이에 위치한다. 다음의 이동합은 1995-Ⅰ값 1,898을 제외시키고 1996-Ⅰ값인 1,985를 추가하면 2,305+2,670+2,010+1,985=8,970이 된다. 이 값은 [표 16-12]에서 보듯 첫 번째 이동합 8,883의 바로 아래 놓이며, 1995-Ⅲ과 1995-Ⅳ

분기 사이에 위치하게 된다. 이와 같은 계산과정은 마지막 자료값이 포함될 때까지 계속된다.

② 네 분기의 각 이동합을 4로 나누어 네 분기 이동평균값을 구한다.

③ [표 16-12]를 보면 ②에서 구한 이동평균값은 이동합을 따라 각 분기 사이에 자리잡고 있음을 알 수 있다. 두 이동평균값의 평균을 구해 두 값의 중심에 위치시키면 각 분기에 해당하는 중심이동평균값을 얻게 된다. 1995-Ⅲ분기의 중심이동평균은 (2,220.75+2,242.50)/2=2,231.625가 되며, 다음 분기들에 대해서도 같은 방법으로 계산한다. [그림 16-15]는 중심이동평균이 시계열의 심한 변동을 평활시킨 결과를 보여준다. 계절요인과 불규칙요인을 평활시킨 결과 점선이 순환요인과 추세요인을 나타내게 된다.

[표 16-12] 네 분기 이동평균의 계산

연도	분기	객실 수요	단계 ① 네 분기 이동합	단계 ② 네 분기 이동평균	단계 ③ 네 분기 중심이동평균	단계 ④ 자료의 이동평균에 대한 비율(%)
1995	Ⅰ	1,898				
	Ⅱ	2,305				
			8,883	2,220.75		
	Ⅲ	2,670			2,231.625	119.64
			8,970	2,242.50		
	Ⅳ	2,010			2,254.375	89.16
			9,065	2,266.25		
1996	Ⅰ	1,985			2,276.250	87.20
			9,145	2,286.25		
	Ⅱ	2,400			2,297.500	104.46
			9,235	2,308.75		
	Ⅲ	2,750			2,309.375	119.08
			9,240	2,310.00		
	Ⅳ	2,100			2,293.750	91.55
			9,110	2,277.50		
1997	Ⅰ	1,990			2,291.875	86.83
			9,225	2,306.25		
	Ⅱ	2,270			2,253.375	100.74
			8,802	2,200.50		
	Ⅲ	2,865			2,166.750	132.23
			8,532	2,,133.00		
	Ⅳ	1,677			2,097.750	79.94
			8,250	2,062.50		
1998	Ⅰ	1,720			2,013.125	85.44
			7,855	1,963.75		
	Ⅱ	1,988			1,977.000	100.56
			7,961	1,990.25		
	Ⅲ	2,470			2,003.625	123.28
			8,068	2,017.00		
	Ⅳ	1,783			2,047.750	87.07
			8,314	2,078.50		
1999	Ⅰ	1,827			2,015.375	90.65
			7,809	1,952.25		
	Ⅱ	2,234			2,130.625	104.85
			9,236	2,309.00		
	Ⅲ	2,965				
	Ⅳ	2,210				

기간의 수가 홀수라면 단계 ③은 생략할 수 있다. 예를 들어 종합병원의 응급

실을 찾는 환자의 수에 대한 일일지수를 계산한다고 하자. 단계 ①과 ②에서 7일 이동합과 이동평균을 계산하게 될 것이고, 7일 기간의 중심은 7일 중 네번째 날에 해당되므로 이동평균은 이미 중심에 위치하게 되어 단계 ③이 필요없게 된다. 반면 24시간, 12개월, 또 4개의 분기와 같이 기간의 수가 짝수일 때는 단계 ③의 과정을 거쳐야 한다.

④ 각 분기별 자료와 이동평균값의 백분율을 계산한다. 1995-Ⅲ분기의 백분율은 다음과 같다.

$$\frac{\text{실제값}}{\text{이동평균값}} \times 100 = \frac{2,670}{2,231.625} \times 100 = 119.64\%$$

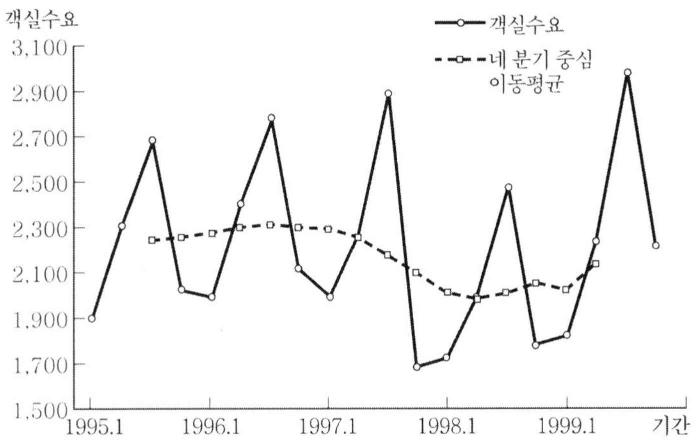

[그림 16-15] 원자료와 이동평균

⑤ 위에서 구한 자료의 이동평균값에 대한 백분율을 분기별로 정리한다. 각 분기의 최대값과 최소값을 제외하고 남은 값들로 분기별 평균을 [표 16-13]과 같이 구한다.

[표 16-12]의 마지막 열에 계산된 값은 여전히 시계열 변동의 순환요인과 불규칙요인을 포함하고 있다. 분기별로 가장 높은 값과 낮은 값을 제거해주면 이 두 요인으로 인한 변동이 감소되며, 제외되지 않은 값들을 평균해 주면 이 두 요인을 더욱 평활시키게 된다. 이 과정에 의해 순환변동과 불규칙변동은 제거되므로 [표 16-13]에서 구한 평균은 계절요인의 지수가 된다.

[표 16-13] 분기별 평균지수의 계산

연도	분기 Ⅰ	분기 Ⅱ	분기 Ⅲ	분기 Ⅳ
1995	—	—	119.64	89.16
1996	87.20	104.46	~~119.08~~	~~91.55~~
1997	86.83	100.74	~~132.23~~	~~79.94~~
1998	~~85.44~~	~~100.56~~	123.28	87.07
1999	~~90.65~~	~~104.85~~	—	—
합	174.03	205.20	242.92	176.23
평균	87.02	102.60	121.46	88.12
		평균지수합 : 399.20		

⑥ 마지막 단계로 [표 16-13]에서 구한 평균을 다소 조정해 준다. 네 지수의 합은 399.20이었다. 지수의 기준은 100이므로 네 개의 분기별 지수의 합은 400, 또 평균은 100이 되어야 한다. 이러한 오차를 수정하기 위해 [표 16-13]의 각 분기별 지수를 조정상수로 곱해 준다. 기준지수합 400을 실제합 399.20으로 나누면 조정상수 1.002가 구해진다. [표 16-14]는 각 평균값을 조정상수로 곱하면 분기별 지수의 합이 400이 된다는 것을 보여준다.

[표 16-14] 지수의 조정과 계절지수

분기	분기별 비조정지수		조정상수		계절지수
Ⅰ	87.02	×	1.002	=	87.19
Ⅱ	102.60	×	1.002	=	102.81
Ⅲ	121.46	×	1.002	=	121.70
Ⅳ	88.12	×	1.002	=	88.30
			계절지수의 합		400.00
			계절지수의 평균		400/4=100.00

계절지수는 시계열로부터 계절적 영향을 제거하기 위해 사용되며, 그 결과 계절변동제거자료(deseasonalized data)를 얻게 된다. 시계열의 추세요인이나 순환요인을 식별하기 전에 우선 계절변동을 제거해야 한다. 시계열의 계절변동을 제거하기 위해서는 각 관측값을 적절한 계절지수로 나누어 준다.

[표 16-11]의 첫 네 분기 관측값에서 계절변동을 제거해 보자. [표 16-14]에서 계산된 계절지수를 사용하여 계절변동을 제거하는 과정은 [표 16-15]와 같다. 계절효과가 제거된 자료는 시계열의 추세, 순환, 또 불규칙요인들만 반영하게 된다.

계절요인이 일단 분리되면 계절변동이 제거된 추세선을 계산할 수 있으므로 미래에 대한 예측이 가능해진다.

[표 16-15] 계절변동 제거 과정

연도	분기	관측값		계절지수/100		계절변동제거자료
1995	Ⅰ	1,898	÷	(87.19/100)	=	2,176.86
1995	Ⅱ	2,305	÷	(102.81/100)	=	2,242.00
1995	Ⅲ	2,670	÷	(121.70/100)	=	2,193.92
1995	Ⅳ	2,010	÷	(88.30/100)	=	2,276.33

제10절 시계열의 네 가지 구성요인의 식별

시계열로부터 추세, 순환, 또 계절변동을 제거한 후에도 예측할 수 없는 불규칙변동이 존재한다. 일반적으로 불규칙변동은 단기적으로 발생하며 예측이 불가능한 패턴을 따른다. 예를 들어 늦가을 때 아닌 추위는 전력과 연료의 소비를 급증시키는 불규칙요인이며, 이러한 불규칙변동의 요인은 쉽게 식별되지 않고 예측이 불가능하다.

이제 시계열의 네 가지 요인을 모두 포함하는 예제를 인용해 보기로 하자. 등산장비를 제조하는 한 업체는 지난 5년간 분기별 판매경향에 대한 분석을 토대로 미래의 판매에 대한 예측을 하고자 한다. 수집된 정보는 [표 16-16]과 같고, 이때 시계열분석의 과정은 다음의 세 단계로 구성된다.

i. 시계열에서 계절변동의 제거,

ii. 추세선의 계산,

iii. 순환변동의 식별

[표 16-16] 분기별 판매고 (단위 : 1000만원)

	1995	1996	1997	1998	1999
Ⅰ	16	15	17	17	18
Ⅱ	21	20	24	25	26
Ⅲ	9	10	13	11	14
Ⅳ	18	18	22	21	25

단계 1 : 계절지수의 계산

자료가 분기별로 구해졌으므로 시계열의 계절변동을 우선 제거해 준다. [표 16-17]과 [표 16-18]에 제시된 과정으로 분기별 계절지수가 계산된 후 [표 16-16]의 실제 관측값을 계절지수로 나누어 주면 [표 16-19]와 같이 계절변동이 제거된 시계열값을 구할 수 있다.

단계 2 : 최소제곱법으로 추세선의 계산

계절변동이 제거된 시계열의 각 기간을 시간변수로 바꾸어준 후 최소제곱법을 적용시켜 추세선을 구한다. [표 16-20]이 추세요인을 식별하기 위한 계산과정을 보여준다. [표 16-20]의 계산결과를 이용하여 다음과 같은 값을 구한다.

$$b_1 = \frac{\sum xy}{\sum x^2} = \frac{420.3}{2,660} = 0.16$$

$$b_0 = \bar{y} = 18.0$$

따라서 추세선은 아래와 같다.

$$\hat{y} = b_0 + b_1 x = 18 + 0.16x$$

[표 16-17] 판매고의 이동평균 계산

연도	분기	판매고	네 분기 이동합	네 분기 이동평균	네 분기 중심이동평균	판매고의 이동평균에 대한 백분율(%)
1995	Ⅰ	16				
	Ⅱ	21	64	16.00		
	Ⅲ	9	63	15.75	15.825	56.7
	Ⅳ	18	62	15.50	15.625	115.2
1996	Ⅰ	15	63	15.75	15.625	96.0
	Ⅱ	20	63	15.75	15.750	127.0
	Ⅲ	10	65	16.25	16.000	62.5
	Ⅳ	18	69	17.25	16.750	107.5
1997	Ⅰ	17	72	18.00	17.625	96.5
	Ⅱ	24	76	19.00	18.500	129.7
	Ⅲ	13	76	19.00	19.000	68.4
	Ⅳ	22	77	19.25	19.125	115.0
1998	Ⅰ	17	75	18.75	19.000	89.5
	Ⅱ	25	74	18.50	18.625	134.2
	Ⅲ	11	75	18.75	18.625	59.1
	Ⅳ	21	76	19.00	18.875	111.3
1999	Ⅰ	18	79	19.75	19.375	92.9
	Ⅱ	26	83	20.75	20.250	128.4
	Ⅲ	14				
	Ⅳ	25				

[표 16-18] 판매고의 계절지수의 계산

분기 \ 연도	1995	1996	1997	1998	1999	합	평균
Ⅰ	–	96.0	96.5	89.5	92.9	188.9	94.45
Ⅱ	–	127.0	129.7	134.2	128.4	258.1	129.05
Ⅲ	56.7	62.5	68.4	59.1	–	121.6	60.80
Ⅳ	115.2	107.5	115.0	111.3	–	226.3	113.15
							397.45

조정상수 : 400/397.45＝1.0064

분기	분기별 비조정지수		조정상수		계절지수
Ⅰ	94.45	×	1.0064	=	95.1
Ⅱ	129.05	×	1.0064	=	129.9
Ⅲ	60.80	×	1.0064	=	61.2
Ⅳ	113.15	×	1.0064	=	113.9
			계절지수의 합		400.1

[표 16-20] 추세요인의 식별

(1) 연도	(2) 분기	(3) 계절변동 제거된 판매고(y)	(4) 시간변수의 부호(x)	(5)＝(4)×(3) xy	(6)＝ $(4)^2$ x^2
1995	Ⅰ	16.8	-19	-319.2	361
	Ⅱ	16.2	-17	-275.4	289
	Ⅲ	14.7	-15	-220.5	225
	Ⅳ	15.8	-13	-205.4	169
1996	Ⅰ	15.8	-11	-173.8	121
	Ⅱ	15.4	-9	-138.6	81
	Ⅲ	16.3	-7	-114.1	49
	Ⅳ	15.8	-5	-79.0	25
1997	Ⅰ	17.9	-3	-53.7	9
	Ⅱ	18.5	-1	-18.5	1
	Ⅲ	21.2	1	21.2	1
	Ⅳ	19.3	3	57.9	9
1998	Ⅰ	17.9	5	89.5	25
	Ⅱ	19.2	7	134.4	49
	Ⅲ	18.0	9	162.0	81
	Ⅳ	18.4	11	202.4	121
1999	Ⅰ	18.9	13	245.7	169
	Ⅱ	20.0	15	300.0	225
	Ⅲ	22.9	17	389.3	289
	Ⅳ	21.9	19	416.1	361
		$\sum y = 360.9$		$\sum xy = 420.3$	$\sum x^2 = 2,660$

$$\bar{y} = \frac{\sum y}{n} = \frac{360.9}{20} = 18.0$$

단계 3 : 순환요인의 식별

지금까지 시계열의 계절요인과 추세요인을 식별하였다. 추세선 주변을 변동하는 순환요인은 계절효과가 제거된 자료를 사용하여 식별되며, 순환변동의 계산은 [표 16-21]과 같다. 불규칙변동이 단기적이고 상대적으로 중요하지 않다고 가정한다면 추세, 순환, 계절요인들로 판매고의 시계열을 완전히 표현했다고 할 수 있다. [그림 16-16]은 원자료의 시계열, 추세요인과 순환요인을 포함한 이동평균, 그리고 추세선을 나타낸 것이다.

[표 16-21] 순환변동의 식별

연도	분기	계절변동 제거된 판매고	x	$\hat{y}=a+bx$	추세율 $(y/\hat{y})\cdot 100$
1995	Ⅰ	16.8	-19	14.96	112.3
	Ⅱ	16.2	-17	15.28	106.0
	Ⅲ	14.7	-15	15.60	94.2
	Ⅳ	15.8	-13	15.92	99.2
1996	Ⅰ	15.8	-11	16.24	97.3
	Ⅱ	15.4	-9	16.56	93.0
	Ⅲ	16.3	-7	16.88	96.6
	Ⅳ	15.8	-5	17.20	91.9
1997	Ⅰ	17.9	-3	17.52	102.2
	Ⅱ	18.5	-1	17.84	103.7
	Ⅲ	21.2	1	18.16	116.7
	Ⅳ	19.3	3	18.48	104.4
1998	Ⅰ	17.9	5	18.80	95.2
	Ⅱ	19.2	7	19.12	100.4
	Ⅲ	18.0	9	19.44	92.6
	Ⅳ	18.4	11	19.76	93.1
1999	Ⅰ	18.9	13	20.08	94.1
	Ⅱ	20.0	15	20.40	98.0
	Ⅲ	22.9	17	20.72	110.5
	Ⅳ	21.9	19	21.04	104.1

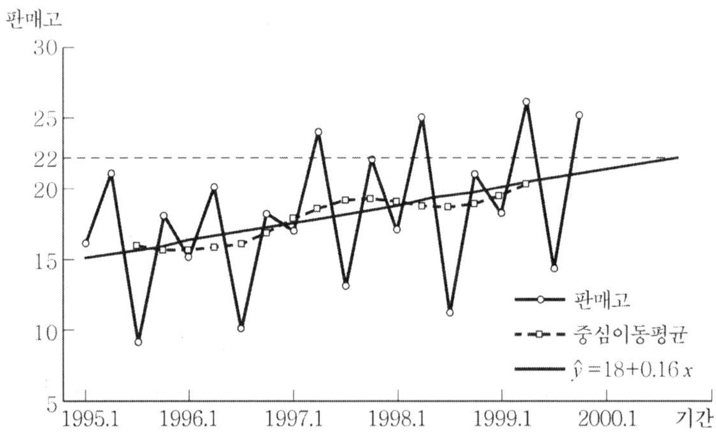

[그림 16-16] 분기별 판매고의 시계열, 추세선, 중심이동평균

이제 경영진이 2000년 Ⅲ분기의 판매고를 추정하고 싶다고 하자. 예측을 하는 과정은 다음과 같다.

단계 1 : 추세식 $\hat{y}=18+0.16x$를 사용하여 계절변동이 제거된 2000년 Ⅲ분기의 판매고를 구해야 한다. 2000-Ⅲ의 시간을 우선 부호화시키면 [표 16-20]에서 1999-Ⅳ보다 세 분기 후이므로 $x=19+2(3)=25$가 된다. $x=25$를 추세식에 대입시키면 다음의 결과를 얻게 된다.

$$\begin{aligned}\hat{y} &= b_0 + b_1 x \\ &= 18 + 0.16(25) \\ &= 22\end{aligned}$$

따라서 계절변동이 제거된 2000-Ⅲ의 추정 판매고는 2억 2,000만원이 된다.

단계 2 : 경영진은 이 추정값에 Ⅲ분기 계절지수를 곱해 주어 계절화시켜야 한다. [표 16-18]에서 Ⅲ분기의 계절지수는 61.2이므로 계절화된 추정값은 다음과 같이 구할 수 있다.

$$22 \times \frac{61.2}{100} = 13.5$$

위의 분석을 근거로 이 업체는 2000-Ⅲ의 판매고가 1억 3,500만원이 될 것이라고 추정하게 된다. 여기서 유의해야 할 점은 이 값은 추정값일 뿐이며 순환요인과 불규칙요인은 고려되지 않았다는 점이다. 그러나 불규칙변동은 예측할 수 없으며, 또한 순환변동은 과거의 행위에 관련된 것으로 미래의 행위를 예측할 수 있는 것은 아니다.

엑 셀 활 용

[이동평균법]

[표 16-6]의 월간 판매량 자료를 이용하여 5개월 이동평균을 구해 보자.

1. 아래와 같이 자료를 입력한 후, 메뉴표시줄에서 [데이터]-[데이터분석]을 선택한다. [통계 데이터 분석] 대화상자가 나타나면, 여기에서 “이동 평균법”을 선택한다.

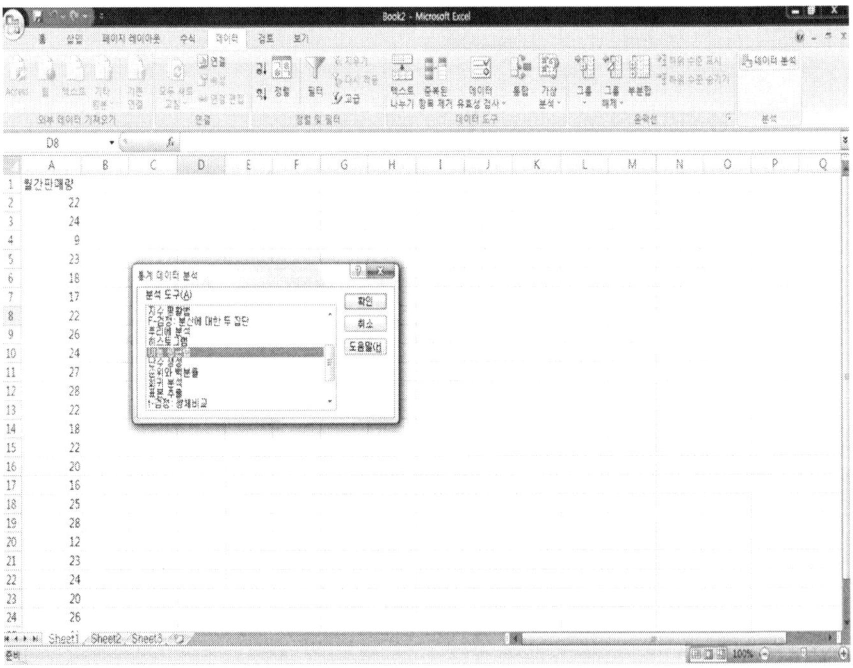

2. [확인]을 누르면 다음과 같이 [이동 평균법] 대화상자가 나타난다. 입력범위에 데이터의 범위인 셀 A1:A25를 지정해준다. 데이터의 첫째 행에 이름을 입력하였으므로 첫째 행 이름표 사용을 선택한다. 구간의 수는 5개월 이동평균인 경우를 구하는 것이므로 5를 입력한다. 출력 옵션에서 출력범위에 자료의 옆 셀의 범위인 B2:B25를 지정한다. 차트 출력과 표준오차를 선택하면 이동평균에 대한 차트와 표준오차가 각각 출력되지만 여기서는 생략하기로 한다.

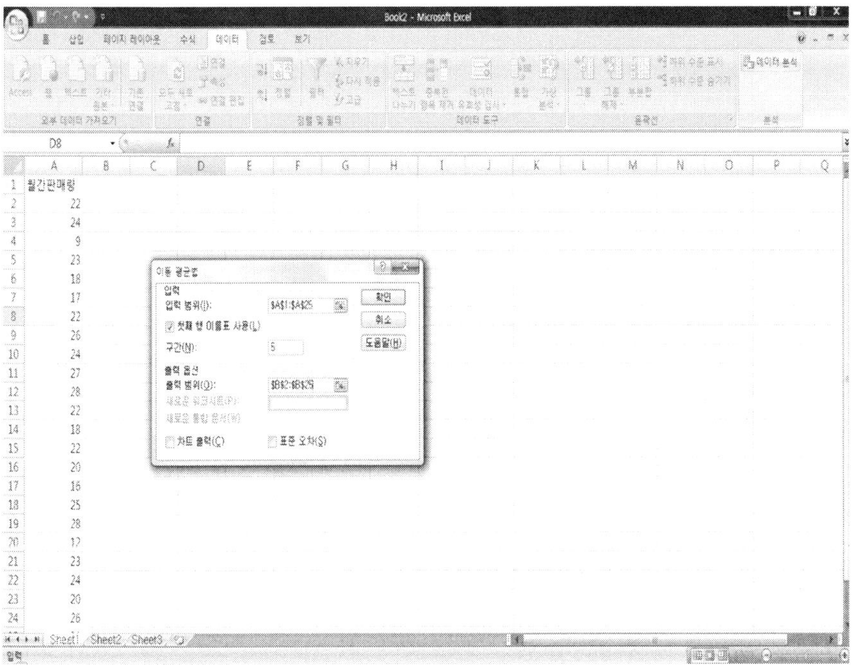

3. [확인]을 누르면 다음과 같은 5개월 이동평균에 대한 결과가 나타나는데, 출력 범위의 5번째 셀부터 결과가 입력된다.

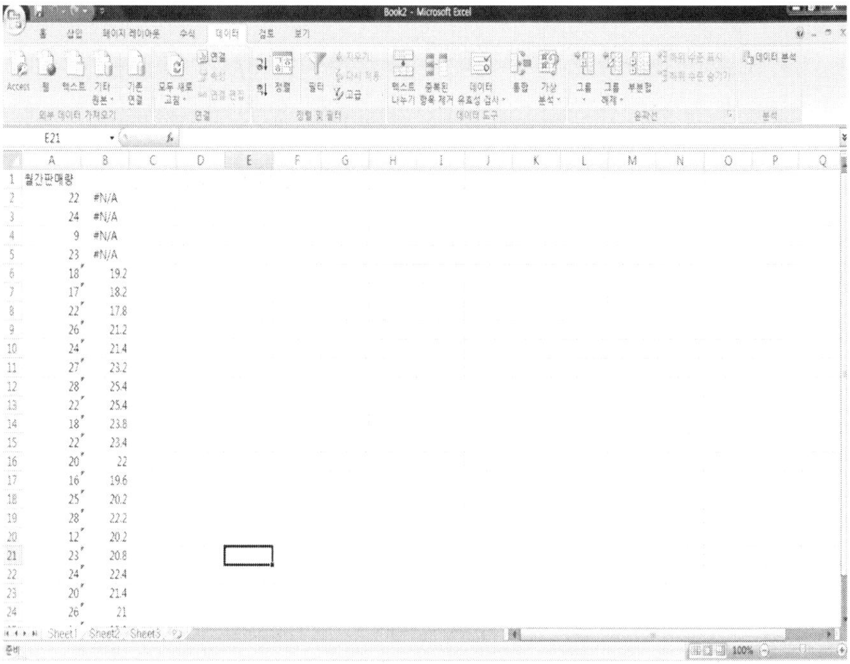

9개월 이동평균도 같은 방법으로 수행한다.

[지수평활법]

[표 16.7]의 월간 판매량 자료를 이용하여 가중치를 0.1로 둔 지수평활법을 수행해 보자.

1. 다음과 같이 자료를 입력한 후, 메뉴표시줄에서 [데이터]-[데이터분석]을 선택한다. [통계 데이터 분석] 대화상자가 나타나면 "지수 평활법"을 선택한다.

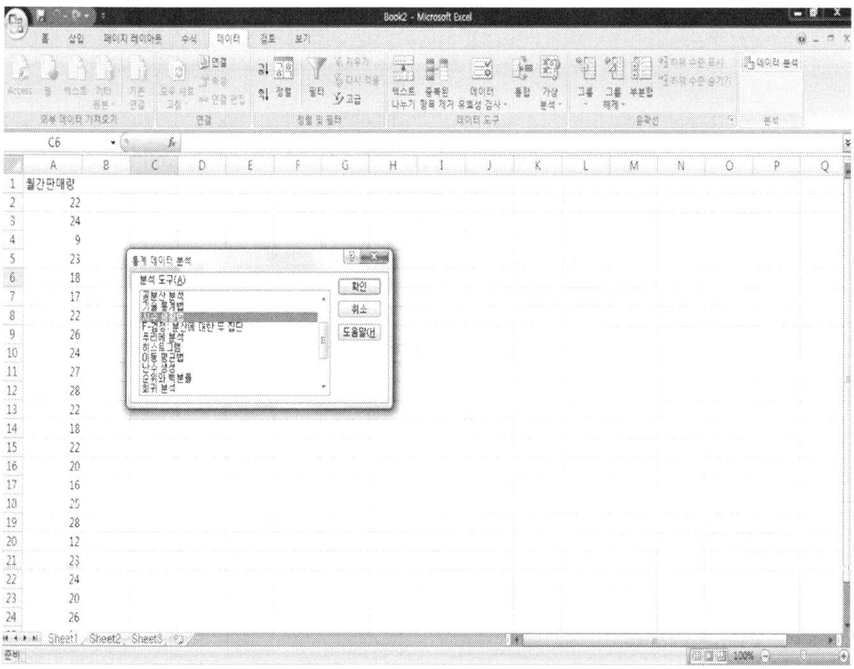

2. [확인]을 누르면 [지수 평활법]대화상자가 나타난다. 입력에서 입력범위에 데이터의 범위인 셀 A1:A25를 지정한다. 감쇠인수는 가중치가 0.1이기 때문에 1-0.1에 해당하는 0.9를 입력한다. 첫째 행에 자료의 이름을 입력했기 때문에 이름표를 선택한다. 출력옵션에서 출력범위에 자료의 옆 셀의 범위인 셀 B2:B25를 지정한다.

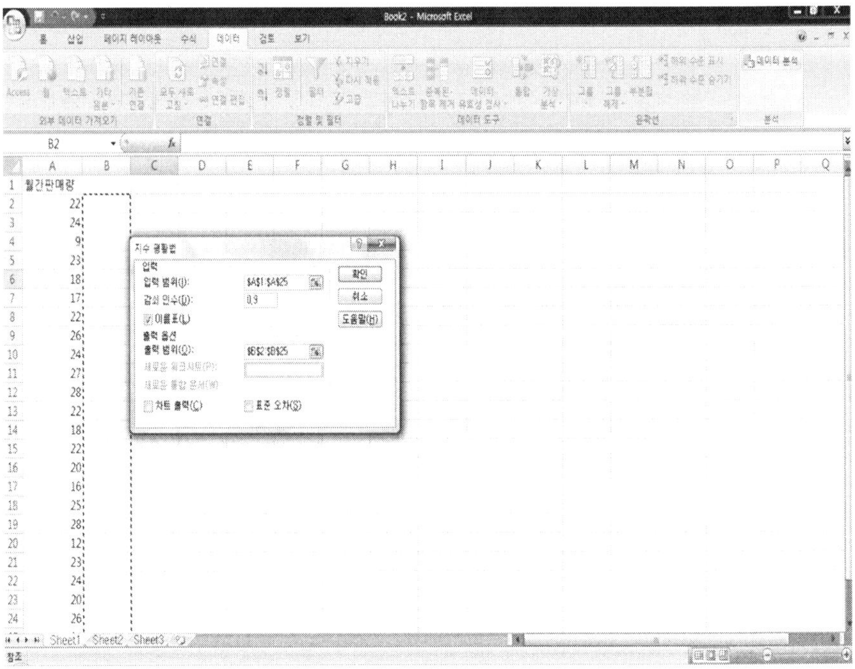

3. [확인]을 누르면 다음과 같이 가중치가 0.1인 지수평활치의 결과가 나타나는데, 출력범위의 두 번째 셀부터 결과가 입력된다.

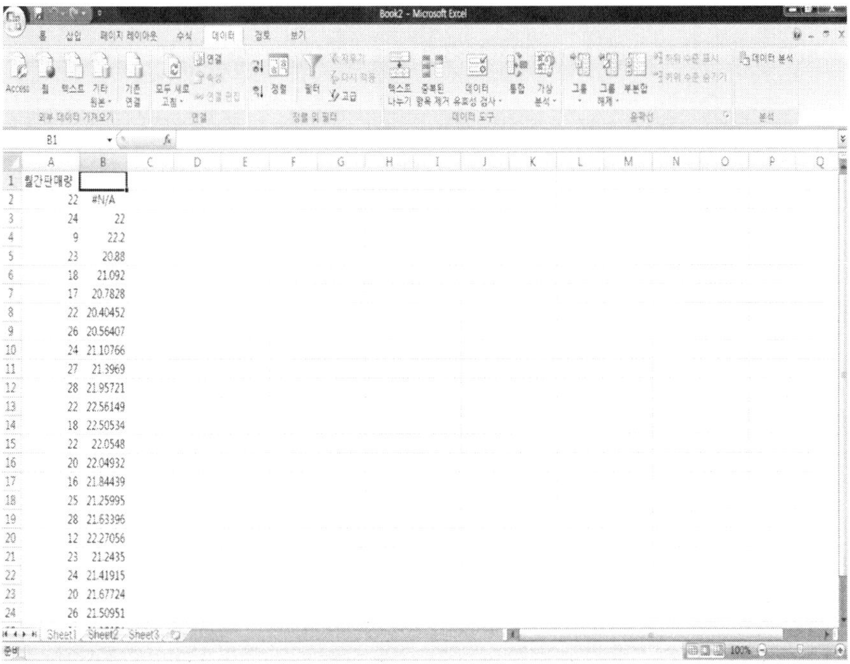

가중치를 0.3, 0.5로 두는 경우에도 같은 방법으로 구할 수 있다.

연 습 문 제

16.1 [표 16-1] 연간 판매량의 자료에서 2002년과 2007년의 연간 판매의 추세값을 구하라.

16.2 [표 16-3]의 연간 연구개발비의 자료에서 2002년과 2006년의 연간 판매의 추세값을 구하라.

16.3 어느 도시의 대기오염도가 다음과 같이 측정되었다.

(단위 : ppm)

연도	1984	1989	1994	1999
공해율	230	340	790	2350

(1) 선형과 이차형의 방정식 중 어떤 형태가 미래의 오염도를 더 잘 예측할까?

(2) 경제적, 사회적, 정치적 환경을 고려한다면 (1)의 답을 수정하겠는가?

16.4 아래는 1978년에서 1998년까지 특정 행정서비스에 필요한 수입인지 대금에 대한 자료이다.

(단위 : 100원)

연도	1978	1980	1982	1984	1986	1988	1990	1992	1994	1996	1998
대금	5	5	8	8	10	13	15	18	20	22	25

(1) 이 자료를 가장 잘 나타내는 선형방정식을 추정하라.

(2) 이 자료를 가장 잘 나타내는 이차형방정식을 추정하라.

(3) (1)과 (2)의 방정식 중 어느 것이 결국 현실적인 예측을 할 것으로 생각되는가?

16.5 어느 기업체는 1993년에서 1999년까지 아래와 같은 수입을 올린 것으로 집계되었다.

연도	1993	1994	1995	1996	1997	1998	1999
수입(10억원)	1.1	1.5	1.9	2.1	2.4	2.9	3.5

이 자료의 이차형 추세식은

$$\hat{y} = 2.086 + 0.375x + 0.025x^2$$

이고, 이 때 1996=0이며 x의 단위는 1년이다.

(1) 이 자료의 추세율을 계산하라.

(2) 상대순환잔차를 계산하라.

(3) 추세로부터 가장 큰 변동이 발생한 해는 언제인가? (1)과 (2) 두 방법의 결과가 같은가?

16.6 지난 7년간 어느 건설업체의 철근 수요량은 아래와 같았다.

연도	1993	1994	1995	1996	1997	1998	1999
수요량(만톤)	21.0	19.4	22.6	28.2	30.4	24.0	25.0

(1) 위의 자료를 가장 잘 나타내는 선형식을 구하라.

(2) 위 자료의 추세율을 계산하라.

(3) 상대순환잔차를 계산하라.

(4) 순환변동의 두 가지 측정방법을 사용할 때 어느 해에 가장 큰 변동이 발생하였는가?

16.7 아래는 지난 80년대 모든 제조업체의 분기별 순수익률에 대한 자료이다.

연도	분기			
	Ⅰ	Ⅱ	Ⅲ	Ⅳ
1980	5.0	5.0	4.9	5.1
1981	5.1	5.0	5.1	5.1
1982	5.1	4.9	4.8	4.5
1983	4.1	4.2	4.0	3.6
1984	4.0	4.2	4.2	4.1
1985	4.2	4.2	4.3	4.5
1986	4.7	4.7	4.7	5.7
1987	5.8	5.6	5.9	4.9
1988	3.8	4.4	5.0	5.1
1989	5.5	5.6	5.3	5.0

(1) 5분기 이동평균을 구하고 원자료와 그래프로 나타내어라.

(2) 지수평활법을 이용하여 분기별 순수익률의 평활치를 구하라. 첫 평활치를 첫 관측값과 같게 두고 $s_t = wy_t + (1-w)s_{t-1}$에서 $w=0.1$을 사용하라.

16.8 아래의 자료에 대한 지수추세식을 구하라.

연도	t	y
1975	1	100
1976	2	140
1977	3	196
1978	4	274.400
1979	5	384.160
1980	6	537.824
1981	7	752.954

16.9 다음은 어느 스포츠용구 제조업체의 5년간 분기별 판매고에 대한 자료이다.

(단위 : 천만원)

	1995	1996	1997	1998	1999
봄	102	110	111	115	122
여름	120	126	128	135	144
가을	90	95	97	103	110
겨울	78	83	86	91	98

(1) 네 분기 중심이동평균을 구하라.

(2) 원자료의 이동평균에 대한 백분율을 분기별로 구하라.

(3) 평균지수와 계절지수를 계산하라.

16.10 다음은 어느 건설업체가 지난 5년간 완공한 아파트 동수에 대한 분기별 자료이다.

	1995	1996	1997	1998	1999
봄	8	9	10	10	11
여름	10	10	11	12	13
가을	7	7	7	8	9
겨울	5	6	6	7	8

(1) 분기별 계절지수를 구하라.

(2) 이 업체의 건설자금이 완공된 아파트의 동수와 직접적인 관련이 있다면 여름과 겨울 사이 소요자금의 몇 %가 감소할까?

16.11 어느 가전제품업체의 경영진은 분기별 순수익에 관한 아래의 자료를 검토하고 있다.

(단위 : 천만원)

	1996	1997	1998	1999
봄	29	27	33	34
여름	30	34	36	40
가을	41	45	46	47
겨울	43	48	51	53

(1) 네 분기 중심이동평균을 이용하여 이 자료의 계절지수를 계산하라.

(2) 위의 지수를 사용하여 계절변동이 제거된 자료를 구하라.

(3) 이 자료를 가장 잘 나타내는 최소제곱직선을 구하라.

16.12 어느 야외극장의 입장객이 아래와 같다고 할 때

	1996	1997	1998	1999
봄	750	780	800	640
여름	1,150	1,100	1,225	1,050
가을	680	580	610	600

(1) 세 기간 이동평균을 사용하여 이 자료의 계절지수를 계산하라.

(2) 위의 계절지수를 이용하여 계절변동이 제거된 자료를 구하라.

부 록

1. 통계표
2. 연습문제 풀이 및 해답

1. 통계표

[표 1] 누적이항분포표

$$P\{X \le c\} = \sum_{x=0}^{c} \binom{n}{x} p^x (1-p)^{n-x}$$

		p										
	c	.05	.10	.20	.30	.40	.50	.60	.70	.80	.90	.95
n=1	0	.950	.900	.800	.700	.600	.500	.400	.300	.200	.100	.050
	1	1.000	1.000	1.000	1.000	1.000	1.000	1.000	1.000	1.000	1.000	1.000
n=2	0	.902	.810	.640	.490	.360	.250	.160	.090	.040	.010	.002
	1	.997	.990	.960	.910	.840	.750	.640	.510	.360	.190	.097
	2	1.000	1.000	1.000	1.000	1.000	1.000	1.000	1.000	1.000	1.000	1.000
n=3	0	.857	.729	.512	.343	.216	.125	.064	.027	.008	.001	.000
	1	.993	.972	.896	.784	.648	.500	.352	.216	.104	.028	.007
	2	1.000	.999	.992	.973	.936	.875	.784	.657	.488	.271	.143
	3	1.000	1.000	1.000	1.000	1.000	1.000	1.000	1.000	1.000	1.000	1.000
n=4	0	.815	.656	.410	.240	.130	.063	.026	.008	.002	.000	.000
	1	.986	.948	.819	.652	.475	.313	.179	.084	.027	.004	.000
	2	1.000	.996	.973	.916	.821	.688	.525	.348	.181	.052	.014
	3	1.000	1.000	.998	.992	.974	.938	.870	.760	.590	.344	.185
	4	1.000	1.000	1.000	1.000	1.000	1.000	1.000	1.000	1.000	1.000	1.000
n=5	0	.774	.590	.328	.168	.078	.031	.010	.002	.000	.000	.000
	1	.977	.919	.737	.528	.337	.188	.087	.031	.007	.000	.000
	2	.999	.991	.942	.837	.683	.500	.317	.163	.058	.009	.001
	3	1.000	1.000	.993	.969	.913	.813	.663	.472	.263	.081	.023
	4	1.000	1.000	1.000	.998	.990	.969	.922	.832	.672	.410	.226
	5	1.000	1.000	1.000	1.000	1.000	1.000	1.000	1.000	1.000	1.000	1.000
n=6	0	.735	.531	.262	.118	.047	.016	.004	.001	.000	.000	.000
	1	.967	.886	.655	.420	.233	.109	.041	.011	.002	.000	.000
	2	.998	.984	.901	.744	.544	.344	.179	.070	.017	.001	.000
	3	1.000	.999	.983	.930	.821	.656	.456	.256	.099	.016	.002
	4	1.000	1.000	.998	.989	.959	.891	.767	.580	.345	.114	.033
	5	1.000	1.000	1.000	.999	.996	.984	.953	.882	.738	.469	.265
	6	1.000	1.000	1.000	1.000	1.000	1.000	1.000	1.000	1.000	1.000	1.000
n=7	0	.698	.478	.210	.082	.028	.008	.002	.000	.000	.000	.000
	1	.956	.850	.577	.329	.159	.063	.019	.004	.000	.000	.000
	2	.996	.974	.852	.647	.420	.227	.096	.029	.005	.000	.000
	3	1.000	.997	.967	.874	.710	.500	.290	.126	.033	.003	.000
	4	1.000	1.000	.995	.971	.904	.773	.580	.353	.148	.026	.004

	c	.05	.10	.20	.30	.40	.50	.60	.70	.80	.90	.95
							p					
	5	1.000	1.000	1.000	.996	.981	.938	.841	.671	.423	.150	.044
	6	1.000	1.000	1.000	1.000	.998	.992	.972	.918	.790	.522	.302
	7	1.000	1.000	1.000	1.000	1.000	1.000	1.000	1.000	1.000	1.000	1.000
$n=8$	0	.663	.430	.168	.058	.017	.004	.001	.000	.000	.000	.000
	1	.943	.813	.503	.255	.106	.035	.009	.001	.000	.000	.000
	2	.994	.962	.797	.552	.315	.145	.050	.011	.001	.000	.000
	3	1.000	.995	.944	.806	.594	.363	.174	.058	.010	.000	.000
	4	1.000	1.000	.990	.942	.826	.637	.406	.194	.056	.005	.000
	5	1.000	1.000	.999	.989	.950	.855	.685	.448	.203	.038	.006
	6	1.000	1.000	1.000	.999	.991	.965	.894	.745	.497	.187	.057
	7	1.000	1.000	1.000	1.000	.999	.996	.983	.942	.832	.570	.337
	8	1.000	1.000	1.000	1.000	1.000	1.000	1.000	1.000	1.000	1.000	1.000
$n=9$	0	.630	.387	.134	.040	.010	.002	.000	.000	.000	.000	.000
	1	.929	.775	.436	.196	.071	.020	.004	.000	.000	.000	.000
	2	.992	.947	.738	.463	.232	.090	.025	.004	.000	.000	.000
	3	.999	.992	.914	.730	.483	.254	.099	.025	.003	.000	.000
	4	1.000	.999	.980	.901	.733	.500	.267	.099	.020	.001	.000
	5	1.000	1.000	.997	.975	.901	.746	.517	.270	.086	.008	.001
	6	1.000	1.000	1.000	.996	.975	.910	.768	.537	.262	.053	.008
	7	1.000	1.000	1.000	1.000	.996	.980	.929	.804	.564	.225	.071
	8	1.000	1.000	1.000	1.000	1.000	.998	.990	.960	.866	.613	.370
	9	1.000	1.000	1.000	1.000	1.000	1.000	1.000	1.000	1.000	1.000	1.000
$n=10$	0	.599	.349	.107	.028	.006	.001	.000	.000	.000	.000	.000
	1	.914	.736	.376	.149	.046	.011	.002	.000	.000	.000	.000
	2	.988	.930	.678	.383	.167	.055	.012	.002	.000	.000	.000
	3	.999	.987	.879	.650	.382	.172	.055	.011	.001	.000	.000
	4	1.000	.998	.967	.850	.633	.377	.166	.047	.006	.000	.000
	5	1.000	1.000	.994	.953	.834	.623	.367	.150	.033	.002	.000
	6	1.000	1.000	.999	.989	.945	.828	.618	.350	.121	.013	.001
	7	1.000	1.000	1.000	.998	.988	.945	.833	.617	.322	.070	.012
	8	1.000	1.000	1.000	1.000	.998	.989	.954	.851	.624	.264	.086
	9	1.000	1.000	1.000	1.000	1.000	.999	.994	.972	.893	.651	.401
	10	1.000	1.000	1.000	1.000	1.000	1.000	1.000	1.000	1.000	1.000	1.000
$n=11$	0	.569	.314	.086	.020	.004	.000	.000	.000	.000	.000	.000
	1	.898	.697	.322	.113	.030	.006	.001	.000	.000	.000	.000
	2	.985	.910	.617	.313	.119	.033	.006	.001	.000	.000	.000
	3	.998	.981	.839	.570	.296	.113	.029	.004	.000	.000	.000

		p										
		.05	.10	.20	.30	.40	.50	.60	.70	.80	.90	.95
	c											
	4	1.000	.97	.950	.790	.533	.274	.099	.022	.002	.000	.000
	5	1.000	1.000	.988	.922	.753	.500	.247	.078	.012	.000	.000
	6	1.000	1.000	.998	.978	.901	.726	.467	.210	.050	.003	.000
	7	1.000	1.000	1.000	.996	.971	.887	.704	.430	.161	.019	.002
	8	1.000	1.000	1.000	.999	.994	.967	.881	.687	.383	.090	.015
	9	1.000	1.000	1.000	1.000	.999	.994	.970	.887	.678	.303	.102
	10	1.000	1.000	1.000	1.000	1.000	1.000	.996	.980	.914	.686	.431
	11	1.000	1.000	1.000	1.000	1.000	1.000	1.000	1.000	1.000	1.000	1.000
$n=12$	0	.540	.282	.069	.014	.002	.000	.000	.000	.000	.000	.000
	1	.882	.659	.275	.085	.020	.003	.000	.000	.000	.000	.000
	2	.980	.889	.558	.253	.083	.019	.003	.000	.000	.000	.000
	3	.998	.974	.795	.493	.225	.073	.015	.002	.000	.000	.000
	4	1.000	.996	.927	.724	.438	.194	.057	.009	.001	.000	.000
	5	1.000	.999	.981	.882	.665	.387	.158	.039	.004	.000	.000
	6	1.000	1.000	.996	.961	.842	.613	.335	.118	.019	.001	.000
	7	1.000	1.000	.999	.991	.943	.806	.562	.276	.073	.004	.000
	8	1.000	1.000	1.000	.998	.985	.927	.775	.507	.205	.026	.002
	9	1.000	1.000	1.000	1.000	.997	.981	.917	.747	.442	.111	.020
	10	1.000	1.000	1.000	1.000	1.000	.997	.980	.915	.725	.341	.118
	11	1.000	1.000	1.000	1.000	1.000	1.000	.998	.986	.931	.718	.460
	12	1.000	1.000	1.000	1.000	1.000	1.000	1.000	1.000	1.000	1.000	1.000
$n=13$	0	.513	.254	.055	.010	.001	.000	.000	.000	.000	.000	.000
	1	.865	.621	.234	.064	.013	.002	.000	.000	.000	.000	.000
	2	.975	.866	.502	.202	.058	.011	.001	.000	.000	.000	.000
	3	.997	.966	.747	.421	.169	.046	.008	.001	.000	.000	.000
	4	1.000	.994	.901	.654	.353	.133	.032	.004	.000	.000	.000
	5	1.000	.999	.970	.835	.574	.291	.098	.018	.001	.000	.000
	6	1.000	1.000	.993	.938	.771	.500	.229	.062	.007	.000	.000
	7	1.000	1.000	.999	.982	.902	.709	.426	.165	.030	.001	.000
	8	1.000	1.000	1.000	.996	.968	.867	.647	.346	.099	.006	.000
	9	1.000	1.000	1.000	.999	.992	.954	.831	.579	.253	.034	.003
	10	1.000	1.000	1.000	1.000	.999	.989	.942	.798	.498	.134	.025
	11	1.000	1.000	1.000	1.000	1.000	.998	.987	.936	.766	.379	.135
	12	1.000	1.000	1.000	1.000	1.000	1.000	.999	.990	.945	.746	.487
	13	1.000	1.000	1.000	1.000	1.000	1.000	1.000	1.000	1.000	1.000	1.000
$n=14$	0	.488	.229	.044	.007	.001	.000	.000	.000	.000	.000	.000
	1	.847	.585	.198	.047	.008	.001	.000	.000	.000	.000	.000
	2	.970	.842	.448	.161	.040	.006	.001	.000	.000	.000	.000

		p										
		.05	.10	.20	.30	.40	.50	.60	.70	.80	.90	.95
	c											
	3	.996	.956	.698	.355	.124	.029	.004	.000	.000	.000	.000
	4	1.000	.991	.870	.584	.279	.090	.018	.002	.000	.000	.000
	5	1.000	.999	.956	.781	.486	.212	.058	.008	.000	.000	.000
	6	1.000	1.000	.988	.907	.692	.395	.150	.031	.002	.000	.000
	7	1.000	1.000	.998	.969	.850	.605	.308	.093	.012	.000	.000
	8	1.000	1.000	1.000	.992	.942	.788	.514	.219	.044	.001	.000
	9	1.000	1.000	1.000	.998	.982	.910	.721	.416	.130	.009	.000
	10	1.000	1.000	1.000	1.000	.996	.971	.876	.645	.302	.044	.004
	11	1.000	1.000	1.000	1.000	.999	.994	.960	.839	.552	.158	.030
	12	1.000	1.000	1.000	1.000	1.000	.999	.992	.953	.802	.415	.153
	13	1.000	1.000	1.000	1.000	1.000	1.000	.999	.993	.956	.771	.512
	14	1.000	1.000	1.000	1.000	1.000	1.000	1.000	1.000	1.000	1.000	1.000
n=15	0	.463	.206	.035	.005	.000	.000	.000	.000	.000	.000	.000
	1	.829	.549	.167	.035	.005	.000	.000	.000	.000	.000	.000
	2	.964	.816	.398	.127	.027	.004	.000	.000	.000	.000	.000
	3	.995	.944	.648	.297	.091	.018	.002	.000	.000	.000	.000
	4	.999	.987	.836	.515	.217	.059	.009	.001	.000	.000	.000
	5	1.000	.998	.939	.722	.403	.151	.034	.004	.000	.000	.000
	6	1.000	.1000	.982	.869	.610	.304	.095	.015	.001	.000	.000
	7	1.000	1.000	.996	.950	.787	.500	.213	.050	.004	.000	.000
	8	1.000	1.000	.999	.985	.905	.696	.390	.131	.018	.000	.000
	9	1.000	1.000	1.000	.996	.966	.849	.597	.278	.016	.002	.000
	10	1.000	1.000	1.000	.999	.991	.941	.783	.485	.164	.013	.001
	11	1.000	1.000	1.000	1.000	.998	.982	.909	.703	.352	.056	.005
	12	1.000	1.000	1.000	1.000	1.000	.996	.973	.873	.602	.184	.036
	13	1.000	1.000	1.000	1.000	1.000	1.000	.995	.965	.833	.451	.171
	14	1.000	1.000	1.000	1.000	1.000	1.000	1.000	.995	.965	.794	.537
	15	1.000	1.000	1.000	1.000	1.000	1.000	1.000	1.000	1.000	1.000	1.000
n=16	0	.440	.185	.028	.003	.000	.000	.000	.000	.000	.000	.000
	1	.811	.515	.141	.026	.003	.000	.000	.000	.000	.000	.000
	2	.957	.789	.352	.099	.018	.002	.000	.000	.000	.000	.000
	3	.993	.932	.598	.246	.065	.011	.001	.000	.000	.000	.000
	4	.999	.983	.798	.450	.167	.038	.005	.000	.000	.000	.000
	5	1.000	.997	.918	.660	.329	.105	.019	.002	.00	.000	.000
	6	1.000	.999	.973	.825	.527	.227	.058	.007	.000	.000	.000
	7	1.000	1.000	.993	.926	.716	.402	.142	.026	.001	.00	.000
	8	1.000	1.000	.999	.974	.858	.598	.284	.074	.007	.000	.000
	9	1.000	1.000	1.000	.993	.942	.773	.473	.175	.027	.001	.000
	10	1.000	1.000	1.000	.998	.981	.895	.671	.340	.082	.003	.000

		p										
		.05	.10	.20	.30	.40	.50	.60	.70	.80	.90	.95
	c											
	11	1.000	1.000	1.000	1.000	.995	.962	.833	.550	.202	.017	.001
	12	1.000	1.000	1.000	1.000	.999	.989	.935	.754	.402	.068	.007
	13	1.000	1.000	1.000	1.000	1.000	.998	.982	.901	.648	.211	.043
	14	1.000	1.000	1.000	1.000	1.000	1.000	.997	.974	.859	.485	.189
	15	1.000	1.000	1.000	1.000	1.000	1.000	1.000	.997	.972	.815	.560
	16	1.000	1.000	1.000	1.000	1.000	1.000	1.000	1.000	1.000	1.000	1.000
$n=17$	0	.418	.167	.023	.002	.000	.000	.000	.000	.000	.000	.000
	1	.792	.482	.118	.019	.002	.000	.000	.000	.000	.000	.000
	2	.950	.762	.310	.077	.012	.001	.000	.000	.000	.000	.000
	3	.991	.917	.549	.202	.046	.006	.000	.000	.000	.000	.000
	4	.999	.978	.758	.389	.126	.025	.003	.000	.000	.000	.000
	5	1.000	.995	.894	.597	.264	.072	.011	.001	.000	.000	.000
	6	1.000	.999	.962	.775	.448	.166	.035	.003	.000	.000	.000
	7	1.000	1.000	.989	.895	.641	.315	.092	.013	.000	.000	.000
	8	1.000	1.000	.997	.960	.801	.500	.199	.040	.003	.000	.000
	9	1.000	1.000	1.000	.987	.908	.685	.359	.105	.011	.000	.000
	10	1.000	1.000	1.000	.997	.965	.834	.552	.225	.038	.001	.000
	11	1.000	1.000	1.000	.999	.989	.928	.736	.403	.106	.005	.000
	12	1.000	1.000	1.000	1.000	.997	.975	.874	.611	.242	.022	.001
	13	1.000	1.000	1.000	1.000	1.000	.994	.954	.798	.451	.083	.009
	14	1.000	1.000	1.000	1.000	1.000	.999	.988	.923	.690	.238	.050
	15	1.000	1.000	1.000	1.000	1.000	1.000	.998	.981	.882	.518	.208
	16	1.000	1.000	1.000	1.000	1.000	1.000	1.000	.998	.977	.833	.582
	17	1.000	1.000	1.000	1.000	1.000	1.000	1.000	1.000	1.000	1.000	1.000
$n=18$	0	.397	.150	.018	.002	.000	.000	.000	.000	.000	.000	.000
	1	.774	.450	.099	.014	.001	.000	.000	.000	.000	.000	.000
	2	.942	.734	.271	.060	.008	.001	.000	.000	.000	.000	.000
	3	.989	.902	.501	.165	.033	.004	.000	.000	.000	.000	.000
	4	.998	.972	.716	.333	.094	.015	.001	.000	.000	.000	.000
	5	1.000	.994	.867	.534	.209	.048	.006	.000	.000	.000	.000
	6	1.000	.999	.949	.722	.374	.119	.020	.001	.000	.000	.000
	7	1.000	1.000	.984	.859	.563	.240	.058	.006	.000	.000	.000
	8	1.000	1.000	.996	.940	.737	.407	.135	.021	.001	.000	.000
	9	1.000	1.000	.999	.979	.865	.593	.263	.060	.004	.000	.000
	10	1.000	1.000	1.000	.994	.942	.760	.437	.141	.016	.000	.000
	11	1.000	1.000	1.000	.999	.980	.881	.626	.278	.051	.001	.000
	12	1.000	1.000	1.000	1.000	.994	.952	.791	.466	.133	.006	.000
	13	1.000	1.000	1.000	1.000	.999	.985	.906	.667	.284	.028	.002
	14	1.000	1.000	1.000	1.000	1.000	.996	.967	.835	.499	.098	.011

	c	.05	.10	.20	.30	.40	.50	.60	.70	.80	.90	.95
	15	1.000	1.000	1.000	1.000	1.000	.999	.992	.940	.729	.266	.058
	16	1.000	1.000	1.000	1.000	1.000	1.000	.999	.986	.901	.550	.226
	17	1.000	1.000	1.000	1.000	1.000	1.000	1.000	.998	.982	.850	.603
	18	1.000	1.000	1.000	1.000	1.000	1.000	1.000	1.000	1.000	1.000	1.000
$n=19$	0	.377	.135	.014	.001	.000	.000	.000	.000	.000	.000	.000
	1	.755	.420	.083	.010	.001	.000	.000	.000	.000	.000	.000
	2	.933	.705	.237	.046	.005	.000	.000	.000	.000	.000	.000
	3	.987	.885	.455	.133	.023	.002	.000	.000	.000	.000	.000
	4	.998	.965	.673	.282	.070	.010	.001	.000	.000	.000	.000
	5	1.000	.991	.837	.474	.163	.032	.003	.000	.000	.000	.000
	6	1.000	.998	.932	.666	.308	.084	.012	.001	.000	.000	.000
	7	1.000	1.000	.977	.818	.488	.180	.035	.003	.000	.000	.000
	8	1.000	1.000	.993	.916	.667	.324	.088	.011	.000	.000	.000
	9	1.000	1.000	.998	.967	.814	.500	.186	.033	.002	.000	.000
	10	1.000	1.000	1.000	.989	.912	.676	.333	.084	.007	.000	.000
	11	1.000	1.000	1.000	.997	.965	.820	.512	.182	.023	.000	.000
	12	1.000	1.000	1.000	.999	.988	.916	.692	.334	.068	.002	.000
	13	1.000	1.000	1.000	1.000	.997	.968	.837	.526	.163	.009	.000
	14	1.000	1.000	1.000	1.000	.999	.990	.930	.718	.327	.035	.002
	15	1.000	1.000	1.000	1.000	1.000	.998	.977	.867	.545	.115	.013
	16	1.000	1.000	1.000	1.000	1.000	1.000	.995	.954	.763	.295	.067
	17	1.000	1.000	1.000	1.000	1.000	1.000	.999	.990	.917	.580	.245
	18	1.000	1.000	1.000	1.000	1.000	1.000	1.000	.999	.986	.865	.623
	19	1.000	1.000	1.000	1.000	1.000	1.000	1.000	1.000	1.000	1.000	1.000
$n=20$	0	.358	.122	.012	.001	.000	.000	.000	.000	.000	.000	.000
	1	.736	.392	.069	.008	.001	.000	.000	.000	.000	.000	.000
	2	.925	.677	.206	.035	.004	.000	.000	.000	.000	.000	.000
	3	.984	.867	.411	.107	.016	.001	.000	.000	.000	.000	.000
	4	.997	.957	.630	.238	.051	.006	.000	.000	.000	.000	.000
	5	1.000	.989	.804	.416	.126	.021	.002	.000	.000	.000	.000
	6	1.000	.998	.913	.608	.250	.058	.006	.000	.000	.000	.000
	7	1.000	1.000	.968	.772	.416	.132	.021	.001	.000	.000	.000
	8	1.000	1.000	.990	.887	.596	.252	.057	.005	.000	.000	.000
	9	1.000	1.000	.997	.952	.755	.412	.128	.017	.001	.000	.000
	10	1.000	1.000	.999	.983	.872	.588	.245	.048	.003	.000	.000
	11	1.000	1.000	1.000	.995	.943	.748	.404	.113	.010	.000	.000
	12	1.000	1.000	1.000	.999	.979	.868	.584	.228	.032	.000	.000
	13	1.000	1.000	1.000	1.000	.994	.942	.750	.392	.087	.002	.000
	14	1.000	1.000	1.000	1.000	.998	.979	.874	.584	.196	.011	.000

	c	.05	.10	.20	.30	.40	.50	.60	.70	.80	.90	.95
	15	1.000	1.000	1.000	1.000	1.000	.994	.949	.762	.370	.043	.003
	16	1.000	1.000	1.000	1.000	1.000	.999	.984	.893	.589	.133	.016
	17	1.000	1.000	1.000	1.000	1.000	1.000	.996	.965	.794	.323	.075
	18	1.000	1.000	1.000	1.000	1.000	1.000	.999	.992	.931	.608	.264
	19	1.000	1.000	1.000	1.000	1.000	1.000	1.000	.999	.988	.878	.642
	20	1.000	1.000	1.000	1.000	1.000	1.000	1.000	1.000	1.000	1.000	1.000
$n=25$	0	.277	.072	.004	.000	.000	.000	.000	.000	.000	.000	.000
	1	.642	.271	.027	.002	.000	.000	.000	.000	.000	.000	.000
	2	.873	.537	.098	.009	.000	.000	.000	.000	.000	.000	.000
	3	.966	.764	.234	.033	.002	.000	.000	.000	.000	.000	.000
	4	.993	.902	.421	.090	.009	.000	.000	.000	.000	.000	.000
	5	.999	.967	.617	.193	.029	.002	.000	.000	.000	.000	.000
	6	1.000	.991	.780	.341	.074	.007	.000	.000	.000	.000	.000
	7	1.000	.998	.891	.512	.154	.022	.001	.000	.000	.000	.000
	8	1.000	1.000	.953	.677	.274	.054	.004	.000	.000	.000	.000
	9	1.000	1.000	.983	.811	.425	.115	.013	.000	.000	.000	.000
	10	1.000	1.000	.994	.902	.586	.212	.034	.002	.000	.000	.000
	11	1.000	1.000	.998	.956	.732	.345	.078	.006	.000	.000	.000
	12	1.000	1.000	1.000	.983	.846	.500	.154	.017	.000	.000	.000
	13	1.000	1.000	1.000	.994	.922	.655	.268	.044	.002	.000	.000
	14	1.000	1.000	1.000	.998	.966	.788	.414	.098	.006	.000	.000
	15	1.000	1.000	1.000	1.000	.987	.885	.575	.189	.017	.000	.000
	16	1.000	1.000	1.000	1.000	.996	.946	.726	.323	.047	.000	.000
	17	1.000	1.000	1.000	1.000	.999	.978	.846	.488	.109	.002	.000
	18	1.000	1.000	1.000	1.000	1.000	.993	.926	.659	.220	.009	.000
	19	1.000	1.000	1.000	1.000	1.000	.998	.971	.807	.383	.033	.001
	20	1.000	1.000	1.000	1.000	1.000	1.00	.991	.910	.579	.098	.007
	21	1.000	1.000	1.000	1.000	1.000	1.000	.998	.967	.766	.236	.034
	22	1.000	1.000	1.000	1.000	1.000	1.000	1.000	.991	.902	.463	.127
	23	1.000	1.000	1.000	1.000	1.000	1.000	1.000	.998	.973	.729	.358
	24	1.000	1.000	1.000	1.000	1.000	1.000	1.000	1.000	.996	.928	.723
	25	1.000	1.000	1.000	1.000	1.000	1.000	1.000	1.000	1.000	1.000	1.000

[표 2] $e^{-\lambda}$의 값

λ	$e^{-\lambda}$	λ	$e^{-\lambda}$	λ	$e^{-\lambda}$	λ	$e^{-\lambda}$
0.00	1.000000	2.60	.074274	5.10	.006097	7.60	.000501
0.10	.904837	2.70	.067206	5.20	.005517	7.70	.000453
0.20	.818731	2.80	.060810	5.30	.004992	7.80	.000410
0.30	.740818	2.90	.055023	5.40	.004517	7.90	.000371
0.40	.670320	3.00	.049787	5.50	.004087	8.00	.000336
0.50	.606531	3.10	.045049	5.60	.003698	8.10	.000304
0.60	.548812	3.20	.040762	5.70	.003346	8.20	.000275
0.70	.496585	3.30	.036883	5.80	.003028	8.30	.000249
0.80	.449329	3.40	.033373	5.90	.002739	8.40	.000225
0.90	.406570	3.50	.030197	6.00	.002479	8.50	.000204
1.00	.367879	3.60	.027324	6.10	.002243	8.60	.000184
1.10	.332871	3.70	.024724	6.20	.002029	8.70	.000167
1.20	.301194	3.80	.022371	6.30	.001836	8.80	.000151
1.30	.272532	3.90	.020242	6.40	.001661	8.90	.000136
1.40	.246597	4.00	.018316	6.50	.001503	9.00	.000123
1.50	.223130	4.10	.016573	6.60	.001360	9.10	.000112
1.60	.201897	4.20	.014996	6.70	.001231	9.20	.000101
1.70	.182684	4.30	.013569	6.80	.001114	9.30	.000091
1.80	.165299	4.40	.012277	6.90	.001008	9.40	.000083
1.90	.149569	4.50	.011109	7.00	.000912	9.50	.000075
2.00	.135335	4.60	.010052	7.10	.000825	9.60	.000068
2.10	.122456	4.70	.009095	7.20	.000747	9.70	.000061
2.20	.110803	4.80	.008230	7.30	.000676	9.80	.000056
2.30	.100259	4.90	.007447	7.40	.000611	9.90	.000050
2.40	.090718	5.00	.006738	7.50	.000553	10.00	.000045
2.50	.082085						

[표 3] 표준정규분포의 누적분포함수

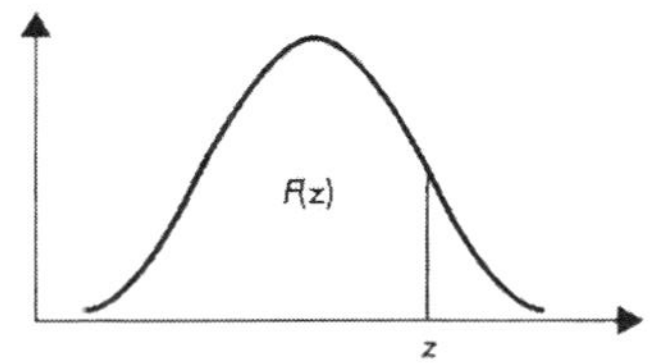

z	F(z)	z	F(z)	z	F(z)	z	F(z)	z	F(z)	z	F(z)
.00	.5000										
.01	.5040	.31	.6217	.61	.7291	.91	.8186	1.21	.8869	1.51	.9345
.02	.5080	.32	.6255	.62	.7324	.92	.8212	1.22	.8888	1.52	.9357
.03	.5120	.33	.6293	.63	.7357	.93	.8238	1.23	.8907	1.53	.9370
.04	.5160	.34	.6331	.64	.7389	.94	.8264	1.24	.8925	1.54	.9382
.05	.5199	.35	.6368	.65	.7422	.95	.8289	1.25	.8944	1.55	.9394
.06	.5239	.36	.6406	.66	.7454	.96	.8315	1.26	.8962	1.56	.9406
.07	.5279	.37	.6443	.67	.7486	.97	.8340	1.27	.8980	1.57	.9418
.08	.5319	.38	.6480	.68	.7517	.98	.8365	1.28	.8997	1.58	.9429
.09	.5359	.39	.6517	.69	.7549	.99	.8389	1.29	.9015	1.59	.9441
.10	.5398	.40	.6554	.70	.7580	1.00	.8413	1.30	.9032	1.60	.9452
.11	.5438	.41	.6591	.71	.7611	1.01	.8438	1.31	.9049	1.61	.9463
.12	.5478	.42	.6628	.72	.7642	1.02	.8461	1.32	.9066	1.62	.9474
.13	.5517	.43	.6664	.73	.7673	1.03	.8485	1.33	.9082	1.63	.9484
.14	.5557	.44	.6700	.74	.7704	1.04	.8508	1.34	.9099	1.64	.9495
.15	.5596	.45	.6736	.75	.7734	1.05	.8531	1.35	.9115	1.65	.9505
.16	.5636	.46	.6772	.76	.7764	1.06	.8554	1.36	.9131	1.66	.9515
.17	.5675	.47	.6803	.77	.7794	1.07	.8577	1.37	.9147	1.67	.9525
.18	.5714	.48	.6844	.78	.7823	1.08	.8599	1.38	.9162	1.68	.9535
.19	.5753	.49	.6879	.79	.7852	1.09	.8621	1.39	.9177	1.69	.9545
.20	.5793	.50	.6915	.80	.7881	1.10	.8643	1.40	.9192	1.70	.9554
.21	.5832	.51	.6950	.81	.7910	1.11	.8665	1.41	.9207	1.71	.9564
.22	.5871	.52	.6985	.82	.7939	1.12	.8686	1.42	.9222	1.72	.9573
.23	.5910	.53	.7019	.83	.7967	1.13	.8708	1.43	.9236	1.73	.9582
.24	.5948	.54	.7054	.84	.7995	1.14	.8729	1.44	.9251	1.74	.9591
.25	.5987	.55	.7088	.85	.8023	1.15	.8749	1.45	.9265	1.75	.9599
.26	.6026	.56	.7123	.86	.8051	1.16	.8770	1.46	.9279	1.76	.9608
.27	.6064	.57	.7157	.87	.8078	1.17	.8790	1.47	.9292	1.77	.9616
.28	.6103	.58	.7190	.88	.8106	1.18	.8810	1.48	.9306	1.78	.9625
.29	.6141	.59	.7224	.89	.8133	1.19	.8830	1.49	.9319	1.79	.9633
.30	.6179	.60	.7257	.90	.8159	1.20	.8849	1.50	.9332	1.80	.9641

z	F(z)	z	F(z)	z	F(z)	z	F(z)	z	F(z)	z	F(z)
1.81	.9649	2.21	.9864	2.61	.9955	3.01	.9987	3.41	.9997	3.81	.9999
1.82	.9656	2.22	.9868	2.62	.9956	3.02	.9987	3.42	.9997	3.82	.9999
1.83	.9664	2.23	.9871	2.63	.9957	3.03	.9988	3.43	.9997	3.83	.9999
1.84	.9671	2.24	.9875	2.64	.9959	3.04	.9988	3.44	.9997	3.84	.9999
1.85	.9678	2.25	.9878	2.65	.9960	3.05	.9989	3.45	.9997	3.85	.9999
1.86	.9686	2.26	.9881	2.66	.9961	3.06	.9989	3.46	.9997	3.86	.9999
1.87	.9693	2.27	.9884	2.67	.9962	3.07	.9989	3.47	.9997	3.87	.9999
1.88	.9699	2.28	.9887	2.68	.9963	3.08	.9990	3.48	.9997	3.88	.9999
1.89	.9706	2.29	.9890	2.69	.9964	3.09	.9990	3.49	.9998	3.89	1.0000
1.90	.9713	2.30	.9893	2.70	.9965	3.10	.9990	3.50	.9998	3.90	1.0000
1.91	.9719	2.31	.9896	2.71	.9966	3.11	.9991	3.51	.9998	3.91	1.0000
1.92	.9726	2.32	.9898	2.72	.9967	3.12	.9991	3.52	.9998	3.92	1.0000
1.93	.9732	2.33	.9901	2.73	.9968	3.13	.9991	3.53	.9998	3.93	1.0000
1.94	.9738	2.34	.9904	2.74	.9969	3.14	.9992	3.54	.9998	3.94	1.0000
1.95	.9744	2.35	.9906	2.75	.9970	3.15	.9992	3.55	.9998	3.95	1.0000
1.96	.9750	2.36	.9909	2.76	.9971	3.16	.9992	3.56	.9998	3.96	1.0000
1.97	.9756	2.37	.9911	2.77	.9972	3.17	.9992	3.57	.9998	3.97	1.0000
1.98	.9761	2.38	.9913	2.78	.9973	3.18	.9993	3.58	.9998	3.98	1.0000
1.99	.9767	2.39	.9916	2.79	.9974	3.19	.9993	3.59	.9998	3.99	1.0000
2.00	.9772	2.40	.9918	2.80	.9974	3.20	.9993	3.60	.9998		
2.01	.9778	2.41	.9920	2.81	.9975	3.21	.9993	3.61	.9998		
2.02	.9783	2.42	.9922	2.82	.9976	3.22	.9994	3.62	.9999		
2.03	.9788	2.43	.9925	2.83	.9977	3.23	.9994	3.63	.9999		
2.04	.9793	2.44	.9927	2.84	.9977	3.24	.9994	3.64	.9999		
2.05	.9798	2.45	.9929	2.85	.9978	3.25	.9994	3.65	.9999		
2.06	.9803	2.46	.9931	2.86	.9979	3.26	.9994	3.66	.9999		
2.07	.9808	2.47	.9932	2.87	.9979	3.27	.9995	3.67	.9999		
2.08	.9812	2.48	.9934	2.88	.9980	3.28	.9995	3.68	.9999		
2.09	.9817	2.49	.9936	2.89	.9981	3.29	.9995	3.69	.9999		
2.10	.9821	2.50	.9938	2.90	.9981	3.30	.9995	3.70	.9999		
2.11	.9826	2.51	.9940	2.91	.9982	3.31	.9995	3.71	.9999		
2.12	.9830	2.52	.9941	2.92	.9982	3.32	.9996	3.72	.9999		
2.13	.9834	2.53	.9943	2.93	.9983	3.33	.9996	3.73	.9999		
2.14	.9838	2.54	.9945	2.94	.9984	3.34	.9996	3.74	.9999		
2.15	.9842	2.55	.9946	2.95	.9984	3.35	.9996	3.75	.9999		
2.16	.9846	2.56	.9948	2.96	.9985	3.36	.9996	3.76	.9999		
2.17	.9850	2.57	.9949	2.97	.9985	3.37	.9996	3.77	.9999		
2.18	.9854	2.58	.9951	2.98	.9986	3.38	.9996	3.78	.9999		
2.19	.9857	2.59	.9952	2.99	.9986	3.39	.9997	3.79	.9999		
2.20	.9861	2.60	.9953	3.00	.9986	3.40	.9997	3.80	.9999		

[표 4] 난 수 표

85387	51571	57714	00512	61319	69143	08881	01400	55061	82977
84176	03311	16955	59504	54499	32096	79485	98031	99485	16788
27258	51746	67223	98182	43166	54297	26830	29842	78016	73127
99398	46950	19399	65167	35082	30482	86323	41061	21717	48126
72752	89364	02150	85418	05420	84341	02395	27655	59457	55438
69090	93551	11649	54688	57061	77711	24201	16895	64936	62347
39620	54988	67846	71845	54000	26134	84526	16619	82573	01737
81725	49831	35595	29891	46812	57770	03326	31316	75412	80732
87968	85157	84752	93777	62772	78961	30750	76089	23340	64637
07730	01861	40610	73445	70321	26467	53533	20787	46971	29134
32825	82100	67406	44156	21531	67186	39945	04189	79798	41087
34453	05330	40224	04116	24597	93823	28171	47701	76201	68257
00830	34235	40671	66042	06341	54437	81649	70494	01883	18350
24580	05258	37329	59173	62660	72513	82232	49794	36913	05877
59578	08535	77107	19838	40651	01749	58893	99115	05212	92309
75387	24990	12748	71766	17471	15794	68622	59161	14476	75074
02465	34977	48319	53026	53691	80594	58805	76961	62665	82855
49689	08342	81912	92735	30042	47623	60061	69427	21163	68543
60958	20236	79424	04055	54955	73342	14040	72431	99469	41044
79956	98409	79548	39569	83974	43707	77080	08645	20949	56932
04316	01206	08715	77713	20572	13912	94324	14656	11979	53258
78684	28546	06881	66097	53530	42509	54130	30878	77166	98075
69235	18535	61904	99246	84050	15270	07751	90410	96675	62870
81201	04314	92708	44984	83121	33767	56607	46371	20389	08809
80336	59638	44368	33433	97794	10343	19235	82633	17186	63902
65076	87960	92013	60169	49176	50140	39081	04638	96114	63463
90879	70970	50789	59973	47771	94567	35590	23462	33993	99899
50555	84355	97066	82748	98298	14385	82493	40182	20523	69182
48658	41921	86514	46786	74097	62825	46457	24428	09245	86069
26373	19166	88223	32371	11570	62078	92317	13378	05734	71778
20878	80883	26027	29101	58382	17109	53511	95536	21759	10630
20069	60582	55749	88068	48589	01874	42930	40310	34613	97359
46819	38577	20520	94145	99405	47064	25248	27289	41289	54972
83644	04459	73253	58414	94180	09321	59747	07379	56255	45615
08636	31363	56033	49076	88908	51318	39104	56556	23112	63317
92058	38678	12507	90343	17213	24545	66053	76412	29545	89932
05038	18443	87138	05076	25660	23414	84837	87132	84405	15346
41838	68590	93646	82113	25498	33110	15356	81070	84900	42660
15564	81618	99186	73113	99344	13213	07235	90064	89150	86359
74600	40206	15237	37378	96862	78638	14376	46607	55909	46398
78275	77017	60310	13499	35268	47790	77475	44345	14615	25231
30145	71205	10355	18404	85354	22199	90822	35204	47891	69860
46944	00097	39161	50139	60458	44649	85537	90017	18157	13856
85883	21272	89266	94887	00291	70963	28169	95130	27223	35387
83606	98192	82194	26719	24499	28102	97769	98769	30757	81593
66888	81818	52490	54272	70549	69235	74684	96412	65186	87974
63673	73966	34036	44298	60652	05947	05833	27914	57021	58566
37944	16094	39797	63253	64103	32222	65925	64693	34048	75394
93240	66855	29336	28345	71398	45118	01454	72128	09715	29454
40189	76776	70842	32675	81647	75868	21288	12849	94990	21513

[표 5] χ^2(카이제곱) 분포함수의 기각치

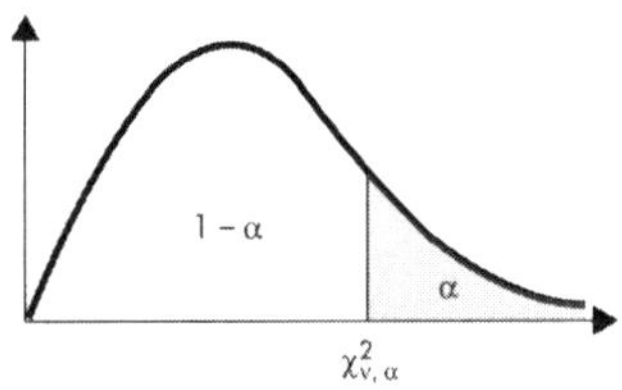

ν	α									
	.995	.990	.975	.950	.900	.100	.050	.025	.010	.005
1	0.0^4393	0.0^3157	0.0^3982	0.0^2393	0.0158	2.71	3.84	5.02	6.63	7.88
2	0.0100	0.0201	0.0506	0.103	0.211	4.61	5.99	7.38	9.21	10.60
3	0.072	0.115	0.216	0.352	0.584	6.25	7.81	9.35	11.34	12.84
4	0.207	0.297	0.484	0.711	1.064	7.78	9.49	11.14	13.28	14.86
5	0.412	0.554	0.831	1.145	1.61	9.24	11.07	12.83	15.09	16.75
6	0.676	0.872	1.24	1.64	2.20	10.64	12.59	14.45	16.81	18.55
7	0.989	1.24	1.69	2.17	2.83	12.02	14.07	16.01	18.48	20.28
8	1.34	1.65	2.18	2.73	3.49	13.36	15.51	17.53	20.09	21.96
9	1.73	2.09	2.70	3.33	4.17	14.68	16.92	19.02	21.67	23.59
10	2.16	2.56	3.25	3.94	4.87	15.99	18.31	20.48	23.21	25.19
11	2.60	3.05	3.82	4.57	5.58	17.28	19.68	21.92	24.73	26.76
12	3.07	3.57	4.40	5.23	6.30	18.55	21.03	23.34	26.22	28.30
13	3.57	4.11	5.01	5.89	7.04	19.81	22.36	24.74	27.69	29.82
14	4.07	4.66	5.63	6.57	7.79	21.06	23.68	26.12	29.14	31.32
15	4.60	5.23	6.26	7.26	8.55	22.31	25.00	27.49	30.58	32.80
16	5.14	5.81	6.91	7.96	9.31	23.54	26.30	28.85	32.00	34.27
17	5.70	6.41	7.56	8.67	10.09	24.77	27.59	30.19	33.41	35.72
18	6.26	7.01	8.23	9.39	10.86	25.99	28.87	31.53	34.81	37.16
19	6.84	7.63	8.91	10.12	11.65	27.20	30.14	32.85	36.19	38.58
20	7.43	8.26	9.59	10.85	12.44	28.41	31.41	34.17	37.57	40.00
21	8.03	8.90	10.28	11.59	13.24	29.62	32.67	35.48	38.93	41.40
22	8.64	9.54	10.98	12.34	14.04	30.81	33.92	36.78	40.29	42.80
23	9.26	10.20	11.69	13.09	14.85	32.01	35.17	38.08	41.64	44.18
24	9.89	10.86	12.40	13.85	15.66	33.20	36.42	39.36	42.98	45.56
25	10.52	11.52	13.12	14.61	16.47	34.38	37.65	40.65	44.31	46.93
26	11.16	12.20	13.84	15.38	17.29	35.56	38.89	41.92	45.64	48.29
27	11.81	12.88	14.57	16.15	18.11	36.74	40.11	43.19	46.96	49.64
28	12.46	13.56	15.31	16.93	18.94	37.92	41.34	44.46	48.28	50.99
29	13.12	14.26	16.05	17.71	19.77	39.09	42.56	45.72	49.59	52.34
30	13.79	14.95	16.79	18.49	20.60	40.26	43.77	46.98	50.89	53.67
40	20.71	22.16	24.43	26.51	29.05	51.81	55.76	59.34	63.69	66.77
50	27.99	29.71	32.36	34.76	37.69	63.17	67.50	71.42	76.15	79.49
60	35.53	37.48	40.48	43.19	46.46	74.40	79.08	83.30	88.38	91.95
70	43.28	45.44	48.76	51.74	55.33	85.53	90.53	95.02	100.4	104.2
80	51.17	53.54	57.15	60.39	64.28	96.58	101.9	106.6	112.3	116.3
90	59.20	61.75	65.65	69.13	73.29	107.6	113.1	118.1	124.1	128.3
100	67.33	70.06	74.22	77.93	82.36	118.5	124.3	129.6	135.8	140.2

[표 6] t 분포의 기각치

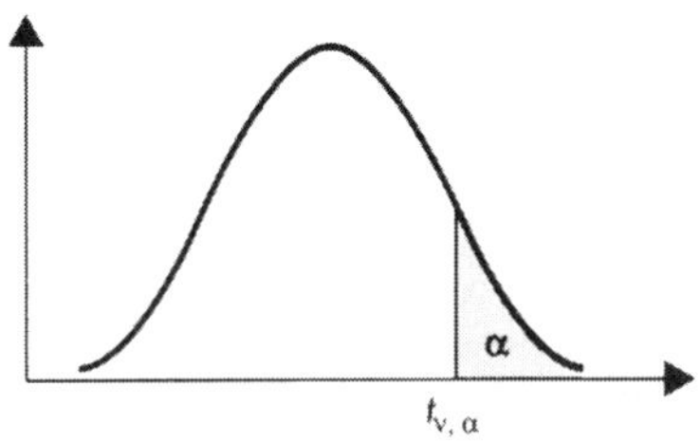

ν	α				
	.100	.050	.025	.010	.005
1	3.078	6.314	12.706	31.821	63.657
2	1.886	2.920	4.303	6.965	9.925
3	1.638	2.353	3.182	4.541	5.841
4	1.533	2.132	2.776	3.747	4.604
5	1.476	2.015	2.571	3.365	4.032
6	1.440	1.943	2.447	3.143	3.707
7	1.415	1.895	2.365	2.998	3.499
8	1.397	1.860	2.306	2.896	3.355
9	1.383	1.833	2.262	2.821	3.250
10	1.372	1.812	2.228	2.764	3.169
11	1.363	1.796	2.201	2.718	3.106
12	1.356	1.782	2.179	2.681	3.055
13	1.350	1.771	2.160	2.650	3.012
14	1.345	1.761	2.145	2.624	2.977
15	1.341	1.753	2.131	2.602	2.947
16	1.337	1.746	2.120	2.583	2.921
17	1.333	1.740	2.110	2.567	2.898
18	1.330	1.734	2.101	2.552	2.878
19	1.328	1.729	2.093	2.539	2.861
20	1.325	1.725	2.086	2.528	2.845
21	1.323	1.721	2.080	2.518	2.831
22	1.321	1.717	2.074	2.508	2.819
23	1.319	1.714	2.069	2.500	2.807
24	1.318	1.711	2.064	2.492	2.797
25	1.316	1.708	2.060	2.485	2.787
26	1.315	1.706	2.056	2.479	2.779
27	1.314	1.703	2.052	2.473	2.771
28	1.313	1.701	2.048	2.467	2.763
29	1.311	1.699	2.045	2.462	2.756
30	1.310	1.697	2.042	2.457	2.750
40	1.303	1.684	2.021	2.423	2.704
60	1.296	1.671	2.000	2.390	2.660
∞	1.282	1.645	1.960	2.326	2.576

[표 7] F 분포의 기각치

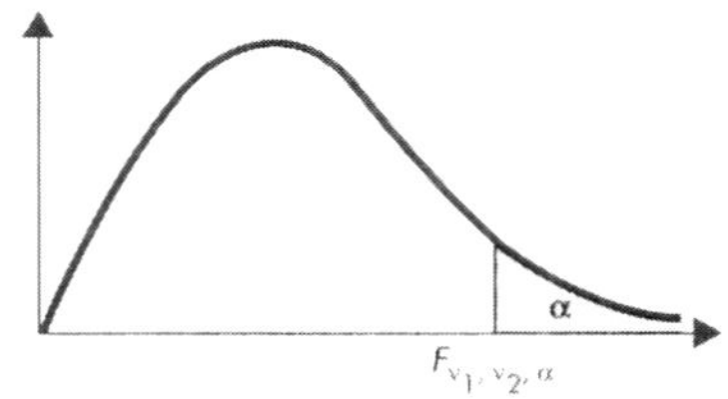

$\alpha = 0.05$

분모의 자유도 ν_2 \ 분자의 자유도 ν_1	1	2	3	4	5	6	7	8	9	10	12	15	20	24	30	40	60	120	∞
1	161.4	199.5	215.7	224.6	230.2	234.0	236.8	238.9	240.5	241.9	243.9	245.9	248.0	249.1	250.1	251.1	252.2	253.3	254.3
2	18.51	19.00	19.16	19.25	19.30	19.33	19.35	19.37	19.38	19.40	19.41	19.43	19.45	19.45	19.46	19.47	19.48	19.49	19.50
3	10.13	9.55	9.28	9.12	9.01	8.94	8.89	8.85	8.81	8.79	8.74	8.70	8.66	8.64	8.62	8.59	8.57	8.55	8.53
4	7.71	6.94	6.59	6.39	6.26	6.16	6.09	6.04	6.00	5.96	5.91	5.86	5.80	5.77	5.75	5.72	5.69	5.66	5.63
5	6.61	5.79	5.41	5.19	5.05	4.95	4.88	4.82	4.77	4.74	4.68	4.62	4.56	4.53	4.50	4.46	4.43	4.40	4.36
6	5.99	5.14	4.76	4.53	4.39	4.28	4.21	4.15	4.10	4.06	4.00	3.94	3.87	3.84	3.81	3.77	3.74	3.70	3.67
7	5.59	4.74	4.35	4.12	3.97	3.87	3.79	3.73	3.68	3.64	3.57	3.51	3.44	3.41	3.38	3.34	3.30	3.27	3.23
8	5.32	4.46	4.07	3.84	3.69	3.58	3.50	3.44	3.39	3.35	3.28	3.22	3.15	3.12	3.08	3.04	3.01	2.97	2.93
9	5.12	4.26	3.86	3.63	3.48	3.37	3.29	3.23	3.18	3.14	3.07	3.01	2.94	2.90	2.86	2.83	2.79	2.75	2.71
10	4.96	4.10	3.71	3.48	3.33	3.22	3.14	3.07	3.02	2.98	2.91	2.85	2.77	2.74	2.70	2.66	2.62	2.58	2.54
11	4.84	3.98	3.59	3.36	3.20	3.09	3.01	2.95	2.90	2.85	2.79	2.72	2.65	2.61	2.57	2.53	2.49	2.45	2.40
12	4.75	3.89	3.49	3.26	3.11	3.00	2.91	2.85	2.80	2.75	2.69	2.62	2.54	2.51	2.47	2.43	2.38	2.34	2.30
13	4.67	3.81	3.41	3.18	3.03	2.92	2.83	2.77	2.71	2.67	2.60	2.53	2.46	2.42	2.38	2.34	2.30	2.25	2.21
14	4.60	3.74	3.34	3.11	2.96	2.85	2.76	2.70	2.65	2.60	2.53	2.46	2.39	2.35	2.31	2.27	2.22	2.18	2.13
15	4.54	3.68	3.29	3.06	2.90	2.79	2.71	2.64	2.59	2.54	2.48	2.40	2.33	2.29	2.25	2.20	2.16	2.11	2.07
16	4.49	3.63	3.24	3.01	2.85	2.74	2.66	2.59	2.54	2.49	2.42	2.35	2.28	2.24	2.19	2.15	2.11	2.06	2.01
17	4.45	3.59	3.20	2.96	2.81	2.70	2.61	2.55	2.49	2.45	2.38	2.31	2.23	2.19	2.15	2.10	2.06	2.01	1.96
18	4.41	3.55	3.16	2.93	2.77	2.66	2.58	2.51	2.46	2.41	2.34	2.27	2.19	2.15	2.11	2.06	2.02	1.97	1.92
19	4.38	3.52	3.13	2.90	2.74	2.63	2.54	2.48	2.42	2.38	2.31	2.23	2.16	2.11	2.07	2.03	1.98	1.93	1.88
20	4.35	3.49	3.10	2.87	2.71	2.60	2.51	2.45	2.39	2.35	2.28	2.20	2.12	2.08	2.04	1.99	1.95	1.90	1.84
21	4.32	3.47	3.07	2.84	2.68	2.57	2.49	2.42	2.37	2.32	2.25	2.18	2.10	2.05	2.01	1.96	1.92	1.87	1.81
22	4.30	3.44	3.05	2.82	2.66	2.55	2.46	2.40	2.34	2.30	2.23	2.15	2.07	2.03	1.98	1.94	1.89	1.84	1.78
23	4.28	3.42	3.03	2.80	2.64	2.53	2.44	2.37	2.32	2.27	2.20	2.13	2.05	2.01	1.96	1.91	1.86	1.81	1.76
24	4.26	3.40	3.01	2.78	2.62	2.51	2.42	2.36	2.30	2.25	2.18	2.11	2.03	1.98	1.94	1.89	1.84	1.79	1.73
25	4.24	3.39	2.99	2.76	2.60	2.49	2.40	2.34	2.28	2.24	2.16	2.09	2.01	1.96	1.92	1.87	1.82	1.77	1.71
26	4.23	3.37	2.98	2.74	2.59	2.47	2.39	2.32	2.27	2.22	2.15	2.07	1.99	1.95	1.90	1.85	1.80	1.75	1.69
27	4.21	3.35	2.96	2.73	2.57	2.46	2.37	2.31	2.25	2.20	2.13	2.06	1.97	1.93	1.88	1.84	1.79	1.73	1.67
28	4.20	3.34	2.95	2.71	2.56	2.45	2.36	2.29	2.24	2.19	2.12	2.04	1.96	1.91	1.87	1.82	1.77	1.71	1.65
29	4.18	3.33	2.93	2.70	2.55	2.43	2.35	2.28	2.22	2.18	2.10	2.03	1.94	1.90	1.85	1.81	1.75	1.70	1.64
30	4.17	3.32	2.92	2.69	2.53	2.42	2.33	2.27	2.21	2.16	2.09	2.01	1.93	1.89	1.84	1.79	1.74	1.68	1.62
40	4.08	3.23	2.84	2.61	2.45	2.34	2.25	2.18	2.12	2.08	2.00	1.92	1.84	1.79	1.74	1.69	1.64	1.58	1.51

[표 7] ***F*** 분포의 기각치(계속)

분모의 자유도 ν_2 \ 분자의 자유도 ν_1	1	2	3	4	5	6	7	8	9	10	12	15	20	24	30	40	60	120	∞
60	4.00	3.15	2.76	2.53	2.37	2.25	2.17	2.10	2.04	1.99	1.92	1.84	1.75	1.70	1.65	1.59	1.53	1.47	1.39
120	3.92	3.07	2.68	2.45	2.29	2.17	2.09	2.02	1.96	1.91	1.83	1.75	1.66	1.61	1.55	1.50	1.43	1.35	1.25
∞	3.84	3.00	2.60	2.37	2.21	2.10	2.01	1.94	1.88	1.83	1.75	1.67	1.57	1.52	1.46	1.39	1.32	1.22	1.00

$\alpha = .01$

분모의 자유도 ν_2 \ 분자의 자유도 ν_1	1	2	3	4	5	6	7	8	9	10	12	15	20	24	30	40	60	120	∞
1	4052	4999.5	5403	5625	5764	5859	5928	5982	6022	6056	6106	6157	6209	6235	6261	6287	6313	6339	6366
2	98.50	99.00	99.17	99.25	99.30	99.33	99.36	99.37	99.39	99.40	99.42	99.43	99.45	99.46	99.47	99.47	99.48	99.48	99.50
3	34.12	30.82	29.46	28.71	28.24	27.91	27.67	27.49	27.35	27.23	27.05	26.87	26.69	26.60	26.50	26.41	26.32	26.22	26.13
4	21.20	18.00	16.69	15.98	15.52	15.21	14.98	14.80	14.66	14.55	14.37	14.20	14.02	13.93	13.84	13.75	13.65	13.56	13.46
5	16.26	13.27	12.06	11.39	10.97	10.67	10.46	10.29	10.16	10.05	9.89	9.72	9.55	9.47	9.38	9.29	9.20	9.11	9.02
6	13.75	10.92	9.78	9.15	8.75	8.47	8.26	8.10	7.98	7.87	7.72	7.56	7.40	7.31	7.23	7.14	7.06	6.97	6.88
7	12.25	9.55	8.45	7.85	7.46	7.19	6.99	6.84	6.72	6.62	6.47	6.31	6.16	6.07	5.99	5.91	5.82	5.74	5.65
8	11.26	8.65	7.59	7.01	6.63	6.37	6.18	6.03	5.91	5.81	5.67	5.52	5.36	5.28	5.20	5.12	5.03	4.95	4.86
9	10.56	8.02	6.99	6.42	6.06	5.80	5.61	5.47	5.35	5.26	5.11	4.96	4.81	4.73	4.65	4.57	4.48	4.40	4.31
10	10.04	7.56	6.55	5.99	5.64	5.39	5.20	5.06	4.94	4.85	4.71	4.56	4.41	4.33	4.25	4.17	4.08	4.00	3.91
11	9.65	7.21	6.22	5.67	5.32	5.07	4.89	4.74	4.63	4.54	4.40	4.25	4.10	4.02	3.94	3.86	3.78	3.69	3.60
12	9.33	6.93	5.95	5.41	5.06	4.82	4.64	4.50	4.39	4.30	4.16	4.01	3.86	3.78	3.70	3.62	3.54	3.45	3.36
13	9.07	6.70	5.74	5.21	4.86	4.62	4.44	4.30	4.19	4.10	3.96	3.82	3.66	3.59	3.51	3.43	3.34	3.25	3.17
14	8.86	6.51	5.56	5.04	4.69	4.46	4.28	4.14	4.03	3.94	3.80	3.66	3.51	3.43	3.35	3.27	3.18	3.09	3.00
15	8.68	6.36	5.42	4.89	4.56	4.32	4.14	4.00	3.89	3.80	3.67	3.52	3.37	3.29	3.21	3.13	3.05	2.96	2.87
16	8.53	6.23	5.29	4.77	4.44	4.20	4.03	3.89	3.78	3.69	3.55	3.41	3.26	3.18	3.10	3.02	2.93	2.84	2.75
17	8.40	6.11	5.18	4.67	4.34	4.10	3.93	3.79	3.68	3.59	3.46	3.31	3.16	3.08	3.00	2.92	2.83	2.75	2.65
18	8.29	6.01	5.09	4.58	4.25	4.01	3.84	3.71	3.60	3.51	3.37	3.23	3.08	3.00	2.92	2.84	2.75	2.66	2.57
19	8.18	5.93	5.01	4.50	4.17	3.94	3.77	3.63	3.52	3.43	3.30	3.15	3.00	2.92	2.84	2.76	2.67	2.58	2.49
20	8.10	5.85	4.94	4.43	4.10	3.87	3.70	3.56	3.46	3.37	3.23	3.09	2.94	2.86	2.78	2.69	2.61	2.52	2.42
21	8.02	5.78	4.87	4.37	4.04	3.81	3.64	3.51	3.40	3.31	3.17	3.03	2.88	2.80	2.72	2.64	2.55	2.46	2.36
22	7.95	5.72	4.82	4.31	3.99	3.76	3.59	3.45	3.35	3.26	3.12	2.98	2.83	2.75	2.67	2.58	2.50	2.40	2.31
23	7.88	5.66	4.76	4.26	3.94	3.71	3.54	3.41	3.30	3.21	3.07	2.93	2.78	2.70	2.62	2.54	2.45	2.35	2.26
24	7.82	5.61	4.72	4.22	3.90	3.67	3.50	3.36	3.26	3.17	3.03	2.89	2.74	2.66	2.58	2.49	2.40	2.31	2.21
25	7.77	5.57	4.68	4.18	3.85	3.63	3.46	3.32	3.22	3.13	2.99	2.85	2.70	2.62	2.54	2.45	2.36	2.27	2.17
26	7.72	5.53	4.64	4.14	3.82	3.59	3.42	3.29	3.18	3.09	2.96	2.81	2.66	2.58	2.50	2.42	2.33	2.23	2.13
27	7.68	5.49	4.60	4.11	3.78	3.56	3.39	3.26	3.15	3.06	2.93	2.78	2.63	2.55	2.47	2.38	2.29	2.20	2.10
28	7.64	5.45	4.57	4.07	3.75	3.53	3.36	3.23	3.12	3.03	2.90	2.75	2.60	2.52	2.44	2.35	2.26	2.17	2.06
29	7.60	5.42	4.54	4.04	3.73	3.50	3.33	3.20	3.09	3.00	2.87	2.73	2.57	2.49	2.41	2.33	2.23	2.14	2.03
30	7.56	5.39	4.51	4.02	3.70	3.47	3.30	3.17	3.07	2.98	2.84	2.70	2.55	2.47	2.39	2.30	2.21	2.11	2.01
40	7.31	5.18	4.31	3.83	3.51	3.29	3.12	2.99	2.89	2.80	2.66	2.52	2.37	2.29	2.20	2.11	2.02	1.92	1.80
60	7.08	4.98	4.13	3.65	3.34	3.12	2.95	2.82	2.72	2.63	2.50	2.35	2.20	2.12	2.03	1.94	1.84	1.73	1.60
120	6.85	4.79	3.95	3.48	3.17	2.96	2.79	2.66	2.56	2.47	2.34	2.19	2.03	1.95	1.86	1.76	1.66	1.53	1.38
∞	6.63	4.61	3.78	3.32	3.02	2.80	2.64	2.51	2.41	2.32	2.18	2.04	1.88	1.79	1.70	1.59	1.47	1.32	1.00

[표 8] Wilcoxon 검정통계량의 분포의 기각치

n	α				
	.005	.010	.025	.050	.100
4	0	0	0	0	1
5	0	0	0	1	3
6	0	0	1	3	4
7	0	1	3	4	6
8	1	2	4	6	9
9	2	4	6	9	11
10	4	6	9	11	15
11	6	8	11	14	18
12	8	10	14	18	22
13	10	13	18	22	27
14	13	16	22	26	32
15	16	20	26	31	37
16	20	24	30	36	43
17	24	28	35	42	49
18	28	33	41	48	56
19	33	38	47	54	63
20	38	44	53	61	70

[표 9] Spearman의 순위상관계수의 분포의 기각치

n	α			
	.050	.025	.010	.005
5	.900	—	—	—
6	.829	.886	.943	—
7	.714	.786	.893	—
8	.643	.738	.833	.881
9	.600	.683	.783	.833
10	.564	.648	.745	.794
11	.523	.623	.736	.818
12	.497	.591	.703	.780
13	.475	.566	.673	.745
14	.457	.545	.646	.716
15	.441	.525	.623	.689
16	.425	.507	.601	.666
17	.412	.490	.582	.645
18	.399	.476	.564	.625
19	.388	.462	.549	.608
20	.377	.450	.534	.591
21	.368	.438	.521	.576
22	.359	.428	.508	.562
23	.351	.418	.496	.549
24	.343	.409	.485	.537
25	.336	.400	.475	.526
26	.329	.392	.465	.515
27	.323	.385	.456	.505
28	.317	.377	.448	.496
29	.311	.370	.440	.487
30	.305	.364	.432	.478

[표 10] Durbin-Watson 검정통계량의 분포의 기각치 ($\alpha = 0.05$)

n	K=1 d_L	K=1 d_U	K=2 d_L	K=2 d_U	K=3 d_L	K=3 d_U	K=4 d_L	K=4 d_U	K=5 d_L	K=5 d_U
15	1.08	1.36	0.95	1.54	0.82	1.75	0.69	1.97	0.56	2.21
16	1.10	1.37	0.98	1.54	0.86	1.73	0.74	1.93	0.62	2.15
17	1.13	1.38	1.02	1.54	0.90	1.71	0.78	1.90	0.67	2.10
18	1.16	1.39	1.05	1.53	0.93	1.69	0.82	1.87	0.71	2.06
19	1.18	1.40	1.08	1.53	0.97	1.68	0.86	1.85	0.75	2.02
20	1.20	1.41	1.10	1.54	1.00	1.68	0.90	1.83	0.79	1.99
21	1.22	1.42	1.13	1.54	1.03	1.67	0.93	1.81	0.83	1.96
22	1.24	1.43	1.15	1.54	1.05	1.66	0.96	1.80	0.86	1.94
23	1.26	1.44	1.17	1.54	1.08	1.66	0.99	1.79	0.90	1.92
24	1.27	1.45	1.19	1.55	1.10	1.66	1.01	1.78	0.93	1.90
25	1.29	1.45	1.21	1.55	1.12	1.66	1.04	1.77	0.95	1.89
26	1.30	1.46	1.22	1.55	1.14	1.65	1.06	1.76	0.98	1.88
27	1.32	1.47	1.24	1.56	1.16	1.65	1.08	1.76	1.01	1.86
28	1.33	1.48	1.26	1.56	1.18	1.65	1.10	1.75	1.03	1.85
29	1.34	1.48	1.27	1.56	1.20	1.65	1.12	1.74	1.05	1.84
30	1.35	1.49	1.28	1.57	1.21	1.65	1.14	1.74	1.07	1.83
31	1.36	1.50	1.30	1.57	1.23	1.65	1.16	1.74	1.09	1.83
32	1.37	1.50	1.31	1.57	1.24	1.65	1.18	1.73	1.11	1.82
33	1.38	1.51	1.32	1.58	1.26	1.65	1.19	1.73	1.13	1.81
34	1.39	1.51	1.33	1.58	1.27	1.65	1.21	1.73	1.15	1.81
35	1.40	1.52	1.34	1.58	1.28	1.65	1.22	1.73	1.16	1.80
36	1.41	1.52	1.35	1.59	1.29	1.65	1.24	1.73	1.18	1.80
37	1.42	1.53	1.36	1.59	1.31	1.66	1.25	1.72	1.19	1.80
38	1.43	1.54	1.37	1.59	1.32	1.66	1.26	1.72	1.21	1.79
39	1.43	1.54	1.38	1.60	1.33	1.66	1.27	1.72	1.22	1.79
40	1.44	1.54	1.39	1.60	1.34	1.66	1.29	1.72	1.23	1.79
45	1.48	1.57	1.43	1.62	1.38	1.67	1.34	1.72	1.29	1.78
50	1.50	1.59	1.46	1.63	1.42	1.67	1.38	1.72	1.34	1.77
55	1.53	1.60	1.49	1.64	1.45	1.68	1.41	1.72	1.38	1.77
60	1.55	1.62	1.51	1.65	1.48	1.69	1.44	1.73	1.41	1.77
65	1.57	1.63	1.54	1.66	1.50	1.70	1.47	1.73	1.44	1.77
70	1.58	1.64	1.55	1.67	1.52	1.70	1.49	1.74	1.46	1.77
75	1.60	1.65	1.57	1.68	1.54	1.71	1.51	1.74	1.49	1.77
80	1.61	1.66	1.59	1.69	1.56	1.72	1.53	1.74	1.51	1.77
85	1.62	1.67	1.60	1.70	1.57	1.72	1.55	1.75	1.52	1.77
90	1.63	1.68	1.61	1.70	1.59	1.73	1.57	1.75	1.54	1.78
95	1.64	1.69	1.62	1.71	1.60	1.73	1.58	1.75	1.56	1.78
100	1.65	1.69	1.63	1.72	1.61	1.74	1.59	1.76	1.57	1.78

[표 10] Durbin-Watson 검정통계량의 분포 ($\alpha = 0.01$)

n	K									
	1		2		3		4		5	
	d_L	d_U	d_L	d_U	d_L	d_U	d_L	d_U	d_L	d_U
15	0.81	1.07	0.70	1.25	0.59	1.46	0.49	1.70	0.39	1.96
16	0.84	1.09	0.74	1.25	0.63	1.44	0.53	1.66	0.44	1.90
17	0.87	1.10	0.77	1.25	0.67	1.43	0.57	1.63	0.48	1.85
18	0.90	1.12	0.80	1.26	0.71	1.42	0.61	1.60	0.52	1.80
19	0.93	1.13	0.83	1.26	0.74	1.41	0.65	1.58	0.56	1.77
20	0.95	1.15	0.86	1.27	0.77	1.41	0.68	1.57	0.60	1.74
21	0.97	1.16	0.89	1.27	0.80	1.41	0.72	1.55	0.63	1.71
22	1.00	1.17	0.91	1.28	0.83	1.40	0.75	1.54	0.66	1.69
23	1.02	1.19	0.94	1.29	0.86	1.40	0.77	1.53	0.70	1.67
24	1.04	1.20	0.96	1.30	0.88	1.41	0.80	1.53	0.72	1.66
25	1.05	1.21	0.98	1.30	0.90	1.41	0.83	1.52	0.75	1.65
26	1.07	1.22	1.00	1.31	0.93	1.41	0.85	1.52	0.78	1.64
27	1.09	1.23	1.02	1.32	0.95	1.41	0.88	1.51	0.81	1.63
28	1.10	1.24	1.04	1.32	0.97	1.41	0.90	1.51	0.83	1.62
29	1.12	1.25	1.05	1.33	0.99	1.42	0.92	1.51	0.85	1.61
30	1.13	1.26	1.07	1.34	1.01	1.42	0.94	1.51	0.88	1.61
31	1.15	1.27	1.08	1.34	1.02	1.42	0.96	1.51	0.90	1.60
32	1.16	1.28	1.10	1.35	1.04	1.43	0.98	1.51	0.92	1.60
33	1.17	1.29	1.11	1.36	1.05	1.43	1.00	1.51	0.94	1.59
34	1.18	1.30	1.13	1.36	1.07	1.43	1.01	1.51	0.95	1.59
35	1.19	1.31	1.14	1.37	1.08	1.44	1.03	1.51	0.97	1.59
36	1.21	1.32	1.15	1.38	1.10	1.44	1.04	1.51	0.99	1.59
37	1.22	1.32	1.16	1.38	1.11	1.45	1.06	1.51	1.00	1.59
38	1.23	1.33	1.18	1.39	1.12	1.45	1.07	1.52	1.02	1.58
39	1.24	1.34	1.19	1.39	1.14	1.45	1.09	1.52	1.03	1.58
40	1.25	1.34	1.20	1.40	1.15	1.46	1.10	1.52	1.05	1.58
45	1.29	1.38	1.24	1.42	1.20	1.48	1.16	1.53	1.11	1.58
50	1.32	1.40	1.28	1.45	1.24	1.49	1.20	1.54	1.16	1.59
55	1.36	1.43	1.32	1.47	1.28	1.51	1.25	1.55	1.21	1.59
60	1.38	1.45	1.35	1.48	1.32	1.52	1.28	1.56	1.25	1.60
65	1.41	1.47	1.38	1.50	1.35	1.53	1.31	1.57	1.28	1.61
70	1.43	1.49	1.40	1.52	1.37	1.55	1.34	1.58	1.31	1.61
75	1.45	1.50	1.42	1.53	1.39	1.56	1.37	1.59	1.34	1.62
80	1.47	1.52	1.44	1.54	1.42	1.57	1.39	1.60	1.36	1.62
85	1.48	1.53	1.46	1.55	1.43	1.58	1.41	1.60	1.39	1.63
90	1.50	1.54	1.47	1.56	1.45	1.59	1.43	1.61	1.41	1.64
95	1.51	1.55	1.49	1.57	1.47	1.60	1.45	1.62	1.42	1.64
100	1.52	1.56	1.50	1.58	1.48	1.60	1.46	1.63	1.44	1.65

[표 11] 런 검정통계량의 누적분포함수

이 표는 임의적 시계열일 때, 관측횟수 n에서 런의 수가 K를 초과하지 않을 확률을 보여준다.

n	K																		
	2	3	4	5	6	7	8	9	10	11	12	13	14	15	16	17	18	19	20
6	.100	.300	.700	.900	1.000														
8	.029	.114	.371	.629	.886	.971	1.000												
10	.008	.040	.167	.357	.643	.833	.960	.992	1.000										
12	.002	.013	.067	.175	.392	.608	.825	.933	.987	.998	1.000								
14	.001	.004	.025	.078	.209	.383	.617	.791	.922	.975	.996	.999	1.000						
16	.000	.001	.009	.032	.100	.214	.405	.595	.786	.900	.968	.991	.999	1.000	1.000				
18	.000	.000	.003	.012	.044	.109	.238	.399	.601	.762	.891	.956	.988	.997	1.000	1.000	1.000		
20	.000	.000	.001	.004	.019	.051	.128	.242	.414	.586	.758	.872	.949	.981	.996	.999	1.000	1.000	1.000

2. 연습문제 풀이 및 해답

〈제 2 장〉

2.1 (1) 표본평균 : 5.4167, 중앙값 : 5.5, 범위 : 10
(2) 분산 : 13.5379, 표준편차 : 3.6794

2.2 평균 : 5.65%,
표본표준편차 : 2.765%

2.3 (1) 3.325
(2) 3
(3) 3
(4) 분산 : 1.0968, 표준편차 : 1.0473

2.4 (1) 27.836
(2) 분산 : 65.0857, 표본표준편차 : 8.0676
(3) 27.9
(4) 38.6

2.5 (1) 중앙값은 각각 35, 35, 38, 38이므로 전문가들의 의견은 38로 접근하고 있다 .
(2) 범위는 각각 23, 13, 11, 11로 점차 의견 차이가 좁혀지고 있는 경향을 보인다.

2.6 (가) 평균 30.14, 표준편차 3.98
(나) 평균 32, 표준편차 .93

2.7
(1) 10
(2) 4

(3) 질적: 지역, 객실요금,
양적: 객실수, 평가점수
(4) 지역: 명목(nominal)척도, 객실요금: 순서(ordinal)척도,
객실수: 비율(ratio)척도, 평가점수: 간격(interval)척도.
(5) 910/10=91개
(6) 820/10 = 82
(7) 10개중 2개이므로 20%
(8) 10개중 4개이므로 40%

2.8
(1) 1000
(2) 질적
(3) %
(4) 290명.

2.9
(1) 제주에의 모든 방문객
(2) 그렇다.
(3) 양적, 질적, 질적, 양적

2.10
(1) 162/500=0.324, 즉 32.4 %
(2) 500×29=145 명
(3) 질적

2.11 (생략)
2.12 (생략)
2.13 (생략)
2.14 (생략)
2.15 (생략)
2.16 (생략)
2.17 (생략)
2.18 (생략)

2.19

(1) 이 자료는 순서적이다; 그것들은 단지 질적인 계급화만을 제공하고 있다.

(2)

응답	빈도	상대빈도
3	8	0.27
4	3	0.10
5	6	0.20
6	7	0.23
7	6	0.20
합계	30	1.00

(3) (생략)

(4) 높은 만족도는 얻지 못하고 있다.

2.20

(1)(2)

계 급	빈 도	상대빈도
5.0~6.9	2	0.10
7.0~8.9	4	0.20
9.0~10.9	9	0.45
11.0~12.9	3	0.15
13.0~14.9	2	0.10
합계	20	1.00

2.21

(1) (생략)

(2) x와 y에 부정적인 관계가 있어서, x와 증가하면 y는 감소한다.

2.22

(1)

최저온도의 줄기-잎 그림

줄기	잎						
3							
2	2	6					
1	3	4	6	6	8	9	9
0	8	8	9				
-0	1	2	2	6			
-1	0	3	3				
-2	2						

(2)

최고온도의 줄기-잎 그림

줄기	잎						
3	8						
2	0	1	4	6	9		
1	1	2	4	6	7	8	9
0	2	5					
-0	2	6	6	9			
-1	2						
-2							

(3) 범위는 비슷하며, 최고온도의 경우에 중심이 상향이동하였다.

(4) 8개

(5) (생략)

2.23

(1)

빌딩 연령	난방연료					
	가스	열병합지역	석유	연탄	기타	합계
30년 초과	30	70	20	6	8	134
30년 이하	45	87	35	3	0	170
20년 이하	37	92	10	0	9	148
10년 이하	78	108	21	0	2	209
합계	190	357	86	9	19	661

(2) (생략)

(3)

빌딩 연령	난방연료					
	가스	열병합지역	석유	연탄	기타	합계
30년 초과	15.8	19.6	23.3	66.7	42.1	
30년 이하	23.7	24.4	40.7	33.3	0	
20년 이하	19.5	25.8	11.6	0	47.4	
10년 이하	41.1	30.3	24.4	0	10.5	
합계	100	100	100	100	100	

(4)

빌딩 연령	난방연료					
	가스	열병합지역	석유	연탄	기타	합계
30년 초과	22.4	52.2	14.9	4.5	6.0	100
30년 이하	26.5	51.2	20.6	1.8	0	100
20년 이하	25	62.2	6.8	0	6.1	100
10년 이하	37.3	51.7	10.0	0	1.0	100

(5) 빌딩연령이 낮은 건물은 열병합 및 가스를 선택하는 경우가 많다.

〈제 3 장〉

3. 1 (1) 40%

(2) 아니오

(3) 아니오

(4) $0.10 \neq (0.20)(0.30)$, 아니오

3. 2 (1) 상대도수법 사용

(2) $P(E_1) = 0.223$, $P(E_2) = 0.727$, $P(E_3) = 0.050$

3. 3 (1) 0.41

3. 4 (1) 0.10

(2) 0.35

(3) 0.05/0.35 = 0.1429

(4) 0.50

3. 5 $E_1 \cup E_2 = \{z|4 < z < 15\}$

3. 6 (1) $E_2 \cap \overline{E_3} = \{1, 7, 9\}$

(2) $E_1 \cap E_3 \cap \overline{E_4} = \{2, 4\}$

(3) $\overline{E_1} \cup E_3 = \{1, 2, 3, 4, 5, 6, 8\}$

3. 7 (1) 0.68

(2) 0.32

3. 8 (1) 0.71

(2) 0.29

3. 9 (1) 0.7241

(2) 0.875

(3) 독립이 아니다. $P(E_1|E_2) \neq P(E_1)$

3.10. 0.60

3.11 (1) 상호배타적, 0.35

(2) 0.80

3.12 (1) 0.1125, 0.1575, 0.09

(2) 0.4375

3.13 (1) 0.11

(2) 결합확률, 두 사건의 교집합의 확률이므로

(3) 0.20 + 0.07 = 0.27

(4) $\dfrac{0.20}{0.27} = 0.7407$

(5) 아니다

(6) 0.08 + 0.06 + 0.07 = 0.21

(7) $\dfrac{0.08}{0.21} = 0.3810$

(8) 아니다

(9) 0.79

(10) 0.54

(11) 0.79 + 0.27 - 0.20 = 0.86

3.14 0.069

3.15 (1) 0.37

(2) $\frac{8}{37}$

3.16 (1) 90%는 국산차 보유, 25% 외제차 보유

(2) 한 가구가 국산차와 외제차를 모두 보유할 확률

(3) 0.95

(4) 0.80

(5) 0.22

(6) 아니다

3.17 (1) 0.51, 0.19

(2) 0.49

(3) 0

(4) 0.70

(5) 예

(6) 아니오

3.18 (1) 0.90

(2) 0.35

〈제 4 장〉

4.1

사건	보험회사의 수익(만원)	확률
피보험자생존	29	.999
피보험자사망	-971	.001

기대수익= 29(.999) + [-971(.001)] = 28만원

분산=$(29-28)^2(.999)$ + $(-971-28)^2(.001)$ = 999

표준편차 = $\sqrt{999}$ = 31.61만원

4.2 2.62건, 1.47건

4.3 독립적이므로 각 결합확률은 주변확률들의 곱이다. $p(0,0)$ = .03, $p(0,1)$ = .0585, $p(0,2)$ = .0525, $p(0,3)$ = .009, $p(1,0)$ = .06,..., $p(3,3)$ = .0078.

4.4 X는 이항확률변수이다. 왜냐하면 "산물"을 선택한 것을 성공, 그렇지 않은 것을 실패라고 양분할 수 있기 때문이다. 소비자들도 임의로 선택되었으므로 서로의 선택에 영향을 미치지 않아 서로 독립적일 것이다.

4.5 X는 이항확률변수가 아니다. 왜냐하면 맨 처음 신하가 금덩어리를 집을 확률은 2/5지만, 다음 신하는 남은 4개 중에서 집으므로 확률이 달라진다. 이처럼 매번의 시행이 서로 독립적이 아니므로 이항확률변수가 아니다.

4.6 (1) .0081

(2) .59049, .32805, .07290, .00045, .00001

(3) .5 , .67, -.84~ 1.84

(4) .9185

4.7 (1) 평균=np=20(.6)= 12, 표준편차=$\sqrt{20(.6)(.4)}$=2.19

(2) .128

(3) .416

(4) .159

(5) (7.6 ~ 16.4)

4.8 (1)(생략) (2) 4, 2, 0~8 (3) .9787

4.9 (1) 10, 3.1623 (2) 0.130 (3) 0.022

4.10 1- $p(0)$- $p(1)$=1- .368- .368= .264

4.11 $p(0)$ = 1(.20190)/1 = .20190

$p(1)$ =1.6(.20190)/1 = .32304

$p(2)$ =2.56(.20190)/2 = .25843

1- .20190 -.32304-.25843= .21663

4.12

(1)

x	$f(x)$	$xf(x)$	$x-\mu$	$(x-\mu)^2$	$(x-\mu)^2f(x)$
25	0.25	6.34	-10.80	116.58	29.56
33	0.43	14.13	-2.80	7.82	3.35
42	0.20	8.22	6.20	38.47	7.53
58	0.12	7.11	22.20	492.97	60.41
합계	1.00	μ=35.80			var(x) = 100.84

(2) 35.80, 100.84

(3)

y	$f(y)$	$yf(y)$	$y-\mu$	$(y-\mu)^2$	$(y-\mu)^2f(y)$
25	0.01	0.28	-19.63	385.25	4.33
33	0.38	12.58	-11.63	135.21	51.53
42	0.22	9.12	-2.63	6.91	1.50
58	0.39	22.65	13.37	178.81	69.84
합계	1.00	μ=44.63			var(y) =127.20

(4) 44.63, 127.20

(5) 소유자 거주아파트의 평수가 임차인거주 경우 보다 더 크다. 평수에서 44.63-35.80=8.83 더 많다. 그리고 임차인거주인 경우가 분산이 작다.

4.13

(1) p=0.30, 1-p=0.70, n=5

$P(2)=\frac{5!}{2!3!}(0.30)^2(0.70)^3=$ 0.3087, 엑셀식은 binomdist(2,5,0.30,false)

(2) $P(0)=\frac{5!}{0!5!}(0.30)^0(0.70)^5=$0.1681, 엑셀식은 binomdist(0,5,0.30,false)

$P(1)=\frac{5!}{1!4!}(0.30)^1(0.70)^4=$0.3602, 엑셀식은 binomdist(1,5,0.30,false)

1-0.1681-0.3602=0.4717

(3) $P(0)=\frac{10!}{0!10!}(0.30)^0(0.70)^{10}=$ 0.0282, 엑셀식은 binomdist(0,10,0.30,false)

4.14

(1) $P(0)=\frac{e^{-10}10^0}{0!}=$0.000045. 엑셀식은 poisson(0,10,false)

(2) $P(1)=\frac{e^{-10}10^1}{1!}=$0.00045, 엑셀식은 poisson(1,10,false)

1-P(0)-P(1)=1-0.000045-0.00045=0.9995

(3) $P(2)=\frac{e^{-10}10^2}{2!}=$0.002270, 엑셀식은 poisson(2,10,false)

$P(3)=\frac{e^{-10}10^3}{3!}=$0.007567, 엑셀식은 poisson(3,10,false)

$P(4)=\frac{e^{-10}10^4}{4!}=$0.01892, 엑셀식은 poisson(4,10,false)

1-P(0)-P(1)-P(2)-P(3)-P(4)=0.9707

(4) μ=5 명.

$P(0)=\frac{e^{-5}5^0}{0!}=$ 0.00674, 엑셀식은 poisson(0,5,false)

1-P(0)=0.9933

〈제 5 장〉

5.1 평균 1500만원, 표준편차 $70*\sqrt{5}=156.52$만원, 가정 : 매년의 비용은 독립적이다.

5.2 평균 780개, 표준편차 $18*\sqrt{6}=44.09$개

5.3 (1) 0.0446
(2) 0.8413
(3) 0.0233
(4)0.8403

5.4 A.

5.5 z=(79-70)/10=.9, 해당하는 비율은 .3159 이다. 24/.3159=76 명.

5.6 (1) (108-100)/6=1.33, .5-.4082=.0918 답; .0918
(2) 95%의 z는 1.64이다. $1.64=(105-\bar{x})/6$, $\bar{x}=95.16$

5.7 (1) $z=(200-180)/50=.4$ $z=(100-180)/50=-1.6$
∴ .0548, .6006, .3446
(2) .0548(1)+ .6006(5) + .3446(10)=6.5038, 650.38만원.

5.8 $z=(98-100)/7=-.29$; 이 문제는 접착력이 98 kg 미만이 될 확률을 묻는 것이다. 접착력의 확률분포에서 98 kg에 해당하는 z 점수는 -.29 이다. 따라서 구하는 확률은 .3859이다.

5.9 (이항분포의 정규근사이용) (1) 0.7967 (2) 0.4525 (3) 0.7495

5.10
(1) z=-0.80, 엑셀식은 =normsinv(0.2119)
(2) 0.80/2=0.40. 0.5-0.40=0.10, z=1.282 엑셀식은 =normsinv(0.1)
(3) 0.35/2=0.175. 0.5-0.175=0.325, z=0.454 엑셀식은 =normsinv(0.325)

(4) z=1.036 엑셀식은 =normsinv(0.85)

(3) 1-0.70=0.30, z=-0.524, 엑셀식은 =normsinv(0.30)

5.11

(1) z=(90-82)/15= 0.53, 확률은 0.2969 엑셀식은
=1-normdist(90,82,15,true)

(2) z=(60-82)/15= -1.47, 확률은 0.0712
엑셀식은 =normdist(60,82,15,true)

(3) 상위 10%는 정규분포표에서 z=1.28이므로, z=(x-82)/15=1.28,
따라서 x=101.2 (시간) 이상. 엑셀식은 =norminv(0.9,82,15,true)

〈제 6 장〉

6.1 (1) 1,200
(2) 17,778
(3) 133.33
(4) 0.1303

6.2 (1) 0.9772
(2) 0.5762
(3) 0.3108
(4) 114～116

6.3 (1) 0.26
(2) 0.20
(3) 0.23

6.4 (1) 0.2546
(2) 0.0951
(3) 0.0086

6.5 평균 : 0.625, 표준편차 : $\sqrt{0.625(0.375)/100} = 0.048$ (정규분포)
(0.625-0.96, 0625+.096)=(0.529, 0.721)

6.6 평균 : 0.7, 표준편차 $\sqrt{0.7(0.3)/50} = 0.0648$ (정규분포)

[0.7-1.96(0.0648) ~ 0.7+1.96(0.0648)]=(0.573, 0.827)

6.7 (1) 그렇다.

(2) 그렇다.

6.8 어떤 유한 모집단이 4개의 요소 A,B,C, 및 D 로 이루어져 있다. 크기 2의 단순임의표본을 고려하자.

(1) AB, AC, AD, BC, BD, CD

(2) 6개이므로 각각은 1/6의 확률.

(3) 최소의 숫자부터 선택한다고 할때, 0.1980 과 0.2018의 값을 가진 BD 가 선택될 것이다.

6.9

(1) 평균 854,200원, 표준편차; 120000/ $\sqrt{50}$ =120000/7.0711=16,970원의 정규분포

(2) 0.9968. 엑셀식은,

=normdist(904200,854200,16970,true)-normdist(804200,854200,16970,true)

(3) 0.7614. 엑셀식은,

=normdist(874200,854200,16970,true)-normdist(834200,854200,16970,true)

(4) 그렇다.

6.10

(1) n=200, 모비율 p=0.40, 표준편차는, $\sigma_{\hat{p}} = \sqrt{\frac{p(1-p)}{n}} = \sqrt{\frac{0.4(1-0.4)}{200}}$

= 0.03464 해답; 0.4363

엑셀식은,

=normdist(0.42,0.40,0.03464,true)-normdist(0.38,0.40,0.03464,true)

(2) n=400. 모비율 p=0.40, 표준편차는, $\sigma_{\hat{p}} = \sqrt{\frac{p(1-p)}{n}} = \sqrt{\frac{0.4(1-0.4)}{400}}$

= 0.02449. 해답; 0.5859

엑셀식은,

=normdist(0.42,0.40,0.02449,true)-normdist(0.38,0.40,0.02449,true)

(3) 표본비율이 모비율의 근처에 있을 확률이 높아진다.

〈제 7 장〉

7.1 (320.6, 379.40)

7.2 (121.4, 178.6)

7.3 95%

7.4 $11.645 \pm \frac{4.1}{\sqrt{225}} = 11.6 \pm 0.45 = [\ 11.15 \sim 12.05\ ]$

7.5 $n = (Z_{\alpha/2})^2 \frac{\sigma^2}{D^2} = (1.96)^2 \frac{40^2}{5^2} = 245.9$(246상자)

7.6 0.48 ± 0.0438

7.7 752

7.8 (7.09, 25.57)

〈제 8 장〉

8.1 귀무가설 μ=2400, 대립가설 μ>2400, 기각역 z>1.645
z=(2460-2400)/(200/$\sqrt{50}$)=2.12>1.645 납품받아도 된다.

8.2 (1) 귀무가설 μ=1, 대립가설 μ≠1
기각역 -1.96, 1.96
z=(0.98-1)/(0.05/7)=-0.02/0.007143=2.8>1.96
기각; 한 병의 평균량은 1리터가 아니다.
(2) (0.5-0.4974)*2=.0052

8.3 (1) $0.3/\sqrt{64}=0.0375$. $z=(2.9-3)/0.0375=-2.6$. 귀무가설을 기각하므로 동일하다고 할 수 없다.

(2) $(0.5-0.4953)*2=0.0094$

8.4 기각역 $z<-1.96$, 혹은 $z>1.96$.

채집통계량 $z=(75.1-73.7)/(1/\sqrt{16})=5.6>1.96$; 귀무가설을 기각. 평균강도는 달라졌다)

8.5 기각역 $z>|2.58|$, $z=(98-100)/(1.8/\sqrt{10})=-3.51<-2.58$, 바뀌었다.

8.6 귀무가설 $\mu=20$, 대립가설 $\mu<20$ 기각역 $t<-2.821$, df=9

$t=(17.1-20)/(3/\sqrt{10})=-3.06<-2.821$ 귀무가설을 기각하므로 규격에 달한다고 할 수 있다.

8.7 기각역 $t<-1.711$, df=24. 검정통계량 $t=(1.96-2)/(.05/\sqrt{25})=-4<-1.711$

귀무가설기각. 평균무게는 2g보다 작다.

8.8 표본비율의 표준편차= $\sqrt{.055(.945)/200}=.01612$, 기각역 $z<1.64$, 검정통계량= $z=(.02-.055)/.01612=-2.17<-1.64$, 귀무가설을 기각하므로 모불량률은 작아졌다고 할 수 있다.

8.9 귀무가설; $P-.05$, 대립가설; $P<.05$, 기각역 $z<2.33$,

$z=((10/300)-.05)/\sqrt{.05(.95)/300}=-1.35>-2.33$

귀무가설을 기각 못함. 불량률이 그리 낮지 않음.

8.10 귀무가설; $P=0.5$, 대립가설; $P>0.5$ 기각역 $z>1.64$

$z=((3465/6788)-0.5)/\sqrt{0.5(1-0.5)/6788}=1.72$

귀무가설을 기각함. 부정적인 생각을 반 이상이 가지고 있다.

8.11 표본분산=9.9286, 기각역 ; $\chi^2_{n-1,\alpha}=14.07$,

$\frac{(n-1)s_X^2}{\sigma_X^2}-\frac{(8-1)(9.928571)}{4}-17.37>14.07$. 귀무가설을 기각하지 못하므로

모분산은 4를 초과한다고 할 수 있다.

〈제9장〉

9.1 (1) 12, $4/\sqrt{25}=.8$

(2) 10, $3/\sqrt{25}=.6$

(3) 12-10=2, $0.8^2+0.6^2=1$, 표준편차=1

9.2 검정통계량=2.239, 5%의 유의수준에서 귀무가설 기각. 신품종의 생산량이 더 많다.

9.3 (1) 표준편차는 각각 12/10=1.2, 13/10=1.3, 따라서 $\sqrt{1.44+1.69}=1.77$

(2) 평균 15, 표준편차 1.77인 정규분포이다.

(3) 귀무가설; $(\mu_1 - \mu_2)=0$, 대립가설; $(\mu_1 - \mu_2)>0$ 기각역 $z>1.28$

$z=\{(55.2-50.1)-0\}/1.77=2.88 > 1.28$, 귀무가설 기각

(4) .002, 매우 유의하다. 즉 귀무가설 기각이 틀릴 확률은 .002에 불과하다.

9.4 귀무가설; $(\mu_1 - \mu_2)=0$, 대립가설; $(\mu_1 - \mu_2)<0$,

기각역 $z<-1.645$,

$\bar{x}_1$의 표준편차 $=3.7/\sqrt{50}$, $\bar{x}_2$의 표준편차 $=3.1/\sqrt{50}$,

$(\bar{x}_1-\bar{x}_2)$의 분산 $=3.7^2/50+3.1^2/50$,

$(\bar{x}_1-\bar{x}_2)$의 표준편차 $=\sqrt{\dfrac{13.69}{50}+\dfrac{9.61}{50}}=.68$

$z=\{(27.3-25.4)-0\}/.68=-2.79<-1.645$ 귀무가설 기각, 새 방식이 더 적은 시간이 걸린다. 관측된 유의수준= .0026

9.5 귀무가설 : $(\mu_1 - \mu_2)=0$, 대립가설 : $(\mu_1 - \mu_2)<0$

$$t \text{ 점수}=\frac{(\bar{x}_1-\bar{x}_2)-0}{\sqrt{\dfrac{\sigma_1^2}{n_1}+\dfrac{\sigma_2^2}{n_2}}}$$

$$=\{(2.7-3.58)-0\}/\sqrt{\frac{.4431}{6}+\frac{.4431}{5}}$$

= -2.183 〈 -1.383, 기각역에 속한다.
모평균 1은 모평균2보다 작다고 할 수 있다.
단, { 5(.648)+4(.187)}/9=.4431,자유도(df)=9
유의수준; $.025 < p < .05$
표본 1의 평균=2.7, 분산=.648 ; 표본2의 평균=3.58, 분산= .187

9.6 귀무가설 : $(\mu_1 - \mu_2) = 0$, 대립가설 : $(\mu_1 - \mu_2) > 0$

$$t \text{ 점수} = \frac{(\overline{x_1} - \overline{x_2}) - 0}{\sqrt{\frac{\sigma_1^2}{n_1} + \frac{\sigma_2^2}{n_2}}}$$

$$= \{ (12.8-10.4) - 0 \} / \sqrt{\frac{78.555}{10} + \frac{78.555}{10}}$$

= .61 〈 1.734 기각역에 속하지 않는다.
모평균1은 모평균2보다 크다고 하기에는 증거가 부족하다.
단, {9(88.62)+9(68.49)}/18=1413.99/18=78.555,자유도(df)=18
전제조건은
1. 독립적으로 두 표본이 추출되어야 하고
2. 모집단은 각각 정규분포여야 하며
3. 두 모집단의 분산은 같다. 이 전제가 성립되지 않는 경우에는 비모수통계학을 이용해야 한다.

9.7 귀무가설 : $p_1 - p_2 = 0$, 대립가설 : $p_1 - p_2 \neq 0$
기각역; $(\alpha=.1)$ $z > 1.645$, $z < -1.645$

$$z = \frac{(p_1 - p_2) - 0}{\sqrt{\frac{P_1(1-P_1)}{n_1} + \frac{P_2(1-P_2)}{n_2}}}$$

$$= \{(53/400-78/500)-0\} / \sqrt{\frac{.1325(.8675)}{400} + \frac{.156(.844)}{500}} \qquad = -1.00 > -1.645$$

기각역에 속하지 않으므로 귀무가설을 기각하지 못한다. 두 비율에 차이가 있다는 증거는 발견되지 못했다.

9.8 $z-17.97$, 업체 A가 더 우수하다.

9.9 $z=7.79$, 판매부장의 말이 옳다.

9.10 각공정의 분산은 각각 150.2, 23.2, 유의수준 .05에서 기각역은 $F=6.39$.
검정통계량 $F=6.47>6.39$이므로 귀무가설 기각. 분산은 다르다.

〈제10장〉

10. 1

(1)

변동요인	제곱합	자유도	평균제곱	F
급간변동	248	2	124	93
급내변동	12	9	1.33	
총변동	260	11		

$F_{2,9,0.05}=4.26$이므로 평균강도가 같다는 귀무가설 기각

(2) $8.63<\mu_1-\mu_2<13.37$

$1.63<\mu_1-\mu_3<6.37$

$-9.37<\mu_2-\mu_3<-4.63$

A기계 제품이 B나 C 제품보다 강하고, C기계가 B기계보다는 더 강한 철근을 생산하는 것으로 보인다.

10. 2

(1)

변동요인	제곱합	자유도	평균제곱	F
급간변동	79.44	4	19.86	6.90
급내변동	57.60	20	2.88	
총변동	137.04	24		

(2) $H_0 : \mu_1=\mu_2=\mu_3=\mu_4=\mu_5$

H_1 : 평균값 중 최소한 둘은 같지 않다.

$F_{4,20,0.05}=2.87$ 따라서 귀무가설 기각

10. 3

(1)

변동요인	제곱합	자유도	평균제곱	F
급간변동	70.25	3	23.42	9.52
급내변동	29.50	12	2.46	
총변동	99.75	15		

(2) $F_{3,12,0.01}=5.95$. 따라서 차이가 있다.

(3) $-0.94<\mu_1-\mu_2<8.44$

$-4.94<\mu_1-\mu_3<4.44$

$-6.69<\mu_1-\mu_4<2.69$

$-8.69<\mu_2-\mu_3<0.69$

$-10.44<\mu_2-\mu_4<-1.06$

$-6.44<\mu_3-\mu_4<2.94$

10. 4

(1)

변동요인	제곱합	자유도	평균제곱	F
급간변동	479.334	2	239.667	2.30
급내변동	1,248.830	12	104.069	
총변동	1,728.164	14		

(2) 귀무가설을 5% 유의수준에서 기각시킬 수 없다.

10. 5

(1)

변동요인	제곱합	자유도	평균제곱	F
지역	230.92	3	76.97	3.22
색상	74	2	37.00	1.55
오차	143.33	6	23.89	
총변동	448.25	11		

(2) 귀무가설은 5% 유의수준에서 기각되지 않음

10. 6

변동요인	제곱합	자유도	평균제곱	F
연속극	95.2	2	47.60	3.60
지역	75.6	3	25.20	1.91
오차	79.3	6	13.22	
총변동	250.1	11		

귀무가설은 5% 유의수준에서 기각되지 않음

10. 7

(1)

변동요인	제곱합	자유도	평균제곱	F
기계	122	2	61	61/0.5=122
원자재	26	2	13	13/0.5=26
오차	2	4	0.5	
총변동	150	8		

(2)(3) $F_{2,4,0.05}=6.94$. 따라서 두 귀무가설은 모두 5% 유의수준에서 기각됨

(4) $6.84<\mu_1-\mu_2<11.16$

$1.84<\mu_1-\mu_3<6.16$

$-7.16<\mu_2-\mu_3<-2.84$

10. 8

변동요인	제곱합	자유도	평균제곱	F
촉매	73.8	3	24.6	24.6/1.81=13.6
오차	36.2	20	1.81	
총변동	110.0	23		

$F_{3,20,0.05}=3.10$이므로 평균 생산량이 같다는 귀무가설이 기각되어 어떤 촉매제를 쓰느냐에 따라 생산량이 영향을 받는다.

10. 9

변동요인	제곱합	자유도	평균제곱	F
천	563	3	187.7	187.7/7.11=26.4
제조업체	451	3	150.3	150.3/7.11=21.1
오차	64	9	7.11	
총변동	1078	15		

$F_{3.9.0.05}=3.86$이므로 $F=26.4$와 $F=21.1$은 모두 이 값을 초과한다. 따라서 천에 차이가 없다는 귀무가설과 제조업체간에 차이가 없다는 귀무가설이 모두 기각된다.

10. 10

(1)

변동요인	제곱합	자유도	평균제곱	F
기계	338.8	3	112.93	18.4
기술자	161.5	4	40.38	6.6
오차	73.7	12	6.14	

(2) $F_{3.12.0.05}=3.49$. 따라서 기계류의 생산성이 같다는 귀무가설 기각

(3) $F_{4.12.0.05}=3.26$. 따라서 각 기술자의 생산성이 동등하다는 귀무가설 기각

〈제11장〉

11. 1 $r=0.99$, 따라서 X와 Y가 강한 양의 직선관계에 있다.

11. 2 (1) 양 (2) 양 (3) 양 (4) 0 (5) 양 (6) 음 (7) 양 (8) 양

11. 3

(1) 0.429

(2) 검정통계량 : 1.16, H_0는 기각되지 않는다.

11. 4 검정통계량 : 0.80, H_0는 기각되지 않는다.

11. 5

(1) $y=1.33+1.98x$

(2) 29.05분

11. 7 (4) $R^2=0.889$ 이므로 판매변동의 88.9%가 가격에 의해 설명된다.

11. 8

(3) 0.135

(4) 0.00027

(5) $0<\beta<0.076$

11. 9 검정통계량은 - 0.709, H_0는 10% 유의수준에서 기각되지 못함

〈제12장〉

12. 1 다른 것은 변하지 않고 항공권 가격이 1000원 오르면 탑승객수가 0.82단위 만큼 감소할 것으로 기대된다. (다른 변수들에 대해서도 같은 방법으로 해석)

12. 2

(1) $R^2=0.929$. 세 독립변수들이 이윤변동을 92.9% 설명

(2) $\overline{R}^2=0.919$. 독립변수의 수가 표본 수에 비해 적으므로 두 계수간 차이가 거의 없다.

12. 3

$1.085 < \beta_3 < 14.221$ … 95%

$2.250 < \beta_3 < 13.056$ … 90%

12. 4

$H_0: \beta_1=\beta_2=\beta_3=\beta_4=0$

검정통계량은 R^2를 이용하면 34.125, $F_{4,26,0.01}=4.14$. 따라서 H_0 기각

12. 5

(1) $R^2 = 0.87$, $\overline{R}^2 = 0.85$

(2) $0.081 < \beta_1 < 0.393$, $-0.000339 < \beta_2 < -0.000159$

(3) 두 가설 모두 기각

(4) H_1 : 최소한 하나의 $\beta_i \neq 0$, 검정통계량은 70.92, 따라서 H_0 기각

(5) 0.39

12. 6

(1) $0.18 < \beta_1 < 0.22$

(2) 검정통계량 : -1.190, $\alpha = 0.10$에서 H_0 채택

12. 8 검정통계치 : 21.3, 1% 유의수준에서 H_0 기각

〈제13장〉

13. 1

(1) 증권의 기대수익률은 상품의 이질도가 낮은 기업이 그렇지 않은 기업에 비해 1.567만큼 낮다.

(2) 검정통계량은 1.080, 귀무가설은 10% 유의수준에서 기각되지 않는다.

(3) $-20.94 < \beta_2 < 1.93$

13. 2

(1) 소비는 소득의 갑작스러운 변화에 즉각 적응하기 어렵다. 따라서 전 기간의 소비를 독립변수로 포함시켜 조정과정을 나타내 주기 위함이다.

(2) 같은 기간 : 0.33, 다음기간 : 0.76(0.33), 그 다음 : $(0.76)^2(0.33)$ …

장기적 총영향 : $\dfrac{0.33}{1-0.76}$

13. 3

(1) $1.0658 < \beta_1 < 1.2454$

(2) $1.0150 < \beta_1 < 1.2962$

13. 4

(1) 검정통계량 : 1.125, 20% 유의수준에서 H_0는 양측검정에 대해 기각되지 않음

(2) 검정통계량 : 2.3, 5% 유의수준에서 H_0는 양측검정에 대해 기각

(3) 90% 신뢰구간 : $0.09 < -\beta_1 < 0.49$

95% 신뢰구간 : $0.04 < -\beta_1 < 0.54$

(4) 다른 여건은 변동없이, 소고기 가격이 1% 상승하면 소고기 수요의 예상 감소율은 0.29%

13. 5

$H_0 : \rho = 0$, $H_1 : \rho > 0$

$d = 0.55$, $d_L = 0.88$, $d_U = 1.61$이므로 H_0기각

13. 6

$d = \dfrac{13,908,400}{9,711,000} = 1.43$, $d_L = 1.44$, $d_U = 1.57$이므로 H_0기각

13. 7

$\alpha = 0.01$에 대해 $d_L = 1.20$, $d_U = 1.40$.

$H_0 : \rho < 0$이므로

만약 $d > 4 - 1.20 = 2.80$이면 H_0기각

만약 $d < 4 - 1.40 = 2.60$이면 H_0성립

$d = 2.71$이므로 검정은 결정 안됨

〈제14장〉

14.1 6개 이하의 + 또는 7개 이상의 +를 가질 확률은 1, 따라서 기일에 유의한 변화가 없었다는 귀무가설을 기각하지 못한다.

14. 2

p : 바닐라를 더 좋아하는 어린이의 모비율
이때

H_0 : $p=0.5$

H_1 : $p\neq 0.5$

$n=96$이므로 바닐라를 더 선호하는 어린이의 표본비율은

$\hat{p} = \dfrac{56}{96} = 0.583$

따라서 $\dfrac{\hat{p}-0.5}{\sqrt{(0.5)(0.5)/n}} = \dfrac{0.583-0.5}{\sqrt{(0.5)(0.5)/96}} = 1.63$

표준정규분포표에서 $Z_{\alpha/2}=1.63$이면 $\dfrac{\alpha}{2}=0.0516$이고, $\alpha=0.1032$.

따라서 귀무가설 H_0 : $p=0.5$는 10.32%보다 큰 모든 유의수준에서 기각될 수 있다.

14. 3 단측대립가설에 대해 5.5%에서 H_0를 기각할 수 있다.

14. 4 통상적으로 순위나 부호 등에 의존하므로 자료가 가지고 있는 모든 정보를 사용하지 않는데 근본적인 약점이 있다.

14. 5

(2) 남녀간 방문횟수에 차이가 없을 것이라는 귀무가설을 차이가 있을 것이라는 대립가설에 대해 검정.

(3) 순위합 (+) : 16 , 순위합 (-) : 20 , $T=16$

(4) $T=16$이므로 귀무가설은 기각되지 않는다.

14. 6 검정통계량은 -4.85, H_0는 거의 모든 수준에서 기각

14. 7 검정통계량은 3.19, 기각의 최저 수준은 0.0007

14. 8

$r_s=0.594$, 검정통계량 $t=2.09$, $t_8=2.306$보다 작으므로 H_0 기각 못함

14. 9

$t=-0.67$, $t_{12}=3.055$이므로 H_0 기각 못함

〈제15장〉

15. 1

1997	1998	1999
110.10	121.24	130.07

15. 2

1997	1998	1999
95.2	100	102.7

15. 3

1996	1997	1998	1999
90.4	100.0	108.5	112.5

15. 4

1995	1997	1999
100.0	106.4	114.8

15. 5

(1) 1970-74기간 동안 더 빨리 상승
(2) 1970-74기간 동안 더 빨리 상승
(3) 연초

15. 6

(1) 113.6
(2) 118.1
(3) 118.9
(4) TV-오디오 세트의 가격은 지난 10년간 18~19% 상승했다.

15. 7

(1)

1996	1997	1998	1999
100.0	101.9	106.3	107.2

(2)

1996	1997	1998	1999
98.2	100.0	104.3	105.1

15. 8

1996	1997	1998	1999
64.5	77.0	100.0	127.0

15. 9

1997	1998	1999
94.7	101.3	100.0

15. 10

1996	1997	1998	1999
76.5	92.7	95.2	100.0

〈제16장〉

16. 1 2002년 : 92.17, 2007년 : 113.42

16. 2 2002년 : 0.407, 2006년 : 0.182

16. 3

(1) 오염도의 증가율이 상승하고 있으므로 이차형 추세가 선형추세보다는 자료를 더 잘 적합시킬 것이다.

(2) 오염도가 심해질수록 시민들이 관심을 갖게 되고 정부의 조치가 취해질 것이므로 이차형 추세로 예측하는 것은 너무 성급한 결정일 수 있다.

16. 4

(1) $\hat{y} = 13.55 + 2.08x$

(2) $\hat{y} = 12.69 + 2.08x + 0.09x^2$

(3) 정부서비스의 값이 지속적인 상승을 보이면 민원의 대상이 될 수 있으므로 이차형 추세가 언제까지나 합당한 예측량이 될 것 같지는 않다.

16. 5

(1) 92.75, 104.46, 109.45, 100.67 , 96.54 , 98.77, 101.86

(2) -7.25 , 4.46, 9.45, 0.67, -3.46, -1.23, 1.86

(3) 두 가지 방법에 의한 가장 큰 파동은 1995년에 있었다.

16. 6

(1) $\hat{y} = 24.3714 + 1.0357x$

(2) 98.76, 87.00, 96.85, 115.71, 119.65, 90.76, 90.98

(3) -1.24, -13.00, -3.15, 15.71, 19.65, -9.24, -9.02

(4) 두 가지 방법에 의한 가장 큰 파동은 1997년에 발생했다.

16. 7

(1)

	분기			
	Ⅰ	Ⅱ	Ⅲ	Ⅳ
1980				
	5.04	5.08	5.02	5.02
1981				
	5.00	4.88	5.08	5.04
1982				
	4.32	4.08	4.68	4.50
1983				
	4.00	4.02	3.98	4.00
1984				
	4.20	4.26	4.14	4.18
1985				
	4.58	4.86	4.38	4.48
1986				
	5.54	5.58	5.12	5.30
1987				
	4.80	4.64	5.20	4.92
1988				
	5.30	5.30	4.76	5.12
1989				

(2)

	분기			
	I	II	III	IV
1980	5.00	5.00	4.99	5.00
1981	5.01	5.01	5.02	5.03
1982	5.04	5.03	5.01	4.96
1983	4.87	4.80	4.72	4.61
1984	4.55	4.52	4.49	4.45
1985	4.42	4.40	4.39	4.40
1986	4.43	4.46	4.48	4.60
1987	4.72	4.81	4.92	4.92
1988	4.81	4.77	4.79	4.82
1989	4.89	4.96	4.99	4.99

16. 8 $\log\hat{y} = 2.438 + 0.146x$

16. 9

(1) 98.5, 100.25, 101.625, 102.875, 103.625, 104, 104.5, 105.125, 106, 107.375, 109, 110.375, 111.875, 113.875, 115.875, 117.625

(2) 91.37, 77.81, 108.24, 122.48, 91.68, 79.81, 106.22, 121.76, 91.51, 80.09, 105.50, 122.31, 92.07, 79.91, 105.29, 122.42

(3) 평균지수 : 105.86, 122.36, 91.59, 79.86
계절지수 : 105.95, 122.46, 91.67, 79.93

16. 10

(1) 114.50, 129.02, 85.81, 70.67

(2) 45.23%

16. 11

(1) 78.51, 88.88, 113.51, 119.09

(2) 36.938, 33.753, 36.120, 36.107, 34.391, 38.254, 39.644, 40.306, 42.033, 40.504, 40.525, 42.825, 43.307, 45.005, 41.406, 44.504

(3) $\hat{Y} = 39.7263 + 0.3310x$

16. 12

(1) 91.04, 135.31, 73.65

(2) 823.78, 849.89, 923.34, 856.74, 812.94, 787.55, 878.70, 905.32, 828.29, 702.96, 775.99, 814.71

찾아보기

[ㅌ], [ㅍ]

[ㅎ]

[저자 약력]

•김태호
서울대학교(경제학사)
University of Minnesota(응용경제학 석사)
University of Illinois(농경제학 석사)
Oklahoma State University(응용경제학 박사)
서울대학교 대학원(경제학 박사)
충북대학교 통계학과 교수

[저서 및 논문]
『경영과학』(공저, 형지사, 2008), 『윈도우즈용 미니탭을 이용한 최신통계학』(자유아카데미, 2005)
『계량경영학』(청목출판사, 1999), 『정보사회와 컴퓨터』(교우사, 1999) 외 다수
응용통계연구, 한국통계학회논문집, 경제학연구, 국제경제연구, 경영학연구, 경영과학,
한국경영과학회지, 한국통신학회논문지 등 학회지에 다수의 논문 게재

•심현철
서울대학교(이학사)
서울대학교 대학원(경영학석사)
成均館大學校 대학원(경영학박사)
University of California, Los Angeles, visiting professor
University of Redlands, visiting professor
성신여자대학교 경영학과 교수

[저서 및 논문]
『경영과학』(공저, 형지사, 2008), 『생산운영관리』(청목출판사, 2005),
『품질경영』, (청목출판사, 2003) 외 다수
관광경영연구, 경영학연구, 생산관리연구, 경영과학 등 학회지에 다수의 논문 게재.

•김지원
서울대학교(이학사)
University of Florida(경제학 석사)
University of Florida(경제학 박사)
포스코 경영연구소 연구위원
IT 경영연구센타 연구위원
기후변화협약 산업체 대표
한국외대, 강원대 등 출강

[저서 및 논문]
『e-비즈니스 성공전략』(아진출판사), 『이동통신 산업 발전 방향』(신세기통신)
"기후변화협약대비 산업 대응방안(POSRI)" 등 다수

•김진수
국립경상대학교(이학사)
부산대학교 경영대학원(경영학석사)
고려대학교 정책과학대학원(경제학석사)
건국대학교 일반대학원(계량경제학박사)
남서울대학교 경영학과 교수

[저서 및 논문]
"남북한 간 교역이 분쟁에 미치는 효과 : 자유주의 이론을 중심으로"
"조직의 커뮤니케이션 수준이 조직의 업무성과에 미치는 영향" 외 다수의 논문을 국제지역학회,
한국디지털 정책학회 등 학회지에 게재

현대실용통계학

2016년 2월 20일 중판인쇄
2016년 2월 25일 중판발행

저 자 김태호 · 심현철 · 김지원 · 김진수

발행인 유 성 렬
발행처 **청 목 사**
서울특별시 영등포구 신길로 40길 20
전화 (02) 833-6090(代)
FAX (02) 849-0817
등록 제318-2005-000030호

파본은 바꾸어 드립니다. 값 26,000원

http : //www.chongmok.co.kr

ISBN 978-89-92938-45-7